田中正造の近代

小松 裕

現代企画室

田中正造の近代　小松裕　目次

序章
一　田中正造研究のあゆみ――14
二　課題と方法――43

第一部　自由民権家田中正造のあゆみ

第一章　田中正造における思想形成――52

第一節　青年兼三郎の意識の態様――52
一　名主就任まで――52
二　勤勉な毎日――53
三　〝平等〟の実践――55
第二節　富士浅間信仰の問題――59
一　熱心な信仰ぶり――59
二　富士講の思想――62
第三節　勤王論と出流山挙兵事件――66
一　「草莽の国学」――66
二　幕末維新期の安蘇地方――69
三　名主としての責務感覚――77
第四節　六角家騒動――82
一　騒動の発端――82

二　騒動の第二段階――90
小括――96
注――99
第二章　自由民権家として――103
第一節　政治家を志すまで――103
一　江刺県の小吏として――103
二　孟子と『西国立志編』――109
三　政治への発心――115
第二節　自由民権運動への参加――120
一　地租改正への関わり方――120
二　田中正造と『栃木新聞』――124
三　国会開設論の特色―「自治」と「国権」――126
四　「君民共致」の政体構想――134
五　読みかえた「国会開設ノ勅諭」――138
六　自由党結成に抗して――144
第三節　県会活動とその思想――148
一　栃木県第四大区三小区の区会議員として――148
二　「制度としての自治」と「精神としての自治」――152

三　「学ト衛ノ自治」――164
四　「法」と「徳義」―議員としての基本姿勢――170
五　反三島闘争の意義と限界――178
第四節　県会議長時代の思想と行動――187
一　県会議長への選出――187
二　大同団結運動と実業論への傾斜――191
三　第一高等中学校経費分担問題をめぐって――200
四　市制町村制への対応――209
五　対立・融和の諸相と矛盾の表面化――216
六　議長職への熱意の喪失と大隈条約改正問題――221
小括――229
注――232

第二部　鉱毒とのたたかい

第一章　民党政治家として――244
第一節　憲法解釈の独自性――244
一　第一議会のたたかい――244
二　「憲法解義の独得」――250
第二節　「公益」論議――257

一　足尾鉱毒事件との出会い――257
二　はじめての質問演説――268
三　示談交渉とそれへの対応――272
四　「公益」とは何か？――278
第三節　日清戦争前後――282
一　「和協」の詔勅違憲論――282
二　政局の転換の中で――291
三　日清戦争支持の論理――299
小括――309
注――311

第二章　「亡国」に抗して――315
第一節　被害の拡大と「押出し」――315
一　渡良瀬川大洪水――315
二　鉱業停止請願運動への着手――322
三　議会演説と大挙請願上京運動――325
四　足尾銅山鉱毒調査委員会と世論――337
第二節　「非命死者」像の定立――354
一　免租と町村自治の崩壊――354

二　「非命の死者」――357
三　政党政治家から民衆運動家へ――363
第三節　「亡国」に抗して――370
一　議員歳費辞退――370
二　「公議体」組織の提唱と運動の〝一兵卒〟へ――374
三　川俣事件とその衝撃――385
四　「亡国」質問――390
小括――400
注――402

第三章　直訴前後――408
第一節　議員辞職と直訴――408
一　「馬鹿政府」と「被害地の馬鹿」――408
二　議員辞職について――414
三　「直訴」をめぐる研究史――421
四　直訴の真相と深層――428
五　九〇年代の直訴研究――436
第二節　谷中への道――442
一　世論の沸騰と運動の再構築――442

二　人力は「天然ニ勝ツ能ハザルノ理」――452
三　「神」と社会主義――457
小括――462
注――463

第三部　「谷中学」の苦難のみちすじ

第一章　廃村と復活――470

第一節　日露戦争と「谷中問題」――470
一　「谷中問題」の歴史――470
二　当時の谷中村――475
三　「谷中学初級生」――478
四　「亡国ニハ開非ナシ」――483
第二節　辛酸こそ「佳味佳境」――487
一　谷中村買収案の可決――487
二　深まりゆく人権思想――490
第三節　強制破壊と「谷中学」の転回――498
一　孤立感と先覚者意識――498
二　強制破壊――499
三　「聞くと聞かせると」――501

第四節　「農ハ土ノ汁、官ハ知ノ汁」――504
一　「旧谷中村復活請願書」――504
二　正造の「事業」――506
三　鋭い学問批判――507
四　農民は百年の計、官吏は一日の計――514
小括――516
注――518

第二章　憲法と自治――526

第一節　明治憲法体制の否認――526
一　自己認識の深まり――526
二　制限君主的天皇観の明確化と天皇批判の登場――529
三　「広き憲法」の「新造」へ――540
四　近代文明と日本社会批判――549
第二節　自治は「天来の已得権」――558
一　地方改良運動に対抗する谷中村自治復活・創造運動――558
二　「古来ノ自治村」イメージの浮上――561
三　町村自治の絶対的不可侵性――564
四　「公共協力相愛の生活」へ――566

小括――571
注――572

第三章　自然と宗教

第一節　「水」の思想――576
一　正造の治水論――576
二　治水論の歴史的位相――580
三　治水行脚――584
四　自然と人間――589
第二節　宗教認識の深まり――595
一　正造と宗教――595
二　富士浅間信仰の記憶――597
三　「正直の頭に神宿る」――602
四　「聖人」待望論――604
五　新井奥邃と田中正造――612
第三節　解放をめざして――618
一　「谷中」と「小中」――618
二　正造の女性観――622
三　「谷中学」がめざしたもの――635

四　その死――642
小括――645
注――647
終章　田中正造の国家構想と思想史的位置――658
補論一　赤尾小四郎について――681
補論二　足尾鉱毒問題と学生運動――703
補論三　足尾鉱毒の病像をめぐって――739
付録　田中正造と足尾鉱毒問題関係論文・文献一覧（一九八〇年〜一九九九年）――797
あとがき――819

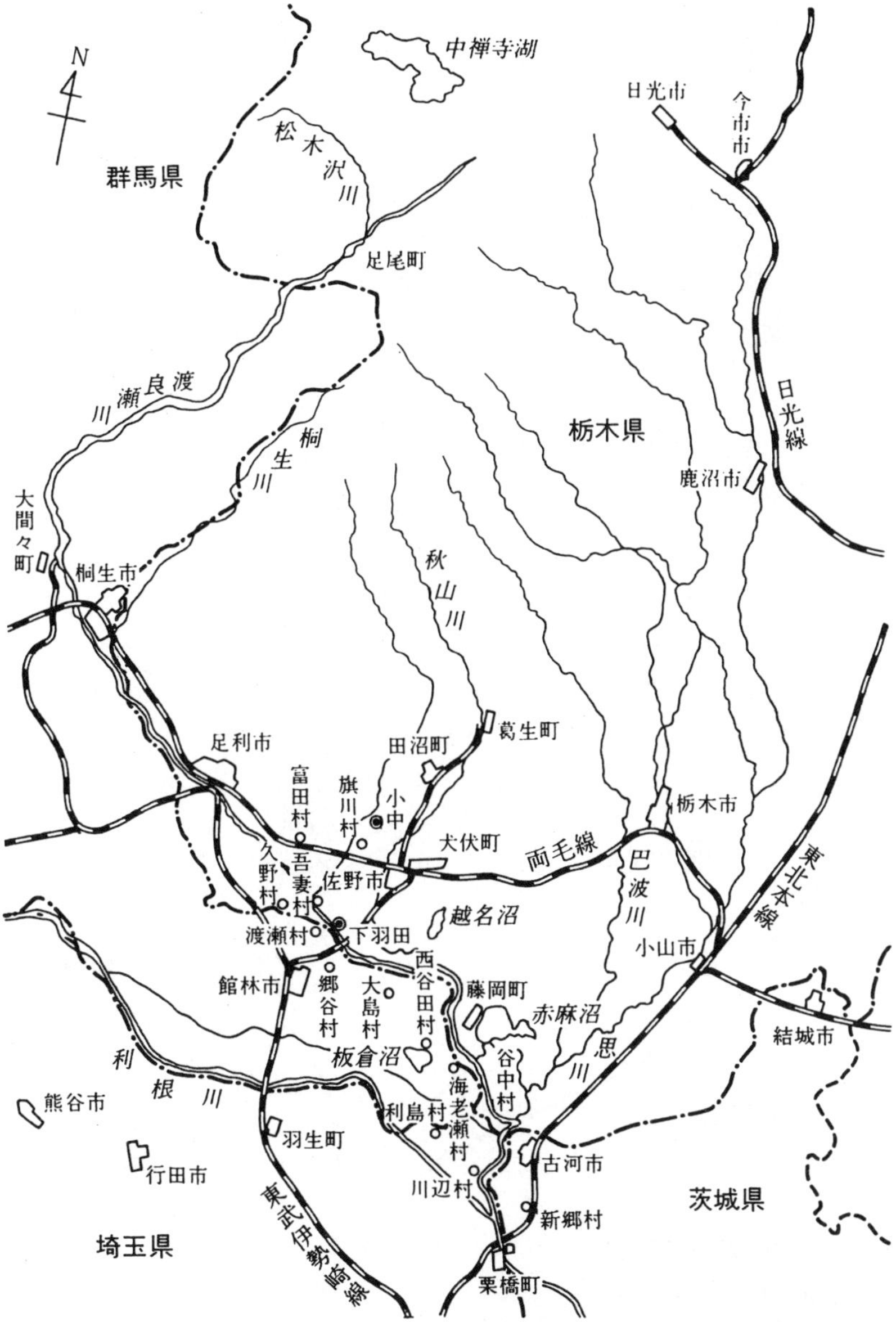

足尾鉱毒事件関係略図

『田中正造選集』第三巻より

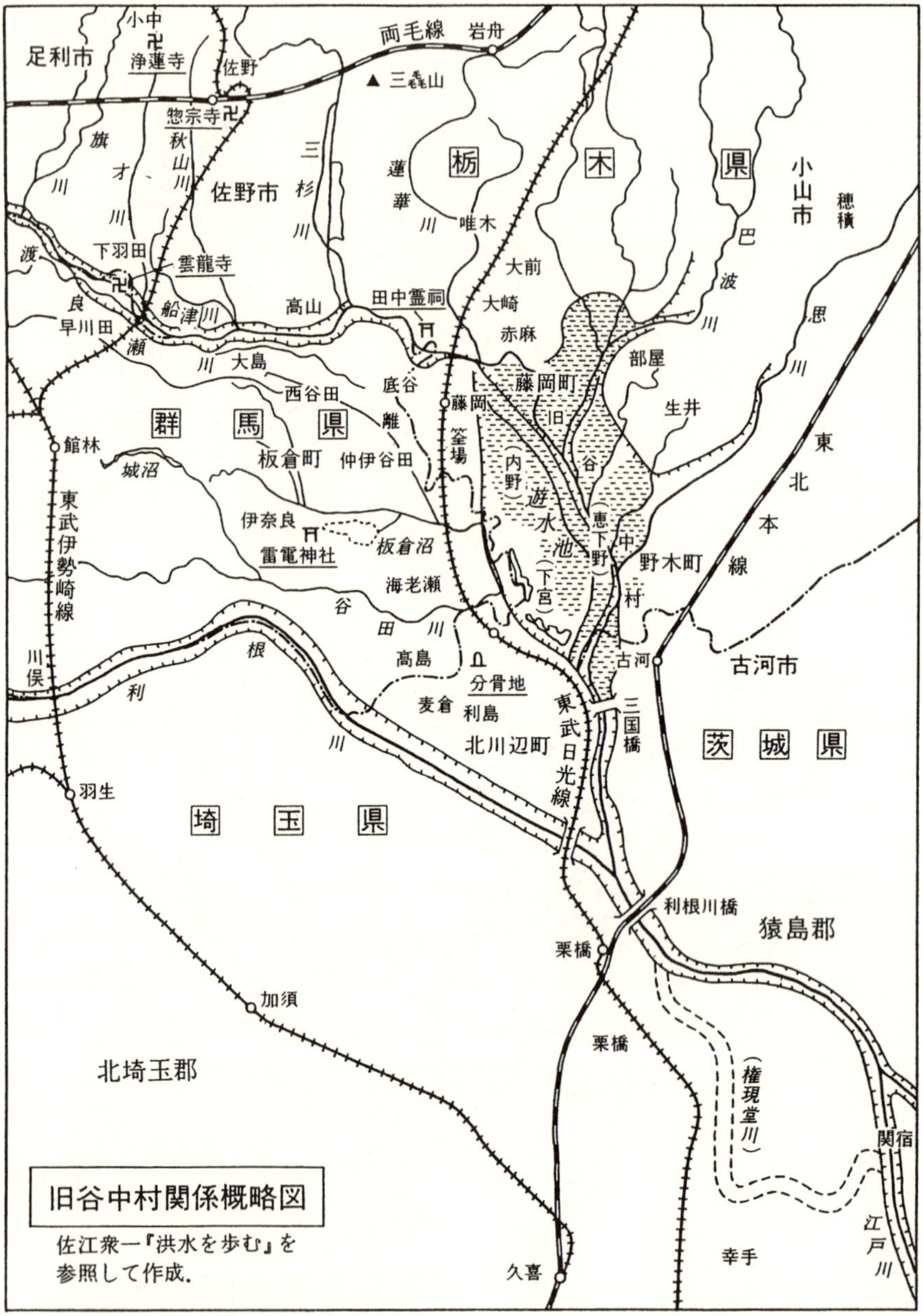

旧谷中村関係概略図

佐江衆一『洪水を歩む』を参照して作成.

『田中正造選集』第五巻より

田中正造の近代

小松裕

序　章

一　田中正造研究のあゆみ

本書は、足尾鉱毒事件で有名な田中正造の全体像を、思想史的アプローチによって明らかにすることを目指した研究である。

本論のはじめに、田中正造研究の歩みを、戦後に重点をおいてまとめてみたい。

(一)『義人全集』の「序文」にみる正造像

戦前から戦後にかけて、ながいこと研究史を支配してきた「義人」像を確立したのは、一九二五年に刊行された『義人全集』(全五巻)である。(1)

いうまでもなく、一九二五年は、治安維持法＝普通選挙法体制が成立した年である。大正デモクラシー運動や社会主義運動、無産主義運動の高揚を前に、政府は、一方でそれらを厳しく弾圧する治安維持法を制定すると同時に、二五歳以上の男子に衆議院議員選挙の選挙権を与え、権力への取り込みをはかった。政府にとっては、浪曲でもなんでも、どのような手段を利用しても民衆の教化につとめ、権力に対する民衆の自発的協力をとりつけることが至上課題となっていた。そのため、ともすれば権力批判という意味合いをこめて民衆の中に息づいてきた「義民伝承」の利用も画策されたのである。

こうして、佐倉宗吾や加助騒動の指導者多田加助などが、「義民」の「鑑」として顕彰されるようになる。それは、

国家にたいする「忠」が過剰に強調されるなど、天皇制国家につごうのいい形に歪曲された「義民」像であった。(2)

『義人全集』が刊行された時代は、まさに「義民復権」の時代であったのである。そうした時代状況の刻印を『義人全集』が免れているはずはない。いや、むしろ、積極的にそうした時代潮流に棹さす企画であったことは、『義人全集』の企画立案兼編集代表というべき栗原彦三郎の「皇室中心祖国民衆主義」という正造思想の規定をみるだけで十分であろう。栗原は、正造のそういった思想こそ、日本にとってもっとも「安全なる主義」であることを強調している。そこに、社会主義や無産運動に対する対抗意識が働いていたことは明白である。そして、その後の研究者は、こうした栗原の規定に、栗原と思想的立場を異にするものでさえも、多かれ少なかれ呪縛されてきたといえる。なぜなら、社会主義思想を一つの座標軸として正造を「義人」に位置づけるというマイナスの発想を、逆の意味で共有していたからである。

ここでは、それほどまでに根強く残存した「義人」イメージがどのようなものであったのかを再確認するために、『義人全集』に「序文」を寄せた数多くの人物が正造をどのように規定していたか、みておきたい。以下、第一巻から掲載順にまとめていくが、あわせて、文章中で田中正造をどのように呼んでいるか、あるいは『義人全集』をどのように性格付けしているか、という点にも注意を払ってみていきたい。

1	箕浦勝人	一	田中翁・田中君	「大愛国者大勤王家大人格者大精神家」
2	島田三郎	〃	田中翁	「極めて緻密なる人」「兎ニ角一調子変つて居つた人」「暗中の秘策を弄すると云ふ人では無い」
3	高木正年	〃	先生田中正造翁	
4	永井柳太郎	〃	田中正造翁	「近代稀れに見る志士」「民衆政治家の模範」「大雄弁家」
5	津久居彦七	〃	田中翁	「曠世の一大義人」

6	三宅驥一	〃	田中翁	「明治の義人」「曠世の義人」
7	加藤武男	〃	田中翁	「義人全集は、正に是れ興風富国の教科書」
8	武藤金吉	〃	田中（正造）翁	「翁は明治の義人として彼の佐倉宗吾郎に比し、大塩平八郎に較べて論ぜられて居るが、それでは満足する事が出来ぬ。私は古今を通じての大偉人と仰いで宜しからふと思ふ」「水の如き人」
9	鳩山一郎	〃	田中正造翁	「近世稀に見るの義人」
10	増田義一	〃	田中正造翁	「国士」「社会の偉大なる清涼剤」
11	田中善立	〃	田中（正造）翁	勤王と愛民、全集は「修養資料」
12	石川安次郎	〃	田中君	「相当の機略もあった」
13	宮島清次郎	〃	田中翁	「祖国民衆主義」
14	山室軍平	〃	田中正造翁	「宏量謙虚」「道を求むるに熱心」
15	大谷誠夫	〃	田中翁	「愛民の義人」として宗吾と並ぶ「双絶」
16	松村介石	〃	田中正造翁	「一世の義人」「一世の哲人」「田中翁の人格の偉大なる処は其の深遠の理想と実行との一致せる点」「世界の偉人」「神人田中翁」宗吾や大塩に比すのは間違い
17	中塚栄次郎	〃	田中正造翁	「偉人」
18	松本留吉	〃	田中正造翁	「大精神家、大人格者」「凡ての人が師範とすべき大偉人」「神の如き人」「死ぬまで真理を求めて止まなかつた人」
19	山口弾正	〃	田中正造翁	「一世の志操農本の大義に存せり」
20	八並武治	〃	田中翁	大雄弁家

21	中島久米象	〃	田中正造翁	勤王家、「正義人道、博愛慈俠の神」「民心作興」「国家興隆」に資する全集
22	近藤貞吉	〃	恩師田中翁	「精神的の大師父」「近世稀に見る大義人」「義人全集は日本国民の精神的一大教科書」
23	菊地茂	〃	田中正造翁	「神人」
24	高橋秀臣	〃	田中正造翁	「義人」「一代の義人」「生れながらの民権家」「大雄弁家大文章家」「党籍の人に非ずして主義の人」
25	岩崎佐十	〃	田中正造翁	
26	野口春蔵	〃	田中正造翁	「恩人」
27	篠崎平吉	〃	田中正造翁	「曠世の義人」「大偉人」
28	栗原彦三郎	〃	田中翁	「祖国民衆主義」「尊王民主の思想」「皇室中心祖国民衆主義」
29	横山勝太郎	二	田中翁	「英邁不屈」「誠心高潔」なる「民衆政治家」
30	栗山博	〃	田中正造翁	「正義の人」「大義人」「民衆の鬼神」「直情径行、自分の所信に向つては常に大胆に勇往邁進する気慨（概）の人」
31	森保定	〃	田中老台	「絶無奇人」
32	碓井要作	〃	田中正造翁	「義人」
33	横堀三子	〃	田中正造翁	
34	栗原彦三郎	〃		「神人」「恩師」
35	花井卓蔵	三	田中正造翁	「明治の奇傑」「佐倉義民」のよう
36	川上保太郎	〃	田中翁	

37	卜部喜太郎	〃	田中翁	「一世の義人」
38	黒須龍太郎	〃	田中翁	「一大異彩」
39	宮島次郎	〃	田中翁	「国士と謂はんよりは寧ろ神の如く」桜井熊太郎と並ぶ「明治の二大義人」
40	新井要太郎	〃	田中翁	
41	塩谷恒太郎	〃	田中正造翁	
42	高橋秀臣	〃	田中正造翁	
43	安藤山人	〃	田中正造翁	「巨人」
44	栗原彦三郎	〃	恩師田中正造翁	「祖国民衆主義」「人類共存主義」
45	横井時敬	四	田中翁	「民衆運動家」
46	菊地茂	〃	田中の翁	
47	栗原彦三郎	〃	恩師田中翁	
48	高田早苗	五	田中正造翁	「特殊なる一大人物」「佐倉宗吾と伯仲それ以上」「ユニーク」
49	碓井要作	〃	田中翁	
50	栗原彦三郎	〃		

『義人全集』には、延べで五〇名が「序」を寄せている。「題詩」まであわせると膨大な人数になるが、「序」を寄せた五〇名のうち、栗原彦三郎は五巻全部に「代序」を書いている。そのほかにも、菊地茂・高橋秀臣・碓井要作の三人が二回ずつ書いているので、実数は四三名となる。

一見して、極めて幅広い人々を網羅していることに気づく。そして、ほとんどの人が、親しみと敬愛の念をこめて

「田中翁」「田中正造翁」とよんでいる。「田中君」とよんでいるのは、箕浦勝人と石川安次郎の二人だけである。箕浦は「田中翁」も併用しているが、改進党時代からの古い同僚であるから、「君」づけも理解できる。石川半山は、一八七二年生まれであり、正造よりも三〇歳以上年下であった。それにもかかわらず「田中君」とよんでいる異様さが、呼称に関しては突出している。石川は、「序」の中で、直訴や其の他の運動を正造と協議・密議したことをいささか自慢げに記しているが、「田中君」よばわりといい、かなり自己顕示欲が強かったように思えてならない。

田中正造をどのように形容しているか、という点に関しては、やはり「(大) 義人」と評しているのが圧倒的に多く、一二名にのぼる。そして佐倉宗吾に比しているのが四名いる一方で、宗吾や大塩平八郎に比するのは誤りであるとしているのも二名いる。ついで「(大) 偉人」が五名である。そして「神人」が三名、「巨人」が一名である。まさに、口をそろえて褒めちぎっている。田中正造は世界的な偉人である、という位置づけだ。独特な位置づけとしては、「民衆運動家」「民衆政治家」という規定があることで、永井柳太郎・横山勝太郎・横井時敬のあわせて三名がそうである。また、栗原彦三郎的な「勤王家」という位置づけを三名が行っている。正造の思想に関しては、宮島清次郎が「祖国民衆主義」というように栗原と同じ規定を行っていることと、山口弾正が「農本の大義」と述べている程度である。

また、石川安次郎が「相当の機略も有つた」といえば、島田三郎は「暗中の秘策を弄すると云ふ人では無い」と述べるなど、正造の「機略」をめぐって、すでに『義人全集』発行当時から相反する正造像が提示されていたことが、非常に興味深い。そして、ここでも、石川の「機略家」という位置づけが突出しているのである。

『義人全集』編纂事業に関しては、加藤武男が、「義人全集は、正に是れ興風富国の教科書」と評しているのが目を引く。近藤貞吉も、「義人全集は日本国民の精神的一大教科書」と述べている。まさに、「民心作興」の「修養資料」として刊行された意図を、忠実にくみ取っているといえる。

このように、「義人」という正造の位置づけには、当初からある政治的意図が込められていたのである。『義人全集』は、当時の日本をとりまく国際関係をはじめ、混迷する政治状況を打破するための「教科書」と目されていたのであった。『義人全集』が天覧に供されたことを考えるならば、まさに権力承認の「義人」像であったことに注意しなければならない。

そして、こうした政治的目的にあわせて、正造の思想を物語る資料も歪曲されていく。『田中正造全集』の編纂委員会は、『義人全集』は、「栗原が田中の言葉と称して、自己の政治的主張を展開したと断定して誤りはないであろう」と述べ、栗原が正造の書簡を改竄した可能性について触れている（『田中正造全集』第一九巻「解説」、五四四頁。以下、『田中正造全集』は『全集』と略記するとともに、『全集』からの引用は、⑲五四四のように略記する）。そこには、「将来政界に進出しようとする栗原の政治的意図が看取できる」と指摘している（⑲五四六）。しかし、先に述べたように、『義人全集』に込められた政治的意図は、単に栗原の個人的野心のみではなかったのである。第三巻の「代序」で、栗原は、「田中翁の教は皇室中心主義であります。祖国民衆主義であります、利益均等主義であります、大亜細亜主義であります、民族共存主義であります、人種平等主義であります。……」と述べている（一一三頁）が、そこでいう「大亜細亜主義」が欧米に対抗するための日本を盟主としたアジアの連帯を意味し、「利益均等主義」が中国大陸への帝国主義的進出の均等を意味し、「民族共存主義」や「人種平等主義」がアメリカにおける反日機運の盛り上がりや日本の中国政策に対する批判への反批判のために持ち出されていたことは、あまりにも明白であり、それらは日本の国益にかなうものだった。

こうして、権力承認の「義人」＝熱烈な天皇主義者田中正造イメージが形成されていった。[3]

(二) 一九五〇年代

ここからは、戦後の研究史を概観してみたい。

まず、一九五〇年代における田中正造研究の特徴は、第一に、「亡国」＝敗戦の現実に直面し、《亡国の予言者》

としての正造がクローズアップされたことである。第二には、佐倉宗吾的義人像が残存し、そのような視角から正造を顕彰するといった趣が強かったことである。第三には、これが最大の特徴といえるのだが、研究者の多くが、社会主義に立脚して、足尾鉱毒反対闘争と正造の闘いを、プロレタリア階級が未成立の段階における孤立的局地的闘争と位置づけ、社会主義運動が本格化するまでの《かけはし》と評価したことであった。その結果、運動や思想が「農民的」であるというだけで、それ自体を「おくれ」と見なすような研究が主流をしめたのである。

義人像残存の例としては、斎藤文恵「鉱毒とたたかった義人―田中正造」(『歴史評論』三七号、一九五二年)が指摘できる。この論文の前文で、斎藤は、「ながく続いた暗いゆがめられた歴史は、数多くの人民の英雄たちを、その片すみにほうむり去っていた。しかし今こそ私たちは、歴史の中に流れる真実の泉を汲みあげねばならない。常に農民の苦しみを自分の苦しみとして、とくに足尾銅山の鉱毒にたいして、農民のためにたたかった田中正造の尊い生涯をここに顕彰したい」(一九頁)と述べている。そこにみられる歴史観は、善玉悪玉史観とでもいえるもので、悪玉として、林三郎兵衛(「よくない男」)、三島通庸(「有名な専制政治家」)、古河市兵衛(「自分のもうけだけを追求する」)の三人が取り上げられている。そして、いわゆる「保木間の誓い」を失敗と位置づけ、その原因を正造の「古さ」に求めている。「最も大きな原因は、大衆行動というものを、正造が真に理解していなかったことにある」。それは、「正造自身の内部にこびりついていた農民は子、名主は親という封建的な温情主義、家長主義の結果である。自分一人だけで何とかなると思い、大衆の力を信じなかったボス的考えである」(二四頁)。しかし、斎藤は、ほぼ直訴までの正造を対象に述べた後で、結論として、「正造は、しいたげられた農民のために、終始一貫、捨身になって、たたかいぬいた。正造こそ、真の農民の味方であり、義人であった」(二五頁)と述べている。以上のような斎藤の研究は、後に田村紀雄が強調する「名主的請負主義」と共通するものを持ちながら、基本的に「義人」イメージを再生産することに帰着している。

田中正造の「おくれ」を強調した論文の代表として、石井孝「田中正造晩年の思想と行動」(『歴史評論』四八号、一九五三年）が指摘できる。石井論文の構成は、以下の通りである。

1 独特なコースをたどった政治家
2 社会主義への接近と平和思想
3 「悪魔」との戦争
4 最晩年の思想傾向
1 実践と結びついた思想
2 社会＝国家観
3 社会運動観と非暴力主義
4 キリスト教えの傾向
5 真の愛国者

直訴後の正造の思想的特徴を分析した先駆的な研究ではあったが、石井は、正造の「おくれ」を強調することに終始している。「その理想（搾取と階級のない社会―小松注）においては社会主義者と一致しつつも、おくれた農民を地盤とする正造には、当時の社会の弊害が資本主義社会の矛盾から必然的に発生するものであり、この社会を止揚することによって、はじめて解決されることを理解しなかった」（一〇頁）。正造の国家観も、「階級的支配のための権力機構とは見ないで、人民のための政治をする機関であるというように、至極甘い考えかたをしていた」（一一頁）、と否定的に捉えている。石井の結論は、次のようなものであった。「自由民権運動が挫折してから、第一次世界大戦後、プロレタリアートの指導のもとに新たな展開をとげるまでの、わが農民運動の沈滞期において、田中正造は、（中略）かかる困難な時期において、おそらく最後的な古い型の義人として歴史の舞台に登場して社会主義への接近をさえ示し、わがプロレタリア運動が新展開をとげるその前夜に、さながら約束されたかのごとく、この世を去った」(一五〜六頁)。「彼はその運動の協力者として、強力なプロレタリアートをもつことができなかったし、彼の古い農民的な運動方針はプロレタリアートをひきつけることができなかった。彼の農本主義的イデオロギーでは、鉱山の開発のごときは自然の破壊としか考えられず、したがって鉱毒問題の解決策として、鉱業技術の改善を考えず、もっぱら鉱業の停止をのみ唱えた」(一六頁)。

このように石井は、足尾鉱毒反対運動を、プロレタリア運動の新展開までの《つなぎ》ととらえ、正造の「古い」運動方針やイデオロギーが農民とプロレタリアートの提携を不可能にしたと述べている。

もう一つだけ例をあげておこう。林茂他の出席者による座談会「田中正造—足尾鉱毒事件をめぐって—」(『世界』一〇五号、一九五四年)である。この座談会の中で、塩田庄兵衛は、「田中正造の時分は、プロレタリアートが、歴史の舞台に組織的な力として登場してくる前ですし、農民運動の空白期に百姓一揆の形で爆発した農民運動の最後の時期ですね」、「田中正造の場合には、階級的な観点は終に現われて来なかったわけです」と述べている。[4] また、林茂も、「精神的には、古い形の素朴なヒューマニズムです」と指摘している。

以上のように、一九五〇年代の田中正造研究にあっては、社会主義思想やプロレタリア運動の側から、正造の「おくれ」や「古さ」を強調し、足尾鉱毒反対闘争も「百姓一揆」的な運動と位置づけるものが主流をなしたのである。

(三) 一九六〇年代

一九六〇年代は激動の時代であった。五〇年代から続く政治的反動化の動きに対する大規模な国民的抵抗運動が盛り上がるとともに、高度経済成長が始まり、急速な資本主義の発展に伴う新しい問題も生起してきた。六〇年安保闘争、明治百年祭への反対運動、学生運動などは前者の例であり、六〇年代後半からの公害問題の噴出は後者の例である。

田中正造研究も、こうした時代の影響を強く受けていた。政治的反動化の動きの強まりと同時に、田中正造の民主主義思想に新たな光があてられ、思想家としての正造がクローズアップされていくとともに、反公害闘争の先駆者として位置づけられることが多くなった。

おそらく、田中正造を、社会運動史的観点からのみ取り上げるのではなく、社会思想と実践活動を相互に関連づけて取り上げることを提起したのは、工藤英一「田中正造論―社会思想史的一試論」(明治学院大学経済学会『経済と歴史』所収、一九六一年)が最初であった。しかし、工藤は、正造の社会思想に着目しながら、消極的に評価するにとどまってしまった。たとえば、次のようにいう。「鉱毒問題を生み出す近代資本主義の構造そのものへの系統的理解を、田中の思想の中に発見することはまったく不可能であろう。況んや、鉱毒問題の解決を社会主義の問題として、体系的に考えることもなかった」(二七五頁)。「田中の社会思想そのものは、系統を欠き一貫性に乏しい。従ってかれの思想そのものの継承者を世に送るという点では、かれの影響力は皆無だったといっても過言ではない」(二八〇頁)。むしろ、「田中の運動が議会主義に執着して無為に終ったことが、わが国社会主義思想の転換の契機となったといえる」(二八一頁)。工藤は、正造の思想の中に、自由民権論的「憲法擁護、人権擁護」的思想と「社会主義的なもの」とが「混然と併存」しており、さらにそれが「天皇への絶対的服従と両立」していたと述べ、思想を評価する場合の一つの座標軸である《思想の生産性》に着目しつつも、結局は、社会主義思想を軸に正造の思想を「反面教師」と捉える同じ過ちをおかしてしまった。

注目すべきは、『思想の科学』が一九六二年六月号を「田中正造歿後五十年を記念して」と題する特集号として発行したことである。林竹二を中心に企画された特集であったが、その趣旨説明には、「この特集が、この明治という時代の生んだ類のない真実の人間、思想家への関心を、若い人たちの間に呼びおこすことに役立てば幸いである」と述べられていた。『思想の科学』で取り上げたこと自体、まさに思想家としての再評価の機運が高まっていたことを証明していよう。

この特集の中から、二つの論文を取り上げておきたい。一つは、林竹二の「抵抗の根―田中正造研究への序章」である。林の評価は、当時から独特のものがあった。林は、正造の特色を、「「封建世」において鍛えあげられた堅固なものが、新しい価値にささげられた生活を支持しながら、見事に封建的なものの限界の突破に役立っていること」に見ている。つまり、名主時代の体験に正造の「抵抗の根」を見いだし、「名主としての、村に対する責任感」を重視している。おそらく、林の中には、戦後民主主義の「敗退」といってもいい状況のなかで、《根なし草「近代」》を再検討しようという問題意識があって、それが、封建制度下の名主時代の正造への着目を生み出していったのであろう。しかし、その一方で、自由民権運動をリードした「士族的民権家」を、「治者意識に導かれての抵抗」と位置づけているように、林の研究において自由民権運動期を軽視する素因が既に形成されていたことも看過できない。

もう一つは、石井孝の「政治家・田中正造のたどった道」であるが、石井は、前に紹介した論文の見解を、本論文でもかえていない。つまり、正造の「古さ」に起因する限界として、第一に、資本主義が「人類解放の前提条件を作り出すものであることには思い及ばなかった」こと、第二に、「一般農民を愚かなものとして、「義人」「志士・仁人」がそれを指導すべきものと考えていた。そこには共同体を指導して「惣百姓一揆」を戦う村役人の魂が宿っている」こと、第三に、天皇への尊敬の念の残存と、明治憲法を人権擁護のための道具と考えていたこと、を指摘し、再び、正造を、「最後的な「義人」型指導者」と位置づけていた。このように、六〇年代前半は、新しい機運がみられつつも五〇年代の研究の限界を未だに引きずっていたのである。

しかし、こうした限界をうち破ったのが、家永三郎の仕事であった。家永は、『現代日本思想大系3　日本の民主主義』(筑摩書房、一九六五年)の「解説」や、『日本近代憲法思想史研究』(岩波書店、一九六七年)などにおいて、正造の思想を社会主義思想の高みから裁断するのではなく、その独自の意義に着目し、とりわけ正造の憲法意識を高く評価した。家永によれば、正造は、「君権主義的な明治憲法を国民の権利を守るための武器として逆用」した人物であり、その闘いは、近代憲法の根本理念に即したものであった。「しかもその理念が抽象的な観念としてでなく、彼のどろまみれの実践の内に文字どおり血肉化されていた」のであり、「自由民権の生き残りの一人である田中のこの憲法的自覚には、忘れ去られた明治前半期の民主主義的憲法感覚の復活を見るべきかもしれない」。

このように、家永は、自由民権運動（ブルジョア民主主義運動）から社会主義（無産運動）へ、という思想史の図式の中に、「明治後期の民主主義」という独自の位置づけを正造の思想に与えていった。正造の憲法意識は、のちに『歴史のなかの憲法』上（東京大学出版会、一九七七年）においてさらに高く評価されることになる。

そして、思想家田中正造像をある意味で定着させたのが、鹿野政直の一連の仕事であった。なかでも、『展望』一一四号（一九六八年）に発表した「田中正造—その人民国家の構想」において、鹿野は、「田中正造は、たんに義人ではなく、典型的な自立的市民精神の体現者としてたちあらわれるではないか。（中略）かれは実践においてのみ偉大だったのではない。むしろかれは、明治におけるもっとも偉大な民主主義国家＝人民国家の構想者（そうしてそれへの実践者）の一人であった」と述べ、田中正造が、明治国家に対する最も徹底した原理的対決者であったことを明らかにしたのである。また、鹿野は、足尾鉱毒反対運動も、「民衆文化の創造への原点」と位置づけ、「それは、民権運動がついえ去ったのちはじめてみる生活と文化と政治の統一運動であり」、自由民権運動の次に正当に位置づけられるべきものと評価した（「国民文化と民衆文化」『講座日本史6』所収、一九七〇年）。その他にも、鹿野は、正造の人権意識、自治思想、法意識を高く評価しており、後に、近代日本思想史上、第一に指を屈する思想家であるとまで述べるようになる。

以上のように、一九六〇年代後半に、家永と鹿野の手によって、田中正造は、近代日本における最もすぐれた民主主義思想家の一人として描き出された。家永の「ブルジョア民主主義者」と鹿野の「人民民主主義」者とでは、若干ニュアンスを異にしているが、いずれにしても、《未完の近代》という問題意識から、「近代」的側面に重きをおく正造思想の肯定的解釈が提出された意義は大きい。と同時に、六〇年代には、正造の思想の到達点ばかりでなく、「抵抗の根」、すなわち正造の思想のルーツを重視する研究が林竹二によってなされていたことにも、注目しておきたい。「近代」に対する「土着」の重視、とまとめることが可能であろう。

造研究の特徴を一言でいえば、研究の深化とすそ野の広がり、とまとめることができる。

（四）一九七〇年代

一九七〇年代には、深刻化する公害問題とともに、田中正造に対する関心がさらに高まっていった。この時期の正造研究の特徴を一言でいえば、研究の深化とすそ野の広がり、とまとめることができる。

もう少し具体的にいえば、第一に、林竹二による「義人」像、東海林吉郎による「戦略家」像、田村紀雄による「名主的請負主義者」像という、それぞれに個性的かつ明確な田中正造像が提示されたことである。第二には、田村紀雄を責任編集者とする『季刊田中正造研究』（一九七六年創刊）と、渡良瀬川研究会の編集になる『田中正造と足尾鉱毒事件研究』（一九七八年創刊）が刊行されたことである。第三には、『近代足利市史』『佐野市史』『栃木県史』をはじめとする自治体史に鉱毒事件関係の資料がまとまったかたちで収録・刊行されたことである。こうした諸資料集の刊行に加え、一九七七年から八〇年にかけて『田中正造全集』（全一九巻別巻一）が岩波書店から刊行された。田中正造研究をめぐる資料状況が、格段に整備されたのである。そして、第四には、公害問題としての足尾鉱毒事件研究の進展も付け加えることができるだろう。雨宮義人・菅井益郎・飯島伸子らによるものである。

林、東海林、田村の三人は、この時期にもっとも精力的に田中正造研究を発表している。

まず、林竹二は、『田中正造の生涯』（講談社現代新書、一九七六年）や『田中正造—その生とたたかいの根本義』（田畑書店、一九七七年）などの著作を通して、佐倉宗吾的な「義人」像ではなく、グッドマン＝「ただしき人」の意味での「義人」像を提起した。後者の中で、林は、次のように述べている。「私の田中正造研究は、どうやら、思想家としての田中正造の埒を越えて、「義人」として田中正造を把えることを私に強いはじめているように感じます。／但し、義人という名で、ただちに佐倉宗吾が連想されるのでは当惑いたします。私にとって典型的な「義人」は、ヨブに代表されるような旧約的人間です」（一七一頁）。ここに明らかなように、林が打ちだそうとしたのは、旧約的「義人」像であった。キリスト教に引きつけた正造理解がその特徴である。そして、「私の田中正造に対する関心の焦点は、はじめから、「谷中村の田中正造」にあった」と述べ（同前、四頁）、晩年の正造が憲法を拠とするたたかいをやめ、宗教に抵抗の座標軸を移していったことを強調するとともに、幕末期の「村の小さい政治」＝自治を復活するたたかいとして谷中村闘争をおさえていることが特徴である。直訴後の田中正造を重視する点では、木下尚江の後裔と位置づけることが可能であろう。

しかし、林の研究の特色は、そのまま彼の正造像の弱点でもあった。谷中入村後の正造を重視したことは、自由民権運動や議会における正造の闘いの軽視につながった。古いタイプの「義人」像を否定したことは、佐倉宗吾意識が濃厚に正造のなかにもあったことを見逃すことになった。キリスト教の比重がきわめて大きいことは、キリスト教に収まり切れぬ正造の宗教認識の独自性をつかみそこねることになった。しかも、正造のたたかいを、孤立した、玉砕覚悟の悲愴なたたかいと描き出したことは、正造と人民との関係を見えなくし、民衆運動の軽視につながったばかりか、正造の人間性を一面的にしか捉えられず、正造の滑稽さ、ユーモアを等閑に付す結果となったのである。

林よりもやや先んじて活発に正造論を展開したのが、東海林吉郎であった。東海林は、『歴史よ人民のために歩め田中正造の思想と行動1』（太平出版社、一九七四年）や『共同体原理と国家構想　田中正造の思想と行動2』（同前、一九七七年）その他の研究を通じて、「合法と非合法のすれすれのところをゆく機略縦横の民権家」（鹿野政直）像を提示した。そのポイントは色々あるが、なかでも最大のものは石川半山・幸徳秋水との「共同謀議」による鉱毒反対世論の活性化を目的とした戦略的直訴像であったろう。さらに東海林は、正造は、天皇制を否定した共和制論者であったとも述べている。

こうして、東海林は、根強く残存していた「義人」イメージとともに、天皇主義者正造像も打破したのである。東海林の研究は、当時にあってきわめて大きな衝撃力を持った。しかし、後に、その「戦略家」像の骨格にかかわる批判があいついだ。虚構の藤川県令布達(5)については、森長英三郎が、虚構を作り出す利益がはたしてどれだけあったのかという根本的な疑義を提出し、「共同謀議」による直訴像に関しても、後神俊文によって「共同謀議」の存在そのものを否定する研究が提示された。また、正造が共和制論者であったという理解に関しても、小松裕による天皇観の分析によって、そのように規定することはとうてい不可能であることが論証された。『全集』の刊行によって、東海林の天皇観理解が、いささか強引すぎる解釈であることが明白になったのである。

また、この段階の東海林の研究は、正造の生涯全体を網羅したものでなかったために、その主張の鮮明さに反して、正造の全体像をいかなるものと描こうとしているのかが不明であった。

一方、田村紀雄は、『鉱毒』（新人物往来社、一九七三年）、『鉱毒農民物語』（朝日新聞社、一九七五年）、『渡良瀬の思想史』（風媒社、一九七七年）と相ついで研究を発表した。田村の問題関心は、当初から、田中正造に、というよりも、鉱毒反対運動を担った農民たちにあった。農民こそ「運動の主役」「舞台の主人公」であり、「田中正造もひとつの配役にすぎない」（『鉱毒』二三三〜四頁）と、田中正造の相対化をはかったのである。ある意味で、これは、栗原彦三郎が、『義人全集』第三巻の「恋泣録」のなかで、「私の郷里には田中正造翁をして田中正造翁たらしめた隠れたる多くの田中正造翁があった」と述べた視点を具体化するものであった。

田村の研究視角は、たしかに、「義人」イメージを打破するための一つの方法であった。しかし、田村が農民たちに着目したことは、たとえば「鉱毒議会」を「コンミューン」とするような独自の見解を生み出したが、逆に、田中正造の運動論組織論における限界を強調することになってしまった。それが、「合法主義」という評価や、「名主的請負主義」という規定につながったのである。正造を相対的客観的に捉えようという田村の意図は、あまり実を結ばなかったといえる。

以上のように三人の正造像を対比してみると、林「義人」像と東海林「戦略家」像とが、鋭い対照をなしているように考えられる。しかし、正造の思想の細かな点に眼をやれば、林「義人」像に対比できるのは、遠山茂樹の研究ではなかったかと私は思っている。

遠山茂樹の「田中正造における「政治」と「人道」」は、一九七三年に横浜市大経済研究所『経済と貿易』一〇九号に発表されたものである。私は、この遠山論文は、田中正造研究史において、もう少し重視されてしかるべきであると考えている。なぜなら、六〇年代における家永・鹿野の研究の延長線上に位置づけることができ、さらにその集大成ともいえるような内実を持っているからである。少し詳しくみていこう。

遠山の特徴は、自由民権期を起点として、正造の思想が、その限界から脱却していく過程、すなわちブルジョア民主主義思想が深化していく過程として位置づけた点にある。遠山は、川俣事件のあとのいわゆる「亡国」質問を次のように評価している。「安民の任務という政府観、人民＝陛下の臣民という人民観、自由民権的政治意識の枠組を使いながら、しかもその一般的限界を突きぬけていた。（中略）人民主権の思想、人民革命権の思想、ブルジョア民主主義の極限まで近接しつつあったといえよう」（三七頁）。そして、正造の直訴に関しても、「窮余の策と私は考えることはできない」として、純粋さと計画性との二面性が存在していたと、早くも指摘している。「通説は、正造の純粋で衝動的な性格のあらわれだと見るのであるが、私にはそうした一面のあることも否定しないが、他面で存外計算のある見とおしをもつ、正しい意味での政治家的素質を、その書いたもの全体から感ずるのである。自由民権運動のきびしい風雪に耐えてきた経歴は、それだけの素質を育てあげていたにちがいない」（三八頁）、と。

このように、自由民権運動の体験と議会における闘いを重視する点で、林の正造像とは好対照をなしているのであるが、最大の相違点は、正造が、最後まで憲法や議会を捨てなかったという解釈にある。「憲法擁護を楯とする政治のたたかいを放棄したのでなかったことはいうまでもない」し、「数年前に見かぎったはずの議会の意義さえ重視していた」（四〇頁）。正造は、「政治」をすてて「人道」のたたかいに入ったのではなく、「「人道」と「政治」は、彼にあって相矛盾するものではなかった。「人道」の戦は、腐敗した「政治」を本来の姿に「回復」するためのものであった。それが谷中入りの目的であった。彼が町村会・県会・議会・法廷を信頼していたのではない。一般社会の世論に訴え、人民の力にほんとうの期待をかけていたことは前述した。この世論をもりあげるためにこそ、彼は最後まで、議会と法廷の役割をみとめ、それへの働きかけを止めなかった」（四二頁）。「憲法・法律・教育の全廃という言を、文字のままに受けとることはできない。畢竟否定されている憲法とは、前述した如く、徳義なく人道なき人のもつ憲法、日本を亡国たらしめる政府・奸商の支配する憲法であった。「天神」「天則」「真理」をもととする憲法の創建、それが彼のいう憲法擁護である。憲法と人道を守るたたかいは、彼は死にいたるまで捨ててはいない」（四四頁）。

そして、天皇観においても、晩年においては独自の展開をみせていることを、遠山は強調する。天皇の下賜金は人民の租税から出ているからありがたいという正造の言を引用して、遠山は、「天皇信仰の呪縛からついに解放されなかった明治人と単純に評することは許されない。絶対主義的天皇制思想を克服していた」（同前）と評価している。「憲法と勅語をかざすことによって、彼が主張したのは、人民の権利いな実質上の人民の主権であり、それがブルジョア民主主義深化の一路を歩みとおした半世紀をこえる苦闘の到達点であった」（四五頁）、というのが遠山の結論である。

林竹二の解釈との相違は、キリスト教の位置づけ方や、人民認識においても際だっている。自治思想にほとんど触れられていないのが残念な点であるが、私は、『全集』刊行前における正造研究の一つの到達点を、この遠山の論文にみたいと思う。

（五）一九八〇年代

ところで、鹿野政直は、一九七九年に渡良瀬川研究会の第七回シンポジウムで「近年の田中正造研究とその意味」と題して講演し、七〇年代までの正造研究を振り返り、今後の研究の方向性に関して、一つの「仮定」として、「義人＝戦略家」像を提起した。「ふつうなら、この二つはまったく相反するイメージをもちます。義人は、どちらかといえばまっすぐに正義を追い、その意味で非妥協的で玉砕も辞さないというイメージです。他方で戦略家は、手を汚することをさけず、勝ちぬくことを考えるというイメージです。けれどもその両方をかね備えた人間こそ、じつは抵抗する人民の原像になるのではないでしょうか。そうして正造はまさにそういう人間であることを示しつつあるのではないでしょうか」(6)。

直訴の理解に関しては、すでに遠山が試みたところであるが、こうした鹿野の示唆をうけて、八〇年代の研究は、矛盾対抗しあう正造像をありのままうけとめ、それを総合的に解釈しようという試みがなされていった、とまとめることができる。なによりも、それを可能にしたのが、『全集』の完結であった。その結果、八〇年代においては、『全集』に即した実証的研究が相ついで発表され、研究史上の新紀元を画することになったのである。

私は、八〇年代の研究史を、いささかあらっぽく、次の三つに代表させてみようと思う。

第一に指を屈するのは、森長英三郎の『足尾鉱毒事件』上下(日本評論社、一九八二年)である。森長の『足尾鉱毒事件』は、正造と反対運動と法廷闘争の三者を統一的に把握しようとした意欲作であった。そして、戦略性を一貫して否定することで東海林正造像を、鉱毒事件をあくまで正造を軸にみていくことで田村正造像を批判し、運動を重視することで間接的に林正造像の克服をめざしたといえよう。

たとえば、虚構の藤川県令布達に関して、森長は、次のように述べる。大出喜平が証言するように、明治一二年頃に三日間も鮎が死んで流され、それを食べてはならないとする布達が出されたのであれば、その当時から鉱毒反対運動をしなかった正造の怠慢こそ責められねばならなくなる。だから、「田中はこの虚構によって、どんな利益があるのであろうか」。「私は、田中は虚構をつくりうるような政治性(政略)を持たなかったとみている」、と(上、三〇頁)。

川俣事件の裁判資料を丹念に読み解いて、その全貌を浮かび上がらせるなど、森長の研究から教えられるところは多いが、私には、森長の法律家としての自負が、逆に正造の法意識を裁断、矮小化してしまっているのではないかと感じられる。たとえば、憲法発布時のことを、森長は、「歓喜する田中は「愚にして狂なる」者」であり、「みる眼がない」と評価している。また、谷中村闘争の叙述部分は、通説の域を出ていないと考えられるし、従来の研究の批判に急な余り、明確な正造像を打ち出しえてはいない。もっとも、題名が示しているように、正造の思想を直接的にあつかったものではないから、致し方ないともいえようが。

第二には、由井正臣の『田中正造』（岩波新書、一九八四年）である。新書サイズの研究書であるが、正造の伝記的事項と思想と運動にバランスよく目配りした好著である。おそらく、今後も、田中正造に関する基本文献としての定評を持ち続けることだろう。

由井の研究を研究史的に位置づけるならば、遠山茂樹と問題視角やアプローチの方法を共有し、自由民権運動から帝国議会にかけての政党政治家としての正造を重視しているという特徴をもっている。林竹二の『田中正造の生涯』が、全体の六割以上を谷中時代にさいているのに対し、由井の本書は、二一七頁の本論部分のうち、自由民権運動から直訴までが一四二頁を占めている。谷中時代は四四頁と、全体の二割にすぎない。由井は、「正造は「政治」を否定して、宗教によって戦ったのではなく、あくまで憲法を規範とする政治の戦いをやめなかったのである」（二一二頁）と林を批判し、最終的に正造は、「人権と自治をまったき形において具現した人民主権の国家」を理想とした（二一四頁）とまとめている。

このように、由井の研究は、家永・鹿野・遠山の成果を受け継ぎ、「近代」型正造像を確立したものであった。松澤弘陽の正造像も、正造を、政治の世界において人権や自治などの「普遍的原理」の実現という思想的課題にとりくんだ思想家と位置づける点で共通していよう（『日本政治思想』日本放送出版協会、一九八九年）。

ただ、正造研究の入門的な性格を併せ持つ書だけに、「田中正造昔話」が伝える「事実」の史料批判に甘さが見られることや、直訴の評価が東海林の見解にほぼ全面的に依拠していることなどは、残念な点である。また、正造の秩序意識や法意識の特徴に着目することなしに、それを「合法主義の限界」とまとめてしまっているなど、正造思想の独自性を必ずしも描ききっているとは言い難い。

そして、第三には、花崎皋平の仕事である。雑誌『世界』一九八四年三月、四月号に掲載された「田中正造の思想」上下は、林竹二の研究を意識しつつ、正造の思想の総合的解釈を企図したものであった。

林説との相違が強調されているのは、とりわけ正造の神観念をめぐってである。花崎は、「彼の神観、宗教観は、その原理的骨格において、西欧キリスト教のそれとは異質でありとおした、といわざるをえない」（上、二九〇頁）と断言し、「神が絶対他者として人類から疎外され、そのまえに人がひざまずくのではない、ということである。人民としての人民にあくまでも徹して生きる人民の感覚、生活、思想に、その歴史の蓄積のうちに、神聖な無形の力をみ、それを神と名づけているのである」（同二九一〜二頁）と述べている。正造が、唯一絶対神というのではなく、むしろ汎神論的な神観念を持っていたことを強調している。

また、その人物像に関しても、花崎は、正造の無邪気さと滑稽味を重視する。「田中正造の人となりと思想」という一項をたてて、花崎は、「わたしは、田中正造をあまりに悲劇的で求道的な側面からばかりえがくのは当をえていないと思う」（下、三三九頁）と述べ、「田中正造の滑稽味は、本人の大まじめさとうらおもてをなしている。その邪気のないまじめさが、時に度外れで笑いをさそうのである」（同三四三頁）、「自己を飾らずいつわらない態度が、たくまずにユーモアをうむのである。これは、自分にたのむところはあるが、けっして他人より自分が賢いともえらいとも思うことのない彼のありようから発している」（同三四四頁）と指摘している。こうした無邪気さや滑稽味を強調するのも、林「義人」像に対する花崎の違和感の表明にほかならなかった。

さらに花崎は、正造を、民衆の精神史の中に位置づけることを試み、古河の土信田東左衛門（井伊の専暴をおさえるために渡良瀬川中にくいを打ち船の通行を不可能にしたり、領主土井の無責任さを一人で幕府に訴え出た）や、南部三閉伊一揆の三浦命助と比較している。そして、正造の場合も含めて、それらを「個体に煮つめられた一揆」、つまり《ひとり一揆》であることを論じている。くわえて、網野善彦『無縁・公界・楽』を引用して、正造は、「民権の思想を、日本的な「無縁」の思想へとひきよせ、抵抗の主体の原理として煮つめていったように思われる」（同三五一頁）とまとめている。

花崎の結論は、次のようなものである。正造は、「知識人の西欧型自由・平等思想と庶民の在来・土着型の自由・平等思想との亀裂を埋める文化総合」という「課題を生き、将来へ向けてさししめしていた」人物であった、と（同三五二頁）。

このように、花崎は、正造の思想を、「西欧」と「土着」（「近代」と「伝統」）の総合をはかったものとして、非常に高く評価する。正造の天皇観の解釈に関しては疑問が残るものの、六〇年代以降の研究史のなかにみられた「近代」重視型正造研究と「土着」重視型正造研究の総合化を試みた花崎の研究は、評価されてしかるべきであろう。林竹二においては、田中正造が〝封建制から出て封建制の限界を突き破った〟というとき、その原動力としての近代思想はほとんど重視されていなかったからである。

もう一つだけ、注目すべき研究を取り上げておこう。坂元忠芳「田中正造における「教育自治」の思想」（『自由民権運動と教育』所収、草土文化、一九八四年）である。坂元論文は、田中正造の県議会における教育論を中心に、地域自治と教育自治の連関性に着目した点で重要である。坂元は、「田中の主張は、最下流の地域「貧民」の観点から、小学校補助金減額に反対するという明確な原則論であり、その点からむしろ補助を「公の義務」とするものであった。（中略）地域人民の生活の発展の観点から見て、地方税の配分を平等ならしめようとする強い発想があった」（二六五頁）と指摘した。一般に、自由民権期にあっては、教育に対する干渉論と自治（自由）論とが唱えられ、どちらかといえば、官の干渉を「悪」とする自治論の方が優勢であった。しかし、坂元は、正造の「干渉」論の中に、地域自治をより高次の段階で保障していこうとする積極的側面を読みとっている。「それは、いってみれば、自治をより徹底するための社会的干渉を強く主張する、もっとも民主主義的な「干渉」論であったともいえるのである。彼がこの立場からもっとも強く反対したのは、反対論者の「自治」の主張が、豪農または上農層を中心とする自生的ブルジョアジーの階級的要求を反映して、その要求が中等社会と下等社会との差をいっそう拡大し、彼の理想とする

「自治」をやぶる論理を内にひそませており、「自治」の名による自治の否定がそこにふくまれていると彼が判断した点であった」（二七四頁）。

そのうえで、坂元は、次のように結論づけた。「その発想の根底には、晩年まで彼が信念としていた地域の自治を中核とした天皇のもとでの人民の平等という思想が横たわっていた。（中略）ある時期までの田中の自治思想が、このような矛盾を含んでいたことは否定できない。／むしろ彼の帝国憲法観や天皇観は、人民自治の思想の上にたてられていたのであり、その逆ではなかった」（二八四頁）。

この坂元の研究に代表されるように、八〇年代には、五十嵐暁郎や小松裕、神戸市地方自治研究会の論稿など、正造の自治思想に対する関心が高まった時期でもあった。

そのほかにも、正造が残した膨大な資料群からピックアップしたものを編年体にまとめて利用しやすくした『田中正造選集』（全七巻）が岩波書店から刊行されたこと、東海林吉郎・菅井益郎によって、『通史　足尾鉱毒事件　一八七七―一九八四』（新曜社、一九八四年）が刊行され、足尾鉱毒事件の歴史的変遷と、田中正造のあゆみ・思想がわかりやすくまとめられたことも特筆しておきたい。

（六）一九九〇年代

一九九〇年代の正造研究は、『全集』刊行後に正造研究を開始した、いわば〝新しい世代〟による様々な研究成果が提示された点で特徴づけられる。テーマや評価の面で多様化・拡散化の兆しを見せつつも、全体的にいって、田中正造の思想に関する理解が深まり、人権と自治と平和思想、それに生命尊重思想と環境倫理など、二一世紀につながる思想的価値（課題）がより詳細に分析された。その一方で、かつて旺盛な活動により数々の衝撃的な研究を提出した民間研究者（団体）の勢いが弱まってきたように見受けられるのは、きわめて残念なことである。定期刊行物としては「田中正造大学」の『救現』、個人では、花村冨士男や布川了の地道な研究が目立つ程度である。田中正造に対する熱い思いが薄れてきたのであろうか。

正造像に関していえば、かつて鹿野政直は、今後の正造研究が「義人＝戦略家」像を軸に展開していくだろうとの予測を述べた。しかし、鹿野の「義人＝戦略家」像は、正造の思想的個性をどのように捉えるかという問題であった。九〇年代に明確に浮上したのは、田中正造を日本近代思想史の中にどのように位置づけるべきか、という問題であった。八〇年代の花崎・由井の成果を踏まえて、「伝統型」か「近代型」か、はたまた「伝統＝近代」型か、ということである。「伝統と近代」などとまとめると、いささか時代がかった図式のようだが、正造思想が持つ伝統的側面に光があてられたことで、民衆（思想家）田中正造像が、これまで以上に明確に打ち出されてきた。九〇年代のもう一つの特徴といえる。

正造が持っていた伝統思想の革新性を最初に評価したのは花崎であったが、九〇年代にそれは、牧原憲夫と布川清司の手によって深められた。

まず、牧原は、「政治と徳義」（『民衆運動の〈近代〉』所収、現代企画室、一九九四年）で田中正造を取り上げ、正造は明治中後期にあって「民衆的な政事観念を公然と主張」した人物であったと規定している。「民衆的な政事観念」とは、牧原によれば、基本的に政治の「客分」として「徳義」に基づく「仁政」を要求することと整理されている。民衆は、経済活動にも「徳義」を要求し、万一「仁政」が施されない場合には、実力で「不徳」の者を「制裁」してもゆるされるという観念（モラルエコノミー）を抱いていた。そして、このような「仁政」観念が「歴史貫通的に民衆意識の底流を流れつづけ」ており、「それぞれの時代に特有な政治・経済・社会構造」に規定されつつ発現すると位置づけている。こうした観点から、牧原は、正造の鉱毒問題をめぐる政府追及の論理を例に、「田中正造の思想的軌跡を、近代日本における民衆的「政事」観念の発現―発展として読み解いてみるのも、さほど見当違いとはいえないように思われる」（五四頁）と述べている。

もっとも、牧原のこの研究は、仁政観念やモラルエコノミー的発想が、近代日本の民衆運動の中にどのように受け継がれていったかを主要な課題とする方法論的試論とでもいうべき性格のものであるが、正造の発想のなかに、民衆の伝統的な「仁政」観念の残存と活用を読みとっている点で、民衆思想家田中正造像を強く意識しているとまとめることができる。

つぎに、布川清司は、牧原とほぼ時期を前後して発表した論文の中で、よりクリアーに民衆思想家田中正造像を打ち出した。それらをもとに布川清司は、『田中正造』を清水書院の「人と思想」シリーズの中の一冊としてまとめ、一九九七年に刊行した。

布川清司は、市井三郎との共著『伝統的革新思想論』(平凡社、一九七二年)にうかがえるように、以前から、近世民衆の倫理思想が持っていた革新的な側面に着目してきた研究者である。そうした布川清司が田中正造に着目したのは、以下のような理由からである。

「田中正造は私にとってずい分以前から気になる人物であった。当初、私の関心はつぎの三点にあった。第一は、田中正造の思想を研究することによって、明治時代に生きた一人の日本人の倫理思想が究明できるであろうということ、第二は、田中正造の厖大な書き残したものから、明治時代に生きた民衆の倫理思想が取り出せるのではないかということ、第三は、田中正造の苦渋にみちた生涯を通して、民衆運動の指導者としてのあるべき姿(指導者の倫理)がみえてくるのではないかということであった。いってみれば、田中正造を素材として、明治時代の日本人の倫理思想を研究しようという狙いだった」(一頁)。

以上のような問題関心に対応して布川清司が打ち出そうとした正造像は、次のようなものであった。「田中正造は伝統思想と近代思想をともにもつ人であった。ただ、かれにあっては、伝統思想と近代思想がはっきりと区分されて存在したのではない。両者がないまぜになって総体としてかれを支えていたのである。伝統思想に価値がないなどとかれはまったく考えていなかった。それどころかかれは伝統思想を近代の時代に生かそうと努めていたのである。かれの努力は、簡単にいえば、伝統に基づく革新である」(一一五頁)。そして、「正造が近代の時代にとりいれようとした近世的伝統思想の最たるものは、民衆の生活を最優先すべきという近世の儒教的政治理念であったろう。……この近世の儒教的政治理念はそれを省みない近代において、民衆側の抵抗権となって復活するのである。近世的伝統思想をつきつめることによって、意外にも西欧の近代思想に通じるラジカルな思想が生まれたのである」(一一六頁)、と述べている。

このように、布川清司は、近世民衆の不服従の精神が田中正造の中にも脈々と流れていることを指摘し、牧原と同様に、仁政主義が正造の政治倫理の中核であり、それは同時に民衆(貧民)中心主義を意味し、民衆の生存権を重視し、それを侵すものに対する抵抗権の主張となって現れていることを指摘したのである。布川清司の正造像を一言でいえば、明治にあって「伝統に基づく革新」を実践した人、となるだろう。

しかしながら、布川清司は、正造を「伝統思想と近代思想をともにもつ人であった」としながらも、近代思想のバックボーンとなった伝統思想の存在を指摘するのに急な余り、近代思想の位置づけが不鮮明になってしまい、両者のバランスが伝統思想に傾きすぎている。それは、たとえば、正造の権利意識や立憲主義の位置づけ方の弱さとなってあらわれている。さらに、正造の思想の歴史的な分析が不足しており、時代的な変遷のもとに描こうとするダイナミズムにかけ、やや平板な思想の分析にとどまってしまった。また、叙述が自分の関心を優先させた項目の羅列になっており、はじめて正造思想に接する人にとってはきわめてわかりにくいのではなかろうか。

以上のように、伝統思想を重視した民衆(思想家)田中正造像が打ち出されたのに対し、同じく正造の思想の分析を主としながらも、小松裕の『田中正造　二一世紀への思想人』(筑摩書房、一九九五年)は、花崎の問題提起を受け、正造思想の伝統的側面と近代的側面の総合化を試みたものであった。

小松は、まず、従来あまり注目されることがなかった正造のユーモアの精神を指摘し、正造の人間像を我々と同じ地平で捉えることを提唱した。ついで、人権、自立、自治、憲法、「谷中学」、水と自然、宗教と解放の思想に分類し、それぞれの項目毎に思想的変遷を綿密に辿り分析した。このように細分化したことで、逆にそれらの相関関係と正造思想の全体像がわかりにくくなった面もあるが、小松が打ち出そうとした思想像は次のようなものである。

「(田中正造を民衆思想家とする規定には基本的に賛成であるが)一般に通用している民衆思想家のイメージと正造が決定的に異なるのは、正造が、西洋近代思想の受容を通して、いいかえれば、人権思想など西洋近代思想の最良なものを自らの体験に照らし合わせてわがものとすることを通じて、日本民衆の伝統的な思想にあらたな光をあて、その可能性をさらに豊かなものにしたところにある。その意味では、「反近代」型ではなく、「伝統=近代」型の民衆思想家と規定できるだろう。いわば、近代における民衆思想の可能性を典型的に体現している思想家なのである」(二〇六頁)。

それでは、小松の規定は、布川清司のそれとどこがどのように違うのであろうか。一つには、正造における「近代」(思想)がもたらした衝撃の大きさをきちんと抑えていることである。盛岡の獄中で西洋近代思想に接してから、自由民権運動時代にかけての正造は「近代(文明)の奴隷」であり、従来慣れ親しんだ伝統思想を、「徳義」「道義」「正直」などの倫理意識を除いて、一旦は弊履の如く捨て去っているのである。二つには、足尾鉱毒問題に取り組み、「近代」と対決し「文明」批判を強めていく過程で、正造のなかに伝統思想が甦ってくるのであるが、「正造においては、伝統思想の「粋」を活用した近代批判のありようが、決して伝統思想への単なる「回帰」ではなかった……近代社会に生きる民衆が近代社会を生産的に批判・克服していくには、単に伝統的な思想をそのまま対置させるだけではなく、何らかの形での近代思想との架橋、もしくは近代思想を経ての選択的回帰と〝読みかえ〟が必要であった」(二〇八頁)というように、それが自覚的で選択的な伝統思想の復活であったことを重視している点である。また、牧原が、「客分」意識に民衆の「政事」観念の特色を見いだし、正造の政治思想もそれとの関連で理解しようとしているのに対して、小松は、正造が、民衆に対して、人間的自立と共に政治主体としての自立をも期待していたことを指摘している。それも政治の主人公として政治(家)に対する監督権を忘れないよう、ことあるごとに正造は強調していたのである。その意味で、正造が期待した政治的人間像は、極めて近代的市民的なものであった。

さらに小松の研究は、正造の生命尊重思想が西洋近代の人間中心主義を批判的に克服しようとしていたことや、徹底的に「弱者」に立脚した救済観念を育て上げるにいたったことなど、正造思想の独自性と現代的意義を手際よくまとめている。おそらく、今後正造思想の評価は、正造の思想の伝統的側面と近代的側面とを対立的に捉えて、どちらか一方を捨象するのではなく、またどちらか一方を重視して思想的後進性を強調したり、反対に思想的先駆性を賛美したりするのではなく、その両面に目をくばりながら、その結びつき方の独自性と時代の中における意味を探ることによって、両者を統一的総合的に把握する方向に進んでいくのではなかろうか。

しかしながら、正造の伝記的事項に関しては、まだまだ不明な点も数多く残されており、今後の重要な研究課題といえよう。さらに、その思想についても、多様な解釈の余地が残されている。それは、特に正造の天皇観をめぐって指摘できる。ここでは、一例として、佐藤裕史の「田中正造における政治と宗教」をあげておきたい。

佐藤の研究は、正造における政治と宗教の関係を焦点にした力作であり、「宗教は、実践を支える内面的支柱として受容されたのであり、政治を支える限りにおいて存在理由を持った」と、正造においては、あくまで、政治＝主、宗教＝従、の関係にあったと指摘する。そして、「田中正造の宗教思想の核心に在るのは、この儒教的「理」の観念であり、彼の「神」とは、キリスト教の超越神ではなく、むしろ「天理」の観念なのであ」って、たえず「宗教は倫理に還元される傾向を持」った、と指摘している。倫理的なレベルでの受容を強調しすぎて、正造に独自の救済観念を見落としてしまうことになっているが、佐藤は、「政治と宗教は、帝国憲法によって連関」されていたとし、結論として次のように述べる。

「帝国憲法の実施という「自然への作為」によって復活されるべき日本とは、一君万民の「国体」であり、谷中村はその中の自治村なのである」。「田中正造の「自治」は「国体」を否定するのではなく、それを前提にする」。「「艱難苦節」の末に得た収入から租税を負担する農民と、それを「理想」にしたがって、「恩沢」として下賜する天皇との、有機的相互関係が表象されよう。そのような天皇と農民との一君万民的「国体」こそが、帝国憲法実施という「自然への作為」によって実現されるべき「自然」だったのである」。同じ史料を用いながら、前述した遠山の評価とは正反対の評価を下していることがわかる。

他の部分で、佐藤は、正造の民権論の前提に「「皇統無窮」の「国体」観」が存在していたと指摘しているが、このように、佐藤の見解では、正造が最終的に理想としたものが、「一君万民的「国体」」であったとされている。

直訴までの正造の天皇観には、そのように受け取られても仕方のない側面があったと私も考えているが、その後の天皇観をみると、そういった側面は陰をひそめていくといえるのではないか。佐藤の研究は、天皇に関する言及がなされている史料の性格による相違（それが公開を目的にした請願書等に記載されたものか、またそうではない日記の文章なのか、という史料的方法論の問題）への着眼が弱く、また正造における天皇観の変遷をほとんど等閑に付しているように考えられる。

一方、そうした点も念頭におきながら、晩年の正造の天皇観にみられる天皇批判と天皇万歳の矛盾に着目した南敏雄も、正造の内面において、理想の天皇（「反体制のシンボル天皇」あるいは「変革の原理・天皇」）と現実の天皇とが厳密に区別されており、前者からする後者への批判が晩年にみられる天皇批判の意味であると主張している。正造は、最終的にこうした「理想的天皇制の論理を徹底明確化した」のであり、それは北一輝などの右翼的日本変革運動の論理につながるものであった、と評価しているのである。佐藤が主張するような「一君万民的「国体」」も、徹底した天皇の前の平等を追求していくことで右翼的な日本変革運動の論理に帰着するのであり、その意味で、両者は同じような結論を提出していると考えられる。

戦後の研究史は、五〇年代までの研究にみられた天皇主義者正造像をいかに克服するかを一つの課題としてきており、そうした規定をくつがえそうとするあまり、正造を共和主義者と位置づけてしまうような研究も見られたのであるが、九〇年代に入って、逆に、さらにラディカルな天皇主義者正造像が提示されたといえるだろう。

その他、小西徳應の精力的な実証的研究の提示や、八〇年代からの特徴でもある正造に関連する周辺の人物研究の深化（とりわけ九〇年代にあっては、木下尚江、内村鑑三、新井奥邃など）なども、指摘しておきたい。

巻末に、『田中正造全集』が完結した一九八〇年から二〇年間にわたる研究文献のリストを付したが、私が拾い集めたものだけでも三〇〇点以上にのぼる。それほど厖大な研究史の蓄積があってなおかつ、私が田中正造研究をまとめようと欲した意図は次のような諸点にある。

二　課題と方法

第一に、田中正造の思想を、時代背景を踏まえ、正造の内面に密着し、あたうかぎり綿密に分析し、評価することである。前述したように、正造の思想はきわめて多様に多彩に評価されてきた。その原因は、ほかならぬ評価主体が時代の影響を強く受けていることや、評価主体が時代とどう向き合い、どのような思想を抱いているかなど、およそ思想史研究の根本にかかわる諸問題に求めることも可能であるが、田中正造の思想自体が多様な解釈を可能にしていることが最大のものであろう。だから、正造の思想のどの側面を重視するかで、正造の思想像は大きく変貌し、ときには一八〇度異なった解釈が提示されたりしてきた。私のねらいは、こうした正造思想の解釈の交通整理を行い、現時点でもっとも妥当だと判断できる解釈を提示することである。こうした試みを、私は、すでに『田中正造　二一世紀への思想人』のなかで行ったが、まだまだ正造の思想を十分論じきったとはいえないし、先行研究に対する批判をかなりセーブした結果、なぜそういう解釈が可能なのか、いささかわかりにくい叙述になった部分もあった。

第二の課題は、田中正造の伝記的研究の水準を少しでも高めたいことである。現在のところ、正造の伝記的事項をもっとも正確かつ詳細におさえているのは、『全集』別巻に所載された日向康作成の「年譜」である。日向の「年譜」の恩恵を私も多大にうけているが、たえずその「年譜」を座右において正造研究を進めていくうちに、日向の「年譜」にも、漏れ落ちている事実やあやまりがかなりあることに気づいた。とりわけ、正造の前半生に関しては、日向も、「田中正造昔話」にかなりの部分を依拠している。「田中正造昔話」の引用にあたって、より慎重な史料批判が必要なことは、東海林吉郎や布川了、由井正臣らが指摘するとおりである。そこで、本論では、現時点で判明した事実をできるだけ紹介して、今後の正造研究の進展につなげたいと考えている。同じことは、足尾鉱毒反対運動に関しても指摘できる。こちらも、可能な範囲で、新事実の紹介に努めたい。

その上で、最終的に目指しているのは、田中正造の思想を、日本近代思想史のなかにきちんと位置づけることである。それは、日本近代思想史のなかに田中正造の思想を位置づけた仕事が、意外なほどに少ないからである。先行研究としては、おそらく、「田中正造を近代日本思想史のなかに正確に位置づける」ことを企図した中込道夫『田中正造と近代思想』があげられる程度ではなかろうか。そこで、本論では、中込の研究を批判的に継承しながら、田中正造の思想史的位置づけを試みたい。

中込によれば、近代日本の思想家は、「都会型」と「在村型」にわけられ、福沢諭吉・中江兆民をはじめとするほとんどの思想家は「都会型」であり、数少ない「在村型」思想家の代表が田中正造である、という。[7] さらに中込は、正造の思想的中核が、村落共同体を基盤とする農民共同体精神からブルジョア民主主義思想へ、そして「東洋的無政府共同体（社会）」へと三段階の「転移」を遂げ、最終的に「反近代「在村型」思想」に到達した、と整理している。その上で、中込がどのように正造を位置づけているか、該当する部分を引用してみよう。

「田中正造を日本近代思想史の上に位置づけようとするとき、他のいかなる思想家とも異なる点は、その思想の一貫性と創造性である。かれは、つねに人民の中にあり、人民の観念を思想化し、人民を指導し、そしてそれを組織化していた。／（中略）田中正造こそ、輝ける、日本近代最初の民主主義運動における正統な嫡子であり、中江兆民、板垣退助などではなかった点は強調したい」（一九六頁）。

「田中は近代日本思想史のなかで、その主体性の深さ、独自の思想領域から民衆の解放運動に、民衆の権利を守るために捧げ尽し、資本主義・軍国主義を社会主義的視点ではなく、民衆視点から否定した先駆者であった」（二七九頁）。

「西欧的観念の「自然権」思想の論述者であった福沢や中江とは次元を異にした風土のなかから西欧「自然権」思想を見事に展開させた田中正造こそ、日本近代史のなかで、もっと正しい座標を獲得すべき人である」(二九六頁)。

中込の研究は、田中正造がたえず人民の立場にたち、人民のなかにあって思想を構築し、人民と共に歩みつづけたことを強調している点で評価に価する。さらに、西洋近代思想を単に祖述したのではなく、土着思想のなかから苦闘しながらその本質部分をものにしていったことに、先駆的に着目してもいる。しかしながら、反近代と無政府主義に引きつけすぎて正造の思想を描いている点は大きな問題であるし、なによりもその最大の問題点は、正造を高く評価するあまりに、福沢諭吉や中江兆民の思想を正確に読みとらず、不当に低く評価してしまっていることである。これでは、正造の思想を日本近代思想史のなかにきちんと位置づけたことにはならない。

一例をあげれば、中江兆民『平民の目さまし』のなかの、「天子様は尊きが上にも尊くして、外に較べ物の有る訳のものでは無い」という一節を引用して、中込は、兆民が抱懐していた天皇観も、天皇を「超越者」とみる明治絶対主義者と同一レベルのものであったと強調している(二二六頁)。『東洋自由新聞』に掲載された「君民共治之説」などにみられる兆民の天皇観の複雑さを看過し、きわめて表面的な理解にとどまっている。その反対に、正造に対しては、「明治期最大の人民革命家」「反戦革命思想家」と、最大限の讃辞を惜しまないのである。

このように、唯一の先行研究ともいうべき中込の研究は、『全集』刊行に先立つ研究という制約条件を差し引いても、大きな限界があるといわねばならない。やはり、困難な作業ではあるけれども、福沢諭吉や中江兆民、幸徳秋水や木下尚江などの思想を正しく理解することなしに、正造の思想を日本近代思想史のなかに位置づけるのは不可能であろう。本論では、そうした課題に一歩でも近づくために、可能な範囲で他の思想家との比較を試みている。

また、本論では、第一部を一八九〇年の衆議院議員当選まで、第二部を一九〇四年の谷中入村まで、そして第三部をその死まで、というように三部構成をとっているが、あらかじめお断りしておかねばならないのは、このような時期区分が、かならずしも正造の思想的な画期と一致していないことである。いま仮に正造の思想を時期区分するとしたら、三つの大きな分岐点を設定することができる。

まず、一八七三年から七四年頃で、盛岡の獄中で西洋近代思想に接し、出獄後も関連する読書を通して近代思想を受容していった時期である。それまで、儒教や民間信仰を中心とした伝統思想の世界に住んでいた正造は、ここではじめて「近代」に目覚め、「文明」のとりことなった。近代思想の核心をなす「人権」の価値についても学んだ。

第二には、一八九九年から一九〇〇年頃である。正造のなかに「非命の死者」像が確立したことが、その指標である。その結果、同じく「人権」といっても、その内容は「所有権」から「生命」を中心とした「生存権」へと比重が移行し、あわせて「近代」「文明」に対する批判的視座も徐々に形成されてくる。「平和」の重要性にも着眼するようになってくる。

第三は、一九〇七年に求めることができる。谷中残留民に対する強制破壊とその後の過程のなかで、正造の「谷中学」が転回していったことがその大きな理由である。この後、正造の民主主義思想が全面的に開花するとともに、宗教や自然に対する言及も格段に多くなってくる。

しかしながら、本論がそのような思想的時期区分による構成をとらなかったのは、正造の思想だけでなく、その生と行動にもできる限り目を配ろうと考えたからである。その結果、国会議員当選と谷中入村で大きく区切るという、これまで刊行された正造の伝記と同じような時期区分を採用することになった。(8)

最終的に検討しようと考えていることは、正造の到達した国家構想の内実をふまえ、正造の思想が日本の近代思想にどのような豊かさを与えるのか、という点である。それを考察することは、おそらく、日本近代思想の世界史的可能性を探ることになり、結果として、私たちに日本近代思想史の書き直しを迫ってやまないであろう。またそれは、民衆にとってもっとも望ましい近代とはいかなるものであったかを明らかにすることにも通じるであろう。

上記のような課題に接近するために、本論では、以下のような方法をとった。

まず第一に、正造が残した史料の解釈の方法である。先にも指摘したように、正造思想は実に多様な解釈を可能にしてきた。しかし、それは、ある意味で、史料解釈の方法がまちまちであったことを意味していよう。ある者は、一八八七年（明治二〇）の史料と一九一〇年（明治四三）の史料とを、その間の時間的経過を無視して同列に論じたり、またある者は、書かれた正造の言葉を、それが発された心理的背景や史料の歴史的文脈を無視して、そのまま受け取ったりしてきた。そうした混乱をさけるためには、一定の史料論が必要になってこよう。

これは思想史研究の方法に関わる問題でもあるが、私は、正造の史料の解釈にあたって、以下のような方法を採用した。まず、正造の残した史料を、その性格に応じて、A＝日記、B＝親しい友人知己宛書簡、C＝その他の書簡、D＝演説等の草稿、E＝実際に行われた（発表された）演説（論稿）等、の五段階に分けた。そのうえで、同時期に対立するような見解が見られる場合には、ランクの高い史料をより重視するようにした。つまり、AとDが異なっている場合には、基本的にAを採用するように心がけた。ランクの高い方が、それだけ、正造の真情を表現していると考えられるからである。それに、一つの言葉だけを取り出すのではなく、その言葉をあくまで当該史料全体のなかで解釈するようにこころがけた。それだけではなく、時間軸も加味し、史料が書かれた時期の全体的な思想的傾向や、その前後の時期との異同等にも留意して、最終的な判断を下している。

もとより、思想史研究に、唯一絶対の解釈は存在しない。あるのは、より妥当な解釈だけである、というのが筆者の立場である。だから、思想史研究は、解釈の正しさを競う学問ではなく、解釈の妥当性を競う学問なのである。思想史研究者は、一つの思想を解釈するにあたって、まず、時代という制約条件を踏まえて考え得るあらゆる解釈を頭に思い浮かべる。そして、より可能性が低いと考えられる解釈を一つずつ消去していく。そのようにして最後に残った解釈を、当面の理解として取っておく。その後に、そうして組み合わせていった思想の全体像の中でそれを検証する。まるでジグソーパズルのようであるが、それがどうしてもぴったりあてはまらない場合には、もう一度最初からやり直す。解釈に相互矛盾が生じた場合には、基本的に自分の解釈の矛盾と考え、思想家の矛盾とはみなさないからである。そうした果てしのない作業を二〇年余にわたって続けてきた一つの結果が本書であると考えていただきたい。

第二には、『全集』を綿密に読むことは当然の大前提であるが、正造研究に際して従来利用されてきた諸史料に加え、新聞や雑誌史料を活用したことである。それは、『全集』等の史料に依拠しただけでは、どうしてもおさえきれない部分が生じるからである。だから、田中正造の伝記的研究の水準を高めるためには、新聞等の二次史料をおおいに活用する必要がある。また、正造の政治的活動や鉱毒反対運動を考えるには、在地の動向に注意を払う必要があるが、それらを伝えてくれるのも新聞等である。それに、新聞報道等を活用することによって、同時代の人間が抱いていた田中正造イメージを浮かび上がらせることもできる。運動のためにマスメディアを利用しつつも、報道によるイメージの一人歩きや、イメージと実像のギャップに苦しむ正造の姿が見えてくるかもしれない。マスメディアが発達した近代に生きる人間ならではの苦悩といえよう。もちろん、新聞報道がかならずしも事実を伝えているとは限らない。引用にあたって細心の注意を払う必要があることはいうまでもない。

第三には、先行研究に可能な限り目を配ったことである。最初から批判しようという姿勢で読むのではなく、内容をきちんと理解し、その主張を正当に受けとめるところから始めた。学問研究において極めて当たり前の事柄であるが、それは、自分の見解がオリジナルなものであるのかどうかを検証確認し、研究史のなかに自説を正確に位置づけたかったからである。それとともに、対立している見解をきちんと整理し、あわせて自説を提出しておくことで、今後の田中正造研究の便宜をはかりたいというひそかな願いがあるゆえでもある。前述したように、田中正造研究の蓄積は非常に厖大であるため、既に指摘されていることを、あたかも最新の説のように嬉々として主張しているところが、あるいはあるやもしれぬ。ご指摘いただければ幸いである。また、説が対立し、私自身もどうにも判断がつきかねた問題は、無責任のようではあるがそのまま提示しておいた。今後の研究に委ねたく思う。

本論は、田中正造の思想的伝記ともいうべき性格のものなので、あくまで田中正造を中心にみていっており、足尾鉱毒問題や被害民の反対運動については多く言及していない。また、引用した史料中には差別語に類する言葉も含まれているが、歴史的な史料であることに鑑みて、そのまま使用している。また、史料引用はできるだけ原文に忠実に行ったが、一部旧字体を新字体に改めたところがある。また、傍点や圏点等は省略した。失礼とは思いながら、多くの先学の敬称も省略させていただいた。あらかじめ、ご了承を乞う次第である。

注

(1) 編集は、田中翁遺跡保存会編纂部。遺跡保存会の会長は箕浦勝人であった。なお、第四巻のみ、川俣事件関係の資料の「謄写蒐集」に手間取り、刊行が一九二七年にずれこんだ。

(2) 佐倉宗吾に関しては、一九二一年に発行された千葉胤義『佐倉義民木内宗吾郎』の「自序」が、「方今我思想界の動揺は、誠に憂慮に耐えざる現象を来しておる。……各人多くは皆利己を旨とし私利を計り……斯の時に方って危険思想が襲来したのであるから、之を防いで人心を善導し、思想を穏健ならしめんとする」ことが肝要であり、「この故に今日は仁義忠孝の大義を大に鼓吹しなければならぬ時である」から佐倉宗吾の伝記を刊行したとその目的を明らかにし、「我輩は、日本に於ける忠義の典型とし又国民の大恩人として、楠木正成と佐倉宗吾郎とを並べて大に推賞したいと思う」と述べている。(以上、横山十四男『義民 新版』三省堂、一九八一年、より重引)

(3) 研究史を振り返るならば、ここで、木下尚江の仕事にも触れておくべきであろう。木下の『田中正造翁』(一九二一年)、『田中正造之生涯』(一九二八年)、『神 人間 自由』(一九三四年)のいわゆる三部作も、『義人全集』とは別な意味で田中正造像の原型を形作った。すなわち、『義人全集』が、天皇直訴までの正造を重視しているのに反し、木下は谷中入村以後の正造を重視した正造像を打ち出し、正造の真価は、むしろ直訴以後の思想にあることを強調したのである。木下にとっての正造は、「予言者」であり「神人」「聖者」であった。谷中村におけるたたかいを重視した木下の正造像は、戦後も林竹二らによって受け継がれていく。

(4) こうした塩田の見方は、その後も継続し、『日本社会運動史』(岩波書店、一九八二年)でも足尾鉱毒反対運動の位置づけは極めて低いものとなっている。しかし、近年、塩田は、田中正造の思想の先駆性を逆に非常に高く評価するようになった。まるで、五〇年代の評価を忘れ去ったかのような、一八〇度の変貌ぶりである。

(5) 明治一三年、当時の栃木県令藤川為親が、コレラの伝染を防止するため、渡良瀬川の魚類の捕食を禁じた布達を公布したのを、正造が、後に国会で、足尾鉱毒に汚染された魚類の捕食を禁じた布達であったという「虚構」を作り上げて活用した、という説。

（6）『田中正造と足尾鉱毒事件研究』三号（一九八〇年八月）に収録された。

（7）「都会型」とは、「国家ないし政府に対する態度如何によってその思想内容が規定され」る理念的観念的な思想家であり、「在村型」とは「民衆意識」の上に立脚し「民衆の実態から思想化」を行う思想家である、と中込は述べている。そして、「都会型」思想家をさらに三つに区分し、福沢諭吉など啓蒙主義者の「国家」追認型、社会主義者などの反「国家」型、三宅雪嶺・陸羯南など伝統主義者の反政府型、と整理している。いささか図式的過ぎる捉え方である。

（8）正造の生涯に即して考えれば、一九〇一年の天皇への直訴が最大の画期ということも可能である。なぜなら、直訴は、正造自身がそこで自らの生を区切ろうとした行為であったからである。しかしながら、後世に生きる人間である私は、直訴前と直訴後の正造の思想にかなりの部分で連続性がみられることを重んじて、直訴で区切ることをしなかった。

第一部　自由民権家田中正造のあゆみ

第一章　田中正造における思想形成

第一節　青年兼三郎の意識の態様

一　名主就任まで

田中正造が生まれたのは、一八四一年（天保一二）一一月三日のことである。関東平野の北に位置する下野国安蘇郡小中村、現在の栃木県佐野市小中町で、父富蔵、母サキの長男として誕生した。幼名を兼三郎といった(1)。

一八四一年というと、伊藤博文や福地源一郎も同じ年の生まれである。のちに自由民権運動を理論的にリードした中江兆民が一八四七年、馬場辰猪が一八五〇年、植木枝盛が一八五七年の生まれであることを考えると、世代的には、徳富蘇峰のいう「天保の老人」そのもので、むしろ維新世代といってよい。

さらに、一一月三日という誕生日にも注目しておきたい。後の明治天皇睦仁と同じである。このことが、田中正造をして明治天皇への親愛の情を育む大きな要因となったからである。

正造の家は、祖父善造の代から名主をつとめていたが、経営規模からいえば作男一人もしくは二人を置く「中等の財産」に過ぎなかった。また、小中村の実高は一四三八石余りであったが、典型的な「相給入組支配」の村であり、正造の主家の旗本六角家が一〇一二石余り、旗本佐野家が四〇九石余り、そして浄蓮寺が一六石余りを給されていた。六角家の知行地は、小中村の外に足利郡に六ヵ村、武蔵国に二ヵ村あった。

このような位置にある地域に生まれた兼三郎は、一八四七年（弘化四）のころから、赤尾小四郎の塾に学び始めている。赤尾は、備後福山藩の出身で、号を鷺州といった。一八二一年（文政四）に外祖母萩原氏を頼って小中村に参り、正造の父富蔵の世話で村の阿弥陀堂に落ち着き、村の子弟を教えたとされているが、日向康によれば、一八二一年の時点では富蔵はまだ五歳であり、赤尾の孫の豊三の記憶違いであろうということである（『全集』別巻「年譜付言」参照。なお赤尾小四郎に関しては、補論一を参照してほしい）。

「田中正造昔話」（以下「昔話」と省略）によれば、幼時の正造は、大変に「強情」な子供であると同時に、「評判が悪い」という世評をとても気にする、矛盾する性格を併せ持っていたようである。それに、「野心の僧を好めり」として仏門入りを考えたというエピソードからは、福沢諭吉がそうであったように、家柄・身分に関係なく栄達が可能な僧侶になることで封建的身分制の桎梏から逃れようとする強い衝動が感じ取れる。

一方では名主として身分秩序のなかにガッシリと組み込まれながら、また名主という職務に強い責任意識を持ちながら、その一方ではそこからの脱出を願ってやまない。若き兼三郎に内面の葛藤が存在していたことを物語っていよう。

二 勤勉な毎日

兼三郎が、父の割元就任の後を受けて小中村の名主に就任したのは、通説では一八五七年（安政四）、一七歳の頃といわれているが、後述するように、富蔵の割元就任が一八五九年（安政六）と考えられることから、田村秀明が主張するように、名主就任「一九才」説＝一八五九年説が妥当のように思われる(2)。浦賀にペリーが来航してから、すでに六年が経過していた。しかし、若き名主兼三郎は、そういった政治的大変動に目を閉ざすかのように、専ら農事に奔走していた。いや、こういっては正確ではない。農事に商用に教育に公務に……、と大忙しの毎日を送っていた。「昔話」には、次のようにある。

予はまた此頃よりして大に農業に勉めたり、実に当時の勉強は非常にして、他人に比すれば、毎反二斗の餘収を見たり、右手には鍬瘤満ち、左手には鎌創満ちて、其痕跡は今尚ほ此の如し（此時氏親しく双手を示す）、顯に五指の密接する能はざるもの、実に当時に賜はりたる勲章なり。去りながら農の利潤は極めて僅少のものにして、是ぞ洵に粒々辛苦の汗のみなれば終に傍ら藍玉商となれむを企つるに至れり、父の曰く汝の職苟くも名主たり、然るに商となり、人の下に立て錙朱を計らんとするは何の心ぞやと、頻りに餘の商たらむを止むるも、性来の一徹心いつかな聴き入れずこれより家事経済を村老萩原某に商業を高原某に、藍玉製造を青木某に問ひ以て躬身実行の日課を左の如く定めぬ。

朝飯前必ず草一荷を苅る事
朝飯後には藍ねせ小屋に入り凡そ二時間商用に従ふ事
右終りて寺入りせる数十の小児に手習読書を授くる事
夕飯後また藍ねせ小屋を見廻り夜に入り某寺院に至り朋友と燈下に会して漢籍の温習を為す事
又耕耘は常の事にて公務は自宅にて取扱ふを例とせり。（①八〜九）

このように、兼三郎は、大変多忙な毎日を送っていた。鎌の傷が絶えないほど精を出した草刈のために、「村中古老の農民草乏しきを告げたり」というほどだった。また、父に戒められても止めなかった藍玉商に関しては、次のようなエピソードが残されている。

兼三郎商人となりたる処、一日北部葛生町に藍の葉仕入れに赴けり。見込より相場沸騰す。他の商人は尋常に沸騰せる相場にて買入る。兼三郎は之を買はずして南方に走り、先ず居村民の未だ沸騰せる相場を知らざるに乗じて安価の相場にて買入れ、夫れより南上野に至り両三日を経て帰村す。此時村民は安価に買ひ抜かれたるを恨み、村民集合して申合せ、兼三郎に藍は誰も売らざる同盟を起さる。兼三郎驚き、直に相場に直して其金を各自に与ふ。村民亦其悔悟の速なるに驚けり。(「回想断片九」、①二七五)

相場の変動を利用して儲けることは、商人にしてみれば「才覚」=「商才」のうちのことである。しかし、兼三郎は、それを得意がらず、すぐに悔悟して、安く買った藍玉の差額を支払っている。また、この藍玉商を通じて三〇〇両を得たというが、それを私欲のためには使わずに、「社会の大学」=六角家騒動で費消したという。

「昔話」を執筆した一八九五年当時の考え方がかなり反映されているであろうが、ここからは、田中正造の独特な経済観・財産観なるものが見て取れる。「富」の追及を罪悪視していないこと、「不正」な金儲けはしないこと、財産を私欲のために使わないこと、である。道徳に支えられた経済観、あるいは道徳と経済の一致ということもできるだろう。藍玉商のほかにも、空き地をみつけては農作業の合間に開墾したり、松苗を栽培したり、桑を植えたりと、正造の活動は単に水田の耕作に止まらなかった。こうした商品作物の栽培にとどまらずその販売にまで踏み込んだ農民は、当時にあって新しいタイプの農民であった。[3] しかし、その活動はあくまでも副業としてのそれであり、身を粉にするような勤勉さがそれを支えていた。さらに、正直であることや「信用」を人一倍重んじた。このような経済観・財産観が、後の正造の資本主義認識や企業活動観、さらには政治家としての「公」意識を規定していったことは、想像に難くない。

三 〝平等〟の実践

名主就任前後の正造には、〝平等〟の実践ともいうべきエピソードが数多く残されている。そのうちのいくつかをここで取り上げてみよう。

まず、第一に、名主になる前の一六歳のころ、「貧民の状態」を知るために、「草履草鞋拵へ、馬糞浚ひ、木の枯枝折等」の「貧民の為す仕事を悉く為した」ことである。なかでも、毎朝四時に起きて、炭問屋から炭を運ぶ馬丁を熱心に行ったという。一六歳にして「下情」を知る努力を重ねていたとは、名主になるための心構えづくりといった位置づけを自ら与えてのことであったろうか。そういえば、南部藩の肝煎格の家であった三浦命助も、一七歳で院内鉱山に出稼ぎをしたり、「浦方」と「山方」を行き交う荷駄商もやっていた。しかし、命助の場合は、飢饉による生活上の必要に追われてのことである。[4] 差し迫った生活の必要がなく、また小遣い稼ぎというわけでもなしに名主の息子が「馬方」をするというのは、当時の一般の常識からいえば、まさに異様なことであったろう。しかし、父から「名主」の職にあることを理由に藍玉商を止めるよう勧告されたときも聞き入れなかったように、正造にしてみれば、名主の家格や体裁にそれほどのこだわりはなかったといえる。むしろ、名主としての職務を滞りなく遂行することこそ、正造が第一に考えていたことであったろう。

第二には、これも名主就任以前のことのようであるが、家柄によって決められていた衣服の制限を取り払おうとしたことである。「昔話」には、「村俗家柄を重むじて、百儀おのずから制限あり、小民にして身分に過るの衣服を着する時は郷党の為にいたく排斥せらる、予や之を不当の制となし、自ら名主の悴たる権勢を利用して、之等小民にも随意の衣服を着用することを説きたり、これは今日より省みるも強ち悪しとは思はず」(①七)と出ている。家格や家柄の違いを可視化することによって維持されている村の秩序の中で、衣服のような〝無用〟な区別をなくしていこうとする姿勢は、身分秩序の桎梏から逃れようとして僧になることを志したことと共通する心性の現れであるが、ただこの場合「名主の悴たる権勢を利用して」とあるので、身分制を利用して身分制の弊害をなくしていく〝上からの啓蒙〟といった色彩が強い。

第三には、一八歳のころ、ハンセン病の死者の葬儀に参列したことが上げられる。「回想断片四」によれば、次のようにある。「縁家先に死人あり。此死人癩病の死人なりとて依て近隣縁者葬儀に立合ふ事を忌む。兼三郎一八。憤慨、殊更行かずともよき処に行き、近き親戚の如くして葬儀に関す。後兼三郎妻を娶らんとする時、此馬鹿義侠は甚だ妻を迎ふる時の害となり、父母等其弁解に苦めりと聞き、兼三郎は笑って之を意ともせざりき」（①二七二）。

また、これは、奥羽盛岡の獄から解放され、帰村してからのことであるが、田中正造がいかに〝平等〟を実践していたかの好例としてよく引用される、「田中正造穢多を愛す」ではじまる有名なエピソードを、第四の事例として見ておきたい。「回想断片二三」をそのまま引用する（引用史料中の（　）は『全集』の注、〔　〕は原文、［　］は小松注、／は改行部分をさす。以下同）。

田中正造穢多を愛す。六〔七〕年出獄してより郷里に帰り農事に従事す。夏麦打雇人に穢多を用ゐたり。時に炎熱の候麦打の労甚し。雇人等に与ふるに清水を桶に盛り来り、一椀をその内に投じ置、雇人をして交る〳〵自由に其水を飲ましむ。穢多も飲み正造も飲めり。正造此穢多と一椀交る〳〵にす。衆皆之を卑しとしたり。当時村中の流俗穢多を卑しみて床上に登らせず、又湯に入れず。正造即ち穢多を湯に入れ座上に登す。毎日日課卒りてより夜に入り穢多の労を慰め酒を与ふ。正造又其盆〔盃カ〕を交換す。当村老弱男女神仏を祈るの徒は正造の行為を賎みて隣伍親戚又来らず。正造穢多の人類中に区別すべからざるを説けり。而して説けば説くほど衆皆眉をひそめて唾を吐き、終に正造をも穢多の如く正造に湯茶を飲ますることを忌みて正造不便多かりき。（①二九五）

このエピソードを、例えば上杉聡は、その著『天皇制と部落差別』（三一新書、一九九〇年）の中で、賎民廃止令以降も部落の人が交わってくることへの拒絶反応が強く、差別事件も相次いでいた時期にあって、「差別をする悪い人ばかり」ではなかった「良い例」として紹介している。[5] 確かにその通りであろう。私も、こうした田中正造の〝平等〟の実践を高く評価する点では人後に落ちないつもりだが、『全集』を注意深く読んで行くと、そのように手放しで礼讃できる性格のものではないことも指摘しておかねばならない。

それは、一九〇五年四月三日付けの島田熊吉宛葉書に、「横堤も十五人計りの正義派あり。只買収派ハ新平民連の二、三十人あるのみ」(⑯三九一)と出てくるのが、どうにも気になって仕方がないからである。おそらく谷中村の買収反対運動を組織するために奔走していた時期で、手紙を書く暇もないほど多忙を極めていた時期のことである。そして買収に応じた人々のことを、内心は別にして、口を極めて罵倒していたことを考えると、この葉書の表現には、〝新平民連中め〞という一括りにした不満や、〝新平民だから買収に応じた〞といったニュアンスが含まれていなかったとは言い切れないのではなかろうか。[6]

実は、第三に上げた「癩病患者」に関しても同じことが指摘できる。雑誌『廓清』の一九一一年一〇月一日号に発表された「改良の余地なき悪制度」は、田中正造の公娼制度に対する批判的見解がまとまった形で展開されている興味深い論稿であるが、その中に、「此娼妓を買はんとする男子には肺病なるもあり、梅毒の者もある。即ち娼妓は肺病患者でも、梅毒患者でも、甚しきに至っては癩病患者でも(勿論表面に表れざる者)之に接しなければならぬ。」(『田中正造選集』第七巻一九四~五頁。以下、『選集』⑦一九四~五と略記)と出てくる。「公娼」という名の下で奴隷のような境遇を強いられている娼妓への田中正造なりの同情心を表明した部分なのだが、ここで「甚だしきに至っては癩病患者でも」と引用されている表現に、やはり私はこだわりたい。

ただ、ここに上げた二つの事例は、遥かに後年のことである。そのことをもってして、ただちに幕末維新期の〝平等〞の実践の意義を否定できるものではないし、またそうするつもりもない。しかしながら、田中正造の生涯の全体を通して考えるならば、時代的な制約もあって、ハンセン病患者や被差別部落民衆に対する差別や偏見から完全に解放されていたとは言い切れないことを、事実として確認しておきたい。

問題は、こういった平等観念がどのようにして形成されたのか、という点であろう。これについては、第一章の「小括」で検討してみたい。

第二節　富士浅間信仰の問題

一　熱心な信仰ぶり

案外重視されていないことだが、幕末期の田中正造は、富士講の熱心な信仰者であった。

赤尾小四郎の塾に通いはじめたころのことである。記憶力が乏しかったと自らいう正造は、赤尾が「試筆《かきぞめ》」の手本として与えた文章の読み方をどうしても覚えられなかったために、他の子供たちのように、「試筆」をしてそれを親戚に献じ、小遣いをもらうことができなかった。そうすることは、郷里の風習であったにもかかわらず、正造は、目の前で読ませられることを恐れて「試筆」を台所に放り投げておくだけだったという。「是れ予が七歳の時なり」という。正造は、やや吃音の気味があった。

そして、この文章は、次のように続く。「予は此の如く記憶力に乏し、左れば予も自ら憂憤して独り富士浅間を信仰し、厳冬堅氷を砕き水中に投じて記憶力を強からしめむ事を祈れり」（①四）。

これが、正造の富士浅間信仰のはじまりであった。先の文章の、「是れ予が七歳の時なり」と「予は此の如く記憶力に乏し」の間に時間的なズレがさほどないものと仮定して読めば、正造が記憶力を増そうという「現世利益」的な関心から富士浅間信仰に入って氷浴をしたのは七歳のことになる。

そして、一三歳の時のこと。「新宅（分家）のおなみ」という人が大病に罹ったとき、病気平癒祈願のために「おなみ」の弟の千代吉と一緒に「毎朝寒天水を浴し」、一里ほど離れた奈良淵の浅間神社に裸足で「三七日」（「回想断片四」では「一七日」）の参詣をした結果、「おなみ」の病気は全快し、家族や親戚、近隣の人たちが皆「兼三郎の義心ニ驚けり」ということがあった（「奇談随筆」①二四七）。

さらに、「回想断片八」に描かれている網戸村の浅間神社内の鉱泉に湯治したときの話は壮絶としかいいようがない。「瘡毒疾ひぜんの患者」が多数入り、しかも一七日間は汲みかえない「油の如く濁れる湯」を、霊験あらたかだからといって手拭で漉して一日に二、三合も飲み、あげくに下痢をして憔悴しきった体に鞭打ち、競って一日に何百回となく神社の境内を裸足で回り、二週間も断食して、そのはては「総身に瘡を発して」膿みがだらだら流れるようになって家に帰った、というのである（①二七四〜五）。

この話は、推測するに、おそらく、一五歳で淋病に罹患した後のことではないかと思われるが、それにしても、逆に生命の危険をおかすほど熱心に浅間神社を信仰していたことは否定できない。

「現世利益」的な関心からとはいえ、なぜ、このように、自分から進んで富士浅間信仰に接近し、熱心に信仰したのであろうか。それを知るには、正造の家庭と地域の宗教的環境を探る必要がある。

正造の家族は、皆、何らかの熱心な信心者だった。祖父は「神を敬」することの厚い人物で、後述するように、とりわけ富士浅間信仰に熱心だった。正造の妻は、正造の家の近くにある柿本人麻呂を祀った人丸神社の信奉者だった。また妹の「りんハ幼年のとき神を祈る事を好めり。又仏を拝するものなり。／鎮守参リハ大体幼年ニテ（十二、三才ニテ）一日、十五、二十八日ノ三回ハ必ず勤めたり」という（⑭三六六）。このように、正造の家庭生活は、宗教、「神」信心と切り離せないものだったことがわかる。

しかし、それだけでは、なぜ富士浅間信仰でなければならなかったのか、の説明にはならない。祖父の信仰の影響とも考えられるが、正造が生まれた小中村と、それを取り巻く安蘇・足利地方の宗教的環境はどうであったろうか。そのとき、私たちは、正造の「回想」の中に、「坂原茂平」という人物が出て来ることにまず気づく。正造が病を得たときに、網戸村の浅間神社に二一日間湯治するよう勧めた人物であり、病が癒えてから富士に登るよう勧めた人物である。この坂原茂平は、富士講の「先達」であったとされている。「先達」とは、講の中心人物で、富士信心の道に詳しく、富士登山七回以上の経験がないとなれないとされている。この坂原に代表されるように、小中村は、富士信仰がとても盛んな村であった。

また、岩科小一郎の『富士講の歴史』(名著出版、一九八三年)によれば、下野国、なかでも足利地方は、富士講の最先進地であったとされている。それによれば、富士講の開祖長谷川角行(一五四一〜一六四六)の九人の弟子のうちの二人(大清と旺賢)が足利の人であり、二世の日旺《にっかん》も晩年は宇都宮に居住したそうである。角行と日旺が熱心に布教し、大清と旺賢が信徒の組織化に努めた結果、足利地方を中心に「卍」という講が無数に存在したという。岩科は、「江戸にまだ富士講が発生しなかった頃に、足利地方には角行直系の富士信仰が活発な動きをしており、それが卍講になったという想定はまちがっていないと思う。足利地方の富士講(卍講も含めて)の行態が、江戸の富士講と、現在でも少々ちがうという人もある。どのようにちがうかは不明だが、富士講研究の今後の視線を足利地方に向ける要があることは確実である」(一一三〜四頁)と述べているほどである。

おそらく、正造の富士浅間信仰接近の背景をこのような家庭的環境と地域的独自性の中に探ることは誤りではあるまい。そうでなくとも信仰が日常生活と密接不可分にかかわっていた時代のことである。そのような空気をすって育って来た正造にとって、富士講の信仰はごく自然なことであったといえるだろう。

しかし、前述した湯治の体験でほとほと懲りたらしく、正造の熱心な信仰にも少しずつ疑念が生じはじめていたことは、この病気が直ってから「お礼参り」の富士登山を勧められたときに、富士のふもとまでは行きながらも登山せず、ふもとで景色を眺めて過ごしたことに窺える。

正造が決定的に富士浅間信仰と手を切るのは、盛岡の獄中で西洋近代思想に接してからである。それ以降は、こうした信仰を「悪弊」と認識するようになった。例えば、正造が入獄中、妹のリンが富士山をおがみ、無事出獄したら富士山に登山させると誓っていたことを出獄後に知ったときの、正造の反応に如実に表されている。「予の迷惑頻りなりと雖も、兼て一策を案じ富士参詣は旅費を貰ふて東京に遊び書籍を買ふて帰り」(「回想断片一九」①二九一)というのである。また、このときのことは、「昔話」をまとめているころに、妹の思い出を原田きち宛に書いて送った書簡にも、「未ダ無用ノ時間と日月ヲ費ヤ〔ス〕コトヲ好マズシテ参ラザル」とある（⑭三六六）。「近代人」正造の誕生を象徴するエピソードといえよう。

では、私が、なぜ正造と富士講の関係を重視したいかというと、一つには、正造の思想形成とのかかわりにおいてである。これほど熱心に信仰していた富士講の思想から何ほどかの影響を受けたのではないかと推測するのもあながち不当ではあるまい。第二には、後の谷中入村後の思想との関係からである。一九〇四年一〇月三〇日付けで黒澤酉蔵にあてた書簡の中で、正造は次のように書いている。「ふじの山に登る人ハ頂上ニハ何かあるならんとおもふて登るハ皆人の常なり。而も登りて見れバ何もなし。よしあしともに我こゝろのみとハ、仏信者の秘訣であるべきか」（⑯二九三）。最初これを目にした時には気づかなかったのだが、ここでいわれていることは、実は、富士講第六世の食行身禄《じきぎょうみろく》の『御決定之巻』の中にある「ふじの山　のぼりてみればなにもなし　よきもあしきも　我がこころなり」の歌のことであった。一旦は否定したはずの富士講の歌を、谷中村に入ってから、なぜ、記憶の闇のなかから引っ張り出してきたのであろうか。おそらく、谷中村民の熱心な富士浅間信仰を目の当りにしてのことであろう。また、「近代」なるものへの疑念が生じていたためかもしれない。いずれにしても、谷中人民認識を考える上でも、避けて通れない問題であると考えるからである。

そこで、次に、岩科などの研究を参考に、富士講の思想を簡単に見ておこうと思う。

二　富士講の思想

富士講は、もともと古代から富士を弥勒浄土視する山岳信仰に端を発し、富士のふもとに住む人々が浅間大神を信仰したのに始まるとされる。近世初頭に「導者」の一人であった長谷川角行によって、病気災難厄除けのための一種呪術的な形式で布教活動がはじめられた。その後、四世月旺《げっかん》の後、村上光清を中心とする村上派と、六世食行身禄を中心とする身禄派とに分裂していったが、村上の死後は身禄派が主流になった。富士講の思想を考える上で重要なのは、この食行身禄の存在である。

食行身禄（一六七一―一七三三）は、本名を伊藤伊兵衛といい、伊勢出身で、一三歳で江戸に出、油商として財を築いた人物である。富士講には一七歳で入信している。富士講は、一般に、この身禄の手によって、信仰の内面化、主体化と普遍的救済の観念にまで高められたといわれている。

その結果、江戸において、富士講は、職人や日雇取り、小商人などの下層社会民衆に広く受け容れられていった。一七八九年（寛政元）には、富士講信者の指導者と目された紅葉山御庭方同心永井徳左衛門の妻そよによる「みろくの御世のおひらき」を求めた直訴事件も発生した。このように「みろくの世」の実現を希求してやまないラディカルさは幕府をも恐れさせ、富士講は度重なる弾圧を受けている。(7)

その後、一九世紀に入ってから、埼玉の鳩ケ谷の小谷三志（禄行）により「勤王論」との結合がなされ、明治維新後は、富士一山講社や扶桑教などとして発展していった。自由民権期の「み組事件」で有名な丸山教もこの流れを汲む民衆宗教である。

基本的には富士に登山するための講であり、普通は五年に一〇〇人の登山を目的に、毎月なにがしかの金を積み立て、毎年二〇人ずつの割合で富士に登山する。農村では、この間隔がもっと長くなるという。

食行身禄は、『一字不説之巻』（一七二九）、『御決定之巻』（一七三二）、『御禄書之巻』（一七三三）などで独特の世界観を展開しているが、その名前が物語るように「ミロク信仰」を取り込み、それを基本にしていた。「ミロク信仰」とは、周知のように、釈迦の弟子でその才能を惜しまれながら夭折した弥勒が、未来社会に救世主となって出現するという釈迦の予言に基づく仏教的メシア思想であり、広く東南アジアや東アジアに伝播して民衆的ユートピア思想の母胎となった。農耕民族である日本では、米を中心とした五穀が豊饒で、平和で幸せな生を送ることのできる世を「ミロクの世」と置き換え、幕末期の「世直し」を支えた有力な観念ともなった。日本民衆の心の中に脈々と流れてきた潜在意識であるといってもいい。

身禄は、これを、「みろくぼさつといふ仏は外には無之、只上下万民、心を禄に、家業をよく知って働き候はば、則ち、みろくの御代なりとの御事也」と読み替え、その中心的な思想の一つである「家職勉励・勤勉」の根拠とした。人間は、「子の刻」(=午前〇時)に寝て、「寅の刻」(=午前四時)に起きて、夜も昼もその人の家職に励めば、「天」と人間が一体になり、「富貴自在の身に生れ増」というのである。

また、「人間はこころさいろくにもち候得ば　にんげんより外にたつときものわ無御座候」と、「ろく」=心を正しく生きるようにつとめれば、人間ほど貴重なものはないという人間尊重思想も展開している。しかし、だからといって人間だけが貴重なのではなく、「生」あるものという点では、「くさもきも　なべて川のうろくずも　生あるものと　こころしてすめ」というように、すべては「生命」という観点から平等であることも主張している。

こうした平等思想が人間に適用されると、富士講の特徴としてよく指摘されるように、仏教の女性不浄説を否定して、「花水」(月経)を「人生ぜんために与え玉ふ水なれば　花水と御名付け　かつて忌み玉わず　かへつて清浄の水なり」というような考えにつながるのである。

もう一つの特色は、富財産の積極的な肯定である。人間の「智愚富」は固定的なものではなく、勤勉に家業に励めば「富貴」の身に生まれ変わることができる、という。しかし、身禄が強調するのは、財産をもっているからといって貧しい人々を苦しめてはならないということである。なぜなら、財産は「仙元大菩薩」からの預かり物であり、所有者はその管理を任された「役人」に過ぎないのだから、私欲のために利用することは許されないという。[8]身禄自身も入信後、財産を親類縁者に分配しているし、富士講の「先達」も「先達」を生業とすることは禁じられていた。身銭を切ってまで講の運営に苦労したので、「先達を二代やると家が傾く」という言い伝えまで残されているほどである。[9]

さらに見るべき特徴は、その天皇観である。

身禄の天皇観に関しては、宮崎ふみ子「新宗教における天皇崇拝の形成―不二道の場合を中心として―」[10]が手際良く整理している。宮崎の整理に従えば、まず第一に、「天子将軍」も「士農工商」もみな「家職」の一つに過ぎず、「そのもと〳〵にいたりては、いつれ勝劣あるべきみちにはあらざるなり」という、「家職」における平等主義が指摘できる。第二に、「天子の役目」についての考え方である。「天子の役目」は、「片ふり片旱火なん水なん　あくやまい　五こくがふさく」などの災厄の時に、「天地の役人ともに　我が身にあやまりあらば我が命おとるべし　天地のおさまるようにと役人どもにゆいきかせ」ること、つまり、宮崎の言葉をかりれば、「〈万民御救ひの為」、「我等が為」に、命がけで超自然的存在に働きかけ災厄を回避する」ことにある。なぜなら、天災などは、「天子の役目」に早く気づかせようとして、仙元大菩薩が「天地の役人」に命じてこしらえさせたものであるから、そのときにこそ「天子」の真価が問われるというのである。

ところが、現実の「天子」は、「えがつてんいたさず」、商人などから「金銀おとり」、「たみおいため」、「かみだつものばかりよきようにいたし　しものものはすこしのこともあらため（取り調べ）とが（罪）におとし」ている、と痛烈に批判する。こうした批判の背景に、当時の将軍綱吉・吉宗時代の米価政策に起因する、米価が下落すると幕府が価格を操作して高値にするのを待って米を売り惜しむ商人たちの存在や、米価高騰に苦しみ打ちこわしに走る都市民衆たちの存在を視野に入れていたことは、米を「ぼさつ」と表現する身禄のことであるから、いうまでもないことだろう。「天子」は尊敬されるが、それもあくまで、こうした「役目」をきちんと遂行する限りにおいてであることが、身禄の天皇観の第二の特色であった。

第三には、天照大神の位置付け方である。天照大神は、富士講の「元の父母」である「日月」の子分であり、「みろくの御代」の到来と同時に退くべき旧い世の主宰神」であるとされる。宮崎は、ここに富士講が、民衆宗教一般にみられる限界性を突破する可能性を見いだしている。

しかし、その後の富士講の展開は、先にも指摘したように一九世紀に入って富士講の中心となった小谷三志などにより、天皇を絶対的な権威者とみなし、その統治の正当性を承認していく方向へと変質していってしまうのだが、以上のような身禄の理想境は、次のような歌によく表現されていよう。

あらそいわ我がいるところさらになし
しもなるひとを　かみえかみえと

第三節　勤王論と出流山挙兵事件

一　「草莽の国学」

以上、第二節では、もっぱら名主就任以前の兼三郎の思想形成を探るために、その家庭環境や下野（足利・安蘇）地方の精神的風土に着目して、富士講を取り上げてみた。本節では、思想形成を考察するときに考えられうるもう一つの方向、すなわち師の教育や友人関係からアプローチしてみたい。なぜなら、第二節で取り上げた富士講は、どちらかといえば中下層農民を中心に支持されていたものであり、その意味では、幕末期下野の精神的風土全体を代表させることはできないからである。

そこで、当該時期に主に上層農民の中に広く受け入れられていた思想は何であったか、と考えた時に、すぐ思い浮かぶのは「草莽の国学」である。もっとも、田中正造自身は「勤王論」といっており、「国学」とは表現していない。ここで「草莽の国学」というのは、あくまで当時の時代風潮をそのように表現したにすぎないことを最初にお断りしておく。

伊東多三郎『草莽の国学』（増補版、名著出版、一九八二年）によれば、「草莽の国学」とは、「庶民の国学の意味である。庶民生活に弘まった国学、之である」と定義されている。

このように、国学が庶民の中に広まったのは、平田篤胤の没後、特に文久〜慶応年間のことである。この時期、門下生が急激に増加するのだが、その大半は名主・庄屋・村役人などの村落指導層（地域指導層）であったといわれている。なぜ村落指導層が熱心に国学を受容したのか、その理由は、一般に、これらの階層に固有の歴史的位相に求められている。すなわち、農民でありながら、封建支配秩序の最末端に位置しているという特徴である。この時期、封建制の矛盾が深刻化し、領主財政は破綻の危機に瀕し、多くの村々は収奪強化に喘いでいた。また、農民層分解にともなう村落秩序の動揺は、騒動や打ちこわしとなって現れた。このように、上は領主、下は一般農民の両者に挟撃された存在、それが名主たち地域指導層であった。そして、村の危機の克服のために、さらには開国という外からの衝撃のために、藩のレベルを越えて一国レベルにまで視野を広げて行くことが時代の要請でもあった。そうしたときに、彼らは、これまでの幕藩制の正統的教学であった朱子学とは異なった学問、即ち国学に接近していくこととなった。そして、それらの多くは、国学のひとつの特徴である和歌を媒介にしていたのである。こうした時代的状況が「草莽の国学」を成立させていったのである。(11)

では、こうした「草莽の国学」の思想的特徴を、かいつまんで見ておこう。

まず、その通俗道徳的なモラルの強調である。水林彪の説明によれば、国学は「日常生活レベルのモラルを積極的に説」き、その内容は、「家業の勉励、堕胎の禁止、分限の尊重、奢侈の戒め、夫婦の道、子供の養育、胎教、五人組尊重、村の古老の尊重、間食禁止など」非常に多岐にわたり、「それは心学や報徳運動などにおける通俗道徳論と本質的に同じもの」であるという。(12)

第二に、「天皇の公民」としての「平等」意識が指摘できる。例えば、下総の農民国学者であった鈴木雅之（一八三七〜一八七一）の『民政要論』（一八六八）には、次のようにある。

武士が召使や人民を手討ちにするのは、戦国の暴虐無道の悪習で、天神の心に背き、天皇を軽んずるものにして、甚だ非道の行いであるから、殺人の罪を以て罰すべきである。何故なら人民は皆、天皇の公民にして、大名の私民ではないからである。[13]

武士の「切捨御免」の特権に対する怒りが、「天皇の公民」としての「平等」、「天皇の下の平等」に帰着しているのである。

しかし、「天皇の公民」として人はすべて「平等」であったが、中でも「田つくる民」、即ち農民は最も尊重されなければならなかった。伊豆熊坂村の名主で本居宣長の門下生であった竹村茂雄が、一八三七年に水戸斉昭に提出した「憐農民詞」には、つぎのようにある。「田つくる民は国のみたからにて、此さかゆる時は国さかえ、このおとろふる時はくにおとろふることわりなり。然るに世の中に添へてもの商ふ民栄え、月毎に田つくる民おとろへ行く」[14]。ここから、「農者国之本」という考えが導き出されるのである。

彼ら「草莽の国学者」たちは、その多くが生産者であり、その生産労働が国の人民を支えているという自負があった。ところが、現実にはそうした「神聖」な家業（役割）を果している農民たちが報われず、商売で巨利を博している商人が我物顔してこの世を謳歌している。そういった力と金による支配の下に喘いでいる農民たちが、国学の神道思想を媒介にして自己主張をしていったのだ。

「上下貴賤の別なく、国民すべてが、天皇の御民たる自覚を以て、各自の職分に励むべきこと、その間に自ら読書学問し、歌等を詠み、心楽しく身を安く生活することができること」、そのような世界が彼らの理想境であった。[15]

こうした思想を持った上層農民たちが、政治に関心を寄せ、自分たちも「公論的世界」に参加しはじめたのが、この幕末維新期であったのである。

二　幕末維新期の安蘇地方

幕末維新期の安蘇地方は、尊王攘夷派志士の挙兵事件と「世直し」とが錯綜して展開するという、まさに激動の舞台であった。さらには、戊辰戦争の舞台でもあった。

なぜ、このような事件が相次いで起こったのか。その理由は、やはり、安蘇地方の「相給入組支配」という地域的な特色に求めることができる。一つの村に何人もの領主がいて領地が分断されていることが、領主権力の基盤を脆弱なものにした。このような「相給入組支配」下の村の多くは、領主が役人を置かずに、年貢の収取も名主に任せることが一般的であった。そのため、名主には、正造の父富蔵をみても分かるように、商人的な才覚も必要とされたのである。また、役人を置かなかったことは、博徒や浪人が徘徊したり居住したりするのを容易にし、尊王攘夷派の志士が私塾を開いて勤王論を伝播するのを妨げることはできなかった。幕府側にしてみれば、このような治安の悪化はとうてい見過ごすことができないものであり、治安維持のため組合村に編成替えしたり、関東取締出役を設置して警察権を統一しようと試みることになる。

このようにして、幕末期の安蘇地方に、水戸学や国学などの勤王論の土壌が形成されていったわけである。ここで、図1を参照してもらいたい。幕末期安蘇地方の「草莽」の系譜をたどったものである。

このような人々が参加した挙兵事件が、大平山事件と出流山事件であった。

まず、大平山事件であるが、発端は、水戸の天狗党と呼ばれた藤田小四郎らが、一八六四年（元治元）三月二七日に攘夷の断行を図って、筑波山で挙兵したことに始まる。その後、藤田らは、四月一〇日に日光に到着し、日光奉行に「横浜（外人）征伐の義公辺え進達」を願い出た後に、四月一三日から大平山に立てこもり、あちらこちらで戦い、五月三一日に幕府軍によって鎮圧された事件である。この挙兵には、船越村名主の亀山嘉治が参加し、天狗党と一緒に転戦しているが、この亀山は、水戸学の藤森弘庵と国学の平田鉄胤の両方から思想的影響を受けていた人物である。

図１　幕末安蘇地方「草莽」の系譜（『佐野市史』通史編・下、他より作成）

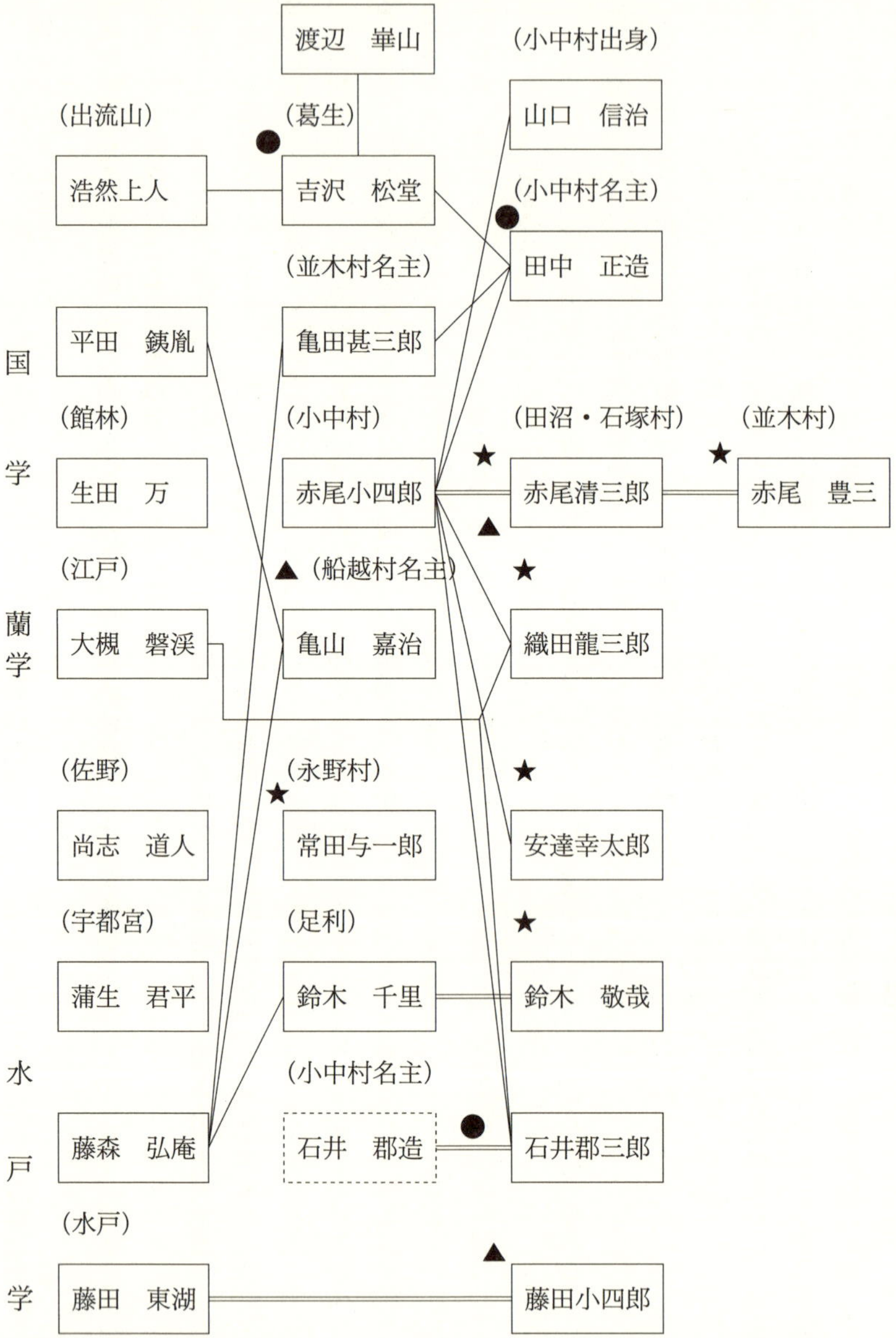

（備考）▲大平山事件参加者　★出流山事件参加者　●出流山事件関係者

また、赤尾清三郎も参加したが、意見が合わずに下山したといわれている。[16] そのほかにも、足利・安蘇地方から四、五〇名が参加している。

だが、天狗党は、地域の農民たちから嫌われていた。苛酷な金穀の徴発や強制的な「志士」募集のためである。農民たちは、天狗党のことを、「天狗」、あるいは「御狗様」と呼んでいたようだが、そうした「御狗様」というような呼び方は、かかわりを持ちたくない、敬して遠ざけたいという農民たちの気持ちの表現であった。興味深いことは、このような嫌われものの天狗党に、小中村の四人が、五月二四日に一〇〇両というお金を献金していることである。『佐野市史』資料編3近代の四頁の史料によれば、この四人とは、「郡蔵、政蔵、茂右衛門、弥三郎」の四人である。「郡蔵」とは、おそらく、佐野家領小中村名主の石井郡造のことであろうし、「茂右衛門」とは、六角家領小中村名主の篠塚茂左衛門であろう。また、「弥三郎」とは、多分六角家事件のときにも出てくる坂原弥三郎と同一人物であろうから、いずれも村役人クラスの百姓たちである。それを考えると、天狗党に共鳴したからというよりも、天狗党から村を守るための保証金的意味合いの献金であった可能性が高い。

それでは、小中村のもう一人の名主であった田中正造は、この大平山事件にどうかかわったのだろうか。このとき既に正造は六角家改革運動に挺身しており、この事件への関与は不明である。しかし、六角家改革運動の途中で藤七郎と藤吉が投獄されたとき、「予は他の同志と謀る遑もなく、倉皇身を挺して水戸に走り、同地天狗派の力に依りて、二人を救ひ出さむと企てし……」(①三八)とあることを考慮すると、正造が天狗党に親近感を抱いていたことは確かなようである。

とするならば、このような親近感は誰の影響で形成されたのだろうか。先程の図に戻っていただきたい。水戸学と何らかの関係を持っているのは、足利の鈴木千里、船越村の亀山嘉治、並木村の亀田甚三郎、それに石井郡造の息子の石井郡三郎である。この中で、田中正造に思想的な影響を与えたことが確認できるのは、亀田甚三郎である。

亀田甚三郎は、一八一七年(文化一四)五月一二日に並木村に生まれた。名前は信民という。太田晴軒(一七九五

〜一八七三、漢学者）や藤森弘庵（一七九九〜一八六二）の門に入り「経史」を学んだ後、国学者の堀秀成（一八一九〜一八八七）について「国典」を修めたといわれる。一八三三年（天保九）から並木村の名主を勤め、また田沼など領主井上河内守領の一九ヶ村の大総代も務めた、安蘇地方随一の有力者であった。明治に入ってからは、神官を勤め、神道局の事務をとり「皇典講究」を行うなどして民衆教化につとめ、一八九二年（明治二五）に七五歳でなくなっている。[17]

田中正造が「昔話」の中で自分の「師」として上げているのは、赤尾小四郎、亀田甚三郎、それに絵の師匠であった吉沢松堂の三人である。これまで、田中正造の勤王論を問題にした人は、一様に赤尾小四郎の影響を重視しているが、この三人はいずれも勤王思想の持主であったと考えられる。

この三人の中で、私が重視したいのは、赤尾よりもむしろ亀田である。その理由は、まず、「奇談随筆」の中で、正造が亀田のことを、「隣村ニ先輩亀田某あり。漢学を以郷当〔党〕ニ名あり。尊王攘夷家なり。予ハ此風采ハ幾分受得たり」（①二五一）と書いていることである。そして、第二には、佐野市郷土博物館が所蔵している、一八七四年（明治七）一〇月二四日付けの国府義胤宛亀田甚三郎の書簡を見ると、田中正造が、盛岡から帰郷したばかりなのに、すでにある「小事件」の解決のために、亀田の下で、亀田の指示に従って動いていたことがわかるからである。[18]同様に佐野市郷土博物館に展示されていた一八七一年（明治四）一二月一三日の日付がある早川信斎の亀田宛書簡を見ると、投獄された正造のために親族を一人派遣してほしいという依頼が亀田に対してなされている（後述）。このことも併せて考えると、おそらく、木村暗殺の嫌疑で正造が投獄されている間、亀田が何かと世話をしているようであり、そのこともあって、正造は、帰村早々に亀田と行動を共にしたものと思われ、両者の深い結びつきが推測できるのである。

正造は、七歳から一六歳まで赤尾塾に学んでいるが、赤尾小四郎から学んだものは四書五経などを中心とした読み書き程度ではなかったか、と私は思う。だから、正造の勤王論の由来を訪ねようとすれば、藤森弘庵や堀秀成に学んだ亀田の影響を軽視すべきではない。加えて、名主就任以降も付き合ったであろう赤尾清三郎や織田龍三郎、安達幸太郎など、赤尾小四郎の門弟たちとの交流の中で、正造の「勤王論」が一定の形をなしていったものと私は推測している。

「出流山の挙に一朝の露と消え失せたる亡友の事を想ひやりては、我しらず勤王論の本音を吹きながらも……」(①三二)と「昔話」に出てくる出流山事件が起こったのは、一八六七年(慶応三)一一月二九日のことであった。長谷川伸「相良総三とその同志」や高木前掲書を参考に、その経緯を簡単に振り返ってみたい。

一八六七年一〇月上旬、西郷隆盛は、益満休之助や伊牟田尚平、小島四郎などを江戸に派遣し、浪士隊が江戸市中を攪乱し幕府を挑発することと、相州・野州・甲州で挙兵し江戸の警備を手薄にした上で江戸をつくことの二点を指示した。その指示に則って、「野州派遣隊」が編成され、挙兵の地も出流山方面に決まった。「野州派遣隊」の隊長は竹内啓、幹部の「祐筆兼勘定」に安達幸太郎と赤尾清三郎がなっている(表1参照)。竹内ら一一人は、一一月二八日に出流山に到着し、翌日挙兵して四方に「檄」を飛ばした。赤尾が最初参加した真岡挙兵組や常陸挙兵組、赤城山挙兵組は、そのいずれも失敗に終わり、それらの組からも、一二月の一日から六日にかけて続々出流山に結集した。報告によれば、一二月二日段階で一六五人、五日の時点で一九五人とある。[19] また、「浪人動静探索書」によれば、二六三人が結集したとあるから、出流山に集まったのは、おおよそ一五〇人から三〇〇人程度の人数だと考えられる。

表2の通り、下野からの参加者は七七人、うち安蘇郡は一二人となっている。高木俊輔や大町雅美の研究によれば、参加者の多い上都賀郡永野村と粕尾村は、いずれも畑作地帯で、早くから商品作物の栽培を通して商品経済にまきこまれており、農民層分解も激しく(下層沈澱タイプ)、貧農半プロ層が堆積し、慶応年間の不作のために「世直し」願望が高まっていたといわれている。この挙兵に参加した農民の中で、たとえば、永野村仙蔵倅は、慶応二年八月打ちこわしの「頭分之悴」であったし、同じく永野村の神山彦太郎は五畝一歩、粕尾村の若林定吉は五畝三歩という最下層の農民であった。このように、下層農民や半プロ層が参加したことが出流山事件の特徴であるが、その他にも、

表1

野州派遣隊幹部

役職	志士名	本名・変名など	出身地	摘要
隊長	竹内 啓	小川嘉助・小川節斎	武蔵国入間郡竹内村	豪農
監察手附	渡辺 勇次郎	—	陸奥国会津藩	浪士
祐筆兼勘定	安達 幸太郎	安達石斎・安達孝太郎・松崎常太郎	越後国新発田藩（下野国安蘇郡石塚村居住）	浪士
目付役	大谷 国次	国定寅次・大谷法印・大谷千乗坊	上野国佐位郡国定村（下野国都賀郡出流村居住）	僧侶
軍師格	高橋 亘	高橋伴左衛門・高橋 渡・大橋 渡	上野国佐位郡木島村	豪農
祐筆兼勘定	田中 光次郎	田中幸太郎	上野国館林藩	浪士
出流玉砕隊隊長	川田 吉太郎	川田高吉・川田吉之助	下野国都賀郡永野村	豪農
祐筆兼勘定	赤尾 清三郎	赤尾清次郎秀行、(号)不言斎・日吉邦助・水野小三郎	下野国安蘇郡小中村	塾師匠
祐筆兼勘定	亀山常右衛門	亀山弥一	下野国安蘇郡野上村	農民
使番	奥田 元	井上 元	信濃国上田藩	浪士
使者兼目付役	西山 謙之助	西山健之進・西山秀次郎	美濃国可児郡久々利村	医師
軍師	常田 与一郎	常田国俊・常田与市・原口文益	肥前国佐賀藩（下野国都賀郡永野村居住）	医師

（備考）高木俊輔『明治維新草莽運動史』194頁より引用。

表2　野州出身参加者の内訳

出身地		人数	小計
上都賀郡	永野村	17	31
〃	粕尾村	9	
〃	引田村	3	
〃	長畑村	1	
〃	奈良部村	1	
下都賀郡	小野寺村	3	19
〃	寺尾村	8	
〃	家中村	1	
〃	小山村	2	
〃	小林村	1	
〃	新井村	1	
〃	栃木村	1	
〃	正雲寺村	1	
〃	皆川村	1	
安蘇郡	願成寺村	1	12
〃	堀米村	1	
〃	堀米新田	1	
〃	小中村	1	
〃	並木村	2	
〃	柿平村	1	
〃	野上村	1	
〃	葛生町	2	
〃	会沢村	1	
〃	佐野町	1	
足利郡	足利町	3	6
〃	奥玉村	1	
〃	迫間田村	1	
〃	渋垂村	1	
宇都宮		3	3
芳賀郡	真岡村	2	5
〃	仁平村	1	
〃	七井村	2	
塩谷郡	三依村	1	1
計		77	77

（備考）同右、199頁より引用。

博徒やそれに類する農民の参加が目立つことも注目できる。また、軍師をつとめた永野村の医師常田与一郎の常田塾の師弟関係なども、永野村からの参加者が多かった理由の一つに数えられるであろう。

しかし、一行は、資金不足で、資金の調達にも失敗し、付近の農民たちに「出流天狗」と呼ばれて恐れられた。そのため、一行は、一二月一一日に下山し、葛生の吉沢松堂の家で夜食を取った後、一三日に新里・岩舟で幕府軍と激戦になり、潰滅させられた。そして、一二月一六日と一八日に佐野河原で処刑されたのである。

この挙兵が成功であったか、失敗であったか、それは何を基準に評価するかで変わってこよう。挙兵そのものは、名分論に傾斜して勝敗を度外視したことから来る戦術ミスや資金不足、さらにより広範な民衆の支持を得られなかったことなど、どうみても成功であったとはいいがたい。しかし、『佐野市史』では、「出流山挙兵は、関東取締出役らの幕軍と六一藩に及ぶ藩兵を佐野・栃木周辺にくぎづけにし、牽制したという意味で一応当初の目的は達せられたものと思われる」と評価している[20]。

先の図1に戻っていただきたい。この図に掲げてある人の中で、出流山事件に参加したのは、常田与一郎、赤尾清三郎、その子の赤尾豊三（赤尾小四郎の孫）、織田龍三郎、安達幸太郎、鈴木敬哉の六名である。また、石井郡造の子の石井郡三郎も参加しようとしたが、父郡造が関東取締出役の手先であったために、参加を阻止されたといわれている。このように、赤尾小四郎の門弟の多くが参加しているのに、田中正造は何故に参加しなかったのであろうか。彼もおなじように「勤王論」の持主であったのに、という疑問が、当然出てこよう。その理由を、正造が書き残した資料に探れば、次の三点が指摘できる。

まず、当時、正造は、六角家事件で江戸出府中であったことがあげられる。第二に、赤尾小四郎の門人仲間から「誘われなかった」、「相手にしてもらえなかった」ということが述べられている。「只兼三郎は幸か不幸か無学で鈍つくで仕合せであった。イカなればもう少しにても学文があれば筑波の天狗出流山の仲間入りすべきも、無学の為めに先方で相手にせられず憤慨しても用ゐられざれば此道に入る能はず」（「回想断片」三、①二七〇）。しかし、この文章には、幾分、正造の韜晦が見られる。何故なら、たとえ江戸に出ていても、たとえ相手にされなかったにしても、どうしても参加しようという意志さえあれば、舟運を使ってたやすく駆けつけることが可能であったからである。

もう一つ、正造が述べているのは、母から自重を求められたのに応えた、という理由である。私には、当時の正造の気持ちからすればこれが一番大きかったのではないかと考える。この経緯を、「昔話」では次のように描いている。

此際偶ま出流山義兵の事あり、幕兵撃て之を野州岩舟山の西麓に破る、亡師赤尾小四郎の男清三郎之に死し、友人安達織田の両人捕へられ其他四十有餘名の生捕は佐野磧に斬らる、此に至り母密かに使を馳せて予に告げしめて曰く、『汝の朋友出流山の事に與りて多く捕はれたれ共幸ひ汝は江戸出役中の事とて漸く危を免れたれば此際深く謹慎して妄りに外出することなく、又今暫くの間は帰国すべからず、然かせざれば奸党必ず口を此挙に籍りて汝を捕へむ、思ふに奸党払攘の事用水村境の事共に天下の大に比すべくもあらずと雖も是亦決して忽諸に附すべき儀にあらず、汝能く此旨を躰して敢て或は忘るゝことなかれ』と　予深く母の教訓を銘記して専心此範囲内に力めむことを期せり。(①二八)

実際、このときには、農民たちの「出流天狗」への反感を利用した流言(「勤王論に因める曲説」)を流す形で離間策が取られている(①三二)。そして、一定の信憑性がなければ流言は成立しないことを考えると、正造の「勤王論」は村民の中にもある程度は知られていたと考えられる。そのために正造は自重したのであったが、ここで注目すべきは、田中正造に特徴的な「大事」と「小事」という考え方が既に登場していることである。もちろん、「大事」＝天下国家のこと、「小事」＝村や地域社会のことを指しているが、ここで、出流山挙兵のような「天下の大」事件ではないが、「奸党払攘の事用水村境の事」などの問題も決しておろそかにすべきでない、という母の「教訓」を受け入れ、村の「小事」に尽くすことを選択したことは、この事件に関してだけではなく、正造の生涯にわたって非常に重要な意味をもったのである。そしてこれは、正造の名主としての責務感覚のありように由来するものであった。

三　名主としての責務感覚

そこで、田中正造の名主としての責務感覚についてであるが、このことは、「昔話」の中の、正造が六角家改革運動に挺身していて出流山挙兵に参加できなかったことを弁明した部分に良く表現されている。

予は今此二個の離間策を読者に訴へむとする前に於て、聊か予が当年の微衷を弁じ置かざるべからず、予や素と土百姓の家に生れ、妄りに乏を父職の後に襲ぎて美果の結ぶなく、端なくも奸党原が隠謀の容易ならぬ次第を見て、生来の一徹心黙し難く、飽く迄も彼等に反抗して、御家の為めに謀らずむば、男の意地が立たぬのみかは、苟も公共の職に在る者の一分が相済まぬと思ひ込むだが最後、風吹かば吹け雨降らばふれ、職務も財産も將た身命をも之れが為めには犠牲に供して毛頭の未練残らず、斬ツてきつて斬りまくつて最初の一念茲に貫き、いつか妖雲自然と去りて、燁々たる真如の月の御領内を照破する時もやあらむを楽しみに、一旦此うと思詰たる身の時に或は顕はれたる働きに於て前後相応せざるが如き個処もありなむ、出流山の挙に一朝の露と消え失せたる亡友の事を想ひやりては、我しらず勤王論の本音を吹きながらも、幕府の腰抜侍等が陋態見るに足らざるものあるに遭ふては、自ら任じて火の如き佐幕派ともなる抔、一見妙に見えて正造には本領がないのかしらと思はるゝ節も多かめれど、其れには種々込み入りたる事情の存するありて、此の種の境遇を経来りたる人は容易に個中の消息を知悉すべければ、今敢て弁ぜず、只だいふ当年予の処したる境遇は、洵に斯くの如き仕事を予に命じたるが如く覚ふと。（①三一〜二）

これまでに何度も指摘したが、相給村の名主の歴史的存在規定性に由来する「政治的中間層」としての性格を、もう一度確認しておこう。相給村の名主は、年貢収取の実務一切を担当し、年貢米を販売して換金し、「皆済目録」を作成して領主に提出するほか、様々な御用金や前納金への対応もしなければならなかった。そのため、自分の家や村だけでなく、零細な領主財政の命運も実質的には名主の才覚一つにかかっていたといえる。「格」＝身分のレベルの問題ではなしに、まさに「職務」としての実践を余儀なくされたのである。だから、名主の責任は重大で、その一方で、職務遂行に伴う自負心も形成され、自分がいなければ領主も暮らせないというような意識にまで発展する可能性があった。

そこで、先に引用した資料の中の「公共の職に在る者の一分」が意味しているところの内容を考えてみよう。そのことが、なぜ正造が出流山事件に参加しなかったのかを考える近道である。このことを、由井正臣は、「結局正造にとって、「土百姓の家に生まれ」名主という「公共の職に在る者の一分」をたてることとは、共に生産し生活する村落の農民を領主の圧政から解放することにあり、それこそ「自らの道理」であるという自覚が、出流山挙兵に参加することを思いとどまらせ、六角家闘争に全身を傾注せしめたのであった[21]」と評価しているが、私も基本的に同感である。こうした人民に対する責任意識から、正造は、〝新儀非法、古法遵守、奸臣排斥、暗君交替〟を主張したわけであるが、しかし、ここで若干の留保が必要である。

それは、まず第一に、〝古法遵守〟といっても、小中村の「自治的好慣例」を林竹二がいうほど高く評価することはできない。林は、それを「村の小さい政治」と表現して、「藩レベルの政治は、人民との関係においてははっきりと権力による階級支配の営みであった。「村」の政治はそれとはまったく違っていた。そこでの「政治」には藩の政治の下請け的任務があるといっても、本来的には人民（同じ百姓仲間である人民）の共通の問題（それが「公共の事」であった）を処理することで、まったく非権力的な、人民自身の「事務」であった[22]」、あるいは、「田中正造は、村において成立している自治的慣行と村民の総意に権力を越えた権威を認めている。彼の理解においてはこれが古来の自治村における政治であった[23]」というように評価している。しかしながら、「名主公選」が導入されてくるのは、あくまで領主の知行地支配の便宜のためという歴史的な規定性を無視することはできない。つまり、領主の支配に抵抗して戦い取った性格のものではないから、領主側に都合が悪くなれば容易に変更されうるものであった。ただ、それを小中村を初めとする六角家領の村役人たちが一種の「権利」として認識していたとすれば、それはとりもなおさず自分たちが職務をきちんと果してきたという自負心に由来するものであったろう。正造の晩年の自治思想のように、政府の支配介入そのものを否定するような絶対的な自治とは明確に違うことを無視してはならない。

そして、第二には、〝奸臣排斥〟に関してである。正造の「昔話」では、林三郎兵衛を「奸臣」と痛罵してやまないが、こうした記述に、当時の正造の主要な関心事であった伊藤内閣攻撃や宮内省改革問題における「君側の奸」排斥論が色濃く投影していたであろうことは、先にも述べた通りである。歴史的にみるならば、林のようなタイプはごく一般的存在であろう。一九世紀に入ると領主財政の破綻は広く見られたことであり、領国経済圏を持つ大名権力は、流通経済に介入することによって利潤を得ようと、国益・殖産・専売政策をとることで解決しようとした。それらは、往々にして、利潤を確保しようとする農民たちの一揆の洗礼を浴びることになったが、六角家のような領主の場合、危機脱出の方策は、年貢収奪の強化や御用金の付加程度しかありえなかっただろう。用人坂田伴右衛門と田中富蔵が協力して行った節倹政策ではもはや対応しきれない歴史的段階に到達していたのではなかろうか。そのために、名主の任命に当たって上納金を要求したり、年貢米の江戸廻送を命じて市場で有利に販売しようとしたのではなかろうか。だから、林らが取り組もうとしたことを非常に好意的に解釈すれば、それまで名主に委任していた事務を領主側が独自に掌握することによって財政改革を行おうとしたとも考えられるのである。

いずれにせよ、「六角領官民軋轢一件書」などの資料からうかがえるのは、小前層の突き上げの強さである。惣百姓一揆に発展してもおかしくはない雰囲気であった。だから、六角家改革運動に挺身した名主たちも、どれだけ能動的であったかは不明だが、惣百姓一揆への発展を押さえ付け、代表越訴型行動様式を選択した点に、騒動で中心的役割を果した名主たちを支えていた色濃い主観的な佐倉宗吾意識を見て取ることができる（①四九）。

もとより、「村役人」としての名主には、一揆を防止し、もしも一揆に発展した場合には領主に通告する義務が課されており、そうした矛盾をあくまで村民の側に立って解決しようとすれば、自らを犠牲にする形での代表越訴型しかあり得なかったのかもしれないが、私たちは、むしろ彼らの犠牲的精神の中に、村で生活する人民への強烈な責任意識の存在を見るべきであるかもしれない。こうした村の人民に対する責任意識が、正造をして出流山事件のような観念的言動への参加の歯止めをなしたことは間違いない。日向康は、ここに「今日は今日、未来は未来、まず今日は今日の考えにて候」という「今日は今日」主義の原点を見ているが[24]、私もそう思う。村を守ることと「勤王論」に殉じることとの二者択一を迫られたときに、正造が「今日」の問題として村を守ることを選択したことは、正造の生涯を考える上で非常に示唆深い。正造にとっては、地域の問題こそ第一義であった。

しかし、この当時の正造の思想を、人民に対する責任意識一色で解釈することは誤りであろう。同時に、主家に対する責任意識、つまり「御家の為め」意識を無視することはできない。「御家を泰山の安きに置かむこと是れ予の宿望」という発想である。だから、この「御家の為め」意識を考えるならば、「自治的好慣例」回復の要求が領主の支配そのものを否定していくような性質のものでなかったことは明白である。そして、御家を守ることと村民を守ることという、時には矛盾しあう二律背反的な命題を追及するのを可能にするためには、〝奸臣排斥〟というスローガンを前面に押し出す以外にあり得ないだろう。しかし、正造は、〝奸臣排斥〟に止まらず〝暗君交替〟をも要求している。それは何故であろうか。

主君の交替を要求した一揆というと、私たちは、すぐに一八五三年の南部三閉伊一揆の「要求三ヵ条」を思い出す。そこでは、主君の交替ばかりか、三閉伊通を公儀領へ、それが不可能なら仙台領への支配替えを要求したもので、三浦命助の主張ではなかったか、と推測されている[25]。また、林竹二は、渡辺崋山の「遊相日記」（一八三一年）の中に記されている酒井村「村長」彦八の弁を紹介している。そこでは、崋山が家老職を努めていた領主の田原を、領主の「為すところに慈仁の心がすこしもないとして、「収斂をおこなう殿様は取りかえたらこそよかるべし」と言い放つのを聞いて、驚駭して、狗にも劣ると非難した」ことが上げられている。[26]

このように、百姓にたいして仁慈の気持ちの見られない「暗君」の交替を要求した例は、必ずしも珍しいものではない。そこで、正造がそのような主張をした背景を、封建制度下の百姓に共有されていた「仁政」観念と名主としての職務意識から説明できるような気がする。水林彪の整理するところによれば、百姓が領主に求めた「仁政」とは、まず第一に、「年貢・諸役を過重にかけない」ことであった。「百姓の農業経営が持続的に自立できるようにする（百姓共永々相続）ためのさまざまな諸施策」こそが領主に求められていたのであり、そのため領主が年貢の増徴を図ったときに、しばしば「新儀非法」として一揆の抵抗にあった。第二に、「仁政」とは、「水利土木工事から困窮者のための助成米金にいたるまで、さまざまな社会的・公共的職務遂行、福祉行政を内容とするものであった」。このような「仁政」にたいして、百姓が年貢・諸役という「勤め」を果すことは当然視されていた。「武家が「仁政」を行い、民衆が年貢・諸役を「相勤」めることは、それぞれの身分の「家職」であると意識されていた」。[27]

ただ、水林の論は、このような「仁政」イデオロギーの故に、一揆の矛先が領主支配の秩序それ自体には向かわず、「領主の政策への批判は現に政策を立案し実施する現場の役人への反発となって現れる」というように進む。私は、その一般的妥当性を正造の例に照らしあわせて認めるものだが、「仁政」を被支配者が〝権利〟として要求する時に、それは、単なる支配・被支配の関係をおおい隠すイデオロギーとしてだけではなく、より人間らしく生きるための〝解放〟〝変革〟の論理に転化する側面も見逃してはならないと考える。それが、たとえ支配・被支配関係そのものの廃絶の方向には赴かないとしても、である。だから、おそらく正造が領主の「非法」からの解放を願った気持ちの根底に、こうした「仁政」観念があったろうことは疑いない。

それに加えて、正造には、「仁政」こそ農民のためばかりではなく、領主のため＝「御家安泰」のためでもあるのだ、といった考えがあったように思う。それは、名主であることの領主に対する責務感覚の一つの表れでもあったろう。現実には、村の人民の側にたって領主の苛政と闘いながら、その当事者である主家をもあわせて救おうとすることで主家への忠誠を尽くそうとする姿勢、それこそが「奸臣排斥」に留まらずあえて一歩進めて「暗君交替」をも要求するにいたった思想的な要因ではなかったろうか。

第四節　六角家騒動

一　騒動の発端

この節では、六角家騒動と田中正造の行動の分析を通して、正造の名主としての責務感覚の内実に迫ってみようと思う。これまでの研究では、この時期の叙述は、主に、「昔話」と「六角領官民軋轢一件書」（以下「一件書」と省略）をもとにしているのがほとんどである。私の叙述も、基本的にはこの二つの史料に依拠しているが、両者を突き合わせて詳しく分析するだけでも、これまでの研究が見落としていた点や不十分であった点などが見えてくるように思う。

ただ、問題なのは、「昔話」の史料的価値である。正造は、「昔話」を連載するにあたって、どのような史料を利用したのか、それともまったく参照せずにまとめたのだろうか。おそらく、これといった史料もなしに、ほとんど自分の記憶のみをたよりにまとめたのではなかろうか。そうであるならば、三〇年も昔のことであるので、単純な記憶違いもあるだろうし、事実の意図的な歪曲や美化もあったかもしれない。また、「作話」という問題も考慮しなければならない。このように、私は、「昔話」を事実の集積というよりは一つの「物語」と考えているので、史料的価値からすれば同時代の史料である「一件書」のほうがはるかに重要であることはいうまでもない。以上のような点にも留意して、以下述べていきたい。

六角家の知行地は、下野国安蘇郡小中村、同足利郡稲岡村、大久保村、山川村、田島村、今福村、助戸村の七ヵ村

に武蔵国埼玉郡北袋村、今泉村を合わせた九ヵ村で、表高二〇〇〇石、実高二六五五石余、年にして一九二九両余の年貢収入があったと言われている。二〇〇〇石ではあったが、六角家は幕府の儀式や典礼をつかさどる高家であり、官位は大名に準じていた。

田中正造が名主をつとめた小中村の石高は、一四三八石余で、戸数約一六〇戸、人口約七〇〇人を数えている。木村礎の『旧高旧領取調帳　関東編』（近藤出版）によれば、小中村の一四三八石余は、さらに六角家領の一〇一二石余、佐野家領の四〇九石余、浄蓮寺領の一六石余とに別れている。いわば、小中村は、典型的な「相給入組支配」の村であった。

このような相給村における名主の場合、他の一般の村の名主とは違った性格が付与されることになった。「昔話」にもあるように、相給村の年貢納入のシステムは、「元来領分取入米は年貢上納前地方に於て売払ひ其代価を上納するに当り、一年分仕送り置きたる金額を差引皆済目録を作りて江戸へ廻はし猶余分あるに於ては重ねて廻送するの仕組」（①一七）になっていた。つまり、集めた年貢を名主が売り払い、その代金を上納する金納が一般的であったこと、年貢の代価の上納以前に領主の要求に応じて前納することが常態になっており、年貢売り払い代金の納入は前納分を差し引いた残りを納入する仕組みになっていたこと、などである。前にも指摘したが、相給村の名主は、年貢収取の実務を担当する、つまり「代官」の任務の一つを果すばかりでなく、相場の変動を見極めて販売して換金し、そして金納するという、一種商人的な才覚も要求されたのである。また、ここに、名主公選制の必然性と意図が存在している。

相給村の名主がいかに大変なものであったか、高橋敏の『民衆と豪農―幕末明治期の村落社会』（未来社、一九八五年）の中に紹介されている伊豆国の安九村を例に、もう少し詳しく見てみよう。安九村は、一八世紀には「八給」の村であった。その中の河野庄左衛門知行一七一石余の名主が秋山文蔵であった。秋山は、「正規の年貢納期にかかわりなく先納、先納を申し付けられ、それ以外に様々な形で御用金が賦課されてくる」（七九頁）ので、借金とその利息の返済に追いまくられる毎日であった。それでも、「河野家の家政は火の車であり、割元名主の必死の遣り繰りで維持されてい」たのである（七七頁）。例えば、寺家村名主文治郎は、遣り繰りに失敗して、家財諸道具を売り払い、息子まで奉公人として差し出さざるをえない苦境に陥っていた。秋山自身も、田畑を質に金主から借りて用立てした御用金が五五両あり、破産寸前まで行ったのである。

このように、領主財政の命運を名主の才覚一つで左右するほど名主の責任は重大であった。それゆえに、また名主の職務からくる自負心も強かったのである。いわば、相給村の名主であることが必然的にもたらす意識規定性とでも表現できるものがそこには存在していたのである。

正造の父富蔵の場合、豪商蓼沼丈吉にしばしば莫大な借金をして、領主の前納要求に答えていたといわれるし、さらには、六角家の用人坂田伴右衛門と協力して節倹に努め、領主の負債を償却したばかりか、逆に五〇〇〇両も余すにいたり、その功で割元に任命されたといわれている。

それでは、そのような領主六角家との騒動の発端を、正造がどのように認識しているのかといえば、それは「名主公選」という「自治的好慣例」を領主側が一方的に破ったからだ、とされている。「昔話」には、次のように述べられている。

即ち名主は村内百姓の公選に依りて挙げられ、これに村内一切の公務を委ね且非常の権力を授けて、村費臨時費の徴収及び支払等悉く其意に一任し以て之れが決算報告をなさしむるに過ぎず、然ども一方に於て総代組頭等は年暮の決算報告会に其出納を検査監督して、一点の私曲を挟ましめざるの制なれば、此自治的好慣例を遵奉するに於ては、永く領内の平和を維持し得て或は格別の事もなくして止みたらむやも知るべからざれど、一たび婚礼普請に失敗して遺恨遣る方なき林三郎兵衛は何うかなして復讐を為さむと欲し、先ず富蔵をして自滅せしむるの策に出て、種々の反間を縦て富蔵と地方後進者との間を隔離し終に夫の自治的慣例をも打破して恣に大久保村なる平塚承貞を挙げて御手医師となし助戸村なる永島藤吉（後に林に欺かれしを知りて我党に帰し総代の一人として入獄せるもの）を挙げて名主となしさかんに饕図を逞ふせむとの痕顕然たれば、予や其不法無礼の処置を空しく看過するに忍びずして、大に領主に向て糺す所あらむとせし（①一三）

即ち、正造の認識では、一八六二年に六角家の筆頭用人となった林三郎兵衛が、賄賂を目的といわれる主家の普請案を打ち出したのに、用人土屋亮左衛門と富蔵が反対して失敗に終わったことを根に持ち、富蔵と村民の離間を画策したことと、名主公選制という「自治的好慣例」を打破して、助戸村の永島藤吉を名主に任命したことの二点に騒動のそもそもの原因を求めていることがわかる。

まず、小中村の名主公選制がいつ頃から始まったのか、確認しておこう。『小中村史蹟』によれば、「安永年間（一七七二〜一七八〇、小松注）に至りて（小中村の）名主三名となり、一名は佐野家、二名は六角家に属す。名主の下に組頭あり。名主の選定は惣百姓連名を以て願出づるか或は相当の門地家格を有する者の中より地頭之を任命せり」（六頁）とあり、この惣百姓連名で願い出る方式を「名主公選制」と判断すれば、名主公選制と任命制が併用されていたことになり、少なくとも安永年間以前に名主公選制が採用されていたことが分かる。また、稲葉光圀の研究によれば、それより以前の寛延年間（一七四八〜一七五〇）には既に公選制が実施されており、それには小前層も参加できたほど「先進的」なものであったとされている。[28] いずれにせよ、小中村の名主公選制は、一八世紀中期から後期には始められていたようであり、一般的に幕末期の村方騒動の中で村役人公選をかちとった村が多いことを考えると、「先進的」な村に属することは間違いないと思われる。[29]

しかしながら、こうした「自治的好慣例」を破ったのが永島藤吉の名主任命であったという正造の認識は、実は正しくない。「一件書」の中にある年月日不詳の「乍恐以書付奉歎願候」には、この点に関する次のような村民の認識が示されているからである。

ある日、今福村、田島村、助戸村、山川村の「小前村役人惣代」が富蔵に呼ばれて出向いたところ、大久保村の平塚承貞と列席の上、承貞が、「此度富蔵義当分割元役被　仰付、名字帯刀御免御徒士格被　仰付趣ニて御達書為相見候」という。まず、富蔵の割元昇進の件と、「来酉年」より「御臨時御入用月々御賄金迚も村々割合差出来候」を改めること、更に、明年より「御屋敷様御年頭之儀は右富蔵・承貞両人ニて」相勤めること等を申し渡されたというのである。ここから分かることは、まず、富蔵の割元就任が平塚承貞の口から告げられていることである。日向康は、富蔵の割元就任の年を、一八五七（安政四）年と推測しているが、「来酉年」とは一八六一（文久元）年のことであり、日向説に従うと、富蔵の割元就任を告げた「此度」から「来酉年」まで四年もあり、慣例の変更の通知を四年も前に行うだろうか、という疑問が生じる。だから、富蔵の割元就任の年は、一八五九年、安政六年説の方が適当のように思われる。そうすると、この資料も、一八五九年頃のものになる。

そして、もう一つ分かることは、既に一八五九年の時点で、平塚承貞が登場し、それもかなりの実権を既に掌握しているらしいことである。とすれば、「昔話」のように平塚承貞が登用されたのは、林三郎兵衛が筆頭用人になった一八六二年以降ではなくて、それよりも前のことになる。

この席上、村役人たちは、「格別是迄何役相勤候哉一切達も無之、小前身分を以承貞より右様申渡し致し候は難心得、第一小前身分を以役席へ立会彼是申聞候様相成候ては、村々取締ニも相拘り、以来之儀安心不相成」と、小前身分でこれまで何らの役も勤めて来なかった承貞が領主の命を下知したことを不審に思い、かつ村落秩序維持に反するものと受け取ったのだが、その席では何もいわなかった。

村々に帰って一同相寄り申し渡したところ、このような「新例」には従えないと、「四ヶ村小前之もの共右を承り一同騒立」てた。そして、特に富蔵の割元昇進の件が問題になり、「是迄割元役之儀ハ村々年番ニて相勤無差支処、小中村へ割元相立候得は上郷四ヶ村より三里余も相隔万事不弁利、其上往返入用も多分相掛り小前之難渋ニ相成」、「尤割元役小中村富蔵へ被　仰付候儀は　御上様思召を以被仰付候儀ニ付、承知奉畏候得共、私共四ヶ村之儀は富蔵支配相離、是迄通村々年番ニて役元相勤候様御願立いたし呉可申、尤右を私共より願呉不申候ハヽ、小前一同出府御直訴可致旨申し、悉騒立候……」。

このように、今福村以下四ヵ村の小前百姓たちは、富蔵の割元昇進が、村々年番で割元をつとめてきたこれまでの「慣例」を破るものであり、また、小中村までは「三里余」もあり往復に非常に不便であるから、富蔵割元昇進それ自体は領主の命であるから反対はしないが、富蔵の支配を離れて「上郷四ヶ村」はこれまで通りに年番で割元を選べるように領主に願い出てほしい、それができなければ「直訴」するとまで言っているのである。「小前」とは、「村役層をのぞく百姓身分の農民、あるいは富裕層と区別される中下層の農民というような意味に使われるのがふつう」[30]であり、この嘆願書には、富蔵の割元就任に反対する小前層の強硬な突き上げにあって苦慮している村役人たちの心情が吐露されているが、むしろ、小前層と同じ気持ちの村役人たちが小前層の「直訴」をちらつかせて、領主側を脅迫していると読むことも可能である。

だから、六角家領の村々の村役人選出にかかわる「慣例」を破ったのは、この富蔵の割元就任が最初であったことになるのだが、この点への認識は正造に全くない。

では、助戸村永島藤吉の名主任命の件はどうであろうか。

この事件は、たぶん、「一件書」が、「七ヶ年前酉年、助戸村名主藤吉無謂休役被　仰付」、「金三拾両差出し」、「帰役相成」ったという出来事を指しているのだろう（四六九頁）。つまり、三〇両のお金と引き換えに名主に復職したわけであり、形式的には「任命」されたことになる。ここで、「七ヶ年前酉年」と出て来るから、この事件は、一八六一年のことであったことが分かる。とすれば、やはり、林三郎兵衛が筆頭用人になる以前のことになる。あるいは、「昔話」の「文久二年」という記述が誤っているのかも知れない。

「昔話」に従えば、文久二年に用人の坂田が病没し、林が筆頭用人になるや、江戸屋敷の普請を計画したという。ところが、生麦事件などの発生する情勢不安定な時期であったため、富蔵が江戸屋敷に出頭して、このような時期に婚礼のための屋敷普請等を行って徒に金銀を費消すべきではないことを領主に申し立てたところ、富蔵の意見に用人土屋亮左衛門らが賛同し、領主もこの意見を入れたため、普請計画は見合わせることになった。このことを恨みに思った林は、富蔵をいつか陥れてやろうとしてその機会を待っていたが、おりよく、大和で「神武天皇陵」が発見されたというので、高家であった六角越前守が代拝のため上京することになり、富蔵も同行を命じられた。そして、臨時の用事ができてしばらく京都に滞在しなければならなくなったのを幸いに、林は、「再び普請説を盛り返さむと、其準備の為め各村を遊説して夫の後進不平の輩を懐け、彼等をして悉く富蔵に背かしめ、又は身分を売付けて献金を促し、御上の為めと号して奸策至らざる所なく、且領分の者と富蔵との間を離間せむが為めには殆ど全力を尽して其勢猛火の原野を焼くが如きものありき、出発の折に父より内命を受けたる兼三郎、乃ち予は此状態を見て憤慨に勝へず、蹶起強敵に抗して激しき運動を試みむと企てぬ、之ぞ六角家騒動の端緒とはなりける」（①一二）という。

ここで、「身分を売付けて献金を促し」というのは、さきの永島藤吉の一件もそうであるが、小中村百姓弥三郎が林に賄賂を送り、「仮組頭取締役」を仰せ付けられたことも指していよう。このとき、二〇〇〇両の先納金をも申し付けられているが、小中村の小前層は、「小中村之義、寛延度村役人多ニて及混雑、御吟味詰之上　御裁許被仰渡、御相給共名主組頭壱人宛ニて、御用向村用共聊差支無之相治り罷在候」という先例を破るものであるとして「動乱」に及び、京都にいる領主の元まで訴え出たところ、土屋亮左衛門が下り、取り調べた結果、弥三郎の役を取り上げて決着したらしい。

たぶん、この時のことであろう。正造が、「領内行政上の先例を擁護するの当然の職分なる所以を説き、林三郎兵衛の如きは先例を知らざるのみならず、往々破壊を企てむとするの為あれば、明君速かに大英断を下されむことを請ふ」という内容の「過激なる上書」を江戸屋敷に提出したというのは（①一六）。しかし、この結果、正造は、「無筋」も休役を命ぜられることになった。一八六五年のことである。

ところが、ここからが問題である。「一件書」の記すところによれば、「依之御領分村々名主共連印ヲ以奉歎願候得共聞済無之、内々金子差出し候ハ、帰役可相成之趣、助戸村藤吉へ内意有之、難心得筋ニは候得共、及違背ニ候ハ、尚々難渋相掛り候様子難黙止、金拾五両差出し、尚又村々連印奉歎願御聞済相成候」（四七一頁）という。つまり、休役を命じられた正造の復職を求めて村々の名主が連名で嘆願書を出した所、聞き入れてもらえなかったが、「官選」名主であった永島藤吉に内々にお金を出せば認めてやるとの話があったので、名主たちは承服しかねる話ではあったが、後々のことを考えて一五両のお金を差し出して復職が認められたというのである。

この結果、正造も藤吉と同様に、形式的にはお金を差し出して名主になった（戻れた）ことになり、領主側から「任命」されたことになるのである。ところが、正造は、藤吉の場合は「自治的好慣例」を破った例に出しながら、全く同じケースである自分のことは、村民らが「不穏の挙動」に訴えてまでも正造の復職を江戸屋敷に迫ろうとしたので、「屋敷も亦少しく悟る所やありけむ、予が復職の命は程もなく下りぬ」（①一七）と「昔話」に書いているだけである。一五両のお金を差し出したことを本人の正造が知らなかったのか、それとも、知っていても隠したのか、現時点では判断できかねるが、正造に官選名主と批判的に描かれた藤吉の側からみれば、なんとも不平等な描き方である。

それはさておき、一八六五年の秋、林らは、御用金・前納金の他領・他知行所の金主からの借り入れを禁止し、年貢米の江戸回送などを命じてきた。こうした慣例の改変は、幕末開国以来の急激な物価上昇に起因する領主財政の危機を打開しようとする政策の一端として、多くの藩や領主が取った一般的なものであったのだが、これを正造は、「割元の立替金を踏倒さむとの計略」と認識して、江戸屋敷で「掛合」に及んだが埒があかず、林から命じられた一ヵ月分の前納金（五〇両）を神田明神下の高利貸「粟田口御殿金」より借りて上納し、年貢米を売り払い、六〇〇両余りの借金を蓼沼に総て返済して、「金子仕送り役」を辞退することにした。

以上が、騒動の第一段階である。

二　騒動の第二段階

一八六六年（慶応二）一一月、六角頼母が死去し、まだ幼い主税が当主になった。そこで、再び普請問題が登場してきた。正造父子がこれに反対すると、林らは一〇〇日の蟄居を命ずる一方で、「表門長屋の建築」を強行し、ついにこれを完成させた。そこで、富蔵・正造父子の辞表と七〇〇余名が連判した政弊改革の「上書」を携え、小林藤七郎と永島藤吉が江戸屋敷に出頭したが、却下された。そこで、正造は、「衆に向て」次のような内容の一大演説を行ったという。

方今天下の形勢危きこと薄氷を踏むが如し　然るに奸臣上に跋扈して良民下に苦み政弊改むる所なくして人心帰一を失ひ無用の土木を興して有要の財を竭し旧来の慣例悉く破却せられて奸臣等の意に出る新法雨の如く降る嗚呼妖雲四塞風物惨憺たるの状領内未だ曾てあらざる所惟みるに其此の如き悲境に立至りたる所以のもの固より奸臣の罪悪に帰せざるべからずと雖抑も亦上に赫々の光明ありて奸臣等の膽為めに寒きを致すの君主なきに因らずむばあらず　伏して願ふ各位の力に依て恐れながら幼君へ御退隠を勧め奉り賢明なる第二の君を推戴して御家督あらしめ奉らむことを　而して彼れ奸党の輩は勿論之に付随せる佞人們をば悉く門前払となし君側を清めて以て御家を泰山の安に置かむこと是予が宿望にて又先君に対するの微衷なり（後略）（①二一～二二）

この演説は、この時期の正造の思想を考える上で非常に興味深い。つまり、ここには、君主の責任を問う姿勢が見られるからだ。おそらく、正造には、〃あるべき君主像〃のようなものがあったのだろう。「領内行政上の先例を擁護する当然の職分」を果すことが君主の最低条件であると考えていたのかもしれない。それに照らして、君主の交替と奸臣の排斥を主張している。それも、「御家を泰山の安に置かむこと」とあるように、村役人としての自負心から来たのであろう「御家」意識が明確に見て取れるのである。

しかし、演説の中で本当に君主の交替を要求したのかどうか、他の資料でそれを裏付けるものはない。何よりも、この「君側の奸」を痛烈に攻撃するシーンは、前述したように、この「昔話」が書かれた時期のことを頭において読まなければならないであろう。「昔話」が『読売新聞』に連載されたのは、一八九五年(明治二八)九月一日から一〇月二四日までのことであったが、一八九三年(明治二六)末の第五議会から翌年五月一五日に招集された第六議会で、田中正造は、内閣総理大臣の伊藤博文を名指しして攻撃し、「君側の奸」を排除して皇室を清めることを盛んに主張していたからである。その記憶が、この部分の叙述に色濃く投影されていることは間違いない。

そのようなことを多少割り引いて考えても、正造の生涯を通して見たときに、「君側の奸」を排除しなければならないという発想は、割合によく見られたものであった。それが、すでに六角家改革運動の段階で登場していることは、極めて注目に値するものといえよう。そして、「御家」の為、領内の農民のために君主の交替まで要求したことが事実であるならば、その後の正造の「奸臣」排斥要求が往々にしてそうした「奸臣」を起用し実務に当たらせた君主の責任を問うまでに至らないことを考えると、憲法発布前と後の違いがあるにせよ、やはり注目すべき点だと思う。

こうして、正造は、再び辞表を江戸屋敷に送ったが、これも握り潰され、今度は、六角家名主の休役願に連署して提出した。一八六七年(慶応三)四月のことであった。そこで、六角家領の名主たちは、「奇策」を案じた。それは、直接領主に訴えるのではなく、領主の親族へ訴え出ることであった。その結果、六月に長沢内記と日野大学の家臣が調査にやってきたのである。

しかし、この間、林らも、様々な百姓分断策と離間策を次々に打ち出して来たといわれている。その最初は、少し時期はさかのぼるが、六角頼母が「神武陵」代拝のため京都に滞在中の一八六四年、その滞京中の費用を賄う名目で、高一〇〇石につき三両の御用金を六角領の村々は申し付けられたが、平塚承貞居村の大久保村だけが免除されたことであった。また、一八六六年に田方違作のため割元富蔵に年貢の減免を申し出たところ、平塚承貞らが「割元ヲ強勢ニ申噤メ」て、山川・助戸・稲岡の三村には「引米」を認めたが、田島・今福・小中の三村には逆に併せて一二〇俵余りの「冠り米」を命じられた。そのため、困却した小前層が「拝借米」を申し出たところ、田島・今福の両村には許さなかったのに、小中村だけが「五厘」の拝借を許された、という事件もあった。極めつけは、一八六七年八月の水論（水争い）であろう。稲岡村が小中村の村役人に断りなしに小中村内の小峯山麓の溜水を新規に掘削して水を引いたことから小中村と稲岡村との争いになり、小中村が稲岡村を訴えるという騒ぎになった。このため、「父子相争う」状態になったのである。この水論は、翌年一月に、並木村その他の名主の調停により示談が成立したものの、農民の生活に密接に関連した部分で特定の村だけをえこひいきして扱うなど、割元として七ヵ村を束ねていかなければならない富蔵を挑発するかのような離間策が次々に打ち出され、しまいには父と子が訟庭で対決しなければならぬ寸前まで行ったのである。

このような直接的には富蔵にかかわる離間策に比べて、正造に関する離間策は、まず第一に、出流山事件に伴う「勤王説」であった。しかし、この「曲説」は、戊辰戦争の時、幕府軍と官軍の双方を公平に扱って、村が戦場になるのを回避するために手を尽くしたことなどにより、自然と消えて行った。そして、もう一つは、小林藤七郎の身上に関してであった。藤七郎が「放蕩者」だからその言うことは信用ならぬ、という流言のことである。しかし、この離間策も、正造が藤七郎の「情婦」であった幸手宿の鈴木屋の「おきん」という遊女を身受けして藤七郎と一緒に住まわせるようにしたことから、藤七郎も大いに悟って、益々「正義派」の結束が固まったとは、正造の「昔話」が記すところである。

正造らが主家である六角家の弊政改革に奔走している間に、世情は大きく変化していた。幕府が政権を返上し、それでも武力倒幕を欲して止まぬ薩摩長州などの挑発にのり、戊辰戦争が始まっていた。一八六八年（明治元）一月二二日、東征大総督府は、農工商三民への布告を発した。「徳川支配地は勿論、諸知行陣屋寺社領に至る迄、年来苛政に苦しみ罷りあり、その外、子細これある輩は、遠慮なく本陣へ訴へ出べし、僉議の上公平の処置にいたし候」という内容のものである。この布告に接した正造たちは、助戸村藤吉と山川村藤七郎をして総督府に訴え出ることに決め、両人は板橋で東山道総督府に「嘆願」を行った。そして「教諭安民方」の調査の結果、四月一三日夜に林三郎兵衛と平塚承貞が足利藩の手で逮捕され、ここで一件落着かのように見えた。

ところが、五月一五日に六角家の本領安堵が認められ、林と平塚が釈放され、逆に藤吉と藤七郎が捕縛されてしまった。そこで正造は、「他の同志と謀る遑もなく、倉皇身を挺して水戸に走り、同地天狗派の力に依りて、二人を救ひ出さむと企て」たという(①三八)。しかし、当時水戸藩は会津攻めの準備で忙しくて果せず、さらに江戸小石川の六角家の親族の手を経て同じく親族である烏丸家にあてて「陳情的嘆願書」を提出しようとして江戸に走った、と。

この「陳情的嘆願書」の内容は、これまでの林たちの先例変更や無用の土木工事などの弊政を列挙し、あげくには、林と亡君の未亡人との間の「如何の風聞」を指摘し、そのうえで「暗君」の隠居と林たちの「処分」を要求したものであった(①三九~四〇)。ところが、この嘆願書が林の手に入り、正造は、藤吉らと引き換えになる形で入牢することになった。「三尺立方」の「床に穴を穿て大小の便所を兼ねしむるが如き」窮屈な牢に一〇月と二〇日入ったという。

だが、正造が入獄している間に、主君は交替して次男が後を継ぎ、林らは「永の暇」に、平塚は「永の領分追放」になった。そして、出獄した正造も「永の領分追放」、藤吉や藤七郎は「領分払い」、その他の名主たちは「村払い」に処せられた。正造が出獄した日時は、日向康作成の「年譜」によれば一八六九年の初頭と推測されている。正造たちには、一〇〇〇両を越える借財が残されたという。「此に於て一件全く落着を告げたるが、此事件の起りてより前後五年の久しきに亙り、村々名主等苟も此事件に関係ある者、其間の運動費に巨額の金銭を投じたれば、落着後或は田畑を売り或は家屋敷を売り、妻子兄弟亦為めに離散するの惨状を見るに至りぬ」(①四七)、と。

以上が「昔話」の記すところであるが、ここで事実関係を整理してみたい。まず、正造の捕縛入獄について、『近代足利市史』第一巻、『佐野市史』通史編下巻ともに、一八六八年一月のこととしている。とするならば、藤吉と藤七郎が東山道総督府に「嘆願」したとき、正造はすでに六角家の獄中にあったことになり、それ以後の出来事、即ち水戸に走って「天狗派」に働きかけたり、烏丸家にあてて「陳情的嘆願書」を提出しようとしたことは、すべて事実ではありえないことになってしまう。

それでは、「一件書」によって確認してみよう。当該史料で確実に判明するのは、正造の領分追放が、一八六八年一一月に命じられていることである。

一　其方義元来御用役共へ深遺恨差含候より種々之書類相綴、剰　御上向之事迄誹謗致し候条、甚以不軽次第ニ付、格別厳科ニも可被処之処、御憐愍以向後御領分中におゐてハ其方并家族共迄モ居住并徘徊之義堅不相成事、速ニ他家領内へ立去可申者也

辰十一月　　　　　　領主　役所[31]

もっとも、領分追放になったのは正造のみで、家族は領内居住が許されたようであるが[32]、注目すべきは領分追放の理由である。山川村藤七郎と助戸村藤吉については、徒党を組んで東山道総督府へ越訴したことを理由に「領分内追放」処分が下されたのに対して、正造の場合は、「種々之書類」をまとめ提出し「御上向之事」を「誹謗」したことに求められていることである。ただ、「種々之書類」が、三度の辞表と「陳情的嘆願書」のどこまでを含めているのかはわからない。

第二に指摘できるのは、「一件書」には正造が捕縛された年月が記載されていないことである。それなのに、『近代足利市史』と『佐野市史』が一八六八年一月頃としているのは、おそらく、一一月の釈放＝追放から「昔話」にある入牢期間の「十ヶ月二十日」を引いたのであろう。とするならば、「十ヶ月二十日」が真実であることを証明しなければならないはずであるが、そのような手続きがふまれているとは思えない。そもそも、この入牢に関する「昔

話」の記載には、粉飾が多すぎるのではなかろうか。

たとえば、毒殺を恐れて、断食すること三〇余日、同志より差し入れの鰹節二本で命をつないだというが、何も毒を入れるのは食事だけとは限らないし、それなしには済ませられない飲み水に入れれば済むことである。水も飲まずに一月余りも生きられるものかどうか。また、一〇月二〇日という数字は、女性の妊娠期間に関する俗説を拝借したもので実際とは違うのではないか、というのが布川了の推量だが、私も、この記述にはかなりの「山かけ」、あるいは正造の「茶目っ気」が含まれていると思う。さらに、「回想断片」一三には、獄中で「通俗の軍記」を読んだとあるから、最初から最後まで「三尺立方」の牢に閉じこめられていたのでもないだろう。

このように、「十ヶ月二十日」自体の信憑性が薄いということになれば、一八六八年一月頃入牢という推定も成り立たなくなる。

そこで注目できるのが、「一件書」の中の五月一五日付け小林藤七郎・永島藤吉両人連名による村々名主への報告書である。この報告書は、東山道総督府への「駆込訴」の経緯とその後の処分について記したものである。ところが、この報告書の宛名に正造の名はない。小中村は篠崎茂左衛門の名が記されているだけである。両人による一八六七年一二月五日付けの報告書までは、正造と篠崎の名が併記されていた。

もはや名主ではなくなったから正造の名前を書かなかったという解釈も成り立とう。しかしながら、正造が運動の中心であったことにはかわりがない。そうした正造の名が落とされているのは、すでに正造が報告書を読むことのできない境遇にあったことの証明でなくして何であろう。

とするならば、正造が捕縛入牢したのは、六七年一二月六日以降、六八年五月一五日以前の間ということになる。

もう少し、正造捕縛の月日を絞り込んでみよう。そのときに手がかりになるのが、小中村が官軍と幕府軍との戦場にならぬように腐心したという「昔話」の記載である。三度目の辞表提出によりようやく名主の辞職が認められ帰村したときには、「将軍慶喜公は最早や東叡山に謹慎の身の上」になっていた、という。慶喜が上野寛永寺に閉居したのは、六八年二月一二日のことである。そして、梁田宿における官軍と幕府軍の戦闘は、三月九日のことである。このあたりの「昔話」の記載は、体験した当事者でなければわからない機微も伝えているので、正造が三月九日の時点で小中村に在ったことは、まず間違いないであろう。

とすれば、正造が捕縛されたのは、三月中旬から五月中旬まで約二ヵ月の間のいずれかの時点と考えるのが妥当であろう。あるいは、四月一三日に林と平塚が逮捕された後に、同じく足利藩の手によって正造も身柄を拘束されたのかもしれない。そして、五月一五日付けの藤吉・藤七郎報告書に「林并弥三郎両人は十六日ニ帰府罷在候様承知」とあるように、六角家の本領安堵が認められ林らが釈放された後に、六角家の手で藤七郎と藤吉が捕縛され、正造も身柄を移されたのだろう。

日向「年譜」は、四月に林が釈放され藤七郎と藤吉を捕縛したとしているが、五月一五日時点で藤七郎と藤吉はまだ自由の身であった（板橋の鍵屋に滞在中）。すでにこの時点で正造が囚われの身であったとすれば、藤七郎と藤吉の身代わりに正造が逮捕されたという「昔話」の記述は、まさにドラマティックな「作話」に他ならないものとなる。そして、水戸に走って「天狗派」に働きかけたというエピソードも「作話」ということになろう。(33)

小括

以上、第一章では、青年兼三郎に特徴的に見られる意識として、勤勉さと「平等」の実践、さらには、「富」の追求それ自体を罪悪視することはないが、不正な蓄財や私欲のための使用を否定した富・財産観の特色、さらにそれらの全体を通じている不正を憎む極端な正義感などを最初に明らかにした。そして、次に、それらの思想的特徴が、何故に形成されたのかを考える一つの視角として、田中正造の家庭環境や下野（安蘇・足利）地方の精神的風土に着目し、富士講と勤王論の二つを取り上げてみた。

その結果、田中正造の思想的特徴が、富士講の食行身禄の思想や「草莽の国学」のそれに極めて類似していることが明らかになったように思う。両者とも、それぞれの「家職」(「草莽の国学」の場合には農業)に勤勉であることを基本とし、人間平等思想も展開していた。なかでも、食行身禄の財産観は、田中正造のそれに極めて類似していたことが確認できた。

しかしながら、それらが田中正造の思想に具体的にどのように影響を与えたかを示す史料は何も残されておらず、いくらその類似性を指摘したところで、直接的に関連づけることは不可能である。富士講のどのような教本を読んだかも明らかではないし、まして、食行身禄の思想の系譜にある江戸の富士講は、田中正造が生まれ育った幕末期にはもう廃れていた。基本的に田中正造が富士浅間信仰に入ったのは、史料による限り、記憶力を増すことと病気平癒という現世利益的な関心が主であって、その思想内容を云々しても始まらないかもしれない。また、正造自身は「勤王論」というだけで「国学」という言い方は一度もしていないし、影響を受けたと見られる亀田甚三郎の思想や織田龍三郎など友人の思想の特徴も詳しくは分かっていない。

しかし、ここで発想を逆転してみたい。つまり、富士講や「草莽の国学」の思想に正造の思想が近かったのではなく、正造の思想に、もっと言うならば近世末期の中上層農民の思想それ自体がそもそものようなものであったと考えた方がいいのではなかろうか、ということである。ここで、正造と比較参照するために、三浦命助の思想形成を一瞥してみたい。

三浦命助は、一八二〇年に、南部藩上閉伊郡栗林村の肝煎格の家に生まれている。そして、一〇歳前後から、遠野町小沼八郎兵衛について四書五経を学んだ。そして、一八三六年から三年間、つまり一七歳から一九歳まで、院内銀山に出稼ぎにいった。さらに、一八三九年からは、生活窮乏のため、穀物や海産物の荷駄商いを「農間渡世」として始めている。命助が屋号である「東」の家の事実上の当主になるのは一八五三年のことだが、この「東」の家は、観音堂の別当(守り役)の位置にもあった。そして、藩主交替要求や支配替要求など「三要求」を掲げたことで有名な同年の三閉伊一揆で重立頭人の一人として活躍する。その後、一揆の責任追及の手を逃れるために「僧体」になって村を脱走し、小牛田村の東寿院（修験道）の住職になった後、今度は京都の二条家の「家臣並」となって「公家侍」の地位を手に入れ、家来二人を引き連れ再び南部藩に現れ、捕縛された。深谷克己は、こうした命助の行為を「たった一人だけの一揆行動だった」と評している。

実は、興味深いことに、このような命助の軌跡は、かなりの部分正造のそれと重なり合う。そして、六角家騒動で正造らが京都の烏丸家を通じて局面の打開をはかろうとしたように、何らかの形で朝廷勢力と結び付いて効果を引き出そうとした点でも同様であり、騒動の最終段階ではほとんど正造の「ひとり一揆」であった。また、命助の思想の特色が、「人間ハ三千年ニ一度さくうどん花なり」という言葉に代表されるような人間尊重思想にあったことは今日では良く知られている。その外にも、深谷の整理によれば、「富貴繁盛」「子孫長久」など「現世利益」を目的とした信心と通俗道徳の実践、その一体性（二八二頁）や、「神とは生きたる人の事」という神観念（二八四頁）などが、その特徴として指摘されている。

このように、幕末期の田中正造の思想は、ある意味で、この時期の中上層農民一般にある程度普遍化できる性質のものと考えた方がよさそうである。それは、決して田中正造の独自性を希釈するものではない。近世社会の農民たちは、多かれ少なかれ、現在の私たちがイメージする信仰とは異なった「信心」という形で宗教的な環境の中に暮らしていたのであり、それが正直や勤勉といった通俗道徳の実践と日常生活の中で深く結び付いていたのである。そのことは、誰も否定することのできない、アプリオリに「善」であったがために、富士講の食行身禄の思想や「草莽の国学」者の思想に投影されたのであろう。

ただ、彼ら百姓は、あくまで地に根ざした生産者であるだけに、「天皇」という、彼らの生活実感から離れた観念的なシンボルには糾合されにくい。正造の場合も、基本的にそうであったろう。さらに、名主として村を守るという職務に忠実であろうとする積極的な姿勢が正造にはあった。また、「草莽の国学」者の多くが相当の地主であり、それゆえに直面する矛盾を解決するのに一揆という手段をとらず、むしろそれに敵対する形で自力更生の道を選択し得る客観的な基盤が存在していたのに対して、正造の場合、自分一人だけが救われればいい、という発想はとらなかった。名主としての責務感がそれを許さなかったし、また、藍玉商で相場差を利用して儲けた行為をすぐ悔い改めたように、「自分一人だけ」という考えは「不正」だ、という気持ちが常に存在しているのが正造の特色ではなかったろうか。それればかりか、六角家騒動で見られたように、村民を領主の圧政から救うだけでなく、それが同時に「御家」の為でもある、今は敵対している「御家」をも併せて救うことである、という発想に、後の正造の〝敵をも併せ救う〟という「事業」の高邁な理想の源泉を見て取ることも可能なのではなかろうか。

以上、第一章で分析してきた田中正造の思想形成を要約するならば、百姓として生産労働を中心とする信心と道徳の実践が一体化された生活の中で「自然自得」のものとして形成された「平民主義」と、名主としての強烈な責務感に裏打ちされた極端なまでに不正を憎む「道徳主義」の二点にその特徴を見ることができる。そして、この「平民主義」(後年の徳富蘇峰らのそれとは異なり、貴族に対する平民に力点がおかれたものというより、平等に力点がある)と「道徳主義」は、その後の田中正造の思想の二大基調をなしていくのである。その意味で、「平民的道徳のもっとも良質な部分をうけつぐことで天皇制国家に対決しようとした思想的系譜はどこにもとめたらよいだろうか。内村鑑三や田中正造の思想は、平民的道徳をそのもっとも良質な部分でうけつぎ発展させようとすることを、少なくとも一つの思想的モメントとしていたのではないかと考える」という安丸良夫の指摘(34)に同感である。

注

(1) 以下、一八七二年(明治五)一二月三日までの年月日は、旧暦に従っている。

(2) 田村秀明は、「正造の名主就任―安政六年「一九才」説の論拠」(『田中正造と足尾鉱毒事件研究』八号、一九八九年八月)で、六角家騒動の際に足利郡今福、田島、助戸、山川四ヵ村の小前惣代連名で提出した「嘆願書」中の「来酉年」という文字、それに、父富蔵が書きとどめた略歴の中の割元就任の年齢から、正造の名主就任は一八五九年（安政六）であったと主張している。一七才で名主見習となり、一九才で正式に就任したという解釈も考えられるが、あくまで父の割元就任に伴うものであったことを考えれば、この解釈は成り立たないであろう。

（3）後に鉱毒反対運動で活躍する室田忠七らも同じタイプの農民であり、古河などに苗木商売に行くことで知見を広めていたとは、子孫の指摘するところである。

（4）深谷克己『南部百姓命助の生涯』朝日新聞社、一九八三年、参照。

（5）峯岸賢太郎も、『近代に残った習俗的差別』（兵庫部落問題研究所、一九九〇年）で同様の評価をしている。

（6）『全集』刊行後の新出資料を収録した由井正臣・小松裕編『亡国への抗論』（岩波書店、二〇〇〇年）の中にも、次のような書簡が収録されている。

「植野の金子楼え七十人悪漢集屯いたし候。右は足利より二十人計り、上都賀のもの三十人計りと申事、其他は相分不申、彼の壮士ト云フモノは足尾銅山の坑夫と山下の旧穢多と上都賀の博徒と下都賀の曖昧壮士とにて、真誠の農商家の良男子は一人も無之候。之に反し当方は皆区内の人〻にて、善良なる農商家の令息多し。区外之雇人は一人も無之候」（三二頁）。

一八九二年二月一四日、第二回総選挙投票日の前日に島田雄三郎に宛てた書簡の一節である。この選挙は大変な激戦となり、選挙資金三〇円の緊急援助を申し込んでいるのがこの書簡である。このように、正造は、木村半兵衛派の運動員をあしざまにののしっているのであるが、その中にも「旧穢多」と出ている。

（7）宮田登「富士信仰とミロク」（山岳宗教史研究叢書6桜井徳太郎編『山岳宗教と民間信仰の研究』所収、名著出版、一九七六年）。

（8）安丸良夫「富士講」（日本思想大系六七『民衆宗教の思想』岩波書店、一九七一年、六四三頁）。

（9）岩科前掲書、参照。

（10）丸山照雄編『新版天皇制と日本宗教』所収、亜紀書房、一九八五年。

（11）「草莽」とは、いうまでもなく『孟子』からきた言葉である（「在国曰市政之臣。在野曰草莽之臣。皆謂庶人。」）。「草莽」の詳しい定義は、高木俊輔『明治維新草莽運動史』（勁草書房、一九七四年）参照のこと。

（12）水林彪『封建制の再編と日本的社会の成立』山川出版社、一九八七年、参照。

(13)伊東多三郎『草莽の国学』五一頁より重引。
(14)同前、六六頁。
(15)同前、六五頁。
(16)『佐野市史』通史編下巻、三三一頁。
(17)佐野市郷土博物館展示『田中正造国政への歩み』などを参照。
(18)次のような書簡である。

御地御開店之由奉祝候、然は先日悴並ニ田中正造より達御聴蒙御尽力候一事、小事件ぇ苦心仕候様被思召候も奉恥入候得共、僕土着之身分ニて各村騒動仕候義、何共不堪傍観ニ奸物壱人相除キ候得は、素より質朴之人民　朝恩ニ鼓舞罷在候面々穏ニ生活相成候事ニ付、不得止事候得は、仮令鼠輩を相手取僕原告仕候共難差置、右ニ至り候も世間ぇ御対し赤面不少奉海容、何卒御妙策を以上より奸物顛末御探索之上、御差置相成候様乍書中幾重ニも御尽力奉願上候、委細田中正造より御聞取、宜敷御指揮被成下置各村本望相達し候様、偏ニ奉願上候、早々謹言

十月廿九日　亀田甚三郎

国府義胤様玉下

(19)「野州出流山堺内浮浪屯集一件風聞書」(『栃木県史』史料編近世7、所収)。
(20)『佐野市史』通史編下巻、六三頁。
(21)由井正臣『田中正造』一九頁。
(22)林竹二『田中正造の生涯』二七頁。
(23)同前、二九〜三〇頁。
(24)日向康『田中正造ノート』田畑書店、一九八一年、四六頁。
(25)深谷前掲書、三〇二頁。

(26) 林前掲書、三〇頁。
(27) 水林前掲書、三〇九～一〇頁。
(28) 稲葉光圀「田中正造の民権思想形成の特質」(『田中正造と足尾鉱毒事件研究』二号、一九七九年八月)。
(29) 小百姓の入れ札による名主選出の早期の事例として、一六九〇年(元禄三)の信濃国佐久郡下海瀬村があげられる(白川部達夫『近世の百姓世界』吉川弘文館、一九九九年、参照)。
(30) 深谷克己『八右衛門・兵助・伴助』朝日新聞社、一九七八年、一三〇頁。
(31)『栃木県史』史料編近世7、四八三頁。
(32) 由井正臣・小松裕編『亡国への抗論』岩波書店、二〇〇〇年、二二二頁参照。
(33) 日向「年譜」も正造の四月捕縛説をとっている。しかし、日向は、一八六九年初めと推定した釈放の時期から「十ヶ月と二十日」を引いて四月頃と推測したのであり、こうした推論の仕方が誤りであることは本論で指摘したとおりである。
(34) 安丸良夫『日本の近代化と民衆思想』青木書店、一九七四年、八四頁。

第二章　自由民権家として

第一節　政治家を志すまで

一　江刺県の小吏として

出獄した正造がまず行ったことは、六角家闘争に要したおよそ一〇〇〇両の負債の返済であった。「昔話」によれば、この膨大な負債の返済に際しては、債主たちの恩情溢れる措置に救われたという。たとえば、「当時質実の風習とて貸金証文など更に無く只だ貸主自らの覚帳へ何月何日誰々へ何程貸出すと記入するのみ」であったというし、正造が全財産を投げ出して借金を返済しようと考えていたにもかかわらず、全財産の三分の二は「養老手当」として残して、三分の一のみを、それも実勢地価よりもはるかに高価に見積もってくれるという「慈恵的法方」であったという。正造の伝えるこのあたりの事情が事実とすれば、そこには、身ぐるみ剝ぐという借金の取り立て方ではない、自活するだけの余裕を残して借金を帳消しにするという、鶴巻孝雄らが注目している「共同体原理」に基づく貸借慣行がまだ息づいていたことがうかがいしれる(1)。

六角家騒動で「永の領分追放」になった正造は、負債の処理が済んだ後、新堀米大字新家（現在の佐野市菊川町）に招かれ、そこの地蔵堂で手習師匠を始めた。一〇〇日余り過ぎたころには、門人の数も三〇人に達したという。人に商売を進められたり、新井某より群馬県の属吏になることを進められても、それを断って、手習師匠の生活を楽しんでいたらしい。そんな折り、赤見村に皇朝学校が設立され、府県学校取調掛（明治二年三月から六月一五日まで昌平校に設置された）の織田龍三郎が来訪して、正造に江戸留学を勧めた。かつて、土着志向と脱出志向とのせめぎあいの少年時代を送った正造である。「野心の僧」になろうとしたり、江戸留学を考えたこともあった（このときは、亀田に止められた）。この織田の勧めに心を動かされ、結局織田に従って江戸に出ることに決め、後事を石井郡三郎と亀田甚三郎に託し、地蔵堂の寺子屋の経営は赤尾小四郎の孫の豊三に委ねて、出府することになった。この年の八月のことであったといわれている。

近年、明治二年の田中正造の書簡が、新たに三通発見され、『亡国への抗論』に収録された。七月一日、一〇月四日、それに月不詳の三点である。それによって、既に七月の時点で「正造」という名前を使っていることが判明した。(2)八月三日、「赤手を以て自家の運命を拓かんとの志」で江戸の織田家に急いだ正造を待っていたのは、失職して無収入の身となった織田であった。そこで、正造は、秘蔵の書画を売って三六両の金に代え、これを六ヵ月間の食費代として前納し、自らは下男の働きをしながら、その余暇に「漢籍の講義」を聞くことにした。芋の皮だけを煮付けて食べたという、当時の生活の貧窮ぶりを強調するようなエピソードが残されている。こと志と違い、就寝時、床の中で、「用もなき現在未来の事抔妄想」する毎日であったという。

そんな正造に、「一大誘惑」が到来した。知人で、当時江刺県の大属をしていた早川信齋が織田の元を訪れ、正造に江刺への同行を勧めたのである。この誘いに乗ってしまったことを、正造は、のちに「予が畢生の失策なりき」と回顧することになる。それは、木村新八郎暗殺事件のことであった。

江刺県は、一八六九年（明治二）八月七日に設置された。本庁を遠野に置き、旧伊達領の江刺郡・気仙郡と旧南部領の閉伊郡全円と加賀郡の大部分の計二六九村、一一万八一九七石を管轄する県として発足した。その後、一八六九年一一月二九日に三戸県を廃止して江刺県に合併し、新たに二戸・九戸・鹿角の三郡を加え、計三六四村、一六万三九六一石の管轄になった。明治四年七月現在の戸数は四万三六四二、人口は二三万七五五〇人であった。(3)このとき、大参事国府義胤[4]が罷免され、後任に、三戸県の権知事であった村上一学が就任、小参事には、同じく黒羽藩出身の三戸県県官小山勘解由が就任している。この後、江刺県の設置の時から権知事をつとめていた小笠原長清も、一八七〇年（明治三）二月五日に退き、代わって四月二八日から熊本藩出身の山田信道が権知事になっているから、正造が江刺県に到着した三月三日には、既に知り合いの小笠原と国府が辞任した後であったことがわかる。[5]

まさに〝朝敵藩の処分〟といった趣があったであろう江刺県（参事大属等の「帰順の民」という表現に如実にあらわれている）の、その県の役人の一人に正造はなったわけである。三月一九日、正造は、「県庁附属」に任命され、月給八円をもらう身分となった。江刺県の「官員録」でいえば、権知事以下、全部で一二ある役職の中で、「附属補」は下から二番目になる。このとき、権知事は三〇〇円の月給であった。

正造は、すぐに花輪分庁勤務を命ぜられ、三月二六日に鹿角に到着した。正造の言葉を借りれば、「今日の占領地と同じき此未開地の」、まさに、江刺県に編入されたばかりの、ただでさえ政情不安定な地域であった。[6]

鹿角郡全体の石高は、一万八九八三石。六九ヵ村で平均すると、一村あたり二七五石になる。小中村だけで一四〇〇石以上もあったことを考えると、いかにも小村である。さらに、小坂、尾去沢二鉱山はあったものの、面積の九〇％以上を山林原野が占めるという、まさに寒村である。正造は、到着してすぐに凶作の実地見学を命ぜられているが、そこで目の当りにした光景は悲惨極まりないものであった。

二の戸郡は食尽きて既に牛馬数千頭を屠り、鹿角郡なる山間の各僻村は雪中薇《いぬそらまめ》の根を掘て之を喰ひ、又稗糠に塩を混じたる粥を啜りて僅かに露命を維ぐが如き、見るものをして実に惨憺の情に堪へざらしむるものあり、予は試みに携へ持ちたる弁当を出し稗糠の粥と交換して之を食はむとすれども何分咽喉を下らず、曾て織田の家に在て芋の皮を喰ひし窮迫の時を忘れたるには非ざれども、今や米食の境遇に立て忽ち食事に迄奢侈心を増長したるもの乎。（①六〇）

東北の民衆の悲惨な境遇を前に、我身を顧みてその「奢侈心」を反省しているのである。こうした反省のパターンは、後年にもしばしばみられるもので、正造の特徴の一つといっていい。困っている人々や苦しんでいる人々の境遇に我身を置き換え、自分を戒める材料にすると同時に、なんとかしなければ、救わなければといった思いに駆られ、それを行動に移していく姿である。このとき、正造は、実地見学から帰るとすぐに、救済策を建言し、それが採用されるや救助米として五〇〇俵（四五〇とも五五〇ともいう）の米を取り寄せている。(7)『全集』第九巻に収録された克明な調査記録をみると、晩年の「河川巡視日記」を想起させる。正造にとって、歩くことと記録することとは、思想形成の重要な方法の一つであった。(8)

「この民のあわれを見れば東路の　我が古郷のおもい出にける」（⑨一七）。

これは、このときに正造が詠んだ歌である。肥沃な関東平野の小中村のことがたまらなく懐かしくなったのであろう。しかし、この歌には、もう一つ正造の強烈な「牧民」意識、あるいは「治者」意識が現れているように感じられる。

そして、四月七日、正造は、聴訟掛兼山林掛に任命された。仕事の主な内容は、開墾の許可、官林の盗伐や村と村の境界争いを裁くことであったようだが、正造は、捕亡二〇人ばかりを指揮し、臀叩きの検視も行っている。かつて、六角家闘争で、三尺四方の牢に入れられ、取り調べの時も小役人の殴打に身を任せるばかりであった正造は、「予若し命あり一度裁判官たらんと思へし」（①二八五）という。だから、きっと聴訟の仕事に満足していたのではなかろうか。「何んの法律はしらない。只正造の頭が法律であった」と、いささか自慢気に回想しているのである（「回想断片」一六、①二八四）。

このような働きが認められてか、七月の「官員録」を見ると、正造は、「附属補」の一つ上のランクである「使部」に昇進している。(9)このことは、これまで指摘されてこなかったことである。八月一日には、「寸陰館」に入寮している。[10]

正造の回想によると、当時の江刺県官の間には、かなり隠微な派閥抗争が存在していたらしい。主流は、江刺県を牛耳っていた黒羽藩グループである。黒羽藩は水戸藩についで勤王家が多かったといわれる藩で、大参事の村上一学、少参事の小山勘解由、大属の那須真小一、権大属室井平左衛門などが要職を占めていた。正造はこれを「村上派」と称している。

これに、小笠原・国府・早川などのいわば〝草莽〟グループとでも表現できる派閥があった。既に、小笠原も国府も免職になり、このグループの有力者で残っているのは、大属の早川信齋ただ一人であったといっていい。正造は、このグループを「国府小笠原派」と称している。元幕臣で権大属の木村新八郎もこのグループに属していたという。

さらに、「寸陰館派」が存在していた。彼らは、「史生」以下の低い地位に甘んじており、そのほとんどは「附属補」であった。正造にいわせると、彼らは、「学識財産共に備わりて、庁内の人物と比較せば、正札附月給百四五十両の相場は慥にある人物」だったが、戊辰戦争で勤王藩の佐竹藩を攻撃したことから新政府の憎しみが激しく、県政から排除されていた。つまり、「不平士族」と目されていたグループだった。それを、花輪支庁長の小山少参事が、「等外附属や及び捕亡等に採用」して彼らを県政の中に取り込もうとしたのである。

当時の江刺県や花輪支庁の中にはこういった派閥の対立があり、そのうえさらに、鹿角地方を「占領地視」していた支庁の役人全体に対する地元住民の敵意と反感が存在していたのである。このような複雑な対立関係の中で、一八七一年（明治四）二月三日に、木村新八郎の暗殺事件が発生したのであった。

そして、六月一〇日に、田中正造が犯人として逮捕されるのだが[11]、この後の細かな経緯は、他でも詳しく紹介されているので省略したい。ただ、正造の逮捕を伝える早川信齋の亀田甚三郎宛書簡（明治四年一二月一三日、佐野市立郷土博物館所蔵。なお、引用史料中の□は判読不能な文字をさす。以下同じ）に触れて置きたい。

以至急便一書呈啓仕候、巖寒之候愈御安康被成御起居奉□賀候、陳は昨年御令息□ニ付御回答差贈定て相違候儀と奉存候、其後公務ニ取紛乍不本意御無音打過候段御海恕奉仰候、さて大至急得貴意候儀ハ別儀ニ無之、田中正造事木村元権大属暗殺一件ニ付御不当相蒙り、当六月中より入獄無罪ニ候ハヽ決て不坐心得候得共、何分十ニ八九申訳難相立確証も無之ニ付疑獄相成居候処、今般諸県被廃候ニ付同人儀其儘盛岡県ニ引渡可申手筈当惑此事ニ候、右ニ付同人所持之金子衣類等ハ闕所ニ可致条理無之家族へ被下候理と存候ニ付、其段聴訟局へ申聞生方へ可引取談判行届候ニ付、同人親族をして至急壱人御差越被下度、常右衛門ニてもよろしく然間早春出発候様御取計有之度、尤衣類等ハ爰元ニて沽却候方便宜と奉存候、宜御商量有之度候、生も去月七日少参事ニ転任之処、今般江刺県ハ青森・盛岡・一ノ関・秋田新四県へ分裂秋田県出仕被仰付ニ付引渡相済次第秋田へ出張ニ付、来二月上旬ニは爰元引払之心組ニ存候間、夫迄ニ無遅延御差越被下度候、右之段大至急可得貴意折節公事蝟集嗤陳筆相認申上度事共海岳候得共冗長ニ渉候ニ付極用迄如此御座候、寒気折角御自玉ニ専念候、匆々頓首

十二月十三日認　　早川信齋

亀田信民盟兄侍史

このように、正造が逮捕された件に関して、早川は、一〇のうち八か九までは申訳が立たず、無罪であるという確証もない、と、困り切っている様子がうかがえる。あるいは、早川の中にも、少しは正造を疑う気持ちがあったのかもしれない。そして、正造が今度盛岡の獄に移されることになったので、金子や衣類を受け取りに親族を一名、大至急派遣してほしい、と亀田甚三郎に依頼しているのである。ここで名が上がっている「常右衛門」が誰のことか定かではないが、正造の獄中の様子は、早川からまず亀田に連絡され、亀田から親族に伝えられるという経路になっていたことが判明する。しかし、この早川も、この手紙を出した直後に死去しているようであり、その後の正造の様子は、

故郷で心配している家族の元に誰がどのようにして伝えたのであろうか。正造が無罪放免になったのは、実にこの書簡から二年以上たった、一八七四年（明治七）四月のことであった。

二　孟子と『西国立志編』

雑誌『日本及日本人』の一九〇七年一一月三日号は、「天長節号」と銘打たれて発行されているが、この号で「予の好める及好まざる史的人物」と題する特集が組まれている。全部で一二〇人の各界の著名人が原稿を寄せているが、その中に田中正造の名前もあったことは、長いこと見落とされてきた。「好める史的人物」と題する文章で、正造は、日本、東洋、西洋からそれぞれ一人ずつ名を上げている（『選集』⑤二〇六〜、『亡国への抗論』にも収録）。

「日本」は、「三浦屋高尾」であり、その理由を正造は次のように書いている。「彼女は金銭の為めに精神を売らざりき。彼女が史的人物なるや否やは知らず、若し然らざれば、願くは之を史に加へよ」。このように、三浦屋高尾は、仙台伊達公への身請を拒み斬殺されたと言われる伝説上の人物である。一九〇七年の時点で正造が三浦屋高尾を選んだのは、理由説明にあるように、まず、節操をことのほか重視した正造の、金権腐敗社会に対するアンチ・テーゼ的な意味からであったろう。それに、当時支援をしていた廃娼運動との関連も指摘できる。

それよりも興味深いのは、「東洋」から「孟子」を、「西洋」から「ドリウ（英国の学者）」を上げていることである。ここで、「ドリウ」とは、サミュエル・ドルー Samuel Drew のことであり、中村正直訳の『西国立志編』に出て来る学者である。

一九一一年（明治四四）八月二日の日記に、正造は、「予ハ一昨日、中田畑（端）の隠君子吉田清太郎氏の孟子を読んで青年ニ講議せられて居るをきゝ畢り、予の少年時代殆んど五十年前ニ素読されたまゝ、今日はじめて又孟子の講議をきゝて、……」（⑫三四八）と書いている。ここで孟子の素読を「殆んど五十年前」に聞いたというのは、たぶん赤尾塾でのことであったろう。それ以来初めて講義を聞いたというのであるから、その間は全く孟子に接していないかというと、そうではない。実は、鹿角時代、正造は熱心に孟子を読んでいる。そして、『西国立志編』も盛岡の獄中で読んだのであるから、正造の思想形成にとってこの江刺県から盛岡の時期は、とても重要な意味をもっているといえる。

鹿角時代に孟子を熱心に読んでいるのではないかと推測できるのは、一八七〇年（明治三）五月三日の「寸陰館日誌」に、「一、田中氏より趙注孟子四冊御返済」と出ているからである。[12] 正造が寸陰館に正式に入寮する前のことになる。

それでは、なぜこの時期に正造が孟子に接近しているのであろうか。それは、小役人田中正造の中にたぎる「牧民の志」がそうさせたように思う。

明治新政府の県の小吏として帯刀身分になった正造の心境はどうであったかというに、それは夜毎の「不平の抜剣」に象徴されている。「正造夜酒を呑み、心面白からぬ事あれば直ちに刀を貫きて威す。人怖れざれば其刀のやる方なく、止むなく柱障子を痛めて笑つて鞘に収む」（①二八二）。一体、なにが正造をしてこのように鬱屈させていたのであろうか。それに、すきあらば東京に出ようとしていたということである。「こんなところにいる自分ではない」との思いにさいなまれていたのだろうか。こうした不平と脱出志向は、裏返せば中央志向の強さを物語るものである。

また、木村との「他愛もなき争いの種」が物語るものも重要である。それが、正造を木村暗殺の犯人にする有力な証拠にされたからというのではない。それが、地域住民をいかに支配するか、という支配のあり方をめぐってなされているからだ。つまり、木村との争端は、たとえば、木村が「何県支配所」としようとしたのに対して正造が「何県管轄」の方がいいといったり、「役所」に対して「支庁」、「朝五つ時」に対して「午前八時出頭」と言うような「俚俗に解し易からしめむ為め」か否かにあった。そして、こうした表現をめぐる対立を見ていると、木村よりも正造の方が遥かに新政府の威を身にまとって人民に対しようという姿勢が濃厚であったことに気づかされる。また、一八七

○年五月九日に、五榜の掲示を筆写して、「右五ヶ条方今山村之小児モシル処、乍去官員之人〻恐ハ守ラザルコトヲモイ記銘」(⑨六二)と書き記していることにも、脱出志向の一方では、役人としてあくまで身を正し、良き末端支配者たらんと努めようとしている姿勢が顕著に確認できる。

おそらく、こうした官吏としての「牧民の念」が、「仁政」や「王道政治」を理想とし、支配者の心構えを説く儒教、特に孟子に赴かせたのではないだろうか。

ところで、寸陰館での正造の師は、内藤調一であったようである。内藤調一は、内藤湖南の父で、吉田松陰の熱烈な崇拝者であった。湖南の本名虎次郎も松陰の通称寅次郎にちなんで命名されたという。頼山陽の『日本外史』を座右の書としていたことからも、勤王論の影響を強く受けていたことが推測できる。しかし、勤王藩であった佐竹藩の分藩である大館攻撃に南部藩の一員として内藤が従軍していることからわかるように、内藤調一は、正造の「本領がないのかしらと思はるゝ」「此の種の境遇」に良く似た経歴の持主でもあった。その意味でも、正造は、内藤に親近感を抱いたのではないだろうか。ただ、赤尾小四郎と同様に、正造が内藤から何をどのように習ったのかは、皆目分からない。(13)

「予の好める史的人物」で孟子を取り上げた正造は、そのあと、次のように書いている。

齊宣王問曰。湯放桀武王伐紂。臣弑其君可乎。孟子對曰。賊仁者謂之賊。賊義者謂之残。残賊之人謂之一夫。聞誅一夫紂矣。未聞弑君也。

滕文公問曰。滕小国也。竭力以事大国。則不得免焉。如之何則可。孟子對曰。昔者大王居邠。狄人侵之事之以皮幣。不得免焉。事之以犬馬。不得免焉。事之以珠玉。不得免焉。乃属其耆老而告之曰。狄人之所欲者吾土地也。吾聞之也。君子不以其所以養人者害人。二三子何患乎無君。我将去之。去邠踰梁山邑于岐山之下居焉。邠人曰。仁人也不可失也従之者如帰市。

おそらく、正造の手元に『孟子』があって、それを参照して書いたのではないだろうことが、いささかの脱漏となって表れているが、[14]それにしても凄い記憶力である。このこと自体が、正造がどれだけ孟子を熟読したかを窺わせている。

注目すべきは、ここに引用された文章から、正造が『孟子』のどこにもっとも共感したかが、ある程度推測できることである。前段は、『孟子』第二巻「梁恵王章句」下の文章で、有名な放伐思想を述べている部分である。「放伐」思想とは、「暴君であればすでに君主の資格を失っているから、これを殺しても君主に対する反逆の罪にならないという」「人民の革命権を認める」学説である。[15]

そして、後段は、斉と楚という二つの大国に挟まれた小国の滕の文公が、いかにしたら小国が生き延び得るかを孟子に質問したときの話である。滕の隣国の薛が斉の大軍に攻め込まれ、領土を奪われてしまい、次はいよいよ滕の番だ、という切迫した状況の中での会話である。このとき、孟子は、周の大王の逸話を例に出し、次のように述べた。小国が大国に事えるのに財物などをもってしても、大国の最終的な狙いは土地の占領にあるのだから、無意味である。君子は、人を養うためのものである土地（領土）を惜しむ余りに戦をして、その本である人命を多く失なうようなことをしてはならない。この土地に主君がいなくても憂うる必要は全くない。そう言って、文王が「邠」を去ったところ、「邠」の人々は「仁人」であるとしてその後を追う人が続出した、という。

実は、原文には、この後に、「或曰、世守也。非身之所能為也。効死勿去。君請択於斯二者」と続く。外の人は、文王のようなことは自分の出来るところではない、として徹底抗戦を主張した。どちらをとるか、この二者の中から選んでください、と孟子は滕の文公に言ったわけである。ところが、文公は、孟子の言を入れる事なく、孟子が滕を去った後に、滕は滅亡することになる。

正造がこの部分を省略したのは、おそらく、彼が言わんとしたことにとって、徹底抗戦の道などは不必要であったからに違いない。正造が強調したかったのは、土地よりも君主の存在よりも人民（人命）を尊重することが君主の最大限の務めである、という「仁政」（君主の心構え）にあった。そのような視点から前段部分を読み直せば、そこでも、「放伐」が承認される理由として、「仁」を賊し「義」を賊するような政治を行った君主はもはや君主ではなく、ただの「一夫」に過ぎない、という考え方があることが分かる。

「放伐」といい「仁政」といい、このような内容の文章を「天長節記念号」に出すこと自体が、一九〇七年時点での正造の天皇観を示していよう。読みようによっては、「放伐」や「何患乎無君」という文章は、一九〇七年時点の正造が天皇の存在を否定していた、あるいはそこまで言い切らずとも天皇の在り方にたいしてかなり強烈な批判意識を抱くに至っていたことを示すものと受け取れる。しかし、仮にそうであったとしても、これは一九〇七年に書かれた文章であり、このことをもって即座に明治初期の田中正造の孟子理解とすることはできない。私は、基本的には、為政者の「仁政」を強調した文章であることを踏まえ、人民＝被支配者の一員であるという意識からではなく、あくまで自分も為政者の側の一員であるという意識から『孟子』に接し、とりわけこの部分に正造が着目したのではないか、と推測する。こうした牧民意識は、明治一〇年代に入っても根強く残存した。[16]

「好める史的人物」として正造が挙げているもう一人は、「ドリウ」である。先にも指摘したように、『西国立志編』

『西国立志編』に登場する英国の学者である。ドリウのことを、正造は次のように述べている。

> 十八歳迄海賊の群に加はり居たる無学零丁の一少年、故ありて悔改め、苦学惨憺其妻の鏡台を以て机に代へつゝ、敢て之を更むることをせず、終に一世の巨匠となり、又霊魂不死の真理を唱へ世人の覚醒を促すの学者とはなりぬ。然かも猶破靴を繕ふの職分を抛たざりし此の尊き事蹟、こは西国立志篇の載する処なり。

正造が『西国立志編』を手にしたのは、盛岡の獄中のことであった。それを可能にしたのが、一八七二年（明治五）一二月二七日に発布された「監獄則」であった。それまでの正造の体験では、監獄といえば無情非合理な取り調べや待遇、そして拷問にさらされる場所であった。最初の頃は江刺の獄でも、赤痢に倒れた同室の囚人の衣服を貰い受けてようやく寒さを凌いだほど待遇は劣悪だったが、盛岡に移送され、監獄則の発布以降は、待遇も良くなり、「書籍其の他の差入れも自在に許され」るようになったのである。まさに、正造は、獄の中で「文明開化」を体験したのである。だから、正造にとって、「近代」とは、束縛からの「解放」に外ならなかった。こうして、たやすく「近代」の側に身をすり寄せて行く下地が形成された。

獄中で、正造は、「同室の人より翻訳書を借り受けて政治経済の二科を学び」、吃りを直すために『西国立志編』を繰り返し繰り返し読んだという。

『西国立志編』は、サミュエル・スマイルズの〝SELF HELP〟（「自助論」、一八五九年）を中村正直が翻訳して、一八七一年四月に出版したもので、当時一〇〇万部を越えるベストセラーとなった。現在、講談社学術文庫版になっているものを見ると、西洋近代思想の紹介というよりは、西洋偉人伝の形を借りた道徳論、修身論であることが分かる。勤勉・節倹・正直・平等・努力・忍耐などの徳目が並べられ、「職業に貴賎なし」、「貧苦禍難は人の善師なること」、「読書のみを学問と思うべからざること」などの教訓・金言が続々登場して来る。その意味では、正造のこれまでの価値観と何ら断絶がないばかりか、逆に自分の信念の正しさを確信したことであろう。

そのなかで最も印象に残った部分として正造がしばしばあげるのが、ウェリントンとドルーである。サミュエル・ドルーが出て来るのが、「第四編　勤勉して心を用うること」の部分であり、ウェリントンは「第一〇編　金銭の当然の用、およびその妄用を論ず」の中である。この二人の事蹟から正造が学んだことは、まず、ウェリントンに関しては、主要には借財を恐れたことであった。ウェリントンの項の書き出しは、「およそ人、家中の事務を疏略にせずして、金銭出入の数目を記簿に録すべし。これ緊要なることとなり」であり、またウェリントンの言として、「債欠《さいけん》は自主の人を化して奴隷とするものなり」という言葉が紹介されている。この二つが正造に余程強烈な印象を与えたらしいことは、出獄後の正造の行動を見れば明らかである。また、ドルーに関しては、海賊であったにもかかわらず「悔改め」て一代の碩学になった点であり、しかも単なる読書の徒にはならず靴職人であることをやめなかった点にあった。「悔改め」という表現に一九〇七年時点のキリスト教認識の影響がうかがえるにしても、正造の再出発の意欲を掻き立てるに十分であったろう。

その他にも、「政治経済」に関する翻訳書を読んだと伝えられているが、その書名は明らかではない。前澤敏は、明治初年に翻訳出版された政治経済書の主要なものとして、イリス『西洋経済小学』(一八六八年、神田孝平訳)、ペーリー『経済原論』(一八六九年、緒方正・箕作麟祥訳)、ヒッセリング『泰西国法論』(同、津田真一郎訳)、ウェーランド『英氏経済論』(一八七一年、小幡篤次郎訳)などを上げているが[17]、これらのうちのどれを読んだのかは、明らかにはできない。しかし、出獄後に、福沢諭吉の『英国議事院談』(一八六九年)と『帳合之法』(一八七三年)を読んだことは確認できる。

私は、この盛岡の獄中の読書もさることながら、出獄後の読書遍歴(とりわけ自由民権期のそれ)が重要だと思っている。獄中で読んだとされる「政治経済」関係の書物を正造がどれだけ理解できたかも疑問であるが、正造が記すところに従えば、獄中の読書は、「既往の生活の殆んど無意味無意識なるを悔ひ、将来少しく為す有らんとするの志を起さしめたり」(①八七)と、とりわけ非合理的な富士浅間信仰から離れさせ、自覚的に生を送り、立志への思いを掻き立てる一大契機となったのである。

三　政治への発心

嫌疑が晴れて無罪放免となった田中正造が帰郷したのは、一八七四年(明治七)の五月のことであった。

正造が獄にあった一八七一年六月から七四年四月の間に、明治政府は、様々な開化政策を打ち出していた。一両を一円に呼び変え、円・銭・厘の体系とした新貨条例に始まり、廃藩置県、庄屋・名主・年寄の呼称を廃止して正副戸長制を採用した「むら」の政治の変革、学制の頒布と学区制の採用、徴兵制と地租改正など、中央集権的近代国家の根幹となる政策が次々に打ち出された。さらに、七四年一月七日には、板垣退助ら「征韓」論争に敗れ下野した参議らを中心とする「民撰議院設立建白書」が発表され、民撰議院論争も繰り広げられていた。「予をして殆んど当年の小児たらしめたり」(①八七)。それが、正造の実感であった。

しかし、この変転目まぐるしい時期を獄中で過ごしたことは、正造にとって、ある意味で幸せであったといえる。なぜなら、あのまま江刺県の役人を続けていたら、おそらくはそのままで終わってしまった可能性が強いからである。役人のあるべき姿勢を追求して、自らも人民にとって良い役人になろうと心がけながら、出世コースからはずれ、不平不満のうちにその生を終えたかもしれない。だから、投獄体験は、正造に、自分の人生をかけるに値する本来のものを再確認させたという意味で、幸いであったと私は思う。

郷里に帰った田中正造は、彼が学び取った近代思想の、いささか性急でこっけいな実践を試みている。その一つは、赤見村の造酒屋兼酒屋蛭子屋の番頭になって、福沢諭吉の『帳合之法』を適用して失敗したことであり、もう一つは、「家政の憲法」なるものを定めたことであった。

『帳合』とは、今で言う簿記のことだが、それを酒屋に適用して「混雑を生ぜしめた」というのである。しかし、これは、正造だけの責任ではないだろう。商家では大福帳が一般的であった時代である。結局、正造は、これから大雨が来ようという雲行きの時、一杯飲みに立ち寄った馬子を、〝雨が来たら瞬時にして馬の荷が濡れる、それでは『主家に不忠』である〟と叱り付け、酒を売らなかった事件を契機に、主人から商売に向かないといわれ、蛭子屋を辞めることになった。

「家政の憲法」は、「昔話」によれば、次の四条からなるものであった。

一借債は食事所に貼付して家内一同の記憶に存する事

一向三ヶ年間在来の雑品を利用し、容易に新規の物品を購入せざる事
一日曜日には家内一同休息する事
一新なる事に付金銭の支出を要する事あらば家族一同の協議を経べき事（①八八）

ここには、明確に『西国立志編』の影響が見て取れるのであるが、これまであまり指摘されて来なかったが、「家政の憲法」に類したものは、「回想断片」三〇にも次のように出ている。

正造下情学速成のため其身ハ人ノ依頼ニ応じて酒造家の番頭となり酒を造るコト二年、自ら樽を拾ひ升を取りたり。此年一家ノ経済の方法を定め、
正造ノ家ハ古るき無用品多シ、為めに新規の物品を買わざる事。
日曜ニ家内下男ニ休息せしむる事等。
夫婦間といゝども財産其他権利を互ニ犯すべからず（①三〇四）

このように、両者には若干の相違が見られる。「家政の憲法」の第二、三条と共通である外は異なっている。「家政の憲法」という呼び方を当時からしていたとすれば、「憲法」が「Constitution」の訳語、つまり国家の基本法、最高法規という意味で使われているとは考えにくい。自由民権運動に引きつけて理解すれば、そうした意味で使っていないとは断定できないが、まだ一八七四年の段階である。「Constitution」を「憲法」と最初に訳したのは箕作麟祥であるといわれ、その最初の使用例は一八七四年の『東京日日新聞』であるとされているから、正造の「家政の憲法」の「憲法」を「Constitution」の訳語であるとは考えにくい。それ以前には、「けんぽう」と読み、「おきて、基本となるきまり」などの意味に使用されて来ているので、おそらくこちらの意味で使用されているのであろう。

もっとも、これも、一八七四年に正造が「家政の憲法」を作ったことを前提にしての話である。「昔話」でしか確認できないものなので、本当に一八七四年に作られたのかどうかから疑ってかかる必要がある。例えば、日向康は、「家政の憲法」の第三条「日曜日には……」は後から付け加えたのではないかと推測している。

しかし、この日向説を考えるときに参考になるのが、鶴巻孝雄によって紹介された神奈川県第八区の「集議協同書」(一八七四年一月一〇日決議)である。[18] ここで鶴巻が「中間層」と呼んでいるのは、「人民上層・富裕層」である「地域指導層」、「地域行政担当者・知識人」のことであるが、神奈川県第八区の区長石阪昌孝や副区長の橋本政直らのイニシアチブでまとめられた「集議協同書」は、石阪ら地域指導層の「開化」「開明進歩」イメージを具体化したもので、〝愚昧〟な民衆を啓蒙し、その民俗的な生活を改変するためのものと位置づけられていた。全部で七条からなる「集議協同書」を見ると、まず第一に、「紀元節・天長節」などでの国旗の掲揚を通じた愛国観念の涵養をうたい、第二条で稲荷講・大山講など一切の民俗信仰や民衆宗教の「廃絶」を上げている。そして、第三条として、次のように出て来る。

日曜日 者 一統休憩可致旨兼 而 御達も有之候処、今以旧来之休日を相用候ものも有之、不都合之甚敷ニ付決然止メさすべし

このように、同じ一八七四年に神奈川でも日曜日は仕事を休むようにという規約が地域指導層の手によって作られていることを考えれば、同じく「中間層」であり「地域指導者層」であった田中正造の「家政の憲法」の中に、こうした一項があったとしても不思議ではない。むしろ、「当時、開明進歩を阻害する民衆的な宗教の典型とみられていた」[19] 富士講に対する彼らの姿勢は、この時期の正造にも共通するものであり、「開化」や「文明の進歩」を抗うことのできぬ滔々とした流れであるとする意識から派生した、地方知識人に共通の啓蒙的態度と見なした方がいいので

ある。

このように、私は、一八七四年時点で「家政の憲法」を正造が作ったとしてもおかしくはないという立場を取るが、そこで気になるのが、「経済の方法」の中の「夫婦間といゝども財産其他権利を互ニ犯すべからず」という一項である。かりにこれが後から考えられたものだとしても、画期的な意義がある。なぜなら、江藤新平らによる民法編纂作業を通じてまとめられた一八七一年の民法決議は、フランスのナポレオン法典を参考にしたものであったが、夫婦財産共有制は名目だけであり、実質的に妻は財産的無能力者とされていた。[20] さらに、一八九八年に公布された民法が妻を財産的無能力者と見なしていたことはいうまでもない。

具体的にどのようなことを正造が考えていたのか、そして実際に実行できたのかどうかはわからないが、妻の財産権と権利平等を正造が認めていたとしたら、それはそれで非常に重要なことであろう。

一九一〇年一一月二四日の日記に、「十三年、我改進主義ニよりて文明ニれん〳〵す」という正造の回想がでているが(⑪五四一)、文明開化期から民権期にかけての正造は、まさに文明の〝虜〟であった。西南戦争に際しての正造の反応も、「嗚呼西郷果して此挙ある乎、方今天下漸く治に就て尺、中村、福沢、小幡等の翻訳書大に世に行はれんとす　而して兄弟牆に鬩がん歟、文明の挫折を見るや必せり」(①八九)というものであった。正造の考えも、まさに文明の進歩こそを第一義とする、福沢的な、いや福沢の発想そのものであったことがわかる。

そして、「昔話」によれば、このような立場から、西南戦争後のインフレを見越して土地投機した結果獲得した三〇〇〇円余りのお金で、「一身以て公共に尽す」生き方を、つまり政治家として立って行くことを決意したという。[21]

一　今より自己営利的新事業の為め精神を労せざる事
一　公共上の為め毎年百二十円(即ち一ヶ月僅々十円)づゝ向三十五ヶ年間の運動に消費する事(其予算は明治廿三年以来の競争にて破れたり)

一　養男女二人は相当の教育を与へて他へ遣はす事（①九一）

そのときに決意した箇条がこれである。ここで正造が家名断絶を覚悟し、「家産」の放擲を決意したことは、農民的な発想からいえばかなりの飛躍である。こうした飛躍をなぜなしえたのか。それは、おそらく、「文明」の進歩にたいする信頼と、天賦人権論を中心とする西洋近代思想への確信ではなかったろうか。

第二節　自由民権運動への参加

一　地租改正への関わり方

正造の回想によると、正造が盛岡の獄から出て帰国したころ、小中村では「旧幕時代の反対党」が跋扈しており、正造の同志たちは正造の出獄に力を得て、反対党に対する反撃を開始し、その結果、「反対党を攻撃すること地租改正の不公平の事に及ぶ。終に自分の地所を上げて仲裁し済みたり」という（「回想断片」二二、①二九四〜五）。

それでは、実際に、正造が住む地域では、どのように地租改正事業が行われたのだろうか。小中村の地租改正に関しては、東海林吉郎の研究によって、正造が「地租改正担当人」であった事実がはじめて明らかにされた[22]。東海林が、「第四大区三小区　下野国安蘇郡小中村　村備『地価帳』（田）部」であろうと紹介しているこの史料は、以下のような内容である。

——今般地租御改正ニ付田一筆限持地反別価可申上旨御達ニ付私共立会従前隠地切開縄伸ノ類迄地毎ニ相改箇所落名称齟齬等ハ勿論隣地経界聊相違無之且収穫地価最モ適格精密ニ取調候——御認可ノ上ハ旧券状納可仕候間更

生新地券銘々御下渡相成度――連署ヲ以進達仕候
以上
明治十一年　　第四大区三小区　下野国安蘇郡小中村

地租改正担当人　篠崎　啓七
石井　末吉
川津平四郎
田中　正造
関根　忠造
篠崎　惣七
青木　要七
篠崎與惣平
萩原　文造
副戸長　萩原　政造
右地主惣代　石井　五六
山菅　利七

合計反別　八四町三反八畝四歩
地価　金六万七千七百弐拾壱円三拾七銭二厘
地租　金千六百九拾三円四銭五厘
筆数　八百四筆

一読して、この「地価帳」が、農民たちの手になる小中村の地租改正の終了報告書の意味も兼ねていたことがわかる。

栃木県の地租改正に関しては、この東海林論文に詳しいが、関東地方はいったいに地租改正の着手が最も遅れた地域である。それを、佐々木寛司は、「後期改租」と位置づけている。[23]

一八七五年八月三〇日、明治九年をもって全国一斉に竣功するようにとの太政官布達第一五四号が出されると、栃木県でもようやく具体的な取り組みに着手し、七五年一〇月に「地租改正ニ関スル注意並用係選挙方」を出し、一一月一二日迄に各村大小に応じて三人から一〇人の担当人を選出し届け出るように指示した。そして、一一月九日には、「地租改正ニ付人民心得書」を布達した。東海林が指摘するように、田中正造は、このとき小中村の地租改正担当人に選出されたものと考えられる。この後、彼らの手によって、いわゆる「地押丈量」・地引絵図（六〇〇分の一の地籍図）の作成などが行われた。

そして、佐野地方では、一八七六年一〇月九日に県が公布した「地位等級調査心得書」に基づく土地の等級の編成作業がはじまっている。この「心得書」が、この年の三月に政府が制定した「関東八州地租改正着手ノ順序」全一二条に依拠していることはいうまでもない。その手順は、各小区毎に一五〜二〇ヵ村を単位に組合を設け、模範村を決定し、まずこの模範村の地位等級を決めてから、それを標準にして他の村々の等級を決定していくのである。ちなみに、小中村が属する第四大区三小区九ヵ村の模範村は、出流原村であった。[24]

こうして、農民側が決定した地位等級が、次の県との折衝の段階でつり上げられ、一八七七年一〇月一七日の関東一府六県の会議で、各県毎の田畑の反当平均収量がさらに高めに設定された。そして、今度は、この会議で決定された収量を基準に最終的に各村毎の数値が決められていくのである。

当初、農民たちが設定した収量とはだいぶ開きがあり、[25]当然のことながら、上からおろされてきた「官定収穫量」ともいうべき収量をもとにしての農民たちの再調整作業には、かなりの紛糾を伴ったものと推測できる。そして、それも完了し、最終的に地価＝地租が決定すると、前述のような「地価帳」を提出し、その確認を求めるのである。確認されたものが「官納簿」となる。東海林は、小中村の「官納簿」の提出を、一八七八年の九月ごろと推測している。

このように見てくると、興味深い事実に気がつく。つまり、栃木県で地租改正に着手し、担当人らの手によって測量と絵図の作成が終了するまでに約一年。そして地位等級の決定作業に入り、農民→県→関東全体へとあげられるのに約一年。関東全体の会議で決定された反当平均収量＝予定税額が、県を経て農民たちにおろされ、最終的に決着をみるまでが約一年。つごう約三年かかったことになる。

いま仮にそれを、第一期・第二期・第三期と分けて、それぞれの段階に田中正造がどのようにかかわったのか、わかる範囲で考察してみよう。まず、第一期の「地押丈量」と縮図の作成を、政府はほとんど農民たちの自主性に委ねている。しかし、こうした測量作業に慣れない農民たちにとって、これは大変な負担であった。測量の精確さのみならず、縮図（総絵図・切絵図）の精確さも求められたのである。それこそ、後掲する「国会開設建白書草稿」で正造が述べているように、昼夜を分かたず、寒熱をおしての強行作業であったろう。(26)

そして、重要なのは、第三期である。農民たちの自主的な地位等級決定の作業を無視するかのような上からの「押付反米」の強制は、農民たちの不満を増大させた。前述したように、小中村で、村内対立に起因する地租改正の不公平に対する紛糾があったとすれば、おそらくはこの段階であろう。それを、正造は、自分の所有地を高く格付けするという犠牲的精神を発揮することによって調停したというのである。(27) 安蘇郡や足利郡は、栃木県の中でも最も多い反収が割り当てられたところであったが、小中村の「地価帳」から小中村の反当平均地価を算出すると、八〇円余りになる。一方、『全集』別巻に所収された明治一七年八月の「田中正造不動産記録」によれば、正造所有の田約七反七畝余りの地価は約七〇二円で、反当たりにすると九〇円以上になる。単純に比較することはできないものの、正造所有の田の地価が小中村の平均よりも高かったことは事実と考えてよいのではなかろうか。

このように、地租改正事業にかかわった農民たち（地主自作層）の歴史的位相は、農民たちの自主性を活用することで彼らの内部の不満を抑えつつ、「旧貢租額の維持」を最終目標に最後の段階で上から「押付反米」を強制していく巧妙な政府の政策にうまく利用されたものと位置づけることも可能である。(28) しかし、正造はそのように捉えてはいない。基本的に、地租改正事業は農民たちの自主的かつ献身的な行動なしには実現しえないものであったと捉え、その困難な事業を〝素人〟である農民たちが見事にやり遂げたことに、地域のことには労力と時間と費用を惜しまない、「自治ノ気象」とその優れた能力の存在をみたのである。それが、後に地租改正事業を国会開設に結びつける独自の論理として展開されていくのであった。

二　田中正造と『栃木新聞』

田中正造が自由民権運動家としての産声をあげたのは、「国会を設立するは目下の急務」という論説であった。一八七九年（明治一二）九月一日と一五日に『栃木新聞』に発表されたものである。そこで、まず、正造と『栃木新聞』の関係を簡単におさえておきたい。

『栃木新聞』が創刊されたのは、一八七八年六月一日のことであった。本局は栃木万町一丁目三一七番地万象堂、社主は斎藤清澄、編輯人は中田良夫、印刷人は新倉義路。毎月八回刊で、定価は一枚一銭五厘であった。しかし、この第一次の『栃木新聞』は、同じ年の一一月に三七号を出して廃刊になった。

『栃木新聞』が再刊されたのは、翌七九年八月二日のことであった。本局が栃木旭町一丁目一五九番地共進社、社主は同じく斎藤清澄、幹事が中田良夫、編輯人が田中正造、印刷人は中島伸五郎であった。隔日刊で、一枚一銭五厘、一月で一五銭であった。「回想断片」四一によれば、この時正造は、「三百円」を出資したという（①三二六）。正造が編輯人であった期間は、八二号、一八八〇年（明治一三）二月二五日までであった。正造が県会議員に当選したためである。『栃木新聞』の紙面では、正造は専ら社会探訪記者として雑報欄を担当したということである。

編輯人として、正造は、二度の筆禍に会っている。最初は、第一七号の雑報記事に関して、一八七九年一〇月四日に水戸裁判所栃木支庁より罰金五円の判決を受けている。そして、一一月一一日には、第三六号の雑報記事に関して同じく水戸裁判所栃木支庁より罰金五円に処せられている。国粋主義者陸羯南も、その二四歳のとき、青森新聞編集長として一八八〇年四月二二日に讒謗律に触れ、罰金一〇円に処せられているが、当時の新聞の編集長は、讒謗律対策の名義的なものが多かったといわれている。正造の場合はどうだったのだろうか。

『栃木新聞』は、一八八〇年八月にそれまで寄稿家であった小室重弘が論説課長に就任し、翌八一年一月七日には曽田愛三郎が社員の列に入るなど、着々と自由民権派の拠点としての趣を備えつつあった。正造も、県議になったからといってすぐには栃木新聞から手を引くことはなかったようである。

正造が正式に栃木新聞を退社したのは、一八八二年五月一七日のことであった。栃木新聞の広告欄に掲載された正造の「退社広告」は、五月一七日の日付のものと、五月二〇日の日付のものと、二種類ある。退社の理由は、五月二〇日の日付のものによれば、次のようである。

迂生儀去明治十一（ママ）年八月栃木新聞ニ従事候以来常ニ身ヲ奔走ニ委シ家計ノ如キ全ク投擲イタシ置候所ヨリ大ニ信用ヲ欠キ候場合モ尠ラズ候間今回此等ノ事ヲ整理シ夫々其ノ局ヲ結収セント欲シ両三ヶ月間帰村仕候

このように、家事整理が理由であったことがわかる。「新聞ハ人智啓発ノ要具ニ御座候間設ヒ身ハ社ヲ退クトモ尚ホ局外ニ在リテ応分ノ力ヲ尽スベキ所存ニ御座候」という表現には、文明の発展のための「人智啓発ノ要具」であるとする正造の新聞観が現れていて興味深いが、ここに明らかにされている通り、退社はしたが、それで完全に栃木新聞と手を切ったわけではなかった。

その後、栃木新聞は、足利新報と合併し、一八八二年九月八日に再刊第一号を発行したが、この合併に際して正造の尽力があったことを野村本之助が回想している。第三次の栃木新聞は、自由民権運動の分裂に配慮してか、「自由改進主義」を標榜していた。第三次栃木新聞の第一四七号(一八八三年四月一八日)の第四面に「栃木新聞株主人名表」が掲載されているが、そこに正造の名前が出ていることからも、何らかの形で関係をもち続けたとみることができる。また、筆禍事件で入獄中の堀越前編集長に田中正造が見舞金として一円を恵与していることも、同年五月一二日付けの栃木新聞から窺い知れる。

その後、栃木新聞は、県庁が宇都宮に移転したことに伴い、宇都宮から『下野新聞』と改題して刊行されることになった。創刊号は、一八八四年三月七日の発行である。この『下野新聞』と正造の関係を示す資料は、今のところ明らかではないが、丸山名政が主筆をつとめていた関係で、その初期のころまでは、親近感をいだいていたようである。(29)恐らく、『下野新聞』が自由党系の旗幟を鮮明にし、改進党に敵対するようになるとともに、正造との関係も切れたものと思われる。

三 国会開設論の特色―「自治」と「国権」

正造が国会開設を最初に建白しようと思い立ったのは、正造の回想によれば、「明治十一年三月」のことであった。

正造、土佐に行き、板垣に面会して、民選議院の決行を図らんとす。病ありて果たさず。筆を執て、数十日、漸く一篇の文章を為し、国会開設すべき時機なる所以を認めて建白となし、朋友山口信治氏を以て、先づ県令に呈して添翰を求めしむ。実に明治十一年三月なりき。正造、病ますく重くして久しく起たず、後に山口氏之を果たさゞりしを聞けり。(①二一三)

山口信治に託した建白書は、このときは結局提出されなかったようだが、その内容はどのようなものであったろうか。これも、正造の回想によれば、「其趣旨は、戦後財政に関し、目下民論輿論の賛成必要なり、早く国会を起さば人民喜んで戦後の計画に努力すべし、若し遅々として国会を開かざれば人民は八年の聖詔によりて国会開設を催促すべし、是れ一歩を人民に譲るの不可なり云々にてありき」(①二九七)であったという。西南戦争後の財政のあり方を人民と協議する場としての国会という位置づけである。ここには、租税共議権的発想が見て取れるが、人民の国会開設を要求する声に押されて開設することは「不可」であるとし、むしろその機先を制する形で国会を開設せよと主張している点に、レトリックではあれ「上からの啓蒙」臭、為政者臭が感じとれる。

正造が独自の国会開設論を展開したのは、さきにも触れたように、一八七九年九月一日と一五日の『栃木新聞』の紙上においてであった。「国会を設立するは目下の急務」と題するこの論説に関して、これまで様々な評価がなされてきたが、最も首肯できるのは、由井正臣の評価である。由井は、この論説の独自性を、「正造が体験にもとづいて人民の権利と主体性にゆるぎない確信をもち、そこから国会開設を主張していること」に見ている。そして、その意義を、(一)栃木県内の国会開設論の先駆けをなし、盛んにしたこと、(二)桜井静の「国会開設懇請議案」(一八七九年七月)に触発されて書かれた、全国の民権運動の潮流に棹さすものであったこと、の二点に求めている。[30]

この由井の評価に比べると、東海林吉郎の『共同体原理と国家構想　田中正造の思想と行動2』における評価は、「「天皇」の存在する余地のない、「立憲共和制」としての、「平等福祉国家」構想」(六八頁)という、過大なものであり、賛成することはできない。東海林は、「国会を開設するは目下の急務」という論説から、正造の国家構想を次のようにまとめている。

そこでは人民が生きる価値と条件が与えられ、「福祉災害共ニ俱ニ」保障され、人民は明日の不安におびえることなく生活ができる。そして、重要な国家の進路については、「偏僻田間」に「勧犂ヲ把ルノ農夫」が、みずからの「参政権」を行使することによって決定する民主主義国家である。そこでは当然、法のもとにおける平等と生存権が保障され、抑圧と搾取のないなかでの社会的進歩が約束されている——。このような国家であれば、人民は大国の侵略にたいして、みずからを捧げつくして、祖国を死守するであろう。正造が描いた国家構想は、このようなものであった。（七二頁）

このような東海林の解釈はとても魅力的ではあるが、いささか無理がある。それは、この後で分析する「国会開設建白書草稿」と併せて見た場合にもっと明確になるのだが、この時期の田中正造を「立憲共和制」論者とすること自体に誤りがある。さらに、東海林は、もう一つの特徴を全く見落としている。それは、このような人民に参政権を与えて国会を開設せよとの主張が、「愛国心」＝国家を担う気概＝主体性の喚起を媒介に、強烈な対外的危機意識、国難意識に下支えされていたことである。

吾ガ輩竊ニ思フ、外ニ勁敵アツテ国家萎靡スルモ、上下一致福祉災害共ニ倶ニ官民ニ帰着スルノ条理ヲ普ク人民ニ熟知セシメ以テ国家ヲ維持セント欲セバ、其保全ノ永遠ナル豈啻ニ富嶽ノ雲際ニ突出シテ日月ト共ニ存スルノミナランヤ。然リ而シテ上下一致福祉災害倶ニ共ニ官民ニ帰着スルノ条理ヲ普ク人民ノ脳漿ニ感発セシムル成策如何、曰ク人民ニ参政ノ権ヲ与フルニ勝レルノ善キハ無シ。是則チ余輩ガ此一篇ノ題目ト為シタル所以ナリ。（①三四〇）

夫レ国家至難ニ際シテヤ頼ム所ロノモノハ兵力ナリ。兵力何ニ由テカ為ル、国家挙テ従事負担スルヲ以テノ故ナリ。今ヤ日支両間ニ葛藤ヲ生ゼントスルノ時ニ臨ミ、人民ガ潤田ノ雲霓ニオケルガ如キノ国会ヲ設立シ人民ヲシテ其志望ヲ暢達セシムルアラバ、苟モ国難ニ従事スルニ方テ豈夫レ志気奮励勃然トシテ草芽ノ雨露ニ浴スルノ思想ヲ起スヤ見ル可キナリ。斯ノ如ク全国ノ精神合同団結スルトキハ数百万ノ勁敵ト雖ドモ一撃ノ下ニ勝利ヲ期シ、我日本帝国ノ体面ヲシテ愧辱ヲ被ラシメザルヤ信ジテ疑ハザル所ナリ。（①三四一）

ここに引用した文章から、正造が、「上下一致福祉災害共ニ倶ニ官民ニ帰着スルノ条理」を人民に熟知させるためには、人民に「参政ノ権」を与えるしかない、そうすれば全国人民の中に国家を担う気概が形成され、「全国ノ精神合同団結」して、どんなに強大な敵国が攻め込んで来ても国の恥辱を招くようなことはない、と考えていたことが読み取れる。そして、これだけを見ると、対外的危機意識は、単なる参政権獲得＝国会開設のための方便として戦略的に用いられているような気もしないではないが、どうだろうか。

ここで、正造が、「急務」中の国難としてあげているのは、「日支両間」の「葛藤」である。これは、「琉球処分」を機とする日清間の紛糾のことであろう。しかし、目をこの時期に書かれている正造の書簡に転じてみると、たとえば、一八七七年（明治一〇）七月一九日付けの国府義胤宛の書簡には、「魯土ノ戦争」が「我邦交易上ノ関係ナキニアラズ」と出て来る。また、同じく国府宛の一八七八年（明治一一）一〇月一七日付け書簡には、次のような強烈な危機意識が表白されているのである。

近世我国広く外交アリ。而テ洋人の我国ヲ侮ル、狡猾権謀至らざるなしト。タトへ定約ノ条目アリト雖、独立ヲ満足するに足らず、法律ありト雖、全国を保護シ、外国ト対決スルニ足ラズト。カヽル形勢国民ノ負担スル処ニシテ、我人の頭上ニ降り来ル困難、若し一旦交際を一歩ニ而も過まらバ彼レ必ズ迫ルに難ヲ以テスベキモノト。不得止ニ洋奴ト交戦ノ事起ラバ紳ミ婦女子ニ似ル今日の青年又何んの用る処あらん歟と奉存候。（⑭二九）

ここに窺えるのは、〝万国公法頼むに足らず〟に類したリアルでかつシビアな国際関係認識である。だからといって、植木枝盛のように「万国共議政府」の樹立を、という発想には赴かない。そして、列強諸国民を「洋奴」と表現しているのが気にかかる。「洋奴」とは、彼らが持つ強大な軍事力への恐れの意識と一定の侮蔑的な意識とがないまぜになった攘夷論的な表現であろう。そして、こうした「洋奴」と今戦っても、「婦女子」のように軟弱な「今日の青年」では役にたたない、というのである。日本が対外的に独立を維持していくことの困難さに切歯扼腕している正造の姿が目に浮かぶようである。

とするならば、先の論説に窺われる「国難」意識も、国会開設が急務であることを強調するための単なるレトリックとは見なしがたい。むしろ、こういった強烈な対外的危機意識や「洋奴」イメージに支えられていたことに、この時点での正造の独自性を見るべきであろう。国権と切り離されてはいない、むしろ国権の危機を傍観できないがための国会開設論（民権論）であったと押えるべきである。

もっとも、対外的危機意識をテコにして人民の政治主体性の主張に赴く例は、正造に独自のものではない。一八六六年の信達一揆の指導者と目された菅野八郎もそうであった。菅野の書き残した「八老独年代記」（一八六八年）には、「先ず其主諛弱にして、其国亡んとする時は、実の忠臣、義士ならば、必諫死もすべし。仮令土民の身なり共、代々安穏に年月を送りし　御国恩の重き事、何ぞ上下尊卑の差別あらんや。然るを、土民は其事に不レ拘の法なり迚、唯他所事に思ふは、不信とや言ん、闇愚とや言ん」と出てくる。[31] よく引用される有名な部分であるが、ペリー来航を契機とする対外的危機の進行が、八郎をして、民衆も積極的な政治主体であるべきだ、という能動的な政治参加意識を形成させたのである。

ただ、八郎の場合でも、佐々木潤之介が指摘するように、「来るべき国家・社会についての、独自の構想が欠如していた」[32]のに対して、正造の場合は、人民の政治参加の具体的な場として「国会」を持っている。これこそ、近代思想としての自由民権思想の賜であった。しかも、正造の場合には、「官民ニ帰着」というような官民調和論的色彩を帯びつつも、八郎の場合には不明確であった政府と人民の関係が、「豪富商ノ番頭」と「主人」の比喩のように明確になっている（「主人」＝人民、「番頭」＝政府）という特色もみられるのである。

思うに、自由民権家が、人民の、国家の主体として国家を担う気概＝「愛国心」を非常に重視していたことは周知の事実であり、彼らが、徴兵を忌避する人々を「愛国心」に欠ける者として一様に非難していたことも、稲田雅洋がつとに指摘している所である。[33]その意味では、田中正造も他の民権家と同列であった。また、牧原憲夫は、自由民権運動の起点を、板垣らの「民撰議院設立建白」にではなく、その前に橋爪幸昌が提唱して全国的に広がった外債返却運動に求める興味深い説を提示している。[34]牧原の狙いは、自由民権運動が、その初発の段階から、いかに民権と国権が切り離せない形で論理的に結合していたかを主張するところにあるが、栃木新聞に掲載された田中正造の国会開設論をみても同様の特色が見て取れるのである。こういった特徴を、安丸良夫は、「民権＝国権」型ナショナリズムと表現しているが、[35]この時期の正造は、まさに、近代国民国家の形成を自らの課題とする国民主義者の一人に他ならなかった。

そして、もう一つ見逃してならない特色が、由井も指摘するような、地租改正を自分たち農民の手で成し遂げたという体験から、人民の政治能力・自治能力に高い信頼をおいていることである。また、これが、国会開設をまだ早いとする時期尚早論に反対する論拠になっていることも特筆すべき点であろう。それは、小中村の地租改正担当人として、その実務に携わった体験に裏打ちされた主張であった。

それから一年あまりして、正造は、再び国会開設建白書を起草した。今度は、中節社の建白書である。

国会開設と憲法起草運動を掲げた国会期成同盟の方針に従い、全国的に国会開設建白運動が巻き起こった。正造はまず、一八八〇年（明治一三）八月に、斎藤清澄、塩田奥造、新井章吾、中田良夫、小室重弘と連名で、「栃木県下同志諸君に告ぐる書」を発表し、県下の「同胞兄弟」に国会設立請願に向けた「一致共同」を呼びかけた。ちなみに、この呼びかけ文も、現今は「内事」「外事」ともにふるわない「危急存亡ノ秋」として、憲法制定と国会開設に加え、国権を確立し「外人ノ凌侮」や列強の侵略を予防することが強調されていた。こうして下毛結合会が開催されたが、やがて、「請願」か「建白」かの運動方針の対立で分裂していくことになる。一方、八月二三日に結成された安蘇結合会は、一〇月三日に行われた第三回会合で（この時中節社と改称）、正造、湧井藤七、中野貢次郎らを建白書起草委員に選出した。正造はすぐ起草に取りかかり、わずか四日で完成させたという。それを、おもに今泉正路が修正して、一〇月二四日の第五回会合で承認。一一月一二日付けで、中節社六八四名の惣代により建白書が提出された。しかし、この建白書は黙殺され、中節社では新しく請願書の提出を準備していたが、この年一二月九日に出された太政官布告第五三号で請願書の提出が禁止された結果、断念させられたという。(36)

正造が起草した建白書は、現在、「国会開設建白書草稿」として『全集』第一巻に収められている。今、それを見ると、その論理的骨格は、『栃木新聞』に発表したものとほとんど変わりがない。しいて違いを上げれば、租税共議権的な考え方が明白に表明されている点と、「人民自治ノ気象」に富む例に府県会町村会の例が付け加えられただけといっても過言ではない。逆に前面に登場してきたのが、「国会ヲ開クハ君民ノ一致ヲ謀ルニアリ。君民一致セバ其患タルヤ忽シテ消シ……」という「君民一致」論や、「其国会ヲ開クハ詢ニ陛下叡旨ノアル所ニシテ人民ノ亦切ニ望ム所ナリ」というような「陛下叡旨」の強調であった。

まず、正造は、「陛下国会ヲ望ム叡旨」の例として三つあげる。その一つは「五ヵ条の御誓文」であり、二つには「億兆ニ告ルノ翰文」であり、そして三つには一八七五年四月一四日の「漸次立憲政体樹立の詔」である。これらを国会開設建白書に掲げるのは、他の建白書の多くにも共通するもので、天賦人権論に基礎を置いた建白書よりもむしろ多い。それだけに戦略的な天皇権威の利用であるとの解釈が成立する余地を残しているのであるが、正造の場合はどうであったろうか。

正造は、五ヵ条の御誓文にかんして、次のような歌をよんでいる。「御誓文をよめる／ひとすじのみちのおしゑをしほりにて　引てもやる倭ます人」(①四四六)。年代は不詳の歌であるが、正造の五ヵ条の御誓文に対する率直な気持ちを読んだ歌であるといっていい。日本人が踏むべき一筋の道を指し示した教え、だというのである。「億兆ニ告ルノ翰文」は、この誓文と同時に発せられた「億兆安撫国威宣揚の宸翰」(一八六八年三月一四日)のことであり、その内容は、天下億兆のうち一人でもその処を得ない時は皆天皇の罪である、自今治蹟に励み、万里の波涛を開拓し、大いに国威を輝かさんと欲する、また旧習を去って公議を採る、などであり、「仁政」イデオロギーを闡明したものであった。こうした「仁政」観念は、幕末期以来、正造が一貫して把持していたものであり、この点からも、単なる戦略的引用と片付けられない。

その次にあげているのは、六つの「臣等国会ヲ望ム所以」である。それを箇条書にして示せば、次のようになる。

（一）人民の政治参加により、「陛下煩労ノ幾分ヲ減ント欲ス」。

（二）租税共議権。租税と徴兵の二大義務の負担は参政権を得るに十分。国会の開設は有司専制政府の暴政を防御するため。

（三）財政困難・不平等条約などの内外の「危急存亡ノ秋」に当たり、国権を全うするため。

（四）愚民観に基づく時期尚早論に対しては、今日の人民はもはや「明治六七年ノ人民ニ非ザルヤ疑ヒナシ」とし、その理由として、①府県会、町村会の実証＝「町村已ニ自治ニ堪ヘ府県已ニ自治ニ堪ヘ、而シテ国会豈ニ独リ自治ニ堪ヘズトイフベキアランヤ」、②地租改正事業の遂行、の二つの例をあげ、「人民自治ノ気象ニ富メル」ことを指摘。

（五）今日では、国会開設論が「其無形ニ於テハ全国一致ノ輿論」になっていること。

（六）「魯虎英狼」に対する危機意識。

そして、「国会ヲ開キ万機ヲ公論ニ決セバ……皇室於是康シ国権於是振フ」と述べている。

実際に提出された建白書は、ここであげた（四）と（五）が今泉正路の手によって削除されたが、この削除された部分にこそ正造の論理の特徴があったといえる。人民の経験の蓄積からする自治能力への信頼、それに「無形」の「輿論」という考え方である。しかし、全体的に、皇室輔翼論と国権論が前面に打ち出されていることは否めない。「我身ハ国あればバ存す、国倒れゝバ身ノ置処なし。／天皇陛下我先祖ナリ」というのは、正造の一八八〇年一〇月の記述である（①三八七）が、このような国家観・天皇観からすれば、この建白書草稿の論理展開はむしろ必然であった。[37]

渡辺隆喜は、この「建白書」（草稿ではない）を次のように評価している。「天賦人権論に立脚する参政要求であることは云うまでもない」が、「いかなる国会、いかなる「立憲政体」を望み、立法機関の権限や皇権との関係はほとんど語られていない。近代的社会観の未定着という当時の請願、建白の一般的内容と同一であった」、「「国家累卵ノ危キヲ救済」する方法として、「国権ヲ弘張シ帝家ヲ補翼」するための上下一致の機構として国会を位置づけ、君主《ママ》共治の体制を確立することが志向されていた」に過ぎない、と（「下野中節社と自由民権運動」『駿台史学』第三三号、一九七三年九月）。この評価は、草稿にあった特徴が削られた建白書の評価としては、おおむね妥当なものであろう。もっとも、皇室補翼・国権拡張論という性格は、正造の起草した草稿自体にもあてはまるものである。そして、これは、正造の属した中節社それ自体の階級的性格からくる思想的特色であったといえる。

四　「君民共致」の政体構想

一八八二年（明治一五）六月一八日に東京神田小川町十番地秩山堂から刊行された『現今民権家品行録』という本の広告が、『栃木新聞』六月二三日の紙面に出ている。

此書ハ現今我国ニテ有名ナル民権家ノ内○板垣退助君○沼間守一君○末広重恭君○草間時福君○中島信行君○後藤象治《ママ》郎君○島田三郎君○福沢諭吉君（栃木）田中正造君（一編）肥塚龍君○田口卯吉君○（群馬）湯浅治郎君（静岡）前島豊太郎君○藤田茂吉君大岡育造君（埼玉）長谷川敬助君（千葉）桜井静君（愛媛）小西甚之助君○土居光華君（二編）諸氏ノ品評学識等□序例《ママ》シタル者ニシテ各地方ノ民権ニ心アル諸君ハ第三編ニ記ス大家ノ品行学識ヲ知了セル諸君御報知アランコトヲ乞フ

定価は、第一編、第二編ともに二〇銭であった。板垣退助や福沢諭吉などと並んで田中正造も「有名ナル民権家」の一人として取り上げられていることは注目できる。国会期成同盟などの活躍を通して、〝栃木に田中正造あり〟と全国的にその名を知られるようになったのである。そうした、国会期成同盟での演説の草稿と考えられる文章に、「国会ヲ開設セントセバ宜ク政党ヲ組織セザルべカラズ」がある。一八八〇年一一月頃のものではないかと推測されている。

この資料は、基本的に、政党結成が重要かつ急務であることを述べたものであるが、ここからは、抽象的ではあるが、正造が考えていた政体構想のようなものが読み取れる。一言でいえば、それは、「君民共致」の政体構想である。関係する部分を引用してみよう。

今ヤ我輩ガ国会開設ヲ希望シ憲法ヲ立ツルニ及ンデ最モ其急ナルモノハナンゾ、即チ政党是レ也。政党ハ結合ノ精神也、国会ヲ希望スル挙動ハ即チ政党ノ挙動也、挙動即チ国会ニ着手ス、政党ノ名ヲ付サヾルヲ得ズ、然リト雖モ今日ノ如キハ人民幼稚ナルヲ以テ一定ノ識見ナク、政党ニ数種アリ、曰ク共和、曰ク君民一致、曰ク専制、曰ク守旧、曰ク開進、曰ク急進、曰ク漸進、曰ク君ノ為メヲ先ニスト、曰ク民ノ為メヲ先ニスト、之レ今日人民ノ幼稚ナルヲ以テ政党ノ多キ所以ナリ。夫如斯其数多ナル政党ノ内我々ハ最モ其ヨキモノヲ撰ンデ取ラザルべカラズ、其ヨキモノトハナンゾ、国民ノ情宜ニ適当シ我国体ヲシテ妄リニ変動セザル是レ也。然ラバ即チ何ヲカ国体ヲ擾乱セズ何ヲカ民智ニ適応スルヤ、曰ク万世一統ノ皇室ヲ補翼シ、憲法ヲ確定シ、立法ノ大権ヲ拡充シ、政府ハ恰モ君民ノ中央ニ御セラレ上下中央ノ三権ヲ等フスべシ。(①三七五～六)

正造は、まず、政党を結成する目的として、「国家ノ憲法ヲ確定シ、国会ヲ開キ、法律ヲ改正」することをあげている。「憲法ヲ立ツルハ政党ニアリ、政党宜シキヲ得バ国力全ク強シ、皇室全ク堅シ」というのである。ところが、現在の藩閥政府は「薩長二藩ノ二三党派」からでたもので、「二三ノ私党」に過ぎない。「公道ノ通義」に沿うものとは到底言えない。だから、「二三ノ私党」にかわって「一国ノ政党」を組織しなければならない、という。

それでは、正造は、どのような政党を「ヨキモノ」と考えていたのだろうか。それは、「国民ノ情宜ニ適当シ我国体ヲシテ妄ニ変動セザル」ものだという。ここで、正造が、「国民ノ情宜」＝「民智」と「国体」の二つを基準においていたことがわかる。そして、この基準に適合した政党の目指すべき役割として、正造は、「万世一統ノ皇室ヲ補翼シ」、「憲法ヲ確定シ」、「立法ノ大権ヲ拡充」することの三つを掲げている。

このように見てくると、東海林のように、正造が「立憲共和制」を主張していたとは、やはり読みとれない。「万世一統ノ皇室ヲ補翼」することを正造の構想する政党の任務に掲げ、「国体」の変動を否定しているからである。だから、正造が考える国家構想の中に天皇が厳然と存在していたことは間違いない。

それよりも私たちが注目しなければならないのは、「立法ノ大権ヲ拡充」する、という点である。「大権」という言葉はすぐ天皇の大権を連想させるが、政党の任務が述べられている文脈であることを考えると、ここでは、国会の権限の拡充を意味していると理解するのが妥当であろう。そして、「政府ハ恰モ君民ノ中央ニ御セラレ上下中央ノ三権ヲ等フスベシ」というのであるから、現実問題としてそれを可能にするには、既に存在し政権を掌握している天皇と政府の、とりわけ政府の権限を制限し、国会に独立した地位と権限を与えるしか方法はない。

このように、正造が構想していた「君民共致」とは、君主の存在を前提としながらも、立法権の確立を通して行政権の制限、コントロールを目指す立憲君主制の構想であったといえる。加えて私は、天皇と政府と人民の「三権ヲ等フスベシ」という抽象的な立憲君主制構想の基底に、「天与ノ自由ハ素ヨリ所有物ナリ。之ヲ取戻スハ天理ナリ」という考えが存在していたことを重視したい。これは、一八八一年（明治一四）八月の「日記」の一節だが（⑨一五〇）、正造も、いわゆる「返権」＝「恢復民権」の立場を取っていたことがここから明白である。先に分析した「国会開設建白書草稿」の中にあった〝陛下の煩労を減ずるため〟という論理も、単に天皇を思うがためだけではなく、天皇に預けておいた権利を返してもらうのは人民の当然の権利だ、という考え方も一つにはあったと推測できる。だから、「人民ノ権理行政ノ範囲各其区劃ヲ守リ」という、政府は人民の権利に立ち入ってはならないとの主張が出てくるのであり、立法権の確立にこだわる姿勢につながってくるのである。

正造が構想していた「君民共致」の政体は、一般には「君民共治」と表現される。この「君民共治」は、かつて石田雄が分析したところによれば、四二の憲法草案のうち、君主主権を掲げているのは五つだけで、残りはすべて「君民共治」であった[38]。実に、自由民権派に共通の主張であったのである。しかし、同時に、丸山真男が指摘するように、概念としては極めて曖昧なものであることも事実であるし、猪飼隆明が指摘するように、「君民共治」とは、非常に幅の広い概念でもあった。「有司専制」体制を批判するに、同じく「君民共治」を対置させていながらも、その「権力の重心が天皇・人民のいずれにどの程度傾くかによって、その内容には相当の幅が存在する」のである[39]。

それでは、田中正造の「君民共致」論を、自由民権運動の共通項ともいうべき「君民共治」論の中に位置づけるとすれば、どのようになるのだろうか。

たとえば、中江兆民の有名な「君民共治之説」は、立法権が人民の手中にあることを前提とし、そのうえさらに政府（行政権）も人民の共有物であれば政体の如何（＝君主の有無）は問わない、とする実質的な人民主権の主張であった。それに比べてみると、立法権が人民の手中にあるという点では同じである。また、兆民ほど明確ではないが、立法権の確立を通して行政権をコントロールすることを目指す方向性においても同様であったと考えられる。しかし、決定的に異なるのは、兆民が棚上げした天皇の存在を、正造が前提にしていたこと、つまり、「国体」の「変動」を否定し、兆民のように将来における「国体」の「変動」の可能性の余地を残して置こうという発想が、この時点ではほとんどなかったことであろう（この点で、逆に、自由民権派に〝一般的〟な「君民共致」論であったということが可能である）。

この問題は、正造の次の言葉と一緒に考えると、もっと明確になる。いうまでもないことであるが、正造にとって、国会とは、人民の意志（公議・輿論）を代表する機関であった。輿論を重視するのは、政治家としての正造の特徴であり、既に「国会開設建白書草稿」の中に明確に見られることは、先に指摘したとおりである。ところが、一方で、輿論に基づく政治を重視するあまり、「仮令ヒ君主擅制ノ政体ナルモ一人ノ君主輿論ヲ重ジ輿論ヲ準縄トシテ政治ヲ行ヘバ立憲政体ト一般ナルベシ」（⑥六五五）と、必ずしも政体の如何にこだわらないような「柔軟性」も見せるのである。だから、正造がいう輿論政治とは、ややもすると、〝民の心を心とする〟天皇の「大御心」による「仁政」と同じものと受け取られかねない曖昧さを残していた。「国会開設建白書草稿」にも色濃くみられた「仁政」イデオロギーの影響が、彼の政体構想にも影を落としていたのである。

だが、このような政体構想を抱き、その実現のために、「二三の私党」に過ぎない藩閥政府に取って変わるだけの政治勢力を実現するには、当然のことながら、反政府勢力の一大結集が目指されねばならなかった。以下の項では、正造の一大政党樹立のための行動を見ることにする。

五　読みかえた「国会開設ノ勅諭」

「明治十四年政変」の引き金をなした北海道開拓使官有物払い下げ事件に対する正造の反応は、「北海道払下一件ヲ此侭傍観スルハ誠人民ノ恥ヂナリ。租税ヲ収ムルノ義務ハ全ク消滅シタリ」（⑭六七）というものであった。すなわち、莫大な公金（＝租税）を投じて建設育成した官営工場を、ひとにぎりの政商に安価低利で払い下げるのは、租税の公正な支出という原則に反する不正事であり、結果的に租税を納める義務を消滅させてしまう行為であるという。こうした反応に、のちに衆議院議場で行った数々の不正追及の原型がみてとれるだろう。

政府は、官有物払い下げ事件で沸点に達した世論を鎮静化させるため、払い下げの中止を決定する一方、政府内にあって国会の早期開設を主張していた大隈重信参議を罷免、あわせて「国会開設の勅諭」を発表した。次に、一八八一年（明治一四）一〇月一二日に発せられた「国会開設の勅諭」に対する正造の反応を見てみよう。同月の「中節社出京委員報告書」にそれが示されている。

生等ハ今此勅諭を謹読するの栄を得て欣喜措く能はず　蓋し諸君と雖も亦生等と其喜びを同ふせらるゝならん　然れども小成に安んずるは人の常情にして殊に彼の勅諭中、明治廿三年を期し云云の一条に就きては往々其意義を誤解する者ありと聞きたるに依り　聊か以て諸君に告げんと欲する者あり　抑も生等が昨年国会の開設を建議せしは決して数年の後を待て之を開かんことを望みたるにあらず　即ち今日にも之を開かんことを熱望したるなり　去れば彼の勅諭を拝読して忽ち小成に安んじ　今より明治二十三年に至るまで前后十年の間は優游為す所なくして経過するも可なりと思ふが如き怠惰心を起すものあらば　是れ啻に我党の罪人たるのみならず　亦た我聖天子の叡慮に背き奉る者なりと云はざるべからず　彼の勅諭中将に明治二十三年を期し議員を召し国会を開き以て朕が初志を成さんとすとあり　此勅文を軽卒の間に読む者は二十三年云々とあるを見て　或は二十二年の歳尾までは決して国会を開かせ玉はざるの聖意なりと云ふものあるも知るべからず　然れども此の如き見解を為す者は是れ聖意の厚きを知らざる者なり　我聖天子は終始万機を公論に決せんとの叡慮にましますことは明治首年の御誓文にて明かなり　今明治二十三年に至つて国会を開くべしと仰せられずして明治二十三年を期してと宣下あらせられしは　取りも直さず其準備さへ整はゞ今日にても国会を開かせ玉ふべしとの聖意を示されたるものなり

（①四二六〜七、傍線小松、以下同じ）

これは、まさに、勅諭という形で示された天皇の意志の〝読みかえ〟である。「明治二十三年を期して」国会を開設するという言葉を、二十三年に開設するという意味ではなく、二十三年までに準備ができたらいつでも開設する、というように受けとめている。その結果、次のような「我党の最急務」が導き出されてくる。

要するに向後我党の最急務とする所は益々学識を修め実力を養ひ　常に政府の官吏に向つて早く準備を整へ聖天子の盛意に副へ奉るべき旨を促すに在り　若し之れに反し各地の志士が此勅諭を拝読して小成に安んじ　十ヶ年の間優遊為す所なくんば　明治二十三年に至り尚ほ或は国会を見ること能はざるの不幸あらんも未だ知るべからず　然らば国会実設の期限を短縮ならしむるも諸君に在り　又た之をして長延ならしむるも諸君に在り　諸君願くは益々独立の精神を擁揮し　愈々自治の気象を涵養し　鋭意奮進以て速かに国会を開くことに尽力あらんことを　是れ諸君が正に為すべきの義務にして生等が切に希望する所なり　勅諭を拝読して生等責任の重きを知り諸君と共に国家の重きを担任せんと欲する如斯　匆々頓首　(①四二八)

「小成に安んじ」という何度も繰り返される表現が示すように、「小成に安んじ」ることなく、すなわち明治二三年を待つことなく、一日でも早く国会が開かれるよう鋭意努力することが、天皇の意志であり、「我党」の義務だ、というのである。

それでは、このような「国会開設の勅諭」の〝読みかえ〟は、正造たち中節社員に独自のものであったのだろうか。このことを考えるために、一八八一年一〇月一六日の『東京横浜毎日新聞』の社説「謹ンデ勅諭及ヒ官有物払下取消令ヲ読ム（第二）」を引用してみよう。

世人ハ此勅文ニ向テ如何ナル思想ヲ懐クヤ余輩ヨリ之ヲ見レバ此勅文タル至仁至徳ノ聖王ニアラザレバ決シテ斯ル難有勅文ヲ宣下アラセザルナリ勅諭ノ文ニ曰ク将ニ明治二十三年ヲ期シ議員ヲ召シ国会ヲ開キ以テ朕ガ初志ヲ成ントスト此勅文ヲ軽卒ノ間ニ読ム者ハ或ハ二十二年十二月末日マデハ決シテ国会ヲ開カセラレザルノ聖意ナリ二十三年中ニハ必ス国会ヲ開ントスルノ聖旨ナリト云フ者モナキニアラザル可シト雖ドモ是ノ如キ見解ヲ為ス者ハ是レ聖意ノ厚キヲ知ラザル者ナリ我国民ノ現状ヲ知ラザル者ナリ我聖意ハ終始万機公論ニ決スルノ聖旨ナリ今

勅文ニ明治二十三年ニ至ツテ国会ヲ開ク可シト仰セラレズシテ明治二十三年ヲ期シテト宣下アラセラルヽ所以ハ取リモ直サズ其準備サヘ整ヘバ十七年又ハ十八年ニテモ国会開設スベシトノ聖意ヲ示サレタル者ナリ左レバコソ今在廷臣僚ニ命ジ假スニ時日ヲ以テシ計画ノ責ニ当タラシムト仰セラレタルナリ在廷ノ臣僚ニシテ其計画明治十七年十八年ニモ整ハヽ聖王ハ直ニ国会ヲ開設アラセラルヽ盛意ナリ而ルニ速了論者アリ此勅文ヲ誤解シ我天皇陛下ハ二十三年ニ至ザレバ国会開設アラセラレザルノ聖意ナリ此期ニ先ツテ国会設立ヲ希望シ催促ガマシキ挙動ヲ為ス者ハ是レ違勅ナリ違勅ノ民ハ日本ノ臣民ニアラズ抔ヽ云フ者アラバ是レソ即チ違勅ノ民ナリ又速了論者アリ国会開設ノ期ハ二十三年タリ人生五十年其中十年ヲ控除セバ残ス所四十年タリ今十年ヲ待タバ今日国会設立ヲ希望スル論者ハ大概他界ノ人トナリ北邙山中墓墳ノ下ニ日本ノ国会ヲ見ルニ至ラン十年ノ年期ハ無法ナリ今日ニモ国会開設セザル可カラズト云フ者アラバ是レ亦吾人之ヲ称シテ違勅ノ民ト云ハン今日違勅ノ民トナラズ真ニ我聖旨ヲ遵守シ奉ランニハ在廷ノ有司ニ向ヒ卿等ハ如何ニシテ我カ天皇陛下ノ勅諭ニ対シ奉リ計画ノ責メニ当ルヤ我全国人民ハ国会開設ニ就テ斯クマデモ準備ヲ整ヘタリ我聖意ハ準備ノ整フヲ待ツテ国会開設アラセラルヽノ盛意ナリト在廷ノ有志ニ向テ計画ノ如何ヲ問ヒ合セ一方ニ於テハ人民自ラ国会開設ノ準備ヲ為シ二年三年ノ後ニ国会開設アルモ無差支ノ用意ヲ為ス可キノミ

周知のように、『東京横浜毎日新聞』は嚶鳴社系の機関紙であり、田中正造らの中節社も思想的に非常に近かった。そして、この社説と「中節社出京委員報告書」の文章は、一見しておわかりのように、特に傍線部分などは、ほとんど同じである。おそらく、正造たちは、この社説が発表された後で、それを下敷にして地元への報告書をまとめたのだろう。

田中正造、および中節社と嚶鳴社との関係を知る上で興味深い事実であるが、さらに、一〇月二四日の『栃木新聞』の社説「謹ンデ勅諭ヲ拝読ス（前号ノ続キ）」にも、同じような〝読みかえ〟の論理が見られるのである。この点で、こうした読みかえの論理が、正造たちに独自のものではなく、自由民権派にかなり広範に見られた特徴であったことがわかる。

そして、だからこそ、『東京横浜毎日新聞』が、先の社説のために、一〇月一八日に一週間の発行停止処分に会い、『栃木新聞』も論説の取り消し命令を受けたように、こうした勅諭の〝読みかえ〟による早期国会開設論を封じ込めるために、政府は次ぎのような布達を出す必要があったのである。

〇去る二十二日山田内務卿より警視庁府県（東京府を除く）へ左の通り達せられたるよし

今般被仰出候　勅諭文中国会御開設期限ノ義誤解ノ向キ不少ニ付為念伺出候処別紙ノ通御指令有之候ニ付其旨可相心得依テ其府（県）下発行ノ諸新聞雑誌等ニ抵触セル旨趣ヲ以テ掲載セルモノハ已往ニ遡リ厳重ニ正誤可為致此旨相達候事

国会御開設期限ノ義ニ付伺

過ル十二日　勅諭ヲ以テ明治二十三年ヲ期シ議員ヲ召シ国会ヲ開キ云々被　仰出候ハ二十三年ヲ待チ初メテ国会御開設可相成旨ニ可有之処民間或ハ解釈ヲ異ニシ二十三年マテノ内ニモ御開設可相成御旨趣哉ニ誤解之向有之新聞ニモ掲載致シ不都合ニ付兼テ地方官ヘ為心得相達置度候処右ハ勅諭ニ関シ候ニ付謹テ相伺候也

明治十四年十月二十日　　内務卿松方正義

太政大臣三条実美殿

指令　詔書ノ御趣意ハ伺ノ通ニ候御心得違無之様地方官ヘ可示置事(40)

政府がここまで「国会開設の勅諭」の〝読みかえ〟に神経をとがらせ、「明治二十三年を期して」という部分の正しい解釈を指示したのは、ある意味ではこっけいですらあるが、それだけ民権派の宣伝力に危機感を募らせていたことの証左であろう。しかし、「明治十四年の政変」で先手を打って、民権派と全面的な対決姿勢を明確に打ち出した明治政府の種々の施策がまさってか、あるいは民権派の中に正造らの危惧した「小成に安んじ」る姿勢が顕著になったせいか、その後、国会の早期開設を求める声や運動が急速に萎んでしまったことは、今日の私たちが知るところである。

実は、日本の国民国家形成過程における「明治十四年の政変」の意味は、政府がこれまでの開明的な姿勢をほぼかなぐり捨て、一つには「超然主義」化の姿勢を明確にし、一つには民衆を「国民」にではなく「臣民」と位置づけようとする姿勢が顕著になってきたところにも求められる。とするならば、そうした政府にかわって、国民国家形成の課題を追求する本流・正統派の地位を自由民権運動の側が占めたことになり、これから先がいよいよ民権運動の正念場であったはずなのである。

正造の晩年の日記に、次のような一節がある。「〇十三年コンナ首尾メツレツニ成行トハ思ハザリシニ、政党モ亦コンナ巨眼的ニ」(⑪一八〇)。一九〇九年(明治四二)一月一一日の日記である。つくねんと小机の前に座り、かつての自由民権時代を回顧しながら、〝なぜこんなにもめちゃくちゃな国になってしまったのか、民権運動をやっていた時代にはこんなふうになるとは思いもしなかったのに〟と思い沈んでいる老いた正造。正造の結論は、次のようなものだった。

不消化、消化せずの分子多い、其故ハたべ付けぬもの一時ニ此不消化を。
二十年をへて少しも消化せぬ。但し少しヅヽ、たべれバ消化す。たべたがるとき少しヅヽ、さふなく十四年より二十三年たべたがるをさせず。
一度ニドツトたかれ、二十年をへて消化せぬイカンセン。(⑪一八一)

ここに、「国会開設の勅諭」が果した民権運動への鎮静剤的役割に対する、またそれに甘んじてしまった自分たちにたいする正造の痛恨の思いが凝縮されているように思われる。

六　自由党結成に抗して

自由民権運動勢力の結集体として政党結成案が提起されたのは、一八八〇年（明治一三）一一月一〇日から開かれた国会期成同盟第二回大会のことであった。しかし、河野広中らによって提起された政党結成案は、否決されている。「三」でみた田中正造の「国会ヲ開設セントセバ宜ク政党ヲ組織セザルベカラズ」は、おそらく、河野らの政党結成案に対する賛成演説であったのかもしれない。

このように、田中正造は、現下の急務は政党を結成することである、と認識していた。それも、「近キヨリ遠キニ及ブ」団結、つまり地方の団結から中央の団結へ、という組織のあり方をよしと考えていた。これと同じような組織論が、一二月一五日に開かれた「自由党準備会」でも主張されている。つまり、地方の団結を優先させ、地方の自由党を結成し、それを全国的に結集する形で単一政党を樹立するというものである。この「自由党準備会」では、「自由党結成盟約」と「自由党申合規則」が議決されているが、正造は、『朝野新聞』よりそれを書き写している（①四〇八〜九）。これを見ても、正造が「自由党準備会」の動向に多大の関心を払っていたことがわかる。おそらく、それは、仮事務所を東京横浜毎日新聞社に置き、仮事務員を草間時福・沼間守一・野村本之助ら四人にするなど、嚶鳴社系の都市民権派が主導権を握っていたことと無縁ではあるまい。

しかし、一二月下旬には、事務所を国会期成同盟事務所内に移転し、二転三転の末委員惣代を野村に決したが、多忙で事務を取れない状態が続き、「自由党準備会」は徐々に有名無実化していった。都市民権派の代表とも言うべき沼間守一らは、組織論をめぐって早くから離脱の動きを見せており、また、一八八一年の七月頃には河野を首領とした政党結成の動きが顕在化した。

沼間が「自由党準備会」と一線を画し始めた契機になったものの一つに、機関紙問題があった。これは、一二月一七日の自由党準備会臨時会で、松沢求策が「自由党機関紙」の即時発行を提案したことに端を発している。このときは否決されたものの、松沢らを社員とする『東洋自由新聞』が、一八八一年三月一八日に創刊されたことは周知のことである。正造の考えも沼間に近かった。それは、「都下ノ学士及ビ各新聞社ヲ合併主義トナシ、一政党トナスノ得策」であり、「別ニ新聞ヲ発兌スルヨリハ、寧ロ在京大新聞ヲ我党ニ容レ、以テ都鄙ノ親睦ヲ表シ、立ドコロニ一大政党ヲ組織センコト」というにあった（①四三八～九）。

こうした観点から、一八八一年九月一七日には、中島信行に対して自由新聞の発行の不可を進言している。そして、九月二三日には、「自由党準備会」の中の都市民権派を中心に、板垣退助を上野静養軒に招いて「立憲政体党」の樹立を宣言したが[41]、この会合に正造も参加していることが、資料的にも確認できる。

ところが、国会期成同盟第三回大会開催中の一〇月二日に、「国会期成同盟ヲ拡張シ大日本自由党結成会ニ変更」することが決議され、五日には、加賀町赤松亭の会合で自由党組織原案を起草することが決まり、起草委員に竹内綱・林包明・鈴木舎定・内藤魯一の四人が当選した。この起草委員から都市民権派は除外された。正造は、おそらく、この会合にも出席していたか、それとも情報を即座に手にしたのであろう。「去年十月五日鎗屋町ニ於テ林包明君ニ対シ事ノ軽々ハ予メ将来ノ計画ヲ誤ルノ言論ヲ痛論」した（①四三一）というように、林に対して、自由党の組織を「軽々ニ」運ばないように釘をさしている。林は、「旧期成会ヲ専断同様ニ破解シ自由党ト自称」していたという（同前）。

一〇月一七日に、枕橋八百松楼で「自由党親睦会」が開かれ、内藤魯一が東京と地方の分離論を演説した。それに対して正造が「之説ノ不当ナルヲ述べ、且ツ長短相補ヒ智力気力併行ノ公益アル所以ヲ演説」すると、「非常ノ喝采ヲ蒙」ったという。その内容は、おそらく、『全集』第九巻の一六三頁から次の頁にかけて書かれているものと、ほぼ同じであろう。なぜなら、「親睦会」という名称に引っ掛けて、つぎのように述べているからである。「何オカ親睦ノ道ト云フ、名望アルモノハ名望惜マズシテ衆庶ト供ニ交際ヲ厚フスル之ナリ。衆庶ハ此名望アル紳士識者ヲシ名誉保助シ翼賛スル之ナリ。都下ノ学士先生ト云フハ勤メテ田舎ノ信用ヲ厚フスル之ナリ。田舎人ハ都下学志《（マヽ）》ノ処見ヲ聞キ、以テ其方向ヲ誤ラザル之ナリ。我身ヲ労シテ功ヲ他人ニ譲ル道徳之ナリ」（⑨一六三）。ここには、由井正臣が指摘するように、都市と田舎、知識人と民衆の結合と相互尊重が、明確に述べられている。のみならず、地域の主体性を維持した上で中央と連携していこうとする姿勢がうかがえるのである。

それでは、なぜ、分離に反対であったのだろうか。その続きを見てみよう。

サレバ種〻ノ性質ノ人物ヲ混交シ互ニ長短相庇保セバ、民間知識ナキニアラズ、金力ナキニアラズ、健康ナキニアラズ、忍耐ナキニアラズ、道徳ナキニアラズト信ズ。然ルニ之ヲケ〻ニ分裂シ、各其長ズル処ニ誇ツテ他党ノ短所ヲ攻撃ス、決テ社会一大結合ト云フベカラズ。已結合セザルノミナラズ、各孤立シテ府政《（マヽ）》ガ左右スル処ノ実計ニ陥リ、到底其目的ヲ達スルヲ得ザルベキモ、翕然之ヲ合併シ其長ズル処ニヨツテ全力ヲ尽シ互ニ相親睦セバ、我党ノ幸福ヲ図ル亦ナンノ堅〔難〕キコトカ之アラザルナリ。（⑨一六四）

ここに、正造が一大政党の結成のために尽力した理由が余すところなく述べられている。中江兆民もそうであったように、まず、敵＝明治政府の強大さへの認識が存在していた。民権派の分裂は政府に付け入る隙を与えるだけだ、という認識である。そして、お互いが相手の短所を攻撃しあって力をそいでしまうのではなく、細かな差異と短所はさておいて、まず一大結合することによって各の長所を最大限に発揮して全力をつくすことが大切である、という。これが正造の一大政党論の論拠であった。

しかし、その翌日開かれた「自由政党会」で、東京と地方を分離するという政党組織の方法が決定され、一〇月二九日、自由党は、まさに〝東京自由党〟として結党大会を迎えるのである。

自由党の結成は、日本で最初の政党の結成であったという意義以上に、河野派・九州グループ・都市民権派などが分離して行き、再びそれらが大団結するのに非常な時間と労力を費やすことを余儀なくしたという禍根を残すことになった。しかも、正造が懸念した通り、その後、自由党と立憲改進党が「他党ノ短所ヲ攻撃」しあう抗争に精力を使い果すような仕儀になるわけである。

それでも、正造は、一大政党結成への一縷の望みを捨てはしなかった。一一月初めには、沼間の後を追って栃木に行き、そこで一一月九日の板垣の自由党総理就任を聞くと即座に東京にとってかえし、一五日に板垣に面会して、自由新聞の社長にならないよう進言している。そこで、「板垣ハ社長トナラヌ旨ヲ明言」したので、一二月には「両党合一ノ希望ヲ懐キ」、板垣・沼間・島田三郎の「三君ノ招待ノ時ノ如キ毎ニ席末ニ加」(①四四一)わるなどして、最後まで統一の可能性を追求して止まなかった。

ところが、こうした正造の努力を無にしたのが、一八八二年四月一六日の立憲改進党の結成であったとは、なんとも皮肉なものである。「茲ニ於テ不肖ガ合一ノ志望全水泡ニ属シタリ」(①四四二)という正造の言葉が、彼の落胆の大きさを物語っている。正造が改進党の結成と同時に入党せずに、一二月一八日までそれを延ばしたことも、そのせいであろう。しかし、両党の合一がもはや不可能になり、勢力拡大のために至るところで競合しはじめるようになると、正造も、入党してはいなかったものの、改進主義を掲げて盛んに運動を展開しはじめた。その結果、正造の地盤の安蘇郡は「改進党の本丸」と称されるほどの一大牙城になっていくのであった。

正造の残した資料は、国会期成同盟から自由党の結成に至る経緯を知るために、非常に有意義なものである。

第三節　県会活動とその思想

一　栃木県第四大区三小区の区会議員として

一八七八年（明治一一）七月一日、田中正造は、栃木県第四大区三小区区会議員に選出され、沐浴して受けた。そして、「就テハ区会憲法ヲ始メ諸規則ヲ確守シ公平無私忠誠真実ノ心ヲ執リ区民ニ代リテ公益ヲ謀ルヲ勉ムベシ」という内容の「議員上任誓詞」を提出した。この「議員上任誓詞」の提出は、何も正造にオリジナルな行動ではなく、ひな形が存在していたらしい。しかし、この一連の行動は、正造にとって、委任に対する責任意識を具体的に表現する儀式として、単なるひな形以上の意味があったものと考えられる。

これまで、区会議員としての田中正造の具体的な言論活動は、資料的な制約があって明らかでなかった。ところが、『全集』完結後の一九八三年に刊行された『田沼町史』第五巻資料編四（近現代）に、一八七八年（明治一一）七月二五日から三〇日にかけて開催された区会の「会議日誌」が収録・紹介されたことにより、私たちは、田中正造の議員活動の出発点を詳しく知ることができるようになった。その記録を一読するだけで、私たちは、後の県会議員時代・国会議員時代における言動の原型を明瞭に看取することができる。

『田沼町史』の「解説」によれば、第四大区三小区は、出流原・赤見・並木・小中・石塚・戸奈良・寺久保・山形・梅園・閑馬・下彦間・上彦間の一二ヵ村で構成されており、区会の主な議題は、①議員日当・区会費賦課法・議場規則など区会運営に関するもの、②田租予備法・罹災貸与備金貸付規則・義倉など備荒儲蓄に関するもの、③不就学督促方法といった教育に関するもの、に分けられるという（二一八頁）。

それでは、区会会議における正造の言論の特徴を見ていこう。

まず、区会全体にわたって積極的な発言が目立つことである。区会議員は四〇名で、通常三〇名前後の出席があったが、その中でも発言回数は断然に多い。しかも、単に回数が多いだけではない。審議に付されている法案の不備を補正するような修正意見や、内容をより確かなものにしていこうとする建議を、たくさん提出している。

一例をあげるならば、「不就学督促法」議案の第二条は、「就学説諭ヲ加ヘ父兄然諾スルトキハ、必ズ三日内ニ入学セシムベシ」というものであったが、正造は、「三日」を「十日」に改めるという修正意見を提出した。その理由は、支度に時間がかかるから「三日」では短すぎるというものであった。この時期、学齢期の児童は、子守や家事等、家の重要な働き手であったから、いざ学校に通わせるということになれば、その算段の時間も必要であったろう。他に「五日内」という中間をとるような修正意見も出されたが、結局正造の意見が賛成多数で可決された。「法ハ破ラザルヲ重シトス」(二〇二頁)と述べているように、「法」は自ら守るものであって破るものではないから、最初から破らざるをえないような法を作ってはならない、というのである。江刺県の官員時代とは異なり、民情への配慮が行き届くようになったことの証明であるが、議員としての本来的な任務(=立法)に忠実な行為であったと評価することもできる。

それらは、「人民ノ代議」に対する責任意識がもたらしたものであろう。後述するように、そうした意識がすでに明瞭に見て取れることも、特徴の一つである。

しかしながら、区会議員としての正造の思想を代表するものは、何といっても、①「不就学督促法」議案の審議の中で展開された「貧民教育」論と、②「義倉設立法」議案の審議の中で強調された、「民」の自発的意志による地域共同体の維持、の二点であるといえる。正造が提出した建議は、該区会全体で四件であるが、そのうちの三件は「不就学督促法」の審議中に、残る一件は「義倉設立法」の審議中に提出されている。このことからも、この二法案を正造が特に重視していたことがわかる。

まず、前者からみていこう。「不就学督促法」の趣旨は、以下のようなものであった。学制頒布後、学校教育は順調に発展してきていると思っていたら、最近の調査で、「就学ハ学齢四分之一ニシテ甚シキハ尽ク不就学」であることが判明した。これは、督学の法に不備があることも一因となっていよう。「夫レ教育上ノ督促タルヤ佇(他)ノ権道督促ト異ナルモノニシテ、敢テ自主自由ノ権ヲ害スルニ非ズ」。だから、不就学者とその父兄に就学を督促する法を作り、教育普及の道をますます拡張していこう、というのである。

この法案の審議にあたって、正造が特に問題にした第一点目は前述した。注目すべきは、第五条の次に、第六条を新しく追加する建議の内容である。

その建議とは、「赤貧子弟ハ教導職ノ者ニ任セテ、変則小学課ヲ学ブコトヲ許スベシ」という内容であった。これは、破天荒な案であった。小学校課程の「正則」の外に、貧民子弟のための「変則小学課」を設置しろ、というのである。「教導職」は、一八七二年(明治五)五月に、国民教化のために設置されたものであったが、神官や僧侶が任命されるのが普通であった。とするならば、正造は、寺子屋のようなものをイメージしていたのだろうか。

早速、番外三番の相田新造から、この建議案は廃すべきである、と反論が出された。なぜなら、第四条に、「家産全ク究(窮)乏ニシテ就学セント欲スルトモ、学資供スル能ハザルモノハ、貧民就学方法ヲ設ケ学ニ就カシムベシ」とあるから、屋上屋を架すことはない、というのである。

番外一番(区長)の内田太蔵も、「三番ノ建議ノ如キ情ニ於テハ民心ニ適スルモ、法ニオイテ免ズベキノ条理ナシ」と、「法」を重視する正造にはきわめて耳が痛い指摘がなされた。

それらの反論に対し、正造は次のように主張した。「父兄赤貧朝暮饑(飢)渇ニ苦シミ、子弟ヲ校ニ入ラシムル能ハザルモノアリ。之ヲ救ヘ教レ之ヲ貧民教育ト云フ。今ヤ之ヲ救フノ方法ニ於テハ、世上地ヲ払フモ稀ナルベシ。之ヲ救ハザル不仁ト云フ。之ヲ教ヘザル不道ト云フベキ也。夫レ如レ此貧民子弟ヲ度外視シ、正規ニノミ拘泥シ、救ヘ教フルノ法ハ今日ニ至テ尚設ケズ。而シテ自由就学ヲ免サズ、貧ハ益々愚ナラシム。之ヲ猶束縛ト云ガ如シ」、と(二〇四頁)。「正規」「正則」の学校教育にのみ「拘泥」していては、いつまでたっても「貧民教育」の道は立たず、貧困者は益々「愚」になるばかりであるから、「変則」的な「自由就学」を認めないのは、逆に「束縛」というべきである、というのである。つまり、学歴の差が貧富の差を拡大することを予防する観点からの「貧民教育」論であった。

もっとも、正造のこの建議は、別途審議することになり、その結末については定かではない。しかし、正造は、このあと続けて、「褒賞費ヲ転ジテ貧民子弟就学資金ヲ補フ」という建議案など、二本の建議案を出して、何とかして貧民子弟の就学の便宜をはかろうとする主張を繰り返した。ここには、県会議員時代の正造の初等教育論の論理が、既に展開されていることがわかる。

次に、「義倉設立法」案についてであるが、この法案は、副戸長の大竹謙作が提出したものである。その趣旨は、次のように説明された。

凡ソ一村ヲ一社トナシ、分ニ応ジ穀ヲ出シテ積ムコト差アリ。之ヲ富ヲ分チ貧ヲ賑ハス所以ナリ。義倉ハ素ヨリ一村内ノ不慮凶荒ノ備ヘニ設クルモノニシテ、純然タル民有ヨリナリ立ッタルモノナルヲ以テ、時ノ県庁ト雖ドモ其ノ処方ヲ擅ヘマヽニスルヲ得ズ。備蓄ノ充タル官ノ勧奨ニカヽリ、永久ニ保存シテ将来凶荒不虞(慮)ニ備ヘル故ヘヲ以テ、時ノ村吏亦之ヲ進退スルヲ得ズ。(二〇九頁)

大竹の案は、明治一一年から一五年までの五年間に、高一〇石につき籾三升の割合で義倉に入れるが、分に応じてでよく、高三石以下の者は出さなくても良いこととなっていた。基本的に、中産層以上の公共心＝「徳義」に依存しようという案である。そして、明治一二年からは、備蓄した石高の半数を貸し出し用にまわし、秋に八％の利子を加えて返却させることとしていた。また、「付録」には、貧窮のために結婚できない男女や、葬送を営むことのできない貧民への貸与も可能であること、などが含まれていた。

正造は、すぐに、「之レ究民救助ノ法ナリ」と賛成し、審議に入ることを要求した。しかし、日光県時代の「積石」があり、また新たに「罹災貸与備金貸付規則」などを制定したばかりであることから、義倉は必要ないとして、廃案を主張する意見が強く出された。それに対して正造は、「夫レ究民救助ノ法方タル議スベキナリ。貧民殺害ノ法タラバ議スベカラザルナリ。我輩今日人民ノ代議トナルモノハ、皆中人以上ノ家産アリ。而シテ究民救助ノ方法ヲ廃案セントスルモノハ、実ニ意外ノ論旨ナリ」（二一三頁）と、人民に「代議」されているものの責任を強調したあとで、「積石ハ官之ヲ督スル処ノ米麦ナリ。義倉ハ自今義ヲ以テ設立セルモノ」だから、議論するのは当然である、と反論している（二一四頁）。

つまり、「官」の干渉によってではなく、「民」が「義」によって自発的に設立運営し、共同体を維持するために活用していこうという性格のものと判断したから、正造は賛成したのである。ここにも、自分たちの力で地域社会を維持していこうという姿勢が濃厚に見られる。しかし、この案は、一七名の賛成多数で廃案と決まり、正造らの意見は反映されなかった。

以上のように、やや詳しく、区会議員としての正造の発言を分析してきたが、そこには、初等教育といい「義倉」といい、下層民衆にたいする細かな配慮が見て取れる。それは、おそらく、地域指導層としての責任意識の発露でもあったろう。それが、自治の精神による共同体維持論となって表されていたことを、もう一度確認しておきたい。

二 「制度としての自治」と「精神としての自治」

田中正造が県会議員選挙に初めて挑戦したのは、一八七九年（明治一二）三月のことであった。しかし、このときは、天海耕作が当選し、正造は次点であった。そして、この天海の辞任に伴う一八八〇年二月の補欠選挙で当選したのが、彼の県会活動の始まりになった。

このとき、『栃木新聞』は、編集長中田良夫の名で「與県会代議士田中正造君」を二月二五日付けの紙面に掲げて当選を祝福している。

與県会代議士田中正造君　　中田良夫

良夫再拝書ヲ栃木県会代議士田中君正造ノ坐右ニ致ス君頃日公撰ニ由テ栃木県会議員ト為ル蓋シ我社一ノ論者ヲ失フカ如シト雖トモ是レ豈ニ県下衆庶ノ為メニ抃躍シテ賀セサル可ケンヤ於是乎良夫一言以テ進ムルアラントス君甞テ前ノ栃木新聞編輯長タリシ時国会説(ママ)立ハ目下ノ急務タルヲ論究シ慷慨激切一句一言敢テ忌憚スル所ナク愛国ノ至情紙上ニ溢ル良夫復読再四賞賛寘ク克ハサリキ此篇既ニ已ニ新紙上ニ登録シテ社会公衆ニ公布シタレハ殊更ニ良夫カ卑言ヲ竢タサルナリ然リ而テ君不日議場ニ臨マバ知ラス精神ヲ何邊ニ留メ着目ハ何處ニ在ルカ固リ県下衆庶ノ為メニ謀リ謨テ満肛(ママ)ヲ吐露シ敢テ沈黙忌避スルカ如キナカル可シ若シ夫レ之レニ反シ原案ニ対シテ鎖々タル字句ヲ刪補取捨スルヲ以テ腐贅ノ論弁ヲ主張シ貴重ノ時日ヲ浪費シ或ハ民力ノ強弱ヲ斟酌スルナク謾リニ無用ノ土木ヲ興起シ或ハ順序緩急ニ顧慮ナク校黌庁舎ヲ築造シ道路橋梁物産蕃植ノ如キハ問ハサルニ置キ或ハ原案者ノ鼻息ヲ覘ヒ徒ラニ多数力ニ雷同シテ持論説ヲ発達セス或ハ高帽ヲ戴キ滑靴ヲ穿チ意気揚々トシテ妻孥ニ誇ルカ若キアラハ其結果如何ハ決テ見ル克ハサルナリ加之□日管下衆庶ニ対シテ又タ何ノ顔カ有ル古人云ハスヤ凡ソ民ノ土ニ食ムモノ十ガ一ヲ出シテ平ヲ我ニ司ラシムト官、有司已ニ此ノ如シ況ンヤ民人ノ代議士其責ニ任スル者ニ於テヲヤ宜ク視察ヲ垂レ深ク猛省顧慮セサル可カラサルナリ嗚呼今日君カ県会代議士ノ撰ニ当ルモノ是レ則チ曩ニ君カ論スル所ノ国会議場ニ臨ムノ日ハ必スヤ不日ニアル可シ良夫今ヨリ目ヲ刮テ待タンノミ頓首々々

長々と引用したのは外でもない。田中正造は、この中田の祝福の辞（送別の辞）に実に忠実であったからである。中田は、「県下衆庶ノ為メ」という原点を忘れるな、というが、これこそ、予算の審議のみという限られた県会議員の権限をフルに活用して正造が追求したことの最大課題であった。それは、おもに地方税の削減や人民負担の軽減を

図ろうとしたことに如実に表されている。正造の地方税観は、次のようなものであった。「抑モ地方税ハ人民ノ総代ガ会議シテ人民ノ幸福ヲ買ンガタメニ支出スルモノナリ」(⑥四九六)、「地方税ハ公平ニ人民ヨリ取立ルコトナレバ公平ニ之ヲ支出スベシ」(⑥三七四)。つまり、県下人民の幸福を買うために支出するのが第一原則で、そのためにも公平に支出することを第二原則としたのである。

また、中田は、「順序緩急」を無視して「無用ノ土木」を起こしたりするな、と忠告しているが、この点も、正造が常に心がけていたところであった。たとえば、一八八〇年(明治一三)に郡役所の建築案が提出されたとき、正造は、「不急ノ土木ナリ。是レ無用ノ外飾ナリ。人民ノ不幸不可計」(⑥七)、あるいは「開化ノ外飾文明ノ面粉」に過ぎない(⑥九)と批判しているのが、その好例である。「国家ノ隆替ナルモノハ外面ノ美醜ニアラズシテ精神ノ死活如何ニ在テ存スル」(⑥六〜七)というように、『文明論之概略』において「外の文明」よりも「内の文明」を重視した福沢諭吉的な文明観に支えられていたことがわかる。

このように、正造は、中田の言葉に実に忠実であった。忠実すぎて、人民や芸娼妓を呼び捨てにするなと県・郡吏に言い、「あその馬鹿」と陰口されたほどであった。

いや、「忠実」という表現は誤解を招きやすい。中田に言われたから正造がそう行動したかのように受け取られてしまいかねない。むしろ、正造が考えていたとおりのことを中田が表現してくれた、といったほうが正確であろう。それに、中田の文章には、「県下衆庶ノ為メ」という人民の庇護者的な発想だけが強く見られる。正造の県会活動の大原則がそれであったことは間違いないが、正造には、さらに、人民の主体性・自主性を喚起していこうとする姿勢が濃厚にあった。「自治思想」、これこそが田中正造の県会活動を支えた思想的特徴であった。

県会議員時代の田中正造の自治思想を考えるとき、私は、二つの側面に腑分けして考えてみるのが適当であると思っている。一つは、いわゆる「地方自治」Local Goverment と称される側面である。これを、私は、「制度としての自治」と呼びたい。二つ目は、制度以前の自治、つまり、英語で Self Goverment と言うときのまさに第一義的な意味であるところの意味であり、私は、これを一応「精神としての自治」と呼んでいる。田中正造の自治思想の特色は、「制度としての自治」の追求の前提に「精神としての自治」を重視する姿勢が、車の両輪のように絶えず相伴っていることである。

ここで、田中正造の自治思想を考える前提として、二つのことを押えておきたい。第一に、正造が、地方自治制度を自ら創出しようという努力を行っていた事実である。

政府は、一八七八年（明治一一）七月二二日に、郡区町村編制法・府県会規則・地方税規則からなる、いわゆる地方三新法を制定し、各府県にその「施行順序」を布達した。これにのっとって、正造は、「村会設立案」なるものの起草を試みている。一一月八日付けの国府義胤宛書簡を見ると、「村会設立伺ノ原案、小生相綴り候へ共、新規見込ノコト故、先ヅ区会憲法ニ模擬シ、或ハ変則或ハ直ニ則ルベキ条款羅列シ、小〻草案ヲ脱シタ」（⑭三〇）とあり、二一ヵ条に及ぶ原案を国府に送付し、検討を依頼していることがわかる。そして、一六日に「区内村会設立案」の協議集会がもたれ（正造は不参加）、区長が奥書連印し、足利支庁を経て本庁に差し出されている（⑭三一）。その内容は、原文が残されていないので不明だが、正造によれば、翌年一月に東京府が布達した「町村会規則」（全三三条）と「其意大同小異」であるという（①三四一）。そこで、『東京市史稿』市街篇第六二に所収されている「町村会規則」を簡単に参照してみたい。

第一条に定められた町村会の議定権の内容は、その町村限りの経費による事業の起廃と伸縮に関する件、町村経費の予算と賦課法に関する件、共有財産に関する件、町村共同名義による土地家屋金穀等の借入れに関する件、戸数割の算定に関する件の五項目である。また、会議の議案提出権は戸長のみにあり、郡長の指揮監督を受け、議会が法律規則に定められた権限を越えた場合は戸長が中止を命ずることができるなど、戸長の権限の強さを特徴としており、どこから見ても政府の三新法制定の意図を越えるものではない。

そもそも、農民騒擾と自由民権運動の昂揚に対して、それを防止するための上からの対応策として創出された三新法である。それは、本格的な富国強兵殖産興業政策の推進にあたって、安定した地方支配と財政収奪を強化することを目的に制定されたものであった。そのために、大区小区制では否定されていた町村の自治的性格を事実上承認し、戸長公選を制度化して豪農層をとりこみ、あわせて、それへの地域住民の自発的服従を引き出すことを企図していた。そして、行政の末端官僚たる郡長の権限を強化し、戸長を、その行政体系へ事実上従属させようとする反動的性格をもつものであった(42)。

そうであるならば、三新法制定意図の枠を出ない内容の「村会設立案」を起草した時点の正造には、こうした政府の三新法制定の狙いを見抜く目は持ち合わせていなかったといえる。しかし、三新法に対する明確な批判が見当たらないことは、さして重要ではない。そのような内容のものであれ、自らの手で主体的に地方自治制度を創出していこうとする姿勢こそ、重視すべきであろう。それは、「他日十一年を経て町村自治制出づ、正造未だ其法律を見ずして自治制の演説をなす。半年の後学士来り、正造の自治制に長ずるを深く賞鑽したり、是れ不文法律時代の経歴によるものなり」(①二九七〜八)という、地方自治制に対する自負心にもつながっている。

そして第二には、このような下から自治制を創出していこうとする意欲を支えていたものに、人民の自治能力への信頼があったことである。この点は、国会開設に関する正造の論を検討した項で既に述べた通りである。

それでは、ここで、「制度としての自治」の特徴をみていこう。田中正造の地方自治に関する基本的な姿勢は、次の言葉に凝縮されている。「地方政務ノ改良トハ地方ニ自治ノ制度ヲ立ツルヲ許ルシ、地方ハ中央政府ノ干渉ヲ受ケズ自由ニ地方ノ政治ヲ為サシムル」ものである、と(⑥一一)。これは、一八八〇年一一月に出された太政官布告第四八号に関する建議の中の一節である。周知のように、太政官布告第四八号として出された地方税規則改正(地租五分の一以内から三分の一以内に地方税を増加、監獄費などを地方税支弁費目に加え、府県土木費補助金を廃止)は、地方に負担を転嫁して紙幣整理を強行しようとしたものであったが、正造は、こうした政府の姿勢を批判し、地方政治に対する中央政府の干渉を排除していこうとしたのである。そこで、こうした「制度としての自治」の側面を、①

府県会規則をめぐる言動と、②戸長公選問題の二点から迫ってみたい。

①府県会規則をめぐって

正造にとっての府県会規則の意味は、「我々ノ確守スベキ城廓」という表現が一言で言い尽くしている（⑥四七八）。だから、府県会規則が蹂躙されたと判断した時には、他府県の問題といえども等閑視することはできなかった。一八八二年（明治一五）九月、石川県会で稲垣示が県令を侮辱したとして拘引された事件に関し、正造は、「府県会ノ名誉ト権理トニ相関シ候事件」であるから、石川県会は一歩も退かぬように、という内容の書簡を、河瀬石川県会議長宛に送っていることが、その証左である。[43] 自県においても同様である。一八八四年（明治一七）の県令三島通庸との対立抗争事件の根本原因も、県令が、「府県会規則と区町村会を蹂躙」したと認識した点にあったのである（①一〇三）。

その一方、これは、第五回通常県会（八三年三月九日開会）においてであるが、戸長役場費に関する質問のなかで、戸長官選への変更に伴い前年の予算決定内容に変更が生じたことを県会の議決権の侵害と指摘し、「県会ハ予算ヲ議スルノ権アルノミナラズ其起源性質等ニモ議及スルコトヲ得ベシ、故ニ其支出ニ係ル性質ヲ問ハントスルニ於テ何ゾ差支フベキモノアランヤ」（⑥三四八）と述べていることにも留意したい。本来、予算の審議のみに制限されている府県会の権限を、微妙な言い回しではあるが、支出内容に関するものにまで拡充していこうとする姿勢を見せているからである。こうした姿勢は、一八八七年（明治二〇）一月一五日、府県の雑収入に関して府県会規則の改正を、伊藤首相に面談、要求し、同年一一月五日に事実上の改正をかちとるといった行動にもつながっているといえよう（①一五五）。

②戸長公選問題

栃木県は、一八八三年（明治一六）一月一五日の甲第二号布達で、それまでの戸長公選から戸長官選に改めた。この藤川県令による戸長官選は、国政レベルでは一八八四年五月に実施されたものであり、栃木県は全国に先駆けて実施したわけである。

その理由は、①戸長役場数が九八〇余もあって財政が逼迫していること、②入組支配に起因する村内対立が戸長選挙で激化すること、③自由民権運動家が選挙に利用すること、などであった。戸長公選を打ち出した三新法のねらいから大きく逸脱してしまった現状を踏まえての改変であった。

こうした官選戸長への変更に対し、栃木県の住民の抵抗運動は、官舎不提供や役場員の総辞職などの形で激しく展開された。特に、下都賀・河内・芳賀・安蘇郡に多かったといわれている。ここで、その中の極端な事例をいくつか『栃木新聞』から探ってみよう。

「同村の人民ハ官撰戸長に貸渡す家作もなけれバ地所もなしとて頓と取合わぬ様子あり」（上都賀郡の某村、一八八三年二月二三日）。

官選戸長になって、筆生から総代人まですべて辞職してしまった。八方手を尽くして、ようやく角田某を筆生に依頼し、本人も承諾したが、「其祖父なる某か（八十余の老人）大に怒り乃公《おれ》の平生に主張する民権論にも構はす官撰戸長の筆生を拝命するとは不都合なりよし筆生となるならはなれ今日より祖父の縁を断らんと断りしゆえ遂に其職を辞せしめたりと云ふ」（下都賀郡高崎村、同年三月六日）。

新任戸長を嫌い、足利町に管轄替してほしいと郡吏に陳情（足利郡助戸村、同前）。

このように、栃木県内では、「官撰戸長の達しありしより節操ありとか権利を重んするとか謂るゝ人は争ふて戸長を辞する」状況であったとされている。(44) こうした民衆の抵抗運動を背景に、栃木県会では、一八八三年より連続して三年間「戸長公選建議」を可決採択している。正造が戸長公選建議を積極的に支持した論理は、戸長公選は「日本国ノ輿論」であり公選から官選への転換は「人智進歩」に逆行する「不順ノ策」である（⑥二九五）という点にあった。また、戸長公選建議の中で最もよくまとまっている一八八四年の第六回通常県会に提出した正造と見目清の「建議」からは、役場数が七一四から二七三に減少したにもかかわらず、役場経費がむしろ増加していること、役場が遠くなり「人民ノ往復ニ不便」であること、官選戸長は人民に不親切であること、さらに、一八七八年（明治一一）八月二六日内務省乙第五四号には「戸長ハ其町村人民ニ於テ可成公撰セシメ……」と明示してあること、などが論点として掲げられてあった（⑥四四一）。

この中で、役場数の減少が人民に不便であるという論理は『東京横浜毎日新聞』にも見られ、内務省乙第五四号との関連を追及する論点は、『栃木新聞』に一八八三年二月一七日より連載された「戸長官撰ノ質疑」（野村本之助執筆）の中にも登場している。そこで、野村は、「府県官職制ニ據レバ府知事県令ハ制ヲ内務大蔵両卿ニ仰ギ事ノ稍々著大ニシテ地方人民ノ休戚ニ関スルモノハ決シテ独断ヲ以テ決行スル能ハザルモノトス」と述べ、藤川県令の独断専決を批判し、内務省乙第五四号が栃木県布達甲第二号で変更しうるものかどうか疑問を呈している（一八八三年二月一七日）。おそらく、正造は、これらの新聞論調も参考にしながら、戸長官選反対の論理を構築していったものと思われる。

ところが、改変の初年である八三年こそ全会一致で建議が採択されたものの、翌年、翌々年と県議会の対応も次第に鈍って来て、八五年の第七回通常県会における審議では、正造と同じ改進党の有力議員であった横尾輝吉らによる反対意見も強硬に主張された。それらは、「今日ハ立派ナル戸長ガ拝命シタル故ニ公選ハ不必要ナリ」という趣旨であった。『栃木新聞』も論調を変換するのは早かった。おそらく、野村の退社に伴う変化かと推測されるが、一八八三年三月一六日の「官撰戸長ニ狂スル勿レ（承前）」になると、県内の官選戸長排斥運動の熱狂ぶりを憂慮し、今回の改変は「唯其選挙法ノ変更セラレシ迄」のことであって、官選になったからといって、何が何でも県令や郡長の言いなりになると決まったわけではない、それよりも、このまま拝命を拒絶していると、「他村落或ハ貧寒ノ士族」が戸長を拝命し、人民を虐げ、協議費を浪費私借することになりかねない、村落自治業務の沮滞も心配である、このような「人民ノ蒙ル所ノ害」を考えると、徒に固辞するのは得策ではない、という〝現実論〟に早くも転換している。横尾らの官選賛成論も、同じような〝名よりも実をとれ〟という〝現実論〟であったといえる。

このような横尾らの見解に対して述べた正造の意見は、正造の独自性を余すところなく物語っている。

県令之ヲ命ズル官選法ニ不満足ヲ抱キテ公選ヲ建議セシナリ、（中略）其人ヲ得タル上ニモ良キ人ヲ得且ツ万全ノ策ヲ求ムルガタメナリ、然ルニ戸長其人ヲ得タルガタメニ公撰ハ不必要ナリト云フニ至リテハ我県会ノ面目ニ関ス、栃木県会ハ公撰ヲ好マズト云ヘバ与論ハ果シテ何ト評スベキカ、（中略）故ニ戸長公選ニシテ行レザル限リハ廿回三十回ニテモ之ヲ建議スベシ（⑥五五五）

ここからは、人間の問題はもとより重要であるにしても、そうしたレベルに矮小化することなく、あくまでも制度それ自体の保障をあくことなく追及していこうとする正造の原理原則を重視するラディカルさが見て取れる。それは、栃木県会全体に妥協的傾向が顕著化しつつあった一八八五年段階での正造の際立つ思想的特徴であった。さらに敷衍すれば、「明君」であれば政体は何でもかまわないとする「仁政」イデオロギーからの脱却の契機をここにみることも可能である。だが、実際問題として、正造もこの論理を貫徹していくことはやはり困難な状況であり、一八八四年の「改正」の「但書」に突破口を見いだし、制度内での「実」を獲得していく方向でしか闘えなかったことも、同時に押えておかねばならない。

さて、以上のような「制度としての自治」を維持拡充してゆくにも、人民の自治の精神の発展がその前提となることは、今日においてもかわりないことである。そこで、次に、正造が生涯にわたって喚起してやまなかった「精神としての自治」の、この段階における内実を見ることにしよう。

正造は、「安蘇郡団結会第二回議場心得」（一八八〇年九月）の中で、安蘇郡団結会（安蘇結合会）のことを、「本会ハ府県会及ビ町村会等ノ如キ者ト異ナリ、未ダ一定ノ法則アルニアラズ、又曾テ人員ノ数ヲ限ルニアラズ。故ニ各自民人ノ負担スル自然義務ヲ以テ邦国愛忠ノ衷情ヲ拡張シ、自治ノ精神ヲ倍養スル一大苗田ニ外ナラザル……」（①三八一）と述べている。

ここで注目すべきは、まず、「邦国愛忠ノ衷情ヲ拡張」することと、「自治ノ精神ヲ倍養スル」ことを、「自然義務」と位置づけていることである。正造にあっては、「邦国愛忠ノ衷情」＝愛国心と、「自治ノ精神」＝自立心＝独立心とは、密接不可分の関係にあった。まさに、福沢諭吉の「一身独立して一国独立す」という有名なテーゼを彷彿させる捉え方である。そして、「自治ノ精神ヲ」発揮することが、人民それぞれがおのずからそうあるべき「義務」であるという考え方にも注目しておきたい。これも、福沢のいう「内の文明」の鍵となる精神であった。

もとより、正造にとっては、法律や制度が人民の権利を保障するために存在するものであることは、自明の理であった。その意味で、府県会などの「公会」を中心とした「制度としての自治」の追求は、いきおい、自治の権利の維持拡充といった側面に力点が置かれることになる。しかし、「村会設立案」起草にみられる下から自治の制度を創出していこうとする姿勢は、自分たちの権利を確保するねらいがあったことはいうまでもないが、それよりも、自治も「国民」の「義務」として把握する正造の主体意識に由来するものと理解すべきであろう。このような「義務」としての自治という発想は、安蘇結合会の規約第三章に、「自治ノ精神ヲ擢起シ国家ノ実力ヲ養フベシ」と掲げられたように、人民の自治の精神に国家独立の基礎を置く彼の国家構想の原基から生じたものであったとしなければならない。だからこそ、正造は、生涯にわたって、日本人の、あるいは関東人の気風を問題にし続けたのである。

このように、正造に極めて特徴のある考え方である「精神としての自治」という思想的側面が、最も良く現れているのは、建築・開発の費用の自発的負担という主張においてであるといえよう。正造は、第二回通常県会において、

「道路開鑿費ノ儀ニ付建議」を行っているが、その内容をまとめると次のようになる。

道路開鑿のような大事業は、もとより地元人民の手に負えるものではないので、地方税というものが存在する。しかし、その工事によって享受する利益の多寡をいえば、県下他地域の人民より地元人民の方が大であることはいうまでもない。そうであるならば、単純に地方税をもって工事費を全額負担することは、「第一等ノ便益ヲ占ムル」地元人民に、安易に官に依存する態度を生み出し、「自治ノ精神ヲ放棄シ将来又振ハザルノ原因」を作って、逆にその地域の振興を阻害しかねない。そこで、「今之レガ弊害ヲ除キ自治ノ気象ヲ撹起セシメ益其元気ヲ拡張」するためにも、地元人民または有志に自発的醵金を求め、不足分を地方税で補助したら良い（⑥二三七〜八）。ここでも「元気」が強調されているが、正造にあって、それは愛国心であるよりまえに、地域を担っていく心構えのことであったとみなすことができる。

また、ここには、地方税の平等支出と自治の精神の興起とが、見事に調和して表現されている。「不急無用ノ土木」を排斥する一方で、正造は、道路工事への地方税補助を、一等路よりは二等路、二等路よりは三等路を優先させることを主張している。また、道路交通よりも河川交通の方がまだ盛んだった当時の状況を踏まえ、道路工事よりも河川改修工事を優先させるべきだとするなど、地域住民の生活に密着したものほど重要視しているが、ここにも地方税の平等支出という観点が貫かれていることが分かるのである。

正造のこの建議は、全会一致で採択されたという。地方財政の観点が勝った賛成者もあったろうが、自治の精神の観点からの道路工事費の〝受益者負担〟的な考え方を支持する県会議員も多かったことが推測できる。

しかしながら、こうした寄付金は、あくまで自発的意志によるものでなければならなかった。この点が明確になるのは、三島県令への抗争事件のときである。三島の行政の特徴は、大規模な開発工事を続々と起こす一方で、地方税負担の軽減を図るために、工事への寄付金をあらかじめ予算化した点にあった。正造は、こうした三島の姿勢を、「実ニ十七年度ノ寄附金ナルモノハ真実徳義ノ寄附ニハアラズシテ差図ヲ受ケタルモノニシテ殆ド命令ノ寄附ナリ」

(⑥六一三)、強制によって法律上から徳義上に立ち入ってはならない、と批判している。ここで、正造が、「徳義ノ寄附」という言葉を使っていることに注目したい。正造の使用する「徳義」が、自発心という意をへて、ほとんど「自治ノ精神」に密接に関連してくるからだ。

だが、こうした姿勢を正造だけに独自のものであったと断定することはできない。例えば、次のような新聞記事がある。

○寄附金を拒む　県下各郡にて此頃募られし寄附金を拒みし人も少からずといふが足利町の須永平太郎芳賀郡の見目元一郎氏及安蘇郡赤見村の大竹謙治《ママ》氏の三人も寄附金は他人より干渉を受くべきものにあらずとて一銭も上納せられさりしよし(45)

このように、正造以外にも、「寄附金は他人より干渉を受くへきものにあらず」と考えていた人がいたのである(もっとも、足利町の須永平太郎や赤見村の大竹謙作は、正造の友人・知人であったが)。この中で、大竹は、一八八三年に赤見から足利に抜ける標高三〇〇メートルほどの越床峠にトンネルを掘って道を作ることを考え、多くの私財を投入したとされている。新聞報道によれば、寄付金もあわせ、一万円ほど投資したが、トンネルは貫通したものの資金不足で工事を中止しているとある。(46)一万円といえば、当時は、銀座に五〇〇坪の土地が買えるほどの金額であった。正造も、この工事に五円の寄付をしている。

このように、大竹などは、まさに「自治ノ精神」の体現者ともいうべき人物であった。自分の住んでいる地域を良くするためには金を惜しまないが、強制された寄付金は一銭たりとも出さない、という人物が、正造のまわりにはたくさんいたのである。

安易に官の保護に依存せぬ姿勢、それこそが正造の期待した「自治ノ精神」であったが、それが衛生問題では、さらに明確に示されている。また、補助金を減らせば自治心が増大すると、何でも杓子定規に考えていたわけではないことも、初等教育に関する正造の発言を見ていくことで明らかになるであろう。この二点は、次の項で述べてみたい。

三「学ト衛ノ自治」

正造が考える「自治ノ精神」の興起のためには、官への依頼心の排除が不可欠であった。しかし、官への依頼心があっても構わないと主張していた分野もあった。それは、初等教育問題である。

正造の教育行政論の特徴は、一八八〇年（明治一三）の第二回通常県会のときの「第一中学校新築費議案にたいする反対意見」に既にみられるように、「先ヅ小学校ヲ盛ンナラシムルヲ以テ目下ノ急務ト為シ中学ノ如キハ尚ホ遅緩スベキ幾分ノ余地アルヲ信ズルナリ」（⑥二三一）と、初等教育の保護育成、中等教育（中学校）以上は私立に任せた方がいい（①三二九）というものであった。

周知のように、自由民権期の教育論は、「干渉教育」か「自由教育」か、という文脈で論議された。この場合、地域の自治を守ろうとする立場は「自由教育」論のほうであった。中節社の巡回演説の中でも、一八八一年（明治一四）一月二〇日に赤見村で演説会が行われ、その終了後に社員数十名が、「自由教育と干渉教育とはいずれが日本現時に適当するや」という題で討論会を開いている。自由民権運動全体の理論的動向に、中節社も無縁ではなかったことがわかる。

しかし、松方デフレによる不況が深刻化していた一八八三、四年になると、栃木県会での議論は、財政逼迫のおり、小学校教育への補助金を削減して自治の精神に任せる可きか否か、という文脈で町村教育補助費が論議されるようになる。横尾輝吉などは、前項で述べたとまさに同じ論理（「補助金は人民自治の気象に関する」）で補助金の削減を主張し、これが栃木県会の多数意見であった。しかし、正造は、このような初等教育補助金の削減案に一貫して反対したのである。

正造は、「補助ヲ減ズルハ自治心ヲ発スルトノコトナルガ小学校ニハ依頼心アルモ敢テ差支ナシ」と断言する。その理由は、二つにまとめられよう。まず、第一には、地方税の平等支出の原則にかかわるもので、小学校は「少年子弟貧民結社」であり、下等社会の子弟も学ぶ小学校をこそ補助して、下等社会という「進歩シ難キモノヲ進歩セシムルハ我々ノ公義務ナリ」という理由である（⑥三七六〜七）。『下野新聞』一八八五年三月九日の紙面に、「生徒減少」と題する次のような記事が掲載されている。

足利町学区（足利郡廿一番学区なり）内にても就学□生徒大に減少し前年に比較せハ殆んと就学生徒員数の一割を減せり其由来する所ハ只々父兄の家計上の都合に依るもの多し或ハ族を挙げて他県に移住するものあり或ハ子弟をして他人に托し聊かの俸給を得て家計の助けとなすものあり……小学校生徒の退校多きは全く社会不景気に原困《(ママ)》するものなり……

不況は、単に就学生徒数の減少をもたらしただけではない。学校費の負担が相対的に増加することでもあった。これらが秩父事件の原因の一つになったように、学校は、人民の怨嗟の的になりつつあったのである。このようなときだからこそ、前にもまして補助すべきだ、というのが正造の考えではなかったろうか。

第二には、貧富の差により教育を受ける権利と教育内容に格差が生じ、それによってさらに貧富の差を固定・拡大してしまうことへの懸念が背景にあったことである。一八八三年の第五回通常県会での次のような発言がそれを証明する。

而テ教育ハ自然富者ノ子弟ト貧者ノ子弟ト共ニ競争スル能ハズ、漸次ニシテ富者マス〳〵上流ノ教育ヲ受ケ貧者マス〳〵下流ノ教育ノ〔ヲ〕受クルニ至ル、尚数百年ヲ経バ彼ノ英国ノ如ク貧者ノ子弟ハ学問スル能ハザルニ至ル可シ、英国スラ尚斯クノ如シ、故ニ小学ハ貧者モ就学スルヲ得ル者ナレバ成丈ケ今日ニ於テ貧者ノ教育ヲ補助スルハ誠ニ我国ノ教育上其目的ヲ誤ラザルニ近シ（⑥三三六）

「奇談漫筆」には、もっと明確に、「夫財力ハ知育ニ縁す。中以上ハ中以上の知育を得ん。知力ハ社会の制裁力を有せり。之れより財産の不平均を来さん」（①二五六）と書かれてある。正造のこうした考えを福沢諭吉と比較すると、次のようにいえよう。『学問のすゝめ』において福沢は、「人は生れながらにして貴賤貧富の別なし。ただ学問を勤めて物事をよく知る者は貴人となり富人となり、無学なる者は貧人となり下人となるなり」と述べている。そこで福沢は、学問の重要性を喚起してはいるものの、その結果として貴賤貧富の差が生じても仕方がないといったふうに、学歴により貧富の差が拡大するのを防止する制度的保障を欠いていた。それを考慮すれば、正造の初等教育補助論の背景にあった考え方は、福沢の教育論の限界を克服していく可能性を持つものであったことが指摘できるのである。

前述したように、このような正造の教育論を、坂元忠芳は、次のように高く評価している。「田中は、自らを「干渉教育」論者とも「自由教育」論者とも称せず、独自の立場を守っていたが、それは、いってみれば、自治をより徹底するための社会的干渉を強く主張する、もっとも民主主義的な「干渉」論であったともいえるのである。彼がこの立場からもっとも強く反対したのは、反対論者の「自治」の主張が、豪農または上農層を中心とする自生的ブルジョアジーの階級的要求を反映して、その要求が中等社会と下等社会との差をいっそう拡大し、彼の理想とする「自治」をやぶる論理を内にひそませており、「自治」の名による自治の否定がそこにふくまれていると彼が判断した点であった[47]」。ただ、他の県会議員の名誉のためにいっておけば、このような「民主主義的な「干渉」論」を主張したのは、正造だけではなく、矢部盛徳などもそうであった。

以上分析してきた教育論は、補助金をむしろ積極的に是とするものであったが、衛生問題で展開された公立病院廃止・私立病院重視論は、正造の自治論の中でも際立つ特徴をもっていた。

正造の公立病院廃止・私立病院重視論がもっとも良くまとまった形で表現されているのは、一八八五年（明治一八）三月二四日の第七回通常県会における発言である。その論旨を箇条書ふうにまとめてみよう。

① 公立病院（「保護官権ノ病院」）の存在が私立病院（「自治独立ノ病院」）の成長を阻害している。むしろ、公立病院を廃止したほうが、「私立病院ノ競立シテ利益ヲ民衆ニ与フル」。

② 年八千円余の補助を与え、収入は四千円余しかない状態であり、支出を収入がカバーしないから、不経済である。

③ 「需用供給ノ通則」からいっても、民衆は公立病院を必要としていない。

④ 「公立病院ノ医ハ勉強心ニ乏ク私立病院ノ医ハ勉強心ニ富ミ公立病院ノ医ハ親切心ニ薄スク私立病院ノ医ハ親切心ニ厚キノ傾ナキヲ得ズ」。

⑤ 「本年ハ我下野国民菜色ノ極マル年ナリ」。

⑥ 公立病院は一部地域の住民の利益にしかならない。（以上、⑥五一四〜五）

今日の私たちの〝常識〟からすると、正造の論理は非常にユニークであり、「おやっ」と首を傾げたくなるような理由もあろう。だが、これらの主張には、きちんとした裏付けがあったことを見逃してはなるまい。

まず、①の論拠として考えられるのは、私立安蘇病院の繁盛ではないだろうか。

○先頃安蘇病院と云へるを安蘇郡佐野町に開かるゝよしを記るせしが同院は同町関口省三氏の発起にて同猪脇橘郎小田切孫平中野貢二郎田沼宿五月女喜三郎寺岡村佐野郷の諸氏が賛成せられ東京より医師木脇良氏を聘し去る二十六日に開院せられたり此木脇氏と云へるは明治二年頃独逸国へ到り医学を研究し帰朝の後未だ本邦に解剖書の乏きを歎かれ既に一編を著されしは人の皆知るところなり此度同院にて親く同地の患者を診ぜらるゝものから

開院せられし日より診察を乞ふもの門前市をなす分野《ありさま》なりと云ふ(48)

一八八二年春には、公立足利病院の補助金を廃止しているが、それにもかかわらず、立派な私立病院ができて、医師も増えた、と正造は八三年三月の県会で述べているが(⑥三二一)、たぶん、私立安蘇病院のこうした繁盛ぶりを念頭においての発言であったろう。この私立安蘇病院は、八三年三月で木脇が退職したあとに、南部精一を招聘し、さらに月一回、日本における西洋医学の泰斗といわれた松本良順が出張診察に当たるなどし、松本の出張診察の時は特に繁盛したといわれている。

また、②、③、⑤、⑥などは、地方税の平等・公平支出の原則からするものであった。たとえば、明治一七年度の衛生及び病院費は、一万九〇〇円であった。そのうち八八〇〇円余を宇都宮病院の補助にあて、残りで「県下一般ニ関スル衛生会費及伝染病予防費」をまかなうというのである。正造は、それを不合理すぎると批判し、「貧民救療費」などの大幅な増額を主張している。そして、もし地方税で病院を保護するのならば、「繁花ノ地ニハ中等以上ノ開業医アルヲ以テ不必要ナルモ寒村僻地ニハ相応ノ医師ナキヲ以テ最モ必要トス」(⑥三七九)というのである。ここにも、初等教育論と同様に、不平等が生じるのを是正しようとする視点が貫徹しているのを見てとることができる。

④に関しては、「私立病院医師ノ熱心ハ勤怠ヲ以テ忽チ生計ニ影響ヲ来スヲ以テ其熱心遥ニ公立ニ優ルナリ」と指摘している(⑥六〇)。全部が全部そうだとは言い切れないだろうが、補助にあぐらをかく公立病院の〝親方日の丸〟的な体質を剔抉したものと読むことができる。

その他、一八八三年一二月の徴兵令改正により、徴兵適齢者の診断書は府県立病院長の発行したものでないといけないことになったのを、「私立ナレバ詐称シ公立ナレバ詐称セズトノコトハ道理上ナカルベシ」と批判している(⑥三八〇)。

以上のような正造の公立病院廃止論全体の根底にあったのは、「一命マデ政府ノ世話ニナルノ不可」(⑥一五)という断固たる意志であった。私たちは、これが、田中正造の地域自治構想の原点にあったことを、確認しておかねばならない。官に対する依頼心を徹底して排除していこうとする姿勢、それが、私立病院を「自治独立ノ病院」と形容することにつながっているのである。それと同時に、「公立病院ハ県下ノ公益トナラズ、又一地方ノ公益トモナラザル」もの、という認識にも着目しておきたい（⑥三八一）。「公益」という考え方が、「独立自治」の精神との関連で使用されているからである。(49)

最後に、「官」に依存せず、「公」と対峙するほどの内容をもっていた自治認識が、自治の力による地域開発・地域発展を志向する姿勢に結実していることも指摘しておきたい。それは、政府や県が膨大な費用を投じて開発した那須・塩谷郡を批判し、「彼レノ保護ニヨリテ土地ヲ開キタルヲウラヤムベキニアラズ。我レハ成丈自治ノ力ラヲ以テ其時機其器械ヲ発明スベシ」と、安蘇郡有志の前で語っていることからもわかる（⑥二一七）。

後年、田中正造は、自らの県会活動時代を振り返って、それを「学ト衛ノ自治」と表現している。教育論と衛生論を中心に自治論を展開した、と述懐しているのである。教育論と衛生論に関しては、矢部盛徳らも正造と同意見であり、その意味では正造だけの思想的独自性とはいえないかもしれない。むしろ、そのこと自体が栃木県会の思想的レベルの高さを証明するものであるが、それでも、以上で分析してきた教育論と衛生論は、やはり、正造の「地域自治の構想」とでも表現できる思想的特徴を最大限に物語っている。

田中正造の「地域自治の構想」は、地域住民、中でも下層民衆や僻遠の民の生活を守り（↓地方税負担の削減と平等支出）、その生命を守り（↓病院衛生論）、貧富格差の増大を防ぎ（↓初等教育論）、地域社会の主体たるに必要不可欠な独立心を養うことを目的としたものであった。そして、まだ、自由民権期には、それを可能にする客観的条件（民富形成、自生的地域発展など）が残されていたのである。いわば、自由民権期は、戦前の日本にあって、地域（住民）というものが最もいきいきとしていた時代であったといえよう。宮地正人が指摘するように、日本の国民国家形成過程も、中央集権的国家形態に帰着するのが唯一必然のコースであったわけではなく、オランダ的なそれぞれの地域の自主性と独自性を尊重した連邦制が成立する可能性もあったわけである。[50] それは、植木枝盛の有名な「東洋日本国国憲案」をみるまでもない。その意味で、正造の「地域自治」の構想は、国民国家の担い手を地域における自主的自発的な人民に求め、その自発的な意志と負担と活動によって地域の自治を運営していこうとする、中央集権的な発想とは逆のベクトルのものであった。そうした地域を単位とするゆるやかな連合体としての国家構想までは明言していないが、かりに中央集権的な国家体制を良しとしていたとしても、そこにおける自治の位置づけは、明治政府と根本的に捉え方が異なっていたことに着目する必要がある。しかしながら、明治政府の行財政改革と軍拡増税路線により、そうした様々な可能性も摘み取られていき、地方自治の官治化と補助金行政を通じた政府・政党による地域統合が進み、地方は、上意下達の体系の中の一部分に過ぎなくなってしまうのである。

四 「法」と「徳義」——議員としての基本姿勢

前二項で、私は、県会議員時代の田中正造の思想の特徴を、「制度としての自治」の維持確立と、「精神としての自治」の喚起、さらに「学ト衛ノ自治」の追求など、全体として「地域自治の構想」とでもいうべき内実の自治思想に見いだした。本項では、田中正造のもう一つの特徴である「法」と「徳義」の考え方について見ていきたい。県会議員として「法」の立場に忠実であろうとしつつ、なおかつ「徳義」を重視することが、正造の民権思想の一大特色と考えられるからである。その際、二つの観点から比較してみたい。一つは、近代市民法の観点から、そしてもう一つは、当時にあって最も良く近代市民法の立場を代表しえた思想家としての福沢諭吉の「徳義」論との比較である。

近代国家の根本原則の一つに、国家は、特定の精神的価値（宗教、道徳など）の担い手であってはならない、個人の精神の内部に立ち入ってはならない、というものがある。[51] 近代市民法の立脚点もここにあり、法の分野と宗教・道徳の分野との明確な分離がその前提になっている。日本の近代天皇制国家は、天皇それ自体が法と道徳の体現者であり、両者の混同と一体化がその特徴をなしており、法で道徳を強制することもしばしばであった。このことに関連して、田中正造の特徴として指摘できるのが、具体例に即した「法」と「徳義」の峻別なのである。

正造は、「法」に「徳義」が立ち入ってはならない、逆に、「徳義」に「法」が立ち入ってもならない（「法」で「徳義」を強制してはならない）とのべている。

例を上げてみよう。一八八二年（明治一五）六月一七日のことである。正造は、「明治十四年度地方税費目中予算額不足補充議案に関する質問」を行い、明治一四年の天皇の巡幸費支出に関して県側を問いただした。巡幸費は基本的に国庫より支出さるべき性格のものであり、いわば「地方税の客」ともいうべき存在である、だから、「妄リニ飾リ付ケヲ為サンガ為メ地方税ノ名目ヲ付ケテ費用スルハ甚ダ怪シムニ堪ヘタリ」（⑥二七八）として、宇都宮駐輦の「実際ニ於ケル費途」を明らかにするように要求した。これに対し、六月一九日に、県側の番外委員は、「御巡幸ニ付直接ノ費用ハ国庫金ヲ以テ支出シ間接ノ費用即チ郡吏員旅費ノ如キハ地方税中ヨリ支弁ス」と答えた。ここで「郡吏員旅費」とは、送迎準備のために郡吏員や戸長が出張したり、西洋人が来たときに巡査等を警護にあたらせたりする費用をさしている。それを受けて、正造が展開した意見を次に引用する。

彼御巡幸費用ノ如キハ全ク徳義上ヨリ地方税ヲ以テ支弁スルモノト云フ乎、去レバ先年中続々出京シタル国会請願者ノ如キモ亦徳義上ヨリ之ヲ助ケザルヲ得ズ、且仮リニモ国庫ヨリハ全ク其費用ニ足ルベキ若干ノ金ヲ下付セラレタルニアラズヤ、殊ニ天皇陛下ハ民情視察トシテ御巡幸在ラセラル丶ニ於テ苟モ人民ニ難義セシムルヲ以テ満足ニ思召サル丶ト云フカ、決シテ然ルモノトハ思ハレザルナリ、成程情実ヨリ之ヲ見レバ一応尤モノ如クナレドモ法律上ヨリ見ルトキハ地方税ノ負担スベキモノニアラザルノミナラズ却テ宸慮ニ逆フモノト云フベキナリ（⑥二八五）

ここにおける正造の主張の核心は、たとえ天皇の巡幸に関する支出であっても、「徳義上」あるいは「情実」レベルの問題と「法律上」の問題とは区別すべきで、地方税規則にない費目の支出は認められない、ということに尽きる。郡役所定額は「一升ノ枡ニ入レタル如キ切リ詰メ勘定」なのだから、地方人民の幸福のために使う地方税から巡幸費用を支出しては、「人民ニ対シテ申訳ケニモ成ルマジ」というのである。

この巡幸費の問題をめぐって、栃木県会は三日間も紛糾するわけだが、同じく地方税からの支弁に批判的であった一七番和田方正は、「御巡幸ノ節河内郡宇都宮ノ如キハ池上町ノ戸長カ馬場町ニ出張シ或ハ伝馬町ノ戸長カ鉄砲町ニ出張スル等ニテ旅費百廿円余ヲ費セリト」、「本郡役所ニ於テハ御巡幸ノ為メニ人力車ヲ傭入レ之ニ四十何円及乗馬ヲ借置キ是亦四十何円ヲ要シタリ」というように、具体的な事実を踏まえ論理的に県側を追及していたのが目を引く。また、一〇番斉藤松壽も、巡幸にかかった費用は国から取り戻せ、と主張しているように、巡幸費の問題で正造は決して孤立していたわけではなかった。しかし、議論が終結に向かっても正造はなおもしつこく食い下がり、質問が枝葉末節にわたって、なみいる議員を辟易させている。そのあげく、めまいがひどくなって退席する始末であった。

なぜこうまで巡幸費の問題に固執したのか、その理由はわからない。だが、一八八三年の第五回臨時県会において、正造は、貴顕の案内費を旅費として地方税から支給している問題を再度とりあげ、論点を、徳義上の支出を地方税で行うことの不可、という点に絞って再度追及している。「法律ニハ徳義ノ立入ルヲ得ズ」と明言し、「地方税ノ性質」がどのようなものであるか、よく考えてみろと、〝池の金魚〟という卓抜な比喩をもって説明している。池の形に従って入れる水の量を決定するのが県会の役割である。県令は、金魚が安心してすめるように、水が減らないよう濁らないように慎重に管理する必要がある。しかし、急に水が減ったとしたら、その原因はどこにあるのか。考えられる原因は、池が壊れたか、金魚が水を飲みすぎたかの二つしかないではないか、と県令の財政管理責任を追及したのである。

以上のように、地方税の性質を踏まえ、「法」と「徳義」を区別し、議員としては、たとえことが天皇に関することであっても、あくまで「法」の観点を優先させようとした正造の特徴が看取できるのである。

そして、道路工事への寄付金の問題を取り上げたときに注意を喚起していたことだが、あらかじめ予算の中に寄付金を組み入れて、人民に寄付を強制することを、「法」で「徳義」を強制するものであると、痛烈に批判していたことを想起してほしい。それ以外にも、一八八三年四月一日の県議会で土木費中道路新開費に関する審議に入ろうとしたとき、正造は、「影ニ政府ノ補助金ト人民ノ寄附金ヲ置ヘテ議スルコトハ誠ニ差支アルナリ、如何トナレバ地方税ノ方ガ出来テモ徳義上ノモノガ出来ザル時ハ遂ニハ法律上ヨリ徳義上ニ立入ル場合ニモナル可シ」(⑥三一九)と述べ、審議開始を拒否している。「法律ニハ徳義ノ立入ルヲ得ズ、従テ地方税ニモ徳義物ノ交入ス可ラザルハ一般ノ通理ナリ」(⑥三六二)というのが、正造の大前提であったのである。

正造が「徳義上」の支出というとき、それは、おそらく、法律にはないが心情的な面から自発的に支出するお金のことを意味するのであろう。それと、「法律上」の問題とは厳格に区別しなければならないというわけである。もっぱら地方財政に関して展開されている正造の論を、もう少し理解しやすくするために適切な例を、渡辺洋三の『法とは何か』(岩波新書、一九七九年)から引用してみよう。

渡辺は、「戦前からの恩恵的家父長制的保護の思想が、戦後の社会保障立法政策にも、色こく影をおとしている」例として、生活保護法の親族扶養優先の規定(四条二項)とともに民法の扶養義務の規定をあげ、「民法の規定も、諸外国よりひろい範囲(叔父、おいという三親等の関係)まで扶養の義務をみとめており、旧家族制度の考え方が尾をひいている。親族の助け合いというのは道徳的に結構なことであるが、法律的に強制すべきことではあるまい」と述べている(一七〇頁)。

このように、日本においては、現在でも、本来国庫支出が当然であるはずのものにまで、法律によって道徳が強制され、それが貧困な社会福祉政策を補完させられているのである。このことを考えてみても、正造が、一貫して、「法」と「徳義」の明白な分離を主張していたことは、評価に値するものといえよう。

ただ、ここに上げた例だけでは、正造の「徳義」の意味するものが今一つ明確ではない。そこで、それを考えるために、正造が「徳義」論、「道徳」論をある程度まとまった形で展開している「国会ヲ開設セントセバ宜ク政党ヲ組織セザルベカラズ」から、関連部分を引用してみよう。

古人曰ク行フテ宜フスル之ヲ義ト云フ、之ニ依テ之ニ行ク之ヲ道ト云フ、道ト徳トハ霊位ナリ、故ニ淡々ト味ナク洪々トシテ涯ナク、徳ノ及ブ処無形ニシテ穏雅ナリ。故ニ徳ハ無形ヲ制スルモ有形ナル社会ノ組織ハ制スルヲ得ズ、且恐ル一法人心面ノ如シ。千万無量ノ脳裏ヲ一定ニ支配スルヲ得ザルヲ以テ止ムヲ得ザルニ法律ヲ設クルノミ。未ダ必ズシモ徳道ノ地ニ落ルニアラズ、道徳ハ即チ自由ノ根基ナリ、法律ヤ克ク人民ノ権理ヲ支配ス、人民ノ権理ハ即チ自由ナリ、自由ノ出ル処即チ道徳ナリ。(①三七四〜五)

ここからは、二つのことが読み取れる。まず、「徳」は、「無形」を制することはできるが、「有形ナル社会ノ組織」を制することはできない、だから、やむを得ず「法律」を設けるのだ、という、「道徳」の社会的限界に対する認識である。そして、「法律」は人民の「権理」の体系であり、人民の「権理」の中核は自由であるが、その自由の根基をなすものが「道徳」なのである、という考え方である。

どちらも大切な点であるが、「道徳ハ即チ自由ノ根基ナリ」という後者の考え方に注目してみよう。私は、ここで、すぐ、中江兆民の「リベルテーモラル」を思い出さずにはおれない。というよりも、その表現の仕方が非常に似かよっていることに驚いてしまうのである。「第一リベルテーモラルトハ我ガ精神心思ノ絶エテ他物ノ束縛ヲ受ケズ完然発達シテ余力無キヲ得ルヲ謂フ是レナリ古人所謂義ト道トニ配スル浩然ノ一気ハ即チ此物ナリ」、「心思ノ自由ハ天地ヲ極メ古今ヲ窮メテ一毫増損無キ者ナリ[52]」。

兆民は、この文章を、『東洋自由新聞』創刊号の「社説」として掲げた。そこで彼が主張したかったことは、「自由(権)」には、「リベルテーモラル」と「リベルテーポリチック」の二つがあり、「リベルテーモラル」=「心思ノ自由」こそが総ての自由（権）の根基であるということであった。他の何物にも羈束されない良心の自由、内面の自由。ともすれば、政治的な諸自由権の獲得だけに目が行きがちな民権陣営の言動を整理し、その優先順位を示したものといえよう。そして、その重要性を説明するのに、「浩然ノ一気」というように孟子などの言葉をかりているのである。

中江兆民のこの文章は、一八八一年三月一八日に発表されたものであり、正造が「道徳ハ即チ自由ノ根基ナリ」といったのは、一八八〇年一一月のことであったから、正造の方が若干時間的には早いが、ここからも、正造が、他から強制されない、束縛されない、内発的で自由な精神のことを「道徳」「徳義」と称していたことがわかるのである。

それでは、次に、福沢諭吉の道徳観と比較してみよう。私が、なぜ、事あるごとに福沢を引き合いに出すかといえば、田中正造における福沢の思想的影響はかなりのものがあったのではないか、と推測するからである。盛岡の獄から出たばかりの正造に「近代」への目を開かせてくれたのは、福沢の著作であった。福沢のベストセラー、『学問のすゝめ』や『文明論之概略』なども、読んだという証拠は書き残されていないが、正造の文章の端々から、かなりの部分で学んでいることが匂ってくる。たとえば、「文明ハ事ノマス〳〵詳細ニシテ疑ヘバ渾テ証跡ニ帰ス。野蛮ハ漠然トシテ慢リニ妄疑妄信ス」（⑨一七四）などの文章を目にすると、『文明論之概略』のキイワードである文明と野蛮の相違を「疑」と「惑溺」で説明する部分にそっくりであることに驚かされるのである。実際、正造は、福沢らの交詢社にも加入し、会費を払っている。[53] 正造のこのような福沢への関心の高さを考慮するならば、福沢の道徳観と正造のそれとを比較してみるのも、あながち無駄な作業とばかり言えまい。

丸山真男は、福沢諭吉の道徳観を「徳」と「智」を対比させて、次のようにまとめている。

① 「徳」は内面的なものであるが、「智」は状況へ働き掛けることができる。
② 影響力の範囲 「徳」は一家の内に止まるが、「智」は万人に及ぼすことができる。

③　いにしえより徳目は不変であるが、「智」は進歩する。
④　道徳の教授と学習には限界がある。なぜなら、道徳＝内面的な良心はテストできない、検証が不可能であるから。
⑤　回心と学習　「徳」は一挙的に飛躍するか否かしかないが、「智」は蓄積が可能である。
そして、福沢は、「徳」と「智」とどちらが文明の推進力たりうるかというと、それは「智」のほうであると述べている。[54]
福沢の道徳観と正造のそれを比較すると、重なり合う部分もあれば、微妙に食い違う点もある。先程みた道徳の限界性に関しては、同じような認識をもっていたといえる。福沢は、徳義が及ぶ範囲は家庭の中だけである、家を一歩出れば、社会は赤の他人と他人の関係であるから、政府と人民も、社長と社員も、売主と買主も、私塾の教師と生徒の間も、規則（法）による結合しかない、と主張しているが、正造も、「有形ナル社会ノ組織」は法で律するしかない、と述べていた。また、福沢は、「徳」を「私徳」と「公徳」とに分けて、「貞実、潔白、謙遜、律義等の如き一心の内に属するものを私徳」といい、「廉恥、公平、正中、勇強等の如き外物に接して人間の交際上に見はるゝ所の働を公徳」と呼んでいる。正造も、一八八一年二月一三日の川俣久平宛書簡の中で、県会のような法律で以て組織する「公会」の議員としては、「穏順」などという「私徳」をなげうってでも、「粗暴激論ノ名ヲ負ニ至ルモ」「公徳」につかなければならない、というように、「私徳」と「公徳」とを弁別する認識を提示している（⑭五八）。
このように、非常に似かよった考え方を示してもいるが、「徳」よりも「智」を評価する福沢と決定的に違うのは、正造が、「智」よりも「徳」を、さらには「法」よりも「徳」を最終的には重視していたと考えられる点にある。まず、次のほほえましいエピソードを見ていただきたい。
○安蘇郡巡回演説の模様ハ前号にも記せしが、今其の続報を得たれば此に掲げんに、嚶鳴社員鈴木券太郎君にハ本月一日小中村に到り同村浄蓮寺に於て学術演説を開かる。此日ハ足利郡麴崎村の論客北条氏等も参会ありてか、小中有志と学術討論会を開かれしが、会員無慮六十名余もありて、午后十二時漸く退散したり。同三日ハ並木村なる徳蔵寺に於て開会せり。会員三十余名午后四時会を了る。同四日ハ石塚村の会日にて会員ハ四十名余あり。演説了りたる後更に討論会を開く。会員の内半は十六七の青年輩なりしが、中にも広瀬青山両氏の議論ハ頗る聴くべき者あり。平日の研業想ふべし。午后十二時始めて散会す。同五日（中略）此夜同村に雀集社の小学談話会あり。此の社ハ小学児童の創立に係ると云ふ。此夕同社員渡辺平太郎（十一年三ヶ月）野辺茂八郎（十一年七ヶ月）同友吉（十二年五ヶ月）渡辺通三（十年四ヶ月）内田竹二（十一年一ヶ月）等の諸君、鈴木君の旅寓を訪ひ開会せんと乞はれけれバ鈴木君も大に喜びて、智識と道徳と孰れか最も文明を進歩せしむるやと云へる問題を出して之を討論に付せられしに、雀集社諸君ハ皆な文明を図る智識に及ふものなしとの主意にて弁論されしが、其座に居合せたる同村の諸有志及敝社の田中等ハ其の反対説を主張して之れと討論せしも、会長之れが決を取るに及び、雀集社員渡辺平太郎君の説多数を得て、智識を先きとする議勝となりしハ余程面白き討論なりしと。尚ほ其後の模様ハ次号に譲る。(55)

小学生までが結社を組織してディベートを行ったという、自由民権期の雰囲気を良く伝えてくれる新聞記事であるが、三月五日の雀集社討論会で論題としたのは、「智識と道徳と孰れか最も文明を進歩せしむるや」というものであった。そのとき、小学生は、皆、智識の方が文明を進歩させると主張した。これに対して、村の有志や田中正造は道徳説を主張。最後は、勝ちを小学生に譲る形で討論会が終わったというのである。小学生相手の討論だから、いわゆる「議論のための議論を楽しむ」といった性格のものであろう。しかし、正造が、文明を進歩せしむるものは智識より道徳だ、と主張したのは、あながち「お遊び」とばかりいえないのではないかと思っている。それほど、正造は、「徳」を重視していたと考えられるのではなかろうか。

それは、常置委員の日当の増額に対して正造が反対意見を述べた時に、「日当ハ多クセザルモ議員ニ徳義心サヘアレバ可ナリ、道徳ト云ヘバ亜細亜風ナリト云フカハ知ラザルモ徳義ナクテハ政治社会ノ汚穢ヲ来スノ恐レアリ」(⑥六五八)と、今更「徳義」なんていうと「亜細亜風」だと笑われるかもしれないが、とわざわざ断りをいれなければならなかった正造の心情から察するのである。政治家や為政者に「徳義」を求める傾向は、正造に極めて強烈であった。政治の主体が誰であるかを見失ってしまえば、たやすく「仁政」イデオロギーにからめとられかねない危うさを内包していたことも、前章で見たとおりである。そして、こうした「仁政」イデオロギーや儒教的徳治主義を、当時の日本にあって最も強く批判していたのが、外でもなく福沢諭吉だったのである。

さらに、私は、正造の中に、「法」は人民の権利の体系であるという考え方とともに、「法」をどこか〝必要悪〟とみなすような考え方が潜んでいたような気がしてならない。それは、基本的には個人の内面のものである「徳義」では社会を制することができないので、「止ムヲ得ザルニ法律ヲ設クル」という表現の背後に隠されているように思える。さらには、「法」の支配を必要としない社会への漠たる理想が存在していたのではなかったろうか。一八八三年一〇月の日記の一節に、「徳義ノ力ラ法律ノ力ラニ克タザレバ能ハズ」(⑨一七二)と書いているからである。このように考えてくると、正造の「地域自治の構想」の核となるべきものが、この「徳義」ではなかったかと思わずにいられない。

しかし、この時点では、まだ、明治政府的「法治」の持つ問題点も、さほど顕在化してはいなかった。それよりも、六角家抗争と鹿角と二度の理不尽な投獄体験を持つ正造にとって、「法」は「近代」そのものであったのである。

五　反三島闘争の意義と限界

三島通庸《みちつね》(一八三五〜一八八八)が栃木県令に就任したのは、一八八三年(明治一六)一〇月三〇日のことであった。

周知のように、三島は、鹿児島生まれで、一八七四年一二月に酒田県令に就任したのを皮切りに、鶴岡県令、山形県令を経て、一八八二年一月に福島県令を兼任した。ここで、有名な喜多方・福島事件で民権派を大弾圧し、その勢いをかって栃木県令を兼任したのである。その後、三島は、一八八四年一一月二一日に内務省三等出仕に転出、その二ヵ月後に土木局長に、そして八五年一二月には警視総監に就任したが、一八八八年一〇月二三日に病死している。

三島の業績は、一般に、次の二つが指摘されている。一つは、〝土木県令〟とあだなされたことが示すように、殖産興業の基本は道路にありとして、山形・福島・栃木三県で総延長三五〇里にも及ぶ道路を新開、または改修したことである。しかも、その際、沿道人民の寄付と人夫としての労力提供を強制した。これは、一八八〇年一一月の太政官布告四八号に示された中央政府の意向を忠実に代弁したものといえる。そして、二つめは、福島や栃木で民権派を大弾圧したことである。さらには、警視総監として、一八八七年一二月二六日に保安条例を発布して、三大事件建白運動を契機に再び活況を呈し始めていた反政府運動に大きな打撃を与えたことでも知られている。このように、三島県政は、その強権的性格が一大特色であった。

三島が栃木県令として行ったおもな事業は、県庁の宇都宮移転、陸羽街道新開改修工事、それに会津街道の新開工事などであった。陸羽街道と会津街道の工事は、藤川前県令時代に提案されたものであったが、その他にも、二等路の改修工事も数限りなく行い、また監獄署を新設するなど、大規模な土木工事を次々に打ち出している[56]。その結果、松方デフレによる不況が深刻化し、農民の身代限りや公売処分が相次ぐ状況下で、地方税は逆に増加する一方であった。

一八八四年三月の第六回通常県会に提案された明治一七年度の予算総額は、全部で四〇万円余り、そのうち一〇万五〇七三円余りが土木関係予算であった。正造によれば、明治一四、一五、一六年の土木費の平均は五万八〇〇〇円というから、ほぼ倍増したことになる。そのため、不況下で地方税の軽減と支出の削減を方針に掲げていた正造ら県会内民権派と真っ向から対立するのは、時間の問題であったのである。

この「三島県令に対する反抗運動」は、「昔話」の中でもメインに当たるものであり、約六〇頁ほどさかれている。「昔話」や当時の新聞報道を参照して、三島が行った主な土木工事の模様とそれに対する正造の抵抗を見ていきたい。

県庁の宇都宮移転に関して田中正造が「昔話」の中で指摘している問題点は、旧県庁の売却費六〇〇〇円が行方知れずになったことと、寄付金強制の暴虐ぶりである。『読売新聞』に「昔話」が連載され、話が三島との抗争問題に進んだ時、三島通庸の遺族や関係者の間では猛烈な反発がおこった。このあたりの事情は、広瀬順晧が「「三島通庸文書」のなかの田中正造」(『田中正造と足尾鉱毒事件研究』第二号、一九七九年)で紹介している他、『全集』第一巻の「解題」でも指摘されている。たとえば、通庸の長男の弥太郎などは、『読売新聞』に連載している正造の「昔話」が終わった時点で、『読売新聞』に「田中の妄を弁ず」という一編を出してはどうか、と息巻いている。行方不明になったとされる県庁の売却費に関しても、「六千円ノ行方知れず云々ハ栃木県庁の帳ボニツキ佐藤信義ニでも聞き合シテハ如何。正(証)拠ニ成ベキ処ヲ写シ貫《ママ》ひては如何」と憤慨している。

この六千円云々については、今となっては、真偽を定かにするすべもないが、同じく広瀬が紹介している『荒賀直哉談話筆記』(荒賀は、三島の山形県令時代以来の直属の部下)の中で、荒賀が、正造の三島への抗争事件に関して次のようにほのめかしているのが気にかかる。

> 彼の時の事ハ困った事が沢山あります。口外出来ぬ事があるので公然と話が出来無い事がある。彼の時分にハ県令も困った。それに就て吾々が密に東京に来た事が何度あったか知れぬ。——ドウも県令を疑った事があるものでそれに就て六つか敷かった。ドウか斯うか私共が弁白して格別の事も無かった。或ハ夫等の事を田中が密に承知して居る筈である。或ハ此方から田中方に云ふた者があるかも知れぬ。それで尚事が六つか敷なった様な事があるのでござりませう。(一三二頁)

荒賀は、「口外出来ぬ事がある」と述べ、おそらくは政府関係者の中に三島を疑う人がいて、何度も東京に足を運び弁明に努めた、と指摘している。そして、これらのことを正造が承知していたのではないか、といっている。これが直接的に旧県庁売却費の六千円を指すものではないにせよ、何か隠さねばならない重大な秘密があったことを示唆しているような気がする。

また、新県庁関係の建設費用を安く抑えるために人夫を寄付してもらう案が、三島県令から直々に出されたものであることも、荒賀の証言によってわかる。「今の内務省から下った建築費を助くるにハドウいふ事をしたならば宜からうかと云ふので、県官課長を先きにして又私共郡長残らず集って評議しまして、是ハ地固め方の人夫を近郡各村に寄附させるより外無い、無らバ其人夫代と云ふものが抜けるから、是を以て県庁の新築の方の埋合を付けたならば多少の金になるだろうと云ふ様な御考が県令にあった。是は如何にも穏な次第で御尤であると皆賛成しました」（一二九頁）というのである。

宇都宮における寄付金強制の事例として、「昔話」では、佐野屋久右衛門の例を紹介している。佐野屋は、七〇〇〇円の寄付を強制されたわけだが、監獄署の増築にあたっても同様のケースがあったことを、『東京横浜毎日新聞』が紹介している。

〇栃木県宇都宮市中土木起工の概況（前号の続き）監獄署も建て増しになるとのことなり。敷地は某氏が献納せらるゝ筈なりしが、其の地は高低甚しけれバ序でに地ならしゝて献納すべしとの説諭あり。夫れにハ数千円を要するゆへ承諾なしがたしとて遂に献地の念を絶ちたり。依て県庁にてハ之を買上げることに決し、有名の豪商に五千円を特別に出すべしと郡役所を以て説諭に及ばれしに容易く承諾せざりしかバ、更らに警察署より呼び出しあり。代理として番頭出署せしに、主人は如何せしぞとの尋問あり。東京へ参りて留守なりと答へしが、念の為めにとて巡査を其の宅へ遣はし問ひ糺せしに、店の者は主人事大田原へ参りしと答へたり。両人の申條相違するとて、十名の巡査其の店へ臨まれしに主人は家に在りしと見へ遂に出で来たり。警察署に同道せられて先ず五千円丈け出すことを受け合へりとぞ。（中略）即ち献金幾許と其の額確定すればバ更らに献金者に説諭し、一時に巨額の金を出すは不都合多からん、且つ県庁にても献金を取扱ふは徒らに事務を繁雑ならしむるの恐れあり。就てハ一時銀行より立替しめ漸次其の銀行に払込まバ彼我の便ならんとて、献金者と銀行者との相対約束になし、銀行者に於て貸金の証書を取り置くに依り、遅滞するときハ銀行より訴へ出づるの途あり。県庁に於てハ更に其間に不都合を生することなしと。（一八八四年三月一九日）

献金を強制する手口は、佐野屋の場合とほぼ同様である。しかも、後半部分に明らかなように、寄付金の取りはぐれがないように銀行を介在させるなど、実に巧妙なやり方を県の側は編み出していたのである。

既にみたように、田中正造は、こうした寄付金の強制を、「法律上ヨリ徳義上ニ立入ル」ものであるとして、厳しく批判していた。明治一七年度の土木費予算に対して、正造は、矢部盛徳と川島多十郎と連名で「修正意見書」を提出しているが、その審議のなかで、正造は、「我々ハ人民ニ七分眼ヲツケ道路ニ三分眼ヲツケテ此予算ヲナセリ、道路ニ眼ヲ付クレバ十万以上ニテモ予算ヲ見込ラルベキカハ知ラザルモ左様ナル予算ニテハ人民ガ立行カヌコトナリ」（⑥四二七）と述べている。「人民ガ立行カヌ」ような予算案に反対しただけではなく、正造は、寄付金の強制や家屋の破壊を「権利」（私有財産権）の侵害であると捉えたところに特徴があった。

陸羽街道の改修工事に関しては、一八八四年八月一〇日に、乙女河岸事件が発生している。この事件の概要は、次の通りである。

この事件の裁判で被告とさせられた田中卯三郎の裁判での証言によれば、道路修繕に際して、一五歳以上六〇歳以下は男女を問わず出役すべし、「若シ出デザルモノハ斬リ殺ストノ達シ」が戸長より出された、という。[57]「昔話」の記するところによれば、この辺りは、舟子や車力など「其日暮の貧民」が多いところで、壮丁一日の収入も僅か八、九銭に過ぎなかったという。そこに、男子は皆無賃の人夫として出ること、欠勤の場合は一日二五銭の代人料を出すようにという通達が出されたわけである。また、間々田宿への交番設置の際の寄付金の件で、乙女村民は「小山分署長及戸長青木重三ノ私憤ヲ抱クノ原因」となっていた、ともいわれる。

そんな折り、巡査有富誠吾が、道路修繕世話係の小川善平（粕干鰯商問屋、豪商）方に来て、乙女村人民が道路修繕に不熱心であると責めた。有富の調書によれば、この時、小川が、「馬鹿巡査杯ト侮辱シ剰へ自分ガ胸ヲ突キタル故」、後ろ手に縛り上げ、小川を拘引した。ところが、有富巡査は、小山分署の方へも、戸長役場の方にも行かず、反対村の方へ連行しようとしたので、後を付けていった村民の村越米吉が、理由を問わんとしたのに対して、有富は下車するや否や有無をいわさず村越を「蹴倒シ」た。ために、村越も、そばにあった薪を手にもって有富の肩を打ったところ、居合わせた二、三人の村民も加勢した。

そこで、有富が、「劍ヲ舞ハシテ間々田宿ノ方へ逃ゲ行キタル所、暫時ニシテ巡査両名各々抜劍シ当方ニ駆ケ来リ、其場ニ立居タル無関係ナル菅谷吉蔵ナル者ノ腕ヲ切リ付ケタリ。折シモアレ、大勢ノ巡査各々洋刀ヲ抜キ連レ、コレニ向フ次第ナリシカハ、老幼男女ハ其末如何成行ヤラント右往左往ト逃ゲ行クアレバ捕ヘラル、アリ[58]」。その結果、小川善平、青木主水、青木與恵門らの豪商が収監、村越は八王子に逃げていたところ八月二四日に自首して捕縛され、その他小川の手代の庄平と三次、野沢和一郎、菅谷吉蔵なども逮捕された[59]。そして、村越米吉、石嶋角次、田中卯三郎らが起訴され、裁判では、ほぼ全面的に検察側の主張が認められ、官吏職務妨害・傷害の罪で、村越が重禁固二月一〇日・罰金三円、石嶋と田中が重禁固二月・罰金二円五〇銭に処せられたのである。

正造は、この事件の二三日後に乙女村に入って、「何れも逃亡して全村更に人影なし」という状況の中で独自に調査をし、その後上京して、土方久元内務大輔、山県有朋内務大臣に面会し、三島県令の暴状を報告したのである。正造がこの事件にこれほど敏感に反応したのは、「巡査妊婦を斬り、妊婦を蹴殺す」という風聞を耳にしたからであったと思われる。つまり、正造は、この事件を「生命」の問題と認識したのである。「妊婦惨殺」は「誤聞」とわかったが[60]、権力の手によって人民の生命が脅かされることへの怒りは、この後の正造の一つの基調をなしていく。

一方、会津街道新開工事は、明治一六年から一八年までの三年計画で進められていた。ところが、明治一七年の六月頃になって、路線変更に伴い予算に二万二一二〇円の不足が生じることが判明した。しかし、栃木県はそのまま工事を続行し、ほぼ工事完了の目途がついた九月になって、臨時県会を招集したのである。「行政上ノ都合」で押し切ろうとする県官に対し、県会側の大多数は、これを議権の侵害であると認め、参事院に提訴することを決定した。一一月二〇日に、参事院は、ほぼ県会側の主張にそった裁定を下したが、この臨時県会の閉会後、正造は、三島県政の暴虐ぶりを示す証拠集めに奔走した。

ところが、九月二三日、加波山事件が発生し、正造は、事件の関係者として警察の追及を受ける身になった。一〇月三日、上京した正造は、加波山事件関係で小峯新太郎と正造が捕縛されたと『朝野新聞』が報道したことを、牛込の赤羽万次郎宅で夫人より聞いて驚いた。翌日、警視総監を官邸に訪うも不在。外務大臣に面会を計画したが、東京横浜毎日新聞社の島田三郎や角田真平らの説得に会い、既に逮捕、収監されている多くの朋友を救うために警視庁に出頭したのである。そして、翌五日に宇都宮警察署に移された正造は、八日には栃木県監獄宇都宮支署に入れられ、一一月一七日に佐野警察署に移送された。正造が最終的に釈放されたのは、一二月二三日のことであった。収監された嫌疑が、加波山事件なのか、道路事件なのか、それとも乙女河岸事件なのかは、判明しないままであった。

釈放された正造を待っていたのは、慰労会の連続であった。それは、一八八四年の一二月末から翌年の三月、四月ころまで続けられた。三島が転出したこともあって、さながら、正造は栃木県の〝ヒーロー〟であった。しかし、三島の転出を勝ち取ったのは、正造一人だけの力ではなかった。改進党系県議の一致団結した闘いぶりが、その最大の要因であったことは間違いない。この点を踏まえた上で、反三島闘争の意義と限界を整理してみよう。

乙女河岸事件への敏感な反応のなかに、「生命」問題という位置づけ方が見られることは、先に指摘した。官憲の暴圧によって人民の生命が脅かされることへの危機感をあらわにした対応は、この後、一八九三年の石川県の「人斬り巡査」問題や鉱毒事件、一九〇〇年の川俣事件などでも繰り返される田中正造の一つの大きな思想的特徴である。

また、一九〇一年の天皇への直訴につながる〝ひとり一揆〟的な行動パターンを見ることもできよう。深谷克己や花崎皋平がいうところの、「個体に煮つめられた一揆」である。だが、これを、由井正臣は、「正造にみられる合法主義の限界」であると、ややマイナスのニュアンスで評価している。「みずから農民を組織し、大衆的な抗議行動をとろうとはしていない。ここに正造の合法主義の特徴がみられる」というのである。[61] しかし、「法」を尊重することは、議員としての田中正造の大きな特徴であった。むしろ改進党系の思想的特色といってもいいだろう。だから、三島県政の土木工事に反対するときも、まず府県会規則を盾とした抵抗を行ったのであり、暴挙や激化を抑える側に正造はあった。このことは、同時期に全国的に繰り広げられた秩父困民党を初めとする激化諸事件に、正造がほとんど言及していないことからも分かるであろう。彼が、「抵抗権」的な思想を掲げて「法」を犯そうとするならば、まず第一に議員を辞職するのではないかと私は考える。だから、私は、正造のこういった行動を理解するのに、「合法主義」とか「ひとり一揆」とか評するよりも、福沢諭吉の説く「マルチルドム」の精神に忠実であろうとした、と解釈した方が良いと考えている。

福沢は、『学問のすゝめ』第七編「国民の職分を論ず」の中で、政府がその「分限」を越えて「暴政」を行うときに、人民がなすべき行動は、「節を屈して政府に従うか、力をもって政府に敵対するか、正理を守りて身を棄てるか」のいずれかしかないという。そして、この三つの方法の中で「上策の上」は、第三の方法、つまり、「ただ正理を唱えて政府に迫ること」であるという。たとえその「正論」が用いられなくても、「今年に行われざればまた明年を期すべし」というように、政府が悔い改めるまで何年でも説き続けるのである。福沢は、「かくの如く世を患いて身を苦しめ或いは命を落とすものを、西洋の語にて「マルチルドム」と言う」と指摘して、「余輩の聞くところにて、人民の権義を主張し正理を唱えて政府に迫りその命を棄てて終りをよくし、世界中に対して恥ずることなかるべき者は、古来ただ一名の佐倉宗吾郎あるのみ」と述べている。「マルチルドム」、いわゆる殉教者の精神であるが、私たちはここで、福沢によって佐倉宗吾が、「マルチルドム」の精神の体現者として新たな意味づけがなされていることにも注目する必要がある。

福沢の『学問のすゝめ』を読めば読むほど、正造の生涯はその主張するところの忠実な実践者ではなかったかと私には思えてくるのだが、生命の危険を侵しても「正理」をもって政府に迫る「マルチルドム」の精神の枠内に正造はあった。

それよりも気にかかるのは、正造が、三島事件で、一見筋違いの外務大臣に面会しようとしたことの意味である。井上馨外務大臣に面会して正造が言わんとしていたのは、三島の暴政が「条約改正之障害」になるということであったとされている（①一八三）。また、警視庁で国事課長に面会し、警視総監に提出した「文意ハ栃木暴政の状を陳じ、内政如斯にして諸外国との条約改正の寛全ハ望むべからずと云ふに在り」という内容のものであったと述べている（①一八五）。三島の失脚を謀るのに、条約改正という国権問題を持ち出しているのである。はたして、これが、正造の真意であったのか、それとも単なる政治的な戦略であったのか。

田中正造の民権論の中に、当初より民権と国権が別ちがたく結び付いていたことは、先に指摘したところである。とするならば、本気で田中正造がそのように考えていたとしても不思議ではない。

以上のようにみてくると、田中正造の反三島闘争も、手放しで称賛できない思想的な問題点が数多く存在しているのである。

第四節　県会議長時代の思想と行動

一　県会議長への選出

一八八四年（明治一七）一二月二三日、三島県令土木事件で収監されていた田中正造が佐野警察署より釈放されると、人々は歓呼して迎えた。その有様を、一二月二八日付『朝野新聞』は、「氏が出監の報あるや賀表の為め氏の宅に出入する人々ハ其幾百人なるを知らず門前恰も市を為せり」と表現している。

それもそのはずであった。「彼の栃木県会議員田中正造氏の繋獄の身となられしより居村なる安蘇郡小中村の人々ハ同氏の為めに遠慮して冠婚喪祭其他とも都て質素を旨とし偶ま芸人等の来ることあるも其技芸を演せしめて楽しむ者なき」ほどだったからである。(62)

こうして、県下各地で大規模な慰労会が開催されることになった。まず、地元安蘇郡の人々は、一二月三一日に出獄大歓迎会を佐野春日岡山惣宗寺で開いた。それに続き、翌年一月一七日には宇都宮杉原町武蔵楼で、一月二六日には足利家富町鑁阿寺で、二月二六日には梁田郡福居町宝福寺でそれぞれ慰労会がもたれた。ついで、四月二〇日には長谷川展などの発起になる慰労会が栃木町鯉保楼で開かれた。その席上、田中正造は、次のような答辞を述べ、感謝の意を表するとともに決意をあらたにしている。

（前略）諸君と一堂に相会し胸襟を開き談笑の間に美酒を酌む、是亦楽ハ即ち楽なり。然れども諸君ハ以て是等の楽に満足す可きにあらざるを信ずるなり。大にしてハ三千六百万同胞兄弟、小にしてハ県下六十万兄弟と楽を共にする、之れを是れ真の楽みと云ふ可きり。苦も亦然り。六十万兄弟と苦楽を相共にす可きことを勉む可し。

或欧人の説に、屍肉の散在する地にハ鳶や鷹や群集し来たりて其屍肉を攫取し去ると。味ひある哉言や。昨年来我地方の有様ハ、啻に屍肉のみならず生肉や人体や財産を併せ攫取し去られ、今に戻らざるものあるなり。今に至り之を言ふも、死児の齢を算ふると一般なれども、是れ諸君が油断より来りたる災難なれバ、向後とも油断を為さバ再び鷲鳥の来る虞なきに非ざれバ、決して油断す可らざるなり。万一にも其再び来るか如きことあらバ、之れが駆除に尽力す可きハ勿論にして、片時も油断す可きに非るなり。其方法ハ如何。唯教育の道を盛大ならしむるにあるなり。勉む可し〳〵（下略）[63]

三島後の栃木県の行財政の困難さに思いをめぐらし、三島退任と正造出獄の喜びにひたる会衆を前に、かえって「油断」を戒めているのである。

この間、田中正造は、三月一三日に開会された第九回臨時県会で副議長に選出されたが、それを辞退したのも同じような理由からであった。「奇談漫筆」に、「而して十八年副議長ニ挙げらる。正造恐慌辞し受けずして塩谷氏ニ譲り、民党の一致を謀る。／当時人心政党ニ倦ミ、驕慢の徒多く、斯の如くして而して功を奏せず」（①二六一）とあることに、それを窺うことができる。

このようにして、不撓不屈の民権家、出所進退をわきまえた清廉潔白な政治家としての田中正造イメージが定着することとなった。たとえば、一八八五年（明治一八）九月一〇日付の『朝野新聞』の「栃木通信」では、有志の投票による「栃木県の十傑」を掲げているが、その中の「民権家」の代表に田中正造が選ばれている。また、同年末からの第八回通常県会で、前記した演説のような観点から常置委員手当の「減額」を主張したことも、彼の声望を高めることになった。

田中正造が一八八六年（明治一九）四月一日に栃木県会議長に選出されたのは、以上のような経緯においてであった。

一八八六年（明治一九）三月の栃木県会議員第四回半数改選で、改進党は過半数を制した。四月一日開会の第一三回臨時県会で、田中正造は、票数は一〇点に過ぎなかったものの最高点ということで議長に選出された。副議長には同じく改進党の塩谷道博、常置委員には田中・塩谷・横尾輝吉・久保三八郎（以上改進党系）・塩田奥造（旧自由党系）の五名が選ばれた。『栃木県史』通史編6の表現をかりれば、まさに「改進党極盛時代」であった。以後、一八九〇年（明治二三）四月一日に辞任するまで、二期四年間議長の職をつとめることになる。

しかしながら、県会議長時代の田中正造に関しては、これまでほとんど研究されてこなかった。その最たる理由は、この時期に見るべき思想的特徴がほとんどない、ということに求められよう。議長に就任してからというもの、かつてのように県会議場で縦横無尽に発言することも不可能になったし（その結果、分析対象となる資料が極めて少ない）、なによりも議長及び常置委員としての激務と病気がちの毎日が、深くまとまった思索を困難にしたことが、その背景として考えられよう。

だが、反三島闘争と国会議場での活躍のはざまにあって、ともすれば見落とされがちなこの時期は、七三年に及ぶ田中正造の生涯の中で、いったいいかなる意味をもっているのだろうか。前述したように、後年、この時期の自分を、「名誉の奴隷」であり、「文明にれん〳〵」としていたと回想せざるを得なかったのは、いったいなにゆえなのか。そういった疑問を私は抱かずにはおれないのである。

そこで、県会議長時代の田中正造を解明するために、まず、正造が県会議長に就任した時に宣明した方針を、彼の具体的な行動と照らし合わせて見ていくことで、それが事実であったかどうか調べてみようと思う。その方針とは、次のようなものであった。

〇十九年議長となるや直に議員に告げて曰はく、地方議会の事地方税律を議するのみ、然るに政党の争を此間に挿むは頗る弊害なり、双方深く徳義を以て之を制止すべし、抑も地方議会が政党の争を為すは之れ恰も八畳の間にて二間の鎗を振り廻はすと同一なり、徒らに壁、戸障子に傷けるのみ、労せば労するほどに互に県下の不幸を醸すのみ、県下の不幸は即ち県下党員の損なりとて堅く党争を誡めて県知事にも之を通じて官民の公平を守り、県会の中には党争を絶滅せしめんとはしたり。已にして之を実行せり。其二十一年又議長に再選せられんとする時は一層此主義を拡張し、常に乱暴なる自由党の塩田奥蔵［造］を副議長と為し、田村順之助等を常置委員に挙げて自ら議長となり、又改進党も常置委員を出して双方対等の平均を取りて又前説を主張せり。（①三一一）

ここに明らかなように、その方針とは、栃木県全体の利益に着目し、県会議場内に党派的対立を持ち込ませない、というものであった。そして、自らそれを実践するために、旧自由党系議員との融和につとめ、県会内勢力の「平均」をはかった、というのである。

これまで、私たちの多くは、この「回想」を鵜呑みにしてきたような気がする。そのために、県会議長就任とほぼ同時期に、他の安蘇郡選出県会議員とともに設立した「議員候補指名会」の持つ意味を捉えそこねてきたのではなかったか。

「議員候補指名会」の「趣意書」には、次のようにある。

国政専制ヲ去テ自治ニ帰シ、国県大小ノ機務裁ヲ独断ニ取ラス、決ヲ議会ニ仰ガザルベカラザルノ日ニ至ツテハ、国家ノ泰運得テ頼ムベク、人民ノ福利得テ冀フベキモノ議会ヲ外ニシテ又他ニ求ムベカラズ。吾儕日本人民立憲代議制度組織ノ盛挙ヲ観ルニ会フ。期将サニ一瞬間ノ星霜ニアラントス。吾儕人民謹慎以テ能ク代議士ヲ精選シ力メテ俊才ヲ挙ゲ、上ハ以テ国運ヲ盛ンニシ、下ハ以テ民福ヲ全ウスルノ準備ヲナサヾルヘカラス(下略)(64)

すなわち、この「指名会」は、明らかに、来るべき第一回国政選挙をにらんで発足されているのである。とするならば、一改進党員として、選挙で勝利を獲得するための党勢拡大運動が必要不可欠になってこよう。そうなれば、旧自由党系との軋轢も、いやがうえにも高まってくることになる。県会内では融和、県会外では対立競争、というように截然と区別することも困難になってこよう。

このような矛盾を、田中正造は、県会議長就任と同時にみずから抱え込んだのである。この矛盾は、この時期の中央政界における大同団結運動の帰趨、すなわち統一から分裂へ、そしてより党派性を明確化していく動向にも規定され、ますます激化してゆくことだろう。

そこで、本節では、田中正造の生涯における県会議長時代の意味を探るための手段として、まず、この時期の田中正造の県会外の活動を出来うる限り明らかにし、そのうえで、先の「回想」には微妙に隠されているものを、議長就任と同時に抱え込んだ矛盾がどのように展開してゆくのかということを軸とする分析の中で検証していきたい。その際、彼の県会議長時代を、中央政界や栃木県の政治動向との関連で、一八八八年三月と八九年五月を境に三つの時期に大別し、表3を参照しながら述べていこうと思う。

二　大同団結運動と実業論への傾斜

議長として、正造は、まず、それまで県会開会日に議場で配られていた議案をあらかじめ各議員の手元に届け、審議時間の短縮をはかった。また、県会内の融和をはかったエピソードとして、「平和の計画」と題する次のような記事が、一一月六日付の『下野新聞』に掲載されている。

(前略) 昨年通常会の時の如き、軋轢とか乖離とか、東京の或る新聞の如く針小棒大に左も仰々敷かい記せしが、多少其顕跡のなきにしもあらさりしかは、本年は十分平和親密の好結果あらまほしとて、議長田中氏の如き客歳までは池上町富沢屋に宿泊されしが、本年は尾上町の河内屋に止宿し、従来河内屋止泊なりし塩谷横尾久保諸氏

表3　県会議長時代の参加会合一覧

月　日	場　　所	会の名称	演説の有無	その他
〈1886（明治19）年〉				
4・1	宇都宮　武蔵楼	県議懇親会		
4・4	浅　草井生村楼	改進党第二大会		
〃	上　野　精養軒	同上懇親会		
7・24	小　山	小山病院開院式	祝　詞	
8・3	宇都宮　都　座	攻学会学術演説会		島田三郎・高田早苗ら演説
〃	〃　手の字楼	同上懇親会	演　説	
8・7	大田原	学術演説会		島田三郎・丸山名政ら参加
〃	〃	同上懇親会		
11・9	宇都宮手の字楼	宴　会		第60銀行支店長の招待
11・11	〃　宮盛軒	県議懇親会		
11・25	〃　手の字楼	追　弔　会	演　説	ノルマントン号事件犠牲者のため発足
12・10	〃　宮盛軒	下野第三懇親会		島田・末広重恭・荒川高俊ら参加
12・18	栃木倭亭	下野有志懇親会	演　説	島田・荒川・星亨・加藤政之助ら参加
12・24	宇都宮下野英学校	忘　年　会		
〈1887（明治20）年〉				
1・18	宇都宮　武蔵楼	新年宴会	演　説	知事主催
2・8	結　城　弥経寺	常総野蚕糸業有志集談会		
〃	〃　〃	同上懇親会	演　説	
2・13	佐　野　惣宗寺		演　説	「機業石灰氷三商営業者諸君に告ぐ」
2・14	植　野	宴　会		
2・21	佐　野　田嶋楼	石灰業者新年宴会		
2・24	赤　見	懇　親　会		
3・26	田　沼　英学校	慰　労　会		
4・6	粕　田　安田家	河内芳賀両郡蚕業集談会	演　説	
4・9	烏　山　叶　屋	懇　親　会	演　説	
4・11	黒　羽	有志宴会	演　説	
4・23	鐙　塚	懇　親　会	演　説	
5・1	宇都宮　武蔵楼	宴　会		星亨主催
5・18	佐　野　唐沢山	安蘇郡新旧議員慰労会	答　辞	
〃	大　伏	同上懇親会	演　説	田口卯吉・肥塚龍参加.
5・22	馬門川岸渡良瀬川	学校訓導送別会	祝　辞	
6・10	田　沼　西林寺	学術商業演説会	演　説	「実業家の目的」

月　日	場　　所	会の名称	演説の有無	そ　の　他
6・10	田沼　和泉屋	同上懇親会	演説	
7・26	足利　鑁阿寺	学術演説会	演説	「本月中ノ道中記」
〃		同上懇親会	演説	
7・31	宇都宮　都座	攻学会学術演説会		肥塚・堀口昇・俣野時中ら参加
〃	〃　臼峯館	同上懇親会	演説	
8・25	田沼　西林寺	安蘇郡学術講談会		議長役をつとめる
9・30	上野　精養軒	嚶鳴社懇親会	答辞	
10・3	芝公園　三縁亭	懇親会		後藤象二郎主催
10・4	浅草井生村楼	全国有志懇親会		
10・6	両国　亀清楼	府県委員親睦会	発言	
11・13	宇都宮　臼峯館	県議祝宴		
11・24	〃　〃	故中村氏追福会		
12・28	佐野　田嶋楼	県議慰労会	答辞	
〈1888（明治21）年〉				
2・29	高富　浄徳寺	大隈入閣祝賀兼議長慰労会	答辞	
3・1	宇都宮　臼峯館	島田三郎送別会	演説	発起人の一人
4・1	〃　武蔵楼	県議懇親会		
4・5	〃　富石楼	旧常置委員慰労会		
4・8	和泉　桜井楼	建白書捧呈委員慰労会		帰村途中飛入り参加
5・6	大伏　柏楼	常置委員慰労会	演説	安蘇三業他の実業家が主催
5・16	宇都宮知事私邸	樺山資英送別の宴		知事主催
5・18	〃　臼峯館	立食会		上の返礼として知事らを招待
6・1	〃　〃	懇親会		福岡県議数名と懇談
6・2	〃　梅寿楼	宴会	謝辞	宇都宮紳商の招待
8・11	足利　宝来座	学術演説会		
〃	〃　初谷支店	同上懇親会	濱説	
8・12	佐野　寿座	学術演説会	演説	「安蘇郡民に告ぐ」
〃	〃　田嶋楼	同上懇親会		
8・13	高富　浄徳寺	学術演説会	演説	「下毛ノ風土穏カニシテ多ク奇人ヲ出ス」
〃	福居　山村楼	同上懇親会	演説	
8・26	田沼　亀鶴座	学術演説会		
〃	〃　西林寺	同上懇親会	演説	
9・2	越名	下野石灰会社開業式	祝辞	
〃	田島　田島楼	同上懇親会	祝辞	⑨237にその内容
9・10	福居	演説会	演説	市制町村制について＊
9・11	高富	〃	演説	〃

月　日	場　　　所	会　の　名　称	演説の有　無	そ　　の　　他
9・12	馬　門	〃	演　説	市制町村制について
9・30	佐　野　郡役所	安蘇郡教育支会総集会		
〃	〃　田嶋楼	同上懇親会	演　説	
10・31	宇都宮　武蔵楼	県議懇親会		
11・2	〃　臼峯館	県議慰労会		知事主催
12・15	〃　〃	下野倶楽部発会式	演　説	志賀重昂・三宅雄二郎が演説
12・16	〃　武蔵楼	安足梁三郡学生懇親会	演　説	「同志会に付何か熱心に演説」
12・21	〃　〃	懇親会	演　説	第60銀行支配人の招待
12・22	〃　宮盛軒	下野経済講話会	演　説	「町村分合につき」、田口卯吉も演説
12・23	〃　臼峯館	県議慰労会		知事の招待
〈1889（明治22）年〉				
1・5	宇都宮　臼峯館	新年会		知事の招待
1・7	〃　〃	新年会	演　説	上の返礼として知事らを招待
1・12	〃　宮盛軒	下野経済講話会例会	演　説	
1・14	犬　伏　光徳寺	安蘇郡連合第4回民業談会	演　説	
〃	〃　柏　屋	同上懇親会		
1・17	宇都宮　臼峯館	共立病院新年宴会	演　説	
2・7	江　東　中村楼	懇親会		報知新聞社主催＊＊
2・9	富士見町富士見軒	府県会議員懇親会		
〃		懇親会		隆海軍軍医の招待
〃	芝公園　三縁亭	懇親会		嚶鳴社主催
2・12	永田町総理官邸	祝宴		黒田総理主催
〃	芝公園　紅葉館	〃		博文社の招待
2・13	〃　〃	〃	答　辞	元老院議官の招待
2・14	芝　芝離宮	小集会		伊藤枢密院議長の招待
〃	柳　橋　亀清楼	府県会議員懇親会		
2・15	永田町　官邸	府県会議員慰労会		〃
2・17	浅　草　鷗遊館	立憲改進党大会懇親会		
2・21	宇都宮　臼峯館	議長祝慰会	演　説	22日夜という記事もあり
2・23	佐　野　田嶋楼	安蘇郡有志懇親会	演　説	発起人、丸山・青木匡・角田真平ら参加
2・24	福居　第二高小	梁田郡新旧議員慰労兼議長祝栄会	答　辞	
3・23	宇都宮　宮盛軒	下野経済講話会例会	発　言	田口卯吉演説、渡辺洪基に反論
3・25	田　沼文珠地原	大赦出獄者及県議慰労会	答　辞	大井憲太郎・星・新井らも参加
4・1	宇都宮手の字楼	樺山幸子八十歳の祝賀会	祝　辞	県知事の母
4・3	〃　臼峯館	下野新聞更刊祝賀会	演　説	

月　日	場　　　所	会　の　名　称	演説の有　無	そ　の　他
4・7	神　田　明石亭	下　野　青　年　会	演　説	「地方の実況を縷述」
4・21	足利織物講習所	有　志　懇　親　会	演　説	「憲法発布に付将来の注意を演」ずる
〃	福　居　山村楼	〃	演　説	
4・28	宇都宮　宮盛軒	下野経済講話会例会	演　説	下野経済協会と改称
5・6	佐　野　川桝楼	矢部新作慰労会	演　説	
5・13	宇都宮　臼峯館	県　議　懇　親　会		
5・17	佐久山　実相院	政　談　演　説　会		
〃	〃　関　屋	同　上　懇　親　会	演　説	
5・18	宇都宮　女学校	宇都宮女学校開校式	祝　辞	矢嶋楫子・田村直臣ら出席
5・25	〃　臼峯館	下野紡績会社開業祝宴		
5・26	佐　野　寿　座	明治倶楽部発会式	演　説	「明治倶楽部の必要」
5・27	犬　伏　柏　楼	犬伏町懇親会	演　説	野村本之助も演説
6・11	佐　野	経済講談会〝準備会〟		村山半らが発起、正式発足9・12
7・14	犬　伏　光徳寺	亦楽会発会式		
〃	〃　柏　楼	同　上　懇　親　会	演　説	
7・20	常　磐　金蔵院	明治倶楽部巡回演説会	演　説	「明治倶楽部の旨趣」
〃	〃　内田楼	同　上　懇　親　会	演　説	
7・21	氷　室　広瀬方	懇　　親　　会	談　話	
7・28	下桑島　成願寺	戸長役場員慰労会		
8・5	宇都宮　都　座	攻学会演説会		
〃	〃　臼峯館	同　上　懇　親　会	演　説	
8・17	富田駒場高等分教室	村　長　慰　労　会		「病中押して出席」と
8・28	佐　野　田嶋楼	清水政吉送別会	演　説	清水は佐野英学校教員
9・9	清　洲　医王寺	懇　　親　　会		
9・23	足　利　宝来舎	改進党政談演説会		
〃	〃　鑁阿寺	同　上　懇　親　会	演　説	
9・26	新富町　新富座	全国同志懇親会		
〃	神　田　万代軒	下野人懇親会	演　説	
9・27	新富町　新富座	条約改正全国同志演談会		
9・28	〃　〃	〃		会後、猿屋事件
9・29	〃　〃	〃	演　説	「輿論の真偽」
10・6	栃　木八百代楼	改進党同志大懇親会	演　説	
10・18	田　沼　西林寺	同志政談演説会	演　説	「重大なる言論は重大なる責任なかるべからず」
〃	〃　〃	同　上　懇　親　会	演　説	
10・19	常　磐　開蔵院	政　談　演　説　会	演　説	「輿論とは何ぞ」
〃	〃　常磐屋	同　志　懇　親　会	演　説	

月　日	場　　　所	会の名称	演説の有無	その他
11・3	宇都宮　宮盛軒	立太子式祝賀会		
11・8	〃　臼峯館	県議慰労会		知事主催
11・9	富田　山本楼	改進党政談演説会	演　説	「責任重からざれば言論亦重からず」
〃	〃　〃	同上懇親会	演　説	
11・10	大宮　光永寺	政談演説会	演　説	大宮は下都賀郡
〃	〃　三角店	同上懇親会		
11・12	清洲　医王寺	政談演説会	演　説	「責任重からざれば言論亦重からず」
11・17	佐野　寿座	政談演説会	演　説	「責任重からざれば言論亦重からず」
〃	〃　田嶋楼	同上懇親会	演　説	
11・18	筑波　浄徳寺	立憲改進党政談演説会	演　説	「責任重からざれば言論亦重からず」
〃	〃	同志懇親会		筑波は梁田郡
11・30	宇都宮　宮盛軒	下野経済協会例会	演　説	
12・1	〃　臼峯館	下野同志会第三回総会		小幡篤次郎演説
12・6	〃　宮盛軒	条約改正断行建白捧呈委員慰労会		
12・21	〃　〃	下野経済協会例会	発　言	
12・22	〃中村忠吉方	恵比寿講の宴会		
12・24	〃　臼峯館	県議慰労会		
〈1890（明治23）年〉				
1・6	戸奈良　種徳院	政談演説会		
〃	〃　〃	同上懇親会	演　説	
1・11	宇都宮　臼峯館	樺山前知事送別会	送別之辞	発起人38名を代表して
2・20	富山　玉正寺	政談演説会		高木守三郎・山谷虎三ら演説
〃	〃	同上懇親会	演　説	
3・2	小山　角屋	政談演説会		肥塚龍・山谷虎三ら演説
〃	〃　〃	同上懇親会	演　説	
3・9	那珂青柳与平宅	那珂青年会発会式	演　説	来賓として出席
〃	〃　〃	同上宴会	演　説	
3・30	宇都宮	県庁舎落成式	祝　辞	
4・1	〃　武蔵楼	改進党小懇親会	演　説	県会役員選挙敗北につき協議

（備考）本表の作成にあたっては、おもに『下野新聞』『毎日新聞』を使用した。ただ、1890年２月、３月の『下野新聞』はほとんど残っておらず、この間の詳細な行動を辿ることは困難である。

演題や演説内容のわかるものは、「その他」の欄に記しておいた。

＊⑨238では、９日福居町宝福寺、10日梁田郡久保田村崇聖寺となっている。

＊＊以下２月14日までの会合の中には、出欠が確認できないものもある。

の内より富沢屋に転泊して、専ら衆議員との親交を図り、昨年度の如く富沢屋党たの河内屋派たのと云ふ如き仲間の起こらさる様にせんとて、已に此頃河内屋止泊の前記常置委員諸氏へも何か協議もされたる程にて、色々と心配せられ居る由なるが、議長にして斯く配慮せらるゝ以上ハ、定めて好結果を得らるゝ事ならん（下略）

真偽のほどはわからないが、間接的にせよ、田中正造の県会に臨む姿勢を彷彿させるものがある。

この時期の栃木県の政況も、田中正造の方針と一致するところが大きかった。たとえば、この年一二月一〇日に宇都宮盛軒で開かれた下野第三懇親会は、「是までは党派の軋轢を私交上にまで及ぼし、懇親会を開くも兎角一党一派に偏し、夫れが為め社会的の事より平生の交際に至るまで此気風を及ぼすの傾きありけるを」「深く遺憾に思」っていた有志たちの発起になるもので、田中正造・横尾輝吉・塩田奥造らも賛成し、東京より、加藤平四郎・末広重恭・島田三郎らの改進党員と旧自由党員の荒川高俊らを招いて催されたものであった。また、一二月一八日に栃木倭亭で開かれた下野有志懇親会も同じ趣旨になるもので、前述の加藤・島田・荒川に加え、星亨も参加して演説している。栃木県人も、田中正造や田村順之助が演説するなど、「孰れも快楽を尽くして散会」したという。

このようなムードは、翌年も継続した。五月一日、衆議院議員選挙への出馬をねらって宇都宮に転籍してきた星亨が宇都宮武蔵楼で一大宴会を開いたが、その席に、正造をはじめ久保・塩谷などの改進党員も招待されている。この時、正造は、「起て説を吐んとせられしが既に満座酣酔なりしかば見合せられたり」という。後年の徹底した〝星嫌い〟からは想像もできない光景ではないか。(65)

更に正造は、同年一〇月三日の後藤象二郎が主催した芝三縁亭の懇親会に出席し、翌四日の全国有志懇親会にも参加している。この両会合は、様々な意味で大同団結運動の転機（狭義には始点）となるものであった。嚶鳴社を中心とする立憲改進党の研究者である福井淳によれば、大同団結運動にあまり熱心ではなかった改進党員にあって、この二つの会合のいずれにも出席していることが確認できる地方党員は田中正造だけだという。(66)

この全国有志懇親会のあと、改進党嚶鳴社グループの首領沼間守一が、星亨派の壮士に殴打され負傷するという事件がおこり、改進党の大同団結熱はさらに冷却化していくが、沼間殴打事件に対する正造の反応は意外なほど冷静である。事件の翌日に大隈重信に送った書簡に、「昨日生井村《(ママ)》楼ニテ開きたる両党員打まぜ懇親の末、人数も減じての後の事と承り候。沼間守一君ハ壮士ノ為め殴打せられ、腰及顔部ニ疵付られたり。但し壮士ノ粗暴ハ固ヨリナレドモ、沼間君ノ茲ニ至ルハ、或ハ価直アラント信ジ候事」（⑭一一七）、と書いていることに窺い知ることができる。

以上のように、この期間は、県会外の中央及び栃木県の政治動向ともに、田中正造が議長として掲げた方針と齟齬することなく、平穏にすぎた時期であったといえる。こうして、一八八八（明治二一）年三月一四日の県議半数改選で、田中正造は、二一八八票という圧倒的多数（他の候補者は二、三〇票にすぎなかったらしい）の支持を得て再選されることになったが、議長としての最初の二年間が平穏無事にすぎたことの理由に、『下野新聞』の記者が、第一〇回通常県会の傍聴人の数の少なさに「政治思想熱冷の度合いを知るに足らんか」（一八八七年一二月一二日）と表しているような、県下全体の政治熱の後退をも考え合わせなければならないだろう。

そして、この期間の田中正造の関心の多くを実業問題が占めていたことも、こうした県内のみならず全国的な動向と密接に関連していよう。全国的に企業勃興熱が風靡し、栃木県でも一八八七年に入ると各地で民業談会の設立が相つぎ、『下野新聞』も一八八八年早々「農工商事項」の欄を特設し、実業関係の記事量が一挙に増大している。

このような状況下に田中正造の動きを追うと、まず、一八八七年二月七日から九日まで茨城県結城町弥経寺で開かれた常総野蚕糸業有志集談会に出席し、八日夜の懇親会で演説している。二月一三日には、佐野惣宗寺で、「安蘇三業」といわれた機業・石灰・氷業者を前に、病気中にもかかわらず、「機業石灰氷三商営業者諸君に告ぐ」と題する長演説を行っている。二月二一日には、植野村田島楼で開かれた石灰業者の新年宴会に出席。四月五日から常置委員一行は芳賀河内両郡の巡検に出発するが、六日夜、芳賀郡粕田村安田某所有の蚕室で開かれた蚕業集談会に出席し演説。六月一〇日には、田沼西林寺で開かれた学術商業演説会で「実業家の目的」と題して演説、などである。

数多い演説の中で唯一内容の明らかな「機業石灰氷三商営業者諸君に告ぐ」（①五一六以下）を見ると、まず、「同業中区々の運動して同業一致の働きを為さざるは誠とに慨はしき次第とや云はん。斯くも同業一致せざる上は他に向て商業上の勢力を張らんは思も寄らぬ事共に候」と述べ、特に製氷業者の間の「内輪喧嘩」をやめ、「早く会社法を設けて」共同一致の運動をなすことを石灰会社に対しても推奨している。そして、この「一致の力」こそ資本不足をカバーするものであると指摘し、「進取の気象」「独立自治の精神」こそ実業家に肝要であることを強調している。安易に官の保護に依存しようとする姿勢を改め、「勧業家」と民権家の「折合」を主張している。さらに、「万一を僥倖する」精神の代表として「賭博」や「無尽講」などの「土地土着の弊」をあげ、それらを「文明の進路を妨げたるは実に尠少にあらざる也」としているところなどは、田中正造における福沢諭吉『学問のすゝめ』の影響が明瞭に看取できて興味深いところである。

このような「独立自治の精神」を重視するいささか精神論的な実業論は、前述した田中正造の民権思想の一大特色をなす自治思想（なかんずく「精神としての自治」の重視）に通底するものであり、由井正臣が指摘するように、「地域の経済的自立を内実とする地方自治の確立をめざしたもの」と評価できるであろう。

こうした考えから、田中正造は、下野石灰会社の設立（一八八八年九月二日開業式）に尽力し、また物産の運輸の重要性に着目して安蘇馬車鉄道会社の設立（同年五月）にも協力を惜しまず、自らも二〇株五〇〇円の株主になっている。

以上のような実業への関心は、過激な政治論・行動をきらい、ともすれば政治から身を遠ざけようとしがちな実業家たちを、ゆるやかに組織しようという党勢拡大の必要性に由来するものでもあったろう。このあとも、実業への関心は、安蘇経済講談会の開設や、下野全体の経済に着目した下野経済講話会（のち八九年五月より下野経済協会と改称）の例会への割合に熱心な参加となって継続している。

三　第一高等中学校経費分担問題をめぐって

ここで、一八八七年（明治二〇）一〇月一日から開催された第一高等中学校の経費議定委員会における正造の発言を見ておきたい。この資料は『全集』に収録されていないものである。先述したように、正造の県会議長時代の資料はきわめて少ないので、ここで紹介する意義も高いと思われる。私は、それを、『読売新聞』に掲載された詳細な議事速記録から引用したい。

そもそも第一高等中学校は、東京に設置されたものであるが、その経費の分担を議定する委員会の設置は、八月一日に公布された勅令第四〇号に根拠を有していた。勅令第四〇号は、以下の通りである。

中学校令第五条ニ依リ高等中学校ノ経費ヲ国庫金ト地方税トヲ以テ支弁スル場合ニ於テハ該学校設置区域内ニ在ル府県地方税ノ負担総額ハ当分ノ内文部大臣之ヲ定メ各府県分担額ハ府県知事協議ノ上之ヲ査定シ府県常置委員ノ互選ヲ以テ各委員三名ヲ出シテ之ヲ議定シ其徴収方法ハ各府県会ニ於テ議定ス可シ但地方税ノ負担額ハ該学校経費総額ノ二分一ヲ超過スルコトヲ得ス（『官報』第一二二八号、明治二〇年八月二日）

これによれば、第一高等中学校の経費は、約半額強を国庫負担、残りを東京・神奈川・埼玉・千葉・茨城・群馬・栃木・愛知・静岡・山梨・長野の一府一〇県で分担することになっていた。その分担割合を決定するための会議がこの委員会であり、当時栃木県会議長（常置委員）であった田中正造も委員の一人として参加したのである。この会議でも正造は、さかんに発言している。そうした正造の発言内容をみていくと、いくつかの興味深い点が浮かび上がってくる。『全集』第六巻のスタイルにならってまとめてみよう。

会議の冒頭に示された議案の内容（分担率）は、次のようになっていた。

明治二十一年度第一高等中学校経費の内各府県分担額議案

一金一万三十円　東京府負担額
一金二千五百四十八円　神奈川県負担額
一金三千五百五十四円　埼玉県負担額
一金八千百二十円　千葉県負担額
一金三千二百二十三円　茨城県負担額
一金二千二百二十六円　群馬県負担額
一金二千二百六十四円　栃木県負担額
一金四千八百八十六円　愛知県負担額
一金三千三百五十円　静岡県負担額
一金千四百十五円　山梨県負担額
一金三千三百八十四円　長野県負担額
合計四万五千円

（『読売新聞』一八八七年一〇月二日）

一〇月一日、議案の第一次会が開かれた。議事の進め方について、五番海野孝三郎（静岡）より、本会議に先立って、府県から一名、全部で一一名の委員で構成される小委員会を開催してはどうかと提案があったのに対して、二十九番田中正造氏（栃木）成程各員より質問の起るハ定めて多からんなれども其の質問ハ未だ始まりにて左程多きことにも非ず又た番外に於ても未だ甚だ答弁に苦みたる模様もなし左れバ此公会の侭に於て正々堂々十分に質問致す方可なり

（『読売新聞』一〇月四日）

そして、番外が、国庫支弁と地方税支弁の負担割合の根拠も示さず、文部省が発令したからにはその分担額を審議するしかないと答弁したのを捉えて、正造は次のように述べた。

（二十九番）段々諸君の御質問を承またはる《ママ》に詰り此の原案に支出予算なくして只だ其の徴収方法のみを議せしむるハ不都合なりと云ふに在り番外ハ凡そ此の議会ハ只だ其の分担割合をのみ議するに止まりて之を可否するの権利ハなきものと云はれしが議員になりて議会に臨み租税の負担を議し之れを人民より徴収して其の費に充つるの責任あるものハ其の予算則はち支払ひの方法を知らずして可ならんや当局者も既に代議士を召集して其の負担割合を議せしむからハ仮令万一の不都合ありて議案とまでハなされざるも議員の参考までに支出予算案を下付せらるゝハ当然の事ならずや只に金を取りて其の遣ひ道を云はぬとハ如何にも勝手次第の事なり何に遣ふか分らずして無暗に金を出すことハ出す人の無智なり尚ほ之れのみならず府県会規則の第六条も適用せずとの事ならバ其の決算の報告を得るに由なく吾々ハ遣ひ道を知らずして金を人に与へ又其金の正当に用ひられしや否やも知らずして終る者なり豈不都合千万の事ならずや此の府県会規則ハ未だ消滅せず活発に生存する者なるに此の臨時の変則の為めに此の規則を破らるゝとハ如何にも不都合の至りなり殊に生徒の数及び其の授業料も未だ確定せずと云はるゝからハ文部省にてハ未だ此の案の予算なきなり予算なくして原案を出すとハ余の未だ曾て聞かざる所なり

反対意見を述べた。採決の結果、海野の提案は否決され、議事はこのまま進行する。

且つ又た番外ハ仮令経費の不足あるも之を徴収せずとの答へなるが果して然らバ此の議会に於て吾々の議決したる所の金額ハ殆んど補助の性質の者にして決して正当の地方税と見做す能はず然るも尚ほ番外ハ府県会規則第六条ハ之を適用せずと云ふか府庁の決心を承まはりたし

（番外）過刻も申したる如く文部省より其の決算報告ハ一府十県の各知事に通知するの法なり

（二十九番）此の国庫支弁の四万五千円ハ抑も何人の定めたる所なるか番外より答弁ありたし

ここで、一四番沼間守一（東京）が、「実に此の案の如きハ吾々に於て議すべき程の者なく云はゞ献金同様の者なり諸君も此の考へにて議せられなバ従ッて質疑の起ることも少なかるべく府庁にてハ如何に尽力するとも先が先にて一向取合はずバ致し方なかるべし」と述べ、一時休息を提案した。

（二十九番）余ハ決して番外と争ふにあらず府庁にて十分に尽力したるも先が先にて致し方なかりしと云ふ其の致し方なかりし次第を承はりたきまでなり堂々たる天下の政治にして公会の此席に之を弁明せられずと云ふ事ハなかるべし国庫金の四万五千円ハ抑も何人の定めたる所なるや敢て聞まほし

（以上、『読売新聞』一〇月七日付録）

ここで、一時休息に入る。再開後、委員の中から、文部大臣の臨席を求める意見が相次いで出された。その必要なしという反対意見も出され、初日は決議に至らずして閉会する。

一〇月三日、会議の冒頭に番外一番が、第一高等中学校の経費は、明治一九年度が六万八六八七円、二〇年度が六万九三九四円であり、これ以上詳しい内容については文部省に請求したが下付されなかったと報告した。

二十九番田中正造氏（栃木）今日参考の為め下付せられたる調書ハ如何にも不満足の者にて此位の参考物ハ丸善の書店にて十分求め得らるゝなり一昨日本会より請求し置きたる説明ハ此類の者にあらず之れにてハ未だ十分に議案の精神を知る能はず故に余ハ尚ほ続て質問の廉あれバ時間を省く為め番外と応答を許されたし
議長曰く此事規則になし
（二十九番）然らば正式を履んで質問せん地方税負担の分ハ文部大臣之を定め其学区内府県の委員之を議すとの明文あれども国庫金の分ハ誰が之を定むるや明かならず番外の答弁に依れバ他の国庫金を定むると同じ手続なりと云ふ然らバ此金額ハ何年度の部に属して請求したる者なるや
（番外）二十一年度の分なり
（二十九番）元より然らん然らバ文部省の定額金中より出すものなるや
（番外）之ハ想像なれども多分定額金の中ならん
（二十九番）此事ハ原案に大なる関係あるものなれバ想像に止まらず確と打合せありて然るべき筈なり文部省の廿一年度の定額金ハ未だ定まり居らざる中に定額金中より支出するとハ如何なる儀ぞ
（番外）少しく潜越《マヽ》に渡るの恐あれども他の例に由て之を考ふれバ予じめ内閣の許可を得て支出するものにて二十一年度の定額を定むる時其分に繰り込むものなり

ここで、沼間守一が、「十四番の考へにてハ此議案を全廃して吾々の議し得られざるものと為すか去れども斯くてハ余り過激の処置なれバ此議会ハ過激者の集りなりとの誹りを受くるも亦恥辱の至りなり故に先づ本年ハ之なりにて議了し来年よりハ斯る不体裁の事なき様工夫し置方宜しかるべし」という妥協案を提示した。

これに対して、二三番木内信吾（山梨）が、「只今十四番より当年丈ハ致し方なしと諦めよとの御説諭なるが本員ハ如何に思想を回らし見るも地方疲弊の今日に当て事の次第も分からざるものに向ッて只金を出し当年ハ致方なし抔と云ひて県地に帰ることハ中々以て致されず」と述べ、あらためて文部大臣に臨席を請い、「高等中学に対する将来の方針を篤と承はり置き度」と主張した。十九番高津仲次郎（群馬）もこれに賛成した。

廿九番田中氏（栃木）質問起れバ可成先づ質問に答へらるゝ様致し度二十九番ハ十四番の説に賛成の廉もあれバ不賛成の廉もありソハ番外の答弁如何にあるなり依て二十九番ハ又番外に質問せん此中学校管理の事ハ勅令に明文なきが之ハ如何致さるゝ見込みなるや

十四番沼間守一氏（東京）廿九番ハ頻りに質問せらるゝが文部省に於て予算のなき事既に分かりたる以上ハ余り番外に迫まるハ無用ならん若し此案ハ如何にも不都合のものなれバ全廃すべしと云はるるならバ其ハ又夫にて可なれども今更区々の質問ハお止めに成されてハ如何去りながら此議会にして若し失敗せバ自然他の五区の高等中学校会議にも影響を及ぼす恐れもあれバ可成謹慎厳粛に致したし故に此所にてハ只明年の予防策を何とか考へ置て此案ハ議場を通過せしむる方宜しからん最早諸君の意見も大略分かりたれバ決を採られん事を望む

（番外一番）管理の事ハ文部大臣に属するものと考ふ

（二十九番）勅令第八条に地方税負担の金額ハ国庫支弁額の二分の一以上を越ゆべからずとあり然るに其の総額ハ偖置き各地方の分担額に就て見る時ハ東京府の如きハ現に二分の一以上に出づるものなり之勅令に背くの議案なり吾々ハ此等の事を知らずして徒らに府県会に報告をなさバ吾々も亦勅令に背くものなり

（十四番）二十九番の問ハ無用なり番外も答ふるに及ばず勅令に背くや否やハ銘々の考へにあることなり番外に向て法律の質問を為すハ見当違ひと云はざるべからず斯様の事ハ遠慮なく議長に於て差止て宜し兎角激論に亘らざるようお互に慎もうでハ御座らぬか

（二十九番）此事原案に大関係なり不問に付して十四番の如く只卑屈に議し終らんとするハ二十九番の甚だ好ま

ざる所なり
（番外）銘々の頭ハ越えても其全額さへ越えざれバ差支なし

ここで二三番が、再び文部大臣の臨席を求める発言をしたが、二四番藤田茂吉（東京）が、「無益の質問に時を費さんよりハ速かに決を採られたし」と主張した。

（二十九番）十四番や二十四番ハ致方なしとか当年ハ諦めるの外なしとか云ふて兎角原案を保護せらるゝ様なるが一体東京の委員ハ始めより此原案に関係せられたることならん此時十四番ハ突然起て失礼なり議長差止められよと云へり

ここで、二三番の文部大臣に臨席を請う動議の採決が行われ、起立少数で消滅した。

（以上、『読売新聞』一〇月九日付録）

ついで、議長が、二次会を開くかどうか、発言を求めたところ、原案廃棄説と二次会を開く説とがこもごも提出された。田中正造は、廃案説に賛成する。

（廿九番）余も此説に同意なり今此按を排斥すればとて入校生徒二千人と見積り一人につき毎月二円の授業料を徴収すれバ年に四万八千円となり之に国庫金を合すれバ学校ハ立派に立行くべし故に此議案を全廃するに若くハ無し

その後も廃案説に賛成反対の意見が出されたが、番外は、「廃案説盛に起りたれど文部大臣既に勅令に拠りて之を定めたる以上ハ到底此地方税負担の此四万五千円ハ出さゞるを得ざれバ左様にお心得ありたし」と、あらためて強調した。結局、廃案説は起立少数で消滅した。

（以上、『読売新聞』一〇月一一日）

会議再開後は、各県の分担率と、課税の基礎を何にすべきかで議論がかわされた。三〇番加藤政之助（埼玉）は、東京の一分五厘を二分にし、基準は国税額・地方税額・人口の三要素とすべきことを主張。その他、人口だけを基礎に算出すべきという説などが出されて、議論はまとまらなかった。第一高等中学校の所在地である東京が余計に負担すべきであるという説が出されたのに対して、藤田茂吉は、東京のみが負担を重くすることに猛然と反対する。一〇月四日も、昨日の議論の続きを行った。東京の負担率を三分や二分五厘とする案が出されたのにたいして、またも藤田が反駁した。

二十九番（田中氏）地方にてハ五万や六万の補助金にてハ所詮高等中学校の如き学校を維持する事ハ出来ざれども東京にてハ一文の補助金なくとも高等中学を代用する位の学校ハ私立にて立派に維持し居るとの事なれバ是取も直さず東京府ハ高等中学の所在地となりたるが為思ず知ず他の十県より四万五千円と云ふ大金を頂戴したると同様なり然るに廿四番の学者にして斯る道理を知らず間違たる経済を唱へらるゝハ誠に惜むべき事なり

（以上、『読売新聞』一〇月一六日付録）

最終的に、東京の負担率を二分とする説が賛成多数で可決された。その結果、東京府の分担額は、約二〇〇〇円余増加して、一万二〇六一円になり、その分だけ他の県の負担額が減少することになった。ちなみに、栃木県の負担額は、二一一三円となった。

三次会で、二二番濱名信平（茨城）が、「将来斯る不完全の原案を下付せられざるやう文部大臣に面陳の委員を撰べき建議」を提出した。それに正造等が賛成し、投票に入った。沼間守一、田中正造、藤田茂吉、濱名信平の四名が当選したが、藤田は辞退した。

一〇月五日、委員会議費明治二〇年、二一年度分を審議決定して（いずれも各府県均等割りで八四円一銭九厘の負担）、会議は終了した。

（以上、『読売新聞』一〇月一九日、『官報』第一二八五号、一〇月八日）

その後、陳情委員に選出された正造と濱名信平は、一〇月七日に内務大臣を、八日に文部大臣を訪問し、詳しい事情説明と申し入れを行った。委員の一人に選出された沼間は、「病気」を理由に同行しなかった。

やや冗長になったきらいがあるが、以上が第一高等中学校経費分担委員会の内容である。それでは、この会議における正造の発言から、その特徴をまとめてみたい。

まず第一に目を引くのは、東京府の委員であった沼間守一、藤田茂吉との対立である。特に沼間との間では、激しいやりとりを行っている。自由民権運動以来、正造と沼間とは親密かつ良好な関係を維持していたという先入観があると、こうした激しいやりとりがあったこと自体が驚きであろう。しかし、この対立は、沼間と正造との基本的姿勢の相違がもたらしたものであった。(67)

正造がこれほど微に入り細にわたった質問を行ったのは、一つには、前述したような地方税観に立っていたからである。つまり、地方税とは人民の幸福を得るために公平に支出すべきものであった。だから、この原則に反する支出は行うべきではないし、納得のいかない支出も認められるべきではない、というのである。そのため、正造は、地方税からの分担支出の法的な根拠の確認を求め、国庫負担額が何年度のどの部署の予算に基づくものかを問いただし、さらには収入だけでなく支出に関する予算案も提出しろ、と府県会規則等を持ち出して迫ったのであった。その執拗さは、「代議士」としての責任意識の発露でもあった。その結果が全部廃案説というラディカルな結論に帰着したのであるが、これらの点に、県会議場で行った言論と共通する特徴を見ることができる。

それに対して、沼間は、諮問された事項が地方税負担の分担比率の審議だけであるから、その他のことをあれこれ聞いてもしかたがない、というあっさりした姿勢で一貫していた。今年度はこれで納めて、次年度からもう少し詳しい資料を提示してもらえばよろしい、という立場であった。おそらく、正造は、こうした沼間の姿勢に失望したことであろう。それと同時に、国庫金も政府が自由に使い道を決定し、各県代表といえどもそれに容喙できず、唯々諾々と政府の方針を受け入れることしかできぬ現状に、議会開設の必要性をあらためて痛感したことだろう。

そして、沼間や藤田との対立は、もう一つの問題点を浮上させる。それは、「中央」対「地方」という問題である。地方からみれば、東京はまぎれもなく「中央」であった。しかも、その東京に設置された第一高等中学校を維持するのに他の一〇県が多額の地方税を負担するのである。まさに、正造がいうように、東京はただで四万五千円もの大金を頂戴することになる。東京以外の県の委員から、東京の負担率をもっと上げろという声があがるのは当然であった。正造のこだわりの強さと、沼間のこだわりのなさは、このあたりに起因していよう。「地方」の代表として「地方」の視座から「中央」を見るときには、正造は、沼間ら同志といえども容赦はしなかったのである。

四　市制町村制への対応

一八八八年（明治二一）四月二五日に市制町村制が公布された。

この市制町村制は、「自治は自治の限界あり、中央政府は徹頭徹尾之が為めに蔽遮せらるゝことなし」という伊藤博文の言葉をかりるまでもなく、あくまで国家統治の基礎の確立にねらいがあったことは明らかである。「市制町村制理由」にも、「今地方ノ制度ヲ改ムルハ即チ政府ノ事務ヲ地方ニ分任シ、又人民ヲシテ之ニ参与セシメ、以テ事務ノ繁雑ヲ省キ、併セテ人民ノ本務ヲ尽サシメントスルニ在リ」と明言されている。こうして、国政委任事務の分担能力を確保しうる財政基盤を作るため、多くの町村人民の反対を押し切って町村合併が強行されていくのである。

また、ここにおける「自治」とは、「丁壮ノ兵役ニ服スルト原則ヲ同ジクシサラニ一歩ヲ進ムルモノ」と位置づけられていた。つまり、「権利」としての自治ではなく、兵役と同様かそれ以上の「義務」（＝強制、モッセは「文事上の義務」と表現している）としての自治であり、その意味で、正造の自発性を重視した自然義務としての自治とは、そこで要求されている内実を異にしていた。

そして、市制町村制は、等級選挙の導入にみられるように、町村自治の階級的基盤を、寄生地主や実業家などのいわゆる地方名望家層に求めていた。そこには、「細民」層を排除し、政党勢力の浸透を防遏しようとする意図が込められていた。このことは、元老院会議における山県有朋の説明を参照するまでもなく明らかなことである。総じて、国家の監督を前提とした法律の範囲内でのみ許容される町村自治であったといえよう。

以上のような性格をもつ町村制を、正造は、どのように受け止めたのであろうか。

正造は、公布された町村制の条文も見ないで「自治制の演説」をしたと述べているが（①二九七〜八）、残された日記や書簡を見るかぎり、町村制への言及がみられるのは、ほとんど九月に入ってからである。四月二五日の公布であるから、すばやい反応とはいいがたい。このこと自体に、市制町村制の内容に批判的ではなかった、つまり正造がほぼ予期したとおりの内容であったことがうかがえるのではなかろうか。そこで、『全集』第九巻の二二二頁から、おおよそ二〇頁余にわたって続いている町村制についての覚書風の記述を素材に、正造の町村制の受け止め方を検討してみよう。

ただ、その際に注意しなければならないのは、一連の記述の中に、『下野新聞』に掲載された宇川盛三郎と薩埵正邦の講演筆記の文章が紛れこんでいることである。かつて、私が、「田中正造における自治思想の展開」（『民衆史研究』第二六号、一九八四年）をまとめたときには、この点の区別がきちんとできていなかった。そのため、「田中正造における自治思想の展開」で打ち出した正造の自治思想の特徴は、若干の修正を必要とするのであるが、その点はおいおい述べていくことにしよう。

まず、「日記」の町村制に関する記述の冒頭に、「町村今ヨリ自治ナリ」（⑨二二二）とあることや、「干渉ヲ去ツテ自治トナセリ」（⑨二二九）と書いてあることなどを見ると、正造が基本的に町村制を承認していたことは、ほぼ間違いないだろう。それでは、正造は、いったい誰が自治権を奪っていたと考えていたのか。そういった疑問を抱きつつ頁をめくっていくと、「〇町村自治制之参考／封建ハ自治ヲ奪フ。各給入合〇旧法ヲ守ラセ内部ヲシラシメズ」（⑨二四六）という記述にぶつかる。私たちは、ここで、正造が封建制度下の村落自治、それも相給入組支配下のそれを批判的に捉えていたことを、確認できる。そうした自治を奪って来た封建制に対する批判が強かったればこそ、逆に、〝輸入物〟と評されるほどに近代的な外観をそなえた町村制の受容に拍車をかけた、といえるのではなかろうか。

それから、地方名望家層を中心とした地域支配の問題に関しても、かつて私が下した評価は変わらない。つまり、この点でも正造の批判はほとんど見られない、ということである。「旧高持ちヲ尊ブ〇各給入合。家がらヲ尊ぶ。高持尊」（⑨二四五）、「名誉職　多ク租税ヲ収ムモノヲ愛敬スルノ風」（⑨二三一）というように、正造は、名誉職制度を、むかしながらの良き慣習（「旧慣ノ善」）を生かしたものと認識している。つまり、総じて批判的であった封建時代の相給入組支配の中でも、この点だけは評価しているのである。そして、「租税ヲ多ク納ムルモノヲ尊ムハ自治ノ精神ナリ」（⑨二四四）、「財産家ハ村長ヲ勤ムベキナリ」（⑨二五三）とまで言い切っている。このような考え方が示されているのは、租税ほどの公共事はなく（⑨二四五）、それゆえに租税を多く払うもの（＝「公」にたくさん尽くしたもの）を尊敬するのは当然であるという、独特の租税観を正造がもっていたからでもある。そこで、財産家が自発的に率先して町村長を勤めることで、それに対する尊敬の念を持ち、そこから自然に自分も町村のことに尽力しようという気持ち（＝「自治ノ精神」）を町村民が持つようになり、町村長から町村民へと自治の精神が広まって行く、と期待したのであった（⑨二六一）。この点も、地方自治を通して公事に熟練せしめ、国家を愛する念を起こさせるというモッセの発言と符合している。

このように、地方名望家が犠牲的精神を発揮して名誉職に携わり、町村民はそれを尊敬し協力することで、おのずと村落秩序が保たれるという発想からする正造の名誉職制度への賛成は、実は、町村を国家の基盤とするために党争を町村に持ち込ませないという政府の思惑とはかなりのズレがある。にもかかわらず、正造は正造なりの独自の理解から、それを肯定的に受け止めていることを、ここで確認しておきたい。

また、正造は、「自治ノ政度ハ費用多し」（⑨二三五）という認識から、根強い反対が多く見られた町村合併の積極的な推進者でもあった。それは、封建制度下の相給入組支配による小村落・小領分と、三新法施行時の合併の不徹底さを、ともに「弊」とする認識に裏打ちされたものであり、その合併構想をみると、現実に行われた町村合併よりはるかに大規模な合併を脳裡に描いていたことがわかる。いうなれば、「小町村」を単位とする自治への批判が生み出した〝大町村主義〟の表明といえよう。だから、この時点の正造には、自治の単位として「小村落」＝「自然村」を適当であるとするような発想は全くなかったのである。このことにも留意しておく必要がある。

問題は、町村自治に対する国家の監督権についてである。この点に関して、かつて、私は、次のように評価した。

「町村自治トハ一国ノ法律ニ随ひ人民自ラ地方の事務ヲ行フ」（⑨二三二）、「自治ハ国家ノ監督ヲ受ケザルヲ得ズ。封建時代の監督の如くならず」（同前）といった文章や、「国家全体ノ利害ト自治体ノ利害ト抵触スルトキ自治体ニ一歩ヲ譲ラシメ国家ノ為メ強テ為サシム」（同前）などを見ると、法律の範囲内における自治、国家の監督を自明の前提とした自治、そんな政府側の思惑をそのまま無批判に受容しているように思われる。ただ、「然レドモ国家無限ノ監督権ヲ濫用セバ折角ノ自治体モ画餅タラン／於是自治体ヲ保護セネバナラヌコトガ出来ル」（同前）と、一定の留保条件をつけてはいるものの、自治体の利害より国家の利害を優先させる発想法が正面きって打ち出されていることは、後年と比較して非常に重要である。[68]

しかしながら、私がここで正造の見解とみなした文章は、すべて、薩埵正邦の講演筆記を、正造が日記に転記したものであった。

『全集』第九巻でいうと、二三二頁の九行目の「自治広狭二種」から、二三三頁の四行目の「第三、人民常識之外ニ公共ニ尽すの余力ありや」という部分までは、『下野新聞』一八八八年八月三一日と九月二日の二回にわけて掲載された「地方自治論一班　薩陲《(ママ)》正邦氏演説」からの、ほぼそのままの引用である。この演説は、八月二六日に田沼で開かれた安蘇学術演説会における演説であった。『毎日新聞』では、次のように報道されている。

○安蘇郡講談会　一昨廿六日午後二時より下野国安蘇郡田沼宿亀鶴座に於て安蘇郡講談会を開き内田宇三郎、森田利三郎、湧井彦太郎、中村忠吉、三田寅吉、首藤貞吉、波多野傳三郎、薩埵正邦の八氏各一題を講じたるに聴衆無慮四五百名あり終りて同宿西林寺に於て有志懇親会を催したるに出席者凡そ五六十名あり席上清水千勝、波多野、山田友次郎、薩埵、佐藤豊之助、田中正造、本山兼吉、首藤、中村の九氏各一説を述べたり（一八八八年八月二七日）

薩埵正邦は、一八五六年（安政三）に京都で生まれ、一八七八年（明治一一）に内務省雇となり、その後司法省雇に転じ、一八八〇年六月には民法編纂局御用掛兼務になっている。しかし、金丸鉄らが設立した東京法学社に参加、司法省雇を辞めてそれに専念することになった。そして、一八八一年五月に設立された東京法学校や『法律雑誌』の中心人物として活躍した後、一八九〇年に第三高等中学校法学部教授に就任している。一八九七年に亡くなっているが、草創期の法学教育に多大な貢献をした人物と評されている。[69] だから、私が正造の特徴と見なした町村自治に対する国家の監督権の積極的な肯定は、まさに法律の専門家であった薩埵の見解であったわけである。

それでは、薩埵の見解以外の部分で、国家の監督権を積極的に承認しているような記述が見当たるだろうかというと、それがあまり見当たらないのである。「干渉ヲ去ツテ自治トナセリ」(⑨二二九)や、「干渉ヲ厭フハ人ノ生《(マヽ)》ナリ。干渉ハヨロシカラズ」(⑨二三〇)というように、自治への干渉に対する批判は明確に見られるが、監督に関してはあまり明確ではない。しかし、「二十一年市町村の組織　監督郡府県国」(⑨二三五)という記述からは、市制町村制の条文に示された町村への監督権を承認しているように判断できるし、「〇新宅分家の監督適度過不及あり」(⑨二四三)からは、明治二一年に作った「新宅分家」(=町村)に対する〝本家〟(=国)の「監督」も「適度」でなければならない、「過不及」つまり過ぎたるは及ばざるものである、というように、過度の「監督」=干渉は良くないという認識が読み取れるように思える。とするならば、やはり、薩埵の演説を日記に書き留めたのは、町村自治に対する国家の監督権を、正造も(積極的にではなかったにせよ)基本的に肯定していたがゆえであろう。

このように、正造の町村制への対応をみてくると、以前に私が下した評価を大筋では変える必要がないように思われる。

渡辺隆喜は、『憲法雑誌』を主宰していた改進党鷗渡会系の高田早苗らの論調を分析して、「市町村制に関する高田や宇川の主張は、ほとんど公布された法律の肯定論である。彼らは公布された町村制の逐条解釈による技術的評価がその主たる関心事であった。したがって地方自治的部分を高く評価し、旧慣を保存し激変を避ける町村制の穏健的肯定論である」と述べている。[70]ここで出てくる宇川とは、宇川盛三郎のことで、行政学でよく知られた人物であり、当時、東京専門学校の講師をしていた。そして、市制町村制に関して、埼玉、千葉、神奈川を初めとする各地で精力的な講演活動をこなしていた。前述したように、その宇川が八月五日に行った「市町村制の起源」と題する演説の要約が『下野新聞』に掲載されており(一八八八年八月二一日、二三日)、正造は、その「骨子」を、『全集』第九巻の二三〇頁「市町村自然」から次の頁の四行目にかけて、それから、二四〇頁から四一頁にかけて、引用している。

また、正造は、「租税多納るモノヲ尊敬（下野新聞宇川盛三郎子ノ演説見らるべし）スルハ自治ノ象なり」（⑨二四四）と、宇川の説を援用しながら自説を強調している。ただ、不思議なことに、正造のこの文章に該当する部分は、『下野新聞』に掲載された宇川の演説筆記には、どう探しても見当たらない。ということは、自説を宇川の説と混同してしまうほど、似通っていたということになろうか。いずれにせよ、渡辺が下した評価は、ほぼそのまま、この時期の田中正造にも当てはまるものと考えられる。

しかし、だからといって、東海林吉郎のように、正造は「体制内改良主義」者に成り下がったと評価することに、[71]私は反対である。たしかに、当時の政府の政策意図をたやすく看破できる位相にある今日の私たちの眼からすれば、正造は、客観的にいって、「体制内改良主義」者と評価されてもやむをえないような思想的外観を呈している。政府の監督権を認め、名望家中心の地域支配を肯定し、町村合併を積極的に推進する人間であった。しかしながら、それらの一つ一つが、正造なりの理由と論理にもとづく対応であったことに、私たちは注目しなければならないだろう。それらの中でも、特に重要なのが、正造が、ここでも、地租改正の体験を持ち出してきていることだ。たとえば、薩埵が、自治の条件として、「第一、人民知識ノ度行政ヲ治メ得ルヤ否／第二、人民公共ノ事務ニ任ズル思想有無／第三、人民常識之外ニ公共ニ尽すの余力ありや」（⑨二三三）という三つを上げていることを受けて、正造は次のように書いている。

以上三ヶ条ノ内第二ハ任ズレバ為スモノナリ、地租改正。皆自治ニ怠らざれバ官吏ヲ以政治を取らしむる危嶮なし。
我日本人已ニ此不都合なし。政府又之ニ自治制ヲ与フ。尽スべし尽スべし。
自治制ハ活物ナリ、法律ハ狭クモ広クモ活用法ニヨル。……（同前）

私たちは、正造が、国会開設論の中で、時期尚早論に対する反論として、地租改正の体験を持ち出していたことを、すぐに想起することができる。村会設立案を起草したときも同様であった。それが、再び、市制町村制に関しても持ち出されているのである。正造たちが、あの困難で一般に紛糾の絶えなかった地租改正を、自分たち名望家層の負担が多くなるような犠牲的精神を発揮して、ほとんど自分たちの手でやりおおせたという自信が、市制町村制の受け止め方の根底にあったことを、私たちは改めて確認しておく必要があろう。そして、それは、正造の〝法律「衣服」論〟ともいうべき考え方に発する、「自治ノ気象ハ法律ニアラズシテ人ニアリ」(⑨二四三)、だから、それを積極的に「活用」すれば、官治に陥る危険はない、という見通しによって裏付けられていたのである。

このように、一見、国家の側の制定意図を極めて忠実に受容しているように見えながら、その実、彼独自の発想がその根底に存在していたが故に、後年、国家の肥大化に伴う町村自治の〝窒息状況〟が一般化し、それに鉱毒問題が拍車をかけるようになると、自治の現状に対する鋭い批判と自治認識の深化が見られるようになってくるのである。換言すれば、それらを可能にする内在的契機をはらんだ市制町村制の受容であったことを、私たちは無視してはならないと思われる。

五　対立・融和の諸相と矛盾の表面化

ここで、もう一度、栃木県を中心とした大同団結運動の動向に話を戻したい。

一八八八年二月一日、大隈重信が外務大臣に就任し、井上条約改正交渉のあとをつぐことになったことによって、大同団結運動は新しい局面を迎えることになった。藩閥政府首脳の思惑通り、大隈入閣による改進党の政府〝与党〟化が、旧自由党系勢力などとの対立を決定的なものにしたのである。

しかし、栃木県会の事情は、これとは少し趣を異にしていた。むしろ、改進党内部の毎日派と報知派との対立が、八八年四月一日の議長・常置委員改選で噴出したのである。田中正造は、二三票という高得票で議長への再選が決まったが、副議長には塩田奥造が、そして、常置委員には、正造のほかに旧自由党系の塩田・田村順之助・濱野藤一郎の三人、それに中立もしくは改進党系と目される見目清が選出され、改進党系圧倒的優位の前議会役員構成から、両者均衡、数の上からは旧自由党系優位の構成に変わったのである。栃木県改進党報知派の重鎮横尾輝吉や塩谷道博は、常置委員にすら再選されなかった。

先に引用した「回想」からわかるように、役員改選のこうした結果を、田中正造は、党派的対立を排除するという議長としての方針にそって、「双方対等の平均を取った」と説明している。それに続けて、次のように述べている。

当時栃木県会は改進党員の数三分の二あり。然るにも不拘予は県下の公平を基とし我党の名誉を高からしめんとせしに、図らざりき、味方の党員より痛く攻撃を受けて内部は之が為めに不和を来せるの折柄、塩田等の窺ふ所とす。塩田の才は権略あり、人望あり、迚も予等の及ばざる処あり。彼の表面予に対して服しつゝ裏面に自由党の為めに策を巡らし、不平家の横尾、塩谷等に疾妬心を起さしむ。横尾、塩谷等終に塩田の術中に落ち、田中が秘密を洩すと疑へ、終に田中を忌避して田中には何事も図らざるに至れり。之れ予が正しき道を道とせざるより同党中常に一致を欠きたり。（①三二一～二）

田中正造の言い分を聞くと、改進党の名誉を高めようとして行ったことが、逆に党員の反感を引き起こしてしまったということになるが、高めようとしたのは改進党の「名誉」であったのか、はたまた自己一身の「名誉」であったのか。ここで、横尾や塩谷を「不平家」と形容していることは、あまりにも一面的すぎるような気がする。

そもそも、横尾らとの対立が表面化したのは、正造が、「予の同党に憎まるゝの始めなり」と指摘しているように、一八八五年一一月開会の第八回通常県会における常置委員月手当の増額問題であった。一ヵ月四〇円とする原案について、横尾は、議員の体面を保つためにも、また良い議員を得るためにも五〇円への増額が適当であると主張したのに対し、正造は、議員の品位はお金の問題ではない、松方デフレと三島土木県政のツケが相乗的に作用して不況にあえぐ今日の下野経済にあって増額するのは代議の精神に反する、と三〇円への減額を主張して、互いに譲らなかった。他に改進党の中の「増額派」のおもな議員は、当時の議長小峯新太郎をはじめ塩谷・和田方正・久保三八郎らで、「減額派」は藤田吉亨・新井保太郎・見目清らであった。旧自由党系も塩田や影山禎太郎が前者、濱野・田村らが後者と分裂していたのだが、新聞報道では改進党内部の対立のみが大きくクローズアップされたのである。

一八八五年一二月一八日付の『朝野新聞』によれば、両派の対立は、「双方全く旅宿を異にするが如き有様となり」、「過激の議論多く時時一身上の毀誉褒貶に渉り議長より中止を命ぜしも数回に及べり」というほど激しいものであったらしい。結局、常置委員の月手当問題は、予想に反して一四対一七で三〇円への減額説が勝利を収めたが、この対立は、議員旅費日当の問題にも波及し、管内滞在費一日一円五〇銭の原案を支持する横尾・塩谷らと、一円への減額を主張する田中らとの間で激しい論戦が展開されたのである。

その結果、「栃木県にてハ一時改進党員に非ざれバ議員に非ず議員ハ即ち改進党員なりとまでに思ひしも」、「改進党員ハ県下人民の怨を買ひ」、八六年三月の半数改選で議長小峯が落選し、横尾も辛うじて再選されるなど、「増額派」の議員が選挙民から手痛いしっぺ返しをうけることになった。

このように、正造が議長に選出される以前から対立は存在していたのであるが、それでも、議長一期目には、横尾と塩谷が常置委員として残った。にもかかわらず、両者の対立は解消されることなく、一八八七年（明治二〇）一一月の第一〇回通常県会でも出現したようである。『下野新聞』の記者は、「又去る廿九日午后には議長田中正造氏と三十七番横尾輝吉氏との間に一大難題を惹起し一は議長の心得違ひと定まりしも跡一ツの問題は如何なる結果を現出するや吾人刮目して之を見んとす実に吾人は栃木県会のために長太息すること稍々久し」と、一二月二日付の紙面で述べている。前者は、尋常師範学校費と付属小学校授業料とをあわせて審議すべきものを、正造が別々に議決をとってしまった議事進行の不手際を横尾が突いたもので、こちらは議場における正造の〝陳謝〟でおさまった。「跡一ツの問題」とは、「議長が昨日本員に対し無礼と云ひしは三拾七番に対して云ひたるか将た横尾輝吉一己に対して云ひたるか」という横尾の発言のことである。ここにみられるような両者の感情的対立は、記者をして「栃木県会のために長太息」させるほど深刻化していたようである。

だから、「我党の名誉を高からしめん」として「双方対等の平均を取」ったと自認している役員改選も、後に『下野新聞』が、「彼の田中正造氏が曾て先年の県会組織に於て反対派なる塩田氏と聯合して同党員なる横尾氏を倒せし」と表現しているように、正造が議長を継続するためにとった〝策略〟と受けとられても仕方がない面もあったといえよう(72)。

以上のような改進党中央の動向や栃木県における改進党内部の対立にもかかわらず、一八八八年を通して田中正造が旧自由党系との融和にこころがけていたことは事実である。前表3にある通り、一八八八年（明治二一）四月八日には、帰村途中、下都賀郡和泉宿桜井楼で開かれていた三大事件建白書捧呈委員の慰労会に飛入りで参加しているが、これは、旧自由党系の田村順之助・青木静作・落合貫一の三人の労をねぎらう会であった。

そればかりではない。一二月一五日には、宇都宮臼峯館で開かれた下野倶楽部の発会式にも参加し、演説しているのである。下野倶楽部は、塩田・田村・濱野・中山丹次郎・持田若佐ら旧自由党系の人々を中心に大同団結派の組織として結成されたものである。そういう下野倶楽部の発会式に参加し、しかも「一身上の来歴を述べて己が所感を演ぜられた」というのである。

このような関係は、旧自由党員の中にも不審を抱かせるに十分であったようだ。『朝野新聞』一二月三〇日付は、栃木県下都賀郡の旧自由党員が、塩田・田村ら四名に、「旧自由党員にてありながら改進党員なる議長田中正造氏を庇護するの厚きに失したること」などを理由に辞職勧告したことが記されている。この記事は、のちに、全くの虚説であったことが判明したが、このような話がまことしやかに伝えられること自体、田中正造と旧自由党系勢力との〝蜜月〟関係を裏付けるものといえよう。

しかしながら、この前後の栃木県改進党員の大同団結運動認識は、渡辺隆喜が、一〇月の鹿沼駅同志懇親会を例に、「改進党の遊説員箕浦勝人、青木匡を迎えての鹿沼駅同志懇親会においては、「改進党と自由党とを合体せしめんとするは大同団結にあらずして大異団結であると大同団結に反対したのに対し、「一人の不同意を表する者なく孰れも拍手して賛成」したという」とまとめているように、(73)大同派の下野倶楽部とは明確に一線を画し対決姿勢を見せている。田中正造は、改進党のおおかたの動向に反して、大同団結運動にまだ期待をもっていたのだろうか。それとも、下野倶楽部発会式に東京より招かれた志賀重昂と三宅雄二郎の二人に面識を得んがために参加したのだろうか。あるいは、二人の演説が、それぞれ「自治の基礎」「自治に就て」という題の地方自治制に関するものであったので、二人の話を聞いて参考にしようと思ったのか。

私見では、その比重はさておき、おそらくそのいずれもが参加の動機にあったように思える。第二項でみたように、正造は大同団結運動への関心が割合に強く、沼間殴打事件で改進党毎日派がそれに批判的になってからも、それとは若干歩みを異にしていたと確認できるのが第一の理由である。第二には、後のことになるが、正造が批判的警戒心を抱いていた下野同志会の第三回総会（一八八九年一二月一日）にも、たぶん福沢諭吉が出席するという理由で参加しており（実際には福沢は来ず小幡篤次郎のみであったが）、これと同様の行動パターンのようにも推測できること。第三には、表からも看取できるように、下野倶楽部発会式の前後の九月から一二月にかけて、正造の市制町村制に関する演説が集中的にみられることである。そうだとすれば、かつて一大政党論を掲げて自由党の単独結成に抵抗したごとく、あるいは、第一議会直前の民党合同の計画に好意的であったように、民党勢力結集の可能性を最後まで模索していたといえるだろう。

しかし、新聞報道から窺える旧自由党系との〝蜜月〟関係とは裏腹に、田中正造の内面において矛盾が自覚化されはじめたのもこの時期ではなかったかと思われる。なぜなら、下野倶楽部の発会式に参加しながら、その一方では、それに対抗するための下野明治倶楽部の組織化に着手しているからである。

翌一八八九年（明治二二）二月一一日、田中正造は、栃木県会議長として、憲法発布式典に参列する栄誉を得た。それは、県会議長時代の最も輝かしい瞬間であった。帰県後、正造の労をねぎらうために、改進党・大同派有志が一緒に発起した議長慰労会が、二月二一日に宇都宮臼峯館で開かれた。二四日には梁田郡で同様の会がもたれ、正造は答辞を述べている。だが、憲法発布の大赦によって大井憲太郎や新井章吾らが出獄することになり、以後、旧自由党系の攻勢はますます強まっていった。

田中正造を国会議員選挙の候補者に推す声は、すでに、一八八七年一二月二八日に安蘇郡の田嶋楼で開かれた田中正造の慰労会で上がっていた。[74] これに対し、「公平」を旨とする議長職にあったためか、正造は、天海耕作や川俣久平、川島治平、新井保太郎などを候補者に推薦したい考えだったようである（⑭一三〇）。しかし、一八八九年に入ると、国会議員選挙も次第に現実味を帯びて意識されるようになり、安蘇郡内の大勢も、「本区議員の候補者は先ず大抵木村半兵衛田中正造の両氏なるべけれと何れを選出すへきと目下評議区々なりと」と『下野新聞』が報じたように（三月二日）、改進党員は田中正造を推薦することにほぼ固まりつつあったようである。そして、この三月、四月ころから、栃木県下全体に再び政談演説会の嵐が吹き荒れるようになった。そして、四月一六日の鹿沼の改進党政談演説会のように、会場に反対派壮士が押し掛けて演説を妨害することもしばしばとなった。田中正造の地元安蘇郡にも大同派勢力結集の動きが公然とみられるようになった。しかし、塩田奥造や田村順之助など、大同派の副議長・常置委員が各地の政談演説会を飛び回っているのに比して、田中正造は、この時期になっても改進党の政談演説会では一度も演説していない。せいぜい、地元三郡を中心とする懇親会に出席する程度であった。だが、五月二六日、佐野寿座で開かれた明治倶楽部発会式に、正造は重大な決意を胸に秘めて臨むのである。

六　議長職への熱意の喪失と大隈条約改正問題

改進党中央において明治倶楽部が組織されたのは、一八八八年八月のことで、その目的は、「政治上の改良のみならず法律、経済、道徳上の改良も改進主義を利用して地方有力者のうち政治的関心のないものや、郡長、戸長など役職上政治的立場を明確にしえない人々を組織化することを意図していた」とされている。[75]『毎日新聞』の社説「明治倶楽部」(一八八八年八月一二日)が指摘するように、「政党及ひ政治結社ハ範囲狭隘にして社会各般の業務に従事する者を網羅する能はざりし」という「政党」による民衆組織化の限界を踏まえ、表向きは親睦を旨とし、真の目的は改進党の党勢拡大においたものであった。かねてより実業家等の組織化に着目してきた田中正造は、その方式を安蘇足利梁田の三郡(すなわち栃木県第三区)にも踏襲したのである。下野明治倶楽部の発会式は翌八九年五月二六日のことであったが、設立直後の明治倶楽部に東京・千葉・埼玉などの関東地方だけでなく、山梨・長野や遠く宮城・鳥取などからも入会者が相次いでいるのに、栃木県関係者はほとんど入会していないところを見ると、中央から独立して下野明治倶楽部を設立しようという意図は当初からあったのかもしれない。

この発会式で、田中正造は「明治倶楽部の必要」と題して演説しているが、先に指摘した「ある重大な決意」とは、県会議長を辞任することの諒解を支持者から得ることであった。「回想断片」の中に次のような記述がある。「二十二年の春佐野町芝居座に大集会を開き、議長を辞して自由党の塩田氏に譲らんことを図る、選挙民は改進党員なるを以て大に不平を鳴らして正造の議長辞職を拒めり、正造止むなく継続す」(①三二七)、と。

結果的に継続することになったとはいえ、このことは、議長として掲げた党派的対立の排除という方針がもはや自縄自縛の論理と化し、議長の地位を抛たずには改進党の党勢拡大運動も表立ってやれず、来るべき国政選挙での勝利も覚束ないことを自認した結果ではないかと思えるのである。下野明治倶楽部の発会式とは、そうした決意表明の場でもあった。

皮肉なことに、下野明治倶楽部発会式を挙行した数日後、新聞『日本』が、それまで秘密裡に進めていた大隈条約改正案をロンドンタイムスより訳転載し、それを機に反対運動が激化し、改進党は否応なしにその対応に追われることになった。なかでも、九月二八日、改進党が起死回生の一大イベントとして企画した三日連続の条約改正全国同志演説会二日目終了後に発生した猿屋事件は、次の二つの理由で、田中正造に最終的な決心を固めさせることになったようである。第一に、事実に反して、田中正造が大同派の老壮士福井茂兵衛を殴打したと意図的に報道されたこと、第二に、この事件に憤激した大同派の新井・田村・持田などが、三〇日に正造の地元安蘇郡田沼町で正造を攻撃する演説会を開いたことである。

こうして、田中正造は、大同派批判の態度をようやく明確にした。九月二九日、条約改正全国同志演説会の七番目に「輿論の真偽」と題して演説したのを皮切りに、一一月にかけて地元三郡だけでなく上下都賀郡まで足をのばして演説会活動を連続し、「輿論とは何ぞ」、「責任重からざれば言論亦重からず」などのテーマで演説している。その一方で、正造は、党勢拡大のねらいもこめて、条約改正断行建白署名の組織化に熱心にとりくんでいる。その結果、渡辺「大同団結運動と条約改正問題」に明らかなように、この年一一月末までで中止建白九件、断行建白四四件と、全国的にみても極めて断行建白が多かった栃木県の中でも、安蘇足利梁田の三郡だけで二〇件を占めるほどであった。

田中正造の条約改正断行論の内容は、『全集』第一巻に所収された「真正愛国者論」、「重大ノ言論ヲ為スモノハ重大ノ責任ヲ負ハザルベカラズ」、それに九月一一日に正造が単独で提出した「外交条約改正ノ決行ヲ請フノ建白」に明らかである。また、正造の断行論を他の断行論と比較した場合の特徴も、すでに渡辺によって分析がなされている。そこでは、「その個別的な条文上の優劣の主張というよりは、全体的に総論的な過激論への反論が大隈案断行論として展開されているのである。これら断行建白では改進党側の主張の強みともなっていた海関税増収による国家財政の補塡、そのための地租軽減という主張すらみられない」と評価されている。渡辺が指摘するとおり、反対派を批判するに急で、積極的かつ説得的な論拠はほとんど示されていない。「抑現行条約ノ不正不利ナル固ヨリ論ヲ俟タズシテ我国人民ノ之レガ改正ヲ希望スルコト一日ニ非ラズ。故ニ若シ直チニ現行条約ヲ廃棄シ、結ブニ対等条約ヲ以テスルヲ得ンカ。国家ノ大幸之ニ過ギズト雖モ、顧ミテ内外ノ事情ヲ察セバ斯ノ如キハ所謂望ム可クシテ行フ能ハザルモノニシテ、姑ク忍ブ所アルモ蓋シ勢ノ已ムヲ得ザルモノト謂フ可シ」（①五三二）というように、あくまで〝次善の策〟に過ぎないが、今断行しなければいつ改正できるかわからないから、という程度の論拠であった。(76)

なぜこういった特徴を帯びざるをえなかったのであろうか。なぜ、利害得失論すら正面切って打ち出せなかったのだろうか。田中正造の断行論を読んだとき、なにゆえにある種の歯切れの悪さを感じずにはおれないのか。

私が思うに、それは、中止論者が指摘してやまない外国人内地雑居後の地場産業への大打撃という懸念に対し、田中正造自身が同じような不安を抱いていたことに起因するものではなかろうか。なぜなら、井上外相による条約改正交渉が進められていた一八八六年八月一三日付の安生順四郎宛書簡からは、「兎ニ角入り町已上温泉場ニ至るの地面ハ、野となく山となく、後来ハ皆外国人の納涼地となり、我国の人〻ニハ立ち入る事も出来不申と奉存候ヘバ、苟くモ憂国の男子ニして、之レヲ悲まざるものなからん」（⑭一一〇）と、外国人の内地雑居・不動産所有問題に対し、強烈な危機感を抱いていたことが看取できるからである。その「憂国の男子」という表現にみられる危機意識は、「真正愛国者論」の中の「愛国」概念とは異質なもので、むしろ大同派のそれに近かったといえる。まして、前に検討したように、安蘇郡を中心とした地場産業の育成にあれほど尽力し、「早く会社法を設けて策略を運ばざれば或は他邦人の為めに専領せられて徒に他日の悔あらんのみ」（①五一八）と述べていた正造であったれば、この地域の実業家の多数のように内地雑居後の不安が払拭できなくて当然であったといえよう。

あたかも心中の迷いをふっきるがためであるかのような激しい運動の過程で、田中正造は、県会議長・常置委員の職務に対する熱意をほとんど失ってしまっていた。すでに、七月頃より、毎月恒例の常置委員会が終わるとそそくさと帰村する例が目立ちはじめていたが、一〇月二三日の常置委員会や二六日の常置委員会決議会は、他の四人が出席しているにもかかわらず、正造だけが負傷した大隈を見舞いに上京したまま帰らず、欠席している。これまでは、常置委員会が終わっても議案の整理その他で宇都宮にとどまることが多かったし、まして病気以外の理由で欠席することなどほとんどなかったのである。

熱意喪失を裏付けるもう一つの事例は、一一月三日にとりおこなわれた後の大正天皇嘉仁の立太子式の「賀表」の捧呈が、改進党系とそれ以外とで分裂して行われたことである。田中正造・横尾輝吉・塩谷道博・山田武・山口信治・川島治平・新井保太郎ら改進党系議員が先行して「賀表」を捧呈してしまったことが原因であった。この事件について、『下野新聞』は、一一月六日付の紙面で、「今回東宮の冊立に付ては東京市会は議決の上知事が同会を代表して賀表を捧呈せられ又当時開会中の神奈川県会も議決の上同しく一県を代表して拝呈せられし哉に伝聞したれば本県抔にても目下幸ひ臨時県会開会中の事にもあれば若し拝呈するの場合には同じ様の運びに出らるべきやと思ひ居たるに田中氏以下の県会議員諸氏には前号に記せし如く早く已に電報にて拝呈せられ今又塩田氏外数氏の別に拝呈せられしを見れば本県会にては一般を代表する等の事はこれ無く何れも一個人の資格にて賀詞を申上られたるならんか」と疑問を呈している。こうした点にも、議長として県会をまとめてゆこうとする意欲の喪失をみてとることができるだろう。

もはや、栃木県会の議場においてまでも正造と塩田・中山らの対立が歴然とし、傍聴席にも大同派の壮士が押しかけ、中山らを支援し改進党議員に罵声を浴びせかけるという騒然とした雰囲気につつまれていた。一二月一二日には、政談演説会出席のため欠席する議員が多いことを、県下全体の利益という観点から憂慮する建議が、有志野崎豊太郎の手によって出されてもいる。県会外の政争が県会議場にも持ち込まれ、田中正造も反対派壮士の攻撃の矢面にさらされる中で、議長就任時に掲げた方針も崩れ去ってしまった。

こうして行われた一八九〇年（明治二三）三月の第七回半数改選の結果、栃木県会の勢力分布は、旧自由党系二四、改進党系一二、中立二というように、旧自由党系が圧倒的優位に立つことになった。「下野東部、那須、塩谷、芳賀三郡中改進党失敗いたし、我党の主義者人数減少いたし候ニ付、来る四月一日臨時会役員選挙ニハ我党必ず失敗いたし可申事ハ相分り申候」⒆三九四）との予測の通り、県会議長には新井章吾が当選し（新井二〇票、正造が一五票であった）、常置委員選挙も改進党からは塩谷道博ただ一人が当選したのみで、あとはすべて旧自由党系議員がしめた。栃木県改進党の惨敗であった。

みようによっては、加波山事件や大阪事件等で壊滅的な打撃を受けた栃木県の旧自由党系勢力が、田中議長の党派的対立排除のために両派の「平均」をはかるという方針に乗じて、また、改進党内の横尾派と田中派の対立の間隙をぬって、勢力の挽回に成功したともいえる。正造は、それを塩田奥造の策略に横尾や塩谷がのせられた結果であると回顧しているが、あまりにも自己弁護に過ぎるような気がする。栃木県改進党の中心的人物でありながら、議長として掲げた方針に縛られ、また人一倍「名誉」を重んじる性格が災いしてか、大隈条約改正が問題化する以前は地元三郡以外での活動がほとんどなされていない。少なくとも、この点で、改進党敗北の責任の一半は田中正造自身も担うべきであろうし、自分の（選挙の）ことしか考えていないという批判が出たとしても、甘受すべきであろう。

以上のように、田中正造の県会議長時代とは、政治熱の冷却化の中で割合に順風満帆で出発し、憲法発布式への参列などの名誉に彩られながらも、結果として改進党勢力の大幅後退という現実を招いてしまった。『下野新聞』も、一八九〇年四月頃よりその旗幟を鮮明にしはじめ、県内改進党の動向が、改進党脱退記事以外にはほとんど報道されなくなると同時に、田中正造を狙い撃ちにした悪意に満ちた編集が目立つようになる。五月一日、横浜着の船で木村半兵衛が帰国し、木村が衆議院議員選挙の候補者になることを了承すると、その傾向はますます露骨になっていった。広瀬孝作の足利公民会脱会広告や、田沼幸蔵・飯塚麻吉・北村勘蔵・矢澤忠蔵・手島春次他五名の明治倶楽部脱会広告を連日紙面に掲載するとともに、「寄書」や「投書」の体裁をとった田中正造本人や支援者の川俣久平・川島治平・山田友二郎などの誹謗中傷記事を相ついで掲げた。たとえば、五月二七日の「演説に感じて」という記事は、田沼の「唐麓山人」から送られたものと断り、

明治二十三年度不時の大霜を題にして、
西風に自由自在に吹きなされ

田中の草は霜枯れにけり
道ならぬ田中に迷ふ心がら
改進すれば自由なる身を

という狂歌二首を掲げている。

下野新聞社長の影山禎太郎は、四月より足利の木村半兵衛宅に寄留しており、この影山の指示で、清廉潔白で出処進退をわきまえた政治家という田中正造イメージを切り崩すための紙面作りがなされたのであろう。その結果、田中正造は、予想外の苦戦をしいられることになるのであるが、それはさておき、最後に、県会議長時代の田中正造の思想的特徴をいくつかまとめておこう。

官尊民卑の弊の克服こそ焦眉の急務であり、そのためには「独立自治の精神」の育成が重要であるとの認識では、それ以前から一貫しているといえる。それよりも、この時期の特徴は、まさに〝改進党的〟といおうか、きわめて漸進主義的な色彩の濃さにある。正造の漸進主義の立場を一言で説明するなら、「知識」と「財産」あるものの手で「秩序」ある「実益」ある「文明の進歩」をはかっていく、ということである。

こうした漸進主義の根底をなすのは、たとえば、一八八五年四月一三日の「戸長公選建議につき賛成意見」の中で示された、「凡ソ権理ヲ求ムルコトハ誰レシモ大ナルヲ欲ス、然レドモ已ムヲ得ズンバ小ナル権理ヲ取ルコトアリ、是レ取ルハ尚ホ取ラザルニ優レバナリ」(⑥五五七)という「権理」の考え方ではなかったろうか。このような現実的な権利感覚が、市制町村制や大日本帝国憲法を肯定的に受け止め、もっぱら運用のレベルで勝負してゆこうとの姿勢を決定づけたものと思われる。大隈条約改正案に賛成する理由も同様であった。

そして、漸進主義を支えたもう一つの要因として、その階級的性格があげられるだろう。田中正造も連署した総勢五〇二名の署名になる「再請条約改正断行建白書」(一八八九年一一月三〇日付)を見ると、「惟ミルニ維新ノ後政府ノ処置雄断ニ出デテ史上ノ偉業ト称スベキ者ハ大抵衆愚ノ反対ニ遭ハザルハナシ」という一文に出くわす。ここで「衆愚ノ反対」と形容されているのが暗に条約改正中止論者を指していることは明らかであり、それは、条約改正全国同志演説会二日目に登壇した栃木県改進党員の間宮清十郎が、「条約改正断行論ハ中等以上の人民之を主唱して全県下の輿論となり只財産なく名望なく智識なき輩のみ中止論を唱導せり」と演説しているのと、全く同じ論理であった。

こうした発想は、「知識」と「財産」ある地方名望家層の「独立自治の精神」の発揮による地域支配や地域の経済的自立という観点から、町村制に賛成し、地場産業の育成に尽力したことと共通している。また、明治倶楽部の組織論とも同じである。だが、このような立場が、下層民衆の利害と衝突する傾向にあったことは、正造も設立運営に協力した安蘇馬車鉄道をめぐる紛議に明らかである。「同社創立の際には葛生、多田、栃木等に在る車夫日傭ひの如き貧民ハ全社設立の後ハ己れ等の生計に苦むを以て戸長役場或ハ人の目に付く所に種々脅赫めきたる貼り札をなし切りに不平を鳴らしたれども公益の為めには一二の貧人を憐む可きにもあらねば……」という『下野新聞』一八八八年七月一二日の記事の視点――「文明」の進歩＝「公益」――は、この時期の田中正造にもあるいは当てはまるのかもしれない(77)。

はじめての衆議院議員選挙の直前という特殊な事情が拍車をかけたのかもしれないが、田中正造の生涯における県会議長時代とは、その意に反して党派的階級的性格が最も露骨であった時期となってしまった。かつての「戸長公選建議」にみられたような、あくまで原理原則に忠実たらんとするラディカルさは影をひそめていた。さらには、偏狭なナショナリストの一面も顕著であった。原理的に対決しようという姿勢が後退し、もっぱら運用の面で勝負していこうとする〝柔軟さ〟が、ある面で正造の対応を後手々々にまわしていくことにつながったのも否定できない。

渡良瀬川に流れ込む鉱毒の被害は、すでに『朝野新聞』が一八八五年八月一二日の紙面で「香魚皆無」と題して指摘し、同じ内容の記事が一四日付の『下野新聞』にも転載されていた。また、同年一〇月三一日付の『下野新聞』では、煙害の顕在化も指摘されていた。田中正造が県会議長に就任する以前から鉱毒被害が語られていたにもかかわらず、また、常置委員として毎年河川沿岸堤防工事等を巡視しており、一八八八年六月一二日には足尾銅山の工場を見学し地元有志と懇談しているにもかかわらず、何ら有効な対策を講じなかったどころか、鉱毒の存在にすら気づかなかった。「文明」と「名誉の奴隷」であった正造には、「鉱毒」が見えなかったのである。

「徒らに党勢拡張の外、脳中利害権利生命の貴重なる問題をも軽視して鉱毒の加害を発見せず」（①三二八）と回想しているように、このことも県会議長時代を悔恨の多いものにした大きな要因の一つであった。

小括

幕末維新期から自由民権期にかけての田中正造は、きわめて波乱に富んだ生を送った。「昔話」が今もなお読みつがれている所以であろう。

江刺県の官吏時代の正造は、支配の末端につらなるものとして、為政者意識を濃厚に持っていた。明治の新政を体現するかのごとく、「上からの啓蒙」にやっきであった。飢饉でその日の食糧にもことかく東北の民衆を目の当たりにし、即座に救済策を建言するなど、為政者の一員として「仁政」の実施をこころがけていた。

そうした正造に大きな人生の転機がおとづれる。上司の木村新八郎暗殺容疑で逮捕・投獄されたことである。正造は、盛岡の獄中で、西洋近代思想と出会った。そのときの衝撃がいかに大きかったかは、晩年に『日本及日本人』の「予の好める及好まざる史的人物」というアンケートに答えて、『西国立志編』の「ドリウ」をあげていることが証明していよう。

盛岡の獄から解放されて故郷にもどった正造は、福沢諭吉の影響を強く受け、地方知識人・地域指導者としての啓蒙をこころがけていく。そして、「一身以て公共に尽す」生き方を決意したのである。「公共」に尽くすために、家産の放擲と家名の断絶を決意するには、よほど、「文明」の進歩への信頼、近代思想への確信がなければできなかったであろう。このように、文明開化期から自由民権期にかけての正造は、まさに、「近代文明」、もしくは「進歩」というイデオロギーのとらわれ人であった。

自由民権家、区会・県会議員としての正造の活躍もめざましいものがあった。『栃木新聞』の編集長などとして、言論を通じて国会開設運動をリードしたばかりでなく、国会期成同盟の一員としては、中央と地方の連合を掲げ、一大政党の結成を求めてやまなかった。地元安蘇郡の中節社における熱心な活動は、やがて安蘇郡を改進党の一大牙城たらしめていった。

また、「代議」の精神にあくまで忠実であろうとした区議・県議としての活動にも注目できる。議会の議権の確立を目標に、三島県政に対しても身を以て抵抗したのである。そして、県会議長も二期四年勤めた。

以上のような自由民権家としての正造の最大の特徴は、自治思想にあった。私は、それを、田中正造の「地域自治の思想」と称している。[78]

正造の自治思想には、二つの側面があった。「精神としての自治」と「制度としての自治」である。両者は、車の両輪のような関係にあった。

「精神としての自治」とは、自発的に、正造がいうところの「徳義」をもって地域社会に貢献していこうとする姿勢のことであった。また、政府をはじめとする官に安易によりかからず、自主独立した人民によって担われるのが「地域自治」であった。

正造は、そうした「地域自治」実現の可能性を、地租改正事業によって確信した。農民たちが「自治ノ気象」を発揮して、あの困難な地租改正事業をやりおおせたことに、正造は、農民たちの中に自治能力が経験的に形成されていることを見て取ったのである。それが、彼の国会開設論の重要な論拠となっていたことは、指摘した通りである。

そして、「制度としての自治」は、おもに県会における活動の中で展開された。府県会規則や地方税規則に準拠しながらも、正造は、中央政府の干渉を排除し、県会の議権をより拡充していくことで、地方自治を確立していこうとしたのである。戸長官選化に反対して正造が繰り広げた戸長公選論は、まさに、自治の法的・制度的保障を貪欲なまでに追求していこうとの姿勢に支えられたものであった。法や制度を非常に重視していたことも、この時期の正造の特色である。

その他、「学ト衛ノ自治」と自称しているように、初等教育論や衛生論の根底にあったのも独特の自治思想であった。しかも、正造が、市制町村制を肯定的に受け入れた背景に、封建制下の自治に対する痛烈な批判が存在していたことを、私たちは見逃すべきではない。こうした、自由民権期の自治論を、林竹二は、まったく等閑に付しているのである。

しかしながら、注目すべきは、正造にとって「自治ノ精神」と愛国心とが密接不可分な関係にあったことである。自主独立の人民であってこそはじめて国を担う気概が持てるのだ、というのは、この時点での正造の信念ともいうべきものであった。さらに、正造が愛国心を強調したのは、強烈な対外的危機意識のなせるわざでもあった。それは、国会開設建白書にも色濃くみられた。三島事件のときに、三島県政は条約改正交渉の支障になるという理由で外務大臣に面会を求めたのも、一見非常に奇異な行動のように思えるが、当の正造自身は大まじめであったかもしれないのである。大隈条約改正に際しては、条約改正断行建白運動を熱心に組織していたが、その論理はきわめて煮え切らないものであった。おそらく、本心では、内地雑居に対する地方実業家の視点からの危機感を強烈に抱いていたからであろうと、私は推測している。

以上のように、「自治」と「国権」論に最大の特徴を見いだすことができる自由民権運動期の正造は、近代国民国家の形成を自らの課題とする国民主義者の一人であり、それゆえの思想的問題点もたくさん抱え込んでいたといえる。

注

（1）鶴巻孝雄『近代化と伝統的民衆世界』東京大学出版会、一九九二年、参照。
（2）『亡国への抗論』三頁。
（3）『岩手県史』第七巻近代篇二、一九六二年、一三頁。
（4）国府義胤は、一八三三年下野生まれ、名主出身、大橋訥庵の影響を受けた。江刺県大参事から山形県少参事に転じた後、郷里に戻り、医師として施療するかたわら、一八七八年六月に私立変則中学東野学舎を開設し子弟教育に携わった。『下都賀郡誌』下巻（一九三四年）には、田中正造も東野学舎の門人とされている。その後、県会議員・戸長を歴任し、一八八四年には、三島県令より勧業土木衛生世話掛に任命され、各郡を巡視した。一八八七年からは東京に出て医師を開業した。
（5）小笠原は山口藩出身。正造がいつどのようにして小笠原と知り合ったのかは不明である。
（6）ここで「今日の占領地」といっているのは台湾のことであり、正造がこの「昔話」を『読売新聞』に連載していた時期は、日本の植民地化に抵抗する運動が高揚していた。正造は、日清戦後の台湾と明治初年の鹿角地方とをだぶらせているわけであるが、ここに当時の正造の台湾認識が示されていよう。
（7）前掲『岩手県史』には、明治二年秋の凶作による村々からの米穀拝借願が多数収録されている。江刺県による救済策の実施が、「昔話」にあるように正造の建言を直接的な契機とするものなのか、それとも村々からの嘆願に応じて県当局が実施したものか、判明しないが、おそらくは後者ではなかったろうか。
（8）花崎皋平氏の示唆による。
（9）一八七〇年（明治三）七月時点の「江刺県官員録」は、次のようになっている。

権知事	山田　十郎（信道）	熊本藩士、元弾正少忠
大参事	村上　一学（光雄）	黒羽藩士、元三戸県知事
少参事	小川　勘解由	黒羽藩士、元三戸県県官
大　属	早河　信斉	伊勢津の出身、国府義胤に従って赴任

同	那須　真小一	黒羽藩士、元三戸県県官
同	松野　正朔	
権大属（東京詰）	武井　亀直太	
	木村　新八郎	
	石川　立憲	
出納掛	田中　金平	元三戸県県官、三年十月頃大属
	室井　平左衛門	黒羽藩士、元三戸県県官
少属聴訟掛	百地　勝之進	
	大橋　鉄五郎	
租税掛	滝田　謙之助	黒羽藩士、元三戸県県官
	立花　清一	
権少属	嶋田　三八	
	三浦　又八郎	
	秋山　要太良	
出納掛（権少属）	柴田　徳太郎	
	杉山　昌蔵	
聴訟掛	埜口　九兵衛	
（権少属）	久我　儀三郎	
（権少属）	西嶋　儛五郎	
史生	高井　綖次郎	
	戸上　常太郎	黒羽藩士、元三戸県県官
	斎藤　半六	黒羽藩士、元三戸県県官
	菊地　常之助	黒羽藩士、元三戸県県官

出納（史生）　清水　清三郎　元三戸県県官
寸陰館（史生）　江田　大之進（重威）　遠野南部藩士、元信成堂教授
租税掛（史生）　片岸　金次郎
鈴木　和喜衛
准史生　木本　生次郎
飯田　幸七
宇夫方　文吾　遠野の人
広田　耕之助　遠野の人
豊田　泰助
使部　吉田　新一　元三戸県県官
佐藤　良平　元三戸県県官
菱沼　惣八
佐々　幸太郎
小林　弁次郎
木村　新平
蟻生　九十九
嶋　文蔵
小林　庄助
神上　太一郎
秋元　守三
田中　正《（ママ）》蔵
増淵　一蔵
大井田　捨蔵

附属補

佐々木　定二郎
金子　学左衛門
福田　五左衛門　遠野の人
菊池　友治　元江刺郡西方大肝入
佐河　五郎七　元江刺郡東方大肝入
脇山　民治　遠野の人
新田　正己　遠野の人
米田　多蔵　遠野の人
伊能　早志　遠野の人
是川　源之助　遠野の人
田口　秋蔵　遠野の人
萩野　周平　戸籍懸
杉岡　左一郎
欠下　倫吉
千葉　李之助
河野　平太郎

捕亡

川野　文右衛門
類家　壮吉
四戸　勝之丞
西川　佐一
山下　理蔵
山下　伝蔵
桜習（ママ）　勝助

石橋　寿五郎
山陰　勝之丞
（以上、『岩手県史』第七巻近代編二、一〇～一二頁、一九六二年）

（10）江刺県は、遠野の郷校・信成堂を再興して、校名を「江刺県学校寸陰館」と改め、県内の要地に出張所や分校、講義所を設置した。寸陰館花輪出張所が開設されたのは、明治三年三月であった。通称を花輪寸陰館といった。主として四書五経等の漢籍が用いられ、また農工商の子弟に対しては往来物が使用された。しかし、経費の問題や舎長補泉沢恭助が死去したことなどにより、一〇月には閉鎖されている。ちなみに、明治三年の階層別入学者数は次のとおりである。

元給人	元陪臣	元与力	神官	僧侶	医師	農工商	鉱業	村役人	官員	合計
四一	三四	二	三六	五	五	八八	三	四	二	二二〇

官員二名とは、木村新八郎の長男と田中正造をさしている。（以上、『鹿角市史』第三巻上、一九九二年）

（11）権知事山田信道は、明治四年三月、広沢参議暗殺事件に連座して免職されており、正造が逮捕された時点で、県政の実権は村上大参事が掌握していた。

（12）「趙」とは、漢代の注釈家趙岐のことである。

（13）後年、内藤虎次郎の長男乾吉は新井奥邃の謙和舎に入り、正造の甥原田定助の子息善三郎、正三らと同宿している。このように、内藤一族との縁は深かった。

（14）たとえば、前段部分は、「齊宣王問曰、湯放桀、武王伐紂、有諸、孟子対曰、於伝有之、曰、臣弑其君可乎、曰、賊仁者謂之賊、賊義者謂之残、残賊之人謂之一夫、聞誅一夫紂矣、未聞弑君也」である（傍線部分が脱漏部分）。

（15）貝塚茂樹編『孔子孟子』（中央公論社・世界の名著3、一九七八年、四一九頁）。

（16）一八七八年一一月一七日の国府義胤宛書簡に、「方今牧民ノ念ハ胸中焦ルガ如シ」（⑭三二一）とあるのがその証左である。

（17）前澤敏「正造の読書遍歴」『田中正造全集』月報2、一九七七年七月。

（18）鶴巻孝雄「近代成立期中間層の思想形成について」『歴史評論』四九九号、一九九一年一月。

（19）同前、六九頁。

（20）ひろたまさき「文明開化と女性解放論」（『日本女性史』第四巻所収、東京大学出版会、一九八二年）。

(21) この儲け話に関しては、東海林吉郎が疑義を呈している。東海林は、「正造の土地売買「三千余円」の儲に疑義あり」(『田中正造と足尾鉱毒事件研究』八号、一九八九年八月)と題する論稿で、西南戦争後のインフレによる地価上昇はせいぜい二・五倍であり、「昔話」がいうような「十倍以上」ではありえないこと、まして「十倍以上」に騰貴した土地を購入する相手がいたとは考えられないことを指摘し、この逸話も「虚構」であると指摘している。
(22) 同前。
(23) 佐々木寛司『地租改正』中公新書、一九八九年。
(24) 東海林前掲論文。
(25) たとえば、栃木県の場合、米の反当平均収量を、農民たちは八斗六升八合と算出したのであったが、県との調整で二升増やされ、関東全体の会議では一石六升八合に増加させられた。ちなみに安蘇郡平均では、田一石三斗六升二合、畑一石一斗六升八合と、県平均よりかなり高めに設定された。
(26) 正造は、少年時代に吉沢松堂に画を学んでおり、江刺県官吏時代の史料には精密な絵図がたくさん残されている。確証はないが、私は、小中村の絵図の作成に、正造の画才が十分に発揮されたのではないかと推測している。
(27) もっとも、東海林は、このエピソードにも疑義を呈している。
(28) たとえば、山中永之祐は、地租改正事業で中心的役割を担った区・戸長は、「結局は、府県地方官の手先としての役割を果した」と位置づけ、「改正掛官の忠実な補佐役であった」改租総代人を、「それにもかかわらず、総代人の名称を付し「民選」させたところに人民欺瞞策があらわれている」と評価している(『近代日本の地方制度と名望家』弘文堂、一九九〇年)。
(29) 『亡国への抗論』所収、一八八四年七月二九日付長谷川展宛の書簡参照、一五頁。
(30) 由井前掲書、四九~五〇頁。
(31) 日本思想大系五八『民衆運動の思想』岩波書店、一九七〇年、一四五頁。
(32) 佐々木潤之介『世直し』岩波新書、一九七九年、二〇四頁。
(33) 稲田雅洋「一八八三年の徴兵令改正と民衆(下)」『大阪事件研究』第三号、一九八五年一二月、他参照。
(34) 牧原憲夫『明治七年の大論争』日本経済評論社、一九九〇年、参照。
(35) 安丸良夫「民衆運動における「近代」」(日本近代思想大系二一『民衆運動』岩波書店、一九八九年)他参照。

(36) 以上、渡辺隆喜「下野中節社と自由民権運動」『駿台史学』三三号、一九七三年九月。一方、憲法起草運動に関しては、一八八一年九月に、中節社で「憲法草案ヲ制シ会議ニ付」すことが決められ、二院制の採用、宣戦講和の権は帝権に属する、などの眼目を決めていた(栃木・川俣磯八所蔵「国会開設請願着手順序心覚」、前掲『田沼町史』二五〇~一頁)。一八八一年七月の日記に記されている「死刑廃スベキノ議」、「女戸主ニモ撰挙権ヲ与フベキカ」、「勤王ト愛国トハ同様ナルカ」、「皇帝ニハ責任負ハシメザルノ議」などの項目は、中節社で「討論」するための正造の覚書であったろう。(⑨一四六)

(37) 安蘇結合会・中節社の理論的リーダーの一人であった今泉は、一八八一年に「日本国法論」を起草している。その主張は、基本的に、有司専制の弊害を除去するためにも行政権を制限して立法権を強化し、「人民ノ平安」と「民利増長」をはからなければならぬ、というものであった。今泉の思想の特徴は、むしろ、次の二点に求められる。第一には、「日本ハ東洋中ノ一孤島ニシテ、先ツ僅カニ藩屏右翼トナス可キ者ハ惟リ鶏林ノ一国ノミ、亜細亜連衡ノ説ハ洵ニ良事ト謂フ可ケレトモ、蓋シ行ハル、ニ難カル可シ」と、自由民権家の中では、アジア連帯という「幻想」を捨て、はやくも朝鮮の重要性に着目していたことである。強烈な対外的危機意識は、今泉にも共通していた。第二には、「日本ハ上古天神ノ口勅ニ因テ、一天万乗ノ君ヲ天ヨリ下シ玉ヒルトノ説アレトモ、是レ固ヨリ信スルニ足ラス、国家ノ主長ハ国民ノ為ニ設ク可キ者ニシテ、国民之ヲ拒ムトキハ、天之ヲ如何セン、其是非曲邪正邪忠佞ハ姑ク之ヲ措クモ、其当時ニ在テハ必スヤ輿論ニ従ハザル可ラス、果シテ輿論即チ闔国民ノ意向ニ因テ主長ハ転換左右セラル、者ナレバ、何ソ天意ト是レ謂ハンヤ」と、「神勅」により日本を天皇が永遠に支配するという神話を否定し、「国家ノ主長」はあくまで国民のために存在するのであって、国民の輿論に従わなければならない、場合によっては国民が「主長」を拒否することもありうる、と述べている点である。これは、「皇帝廃立ノ権」に言及した小田為綱の「憲法草稿評林」にも比すことのできる瞠目すべき見解である。(『小山市史』史料編近現代1所収、一九八四年)

(38) 石田雄「日本における法的思考の発展と基本的人権」(『基本的人権2・歴史Ⅰ』所収、東京大学出版会、一九六八年)。

(39) 丸山真男は、『「文明論之概略」を読む』下(岩波新書、一九八六年)の中で、次のように述べている。「やや脱線になりますが、「君民同治の政体」という表現は、近代日本ではイギリス型立憲政体の意味でしばしば用いられるようになります。けれども考えてみると、これは政体の表現としては実に特殊というか、奇妙な言葉です。君民同治は治者ばかりの世界ということになりますから、これを逆にヨーロッパ語に翻訳しようとしても不可能です」(五五~六頁)。ややリゴリスティックな解釈であるが、字義からいえば指摘するとおりである。あわせて、猪飼隆明「自由民権運動と天皇制」(『自由民権と現代』所収、三省堂、一九八五年)、参照。

(40)『東京横浜毎日新聞』一八八一年一〇月二六日。

(41)『東京横浜毎日新聞』の記事では「立憲政党」となっている。

(42)大石嘉一郎「地方自治」(岩波講座『日本歴史』近代三、一九六二年)、他参照。

(43)稲垣示の事件に関しては、原禎嗣「石川県会議員稲垣示官吏侮辱事件小考」(『北陸法学』六巻四号、一九九九年)を参照のこと。

(44)『栃木新聞』一八八三年三月八日。

(45)同前、一八八四年六月二五日。

(46)『下野新聞』一八八四年一一月六日。

(47)坂元忠芳「田中正造における「教育自治」の思想」(『自由民権運動と教育』所収、草土文化、一九八四年)。

(48)『栃木新聞』一八八二年一一月一日。

(49)これに関連して、一つのエピソードを紹介しておきたい。『栃木新聞』一八八二年六月二三日の記事によれば、正造が栃木医学校廃止論者の頭目とみなされて、正造のもとに脅迫状が舞い込んだというのである。ただ、六月一五日から二〇日の第二回臨時県会ではこれに関した発現がなされていないので、おそらく議事録が未発見の第二回通常県会(三月二七日から五月一五日)で発言したものであろう。『栃木新聞』の四月一七日の紙面によれば、四月一四日と一五日に栃木医学校関係予算案審議の二次会が開かれ、「衆に先ち九番(田中正造君)には医学校ハ地方税を以て設立すべきものにあらず医学生ハ全管人民の費用を以て養成すべきものにあらずと発論」し、激論の結果、存置説九名、廃棄説一三名で廃棄に決定したことが紹介されている。

(50)宮地正人・安丸良夫・山室信一「「公論」世界と国民国家」(『思想』第八三一号、一九九三年九月)における宮地の発言。

(51)しかし、この原則も現実には建前に過ぎず、近代社会は、国家による内面的支配がより強化されていった。だからこそ自由への希求が強まったと考えられるが、ヨーロッパ諸国においても、カトリック・プロテスタントの国教化が進み、信仰の自由は大きく制約されていく。

(52)『中江兆民全集』第一四巻、二頁。

(53)交詢社は、一八八〇年(明治一三)一月一五日に発会式が行われた。発起社員は一七八七名である。田中正造の名は、『交詢雑誌』第三六号付録（一八八一年一月二五日）の「社員名簿」に、「栃木新聞社編輯長田中正造」とあるのが初出である。栃木新聞社主の斎藤清澄も社員であった。退社の時期は、第一四三号（一八八四年二月二五日）の「退社人名」の中に「田中正造」と記されていることから、一八八四年二月頃と考えられる。

(54) 丸山真男『「文明論之概略」を読む』中、一六五頁〜。

(55) 『栃木新聞』一八八二年三月一七日。

(56) 西成健は、当時の栃木県にとって、「道路整備による流通ルートの改善は確かに一つの重要な施策」であったと、客観的に評価している（「自由民権期の田中正造の「民力休養」論—三島県令時代の道路開削反対論を中心として」『史苑』五六巻一号、一九九五年一〇月）。

(57) 『下野新聞』一八八五年六月一五日。

(58) 同前、一八八五年六月二九日、村越の陳述。

(59) 『東京横浜毎日新聞』一八八五年一一月二八日。なお、「昔話」では、七三名が捕縛されたとなっている。

(60) 「妊婦」と「人夫」と音が同じせいであろうか。

(61) 由井前掲書、九六頁。

(62) 『朝野新聞』一八八四年一二月二四日。

(63) 同前、一八八五年四月二四日。

(64) 『下野新聞』一八八六年四月一四日。

(65) 同前、一八八七年五月四日。

(66) 福井淳「大同団結運動について—立憲改進党とのかかわりを中心として—」（土佐自由民権研究会編『自由は土佐の山間より』所収、三省堂、一九八九年）一六五頁。

(67) 沼間と正造の関係については、野村本之助の回想「田中正造君と私」に詳しい。そこで、野村は、「田中君も、沼間君とは政交私交とも極めて親密な間柄でした、田中君は、友人としてよりも寧ろ師として景仰して居られたやうでした。政治上の問題等に就ては、常に沼間さんから指導を受けて居られました」と述べている（『田中正造と足尾鉱毒事件研究』五号所収、一九八二年一〇月）。

(68) 拙稿「田中正造における自治思想の展開」三〇頁。
(69) 宮武外骨・西田長寿編『明治新聞雑誌関係者略伝』みすず書房、一九八五年、参照。
(70) 渡辺隆喜「大同団結運動と地方政情」『駿台史学』五〇号、一九八〇年九月。
(71) 東海林吉郎「試論・田中正造の自治思想の起伏」(『栃木県史』史料編近現代9、「栃木県史のしおり」所収)。
(72) 一八八八年四月一日の議長選の票数を分析した大町雅美は、次のように述べている。「議長選挙は改進党有利のなか実施されたが、改進党は一枚岩ではなく田中、反田中の分派状況下では旧自由党の協力は不可欠な状況にあった。結果的に議長田中正造の二三票、副議長塩田奥造の二二票は期せずして同数に近い数は両党の協力姿勢をうかがわせる。(中略) 議長選出で改進党は統一候補がまとまらず四名が独自の道をとった。田中以外の改進党員三名が一二票を得、田中正造へは党員一九名中七名が投票した。当選数二三に達するには残り一六票が問題となった。この票は、即ち旧自由党員に依存したとみるべきであろう。一方、副議長の塩田奥造は自由党全員の一六票で当選数二二票には、残る六票で、これは改進党員の協力と考えられる」(「第一回総選挙にみる政党と民衆―栃木県の場合―」『作新学院大学紀要―文化と科学―』七号、一九九七年三月)。このように、正造の議長再選にあたって旧自由党員から協力があったことは明々白々であった。その結果、横尾らが改進党の本部に訴えるという騒ぎに発展する。
(73) 渡辺隆喜「大同団結運動と条約改正問題」『明治大学人文科学研究所年報』一八号、一九七六年。
(74) 『東京横浜毎日新聞』一八八八年一月六日。
(75) 渡辺前掲「大同団結運動と地方政情」。
(76) なお、この建白の中で、正造は、井伊直弼を例に挙げているが、これは、島田三郎『開国始末』(一八八八年三月)の影響であろう。ちなみに、正造が『開国始末』執筆中の島田の身に危害が及ぶのではないかと非常に案じていたことを、木下尚江が証言している。以下、それを引用しておきたい。

島田先生が、愈々門を閉ち客を絶つて「開国始末」の筆を執り始めなさいましたのは五月です。脱稿が十二月です。世間では種々風説を立てたものと見へます。私は田中正造翁が表装して秘蔵して居られた先生の書簡を知つて居ります。翁が世間の風説に就て問ひ合はされたものへの御返事らしい。

「小生進退に付御注意難有。御見込之通り、本来之志は石の如くに御座候間、御安心被下候。書物も来月初旬には悉皆出来。

一部は之を主上に献し、井伊氏が皇室に対する冤を雪ぎ、日本歴史家の直筆を世に示し可申。之を終らば直ちに出立可致と存候。小生の運動は国会議場に在り。他は朋友に譲り候決心は、昨年以来一日の如し。

小生自ら信ず、開国始末之著は、日本政治界並文学界に大利を與へ候事、昨年来区々たる奔走より退去せられし如き人の為す所に比れば、社会の改進を助くべしと。願くは其出版の時を待たれんことを。」

日付の「二月四日夕」と云ふので見ると、明治二十一年の初春、先生海外漫遊出帆の時が切迫して、胸中、希望に充満して居られた時であります。

（「『開国始末』の書かれた時」島田三郎全集第三巻『開国始末　井伊大老傳』所収、警醒社、一九二四年）

(77) もっとも、鹿鳴館に代表されるような「文明」に批判的であったことはいうまでもない。「不肖モ招待セラレタレドモ、何ヤラ気も進ミ不申、寧ロ貧乏徳利のカン酒ニテ朋友ト一盃ヤラカスノ快ナルニシカズ」と、鹿鳴館の歌舞饗宴に対して「貧乏徳利のカン酒」を対置していることからも明白である（一八九〇年一一月五日付け大隈重信宛書簡、⑭二一七～八）。
(78) 詳細は、拙稿「自由民権期における「地域自治」の構想―田中正造を中心に」（講座『民衆運動史』第四巻所収、青木書店、二〇〇〇年七月）参照。

第二部　鉱毒とのたたかい

第一章　民党政治家として

第一節　憲法解釈の独自性

一　第一議会のたたかい

第一部の最後でもふれたように、一八九〇年（明治二三）七月一日から行われた第一回総選挙に、栃木県第三区から立候補した田中正造は、対立候補の木村半兵衛を僅差で敗り、からくも当選した。第一議会は、この年の一一月二五日に召集され、二九日に開会した。

周知のように、第一議会の直前に、民党合同問題が浮上していた。「民党」とは、中江兆民の命名になる言葉といわれ、一般に、政府系の大成会や国民協会などの「吏党」に対して使われており、自由党、愛国公党、大同倶楽部、立憲改進党、それに九州同志会などを指す。この民党合同問題は、九州同志会の河島醇らが中心になって提起したものといわれ、中江兆民なども熱心に尽力した。

兆民は、「改進党や自由党や彼れ果て孰れの点に於て斯くは氷炭相容れざるやと千思百考するに経文の上にては別段是れと云ふ可き箇所は如何にも見出し難き様なり[1]」と主張し、「明治憲法体制」の「基礎未だ固からざるに乗じて、之れを撃破[2]」せんとして、民党合同問題に積極的に関与していったのである。八月一二日に河島宅で開かれた会議にも、自由党を代表して出席している[3]。

こうした兆民の行動は、一八八一年の自由党結成に際しての行動や、大同団結運動で見せた動きと一貫したものであったが、身は改進党に置きながら兆民と同様に以前から民党合同に熱心であった田中正造も、八月一三日から出京し、その成り行きを注視していた。しかしながら、結局、「国権拡張」という言葉を綱領の中に入れるかどうかをめぐって、大同倶楽部と改進党との間の折り合いがつかず、また改進党も綱領の「自由主義」に「改進」を付け加えることを要求して譲らなかったために破談に終わり、民党合同のチャンスをまたもや逸してしまったのである。その結果、自由党と愛国公党と大同倶楽部だけが立憲自由党として合同することになり、九月一五日に結成大会が開かれた。

田中正造と中江兆民は、私見では、近代日本の民主主義思想家の双璧をなしている。しかし、二人が直接話を交わしたのは、たぶん、この第一議会の開会中の一回きりのように考えられる。正造も、兆民の思想を誤解して受け取っていたらしく、晩年の資料には、兆民を「物質的民権」論者として批判している箇所が二、三度登場する。しかし、対する兆民のほうは、初対面で、田中正造の人となりとその純粋な真情とを即座に見破ったようである。少々長くなるが、『自由新聞』一八九〇年一二月二六日に発表された中江兆民の「議員批評三」を、全文紹介してみよう。

場中東北の隅より「議長」と呼ぶ声は左ながら長板橋上に魏軍を喝破したる張翼徳を想像せしむ、此人壇に上ぼりなば如何なる悲壮激発なる言辞を吐くやらんと人々手に汗を握り居る中ヒヨコ〳〵然とし壇に向ふて進む、早已に笑容掬す可し、人をして殆んど最初「議長」と呼びたる人と今ま此壇に向ふて進む人とは別人に非ざるかを疑はしむ、其壇に上ぼり言を吐くや、率直洒落にして意旨極めて明白なり、駁論諧謔を帯び、聴く者及び之れが駁を蒙むる者孰れも噱然たらざる莫し、率直にして明白にして諧謔にして簡単なるが故に、此人の壇に在る間は誰れ一人欠伸せず咳せず私語せず、此人や、三百議員中演説の始より終に至る迄聴者をして首尾能く聴取せしめ記者をして首尾能く記取せしむる底の自然の特権を有する者の一人なり、此人や、何日も羽織袴の出立なり、羽織は木棉なるか、若し木棉に非ざるも、棉と絹との中間とも謂ふ可きもの、即ち手織の紬位ひなり、礫大の紋五箇、軀幹短矮にして肥実、眉目倶に八字形、談話も亦率直にして明白にして簡単なり、余一日此人と倶に食堂に入り相対して卓に就けり、余は麦酒を飲む、此人は洋食を喫す、其卓に就くや独語して曰く「ハ、田舎漢が此様な所ろで飯を食ふツ」と其辺幅を修飾せざるを知る可し、余始て此人と一二語を交へたり、此人曰く「私が演説すると真面目でも人が滑稽と思ふには困まる……」思ふに世間此くの如き事誠に多し、荘厳にして洒脱と思はれ、謹慎にして奇矯と思はれ、無意の言行にして有意の言行と思はれ、皮相もて胸中を料られ年中新聞雑報の種子にせられ、影と身と全く別箇の両人にて此世を送る者幾何人なるを知らず、独り此人のみに非ず、此人や其極て御芽出度見ゆる挙動中或は沈痛真摯の意思を蔵するも未だ知る可らず、其麁野なる被服中或は水晶の肺腸を包むも未だ知る可からず、此人とは誰れぞ、各議員と及び一回にても傍聴したる人と一回にても速記録を見たる人とは、此文を誦して半に至らざる前早已に其誰某なるを知る可し
栃木県選出議員田中正造君即ち是れなり(4)

「荘厳にして洒脱と思はれ、謹慎にして奇矯と思はれ、無意の言行にして有意の言行と思はれ、皮相もて胸中を料られ年中新聞雑報の種子にせられ、影と身と全く別箇の両人にて此世を送る者幾何人なるを知らず、独り此人のみに非ず」という兆民の感慨は、正造と同様に新聞雑報欄の種にされることの多かった兆民その人のことでもあったろう。それゆえに、一見「御芽出度見ゆる挙動」の中に、正造の「沈痛真摯の意思」と「水晶の肺腸」の存在を見抜くことができたのである。兆民の眼力はさすがというしかない。

　それはさておき、第一議会の焦点は、周知のように、政府提出の予算案の削減問題であった。通常、「軍備拡張か民力休養か」という対立図式で描かれることの多い初期議会期の政府と民党のぶつかりあいの本質は、政府が提出した予算案の自由な削減を通じて、議会側がともすれば超然主義に走りやすい政府をコントロールし、やがては政党内閣制の樹立を可能にする権限を確保しておくことにあった。つまり、「議権」の確立こそが民党側の真の目的であっ

た。

坂野潤治『近代日本の出発』（小学館、一九八九年）によれば、この第一議会に提出した予算案の歳出総額は、九四〇〇万円余で、一八九一年一月八日の衆議院予算委員会は、この中から七八八万円余の減額を求めることを決定した。これを、一般に「査定案」とよんでいる。七八八万円の根拠は、当時二分五厘であった地租を五厘下げる、つまり二〇パーセント引き下げれば、地租総額が現在約四〇〇〇万円であるから、その二〇パーセント、つまり約八〇〇万円の減税になることから割り出されたもののようである。

ところが、これだけの減額を行うことになれば、かなりの行財政改革が必要となってくる。自由党や改進党の側のプランでは、各省会計局の統廃合、警視庁の東京府への合併、参事官の廃止、書記官の定員削減、下級官吏の定員削減とその俸給減等によって捻出することになっていた。いうなれば、予算案の審議を通じて官僚制に打撃を与えることが企図されていたのである。

そうした行財政改革を余儀なくされるものであっただけに、政府側も容認することはできなかった。一月九日、政府は、即座に「査定案」に対する「不同意」を表明した。こうして、憲法第六七条の解釈問題が浮上してきたのである。

憲法第六七条は、「憲法上ノ大権ニ基ツケル既定ノ歳出及法律ノ結果ニ由リ又ハ法律上政府ノ義務ニ属スル歳出ハ政府ノ同意ナクシテ帝国議会之ヲ廃除シ又ハ削減スルコトヲ得ス」という内容である。ここでいう「憲法上ノ大権」とは、いうまでもなく、天皇の統帥大権や軍の編成大権、官吏任免権、外交大権などを指している。だから、政府の側は、官制改革を前提とするような予算案の削減は憲法第一〇条の官制大権を初めとする天皇大権の侵害に当たるので認めることはできない、議会で確定議とする前に一院ごとに政府の同意を求めよ、とする主張を繰り返した。このように、憲法第六七条は、予算不成立の際の前年度予算の執行権を保証した第七一条とあわせ、議会に対する藩閥政府の優位性を維持するための〝防壁〟たるべき性格を与えられていた。伊藤博文の『憲法義解』は、いみじくも、議会が「憲法上ノ大権ニ準拠セル既定ノ額」などを自由に廃除削減できるならば、それは「即チ国家ノ成立ヲ破壊シ憲法ノ原則ニ背ク者」であると述べていた。

しかし、半ば恫喝的な伊藤の言にもかかわらず、第六七条や第七一条には、政府側にとっても本来的な弱点が隠されていたことは、坂野も指摘するとおりである。まず、政府が新規の事業を計画して積極的に展開していくために予算の増加をはかろうとしても、議会の承認が得られなければ前年度レベルの歳出予算しか守れず、実現できなくなってしまうことである。さらに、政府が予算審議のどの時点で「不同意」を表明できるのかが明記されていないという条文上の不備も存在していた。

民党側は、そこをついたのである。民党側の「査定案」の論理を中江兆民に代弁させると、次のようになる。「査定案の主張者は曰はく我輩は直に憲法に容喙し官制を移動するに非ず単に減額の上より見込を立て、斯々し云々すれば是れ丈けの費目を減ずるを得可しと主張するものにて減額の結果よりして官制に波及するも官制其物を移動することは行政部の所任なり然れば査定案にして通過せらる、も議会に於て直に官制を移動したりとは謂ふ可からず、行政部に於て官制を移動すれば減額の実を挙るを得可しとの理由を附するに過ぎずと」(5)。つまり、議会は単にこれこれの改革をすればこれだけの減額ができると主張しているだけであって、その結果官制改革が必然化しても、官制改革を行うのは内閣の責任である、議会が官制改革を行うわけではない、だから「査定案」が憲法第一〇条の天皇の官制大権を侵すことにはならない、というのである。

こうした主張をくりかえし、譲ることのなかった民党硬派に対し、天皇大権の侵害を極度におそれる政府系の大成会や、初めての議会の有終の美を飾りたいと願う民党の軟派議員たちは、「議権」の問題を「金額」の問題にすりかえて決着をはかろうとした。いわば、政府の顔も議会の顔も両方立てようという安易な折衷案である。彼らは、一八九一年二月二〇日に、予算案を衆議院で議決する前に政府の同意を求めるという奇妙な、兆民にいわせれば「衆議院の自ら屈する、是より甚しきは莫」い緊急動議を成立させ、新たに予算特別委員を選出して政府との交渉＝妥協に入った。兆民が「無血虫の陳列場」という痛罵を投げつけて議員辞職届を提出したのは、その翌日のことであった。田中正造の本領は、中江兆民が議会における闘いを放棄したまさにその時点から、兆民の闘いを受けつぐかたちで発揮されはじめる。

三月二日の衆議院本会議で、予算特別委員会が、「委員ハ不満足ナガラ寧ロ予算ノ不成立ヲ見ンヨリハ、此ノ六百三十幾万ト云フ政府ノ同意スル額デ、本年度ハ是デヤラウト云フコトニ決シ」たと、交渉の結果を報告したときである。兆民が、いみじくも、「恩賜の民権」ならぬ「恩賜の減額」と適確に評したこの「修正案」に対し、正造は、「私ハ緊急動議ヲ出シマス」、「此ノ修正案ハ憲法ニ抵触シテ居リマス、協賛権ヲ蹂躙シテ居ル」と重ねて発言し、その理由陳述の許可を議長に執拗に求めた。しかし、結局、正造の発言は認められず、喧噪の中で「修正案」が可決されてしまったのであったが、同様な抵抗の姿勢は第一議会閉幕直前にも見ることができる。

三月七日、先に島田三郎らが提出していた質問書への政府答弁書（「覆牒」）が議会に呈示された。島田らの質問は、憲法第六七条問題に関する明確な答弁を政府に求めたものであった。政府は、それに対し、従来通りの見解——官制軍制大権を侵害してはならない、官制改革を必然化ならしむる決議は予算審議権を超越している、予算の変更に従って法律を改正するようなことがあってはならない——を繰り返したにすぎなかった。閉会間際の時間的制約の中で、政府の「覆牒」に対する質問を要求する者と、残る議題を優先させようとする者の発言が入り乱れ、議場は大混乱におちいった。そのときも、正造は緊急動議を提出し、「政府ノ覆牒ハ憲法ヲ誤解シテ居ル」と叫び、閉会寸前までその採択を要求しつづけたのである。

以上のような、『全集』には採録されなかった議場における短い発言や野次を拾いあげてゆくと、最後まで「査定案」の立場を把持し、政府の超然主義的憲法解釈に対し抵抗しつづけた正造の姿が浮かびあがってくる。おそらく、正造は、衆議院の「議権」の確立による議院内閣制、つまりは政党内閣の樹立を目的にしていたのであろう。そして、第一議会において十二分に開陳することを許されなかった正造独自の憲法解釈が、『全集』第九巻の二六四頁から二六七頁にかけて収録されている「憲法解義の独得」であったと考えられる。次項では、「憲法解義の独得」を中心に、もう少しきめ細かに、正造の憲法解釈をみていこう。

二 「憲法解義の独得」

大日本帝国憲法が公布されたのは、周知のように、一八八九年（明治二二）二月一一日のことであった。この憲法発布式典に、正造は、栃木県会議長として〝参列〟する栄誉を得た。佐野市立歴史博物館に、正造がこのとき受け取った式典への招待状や、様々な祝宴への招待状が所蔵されている。

まず、内務大臣より、一月二四日に、各府県知事にあてて、「府県知事、裁判所長、府県会議長に限り同日列席の栄を得せしむることに決し」たとの通知がなされた。それを受けて、栃木県知事樺山資雄は、一月二五日付けで、「御用有之に付通常礼服用意来月五日迄に上京すべき旨内務大臣より被達候条此段相達す／但着京の上ハ内務省え宿所附を添へ届出べし」という文面の通知を、栃木県会議長としての正造に送った。(6)

この「御用」の通達によって正造が上京したのは、新聞報道によれば、二月四日のことであった。そして、七日午前一〇時に内務省に出頭し、一一日の手続き等についての打ち合わせを行った。「議長の着服は通常礼服、高帽、白襟飾、白手袋にて参内の節は乗車馬の侭坂下門又は通用門より入り東車寄に於て下車馬」というようなこまごまとした内容だったらしい。(7)

また、このときのエピソードの一つに、県会議長は「拝観」という扱いであったのを、正造が、自分たちは人民の代表だからというので「参列」に改めさせたということが、よく取り上げられる。たとえば、『佐野市史』資料編3には、一八九〇年六月、第一回総選挙のときの、新井保太郎・川俣久平・川島治平連名の正造の推薦文が収録されており、その中に、「此年憲法ノ発布ヲ施行スルヤ奏任三等以下及府県会議長ハ拝観員タルノ位置ナリシガ、君ハ同志ト共ニ参列員タルノ位置トナサンコトヲ内務省官吏ニ建言ス、言容レラレテ参列員ト改マルノ幸慶アリ」と触れられている（三三三頁）。

このことを、当時の新聞記事によって検証してみよう。

まず、二月九日の『毎日新聞』では、次のように報道されている。

〇府県会議長の式場入場　憲法発布式に就て最も急切なる利害の関係ある者ハ、府県知事にあらず裁判官検事にもあらず府県会議長なり。裁判官検事にハ奏任四等の人も五等の人も参列員の中に列られて府県会議長ハ式場の中に入るを得ず。僅かに拝観者の中に入れられしハ如何なる理由ぞやとハ記者が数々問れて答ふる能ハざりし一難問題にてありしが、別項にある如く彌々府県会議長ハ拝観員の等級を出で、参列員の部内に列せらる、こと改定せられたり。実に至当の改定と云ふべし。探報者の報告に、過日来埼玉県会議長加藤政之助、栃木県会議長田中正造、大阪府会議長大三輪長兵衛、兵庫県会議長石田貫之助、三重県会議長北川矩一の五氏は、数々内務省へ往復し大臣次官秘書官等に面会し、府県会議長をして当日の御盛典に入場者たらしむると否らざるとは内務大臣閣下の御意見如何にありと談話したることもあり。其末此結果を生じたるなりと云ふ者あれども、記者は左様は信ずる能はず。内務大臣が府県会議長の地位を重んずるの厚き、議長を式場外に置くハ如何にも権衡を失ふとの意にて、斯く府県会議長の地位に変動を起こしたるなるべしと思へり。

また、『下野新聞』は、一八八九年二月一〇日の紙面で、「上席検事、始審裁判所長も参列することとなりたれば、更に内務大臣に向て請願せしに、一昨日午後四時過ぐる頃に及び終に聞届けられたりしは、人民を代表せる各府県会議長のことなれバ、之を遇すること諸官吏に比し厚薄あるべからずとの厚き思召より出でたるやの趣なるが……」と述べている。

このように、府県会議長の待遇が、憲法発布式の直前になって、急遽「拝観」から「参列」に改まったことを、

『毎日』の記者は内務大臣の意向と推測し、『下野』の記者は天皇の「思召」と推測している。両者とも、正造を初めとする五人の議長が内務省に働き掛けたことは認めていても、それを決定的な要因とはみていない。つまり、「参列」を正造たちが〝かちとった〟という位置付けかたをしていないのが注目できる。

これ以上の因果関係が不明なので、なんとも言いがたいが、決定的であったにせよなかったにせよ、正造たちが〝人民代表〟の格を上げるために働きかけを行ったことは事実であり、この点は確認しておいて良い。

こうして、正造は、二月一一日の憲法発布式に「参列」することになったのだが、このとき、同じく参列者の列中にあったドイツ人医師ベルツは、その日記の中に、「儀式は終始いかめしく、きらびやかだった。ただ玉座の間が、自体は豪華なのだが、なにぶん地色が赤で暗すぎた」と、式典の感想を書き留めている。[8] 正造は、はたしてどのように感じたであろうか。ただ、「空前絶後の大典たる憲法発布の盛式ニ参列の栄を得候」というような型どおりの反応しか窺うことができない（⑭一五三）。

この発布式を前後して、正造は、第一部第二章第五節の表にあるような様々な宴会や集会に出席したが、「上京中の田中議長へ内務省より知事を経て御用済に相成りたる旨一昨日頃達せられたりとか聞く」[9] と、「御用済」の通達があって帰県することになった。今日の「出張命令」のようなものとはいえ、いかにも仰々しいことである。

しかし、ここでの問題は、そうした田中正造の一挙手一投足ではなく、彼の憲法観である。田中正造は、はたして大日本帝国憲法をどのように受けとめたのであろうか。

こうした視角から問題にすべきは、二月一五日に永田町の総理官邸で開かれた府県会議員慰労会（伊藤首相の招待）の席上伊藤が行った、一時間二〇分に及ぶ「憲法講話」への反応であろう。この慰労会に出席して、伊藤の長大演説を聞かされた正造は、「聴衆過半ハ信じたるものゝ如し。其是非の如きハ今日ハ不申上候。又容易ニ云ふべきものニあらざるを以、只同君が今日之出来ハ懇切に見へたる一事を御通知申上候」と、大隈重信にあてた書簡の中で皮肉まじりに大変含みのある言い方をしている（⑭一五一）。具体的に明らかではないが、おそらくは『憲法義解』の内容に近い話をしたであろう伊藤の憲法解釈に正造が批判的であったことだけは、その行間からにじみでている。

しかし、かつての自由民権運動の同志の多くは、この憲法を肯定的に受け止めていた。ただ、幸徳秋水が、「通読一遍唯だ苦笑する耳」という中江兆民の姿を今日に伝えてくれているが、正造はどうだったのだろうか。そのとき、私たちは、栗原彦蔵に贈った「ありがたや　あああありがたや　大君は　限りなきたから　民にたまひぬ」という歌は除外しても、「今日の憲法」は「刀に假令ば村正の如く、正宗の如き善い憲法」と表現していたことに気づく（一八九三年一一月五日、神田錦輝館における演説、②一〇七〜八）。だから、伊藤とは異なった文脈ではありながら、肯定的に受け止めていたことを確認できる。

田中正造が憲法を肯定的に受け止めた理由は、次の二点にまとめられる。第一に、人民の権利生命財産の保障が、法律の定める範囲内という限定付きであったにせよ、国家の最高法規である憲法に明文化されたことであり、第二には、予算審議権の活用を通して政府をコントロールしうる見通しが憲法によって与えられ、正造が理想とする政党内閣制の実現に向けた手がかりが得られたと判断したこと、である。

憲法を人民の〝権利章典〟と位置づける捉え方は、「今ノ如ク憲法ノ規定アツテハ、キリ捨テニサレテ決テ勘弁スルモノハナイ」（②一三四）と述べているように、「切捨御免」の封建制に対する痛烈な批判精神に由来している。このことは、石川県の「人斬巡査事件」に対する正造の過敏な反応に、よく現れている。

この事件は、石川県能美郡寺井警察分署の巡査が、一八九二年「六月十八日以来署長ノ命令ナリトテ吏党組織ニ奔走シ、人名簿ニ調印ヲ強請シ之ニ応ゼザレバ忽チ残酷ノ所置ヲ加ヘ」（「石川県人斬巡査在職不法ニ関スル再質問書」、⑦一四八）ていたところ、郡長もこれに荷担し、駒田小次郎なる人物に対して、吏党に入れば官吏に採用すると甘言を弄して買収しようとしたが、駒田がこれに応じなかったため、彼を分署に引致拘留したことが発端となった。それまでの数々の無法行為に憤りをつのらせていた人民は、この出来事を契機に、激昂して駒田を取り戻そうと分署に集まった。ところが、「巡査又数十名抜剣シテ先ヅ群集ノ胆ヲ抜キ狼狽逃グルヲ縦横ニ斬立テタ」（⑦一五〇）のである。

この質問に対する政府の答弁は、「不止得防禦ニ力ヲ用フルニ当リ偶々死傷者ヲ出スニ至リタリ、所謂抗拒ス可カラザル強制ニ遇ヒ其意ニ非ザルノ行為」であった、というものであった（「衆議院議員田中正造君提出明治二十五年十二月二十一日付質問ニ対スル答弁書」、⑦五〇五）。

これに対して正造は、「其剣痕ヲ検スルニ皆ナ背後ニ在リ、是レ即チ逃ルヲ追フテ斬殺セシ証ナリ」（⑦一四九）という調査結果を突きつけ、巡査の処分を厳しく迫ったのであった。

この質問書の草稿には、次のようにある。

〇国に憲法政治あり。人命は法律解釈の試検《ママ》に用る物品にあらず。

（中略）

土百姓を巡査が殺したる位の小事を執ねく論ずると思ふ方もあらんけれども不肖も土百姓なり。巡査も人間の部にあり。

そこが立憲の有難なり。（②三四八）

この問題に関してつごう三回にわたって質問するという正造の執拗な追及を支えていたのは、「予等は予等のために巡査に殺されし人あり。予のため主義のために死せしものあり。申さば刀の下より生れ出たる我身なり。死を以て質問せざるを得ざるなり」（②三四八）、という激情にも似た思いであった。

ここからは、権力による人民の生命の無法かつ暴力的な蹂躙に対する正造の本能的ともいうべき反発が見てとれる。そうした思想の裏づけとして、一八九三年四月の「人ノ貴ブ処ノモノハ生命、財産、自由、名誉ノ四デアル。生命ナケレバ以下三ツノモノ無用ナリ。……国家ノ名アル此四ツノ貴ブベキモノアルガ謂ナリ」（②六三）、という資料をあげることができる。このように、近代的諸権利の中でも生命を第一のものと考える正造独自の権利意識が、やがて足尾鉱毒被害の激化の中で「非命の死者」像を定立させていくのであった。

第二の点に関しては、「憲法解義の独得」の分析が必要になってくる。

この資料からは、第一議会の焦点の一つであった「査定案」に対して正造が「予算審議権を超越せず」と明確に認識していたことがまずうかがえる。そして、「査定案」の立場を否定する政府の見解に対しては、①法律の改正が先であろうが、予算案の議決が先であろうが、そんなことはどちらでもいいことである、②政府が「議会より同意を需めらるゝの権利ありて」、議会の決議に対して「責めを負ふの義務なしと云ふ明文なし、且道理なし」と批判している。また、六七条問題については、「幾何年失敗するも」「他年必ず回復するの時あるべし」と、この問題に決着が付くまでは何年でも継続して問題にしていく決意を披瀝している。この六七条問題は、皮肉にも、第四議会の「和協」の詔勅で決着がつけられるのだが、その前に正造は、信任投票制度を活用して内閣を打倒する可能性を模索していた。これが、「憲法解義の独得」と対をなす「親任投票論独得」である。

第一議会の終了後、改進党の議員の中で、第二議会の冒頭に信任投票を実行して内閣を退陣に追い込むという計画が浮上していた。それは、たとえば尾崎行雄が『信任投票の原理』を一八九一年一〇月に刊行したことにみてとることができる。正造の「親任投票独得」は、同じく改進党の高田早苗とのやりとりをまとめたものである。そこで、正造は次のように論を展開している。

立憲君主制の原則は、「君主無責任大臣責任」、いわゆる補弼責任である。しかし正造は、大臣が責めを負うべき対象は、天皇に対してではなく、(天皇も含めた)「国家」ないし「国家人民」に対してであると認識していた。だから、議会から不信任を突きつけられた内閣は辞職すべきで、大臣の任免権を持つ天皇といえども、立憲政体の君主として「憲法上の徳義を守るべき義務」があるから、議決を尊重して「大臣を免黜」しなければならない、と主張している。ここで、政府や天皇が「憲法上の徳義を守るべき義務」があるとは、議会の議決を尊重することに他ならなかった。ここからは、田中正造が、国家主権というよりも国会主権説的な主権論を懐抱していたことがわかるだろう。

結果的に、この信任投票は実施するまでもなく、第二議会は民党側が政府を押しまくって解散総選挙＝大選挙干渉、ということになるのだが、正造自ら「独得」と称するように、憲法の「独得」な解釈を通じて政党内閣実現の可能性を追求していたと評価できる。そして、その基底には、市制町村制受容の論理にもみられたような、法は「活用」（解釈と運用）次第という考え方があった。

以上が、正造が憲法を「善い憲法」と評価した理由である。

しかし、正造の六七条解釈は、現在の研究者の中でも、「拡張解釈」「拡大解釈」ととらえる見方が一般的である。たとえば、家永三郎は、「明治憲法の制約を甘受するかぎり、六十七条の拡張解釈に賛成したか否かに、さほど重大な意義があったとは思われない」、「議会の権限を能うかぎり強化するために明治憲法に最大限の拡大解釈を施した美濃部博士さえ、六十七条については政府および軟派の解釈を正しいと認めているのをみれば、島田ら硬派の解釈は、実定法の解釈論の域を超えていたとみられてもやむを得なかった」と述べている。[10]

また、坂野潤治も、「藩閥政府が議会の予算削減を防止するために作った六十七条を、「議会と政府と喧嘩しない為めに作つてある六十七条」と理解するのは、明かに拡大解釈である」と述べ、「田中は、六十七条の一定の正当性を認めた上で、政府が六十七条費目の削減は一切同意できない、とする点を批判しているのである。そこには「やま掛け」があるとするのである」と解釈している。[11]

だが、このような理解は、田中正造の憲法観の「独得」さを反映していない。周知のように正造は、憲法は誰が解釈してもよろしいと述べ、伊藤博文の演説＝公式的解釈に批判的であった。正造の憲法解釈は、政党内閣の樹立という実践的課題を目的とした解釈であり、その観点から憲法に新たな価値を付与する行為であったのであり、机上の解釈論とは性格が異なるのである。後年、正造が「憲法の精神」を強調するようになるのも、実践的課題をふまえた創造的行為としての憲法の条文解釈という観点からいえば確かに後退ではあるが、憲法が人民の権利章典であるという彼の憲法理解の大原則はいささかも揺るがなかったことを示してもいるのである。

第二節 「公益」論議

一 足尾鉱毒事件との出会い

(一) 鉱毒被害の顕在化

足尾銅山が発見されたのは、一六一〇年（慶長一五）のことといわれている。[12] 一六一六年に開業し、幕府の直轄鉱山となり、一六二〇年からは足尾全体が日光東照宮の神領になった。

足尾銅山の最盛期は、一六七六年から八七年にかけてであり、一年間に三五、六万から四〇万貫（約一三〇〇トンから一五〇〇トン）の産出量があった。その多くは貿易や鋳銭、瓦などに利用された。しかしその後は産出量が低下する一方で、一七三六年から四七年にかけては年に三万貫、八一年から八九年にかけては一、二万貫と、急速に衰えていった。このような衰退状況は幕末維新期にかけても継続した。

明治に入って、一八六九年に日光県の管轄となり、翌七〇年には栃木県に移管された。七一年に民業が許可されるにいたり、まず、長州の御用商人岡田平蔵、ついで福田治平の手をへて、一〇月からは横浜の野田彦蔵（大阪府平民）が稼業した。七三年三月には副田欣一（長崎県士族）の経営に移ったが、状況はかわらなかった。古河市兵衛が足尾銅山の経営に乗り出したのは、このようなときである。

一八七六年一二月三〇日、古河は、相馬家（名義は同家執事の志賀直道）と組合契約を結び、足尾銅山の坑業権を取得した。一八八〇年一月からは渋沢栄一も経営に参加し、それぞれ三分の一ずつ出資し、分担することになった。

しかし、実質的には当初から古河の単独経営であり、志賀は一八八六年一一月に、渋沢は八八年六月に足尾銅山の経営から手を引いている。

足尾銅山は、一八八〇年頃までは産銅量も少なく、依然として赤字経営が続いていた。こうした状況を一変させたのが、八一年一月の鷹の巣直利（鉱脈）、八四年五月の横間歩大直利の発見であった。優良な鉱脈の発見の結果、産銅量も急増していった。そして、八五年九月には大通洞（坑道）の開削に取りかかった（完成は九六年九月）。もっとも決定的だったのは、八八年九月から九〇年一二月にかけて、ジャーデン・マセソン商会と、一万九〇〇〇トン、総額六三〇万円の契約を交わしたことである。これは、電線・銅貨等、世界的な銅需要の増大を見越して、フランスの銅シンジケートが市場の独占と銅価格のつり上げをねらっていたことが背景にあった。そのため、足尾銅山は、契約履行のために増産につぐ増産を重ね、そのための設備の近代化を急ぐなど、急速に発展していったのである。こうした急速な発展が、足尾鉱毒問題浮上の直接的な原因であった。

鉱毒の被害は、まず自然界の異変となって現れた。渡良瀬川の魚の変死であり、足尾の山林樹木の立ち枯れ、さらには土地作物への被害である。

渡良瀬川の魚類の異変を示すもっとも早い史料は、一八八五年の梁田郡朝倉村の「地誌編輯材料取調書」である。従来、渡良瀬川には「魚ハ鮎・鯱多ク居リタレトモ明治十五年頃ヨリ足尾銅山工事開設以来右魚類更ニ相見エサリキ」というた(13)。ただこの史料では、魚類が見えなくなったのが、「明治十五年頃ヨリ」なのか「足尾銅山工事開設以来」のことなのか、判然としない。「足尾銅山工事開設」が古河の操業開始をさしているとすれば、「明治十五年」ではおかしい。また、明治一五年から魚類が見えなくなったということならば、その原因として思い当たるものは余りない。東海林吉郎も、この史料は、一八八五年の内務省への「報告時点の状況とみなしたほうがよさそうである」と述べ、これを魚類被害を証明する最初の史料とは位置づけていない(14)。

とすれば、被害報道の嚆矢は、やはり「香魚皆無」と題した『朝野新聞』一八八五年八月一二日の記事であろう。

この記事は、早速、一四日付けの『下野新聞』に転載されている。『下野新聞』から引用してみる。

〇香魚皆無　足利郡の南方を流る、渡良瀬川ハ如何なる故にや春来香魚少なく人々不審に思ひ居りしに本月六日より七日に至り夥多の香魚ハ悉く疲労して游泳する能ハず或ハ深淵に潜み或ハ浅瀬に浮び又ハ死して流るゝも尠なからず人々争ひて之を得むとて網又ハ狭網を用ひて之を捕へ多きハ二三貫目少なきも数百尾に下らず小児と雖ども数十尾を捕ふるに至り漁業者ハ之を見て今年ハ最早是れにて鮎漁ハ皆無ならんと嘆息し居れり斯ることは当地に於て未曾有のことなれば人々皆足尾銅山より丹礬の気の流出せしに因るならんと評し合へりとぞ

「丹礬」（たんばん、正しくは胆礬）とは、硫酸銅からなる鉱物のことで、昔より駆虫剤や木材の防腐剤、絵の具、電解液、媒染剤などに利用されてきた毒性の強いものである。渡良瀬川沿岸の人々は、鮎に見られた異変の原因を足尾銅山に見ていた。

ついで、一八八七年六月に、梁田の長純一郎がまとめた「渡良瀬川筋古今沿革調」の中にも、「漁業」の項目で魚類への被害がふれられている。

明治四五年頃迄ハ盛ンナリシガ輓近水源ナル足尾ノ銅鉱開ケシヨリ頓ニ魚類ヲ減シ、為メニ漁者産ヲ失フ者多ク、自今ハ殆ト絶無ニ帰ス、蓋シ鉱穴ノ毒水〔丹礬又ハ銅末ナリト云フ〕流出シテ本川ニ入リ生魚悉ク他川ニ逃去セシニ因ルナリ(15)

さらに、『郵便報知新聞』一八九〇年一月二七日の「渡良瀬川に漁族絶つ」という記事がある。この記事によれば、明治一四年には、足利・梁田・安蘇の三郡で二七七三名を数えた漁民が、一八八八年には七八八名に激減しているこ

とが指摘され、渡良瀬川の魚類に与えた鉱毒のダメージの深刻さが推察される。

この一八九〇年になると、洪水による土地作物への被害が顕在化したことにより、たとえば、『下野新聞』が一〇月五日の紙面に「渡良瀬川の毒水」と題する長文の記事を掲載したように、「毒水」に関する認識も一般化してくるのである。

次に、山林樹木に対する被害のもっとも早い報告例は、一八八五年一〇月三一日の『下野新聞』の記事「足尾銅山」である。

●足尾銅山　ハ今を去る百数十年の前一時ハ余程盛んなりしが其後次第に衰微せしを古川市平氏が引受け善良なる一箇の礦脈を発見せしかバ氏ハ大に尽力せしより今ハ礦業に従事する者三千余人の多きに至り採掘口より器械場迄レールを引きて鉱物を運搬し蒸気器械にて之を分析する等万事整頓し又右の銅山ハ足尾宿を隔る一里許の処に在りて其傍にある赤倉ハ一両年前まで僅かに戸数六十戸許ありしが追々増加して百六拾戸程になり銅山の為め商売も繁昌し妓楼なども出来て不景気抔ハ一切知らさる別天地なりしハ先に我下野新聞も記せしが昨今各所より諸商人の多く入込み来りし故商も是までの如くならず全地の者ハこぶし居れり又銅鉱を焙焼するストーフの煙ハ丹礬質を含み居て人身に害あれバ煙筒を遠く山下に延きて烟の構内に飛散せざる様仕掛けありしが近傍諸山の樹木ハ昨暮以来多くは枯れ凋みたりといへり

この記事によれば、山林樹木への被害は「昨暮以来」とあるので、一八八四年末には被害が顕在化していたことが判明する。おそらく、これは、一八八四年八月に、足尾銅山直利橋製錬工場が新設されたことの影響であろう。

精錬所の煙突から吐き出される煤煙によって周囲の山林の樹木に大きな被害が生じることは、どの銅山でもみられたことである。これは日本の銅鉱石の多くが硫化鉱（黄銅鉱）であることによる。硫黄分を大量に含んだ黄銅鉱を溶鉱炉で溶かすと、硫黄分が大気中の酸素と化合して亜硫酸ガスとなる。また少量ではあるが砒素も放出する。基本的には、今日の酸性雨と同じようなメカニズムで、樹木に被害を及ぼすのだが、古河は、一九五六年に亜硫酸ガス回収装置をとりつけるまで、約七〇年間にわたって有害ガスを放出し続けた。その結果、合計約四〇〇平方キロの山林に被害が及び、松木村をはじめ滅亡に追い込まれた村もあった。(16)

第三に、土地や農作物への被害が顕在化したのは、一八八九年と九〇年、とりわけ「五十年以来の大洪水」と形容された九〇年八月二三日の大洪水が契機であった。この洪水の規模の大きさを、八月二七日付けの『下野新聞』は、安蘇・足利・梁田の三郡の各所は「濁水湛へ込みて一望限りなきの海原」となったと表している。この洪水によって、鉱毒水につかった農作物はことごとく腐ってしまったのである。

もともと、渡良瀬川沿岸の農民たちは、洪水をさほど苦にしていなかった。むしろ喜んでさえいた。ところが、この一八八九、九〇年の洪水以来、農民たちの洪水観は一八〇度の転換を余儀なくされる。そのあたりの事情を雄弁に物語っているのが、一八九〇年一二月二七日付けの足利郡吾妻村村長亀田佐平から栃木県知事折田平内にあてた「上申書」である。

往古ハ一度出水アリ多少害ヲ被ムルモ田面ニ残ル澱土肥料トナリ両三年間ハ多少ノ肥料ヲ要セス稲作繁茂ヲ見ルモ近年該澱土反ツテ有害トナリ古来ノ肥料倍数ニ施スモ年々収穫ヲ減ス、已ニ明治二十一年ヨリ今年ニ至ル未曾有ノ違作ニ際会シ一粒ノ収穫ヲ視サルノ不幸ニ至ル(17)

夏に水害があって夏作（大小豆）に多少被害があっても、大小麦や菜種の収穫が多くなるし、二三年は肥料をやらなくても作物が育つというので、農民たちは、洪水を歓迎していたというとおおげさになろうが、そんなに苦にはしていなかった。熱心な百姓の中には、春に、「渡良瀬川沿岸寄洲ニ沈澱スル土」を自分の田畑に運搬し、「肥料ノ一助トナシ来タリシ」が、今春、上羽田の一百姓がこれをやったところ、逆に有害となり、隣田の稲よりも生育が劣ってしまった。また、桑は、「明治二十二年及ヒ本年ノ洪水ニテ枯損木ト成リシ者尠ラス」、「且昨今ノ植附ノ分ハ更ニ根附カス悉ク枯木トナリ僅カニ十分ノ一二ヲ余スノミ」である。一五〇、六〇人いた漁師も、わずか一四人に減ってしまった、と「上申書」は述べている。

このように、一八八九年と九〇年の洪水は、足尾鉱毒問題を顕在化させたという意味で、鉱毒問題の第一段階を画するものとなったが、この大洪水の原因の一端は、『通史足尾鉱毒事件』も指摘するように、精錬所等の燃料にするための足尾の山林の乱伐にあった。特に一八八八年には一五八四町歩と、前年の一挙三倍強の山林が丸裸にされたのである。こうして、山林乱伐・煙害→大雨→洪水→鉱滓・廃石流出→農作物被害という鉱毒被害のサイクルが完成することになったが、その実態はすでに長祐之の「足尾銅山巡見記」によって指摘されていた。

仰ひて天涯を望めば満目の連山兀として中空に聳ゆるも一の立木なく又一の緑草なく土砂壊るゝか如く岩石砕くるが如く恰かも渺茫たる冬日の焼野に異ならず、是れ鉱業の盛運に伴ひ薪炭の需用に応し森林伐採の結果に外ならず(18)

一八九一年の段階で、足尾の山々からは緑がほとんど失われていたのである。

(二) 地元の鉱毒反対運動

それでは、足尾鉱毒に対する地元民たちの関心は、どのような経緯で高まっていったのであろうか。

この初期の段階にあって、最初に鉱毒問題への世論喚起につとめたのは、栃木県出身の在京学生たちであった。その中心は、須永金三郎（足利町出身）と長祐之（梁田村出身）で、ふたりは東京専門学校に通う同宿の友人であった。

以下、その経緯を、東海林吉郎が執筆した『足尾鉱毒亡国の惨状』の附録「須永金三郎略伝」をもとにまとめてみよう。

両人は早稲田の下宿に居って、共に下宿の飯を食い、共に語り合っていた仲だが、明治一八年ごろから渡良瀬川の水域に異変があるのを知って、これは容易ならぬ問題であると、議論を闘わし、早稲田に出入する教授たちにもこれを聴いた。

そんなとき、一八八七年八月五日の『読売新聞』に次のような記事が掲載されているのに接したという。私が『読売新聞』にあたったところ、この記事は確かに掲載されていたので、原文を引用しておこう。

○渡良瀬川に鮎なし　上野の渡良瀬川ハ源を野州庚申山に発し足尾銅山を廻りて桐生足利の間を経て利根へ落るものにして此川の鮎を最も同地方の名物とせしが近年ハ漸々に減じて本年などハ殆んど一尾もなしと云ふまでに至り其原因を何ぞと探求するに足尾の銅山ます〳〵開けて銅気水流に混ずるより此結果を来せしならんと云ふ又目下足尾銅山に出入するもの一万五千の多きに及び此の糞尿の捨道なきより自然此の流れの水を濁せバ桐生足利辺の染物晒物に異変を生じる事もやあらんと同地人民ハ心配して居るといふ

その結果、一八八七年秋に、東京専門学校の「行政学討論問題」に「公共の利益と衝突する場合に農商務大臣は私人の営業を差止むることを得可きや否や」という議題を提起して、須永は、世論喚起のために帰郷して実態を調査する決意を披瀝したという。

二人は「郷里に帰って、そうして村に、町に古老等の意見をたたき、村に町に叫んだ。街頭で村人を集めて、鉱毒被害の甚大さを説いた」。また、この二人が田中正造と会ったのもその頃のことで、「彼らは田中正造の奮起を望んだ。しかしまだ其頃は国会が開かれない前で、田中も栃木県の一県会議員にしか過ぎなかった」というのである。

東海林は、須永金三郎の子息・弘の「足尾鉱毒事件」と題する草稿を手がかりに、上述のようにその経緯をまとめているが、これが事実であるとしたらきわめて重要である。なぜなら、①足尾鉱毒反対運動ののろしは、一八八七年秋に学生たちの手によって挙げられたことになり、②田中正造は、学生たちの協力要請を受けながらもこれに応じなかったことになるからである。

それでは、この間の事実関係を、『下野新聞』等を史料に検証してみよう。

まず、七月二六日に足利で開かれた学術演説会後の懇親会で、正造と須永が演説していることが確認できる。[19] しかし、このときは須永たちが鉱毒問題に関心を寄せる以前なので、二人が顔を合わせたとしても鉱毒問題が話題に上ることはなかったであろう。

そして、前述したように、正造は、一〇月一日から開催された第一高等中学校設置区域内府県委員会に出席するために、上京している。この府県委員会は、第一高等中学校の経費の府県別分担率を決める会議であったが、一〇月五日に会議は終了している。しかし、茨城県の濱名信平の発議で、今回のような「不完全なる原案を将来下付ありては不都合に付き」今後そのようなことがないように内務・文部大臣に申し入れを行うことが決まり、正造はその陳情委員に選ばれた。[20] それればかりではなく、正造は、六日に両国亀清楼で開かれた親睦会で、だめを押すかのように、「今回委員会へ下付されたる議案ハ頗る不完全にして府県会及び府県知事の権限を殺がれたるものなれバ銘々帰県の上知事に向ひて一府十県の知事の連合力を以て将来斯かる不完全なる議案を発せられざらんことをその筋へ申立てらる、様忠告してハ如何との相談ありしに満場の同意を得て其事に決し」た、という。[21] そして、正造らは、七日に内務大臣、八日に文部大臣にそれぞれ面会し、その後帰県している。

このように、上京中の正造の動向は、『毎日新聞』などにも詳しく報道されていたので、須永らが鉱毒問題に関して正造と面会しようと思えば、いくらでもできたであろうに、その形跡はまったくない。また、秋に開催した「行政学討論」に関する報道もみられず、早稲田関係の資料でも確認することはできなかった。これらのことを考えると、明治二〇年秋の須永らの行動には、若干の疑問もぬぐいきれないのである。もっとも、須永は、翌一八八八年七月には東京専門学校を卒業しているので、在学中に運動を開始したことが事実ならば、明治二〇年秋から二一年七月までの間、ということになるのだが。

また、正造は、翌八八年四月にも上京し、二三日に帰村しているが、この時にも須永を早稲田に訪ねていることが、『下野新聞』四月二九日に掲載された須永の寄書に伺いしれる。しかし、話題の中心は、足利郡の県会議員改選で正造名の怪文書が出され、そのために兄の須永平太郎が僅差で落選したことであった。このように、正造と須永は何度も顔を合わせているのであり、かりに鉱毒問題が話題になったとすれば、正造の残した史料のなかにその痕跡があってもおかしくはない。しかし、この時期の正造の資料から「鉱毒」の二文字を発見することはできないのである。だから、明治二〇年秋から須永金三郎と長祐之が運動を開始したことを事実であると断定することは、現時点ではまだできない。ただ、須永の子息の覚え書きは、引用されている『読売新聞』の記事が実際に掲載されていたことから判断すると、かなり信憑性が高いとも考えられる。

明治二一年に関しては、松本隆海編『足尾鉱毒惨状画報』に、「明治廿一年医学博士三宅秀氏は下野佐野衛生会に臨みて、衛生に加害すと謂はれ」た、とあるが、このことも新聞等では確認できない[22]。

私が調査した限りでは、新聞等で最初に報じられた鉱毒問題に関する取り組みは、一八九〇年一月一二日に東京・外神田相州亭で開催された下野青年会例会である。

尾林（宗四郎）、長（祐之）両氏は上都賀郡足尾銅山工場より流出する丹礬毒の有害に就き其状況を縷陳し同地方近傍は勿論十数里を隔つる河沼に至るまで生息の魚類ハ近来頓に減少したり蓋し該毒の為めに死し且つ之か播殖を妨くるが故にして啻に漁業者をして直接困難を感ぜしむるのみならす其害毒は暗々裡に一般人民の健康上に影響を及ほすやも未だ計り知る可らず依之吾々青年は須らく右に関して充分の調査を為し新聞或ハ演説なり或は我県会に向つて建議を提出するなり宜しく県下の輿論に訴へ是等の害毒を防遏するの方法を探究するは実に今日の急務なりとす云々此議ハ何れも賛成にて共に尽力する事を誓へり[23]

このように、東京の下野青年会の例会で鉱毒問題について議論され決議があげられている。ちなみに、この例会で議論されたもう一つのテーマが「廃娼論の可否」というものであったことは、この時期の青年たちの関心のありようを見事に物語っていよう。また、下野青年会は、前年の四月七日にも神田明石亭で開催されており、たまたま上京中であった正造も参加して、地方の実況について演説しているが、この時にはまだ鉱毒問題は論じられていない[24]。

鉱毒問題に対する自治体レベルの取り組みの嚆矢は、谷中村であった。「谷中村議会は一八九〇年一一月、古河市兵衛に損害補償と製錬所の移転を求める「渡良瀬川丹礬水に関する村会の決議」を採択し、群馬県邑楽郡除川村外数ヵ村、栃木県安蘇郡界村、下都賀郡三鴨村、藤岡町外数ヵ村に、この決議に同盟して、共同交渉するよう求めた[25]」。吾妻村でも、一二月の臨時村会で「製銅所採掘ヲ停止」するように求める「上申書」の提出を決議している。これが、足尾銅山に対して操業停止を求めた意見書の最初である。

こうして、地元での運動が徐々に盛り上がりを見せていくのであるが、運動の初期の段階における中心人物は、前述した長祐之と足利郡選出県会議員の早川忠吾、それに吾妻村長の亀田佐平等であった。長らは、一八九〇年一〇月に県立宇都宮病院に土壌の分析を依頼するかたわら、足尾銅山の現地調査に赴いてもいる。また、周知のように農科大学助教授の古在由直へも分析を依頼した。翌九一年五月のことである。古在は、同僚の長岡宗好と分析を行い、六月一日に返書をしたためた。その内容は、「過日来御約束の被害土壌四種調査致候処悉く銅の化合物を含有致し被害の原因全く銅の化合物にあるか如く候」というものであった[26]。こうした調査依頼・活動の一方で、鉱毒被害町村有志会を結成し、運動の組織化にもつとめている。私たちは、運動の初期段階で果たした長祐之の啓蒙的役割を軽視してはならない。長らの運動がなければ、おくれて立ち上がった田中正造の運動も、あれほどスムーズには展開しなかっただろうと思われるからである。

栃木県会レベルでも動きがみられた。まず、九〇年一二月に、「丹礬毒ノ義ニ付建議」を採択し知事に提出している。そして、翌九一年六月一六日には、常置委員が被害地の視察を行っている。

こうした地元民による運動がどのような論理に支えられていたのかというと、注目すべきことに、吾妻村の「上申書」に、「一個人営業ノ為メ社会公益ヲ害スル者ニ付其筋へ稟請ノ上該製銅所採掘御停止シ渡良瀬川沿岸村民ノ農桑業ヲ増進シ安寧幸福ノ域ニ至ランコトヲ希望ニ堪ヘス」とあるように、被害民の中には「公益」を害する鉱業の停止、という論理が成立していたのである。ただ、長祐之は、このような運動方針には批判的であったと考えられる。それは、三鴨村外数ヵ村の方針（①損害賠償要求、②製錬所移転、③古河が受け入れないときは訴訟を提起）に対して、「此処置少く急進の処置なるか」と認識し、「最も平穏なる手段」として、町村制第三五条第二項に則り、まず町村会で臨時会を開催し議決を監督官庁に差し出すことを先決とし、それを監督官庁が無視したら「奮て足尾銅山所有主に向つて権利の争をなすの最終手段に出づべし」と主張していた。[27]長は、最初から足尾銅山＝古河を相手に損害賠償や製錬所の移転を求めることに否定的であったことがわかる。とするならば、長の論理では、操業停止を求めることなどは、過激このうえもない主張に他ならなかっただろう。

このように、運動の初期段階から、すでに「操業停止」方針への違和感が存在し、それはやがて運動分裂の一大要素となっていくのであるが、ともあれ、若干の違和感もさしはさみつつ、運動が盛り上がっていった。

(三) 田中正造の取り組み

『全集』に「鉱毒」の二文字が初めて登場するのは、一八九一年九月一六日のことである。

鉱毒事件に付、〔九月〕十六日帰国植野に、十七日久保田に、十八日山口に、十九日久保田に、二十日足利に、二十一日梁田に。
二十一日梁田に会す。
二十二日石川清蔵殿畑地を見る。野田村。(⑨二七九~八〇)

つまり、正造の取り組みの開始は、地元のそれに比して約一年ほど遅れているのである。一八八四年末から八五年にかけて、山林樹木や魚類への被害が顕在化した段階でも気づかず、また、一八八八年六月一二日には足尾銅山を視察しているにもかかわらず、さらには八九年、九〇年の洪水で土地や農作物に被害が生じているにもかかわらず、迅速な対応をとることができなかった。当時の正造にとって、自然やエコロジーは、それほど重大な関心事ではなかったことがうかがえる。正造の不明というしかない。

しかし、いったん問題に着目してからは、即座に運動の組織化に着手している。たとえば、「各郡綿密巡回/町村鉱毒に付運動の種類」(⑨二八二)、「被害地の反別、厚薄、間接、直接」「毒の区域」(⑨二八三)というように、日記には調査活動や調査項目があげられている。そして、一〇月一五日には、大島村壱文川岸に邑楽郡・安蘇郡の各村長・助役クラスを集めて会議を行っている(⑨二八三~四)。このように、町村行政の系統を利用して反対運動を組織するのが正造の特徴であったが、こうした活動を土台に、第二議会で初めて鉱毒問題を取り上げるのである。

二　はじめての質問演説

一般に初期議会と称される時期に正造が行った鉱毒問題に関する質問演説は、次の三つである。

a　一八九一・一二・一八　「足尾銅山鉱毒の儀につき質問書」
b　一八九二・五・二四　「足尾銅山鉱毒加害の儀につき質問書」と「演説」

c　一八九二・六・一四　「足尾銅山鉱毒加害に関する農商務大臣の答弁につき質問書」と「演説」

それでは、この三つの質問書と演説を手がかりに、この時期の鉱毒問題追及の論理的特徴を見ておきたい。一言でまとめれば、「所有権」と「公益」となる。それを端的に示しているのが、aの一節である。

大日本帝国憲法第二十七条ニハ日本臣民ハ其所有権ヲ侵サル、コトナシトアリ、日本坑法第十款第三項ニハ試掘若ハ採製ノ事業公益ニ害アルトキハ農商務大臣ハ既ニ与ヘタル許可ヲ取消スコトヲ得トアリ、鉱業条例第十九条第一項ニハ試掘若ハ採掘ノ事業公益ニ害アルトキハ、試掘ニ就テハ所轄鉱山監督署長、採掘ニ就テハ農商務大臣既ニ与ヘタル認可若ハ特許ヲ取消スコトヲ得トアリ（⑦四一）

憲法第二七条に規定された「所有権」不可侵の原則と日本坑法及び鉱業条例に規定された「公益」。この二つを武器に、正造は、政府の対策が「緩慢」であった理由、「既往ノ損害」の救治策、「将来ノ損害」の予防策の三点について政府に質問している。そして、法の正当な実施を政府に迫ったのであった。吾妻村等の「上申書」にはすでに登場している鉱業停止という要求が、まだこの時点では浮上していないことに注意する必要がある。

しかしながら、鉱業条例とは、殖産興業政策の円滑な進行と鉱業者の保護、特に土地所有者に対抗して鉱業者の権利の安定化を計ることを目的に制定されたものであった。一八九〇年八月二〇日に元老院に提出され、九月に公布されているが、その本質は、原案にあった「無過失賠償責任」の条項、すなわち第三五条「試掘人及鉱業人其ノ試掘又ハ鉱業ヲ為スニ当リ他人ニ損害ヲ蒙ラシメタルトキハ賠償ノ責ニ任スベシ」が、審議の過程で削除されたことに見てとることができる。しかも、削除された理由は、九〇年八月二三日の渡良瀬川大洪水とそれによる鉱毒騒ぎであったといわれている。[28] それでも、「公益」に害があれば政府は操業停止を命じることができると明記されていたのだが、その「公益」の内容を決定するのは政府の自由裁量であった。この点で、正造の「公益」観と政府の「公益」観とが、やがて真っ向から対立するようになる。

正造の質問に対する政府答弁は、一週間後の一二月二五日に出されたが、その内容は誰が見ても論理的矛盾に満ちあふれていた。なぜなら、一方で、「今日迄ノ調査ノ成迹ニ於テ確定セズ」と、まだ調査中の段階で被害の主因副因もわからないと述べながら、他方では、鉱毒を予防するために粉鉱採集器を導入し、「一層鉱物ノ流出ヲ防止スルノ準備ヲナセリ」と述べていたからである。正造は、この答弁書を、「矛盾」であり、「暗ニ鉱毒ノ有害ナルヲ自認シタ」ものと指摘し(⑦五八)、「一方デハ分ラナイガ、一方デハ害ヲ防グコトヲ用意ヲスルカラ八釜敷云ハズト宜シイ」という姿勢だ、と批判している(⑦八〇)。

一説によれば、この政府答弁書が掲載された官報は、被害地一帯に無料でばらまかれたという[29]。また、古在由直と長岡宗好が行った被害土壌の分析結果を掲載した長祐之編『足尾銅山鉱毒　渡良瀬川沿岸事情』は、九一年七月に刊行されるやいなやすぐさま発禁処分を受けている。このように、政府は、鉱毒反対運動や世論の盛り上がりを警戒し、その沈静化をねらって鉱毒被害の隠蔽化工作を早くから行っていた。そのために、粉鉱採集器が、あたかも万能の器械であるかのような幻想をばらまきながら、最大限に利用されたのであった。

だが、粉鉱採集器なるものは、そもそも鉱毒予防のための器械ではなく、逆に増産のための器械であった。つまり、足尾銅山の設備の近代化の一環として導入されたものである。それを古河は、鉱毒予防のための器械といつわって、二三台も導入したのであった。二村一夫『足尾暴動の史的分析』(東京大学出版会、一九八八年)によれば、足尾銅山に導入された「粉鉱採聚器」は、砂鉱分類函(サンド・クラシファイアー)、泥鉱分類函(スライム・ソーチングボックス)、三段砂鉱跳汰盤(ハーツ式ファインサンド・ジガー)、二重回転淘汰盤(ダブル・リヴォルヴィング・パッドル)、渣滓淘汰盤(エヴァンス式スライムテーブル)などであったが、鉱毒予防の効果については疑問があると、次のように述べている。

「実際、一八九七年の鉱毒予防工事終了直後のデータによれば、砂鉱採集器（サンド・コレクター）の回収率は本山で最高八〇・八%、最低一四・一%、平均三七・三%、小滝では最高三四・五%、最低六%、平均で一一・一%にしか過ぎない。しかも、通洞選鉱所には砂鉱採集器は備えられておらず、廃水はそのまま沈澱池に送られていた。明らかに〈砂鉱採集器〉の効果には限界があった」（二一四〜五頁）。

「粉鉱採集器」は、すでに高岡明「粉鉱採集器について」（『公害研究』第四巻第一号、岩波書店、一九七四年七月）が指摘しているように、増産のための器械に他ならなかった。政府や古河は、それを、「鉱毒の原因が粉鉱であるとし、粉鉱を回収、選別する汰盤を粉鉱採集器と騙ることによって、選鉱の目的を鉱毒予防とすりかえたのであ」って、こうした事実を、当時の「政府の官僚技術者がしらないわけはない」と指摘している。増産のための〝最新〟の器械の導入も、回収率がせいぜい三〇%程度にすぎず、残りは水と一緒に渡良瀬川に流され、その鉱分の量は一日六トンにも達したというのであるから、鉱毒被害が激化するのも当然であった。

それはさておき、第三議会で正造が行った質問演説b・cをみると、これまでの論点に加え、憲法第二一条の納税の義務を前面に打ち出してきていることがわかる。私たちは、むしろ、この点に正造の最大の論理的特徴を見いだすことができよう。

もちろん、第二議会の質問の中でも、正造は、「古川市兵衛ノ営業」と「租税ノ義務ヲ負担シテ居ル人民」とどちらが真に保護すべき対象か、と政府に迫っていた。正造にとっては、納税こそが人民の最大の「公」義務であった。こうした主張の背景には、正造に独特の租税観がうかがえる。

正造は、一八八八年時点でも、「租税の義務より外ニ公共之事少なれバなり」（⑨二四五）、「租税ヲ多ク納ムルモノヲ尊ムハ自治ノ精神ナリ」（⑨二四四）と述べ、それが地方自治制を支持する一大論拠となっていた。一八九八年にも、「租税ハ国民ノ義務ナリ、名誉ナリ。苟クモ名誉ヲ希望セザルモノナシ。依テ納租ノ多キ希望セザルナシ」（②五〇八）と述べている。このように、正造にとって納税とは、自分が属する地域社会や国家を支えていくための、すぐれて能動的かつ「公共」的な行為であった。だから正造は、足尾銅山の租税額と被害農民たちの租税額を比較し、足尾のそれが圧倒的に少ないことを提示しながら、古河市兵衛という一私人の営業と、納税という「公」義務を果たすことができなくなっている被害農民たちとどちらを保護するのか、と政府に選択を迫ったのである。このことは、支配の正統性の問題にかかわるきわめて本質的な問いかけであったといえる。

さらに正造は、憲法第一条をも持ち出し、足尾銅山は天皇の統治権が及ばぬ「治外法権」の地になっていると指摘している。[30]また、「衛生上ノ害」にも言及しているが、総じて、初期議会期の正造の鉱毒問題追及の論理は、「憲法」(第一、二一、二七条)と「公益」にまとめることができ、その二つは租税観を媒介に結びついていたと考えられる。「人権」という視座は、この段階ではまさに近代的権利の中核としての「所有権」が中心にすえられており、それ故にやがて行き詰まりをみせることになるのであった。

三　示談交渉とそれへの対応

それでは、足尾鉱毒問題の示談交渉とそれへの対応を、関口幸一「足尾鉱毒事件における示談の考察」を参照しながらまとめてみよう。やはり、示談交渉にあたっては、粉鉱採集器が最大限に利用されたのであった。

示談の動きが最初に見られたのは、一八九一年一二月に栃木県会の発議で県知事と示談の協議を行ったことであった。このとき、折田平内県知事が、示談規約の原案を提示した。その結果、翌九二年二月に、折田知事が、知事を委員長に、一九名の県議を委員とする仲裁会を組織した。そして、関係各町村に総代委員をおき、町村長がその長となった。また、これとは別に、足利郡選出の県議で木村半兵衛派の早川忠吾・広瀬孝作・影山禎太郎らは、独自に査定会を組織して示談交渉に臨むことになった。査定会の委員長は、足利郡長の樺山喜平次であった。[31]

ここで、仲裁会の中心メンバーであった横尾輝吉の意見を通して、示談の論理を確認しておきたい。横尾は、考えられる解決の方策として三つあげる。第一に、行政上の解決策として考えられるのが操業停止であるが、足尾銅山は

「東洋ニ冠タル処ノ大鉱山」であり、「其産額モ亦毎年二百万円以上」にのぼり、これによって生活する人は一〇万人を下らないので、操業停止は不可能である、とする。「加之全国ノ鉱業社会ニ一大恐惶ヲ生ジ是レヨリ我国ノ鉱業ハ全ク地ニ落ツルノ否運ニ至ラン、又各地ニ於テ鉱山ニ対シ鉱毒問題ノ続々ト起リ来テ政府ハ一地方ノ被害地人民ヲ助ケント欲シテ却テ全国ノ鉱山関係地ニ非常ナル騒動ヲ惹キ起スヤモ斗リ知ル可ラズ」(32)。鉱毒問題は、鉱業の発達に必然的に伴う問題だから、これくらいのことでその発達を阻害してはならない、というのである。

第二の解決策は、司法上のもので、裁判で損害賠償を要求することである。しかし、「被害地ノ査定及賠償金額ヲ確定スル」ことは「至難」の業であり、これも現実的ではない、としている。残る解決策は、「徳義上ノ裁判」ともいうべき仲裁であり、これがもっとも妥当な方法である、と横尾は主張している。横尾の論理が、期せずして政府・業界の意を代弁することになっていたのは明らかであった。

こうして、仲裁会は、五月から安蘇・足利・梁田各郡の被害地人民と会合を重ね、示談を進めた。その結果、六月以降、関係四三町村で示談契約書が調印されることになる。こうした示談の動きに、正造の質問に対する六月一〇日の農商務大臣の答弁が後押しをしたことは間違いない。

示談契約書は、九二年三月二一日の待矢場両堰水利土功会の契約を踏襲していた。ここでは、八月二三日に梁田郡久野村総代との間で結ばれた示談契約書を引用してみる。

契約書

下野国上都賀郡足尾ニ於テ古河市兵衛所営ノ銅山ヨリ流出スル粉鉱ニ就キ渡良瀬川沿岸町村ニ加害有之ニ付今般仲裁人立入其扱ニ任シ梁田郡久野村人民ヨリ正当ナル手続ヲ尽シ委任ヲ附托セラレタル惣代稲村忠蔵外拾弐名ト古河市兵衛トノ間ニ熟議契約ヲナス左ノ如シ

第壱条　古河市兵衛ハ粉鉱ノ流出ヲ防カン為明治廿六年六月三十日ヲ期シ精巧ナル粉鉱採集器ヲ足尾銅山工場ニ

設置スル事
第弐条　古河市兵衛ニ於テハ仲裁人ノ取扱ニ任セ徳義上示談金トシテ左ノ如ク支出スルモノトス
第壱項金参百壱拾九円壱銭九厘
是レハ本件ノ為メニ要シタル失費ニ充ツ
第弐項金五千円
是レハ久野村関係地へ配当
第参項金弐千弐百円
是レハ水防費トシテ明治廿六年十月三十日同廿七年四月三十日ノ両期ニ半額宛支出スルモノトス
第四項第壱第弐両項ノ金額ハ即時是ヲ支払フ事
第五項第三項ノ金額ハ難止支障ヲ生シ水防工事遂工ニ至ラサル時ハ更ニ是ヲ該村関係地へ配分スルモノトス
第三条　前条ノ金円ヲ古河市兵衛ヨリ支払ヒタルニ付テハ明治廿九年六月三十日迄ハ粉鉱採集器実効試験中ノ期限トシ契約人民ハ何等ノ苦情ヲ唱フルヲ得サルハ勿論其他行政及司法ノ処分ヲ乞フカ如キ事ハ一切為サゞルベシ
第四条　明治廿九年六月卅日以降ニ至リ粉鉱採集器其効ヲ奏シタルトキハ此契約ハ終尾トシ互ニ和親睦合スベシ
第五条　前条ノ粉鉱採集器万一ニモ奏効ヲ見サル時ハ更ニ明治廿六年七月ヨリ起算シ猶将来ニ付臨機ノ協議ヲ遂ケ別段ノ約定ヲ為ス事
第六条　古河市兵衛ハ渡良瀬川ノ原流ニ連ル諸山ノ立木ヲ伐採スル事アルモ該水源涵養ヲ害セサル事ヲ勉メ伐採跡へ苗木植付ヲ怠ラサル事
第七条　此ノ関係アル地ヲ異日他ニ売買譲与スルモノアルトキハ必ス是ノ契約アル事ヲ買受人亦ハ譲受人ニ承諾セシメタル上其手続ヲ為スベシ且古河市兵衛カ鉱山所営名義ヲ変換シタル時モ亦同シ

但シ本文承諾ノ手続ヲ為サスシテ売買譲与シタルモノハ買受又ハ譲受人ヨリ何等ノ申出アルモ古河市兵衛及関係者ハ一切関係セザルハ勿論此ノ契約者ハ連帯責任トシテ埒明ケ可申事

（下略）(33)

ここで重要なのは、第一に、第弐条に「徳義上」とあることである。これは、基本的に古河には示談金を支払う法的義務も責任もない、ということを示している。第二には、粉鉱採集器の試験期間が終わる明治二九年六月三〇日迄は一切苦情申し立てをしないこと、と明記された点である。

こうして、仲裁会がまとめた示談は、栃木・群馬両県で約一〇万九〇〇〇円余、栃木県に限っていえば、示談金が四万八九八七円、被害総町歩二九五六町五反七畝二八歩、関係総人数が四九七八人に上った。これを、単純計算して一人当たり平均示談金を出すと、九・八円、反当たりでは一円六五銭六厘になるが、実際にはこれほど支給されなかった。

関口は前掲論文の中で、安蘇郡植野村・界村・犬伏町に関する示談書を分析しているが、それによれば、「示談金総額」の中で実際に被害民に支給されたのは、第二項の金額のみであり、それを平均すると反当たり八五銭九厘に過ぎなくなる、と指摘している。しかもこれは、明治二三年の洪水から二九年までのほぼ六年間の補償金であり、一年当たりにすると反当たり一四銭八厘という「雀の涙ほどの金額」に過ぎなくなる。渡良瀬川沿岸は、鉱毒被害がなかった年の平均反収が少なくとも五、六俵（二石〜二石半）あり、明治二五年で一石七円三〇銭、反当たり一五円の収入があった。だから、反当たりの補償は、驚くべきことに収入の一二〇分の一にしかならない、という。また、『通史足尾鉱毒事件』によれば、群馬県山田郡、新田郡などでは、反当たりわずか八厘のところもあったと指摘されている。だから、実際に被害農民の手に渡ったのは、もっと少なかっただろう。

しかも、仲裁委員は、被害民より一分、古河より三分以上の仲裁金を手にしていたと推測されている。

このように、仲裁会の示談交渉は、政府や古河の側に立った、行政・地域有力者主導の運動であった。そして、九月一四日には、もう解散している。それほどすみやかに示談交渉がまとめられたのである。

それにしても、このように速やかな示談が可能であったのは、被害民たちの協力もあったからであろう。示談交渉に臨んだ被害民たちの心情は、どのようなものであったのだろうか。それを明らかにしてくれるのが、永島與八『鉱毒事件の真相と田中正造翁』（明治文献、一九七一年）である。永島は、「仲裁會の處置に對する論評」と題して、示談交渉がすみやかに進んだ理由を五つあげているが、その中で、被害民に関するものをまとめてみると、①粉鉱採集器の効力について無知であったこと、②そのために将来鉱毒被害はなくなるものと考えていたこと、③年々洪水がひどくなり、年々無収穫のため、非常な疲弊困憊に陥っていた矢先であったこと、などとなる。その結果、「幾らでも賠償が貰ひるならば貰はぬよりは増しだと考へて居つた」というのである（九五頁〜）。そして、仲裁者は「此機逸す可らずとして此弱身に附け込んで示談を勧めたものとしか思はれぬ」と述べている。[34]

それでは、こうした示談交渉の動きを、田中正造は、どのような思いで見まもっていたのであろうか。正造の反応は、仲裁会も解散し、示談交渉が一段落した一八九三年六月の書簡や日記にうかがえる。まず、六月二〇日付けの板橋六郎他宛の書簡には、次のように出ている。

「不肖儀ハ只農商務の職を怠り候事を責むる迄ニ而、仲裁ニハ毛も意味いたし不申候」、「但し其件ニ付而ハ極内〻愚意申上候。来ル七月より古河ト立合之上ニ試検場相設け候か、但しハ他の手続きを御尽し無之候而ハ、二十九年ニ至り証拠物ニ御欠乏出来可申かと愚案仕候」（⑭二九八）。

正造は、あくまで政府の監督責任を追及していく方向で考えていたことがわかる。そして、粉鉱採集器の試験期間が終了する明治二九年までに、その効果がないことを証明する「証拠物」を確保しておくよう示唆していることから、正造は、粉鉱採集器のまやかしをすでに見抜いていたことが判明するのである。このことは、一八九七年二月二六日に衆議院で行った質問演説の中で、「明治二十六年ニ、ドウモ粉鉱採集器ト云フモノハ効力ノナササウナモノデアルカラシテ、質問ヲ致サウト思ッテ居ルト解散ニナッタ」と述べていることからも明らかであろう（⑦四四六）。

次に、八月の日記の一節を引用しよう。

○此機ニ乗じ官吏人民を愚ニす。先般の扱人を非難するハ無用。試検所、粉鉱採集。
○権利
○国家と一己。権利も酒ニ消す。権利のそまつ。
○調査　反別、地価、損害地位、費用出所、損害高ニ様。
○政府ト及古川の方針の如何。談判あしゝ。政府よし。
（中略）
○栃木県の仲裁貧猟の如し。
○金ヲ取ルベカラズ。土地ノ権利ヲ復セ。
金少しく来レバ騒ぎ、毒多クモ驚カズ。
（中略）
○喜怒哀楽、十年後のさばく、今日の予防、よろしく決心。（⑨三二四〜五）

栃木県を中心とする仲裁交渉は、まさに人民を愚弄するものである。微々たる金額で示談に応じてしまっても、酒代にすぐ消えてしまうだけで、いってみれば権利を酒にかえてしまうことに他ならない。きちんとした調査を行い、あくまで政府の責任を追及していくべきだ。そして、補償金をもらうより、鉱毒に汚染された土地の権利回復こそ訴えていくべきものである。さもなければ、一〇年後には渡良瀬川沿岸は砂漠と化してしまうだろう。そうならないためにも、現在の予防が大事なのである。正造は、大要、このように考えていた。

四　「公益」とは何か？

以上見てきたように、初期議会における正造の鉱毒問題追及の論理とそれに対する政府の対応から浮かび上がるのは、「公益」とは何かをめぐる「公益」観の対立であった。本節の最後に、両者の「公益」観を整理しておきたい。

まず、政府側のそれであるが、それをもっともよく代弁しているのが、『東京日日新聞』一八九二年二月一〇日に掲載された「足尾銅山鉱毒事件と農商務省」と題する記事で紹介された鉱山局長和田維四郎の見解である。この資料は、すでに森長英三郎『足尾鉱毒事件』上（日本評論社、一九八二年）でも紹介されているが、重要な資料なので、全文を引用したい。

足尾銅山より流出すると云ふ渡良瀬川沿岸地の鉱毒被害事件に関する和田鉱山局長の意見と云ふを聞くに左の如し

渡良瀬川沿岸地被害事件に対し農商務省の処置怠慢なりとか冷淡なりとか往々新聞紙に記載あれども本件に対しては農商務省は其の職分として尽すべき丈は尽したり元来農業にもせよ鉱業にもせよ均しく平等の保護をなすべきは勿論の事に付き始め足尾銅山の鉱毒の為め耕地に害ありとの風説聴ゆるや農商務省は第一に足尾銅山は果して採鉱の事業上過量の鉱物を流出するや否やに付き調査したり此調査を為さしむる為め未た世上の一大問題とならざる以前即ち明治二十三年十二月中主務官を出して足尾銅山の鉱業を視察せしめ尚将来鉱物の流出を防禦するの方法を取調べたることは既に議会の質問に対し答弁書に述べたるが如し又除害救済の方法に付ては農務局の試験地に於て既に昨年夏以来実地の研究に従事し其の除害方法の良結果あるものは之を両県知事に報告し被害の原因に就ては今日研究中なることも右答弁書に記せるが如し

右の如く本件に対しては職分上農商務省の為すべき事は怠らず既に之を為したり之れに反し此の問題の主眼たる

夫の被害人民の被りたる損害に就ては元来損害賠償に依り救済すべきものなれば行政官庁たる農商務省は此の損害賠償の問題に対しては何等の処置をなす可きものにあらず若し双方の示談整はざるときは裁判官の判定を請求すべきものとす

世人往々公益を害する廉を以て鉱業を停止すべきものなりと云ふものありと雖も斯の如き害は公益の害と言ふべきものに非らず抑も公益の害とは人命居住交通等の危害の如く賠償に依て救済し得べからざるが如き公安の害及び被害巨大にして到底賠償し得べからざる公利の害を合せて公益の害と云ふものなり然るに渡良瀬川沿岸の被害は仮りに足尾銅山より流出する鉱物の為めなりとするも足尾銅山より生ずる公利は被害地の損害より遙に大にして充分に損害賠償に依つて救済し得らるべきものなり若し斯の如き場合に於て農商務省が鉱業を停止し若くは損害賠償を命令するが如きことあらんか是れ却つて行政官庁の職権を超えたるものと言はざるを得ざるなり

以上述ぶるが如く農商務省は其の職分として為すべきものは早く既に施行せり損害賠償等の問題に就ては何れにも偏せず完く干渉せざるを以て却つて其の職分と認めたるものなり此れを以て怠慢若くは冷淡の処置と認めらるべき理由は之れなきものとす

和田の見解によれば、足尾銅山を原因とする鉱毒被害問題は、基本的に損害賠償訴訟を提起して司法の判断を仰ぐべきものであり、行政当局として農商務省がタッチすべきことではない。「公益の害」とは、「公安の害」に「公利の害」を加えたものであり、「足尾銅山より生ずる公利は被害地の損害より遙かに大」であるから、鉱毒被害を「公益の害」ということは到底できない、というものである。ここで和田が展開しているロジックは、「公安の害」をゼロと見積もり、「公利の害」、すなわち足尾銅山が生み出す「公利」（単に生産額にとどまらず、輸出による外貨の獲得や軍需製品をはじめとする内需全般にわたってさしているものと考えられる）から被害地の損害額を引き算しても十分プラスであるから「公利の害」にも当たらない、よって「公益の害」とはいえない、というものである。

このような経済第一主義的な発想こそ、日本の近代化はおろか、戦後の高度経済成長をも貫くものであった。実際、一八九〇年代初めには全国産銅の三分の一を占めた足尾銅山を主力とする古河の生産額は、一八九三年時点で二七五万六〇〇〇円余り、産銅シェアは四〇％近かった。[35] このように日本の資本主義に重要な位置を占める古河の、さらにその基幹鉱山であった足尾銅山である。富国強兵を至上課題としていた政府当局者がこのように考えるのも、ある意味では無理もないところである。

その結果、和田は、農商務省が古河に対して操業停止や損害賠償を命じることは、越権行為として否定している。だから、日本坑法や鉱業条例にいくら規定があったにせよ、その「公益」の内容を判断するのは政府の自由裁量に任されていたのであるから、被害民たちの鉱業停止要求が聞き入れられる可能性はゼロであったというしかない。

しかし、正造の「公益」観は、これとは全く対立する独特なものであった。

前述したように、初期議会期の正造の鉱毒問題追及の論理は、「憲法」(第一、二一、二七条)と「公益」にまとめることができ、その二つは租税観を媒介に結びついていた。これまでは、その中でも、憲法第二七条に規定された「所有権」不可侵の原理を掲げて、正造が闘ったことが高く評価されてきた。たとえば、家永三郎は、次のように評価している。

田中が憲法の財産権を武器としてたたかったのは、裏から言えば、それ以外に国民の生存権の保障が当時の実定法の規定に見えず、財産権保障規定に依拠するほかなかったからであるとともに、また財産権条項の本来的な意義を直観的に洞察しあえてこれを活用してたたかった、換言すれば帝国憲法をさえ人権保障の武器とすることのできた高度の人権意識の発露として歴史に特筆大書されるに値するところとしなければなるまい。[36]

「財産権条項の本来的な意義」とは、ジョン・ロックのような、本来自然人の労働の成果によって獲得されたものに限定する考え方のことを意味するとともに、国家権力や支配階級の横暴から生存を守るための権利ということであろう。しかしながら財産権の現実的な機能に着目するならば、それは、ブルジョワ階級擁護のための法原理に他ならなかった。だから、私は、家永の評価に基本的には同意しつつも、憲法第二七条をふりかざしての闘いにはやはり限界があったと見なさざるをえないのである。もっとも、このように評価することは超歴史的な評価であるとの批判を受けるかもしれない。だが、和田のような見解が一方に存在していたことを考慮すれば、所有権擁護の主張は、古河の営業も「財産権」の正当な行使であり、沿岸農民たちの耕作権もそれと同じレベルで捉えられ、同じ財産権の行使ならば引き算して利益の多い方を取るという発想に帰着しかねない欠陥を内包していたといえる。

だから、私は、むしろ正造の租税観にみられる「公益」観に着目したいのである。正造にとって、納税ほどの「公義務」はなく、自発的に他人より少しでも多く納めることを名誉としていた。納税をほとんど「権利」と捉えていた、といっても過言ではない。つまり、租税こそ「公益」の主たる内容だったのであり、こうした納税を阻害すること自体が「公益」を害することに他ならなかったのである。

正造のみならず、被害農民たちもこれに近い考えを有していたと思われる。一八九五年九月の「足尾銅山に関する調査意見」では、農民たちの納租額と足尾銅山関係の租税額とを比較して、農民たちの納租額が圧倒的に多いことを示し、「租税の不平等」を掲げて操業停止を要求しているのである。和田のように、足尾銅山の「公利」と被害額の比較ではないことに注目しなければならない。

しかも、正造はいう。「〇製鋼所ハ二百五十一万円デ軍艦ハ何々監獄ハ何々デモ詰ル処ハ人民ヨリ金ガ出ルノデアル。金ヲ出スハ信用ノイカンニアルノミ。信用ハ抵当ナリ。無抵当デ租税ヲ出ス、信用ナケレバ出サヾルハ勿論ナリ」（②六六〜七）。

つまり、正造にとって納税は、政府に対する信任行為に他ならなかった。政府が信用あるかどうか、真に「公」たりえているかどうか。租税を中心とした正造の「公益」観念は、政府の正統性を暴き出すことにつながっていく。これが、租税＝公金の不正な使用法をめぐる払い下げ批判の根拠でもあった。日清戦争前に正造が議会で行った「不正」「不当」関係の質問で取り上げたのは、北海道幌内郁春別鉄道と炭鉱、神戸造船所、釜石鉱山、阿仁・院内鉱山、小坂鉱山、足尾官林などの払い下げ問題、新潟油坑区損害要障に対する不正支払い問題、熊本の立田山の不当交換問題と、日本全国に及ぶきわめて多様な問題にわたっている。このうち、北海道の幌内郁春別鉄道・炭鉱（のちの北海道炭鉱鉄道）は薩摩出身の堀基らに、神戸造船所は同じく薩摩出身の川崎正蔵に、小坂銅山は長州出身の藤田傳三郎に、そして阿仁・院内鉱山と足尾の官林は古河に払い下げられたものである。このように、華族・政商・薩長藩閥関係者への有利な払い下げや交換を、正造は藩閥政府が「私」を働くものと捉え、議会にあって政府を舌鋒鋭く批判し続けた。その根底に、租税を軸とした「公益」観念が存在していたことを、改めて確認しておきたい。

こうして、正造の中に、「腐敗物之多き世の中の掃除番役」（⑭二八三）という自己認識が育っていったのであるが、最後に確認しておかなければならないのは、初期議会期にあっては、足尾鉱毒問題それ自体が正造の中に特別の位置を占める独立した問題として認識されていたのではなく、あくまでも、上述のような政府の「不正」「不当」問題の中の一つに過ぎなかったことである。正造が、足尾鉱毒問題の本質を把握するのは、一八九六年秋の渡良瀬川大洪水を待たなければならなかった。

第三節　日清戦争前後

一　「和協」の詔勅違憲論

（一）第一議会後の憲法論

第二議会（一八九一年一一月二六日～一二月二五日）の開会を前にした正造の決意は、次のようなものであった。

第一期憲法の誤解は消滅せし論議にあらず。二百七十七番議員〔田中正造〕は其誤解なりと云ふ事を議場に向つて痛論せんとして緊急の動議を出したり。但し閉場の当日なりき。故に幾何年間失敗するも、議場に此論者のあらん限りは憲法問題の帰着せしものにあらず。他年必ず回復するの時あるべし。（⑨二六四）

このように、正造は、憲法六七条問題を、何度でも提起していく決意を固めていた。

そして、正造には、憲法に定められた議会の権限をフルに活用することによって、内閣を辞職に追い込み、最終的に政党内閣の樹立に結びつけていこうという展望があった。

我帝国憲法は其第七十一条におゐて、帝国議会予算を議定せず又は予算成立に至らざるときは前年度の予算を施行する旨を規定したれども、其予算を否決する事を禁ぜられたるの意義なし。況んや立法憲〔権〕を運用して内閣の辞職を余儀なくするは敢て難しといふべからず。（⑨二七〇）

正曰く、不肖は為めに断言す、正に為すべきの法あり、正に為すべきの道理あり。而て之を行ふて国家の為めに益ありや損ありやを考るにあるのみ。其国家の為めとは政府の為めにあらず、又議会及議員其ものゝ為めにあらずして、広く天下国家人民の為めを指して専らにこれを云ふなり。故に余は明言せんとす、今の政府は信用なし且つ責任を重ぜず、政党之に代て真誠に責任と興廃を共にし国家と安危を同ふするの政府を創立せざるべからざるなり。然らざれば憲法ありといゝども死法に過ぎざるなり。憲法死法にして国家の活発を得んとす、木に魚を

得るより危し。(⑨二七一)

政党内閣の「創立」こそが、憲法を活かし、国家(=人民)を活発にするという認識が、ここには明瞭に見てとれる。

第二議会直前に、自由党と改進党との提携が成立し、民党勢力は再び民力休養論をかかげて、政府と真っ向から対決していく。それに対して、一二月一八日、正造がはじめて足尾鉱毒問題で政府に質問を行った翌日のことであるが、松方首相は衆議院に臨み、「政府ハ予算本会議ノ始ニ於キマシテ、政府ノ意思ヲ断言シナケレバナリマセヌ、実ニ二十五年度ノ予算ハ節約スベキハ節約シ、減少スベキハ減少シテ及ブ丈切詰メタモノデアッテ、殊ニ憲法第六十七条ノ歳出ニ就イテハ、此上ニ廃除削減ニ同意スル余地ハ最早少シモナイ」と明言した。[37] 第一議会の例にならい、衆議院の予算削減要求、特に六七条関係の費目の削減要求には絶対に「同意」しない、と圧力をかけたのである。

これに対して、正造は、「総理大臣ノ演説ハ議場ヲ侮辱シテ居リマス」[38]と、再三質問を求めたが、ついに許可されなかった。

一二月二二日に行われた樺山資紀海軍大臣の「蛮勇演説」に代表されるような政府の「超然主義」に対して、衆議院本会議は、二五日に、軍艦建造費や製鋼所設立費など八九二万円余の削減を決議した。その結果、衆議院は解散され、一八九二年二月一五日に総選挙が実施された。このとき、天皇の意を受けて選挙大干渉が行われたことは、あまりにも有名である。[39] 正造も、二月六日に、足利郡小俣村での演説会の帰路、多数の暴漢に襲われている。正造の支持者の家も、反対派に襲撃されたり放火されるなどの被害が相次いだ。

一九〇二年(明治三五)七月二九日の原田定助宛書簡で、正造は、この選挙干渉の模様を回顧している。「二十五年の三区も選挙干渉となり、赤見村須永氏の獄中ニ死するあり。久野村高木氏の刃傷となり、御厨村田沼武二郎、川島治平の殴打せられたる、越智脩吉、清水政吉二氏の負傷、原田氏の家屋破壊せらるゝ、山辺村丸山氏方にての刃傷、久野村の放火、さの町堀米の放火と惨状枚挙すべからず。四面の敵に憎まれて産を失ふたるものも梁田郡ニ数名あり。反対の運動長ハ新井章吾、榊原経武、参謀長佐野常民、新聞ハ影山偵〔禎〕太郎、運動費ハ陸奥氏の使嘱〔嗾〕によりて反対の方面に支出せり。之れ二十五年の事なり」（⑮四五三）。

結局、第二回総選挙は、激戦のすえに、田中正造七三三票、木村半兵衛六四三票で、正造が再選された。そして、大々的な選挙干渉にもかかわらず、自由党と改進党合計で一三二議席を獲得し、民党優位の状態のまま、第三議会（一八九二年五月六日〜六月一四日）を迎えることになる。

第三議会でみられた正造の憲法論議は、次のようなものである。

第一に、「明治二十五年度予算追加案　湯浅治郎君ノ発議シタル継続費ニ関スル先決問題」をめぐってである。この問題の焦点は、継続費の「協賛」は初年度だけでいいのか（政府説）、それとも毎年「協賛」を求める必要があるのか（湯浅説）という、第六四条の協賛権と六八条の関係の理解の如何にあった。正造は、政府委員の渡辺国武に対して、「六十八条ト云フモノハ、独立ナモノデアッテ六十四条ニハ少シモ関係ノナイモノダト云フ御議論デアリマスカ、果シテサウ云フ御解釈デアリマスレバ、又質問ガ出マスガ」と発言している。湯浅の動議は起立少数で否決されたが、正造は「大多数」と叫んでいる。このことから考えると、第六八条の継続費も第六四条の国家予算中に含まれるものだから、毎年議会の「協賛」を求めてしかるべきと正造が認識していたことがわかる。

第二は、「岐阜愛知二県下震災救済及河川堤防工事費明治二十四年度予算外支出ノ件」（政府提出）をめぐる発言である。ここでも、焦点は、第六九条に規定された予備費と、「予算ノ款項ニ超過シ又ハ予算ノ外ニ生シタル支出アルトキハ後日帝国議会ノ承諾ヲ求ムルヲ要ス」という第六四条第二項との関係をいかに解釈するか、にあった。

政府の解釈は、火急の場合には、予備費に限らず国庫剰余金であれ何であれ、とりあえず財源を求めて支出しておいてから、その後で第六四条第二項によって議会の承認を求めればよい、というものであった。いわば、政府の幅広い行政裁量権を認める主張である。松方首相は、「政府ハ固ヨリ人民ノ生命財産ヲ保護スルノ義務ガアリマスデ、右申ス如ク危急ノ場合ニ於キマシテハ、国庫中相当ノ剰余金アリナガラ、人民ノ生命財産ノ危殆ナルヲ知リツヽ、空シク手ヲ束ヌル様ナ所為アルベキ筈デハアリマセヌ」と、「人情」論をもちだして政府の処置の正当性を強調した。

これに対して、特別委員会（委員長鈴木重遠）の見解は、次のようなものであった。会計法第七条の予備費の性格規定では、「避クベカラザル予算ノ不足ヲ補ヒ」「予算外ニ生ジタル費用ニ宛ツル」ものとされている。だから、第六四条第二項で「承諾」できるのは予備費のみであって、それ以外の支出を第六四条第二項に該当する費目として「承諾」することはできない。かつ、このようなことを認めていたら、「財政紊乱ノ弊」を予防できなくなってしまう、と。

松方の演説を受け、正造は発言を求めた。「憲法ト云フモノハ政府ハ勝手ニ文字ヲ加ヘ、必要ノ非常ノ臨時ノト云フ文字ヲ加ヘテ解釈スレバ、ソレハドウニデモナルノデアル、併ナガラ如何ニ大臣ト雖モ憲法ヲ即席ニ修正シテ解釈シテ、非常ノ臨時ノ必要ノト云フ三字ヲドコニ挟ムノデアルカ、何処ニ其意味ガアルカ」（⑦一〇〇）。

濃尾大地震の被害にあった人々のために臨機応変の処置をほどこして救済したいという「人情」論に対しても、正造は、かたくななまでに憲法の条文を厳格に解釈することを強調している。こと予算に関しては、政府の恣意的運用を認める前例を作りたくないという一心から、換言すれば国会の予算審議権の確立を願えばこそのこだわりであった。さらに推測を重ねるならば、一方で「人民ノ生命財産」を侵害する鉱毒問題に頬かぶりしておきながら、という気持ちも多少はあったのかもしれない。

以上のように、初期議会における正造の憲法解釈をめぐる発言は、第六七条を中心に、六四条、六八条、六九条など、いずれも予算審議権にかかわる問題をめぐって展開され、政府の憲法解釈を批判してやまぬ姿勢が顕著にみてとれる。そして、それがもっとも鮮明に発揮されたのが、第四議会の「和協」の詔勅に対する批判であった。

(二)詔勅への抵抗

第四議会(一八九二・一一・二九〜九三・二・二八)は、その冒頭から、政府提出の軍艦建造費をめぐり第二次伊藤内閣と議会との対立が激化していた。

一八九三年(明治二六)一月一二日、衆議院は軍艦建造費を否決、二三日には内閣弾劾上奏案を上程した。これに対して政府は、衆議院の一五日間停会を命じた。再開された二月七日、内閣弾劾上奏案が可決。政府は、非常に苦しい状況に追い込まれた。

そして、二月一〇日、「在廷ノ臣僚及帝国議会ノ各員ニ告ク」という詔勅が発布されたのである。

古者皇祖国ヲ肇ムルノ初ニ当リ六合ヲ兼ネ八紘ヲ掩フノ詔アリ朕既ニ大権ヲ総攬シ藩邦ノ制ヲ廃シ文武ノ政ヲ革メ又宇内ノ大勢ヲ察シ開国ノ国是ヲ定ム爾来二十有余年百揆ノ施設一ニ皆祖宗ノ遠猷ニ率由シ以テ臣民ノ康福ヲ増シ国家ノ隆昌ヲ図ラムトスルニ外ナラス

朕又議会ヲ開キ公議ヲ尽シ以テ大業ヲ翼賛セシメムコトヲ期シタリ而シテ憲法ノ施行方ニ初歩ニ属ス始ヲ慎ミ終ヲ克クシ端ヲ今日ニ正シ大成ヲ将来ニ期セサルヘカラス顧ルニ宇内列国ノ進勢ハ日一日ヨリ急ナリ今ノ時ニ当リ紛争日ヲ曠クシ遂ニ大計ヲ遺レ以テ国運進張ノ機ヲ誤ルカ如キコトアラハ朕カ祖宗ノ威霊ニ奉対スルノ志ニ非ス又立憲ノ美果ヲ収ムルノ道ニ非サルナリ朕ハ在廷ノ臣僚ニ信任シテ其ノ大事ヲ終始セムコトヲ欲シ又人民ノ選良ニ倚籍シテ朕カ日夕ノ憂慮ヲ分ツコトヲ疑ハサルナリ

憲法第六十七条ニ掲ケタル費目ハ既ニ正文ノ保障スル所ニ属シ今ニ於テ紛議ノ因タルヘカラス但シ朕ハ特ニ閣臣ニ命シ行政各般ノ整理ハ其ノ必要ニ従ヒ徐ロニ審議熟計シテ遺算《(ママ)》ナキヲ期シ朕カ裁定ヲ仰カシム

国家軍防ノ事ニ至テハ苟モ一日ヲ緩クスルトキハ或ハ百年ノ悔ヲ遺サム朕茲ニ内廷ノ費ヲ省キ六年ノ間毎歳三十

万円ヲ下付シ又文武ノ官僚ニ命シ特別ノ情状アル者ヲ除ク外同年月間其ノ俸給十分一ヲ納レ以テ製艦費ノ補足ニ充テシム

朕ハ閣臣ト議会トニ倚リ立憲ノ機関トシ其ノ各々権域ヲ慎ミ和協ノ道ニ由リ以テ朕カ大事ヲ輔翼シ有終ノ美ヲ成サムコトヲ望ム

御名　御璽

明治二十六年二月十日　　各大臣副署

この詔勅のポイントをまとめるならば、次の四点になる。

このまま政府と議会との紛争が続けば、世界の進運に遅れてしまい、「国運進張の機を誤る」ことになるので、①憲法第六七条関係の費目は正文の保障するところであるから、これ以上その解釈をめぐって紛糾を重ねてはならない、②政府は行政整理を怠らないように、③国防のことは一日たりともゆるがせにできないので、今後六年間にわたって内廷費より毎年三十万円を下付する、あわせて文武官の俸給を同年月間毎月十分の一カットして軍艦建造費にあてる、④今後、政府と議会は「和協」をつくすこと。

そこで、衆議院では、二月一三日に、島田三郎が「政府ノ意向ヲ確ムルタメ特別委員選挙ノ決議案」を緊急動議として提出した。その趣旨は、詔勅を遵奉するために、行政整理のあり方、御手許金を国事に使用する手続き、政府と議会の「和協」のあり方について、政府と協議する必要があるから、というものであった。この緊急動議は可決され、早速特別委員の選挙に入り、島田・尾崎行雄・河野広中ら九名が選出された。そして、特別委員と政府が協議をして、予算案をくみかえて議会に再度提出することになった。

二月二二日、くみかえ予算案が審議された。ここで、下付金や官吏俸給の削減分が「納付金」として処理されていたことが問題化した。質問にたった高田早苗は、憲法第二七条の私有財産権規定と、「大日本帝国憲法発布の上諭」

中の「財産ノ安全」という言葉を根拠に、手続き違憲論を展開した。官吏の俸給は官吏の所有にかかわるものであり、「勅令第五号ナル一片ノ勅令ヲ以テ之ヲ納付セシムルト云フガ如キハ、頗ル違憲ノ処置ト言ハナケレバナラヌ」。憲法に違反しないためには、俸給令の改正、もしくは俸給税法の新設など、きちんとした法律改正の手続きを踏まなければならない、と主張した。

政府部内にも、同様の見解が存在していたことは、当時、外務省通商局長であった原敬の日記にうかがうことができる。

詔勅のことは之を議すること恐多しと雖も、現内閣其責任に当るものとせば此挙其当を失せりと議する者あり、官吏の俸給十分の一を六ヶ年間納付せしむるは、一と度下付したる俸給は其官吏の財産に属す、之を命令を以て納付を強制するは立憲の趣旨に反せり、又議院は海軍省の改革を請求して製艦費を否決したるものにて財源なきが為めに非らず、然るに帝室より下賜及び官吏を納金せしむるは其目的に反せりと。

余も此件を余り上策とも思はずして多少の批評を試みしに、陸奥大臣は是れは伊藤の発案なり妄りに批評を試むる勿れと注意したり。(40)

このように政府内にも異論があった処理法であるが、高田の手続き違憲論に対して、三崎亀之助が反論を加えた。官吏は一般人民と異なり、「特別ナル地位ニ立チ特別ナル責務ヲ帯ビテ　天皇陛下ニ直ニ隷属シテ居ル」身分であるから、「行政ノ長タル資格ヲ以テ発セラレタル」天皇の命令には従わなければならない、「民法主義」でいうならば高田の批判のように憲法第二七条違反といえようが、官吏の場合にはそれに該当しない、と合憲論を展開した。

三崎に続いて登壇したのが田中正造である。正造は、三崎に質問という形をとりながら、官吏の減俸には二つの方法が考えられると、つぎのように述べた。まず、一つは、議会が減俸要求を提出したのを、政府が憲法第六七条にのっとって「同意」を与えて切り詰める方法である。これは、第一議会以来、予算削減をめぐって民党硬派が主張してきた方法であった。同様の主張を、『万朝報』も「社説」で展開していた。第二には、「暴君」が「詔勅」を使って一方的に減俸する方法である。「日本ニハナイコトデアルケレドモ」、もし「暴君ガアッテ此度ノ　詔勅ノ如キモノヲ以テ」官吏の俸給を削減するならば、「憲法ノ効力ト云フモノハナクナッテ仕舞フ」、と（⑦一五七）。仮定の話であるが、と断りをいれ、慎重に言葉を選びつつも、「和協」の詔勅が憲法を蹂躙したことを、正造は痛烈に批判したのである。その結果、議場は騒然となり、正造も、さかんに野次を飛ばす議員を、「泥棒議員」「国家ノ蛆虫議員」「国賊議員」などと罵倒している。

そして、正造の発言に対して三崎は、憲法第一〇条により詔勅による減俸は妥当であると反論した。それを聞きながら、正造は、「憲法第十条ガ勅令デ左右スルヲ得ト解スル人スラアルヨノ中／勅令ヲ出セバ予算ヲ破ルカラ憲法ヲ破ルカラ」とメモしている（②三六二）。

のちに正造が「一種変態ノ勅令」（②二〇三）と表現している「和協」の詔勅の政治的意味を、坂野潤治『近代日本の出発』を参照しながらまとめてみよう。

第一に、伊藤博文が画策したことではあったが、政治的対立を天皇の詔勅をもって解決することは、明らかに立憲君主制の原則からの逸脱であった。日本の政治の将来に大きな禍根を残すことになったといえよう。しかしながら、第二に、こうした天皇の政治的介入を求める発想は、衆議院が可決上奏した内閣弾劾上奏案の文中にもみられた。たしかに、上奏文では、「和衷協同ノ実」が挙がらないのは「抑々内閣大臣其ノ職ヲ尽サヽルノ致ス所」であり、憲法第六七条に関わる経費削減に「不同意」の理由を説明するのが「立憲国大臣ノ徳義」であって「和衷協同ノ道モ亦此ニ在」るにもかかわらず、政府は「銭厘ノ微ト雖削減スヘカラスト断言」するばかりである、このような政府と並立していては、「上ハ聖意ヲ奉体シ下ハ民意ヲ暢達スル能ハサラム」と、「叡鑒ヲ垂レタマハムコトヲ」を要求していた。[41]つまり、この「和協」の詔勅は、政府は議会をおさえることを、議会は内閣をおさえることをともに天皇に迫った結果であった。そして、坂野の『選集』第二巻の「解説」によれば、田中正造もこの上奏案の起草に関係していた、という。ということは、正造は、天皇の力をかりることで「立憲政治ノ実効」をあげようとしていたとも考えられる。このことは、直訴のときに天皇に勅令の発布を求めたこととも関連してくるので、記憶しておきたいところである。

第三には、この詔勅は、「徳」の体現者としての天皇の政治的関与を肯定する立場からすれば、模範的なものであったことである。たとえば、陸羯南は、「主上の聡明なる、衆議の在る所を容れさせ給ふこと斯の如し。吾輩は唯だ生れて此の聖代に逢ふの幸福を自ら賀するのみ」と、「感泣」して受けとめている。[42]

そして、第四には、よりせまい政治的観点からみれば、伊藤内閣と自由党の妥協のための儀式であった。「この意味で、第四議会は、第一議会いらいの藩閥政府と民党の正面衝突に終止符をうった画期的な議会であったといえよう[43]」。

二 政局の転換の中で

(一)「法」と「徳」の相剋

表面的にみれば、詔勅の内容は、その発布直前に正造が繰り返していた意見をそっくりとりいれたようなところがみられた。一八九二年一一月、栃木での演説中、正造は、プロシアの「(フレデリック)大王」が、二流の帝国たることを憤り、節倹に努めて強国と化したことを指摘していた(②三二)。また、一八九三年一月一〇日には、国会で「明治二六年度予算案中海軍臨時費につき質問」の中で、次のように述べている。

国庫ニ余裕ガナイカラ国力ニ余地ガナイカラ西班牙ノ女帝ガ髪ノ上ノ道具ヲ売ッテ、之ヲ以テ船ヲ購ッテ夫ノ閣龍ヲ出シタノデアル、即チ熱心ト云フモノハ誠ニ此ノ如クナルモノヲ言フノデアル、之ヲ御知リナサラナケレバ拠ナイガ、此軍艦製造ニ最モ熱心ナサレテ居ルト云フコトハ前ノ総理大臣松方伯ノ頃カラデアル、松方伯ト云フ人ハ長ク大蔵大臣ヲシテ居ラレ長ク大臣ノ位置ニ居ラレタ人デアル、而シテ其富ト云フモノハ殆ド百万以上ノ財産ガアルト云フコトデアッタナラバ、此熱心ト云フ所カラ往クトキニハ先ヅ己レ自ラ百万円ノ内五十万円寄付シテ見ルガ宜シイ、（笑声起ル）斯ウ云フモノヲ指シテ真ニ熱心ト云フノデアル（⑦一四六）

さらに、一月二二日に神田錦輝館で開催された演説会でも「一銭一厘も減ずる能はざる乎」と題して演説し、スペイン女王（イザベラ）とコロンブスとのエピソードを紹介した後で、「今の政府が倹約であつて如何にも監引を食ふとか乾物を食つても膽を嘗めて薪に寝ても、国家の為には閣龍の如く奈破翁の如く国の為には如何なる艱難辛苦を尽してもまずい物を食べても汚ない着物をきてもやつて往かうと云ふ程の節約がない」（②五三）と政府を批判し、軍艦建造を唱えるならまず政府首脳が率先して政費節減につとめる必要があると強調している。そして、「[政費の]性質ハ人民ヨリ節約シテ政府ニ渡シタルモノ故ニ、人民ノ希望ノ方ニ使ハザレバナラヌ性質デアル」（②六二）と、人民は現在、軍艦建造よりも民力休養を要求しているのであるから、それでも軍艦を作りたければ自腹をきるぐらいの覚悟が必要であることを示唆していた。正造にしてみれば、政府首脳にそんなことはできるわけがないと、たかをくくっての発言だったことだろう。

ところが、あにはからんや、天皇が率先して内廷費を倹約するから、官吏も自分にならって軍艦を作れという詔勅が出されたのである。ある意味で、正造は得意であったことだろう。天皇は徳の体現者であるという儒教的君主観から、陸羯南がこの詔勅を絶賛していたことは先に指摘したとおりであるが、正造にもこうした天皇観が一面に存在していたことは第一部でふれておいた。教育勅語への批判が見あたらないことも、正造が「有徳の君主」天皇像を理想としていたことの傍証になろう。このとき、天皇は、正造が期待する「有徳の君主」たるにふさわしい「徳」を示したのである。だから、この「和協」の詔勅が立憲君主制の原則を逸脱していることが明白であっても、天皇の現実政治への介入そのものが天皇の意志によるものではなく、伊藤らに利用されたものと判断することで、天皇そのものへの批判の鉾先はにぶくなり、「君側の奸」の排除を強調するにとどまってしまうのである。また、見方をかえれば、「君主無責任」という立憲君主制下の「法」の原則への忠実さの現れであったということも可能である。

ところが、天皇の詔勅によって、「憲法第六十七条に掲げたる費目ハ既に正文の保障する所に属し今に於て紛議の因たるべからず」と命じられたこと、すなわち憲法第六七条の解釈が、詔勅によって政府＝伊藤博文の解釈が妥当であると事実上決着がつけられてしまったことは、正造にとっては大きな衝撃であったろう。それは、憲法の解釈の確定＝予算審議権の確立から政党内閣の樹立という構想が、天皇の詔勅によって挫折させられてしまったことを意味していた。それは他の改進党員にとっても同様であった。政府と自由党との提携を前に、武器を失ったも同然であった。

その結果、正造の憲法観に注目すべき変化が見られる。武器としての憲法の解釈の変化である。一言でいえば、それは、個々の条文の解釈へのこだわりから、「広義」の解釈、つまり「憲法の精神」の強調へ、である。「立憲的とは帝国憲法規定の趣旨に適ふを云ひ、非立憲的とはこれに違ふを云ふは勿論なれども、これ狭義の意味に外ならず。広義の意味を以て立憲的といふは憲法規定の有無に拘らず総て憲法の精神に適ふをいひ、非立憲的とはこれに違ふを云ふなり」（⑨三八八）。一八九四年四月二八日の日記の一節である。

正造にとって、「憲法の精神」とは、人権保障に他ならなかった。そのため、こうした憲法観の変化は、一方では、後年に「人権」観念が大きく浮上してくる契機となった。

キャロル・グラックがかつて講演の中で語ったところによれば、constitutionalism とは、「憲法主義」（立憲主義）を意味するのではなく、「憲法の実践」というのが第一義的な意味であるという。このことを考えれば、憲法の「条項」より「精神」を重視するようになった正造の変化は、〝大日本帝国憲法離れ〟の可能性をはらみつつも、憲法観の後退ではなくして、むしろ実践重視へという積極的な変化であったともいえよう。

ところが、こののち、これまでとは異なって正造が強調するようになる憲法の条項が存在するのである。それは、第一条から三条と五五条である。第一条から三条は、いうまでもなく天皇の絶対君主としての性格を規定したものである。そして、第五五条は、補弼責任を定めたものである。この点については後述するが、私は、こうしたことから、第四議会終了後、田中正造の中で天皇観が昂進していくと捉えている。

(二) 対外硬派への距離感覚

第四議会後、伊藤内閣と自由党との提携が成立した。坂野潤治によれば、この提携は、伊藤内閣と自由党双方の思惑が一致した結果であるという。伊藤内閣は、陸奥外相と伊東巳代治書記官長を中心に、軍艦建造費を中心とする富国強兵策の実現を支持する新たな与党を欲していた。国民協会などの国権派は、軍備拡張は支持が期待できても、条約改正問題では障害になるからである。一方、自由党では、星亨が主導権を握るようになっていた。星は、「民党」という言葉を嫌い、自由・改進両党が別々になることを主張していた。そして、「国民の生活、国民の教育、外交、国防」での積極政策への転換による地方開発予算の獲得とそれを通した支持基盤の拡大を画策していた。いわば、利益誘導型政治への転換である。

その結果、わずか四〇議席程度の勢力しか持たない改進党は、孤立化を余儀なくされていった。そのようなとき、一八九三年一〇月、「内地雑居反対・現行条約励行」をスローガンに、安部井磐根・大井憲太郎らが大日本協会を成立させた。本来は内地雑居論の立場であったはずの改進党も、現行条約励行論を唱えてこれと提携し、国民協会、中国進歩党、同志倶楽部、同盟倶楽部、旧大日本協会とともにいわゆる対外硬六派が成立する。そして、徳富蘇峰の知恵といわれる「自主的外交・責任内閣」という、六派間の見解の相違を曖昧化したスローガンのもとに反政府・反自由党勢力を結集することになった。

こうして、議会の争点は、それまでの民力休養から条約励行へと変わった。一一月二五日に第五議会が召集されたが、停会につぐ停会の結果、一二月三〇日に解散。翌一八九四年（明治二七）三月一日、第三回総選挙が実施され、田中正造はみたび当選した。田中の九四一票に対して対立候補の木村半兵衛は三三九票と、票差は開く一方であった。五月一二日、第六議会が召集。議会側は、三一日に内閣弾劾上奏案を可決し上奏したが、六月二日、宮相が不採用を伝達、議会は再び解散された。一見、議会側＝対外硬派が優勢に見えるが、結果的には日清戦争への露払い役をつとめることになるのである。

田中正造は、九四年四月の日記に、「六派不潔の会なるを悔るの日あらん」（⑨三八六）、「六派云々も面白からず」（⑨三八七）と記し、対外硬派への違和感を表明していた。かつ、「〇下野支部の印を用へて本部の命令云々と云ひて大日本協会を助けたり。可驚々々。四月二十四日聴く。／〇且つ改進党下野支部の名帳を吏党に渡し尚早派に渡したり。那須塩谷の支部なり」（⑨三八七）というように、大日本協会との選挙協力にも批判的であった。

それでは、何故に対外硬六派は「不潔」なのであったのだろうか。それは、対外硬六派の結合が「主義」によるものではなく、「数」のための結合であったからであり、これまでの経緯から「徳義」上でも認めることができなかったからである。それは、日清戦争後の一八九五年（明治二八）六月の日記に、「勝利トハ多寡ノ意味ニアラズ」、重要なのは「多数」より「精神」で、「六派ノ聯合ヲ喜びざるハ此趣旨」と明快に記している。だから、「六派会ろくな仕事もろく〳〵に　六に仕事も出来ずろく〳〵」（⑨四四六〜七）と、皮肉ってもいるのである。また、「党派問題にあらざるも俄かに国民協会と提携するは法律規則上に限るべし。徳議《ママ》上におゐては精神上に許さゞるなり」（⑫一一六）と国民協会との提携にも消極的であったのは、国民協会の代表が、かつての選挙干渉の張本人品川弥二郎であって、徳義的に許すことができなかったからであろう。

このように、正造が対外硬派との提携に批判的であったことは、正造の残した資料から明白にうかがえる。しかし、そのスローガン、たとえば内地雑居問題に関する正造の見解は、必ずしも明確ではない。正造は、かつて条約改正運動期に、内地雑居に対する危機意識を吐露したことがあったが、一八九三年の「栃木県における演説草稿」中でも、

「〇日本人の名義を以て内地に商店を開きて番頭の名義産地より直仕入なし、商店に外人永く滞留及其商店にて見て売買す。日本人同様今は大資本をもたらし来りて内地にて日本人を圧倒す。法律の制裁を脱せり」とか、「外人旅舎外の商店に宿泊するを咎めず」（②七四）というように、地方の小資本の立場からする内地雑居への危機感を表明している。これをみると、内地雑居反対・現行条約励行論の立場であったようにも見えるが、一方では、一八九四年六月二日の第六議会における質問中に、「田中正造モ又非内地雑居論者デナイ」（⑦二三七）と発言しており、必ずしも一貫していないのである。

このように、対外硬派とは、内面的に大きな違和感を抱えつつ、根本的には批判的でありながら、表面的に同一歩調をとっていたにすぎなかった。そのスローガンに関する賛否も明確ではないが、反伊藤と、伊藤が天皇を政治的に利用することを糾弾する点では、対外硬派と一致していたことが確認できる。

(三) 天皇観の昂進

ここで天皇観の昂進というのは、天皇の神聖性の強調のことを指している。第四議会以降、「古来王室を蔑にするは人民にあらず」（②七八）、「天皇大臣ドモノモノニアラズ」（②八一）、「憲法一二三条ヲ見ヨ」（②八三）というような表現が頻出することに見てとることができる。それを、二つの視角から探ってみよう。

まず第一に、「憲法的勤王」もしくは「憲法的の勤王家」の強調である。もともと、「憲法的勤王」とは、尾崎行雄の造語のようだが、正造もとても気に入っていたとみえ、この時期からさかんに用いはじめる。それをもっともよく表現しているのが、一八九三年一一月五日に神田錦輝館でおこなった「和協の大意」と題する演説である。

日本の人は勤王心に富んで居ると云ふが、如何にも未だ勤王心に富んで居らないことを地方を歩いて見て来ました。地方を歩くと云ふと懇親会を開く、其懇親会の末に必ず　天皇陛下万歳を唱へる、是は宜いことであるが、此人々の中には起立して天皇陛下を唱へる者があるかと思へば、坐つて居る人もあり、蹲居をかいて居る者がある、之では往かないのであります。（②一〇三）

正造は、まずこのように指摘している。このこと自体、日清戦争以前には、「天皇陛下万歳」も必ずしも全員が直立して唱えていたわけではないことをうかがわせる興味深い資料であるが、正造の意図はそこにはない。それに続けて、正造は、新旧の「勤王」を比較する。旧の「勤王」は、ただ「泣く」だけであったが、新の「勤王」は「憲法に向つて憲法的に動作をすれば宜い」のである。特に、憲法第五五条には、「各大臣は天皇を補弼し其責に任ず」とある。「国家の人民たる者男女となく、老幼の差別なく、五十五条の責と云ふ字に向つては諸君血の涙をこぼさゞれば、上王室の尊栄を保ち下人民の幸福を完ふすると云ふことは出来ないのでござります」（②一〇四～五）。「政府は二十三年帝国議会の開けるまでは専制政府圧制政府の飯を喰つて居つた人である」。だから、「憲法的動作と云ふものに就いて政府は如何にも生れたての坊ちやん」だ。それに対して「民党は十有余年大学校の方まで卒業して居る」（②一〇八）。だから、「政府が責を免れ怒るべきに怒らざれば即ち人民是に代りて怒り且つ其責を塞ぐべきは当然の順序である」（②一一二）。これが真の「和協」というものだ、と述べている。

以上のように、正造にとって「憲法的勤王」とは、藩閥政府を打倒し、政党が責任内閣を樹立することを意味していたことは明白であるが、憲法第五五条を持ち出してきても、かつてのように大臣の国家人民に対する責任を強調するのではなく、天皇に対する責任が前面に押し出されてきている点に、天皇観の昂進をみることができるのである。[44]

こうして「憲法的勤王」はさらにエスカレートし、「君側ヲ清ム」という表現に帰着する。「君側ヲ清」めて「皇室ノ尊栄ヲ全フス」ることへの焦慮と言い換えることもできよう。

一八九四年に入ると、一月から四月にかけて、正造は、憲法第一条に関連することをさかんに述べている。たとえば、「尚之ヨリ国富兵強ク天皇統治ノ文字ヲ太ク書シ得ベシ。天皇陛下万歳」（②一三七）というように。もともと、正造にとって、立憲政の採用は「王室の尊栄」を増進することであった。ところが、伊藤内閣によって「王室の尊栄」が汚されていると判断した正造は、伊藤内閣批判をエスカレートさせていく。「国民ノ力ラ」と「憲法ノ力ラ」を以て「君側ヲ清ム。皇室ノ尊栄ヲ全フス」る「責任内閣」を樹立し、「新日本ヲ建造」することを、遊説の先々でさかんに強調するようになるのである。

こうした「君側ヲ清ム」という考え方が最初に現れるのは、おそらく、一八九四年五月一七日、第六議会における大井憲太郎他九名の提出になる内閣弾劾上奏案の審議中のことであろう。この上奏案は、第五議会の相次ぐ停会と解散、千島艦事件などをとりあげ、伊藤内閣の、「憲法ヲ軽視シ議会ヲ侮蔑」し、あるいは「陛下ノ尊号ヲ濫用」して「天威ヲ汚辱シ国権ヲ毀損」したにもかかわらず、「閣臣動モスレバ衮龍ノ御袖ニ隠レ以テ其責ヲ逃レントス」る政治姿勢を厳しく指弾したものであった。その審議中、正造は、反対演説にさかんに野次を飛ばしている。特に、三崎亀之助の演説中には、「君側ノ賊ヲ鏖スノデアル、掃フノデアル」と叫んでいる。また、五月の「伊藤博文糾弾文草稿」では、同様の表現のあとに、「天下不忠不臣タル者アリト雖モ足下ノ如キ乱臣賊子悪逆無道ナル者未ダ嘗テアラザルナリ」（②一二三九）と決めつけている。

こうして、一八九六年までに、「衮龍ニ隠レル」という表現は、一〇回近くも登場する。たしかに、「立憲君子（主）の大権は大憲《ママ》は素無制限のものに非ず」（②一四三）というような制限君主的天皇観をうかがわせる表現も出てはくるが、ほとんど目立たない。正造は、狂信的な天皇崇拝論者にかわってしまったかのようである。

同時に注目しておくべきことは、このような天皇観の昂進とナショナリズムの高揚とが軌を一にしていることである。たとえば、一八九四年一月一日の地元支持者への年頭の挨拶状の中で、「天皇は神聖なり　侵すべからざるに憲法の実を挙ぐる能はずんば王室の尊栄を奈何せん」（⑭三一九）という文章とともに、「四海乾坤をして我統一の治下に服さしめんこと之れ正造の希望して止まざる処なり」（⑭三二〇）と書かれてあった。そして、その草稿とおぼしき文章には、もっと露骨に、「我レノ国威ヲ宣揚シ、而我旭旗ノ海外ニ雄飛センコトヲ」（②一一二三）と出ている。

ナショナリズムというより、もっと露骨な侵略主義的海外雄飛の思想であり、この突然の出現には奇異の念さえ覚える。やはり、天皇観のエスカレートと対をなしていたと考えるしかない。そして、やがて、清国との間に戦端がきっておとされたことが、このような正造の思想傾向にさらに拍車をかけていくことになった。

三　日清戦争支持の論理

(一)「挙国一致」の実践

日清戦争の開戦そのものに対しては、正造は必ずしも全面的賛成というわけではなかった。むしろ、〈「然レドモ」賛成〉といった感じである。

東学農民戦争の鎮圧のため、朝鮮政府の派兵依頼を受けた清国が出兵し、その情報をキャッチした日本も出兵して、両軍が京城・牙山間で対峙するに至っても、正造は、「只双方日清ともに決戦の決心は最初より無之ものと奉察候間、此分は竜頭蛇尾ならん」(⑭三三九)と、開戦には至らぬだろうという楽観的な見通しを示していた。「日清久敷酒呑の争論ナリシモ、今ハ漸クコブシを振り廻すに至れりとハ又一興」(⑭三四一)というように、ある種の余裕すら見せていた。

ところが、七月二五日の豊島沖海戦で戦闘の火蓋がきっておとされると、「何ヲ論ズルモ皆内治ノ改良ヲ主トシテ国権拡張ノ前ニ回復アリ。/未遠大之平和内治ノ改良ヲ為ス能ハズシテ対外交戦ニ至ル。/平和ニ日本魂ヲ研磨シ畢ラズシテ早ク腕力ノ上ニ日本魂ヲ研磨スルニ至ル、遺憾トスル処ナリ。然レドモ事今日ノ場合ハヨロシク官民一致対戦ノ決心ヲ要スルナリ。/畢竟真ノ硬派タレバ戦争ニ至ラザリシヲ」(②一五八)と書いている。ここからは、内治改良を国権拡張に優先させる改進党的な発想の一貫性がみてとれるが、しかし、その路線で頑張りきれなかったこと、つまり「真ノ硬派」になれなかったことに悔いを残しつつ、「然レドモ」開戦にいたったからには、という論理で戦争協力へと赴いていくのである。

八月一八日より数日間にわたって鉱毒被害地を実地調査し、粉鉱採集器の効果に疑問をもちつつも、九月一日の第四回総選挙（田中九〇六票、木村二二五票）のあと、一〇月一八日に開会された第七回議会では、「挙国一致」の実をあげるために、鉱毒問題その他の政府追及は差し控えた。反対に、一〇月二〇日には、一億五〇〇〇万円の臨時軍事費の賛成演説すら行っている。そこでも、一応は、「軍人ハ海外ニ於テ屍ヲ原野ニ曝シ、残ッテ居ル者ハ株式ヲスルト云フ」ようなことをして、「政府ノ信用」をおとさないように「正直ナルヤリ方ニシテ貰ヒタイ」と政府に注文はつけているが（⑦二四一〜）、基本的には「今日政府を攻撃シテ内治の弱点ヲ論ズルノ時キデアリマセン」（②一七八）と自制していた。しかし、「予算ハ不平ヲ呑んで原案賛成。而テ政府の徳義奈何ヲ他日ニ期シテ、国民ト大ニ他日ヲ希図セリ」（⑭三五六）というように、正造の眼は早くも戦後をにらんでいたのである。

（二）戦争中の主張の諸特徴

正造は、旅順陥落の報に「快絶無限」と「独宴ヲ開」いたりしているが、日清戦争に関する正造の発言を見ていくと、そこにはいくつかの特色がみてとれる。それをまとめると、まず第一に、朝鮮を戦場とするのではなく、一気に北京を攻撃しなければならない、償金も三億は必要である、日本軍は「王者ノ軍」であり、「王道ヲ唱フ」るものだから、朝鮮を「呑ゼイ」してはならない、と主張している点である。たとえば、「姑息平和を止め、朝鮮取るべからず、又永く世話するの義あり」（⑨四一三）、「朝鮮幼稚、之レヲ救フニ虎ヲ追フハ止ムベカラズシテ、今其トラノ巣屈ヲ毀ツノトキナリ。只日本ガ自ラ虎（ト）化シテ此幼稚ヲ呑ゼイセントセバ、之レ野心ナリ。今日本ハ王者ノ軍ナリ。此野心ナシ」（⑭三六八）。そして、こうした主張の背景には、正造なりの中国観・朝鮮観が存在していた。朝鮮は「赤子」で「幼稚」であるからよろしくこれを「世話」しなければならないが、清国は「虎狼」「盗賊無頼の徒」であり、「討チ殺スベシ」、講和の仲裁があっても拒絶して徹底的に排撃すべきだ、というのである。ずいぶんときびしい清国観ではあるまいか。

しかし、戦況の推移にただ一喜一憂していただけではない。正造は、戦争が一般国民の生活に及ぼす影響にも注目していた。この点が第二の特色である。一八九五年六月の日記に次のような記述がある。

日清戦争の一般国民ニ及す影響
一、唐繻子の帯需用者なき事。
一、呉服店ニ南京繻子の品切れ。
一、清楽の廃滅、稽古人なき事(清楽専門家富士見町長原氏の困難)。
一、月琴等を合奏する門づけ虚無僧の宿泊ニ困難を感ずること(宿屋にて清楽虚無僧の宿泊を謝絶する故)。
古語ニ三人行ケバ必ズ我師アリト。下情ヲ注意スベシ。(⑨四三六〜七)

もちろん、横山源之助の『日本之下層社会』ほどのレベルではないが、のちに日露戦争のとき、幸徳秋水らの『週刊平民新聞』がつとめて戦争で犠牲になる一般民衆の姿をフォローしていたような視点と同じものを、この時期の正造にみてとることができるのである。(45) こうした観点から、正造は、「よの人自ら高ぶり人を見る、恰も屋上ニ登りて庭中の犬馬を見るが如きものあり。かの乞食が橋下に草枕して明月を見る如きこゝろにて国家を見るものハ、甚だ稀れなり」(⑨四三七)というように、国民のおごり高ぶりを批判していた。

第三には、戦争の渦中にあって、既に戦後の軍拡財政を予測し、それとは異なった戦後経営に関する構想を表明していたことである。戦後日本のあり方に関する発言は、すでに一八九四年一一月頃より見えはじめる。そのポイントは、三つあった。一つは、「一家一身」の「自立」と「一村一郡一区一県」の「自治」を基礎として、「内地の平和」「東洋の平和」「永遠の平和」を実現することであり、二つには、「憲法の遵守」「憲法の確定」を通じた責任内閣を樹立することであり、三つには緊縮予算を実施することであった。正造は、国家の財政規模は、文明化するほど小さくすべきであると考えていたのである。この第三の点について具体的に述べているのが、一八九四年一二月五日の論稿である。

そこではまず、戦後財政の根本原則として、「軍備ノ経済」と「普通ノ経済」との区別をきちんとすることを強調している。「軍費ト普通ノ財政ハ明ニ其区域ヲ越ユベカラズ。普通経済ノ独立ヲ侵害セザルベシ。軍備ノ経済ハ火災ノ如シ。普通ノ経済ハ旧帳簿ノ如シ。普通経済ノ独立ヲ保タンニハ軍事費償還ノ為メニ新税増税等ニ及ボシ、之ヲ類焼セシメザルベシ」、と（②二一六）。もっとも、戦時公債の償還のために時限立法として特別賦課法を設けることや、軍備拡張それ自体を全面的に否定していたわけではない。将来の軍備拡張費は、「庁費」の削減分をあてる、と指摘しているので、軍拡を行うならまず行政改革政費削減を、というのであった。「世に兵備を云ふものハ先行政の整備を云ふべし」（⑨四四一）なのである。注目すべきは、公債の利子分の償却にあてるために、軍人を除く政府官吏と議員の俸給歳費を半分にすることを主張していたことである。これは、「和協」の詔勅から想をとったとも考えられる。あるいは、県会議員時代からの正造の持論の展開であったと考えることもできる。しかし、全部で四項目の具体的な政策を箇条書きした後で、「果シテ然ラバ軍人モ又功ニ誇ルコト少ナカラン。治平ノ道之ヨリ上ナルハナシ」（②二一七）と書いていることに注目したい。そこからは、戦勝による軍人の増長は様々な意味で禍根となるので、自分たちが自発的に犠牲的精神を発揮して歳費を半減し、それを財政の一助にする姿勢をみせることで、それを防止したいという隠された意図が浮かび上がってくる。正造は、日本の軍国主義化の危険性を早くも察知していた。

ところが、第二次伊藤内閣が第九議会に提示した明治二九年度予算案には、陸軍が今後八年間で約九〇〇〇万円、海軍が一〇年間で約一億八七〇〇万円、製鋼所建設費として四〇〇万円など、総額三億近くの第二次軍備拡張計画が盛り込まれていた。これは清国から獲得した賠償金を主にあてることになったが、一般財政の規模も約二億円と、戦前に比べて倍増し、営業税の新設、酒造税の増徴、葉煙草専売などの増税と公債募集という、将来につけをまわすことを辞さない予算内容であった。正造が主張したような官吏・議員俸給の半減など、実現する余地もなかった。こうした戦後経営をめぐる対立が、正造の歳費辞退の伏線となっていくのである。

(三)「文明」対「野蛮」

もう少し、正造の戦争支持の論理を具体的に追ってみたい。

正造は、一八九四年一一月一九日の「予算・勝算・及決算」の中で、「我れハ文明を表し彼れハ野蛮を表せり」(②一九〇)と述べていた。このように、正造の戦争支持の論理も、大枠としては福沢諭吉が「日清戦争は文野の戦争なり」(『時事新報』一八九四年七月二九日)としてまとめたような、「文明」対「野蛮」という図式の中にあったと位置づけることができる。しかしながら、そこで述べられている「文明」の内実をより仔細に検討してみると、福沢とは微妙な違いが浮上してくる。

福沢の「文明」とは、一言でいえば「西洋文明」と同義であった。「戦争の事実は日清両国の間に起りたりと雖も、其根源を尋ぬれば文明開化の進歩を謀るものと其進歩を妨げんとするものとの戦にして、決して両国間の争に非ず」、それはいってみれば「文明宗」対「野蛮宗」ともいうべき「一種の宗教争ひ」である、と福沢は卓抜な比喩を交えて述べていく。そして日本は「文明開化の番兵」として「世界共通の文明主義を拡張するの天職を行ふもの」であり、これは「文明の義戦」なのだ、と。そして、朝鮮を「誘導提携して共に文明開化の域に入り、世界に独立の体面を全ふせしむるは、東洋の先進を以て任ずる我国の義務」であると、かつて甲申政変に際して述べたようなことを繰り返し主張し、「日本は貿易の利益を開くが為めに朝鮮の独立を必要として支那の干渉を払ひたるものなり」と強調している。

このように、福沢が強調する「文明」とは「西洋文明」のことに他ならず、朝鮮独立の目的も「貿易の利益」のためであると、その功利的立場が強調されている。

「文明」対「野蛮」という同じような図式に立ちながら、福沢とは内実の異なる「文明」観を提示していたのは陸羯南であった。陸は、これまでもイギリスを代表とする西洋文明に対して、被抑圧国の立場から批判を展開し、さらに福沢の文明主義はまさに欧人のような優勝劣敗主義であると批判していた人物である。

陸は、一八九四年八月一六日に『日本』に掲載した「征蛮の王師」で、日本軍はまさに野蛮を征討する王道を踏む軍隊であり、「王師の勝敗は是れ直に文明の勝敗なり」と述べた。「文明」対「野蛮」という図式は、基本的に同じである。しかし、陸は、「清国なるものは決して人道を見ざるの国なり。故に清国を征伐するは国権を争ふといふよりは寧ろ国徳を弘むるものなり。此の戦にして敗るゝは是れ東洋に於ける徳義の敗なり」と、「国徳」あるいは「君子国の仁風」と、いささか儒教的な文脈で日清戦争の意義を強調する。さらには、「万邦絶倫なる」国体に発する日本の特殊性を強調するのである。福沢のように、普遍的(と見られていた)「西洋文明」の意味で「文明」を用いていたのでないことは明白であろう。陸にとって、「文明」とは、「徳義」であり「人道の消長」のことであった。

それでは、正造はどうであったろうか。正造が日本を「文明」と形容するときや、他の「文明」の用法を見ていくと、日清戦争で「我れは文明を表」していると判断した理由は、「彼れハ我兵の捕虜を虐待し我れハ彼れの捕虜を厚遇せり。此両端ハ誠に文野の勝敗ハ明かにして、我ハ文明の名誉を広く世界ニしめしたり」(②一九〇)というように、捕虜の待遇問題=人道の観点が一つ浮かび上がってくる(この史料は、一一月二一日から行われた旅順虐殺事件の直前のものである)。また、一八九六年四月の「朝鮮雑記」の中の、「東学党ハ文明的、十二ヶ条ノ軍律タル徳義ヲ守ルコト厳ナリ」(②二八三)をみれば、「文明」=「徳義」(を守ること)と考えていたことがわかる。すでに、一八九三年時点で、「興利的の人必ずしも除害の思想なし」(②七五)と述べていたように、正造が、「興利」=功利よりも「除害」を優先させる思想を把持していたことは明確であり、この点でも福沢とは文明観を異にしていた。

さらに正造は、日本が勝利した理由も、軍人の働きや教育の力によるものと同時に、「神聖無双の国体」と「陛下ノ御威徳」のたまものと認識していた。「日本ノ兵の強きハ、新教育小学の力らなり。然れども古来ノ習慣日本魂ナルモノ、国家思想、鎖国思想と勤王との二元因ノ深ク志気ヲ熱して隣国ノ支那ニ勝てり。（中略）支那ハ愛国心乏しく、国家主義なく、只君主を尊重するを以、其人賢なれバ国強きも、一旦君主凡庸たらバ志気振ハず。日本ノ如ク天皇ハ神聖として善悪皆之れを敬するとハ天壌の差あり」（⑨六〇二）。中国と対比して日本の優秀性の根源を、「万邦無比の国体」の存在や中国人民の「愛国心」のなさに求めるのは、近代の中国観、もしくは国体論のステレオタイプであるが、正造もそのパターンに堕ちてしまったようである。この点からみても、日清戦争支持の論理は、その文明観や国体論的な側面からいって、国粋主義者陸羯南ときわめて類似していたといえる。

だが、このような戦争支持の論理に、他と画すべき独特さがみられるわけではない。だから、あまりにも「平凡」すぎる論理として無視することも可能であろう。しかし、正造が日清戦争前後に展開した議論にみられる最大の特徴は、その「東学」観の卓抜さにあったと私は考えている。いま、それを証明する史料「朝鮮雑記　台湾二三件」（一八九六年四月）をとりあげ、少し詳しく述べてみよう。

正造は、まず、東学の祖崔済愚から崔時亨、そして全琫準と流れる東学の歴史を概述し、「其学ハ老子ノ……仙術ト仏儒トノ三ツヲ一団」としたものであると指摘したあとで、「東学党ハ文明的、十二ヶ条ノ軍律タル徳義ヲ守ルコト厳ナリ。人民ノ財ヲ奪ハズ、婦女ヲ辱カシメズ、其兵站部ノ用ハ国郡知事、郡衙ニヨリテ、兵力ヲ以テ権ヲ奪ヘ財ヲ取リ其地ヲ脩ムコト公平ナリ。偶軍律ヲ犯スモノアレバ直ニ銃殺ス」と述べて、その軍律の厳しさ、秩序正しき様を高く評価している（②二八三）。ここからも、正造の「文明」観がよくわかるのであるが、特に、全琫準に対しては、きわめて高い評価を見せている。

琫準字ハ禄斗、部下三千アリ。東学党中或残暴ノモノアレドモ皆禄斗ヲ畏レ、全大人ト称シ隠ニ東学党ノ泰斗タリ。（党員凡ソ十万）禄斗品行方正、部下ト雖ドモ酒ト煙草ヲ喫セズ。謀略ニ富ムト雖ドモ公明正大ヲ以テ自ラ改革ノ業ニ任ゼリ。然レドモ禄斗ノ志ハ宗教ヲ以テ根本的ノ改革ヲ試ミント欲ス。但シ朝鮮ノ国教ハ儒教ヲ以テ人心ヲ圧制セルヲ以テ、禄斗ガ刷新ノ宗教ヲ忌ミ叛心アリト誣ヒテ之ヲ捕ヘントス。部下之ヲ怒リ遂ニ兵ヲ挙ゲザルヲ得ザルニ至ル。禄斗一人兵ヲ挙グレバ一人ハ全党ニ関スルヲ以テ東学党全体兵ヲ挙グルニ至ル。故ニ其首領ハ皆死ヲ倶ニシテ日本兵ニ斃サル。朝鮮百年ノ計ハ精神ヨリ改革セザレバ不可ナリ。軍隊知ラズ、此新芽ヲ蹂籍ス。惜哉。（②二八三〜四）

当時の一般的な東学観は、福沢諭吉に代表されるような一揆・徒党視であった。福沢は、「東学の乱」を「烏合の一揆」と述べ（「兵力を用るの必要」一八九四年七月四日）、「所謂百姓一揆の類にして一時の騒ぎなれば意に介するに足らざるが如」しと認識していた（「朝鮮東学党の騒擾に就て」同年五月三〇日）。言論人の中で、多少なりとも東学に理解を示したのは、陸羯南程度であった。陸は、「東学の志を悲む」（一八九四年六月一三日）と題する論説で、東学の人々を「志士」「義兵」「朝鮮社会の一救世軍」であると評し、「盗賊蜂起の類にあらざるを断言し得べきなり」、「二十年前に於ては我邦も亦た一種の東学党ありしを記憶せよ」と、幕末期の志士に例えてもいる。朝鮮に維新をもたらす可能性を見てとっていた。しかしながら、陸にあっては、こうした評価が一貫しなかったのであって、一二月一七日の論説「政事家の恥辱」では、「東学党なるものは是れ百姓一揆のみ」、「匪徒」に過ぎない、と認識が急転回したことを示している。

これらに比較すると、東学を「文明的」と評価し、その中に朝鮮社会の「根本的の改革」の「新芽」をみていた正造の東学観は、一頭地を抜いた認識として注目すべきであろう。しかも、それをほかならぬ日本軍が踏みにじってしまったことを深く悲しんでもいるのである。この史料が、日清戦争終了後一年近くたった一八九六年四月のものであることをさしひいても、高く評価できる。

問題は、正造がこのような東学観を形成するに至った情報の出所である。考えうる第一の可能性は、柴四朗の影響である。『全集』によれば、この史料の最後に、『毎日新聞』明治二九年四月五日付録の「朝鮮事件に関する柴四朗氏の演説」と題する記事の切り抜きが貼付され、柴の住所も書き留められてあったとされているが、私が早稲田大学現代政治経済研究所所蔵の『毎日新聞』マイクロフィルムで確認したところでは、明治二九年四月五日の紙面に付録はなかった。また田中正造の当該史料の所在も不明なので、現状では柴の演説の内容と正造の記載との比較検討を行うことは不可能である。ただ、文章等の体裁からいっても、柴の演説からの引用という可能性は否定できない。

第二の手がかりは、この史料のなかに武田範之の名とその行動が記されていることである。とすると、天佑俠関係者から情報を入手した可能性が考えられる。天佑俠には、千葉・栃木の民権家で一家から加波山事件関係者も出した葛生修亮が参加しているが、この時期に正造と接触があったことは確認できない。

第三には、四月三〇日付けの早瀬宛書簡に、「予或る朝鮮人と一日撫松亭に息ふ」(⑭四四四)と出ていることである。この朝鮮人が誰かは特定できない。東学関係者であった可能性は低いだろうし、この時点では「朝鮮雑記」の執筆を終えていたとも考えられる。

その他、一八九四年三月には、服部図南の『小説東学党』が出版されており、そのなかで服部は東学を「尊攘派」「革命党」と形容しており、陸的な認識を披瀝している。しかし、この小説を正造が読んだという確証はない。とするならば、もっとも可能性が高いのは、前述の柴の見解を除けば、この時期に正造が深く関わっていた宮内省改革問題等で、志賀重昂を初めとする国粋主義グループとの接触が深まっており、その過程で東学についていろいろと聞いたのをまとめた、ということではなかろうか。

(四)三国干渉批判と宮内省改革問題

下関で日清講和条約が結ばれた後に行われたロシア・ドイツ・フランス三国によるいわゆる三国干渉を、田中正造は、「古今未曾有ノ大屈辱」と受けとめた(⑦三六一)。そして、「やりさきで取りたる土地ハやりさきで　またやりとりの外ハあるまじ」という歌を詠んでいる(⑨四四九)。

なぜ「大屈辱」であったのか。その理由は次のようなものであった。

上ヲ凌ギ倫〔綸〕言ヲシテ汗ノ如クナラシメズ、常ニ袞竜ニ隠レ又民心を欺かんため知事郡長等ヲ以テ町村長等ニ依属シ、遼東半島返附ノ失敗ヲシテ却テ平和克復太平楽万歳と称サシメ、町村長等ヲ以テ大本営ニ祝電ヲ発送セシメ、鹿ヲ以テ馬ナリト誣ヒ、三国ニ対スル敵慨〔愾〕心を撲滅シ、未だ台湾の時局ヲ結バズシテ先ヅ国民ニ油断安逸の惰心を醸生セシメ、台湾ノ戦争ヲ見ル尚対岸ノ火災視せしめ、而テ正義ノ士ヲ憎ミ言論ヲト絶シ、三国干渉ニ対シ責任アル国民ノ運動ヲ忌嫌ス（②二六九）

すなわち、三国干渉を招いたことは伊藤内閣の失政であるにもかかわらず、それを固塗しようとして町村長を動員し戦勝祝賀の行事を行わせている、そのことが正造の眼には見過ごすことのできない卑劣な行為と映ったのであった。そのため、正造は、寺内清治に宛てて、安蘇郡全捷祝賀会の中止を申し入れている（一八九五年五月一七日）。

こうして、正造の伊藤博文に対する敵意は、ますます強まっていった。「国民ハ其罪ヲ鳴ラシ、君側ヲ清メ、社稷ヲ清メ、百年ノ長計ヲ為サンノミ。之れ国民の希望スル処ニシテ又帝国議会希望スル処ナリ。且ツ陛下ガ曩ニ賜リタル憲法ノ実行ト云フベシ」（②二六九〜七〇）というように、伊藤の排斥を目指し、「伊藤を退けるときにハ、彼必ず宮内逃込に相違なし。其時こそ防禦すべし」（⑨五七八）と考えて、近衛篤麿ら貴族院関係者と陸羯南ら国粋主義グループを中心とする大がかりな宮内省改革計画の策動に荷担していったのである。一八九六年（明治二九）八月のことであった。

この宮内省改革計画は、のちに「廿六世紀」事件として露顕するが、その中心人物であった大阪朝日新聞の高橋健三や神鞭知常らの名前も、正造の資料の中に書き留められている。こうして正造は、その主張のみならず行動までも国粋主義グループ、とりわけ志賀重昂などと共にするようになった。『全集』第九巻の六〇八頁以下に、それに関する詳しい資料が記載されている。おそらく、正造は、志賀らを通じて、宮内省改革計画に関する詳しい情報を得ていたことを証明するものである。

正造は、もともと政界のドロドロした勢力争いには無関心のはずであるが、この時期に限ってこのような動きに荷担したのはなぜだったのだろうか。品川弥二郎を一方で批判しつつ、宮中改革計画では同一行動をとったのはなぜなのだろう。また、鉱山局長であった和田維四郎もこの運動に荷担していたが、和田は鉱毒問題をめぐり正造の反対者であったはずである。

その一つの理由として、「国会開け茲に五年漸く立憲的動作に熟練すべきの年月なり。然り而して年を追ふて非立憲動作を学ぶ」（⑨三九三）というような立憲政治の未来に対する焦慮ともいうべき心情が、彼を駆り立てていたと考えられよう。しかし、より直接的には、伊藤らの「腐敗」から天皇の「神聖」さを何とか擁護しようという思いが勝っていたのであり、この時期の正造は、何かにとりつかれたような暗い情念に支配されていたとしかいいようがないのである。

こうして、田中正造は、精彩を失った平板な野党政治家の一人に過ぎなくなろうとしていた。だが、一八九六年九月の渡良瀬川大洪水が、正造を〝救った〟のである。

小括

政党政治家としての田中正造の構想は、議会の予算審議権の確立を通して行政権をコントロールし、やがては政党内閣を樹立する、というものであった。そして、構想実現のための突破口と考えていたのが、憲法第六七条をはじめとする関係条文の解釈の問題であった。さらに、正造は、藩閥政府を打倒するために、信任投票を活用しようと考えてもいた。それは、天皇といえども議会の議決は尊重するのが憲法上の徳義であるという信念に基づいていた。

このような構想を抱いて議会で活躍してきた正造にとって、第四議会は大きな転機となった。「和協」の詔勅がそれである。正造の持論を取り入れたかに見えなくもないこの詔勅は、一方では歓迎すべき内容も含みながら、他方では、憲法第六七条をめぐる紛議に終結が命じられたことで、議権の確立から政党内閣の樹立へという正造の構想が挫折したことを意味した。

その結果、正造の思想に二つの面で大きな変化がみられるようになった。

一つは、憲法観で、それまでの個々の条文の解釈に対するこだわりを捨て、「憲法の精神」を強調するようになったことである。それは、憲法の条文にないことでも「憲法の精神」にかなうならば「立憲的」であると主張しているように、その後の正造の、実定法としての大日本帝国憲法ばなれを予感させるものであった。

もう一つは、天皇観である。とりわけ、天皇の神聖性を強調するようになったことであり、また天皇の神聖性が損なわれていると正造が考えたときにみせた激しい攻撃ぶりである。三国干渉に対する批判も、三国干渉そのものというよりは、天皇に二度も詔勅を出させて天皇の権威・神聖さを損ねたことに向けられていた。宮内省改革計画に荷担したのも、「君側の奸」＝伊藤博文に対する激しい敵意が原因であった。

そして、天皇観の昂進は、ナショナリズムの高揚をもともなった。日清戦争中には「万邦無比の国体」や「大和魂」に勝利の要因を求め、積極的な対外雄飛さえ唱えていた。

第四議会後は、議会の争点も民力休養から条約励行へと移行し、正造は、対外硬派に対するぬぐいきれない違和感を持ちつつも、それと歩みをともにしていった。こうして正造は、精彩を失った一人の平板な野党政治家になろうとしていた。

一方、正造が足尾鉱毒問題に取り組みはじめたのは、一八九一年九月のことであった。その死に至るまでの二二年に及ぶ鉱毒とのたたかいがはじまったのである。

第二議会以後、議会でも鉱毒問題を取り上げ政府を追及していったが、そこに見られる論理的特徴は、「所有権」と「公益」にまとめることができる。鉱毒による土地や作物への被害を、正造は所有権の侵害であると捉え、憲法第二七条を持ち出して被害民たちの所有権の擁護を政府に迫った。

しかしながら、初期議会期における正造の言動の中に鉱毒問題を位置づけるならば、まだまだ固有の独立した位置を占めていたとは言い難い。それは、北海道から九州までにわたる広範な「公益」問題の中の一つに過ぎなかった。鉱毒問題を生命の問題と捉える視座は、まだ形成されていなかったのである。

ただ、正造がこだわった「公益」論議が、正造に独特な租税観に下支えされていたことは注目してしかるべきであろう。正造にとって納税とは、自発的に国家や地域社会を支えていくための「公義務」であり、同時に権利でもあった。また、納税は、政府に対する信認行為でもあった。それゆえに正造は、納税を阻害する行為や税＝公金を不正に分配使用することを「公益」を害するものとみなし、厳しく糾弾したのである。

それに、日清戦争に関連して、「文明」＝「徳義」という正造の文明観が明確になったことや、卓抜な「東学」観も記憶されるに値しよう。「東学」に対する日本軍の仕打ちが、正造の中に、日本の「近代文明」に対する疑念を生じさせる契機となったかもしれないのである。いずれにしても、日清戦争前の正造に、明確な「近代文明」批判が見られないことは、注目しておいていい。

注

（1）「大阪党」『東雲新聞』一八八九年三月二八日（『中江兆民全集』第一五巻、六〇頁）。
（2）幸徳秋水『兆民先生・兆民先生行状記』岩波文庫、二〇頁。
（3）詳しくは、松永昌三『中江兆民評伝』（岩波書店、一九九三年）参照。
（4）『中江兆民全集』第一二巻、一五九〜一六〇頁。
（5）「官制は議員の口を箝する器具に非ず」『立憲自由新聞』一八九一年一月一六日（同前、一九六〜七頁）。
（6）以上、『下野新聞』一八八九年一月二七日。

(7)『毎日新聞』一八八九年二月八日。
(8)『ベルツの日記』上、岩波文庫、一三五頁。
(9)『下野新聞』一八八九年二月一六日。
(10)家永『植木枝盛研究』岩波書店、一九六〇年、六三七頁。
(11)坂野「初期議会期の田中正造」『図書』三三四号、一九七七年六月。
(12)『足尾郷土誌』(足尾町郷土誌編集委員会編、一九七八年)には、「少なくとも一五七四年ごろから一六一〇年、幕府の銅山支配の前までは、佐野武士団の手によって採掘がおこなわれていたと考えて差しつかえないであろう」と述べられている。
(13)『近代足利市史』別巻史料編鉱毒、一九七六年、三九頁。
(14)東海林「魚類における鉱毒被害の深化過程」『田中正造と足尾鉱毒事件研究』三号所収、一九八〇年三月。
(15)前掲『近代足利市史』別巻、四〇頁。
(16)神岡浪子『日本の公害史』世界書院、一九八七年、一七〜八頁。
(17)『栃木県史』史料編近現代九、四五五頁。
(18)『下野新聞』一八九一年五月二〇日。
(19)同前、一八八七年七月二九日。
(20)同前、一八八七年一〇月七日。
(21)同前、一八八七年一〇月九日。
(22)東海林・布川編『足尾鉱毒亡国の惨状』所収、一二〇頁。後年、三宅は、川俣事件の東京控訴院裁判で、鑑定人として法廷に立ち、「卅一年佐野町に於ける大日本私立衛生会支部発会式に評議員として衛生会より派遣せられたるも鉱毒に関し演説した事はありません」、「明治二十正《ママ》年即ち大学教授中第一回下野医会に莅みたる際、栃木県治一覧を見たるに渡良瀬川の魚類が絶ゐたる事項あり依て水中に毒ありや否や果して毒ありとせば医師たるものは其根原を探究せざる可らず何となれば衛生上大なる影響なるを以てなりと一の職務上談話したことある」と証言している(『義人全集』第四巻、三五七頁)。三宅の証言からも、明治二一年の演説に関する確認はとれない。
(23)『下野新聞』一八九〇年一月一八日。

(24)渡辺隆喜は、一八九〇年一月に、東京今川小路・玉川亭の有識者会合で鉱毒問題が議論されたと指摘しているが、日付は判明しない。渡辺「鉱毒事件と地方政治」(『明治大学人文科学研究所紀要』別冊二、一九八二年四月)参照。
(25)『通史足尾鉱毒事件』二八〜九頁。
(26)『足尾銅山鉱毒　渡良瀬沿岸被害事情』(内水護編『資料足尾鉱毒事件』亜紀書房、一九七一年、所収)。
(27)『下野新聞』一八九〇年一二月八日。
(28)神岡前掲書、一八二〜三頁。
(29)関口幸一「足尾鉱毒事件における示談の考察」『田中正造と足尾鉱毒事件研究』第二号、一九七九年八月。
(30)こうした認識は、加藤昇一郎他提出の「足尾銅山に関する調査意見」一八九五年九月、にも見ることができる(『栃木県史』史料編近現代九、四八四頁)。
(31)正造らがのちに足利郡長放逐運動を展開するのは、おそらく、こういった経緯があったからであろう。
(32)「足尾銅山鉱毒事件仲裁意見書」(前掲『栃木県史』五二四頁)。
(33)前掲『近代足利市史』別巻、一六〇頁〜。なお、ひらがなをカタカナに改めた。
(34)花村冨士男は、栃木県による調査では被害反別三一五〇町歩、被害民数二七一四人であったのが、示談の対象になったのが、仲裁会・査定会あわせて四三六〇町歩、八四〇〇余名であったことを指摘し、次のように述べている。「被害人数の水増しは無害者の中に、被害便乗組が多数紛れ込んだことを示す。それ故に示談金の配分を巡って、被害実態調査の段階から、被害農民間に相互不信・対立が生じ、血縁者間でも葛藤が渦巻いたほどである。また、勢力関係に基づく分取り合戦が各地で展開された。それは古河市兵衛や仲裁・査定会の行政側による被害農民の分断策でもあった」(『田中正造の終わりなき戦い』一九九四年、四一頁)。
(35)武田晴人『日本産銅業史』東京大学出版会、一九八七年、一九五頁。
(36)家永『歴史の中の憲法』上、東京大学出版会、一九七七年、二〇七頁。
(37)『第二回帝国議会衆議院議事速記録』二五五頁。
(38)同前、二六一頁。
(39)正造は、このとき、天皇から選挙干渉資金が出ている事実を、のちに宮内省改革計画に関与したときに知ったようである。⑨六一一、参照。

（40）『原敬日記』第一巻、福村出版、一九八一年、二〇八〜九頁。
（41）『官報』第二八八三号、明治二六年二月一〇日。
（42）『陸羯南全集』第四巻、みすず書房、一九七〇年、五三頁。
（43）坂野『近代日本の出発』一八六頁。
（44）飛鳥井雅道は、第五議会における星亨議長不信任決議をめぐる審議の中で、正造が天皇の詔勅を持ち出し、星がいては「和衷協同ハ出来ナイ」と発言したことに注目し、次のように述べている。「第五議会冒頭の田中正造の「勅語」引用は、いささか念がいりすぎている」、「この時に唐突に天皇の勅語をもちだすのは、すべてを天皇に流し込んでしまうことにしかならないはずだ」、「天皇の語が第五議会において田中正造によって、伊藤博文によって持ち出されたとき、そのニュアンスは、あきらかにそれ以前の議会とは変化していた」、「（民党が）なにかを実現しようとするとき、議会で不能な部分を、すべて天皇に流し込んでしまう動きが強まってきた。（略）議会の権限をこえる部分を「上奏」にかけようとしたのが、第四議会から第五議会への流れだった。これは議会における民党の最終的な自殺行為であった」（「第五議会における天皇の影」『人文学報』六七号、一九九〇年一二月）。つまり飛鳥井は、議会が政府に対抗しようとして上奏案を乱発したことが、結果的に議会の無能化と天皇のカリスマ化、天皇制の強化につながっていったこと、そしてその象徴的ともいえる発言を正造のそれに見いだしているのである。正造は、まさに自分で自分の首を絞めていたといえよう。
（45）明治期における民衆の間の明清楽ブームについては、佐々木隆爾「近代日本における民衆意識の形成と明清楽・民謡の役割」（東京都立大学人文学部『人文学報』二九六号、一九九九年三月）を参照のこと。

第二章「亡国」に抗して

第一節　被害の拡大と「押出し」

一　渡良瀬川大洪水

(一) 永久示談の動き

一八九二年から三年にかけて結ばれた示談契約に、「明治二十九年六月三十日迄ハ粉鉱採集器実効試験中ノ期限」という文言があったことは先に指摘した。ところが、古河は、日清戦争の最中に、その期限切れをまたずして永久示談交渉を開始する。戦争で国民の目が外を向いていることを利用し、地方官がまたまた被害民を威嚇し示談を強要し、一方では、足尾の鉱脈はあと一年しか持たない、だからいま五〇銭でも三〇銭でももらっておいた方が得だ、という悪質なデマを飛ばしながら交渉を進めていったといわれている。(1)

こうして、一八九五年（明治二八）三月一六日、下都賀郡部屋村大字富吉・中根、寒川村大字寒川・追間田、野木村大字大沼・友沼、生井村大字網戸・上生井・榕木・生良、赤麻村大字赤麻の被害民総代と、契約金二〇〇〇円で永久示談を結んだのを皮切りに、関係各町村と次々に契約を結んでいった。「同銅山御稼行ヨリ常時不時ヲ論セス鉱毒土砂其他渡良瀬川沿岸我等所有ノ土地ノ迷惑ト相成ルベキ何等ノ事故相生候トモ損害賠償其他苦情ヶ間敷儀一切申出

鉱毒被害示談経過表

梁田郡久野村	M25.8.23 示談金　7,519円余　→	M29.10 損害要求額　8万5376円
安蘇郡犬伏町 界　村 植野村	M25.8.23 示談金　2万0538円余 被害反別　1,163町21畝 関係人員　1,841人　→	M29.10 損害要求額　20万9003円 （植野、界）
梁田郡筑波村 山辺村 御厨村 梁田村 足利郡吾妻村 小俣村	M25.8.23 示談金　2,887円 被害反別　53町65畝 関係人員　679人　→	M29.10 損害要求額　13万0301円
下都賀郡藤岡町 部屋村 生井村 野木村 谷中村 三鴨村 三島村	M25.8.23 示談金　1万3211円余 被害反別　921町86畝 関係人員　1,750人	M28.3.16永久示談 同　1万5,700円 同　921町86畝 同　1,957人
足利郡足利町 毛野村 富田村 吾妻村 坂西村 小俣村 梁田郡梁田村 御厨村 筑波村 山辺村	〈査定会示談〉 M26.3.6契約 示談金　2万7615円余 被害反別　1,404町36畝 関係人員　3,436人	M28.3.16永久示談 同　1万8419円余 同　1,285町57畝 同　3,170人
合計	示談金総額　7万6602円余 被害反別　4,360町9・6畝 関係人員　8,414人	永久示談総額　3万4119円余 同　反別　220町4・3畝 同　人員　5,127人

「足尾銅山鉱毒事件仲裁意見書」　単位以下省略

（備考）渡辺隆喜「鉱毒事件と地方政治」（『明治大学人文科学研究所紀要』別冊2、1982年4月）10頁より引用。

間敷候」という内容のものである。[2]

示談の全容については、渡辺隆喜が「鉱毒事件と地方政治」の中で整理しているので、ここで参考までにそれを引用させていただこう。

一八九二年（明治二五）の示談では、下都賀郡関係は、九三町歩で一万三二一一円四五銭、足利郡は一四〇四町歩で二万七六一五円六四銭であった。また、『通史足尾鉱毒事件』によれば、栃木県のみで第一回目の総額約一〇万九〇〇〇円、反当たり平均一円七〇銭、第二回目は総額約六万四〇〇〇円、反当たり平均一円四〇銭であり、第一回目よりも少ない金額で永久示談に応じたことがわかる。この点は、先の「仲裁意見書」も、「第一回ノ示談金額ヨリ少額ニテ永久示談ヲ遂ケタル者アルカ為メニシテ其町歩及人員等ニ至リテハ全ク過半永久ノ示談済トナリタルモノナリ」[3]と、少額で被害民の過半数が永久示談に応じたことを〝自画自賛〟していた。

このように、このときに永久示談に応じた地域は、渡良瀬川の上流部の足利郡と下流部の下都賀郡であった。足利郡は、長真五郎、早川忠吾らの斡旋があったが、下都賀郡ではどうだったのだろうか。この段階では、まだ下都賀郡の被害はそれほどではなかったはずである。ところが、もっとも被害が大きかった地域をさしおいて永久示談に応じた行動が、被害の大きい中・上流部の反感をかい、後に谷中村問題が浮上した時に地域間感情のもつれが発生する一因になったのではないかと推測できる。

(二) 永久示談反対派の動き

正造自身は、「金ヲ取ルベカラズ。土地ノ権利ヲ復セ」という立場で、あくまで示談交渉には反対であり、粉鉱採集器のまやかしも見抜いていた。

示談反対派の動向は、『栃木県史』に詳しい。一八九五年六月二七日に栃木県知事より内務省警保局長宛報告された「秘甲第二五五号　足尾銅山ニ関スル件」では、興味深いことに、正造のことを「同人ハ予テ鉱毒事件ヲ奇貨トシ巨利ヲ占メントノ希望ヲ持シ居ル」と書いている。[4] 示談に反対しているのも、示談金をつり上げるためであって、そこからピンハネをしてお金をもうけようと画策している山師、という評価である。たしかに、こうした見方が一部にあったことは事実である。

この報告には、反対派が発行したビラ等の印刷物も紹介されている。その中の一つ、八月五日に植野村法雲庵で集会開催を呼びかけた群馬県のビラには、次のように書いてある。

例セハ当時粉鉱採集器ヲ据付ケ此作用ニ依テ再来余毒ナシト云ヒシカ如ク渠等ハ此等取ルニ足ラサル瞞着手段ヲ口実トセラレ以テ一時民熱ヲ冷却ナラシメタルニ過キサル也、思フニ此等ノ作用果シテ彼レ滔々タル鉱毒ヲ防遏スルニ足ルヘキカ敢テ諸士ノ考案アル迄モナク其瞞着手段タルコトハ夙ニ明知セラル、ナラン[5]

正造は八月一八日より数日間鉱毒被害地を調査しているが、このように、反対派は、粉鉱採集器が「瞞着手段」であることを見破りつつ、その試験期間がきれる翌年六月三〇日を目途に準備を重ねていた。

期限がきれる日がやってきた。この日、足利郡葉鹿村及び旧梁田郡筑波村外三ヵ村の総代栗原嘉藤次外三名、同久野村の総代稲村忠蔵・野島幾太郎外二名、安蘇郡植野村総代福地政八郎外二名、同界村総代糸井藤次郎外一名、同犬伏町総代山崎欣三郎外二名が横尾輝吉を訪問し、「粉鉱採集器未タ其ノ効ヲ奏セスト認ムルヲ以テ先般ノ例ニ依リ尚ホ鉱毒事件ノ仲裁ヲ依頼致シ度シト述ベタリ」。そこで、旧仲裁会委員は県庁に集まり、会合を持った。そして、申し出のあった仲裁の依頼に応じることにして古河市兵衛にも照会し、その一任を取り付け、八月一〇日に植野村法雲庵で仲裁相談をすることに決定した。ところが、「会マ八月七日ヨリ十五、六日ニ掛ケ数十年来曾テ見サル処ノ大洪水アリ、為メニ交通断絶シ遂ニ流会トナレリ」という。

九月下旬、あらためて、犬伏町代表川島仁右衛門、山崎欣三郎が横尾を訪い、「村民中鉱業停止ヲ請願スヘシト云フ説ヲ信スルモノ続々ト出来シ如何トモ致シガタク、故ニ拠ロナク先般御依頼致シタル仲裁ハ此際取消シタシト申込ミタリ」[6]。

そして一〇月初旬、宇都宮旭館で開催された仲裁会で、被害地総代は、明治二六年七月から二九年六月迄の損害賠償を要求した。その金額は、安蘇郡植野村が一〇万八三一円余、同界村が一〇万八一七二円、足利郡久野村が八万五三七六円余であった。これは、実は、正造の方針にそった行動であった（⑨六二〇）。この要求に対して古河は回答を保留した。さらに、一一月初旬には、三村総代の野島幾太郎・永島礼七外三名が横尾を訪ね、「将来ニ向テハ更ニ鉱業停止ノ請願ヲ為ス事ニ相成タルニ付キ、為念御断リ置ク」[7]と伝えた。

以上のように、示談反対派は、植野村・界村・久野村などを中心に、明確に鉱業停止の方針を掲げて運動していくことになったのである。当初は仲裁の可能性も模索していたが、渡良瀬川の大洪水がこうした方針転換の契機となった。

(三) 被害の拡大

一八九六年、渡良瀬川は、三度にわたって洪水を起こした。七月二一日、八月七日から一五、六日にかけて、そして九月八、九日である。この九月の洪水の規模はとても大きく、鉱毒被害が一気に拡大、激化していくこととなった。洪水の様子は、当時群馬県邑楽郡西谷田村に住んでいた永島與八の『鉱毒事件の真相と田中正造翁』に活写されているので、それを引用してみよう。

> 扨此二十九年は如何なる年であつたかと云ふに、実に鉱毒事件なるものは此年改めて起つたかのやうに思はれた程の年であつた。即ち本年の洪水は渡良瀬川として数十年来になき程の大洪水であり、従つて農村の被害も亦未だ曾てなき程の大被害であり、従って被害民の困難も亦未だ曾て経験せぬ程の大困難であつて、何一つとして

沿岸人民を悲嘆せしめ失望せしめぬものはないほどの年であつた。

殊に群馬県の方は西谷田村大字西岡字神明西の堤防が百八十間も破壊して、未だ曾てなき程の浸水家屋を出した。而して其堤の切れ先きから山の如き濁流が百雷の轟るが如き大音響を立てゝ、堤内に流れ込む時の物凄さは、今尚思ひ出すさへ戦慄する。而して何千町歩と云ふ広漠たる田畑に浸水したのであるが、一時間と云はず半時間も立たぬ間に、づん〳〵水量が増して来て、見渡す限りの田面の稲が水に浸つたかと見る間に、早や畑の作物が潜り始める。畑の作物が水に潜るかと見る間に既に家宅に侵入して居ると云ふ早さである。ソレ俵叺が浮き出す、ソレ臼が流れ出す、年寄子供は高い所へ逃げろなどゝ云ふ喚き声が。何処の家でも彼処の家でも蚊の泣くやうに聞ゆる。船を持つ者は船を下ろして手当り次第船に載せる。馬を持つ者は馬を逃がす、もう斯うなつては生命程大事なものはないぞ、物は失つても生命は失ふな、家蔵は破れても骸の怪我だけはするな抔と云ふ騒ぎで、何が何やら全く無我夢中で、所謂水始末をするのであつた。

（中略）

斯くて此洪水も五日たち、十日たち、十五日もたつて漸く干たのであつた。洪水の干た跡が又実に惨憺たるもので一点の青い物もないと云ふ有様に変つてしまつた。『桑田変じて海となる』と云ふ言其侭であつた。即ち押水で家を流された人もあれば、大波で長屋を捶り潰ぶされた者もある。壁を裸にされた人もあれば、庇を取られてしまつた者もあつて、実に目も当てられぬ地獄の里と変つてしまつた。殊に堤防の切れ先きに当つた所は何十町と云ふ広い田畑が、沼になつた所もあれば砂原になつた所もある。大木が根こぎにされて倒れてゐる側には大きな池が出来てゐると云ふ有様であつた。（一〇六〜九頁）

永島は、この本を、「一、活ける渡良瀬川」、「二、死せる渡良瀬川」という章題で書き始めている。古河が操業を始める以前と以降とを、このように区別しているのである。そして、鉱毒事件が発生する前の洪水を「薬水」、以降の洪水を「毒水」と形容している。まさに、そのとおりであった。

この大洪水の結果、被害が一気に拡大した。これを、被害地町村役場の調査結果をまとめた『通史足尾鉱毒事件』の表によれば、被害反別は、栃木県一万一〇五五町三反七畝一三歩、群馬県一万一六八四町二畝一三歩、埼玉県一四五九町二反七畝一六歩、茨城県九三六七町七反五畝一五歩、四県八七町村一堀合計では三万三五六六町四反二畝二七歩に及んだ。損害金額は、一五四六万円余に上った。ところが、栃木県が調査し政府に報告したところによれば、栃木県三五〇一町四反二畝一二歩、群馬県八三八二町一反九畝七歩、埼玉県一三二四町七反四畝三歩、茨城県五二三五町、と埼玉県を除いて各県とも被害反別がかなり少な目に見積もられており（特に栃木県は三分の一程度）、全体でも一万八四四三町三反五畝二二歩と約半分になっている[8]。これが、明治三一年にはさらに約五万町歩へと拡大していくことになるのだが、それはさておき、このような栃木県の報告書とのギャップが、正造や被害民をして官の調査への不信感を増幅させ、自発的な調査活動へかりたてていった遠因でもあったろう。

ところで、九月八日の大洪水のとき、田中正造は何をしていたのであろうか。日記から引用してみる。

二十九年九月八日　大雨大洪水アリ、予栃木県あその植野村法雲庵ニアリ。目下ノ堤防崩解セントス。人夫大ニ騒ハグ。予モ又走ツテ之ヲ救ハントス。水増す〳〵嵩み、船津川ト云フ処ニ至リ帰ルヲ得ず。衆人予ノ水死せりとして、同村役場員等心配ス。又友人、予ヲ責メテ曰ハク、小事ニ関スト。予ガ曰ハク、兄等ガ大事ニ関スルト予ガ小事ニ関スルト、各皆等ヲ越ルカ。蓋シ然ラザルベシ、予今国会議員タリトテ水防ト異ナルナシ。水防夫も又議員ト異ナルナシト答フ。（⑨六一二～三）

正造は、七月の洪水以降、被害地の運動の組織化につとめていた。その一つの拠点となっていたのが法雲庵である。だから、九月八日にも何らかの会合を予定していたのであろう。洪水の規模の大きさに驚いた正造は、水防夫に混じって救援活動を行ったが、周囲は水死したのではないかと心配した。それで、「小事」にかまうな、と友人の一人から忠告されたのであろう。この友人が誰であるかは定かでない[9]。

ただ、ここで重要なことは、正造にとってこの洪水時の体験が、鉱毒問題に向き合う姿勢を確立させたことである。つまり、「大事」＝国会議員としての仕事、国家の代議士として関わるべき国家の問題と、「小事」＝水防の仕事、地域住民の生命財産を水害から守る仕事とは同じであって、その価値に差はない、という認識の成立である。こうして、足尾鉱毒問題という一地域の問題をイコール国家の問題である、地域の問題にこそ国家の問題が隠されていると把握するようになった結果、驚くべきことに、あれほど日記の中に氾濫していた「天皇」や「皇帝陛下」という言葉が、この大洪水を境に日記から消え失せてしまったのである。天皇観の（一時的）冷却と表現しておきたい。

二　鉱業停止請願運動への着手

九月九日から二七日の日記をみると、村々の名簿が記されていたり、請願の要点、調査項目の覚え書きがあったり、請願書の草案があったりで、鉱業停止請願運動の組織化が進展していく様子がよくわかる。その一部を引用してみよう。

一、請願書、農商務省ハ書留郵便ヲ以テ送達スルコト。
一、請願委員ハ後日ヲ以テ農商務大臣え弁駁スルコト。但仮ニモ古川へ立寄ル可カラス。
一、洪水ニ付堤防破壊、鉱毒浸入荒地免租願
一、洪水ニ付鉱毒浸入減租願
一、堤防大改築ヲ県庁え請願スルコト。
一、鉱業停止ノ請願許可ノ後ニ於テ都合宜敷ヲ見計へ損害ヲ調査シテ、一応古川ニ照会ニテ、損害賠償金ヲ得ル

モ宜シ。之レヲ裁判所ニ訴ルモヨシ。但政府ハ損害ヲ調査シテ、古川ニ倍（賠）償金ヲ被害者ニ渡ス可キ命令ヲ発ルノ義務アリ。

右大体ノコト、以上ハ被害者及国民ノ権理。

調査種類

一、漁業絶滅
一、殖物ノ損害
一、地価売買直段ノ減損
一、勤労ノ徒費
一、肥料ノ増加
一、竹木其他土地草刈場ノ不毛
一、鉱毒浸入地住居スル者何戸何人
一、堤防村普請ノ損害
　但堤塘ニ生ズル竹木草ノ根枯デ堤防破壊ノ損
一、麦米其他食物ハ鉱毒浸入ノ者ハ一切食スルコト不能損害（⑨六二〇〜一）

この時点ではまだ生死に関する調査が現れていないことに留意する必要があるが、それにしても実に細かな指示を行っていることがわかる。そして、鉱業停止の請願が許可されたらという仮定の上で、古河に損害賠償を要求したり裁判に訴えたりすることも容認していたことがわかる。それ以上に正造がこだわったのは、「鉱毒ニ付云々ノ文字ヲ忘ルベカラズ」というように、請願書には必ず「鉱毒」の二文字を忘れるな、ということであった。ともすれば洪水の被害の大きさに目がいきがちな被害民への啓発、また行政側が洪水による被害としてかたずけてしまいそうな傾向に対する正造の異議申し立てである。あくまで「鉱毒」による人為の被害であることを忘れるな、というのである。

その一方で、正造は、「毒食」をしないように被害民に指示している。「今回毒水に浸されたる食物は穀菜魚類何たるを問はず一切之を食せざる様」(⑭四五〇)、と。それは、「〇生命、手足直ニタヾレル。毒ノ集合沈澱所、足利郡下羽田、庭田源八ノ宅地ノ杉、数十本、三四尺乃至七八尺巡リノ分枯ル」(⑨六一四)や、「船津川の井戸の水ニ而口中をすゝぐ、歯黒くなり」(⑨六二四)というような鉱毒被害の物凄さのせいであった。

こうして、九月二七日、「梁田全郡請願ニ決す」(⑨六二六)、一〇月二日、「あそ全郡請願ニ決す。植野独り残る」(⑨六二七)というように、鉱業停止請願決議をあげる町村が相次いだ。そして、一〇月四日、群馬県邑楽郡渡瀬村早川田の雲龍寺に栃木群馬両県鉱毒仮事務所を設置した。ただ、「鉱毒委員出勤日誌」を見ると、一〇月一九日の項に、「請願ハ第一急グベシ仲裁モ請求スベシトノ決議」を挙げたことが記されている。[10] 正造の方針とは異なり、請願と仲裁と、その両面をにらんだ作戦を、農民たちは考えていたようである。悪くいえば二股をかけていた、良くいえばしたたかな作戦と評価できる。

そして、一一月二九日、雲龍寺に集まった委員たちは、「精神的誓約」をかわした。

精神的誓約之事

本日出席ノ我〻ハ精神的誓約を為し、各請願提出の町村を監督し、不正不義の行衛〈為〉を弾劾し、互ニ其責任を重ジ、群馬栃木両県の目的たる足尾銅山の鉱業ヲ停止スルコトハ勿論、之ニ附帯の諸請願を貫徹せしむる事ニ従事スベキコト。但し爾今加入之村〻及一ケ人たりとも、其精神を見届け上ハ加入を許すコト。

右本日決議候上ハ、互ニ其体面ニ傷けざるを誓約せしもの也。

二十九年十一月二十九日　(②四五二)

一二月一〇日には、「此日至急田中氏小羽田庭田宅ヨリ通知ニテ早速関口、小野二名参リ候処仲裁手切ノ勧《（ママ）》告非常ノ大火急本日久野村ヲ始トシ吾妻ト共運動スベシトノ事ニテ……」というように、仲裁交渉はやめるようにという指示が正造から出された。[11] そこで、植野村は一二日、久野村は一三日に、それぞれ仲裁会との絶縁を決定している。[12] 一二月二一日、雲龍寺で「鉱業停止請願運動推進貫徹規約」に各村が調印した。この「規約」は、五日に起草され、一九日にその内容が確定したものであり、その特徴は、村毎の単独行動を許さず、村共同体の範囲を超えた流域を単位とする「河川共同体」ともいうべき枠組みで運動を構築して行こうとしていることである。たとえば、第三条には、「請願ノ可否結了セサル中途ニテ、万々一ニモ一村単行裏切ノ所致、古河市兵衛ニ係リテ独談［断］示談等ノ村、或ハ一ケ人タリ共規約中ノ者ニテ有之候節」は、直ちに臨時会を開いて請願に関する一切の費用を負担させるなどの厳しい罰則を課すことが規定され、第四条には、「請願中万一相当ノ順席ニヨリ被害実地倍［賠］償等ノ途ニ立至ルトキハ、申込マレシ村丈ニテ取計フコトナク、直チニ例会又ハ臨時会ニテ協議ノ上取計フベキコト」と定めている。[13] 先の「精神的誓約之事」が個人レベルのものとすれば、この「規約」は村を単位とする「誓約書」であったといえよう。

このように相互監視・相互規制を盛り込んだ規約を制定し、いよいよ上京請願に二三日出発することを決定した。[14] 翌九七年一月二七日には、東京事務所の設置も決定している。[15] このようにして、被害地町村は、鉱業停止請願に一本化することになったのである。

三　議会演説と大挙請願上京運動

（一）非停止請願派の巻き返し

こうした動向に対して仲裁会の横尾輝吉らは、巻き返しに出た。まず、一八九六年（明治二九）一一月、横尾輝吉、山口信治、新井保太郎らが、「足尾銅山鉱毒事件仲裁意見書」を発表した。一説によると、この意見書は、古河に一万円出させて五〇〇〇部印刷して配布したとされている。そして、この年の暮れ頃からだと思われるが、非停止請願運動を開始している。こうして、被害地では、鉱業停止請願運動と鉱業非停止請願運動とがせめぎあいの様相を呈していく。ちなみに、両者の件数を『栃木県史』史料編近現代9、六〇八頁以下からまとめてみると、つぎのようになる。

	一八九六年		一八九七年	
	件数	人数	件数	人数
［農商務省宛］				
停止請願	一七	四六四九	一七	五四三四
非停止請願	〇	〇	一〇	一七三〇五＊
［内務省宛］				
停止請願	八	二五三〇	一二	三三五五
非停止請願	〇	〇	三	二二二七

＊は、一月から四月までの数字のみ

このように、人数だけからいえば、両者はほとんど拮抗していた[16]。しかも、一二月五日雲龍寺発の荒川高三郎宛「旧仲裁会横尾派暗躍につき集会通知」には、非停止請願の数は三八件とあるので、『栃木県史』に収録された非停止請願は、必ずしもその全部ではないようである。

それでは、横尾たちは、どのような論理で、鉱業の非停止請願を行っていたのであろうか。その特徴は、二つにまとめることができる。まず、一つは、鉱毒被害民よりも足尾銅山に関係している人民の方が数が多いから、ということである。「渡良瀬川沿岸ノ住民ヵ帝国ノ良民ナレバ足尾銅山ニ居ル処ノ住民モ均シク帝国ノ良民ナリ」、しかもその数を比較してみれば「銅山ニ従事スル所ノ人民ヵ多数」ではないか、というのである。

足尾銅山に「従事」（関係）している人数を、横尾は、約一〇万人と推定している。しかし、『報知新聞』一八九七年四月一四日の紙面では、「三千の工夫を中心とし之に必要品又は其他の材料を供給するもの或は商品又は製銅を運搬するもの等直接間接に銅山の為めに生活するものを案ずるに多く積りて三万人なるべし」と書いているので、横尾らの一〇万人という数字は、やや過大であろう。それに比べて、一八九六年段階の被害戸数は約一万七〇〇〇戸であるから、一戸平均六人とすれば、被害民の数も約一〇万人となり、横尾たちがあげる数字とほぼ同じになる。しかも、一八九八年になると、被害戸数四万八六四五戸、三〇万一六二八人に被害は拡大するのである。だから、人数の比較で鉱業の非停止を主張するのは、いささか苦しい論理であったといわざるをえない。

そこで、第二に強調するのが「国家ノ経済上」の観点であった。「国家ノ経済上ヨリ之レヲ見ルモ鉱毒ノ為メニ年々被害地ヵ受クル処ノ金額ト足尾銅山ヨリ掘リ出ス処ノ鉱物ヲ比較セハ無論銅山ノ産額ハ被害地ノ損失ヨリ多大ナルモノナリ」[17]。まさに、先に検討した和田維四郎の見解と同じである。しかし、この論理も正確であろうか。

横尾は、「銅山ノ産額」をあげている。渡良瀬川大洪水があった一八九六年の足尾銅山の産出量は五八六一トン、トン当たり平均単価が三一六円であったから、足尾銅山の産額は一八五万二〇七六円になる。同様に、一八九八年は二二九万六九四六円、一九〇〇年は三九一万三五八八円であった。それでは、鉱毒による被害総額はどの程度であったろうか。

この点に関する『東京日日新聞』の見解は次のようなものであった[18]。足尾鉱毒によって「国庫及公共団体」が失う財源は、海関税概算一二万五〇〇〇円、鉱業税二万七二一円七六銭、鉱区税五六三円一〇銭、地方税一一九九円九三銭、町村税一四一三円八八銭、合計して一四万八八九八円六七銭、というのである。もしこれが正しければ、足尾銅山の産額の一〇分の一程度である。しかし、一目瞭然のことながら、ここには地租の分が計上されていない。また、被害額として算出するならば、鉱毒被害による収穫の減少分や、肥料代等の出費増加分も当然含まなければならない。それらを合算した被害民側の調査結果では、一八九六年度下半期から九七年度上半期だけで一五四六万一〇八四円(「足尾銅山鉱毒被害概表」一八九七年二月二四日、⑧三五)、九六年から九八年春までで二三九九万円となっている。だから、単純に足尾銅山の「産額」だけと比較するならば、被害額の方が一〇倍以上も多くなってしまうのである。

しかしながら、すぐこういう反論がかえってこよう。被害民たちの調査はあてにならない、なぜなら当事者は被害額を過大に見積もりがちなものだ、と。さらに、銅の利益は単純に産出額だけではかることはできない、二次産品としてもたらすメリットははかりしれないものがある、と。そのとおり、これが政府側の論理であったのである。渡辺渡は、「鉱業ノ利」を、「直接ノ利」と「間接ノ利」とに分け、銅の価格そのものは「直接ノ利」であるが、「間接ノ利」としては、「生産品ヲ常ニ応用シテ起ル所ノ事業カラ更ニ利益ヲ生スル、又銅デ喩ヘテ言ヒマスト銅ヲ針金ニスルトカ板ニスルトカ真鍮、唐金ノヤウナ類ノ合セ金ヲ拵ヘル或ハ薬品ヲ拵ヘルトカ云フ種々ノ他ノ事業ニ銅ヲ以テ及ボス所ノ事業ガアル、ソレカラ出テ来ル所ノ利益ガアル」と述べている。そして、「是等ガ皆間接ノ利デ此間接ノ利ト云フモノハ直接ノ利益ヨリモ大キイ、夫デ此事モ銅ト云フモノガ一問題デ、足尾ノ銅ハ幾ラ々々ノ直段デアルト云フコトヲ以テ直チニ工業ノ利益ヲ定メルコトハ出来ヌ」と強調している。[19] 政府がこのような認識を堅持している限り、政府が足尾銅山に鉱業停止を命じる可能性は無きに均しかった。

(二) 正造の議会演説とそれを支えた被害民の活動

「鉱毒委員出勤日誌」を見ていくと、田中正造の議会での質問の前に、委員たちが昼夜を分かたず熱心に調査活動等を展開していたことがよく伝わってくる。

二月十二日　今回田中氏議会席ニ於て主任大臣ニ向ヒ質問演説ヲナスノ急ニ迫リ毎日ノ如キ数十通書面請求ア

ルニヨリ我々熱心ノ余リ専任トナリ調査ヲ大至急ニ遂ケン決心ニテ候　（略）
二月十八日　此日雲龍寺調査書整理ニテ夜業十二時迄モ行ひ明日出京ノ間ニ合セ候　（略）
二月廿日　（略）
一覧表調製ニテ出頭遂ニ夜明迄モ及ビ諸氏非常労苦セリ
二月廿一日　此前評決ノ依頼ニ依リ雲龍寺調査モ一先終リタルニ付一切ヲ取持関口東京へ出発ス　（略）
二月廿三日　東京ニテ前廿二日ヨリ非常ニ繁忙ヲ極メ日夜調査表修正シ印刷依頼ヲナス事
二月廿四日　東京ニテハ各議員ヲ訪問忙しく手分ニテ毎日運動ス
其他小野氏ハ猿島郡運動
二月廿五日　東京ニテハ合計表ヲ印刷仕上リ各議員ニ諸印刷物ヲ配布ニ忙ハシク
二月廿六日　東京ニ檄文注文其他ノ諸議員訪問忙しク非常ナリ
（略）[20]

このように、雲龍寺の鉱毒事務所や東京事務所を拠点に、委員たちは、鉱毒被害の実態調査、その整理、一覧表作成、修正印刷、議員に配布と、目の回る忙しさであった。

一八九六年の大洪水以降の鉱毒反対運動の一大特徴は、官製の、あるいは専門家の調査に依頼も依存もしないことで、自前の調査を重視した点にある。これは、まさに自分の足で、目で、身体で鉱毒被害の実態を感じ取る行為でもあった。そして、その背景には、官への不信感ばかりでなく、正造の中にすでに学問に対する批判が芽生えつつあったことに注目したい（⑨六〇七）。

おそらく、「栃木・群馬・埼玉・茨城四県足尾銅山鉱毒被害概表」として印刷にふされたこの調査のまとめかたを指示したのが、正造が作成した二月二〇日の「足尾銅山鉱毒被害種目参考書」であっただろう。そこでは、「個人の被害」が二七項目、「地方の被害」が一七項目、「国家の被害」が一〇項目に分けられていた。二月二六日に行った正造の質問演説は、こうした被害民たちの調査活動を踏まえ、かれらの運動と連携しながら行われたという特色を有している。

この「公益に有害の鉱業を停止せざる儀につき質問書」とその演説の特徴は、まず、「鉱毒被害概表」を活用して鉱毒被害の実態がきわめて詳密に把握されている点である。もっとも、たとえば被害民数「九万八千八百八十人」などという（スーパーマーケットの値札のような）「概表」にはない数字も引用されているが、これは、被害戸数一万六四七〇戸に一戸当たり六人と計算して導き出した数字ではなかろうか。いかにも正造らしい「はったり」といえなくもない。

二つには、「鉱毒ノ害ガ権利ニ及ブ」と明確に認識されていることであり、その権利の内実も、従来の財産権に加え、選挙権や教育を受ける権利、さらには結婚・名誉・家族離散など、幸福に暮らす権利＝生活権にまで広がっていることである。正造は言う。「其上ハ鉱毒ノ害ガ権利ニ及ブト云フコトヲ申上ゲナケレバナラナイ、是ハ細ニ申スマデモナイ、財産ガ俄ニナクナリ、公権ガ無クナッテシマフノデアル、其外教育費ヲ出シナガラ子供ヲ小学校ニ遣ルコトガ出来ナイト云フ事情ガ出来テ来タノデアル、学校ドコロデハナイ、兄弟父子離散、実ニ如何ナル言葉ヲ以テ申シタナラバ此惨憺タル有様ヲ訴フルコトガ出来ルカ、甚シキハ結婚マデ害サレテ居ルノデアル、結婚マデ害サレテ居ルト云フノハ斯ノ如キ地方カラ迎ヘルハ宜シイガ、往ク者ハナイト云フヤウニ辱ヲ受ケ、名誉マデ害サレテ居ルノデゴザイマス」（⑦四三五）。

ここで正造が新しく問題にしているのは、公害病患者や地域に対する社会的差別（忌避）の問題であるといってよい。公害（病）のイメージが流布し、結婚差別に象徴されるような社会的差別が発生すると、それを恐れる余りに、患者自身が患者であることを隠すようになる。それを正造は、「自分デ害ヲ匿ス」状況が生まれてきた、と指摘している（⑧三九）。それどころか、藁を燃やすと金属性のカスが残るといわれたほど鉱毒に汚染された作物を、「知ッテ居ッテモ貧乏ニ駆ラレテ之ヲ食フ」（⑦四二八）、正造の言葉でいうと「毒食」が被害地の各所でみられるようになった。貧困だけでなく、自分たちが作った米などが鉱毒米として売れなくなってしまうのを恐れ、「安全性」を証明するためにたくさん食べた農民もあったであろう。このように、被害者自身が被害を隠す状況に追い込まれると、鉱毒被害はさらに拡大し深化していく。そして、それがさらに公害（病）イメージを拡散させ、社会的差別を増大させていく、という悪循環に陥るのである。正造は、その構造をとくに見抜いていた。

その結果、正造は、「国家」の名において、政府が憲法や公益、そして人民を保護しないのであれば人民は法律を守る義務がない、と断言したのである。

但シ地方無頼漢ヲ以テカラニ、或ハ郡吏等ヲ頼ンデ拇印ヲ取レバ、ソレデ用ガ済ンダト思フノカ、被害人民ヲ悉ク欺キ負フセテモ国家ハ承知シナイ、被害人民ガ悉ク二十銭三十銭ノ金デ誑カサレテ判ヲ捺シテモ、ソンナコトハ国家ハ知ラヌ、国家ハ承知シナイ、国家ハ大体ニ於テハ利害ノ比較ヲ見、人民ノ権利ヲ何処マデモ保護スルノデアル、政府ガ保護シナケレバ国家――吾〻ガ保護スルノデアル、政府ハ帝国憲法ニ「日本臣民ハ所有権ヲ侵サル丶コトナシ」トアルト云フコトヲバ、是ダケノ憲法ニ明記シテアル、又鉱業条例ニハ「試掘ノ事業公益ニ害アルトキハ所轄鉱山監督署長採掘ニ就イテハ農商務大臣既ニ与ヘタル認可若クハ特許ヲ取消スコトヲ得」トアル、是ダケノ公益ヲ保護シ、臣民ヲ保護スル所ノ憲法法律ガ顕著ナルニモ拘ラズ、此人民ヲシテ保護シナイ、人民ヲシテ保護シナケレバ、人民ハ法律ノ保護ヲ受ケナケレバ、固ヨリ法律ヲ守ル義務ガナイ、法律ヲ守ル義務ガナイドコロデハナイ、政府カラ強テ――人民求メテ法律ヲ守ラナイノデハナイ、政府カラ強テ此良民ニ――無罪ナル良民ニ法律ヲ守ルコトノ出来ナイヤウナコトヲ仕向ケテ居ルノデゴザイマス、斯様ナ訳デゴザイマス、政府ガ法律ヲ以テ人民ヲ保護シナイ、公益ヲ保護シナイ、人民ハ法律ヲ守ルノ義務ナシ、又義務ナカラシメタノデアル（⑦四五一）

（三）「押出し」（大挙請願上京）

正造の議会での質問演説後、一八九七年三月二日から五日にかけて第一回目の「押出し」が行われた。憲兵や警察の警戒網を突破して、約一〇〇〇余名が上京した。ところが、『報知新聞』三月四日付け紙面によれば、「先鋒隊八百余名は一昨日出京せしが尚ほ第二陣たる一千余名の農民も続いて出京せんとするの模様ありしより田中代議士は早速電報を以て之を止めたるが」というように、正造は電報を打って上京を止めようとしたらしい。

だが、被害民たちは正造の制止を押し切り、大挙して上京してきたのである。そして、四日に正造等と協議した結果、四五名の総代を選び、あとは帰国することとなった。これも正造の方針であっただろう。五日、総代は、群馬県側の一一名の委員と一緒に、農商務省に榎本武揚大臣を訪ね面会、鉱業停止を請願した。

正造はまた、この「押出し」に際して、栃木・群馬・茨城・埼玉の関係四県選出の代議士に、被害民の宿泊を依頼していたことが、三月二日付けの茨城県選出の赤松新右衛門宛書簡にうかがえる。

拝啓　鉱業停止請願ノ為メ被害人民三百名許リ突然出京致シ、貧民ニテ宿料ニ困難罷在候始末ニ付、無拠被害地方四県下各代議士諸君ニモ願上候得共、貴下ニハ貧困者二十人計リ一斗ニテ宿泊御許シ下サレ度、御報旁々御願申上候。宜敷御取計ヒ願上候。謹言[21]

三月一五日と一七日、正造は、先の質問に対する政府答弁を求める発言を行った。その結果、三月一八日に政府答弁書が出された。その内容は、①「必要ト認メタル予防ノ方法ハ既ニ之ヲ鉱業人ニ命令シ」ていること、②「粉鉱採収器設置以来鉱毒流出ノ減少シタルコト」、③粉鉱採集器設置後の鉱毒被害は「主トシテ旧時ヨリ該川流域中ニ沈澱散布シタル泥砂粉鉱ノ河水ノ氾濫ト共ニ流域以外ニ溢出シタルト、又既ニ沿岸田畑ニ浸入シタル粉鉱トノ存在トニ基ケルモノト認ム」(⑦五五二〜三)、④「鉱業ノ停止」の判断は、予防手段が実効をあげるかどうかを見極めてから行う、⑤「本件ハ本邦ニ於ケル鉱業ノ発達ニ伴ヒ将来各地方ニ起ルベキ必然ノ事件ニシテ国家経済上頗ル重大ナル問題ナリ、独リ足尾銅山ノ問題トシテ之ヲ視ルベキモノニアラズ、依テ政府ハ将来鉱業ト農業ト衝突スル場合ニ適用スベキ方針ヲ確定スルノ必要ヲ認メ、之ニ関スル各般ノ調査ヲ命ジ、彼此熟考シテ之ガ処分ノ方法ヲ定メント欲ス」(⑦五五五)、というものであった。

ここには、政府の鉱毒問題認識が示されている。つまり、足尾鉱毒問題とは、足尾銅山だけに限らず、日本の近代化(資本主義化)の過程で必然的に発生する鉱業と農業の衝突問題である、というのである。鉱業と農業の衝突という捉え方は、当時のジャーナリズムでも一般的なものであった。島田三郎や木下尚江も、最初は同じような受けとめ方をしていた。しかし、こうした認識は、正造のような権利の問題、生命の問題という捉え方と比べて、鉱業と農業のどちらを優先させるべきか、せいぜいどのように調和させるか、という政策レベルを少しも出ていない。

当然のことながら、この政府答弁書は、被害民を激昂させた。永島與八は、「此答弁書が被害民に伝はると忽ち渡良瀬両沿岸一帯の空気が殺気に満ちた。即ち此答弁書は鉱業主を擁護して我々被害民を見殺しにするのだと解した」と回想している。[22] 雲龍寺の「鉱毒委員出勤日誌」にも、三月二〇日の条に、「東京ニテハ議会ニ政府ヨリ答弁アリタルニ付不当ナル答弁ト看做非常ノ雑沓ヲ極メタリ」と書いてある。[23] こうして、第二回目の「押出し」が準備されていった。

(四) 田中正造と「押出し」

三月二一日、雲龍寺では、「押出し」の準備で大忙しであった。ところが、二三日に「東京ヨリクルナイマイクマテト云フテ打電」してきた。東京事務所との行き違いで地元は紛糾する。「夜ノ九時頃迄議論紛々延期或ハ決行論等ニテ困難ノ末遂ニ出発決行ノ事ニ決」したのであった。[24]

第一回目の「押出し」の後、被害民の中に次のような動きがあったことを『万朝報』が伝えている。「先頃数百名大挙して農商務省に迫りし栃木、茨城、群馬、埼玉四県の足尾銅山鉱毒被害の人民ハ一時惣代を残して帰郷せしも其運動委員栃木県会議員野島幾太郎、磯直吉、稲毛教次郎外数名の運動の方法が四県十二郡の被害人民に不利益なる挙動多く殊に不審の廉も見ゆる故彼等を排斥すべしとの声大に盛になりしより委員等ハ忽ちその職を辞するに至りたり十二郡の人民ハ却て喜び惣代などを頼めバこそ目的を達し得ざるなれ此上ハ有志の者共大挙して自身に上京し内務大臣に面会し死を決して宿志を貫かんと言出す者少なからず殊に栃木県久能［野］村の稲村與市、足利町の山口善平、田沼町山田友治郎外数十名ハ尤も此事に熱中し種々奔走の末愈よ有志者一同にて上京請願する事に決し」た、と（三月二六日）。

これは、野島らが、「押出し」という運動方針を、「立憲治下の人民にあるまじき不穏」とみなし、鉱毒反対運動からの離脱を宣告したことをさしている。「精神的契約」を結んだメンバーのなかからはやくも「変節者」が出たことに憤激した永島與八らは、その理由を問い質そうとして野島ら五名の家を訪ね、留守中家のなかに上がり込んでしまった。その結果、永島ら三人が家宅侵入罪に問われ、逮捕下獄する事件へと発展したのであったが、注目すべきは、被害民の中に、総代を選出して交渉に当たらせた第一回目の「押出し」の方法と委員に対する不満が蔓延し、全員交渉方針を望む声が強くあがったことである。このことは、とりもなおさず、正造の方針に対する批判でもあった。(25)

被害民たちは、二三日夜一二時までに雲龍寺に集合し、「一同水杯をなして」、先遣隊として約二〇〇〇名が二四日午前二時頃に出発した。その夜には、約六〇〇〇名の後発隊が出発したが、岩槻町に入る前に一五〇〜六〇名の憲兵警察隊と衝突し、永島與八・山崎友二郎ら四名が負傷した。このとき、警官等は、「止れ、引帰せ、従はぬ者ハ斬殺すぞ」と叫んだという。結局、「利根の北岸にて喰留められし者若くハ岩槻に出る前に姿を隠せし者共ハ二人三人姿を変へ名を大師詣伊勢参宮に仮り汽車汽船の便によりて次第々々に入京し」、その数は二六日までに四〇〇名ほどを数え、それぞれ日本橋区馬喰町、芝区芝口界隈の宿や浅草橋の丁字屋などに宿泊した。(26) 川崎大師詣でや伊勢参宮にことよせて上京したというエピソードには、農民たちの伝統文化にことよせたしたたかな知恵が凝縮されていて非常に興味深い。しかし、警官たちは、この間ずっと総代を残して後は帰国するよう説得を続けている。

上京した被害民たちは、二六日から二九日にかけて関係各省庁に鉱業停止の陳情を行っているが、この第二回目の「押出し」に対して、正造は、本心では反対だが、それでも上京してくるならばそれなりの世話はしようと考えていた。ある意味では、「大挙請願上京」という運動に対して冷淡であったともいえる。それを証明するのが、三月二九日付けの雲龍寺宛の書簡である。

地方運動

小生の考ハ徳義心ニ乏シ、王者の風ニあらず、過まてり〳〵。貴下正〻堂〻王者の軍隊に御改正可被成下候。○東京も大勢宿屋ニ入りたるハ大失敗なり。東京ニ而ハ夫〻進歩党事務所及寺院等ニ宿所を周旋中、御大勢御来京、直ニ御宿屋に御投ぜられたり。畢竟小生ハ此小運動ニハ不同意なれども、折角御出ニ付而ハ尽力するハ当然の事ニ付、在京の人〻ニハ周旋中、不図旅亭ニ投じたるハ申訳けなき事と奉存候。但し在京の人〻懐中自然金銭あり、大勢の旅中の労苦を慰するの故を以、首尾ハ整ひ申候也。右申上候。

クレぐ〳〵前段、小生の下策ハ御改正可被成下候。

三月二十九日

先刻書留郵便ニ而申上候通り、不図小生過てり。凡よの中の乞食をして攻撃させんとせしハ小生大過ち候間、何卒御改正の御考案奉願候。小生も窮するの余りに、此拙劣下品の行衝〔動〕ニ出でたり。凡ソ人生窮してハます〳〵賢なるべしを忘れたり。（⑭四九〇）

「畢竟小生ハ此小運動ニハ不同意なれども、折角御出ニ付而ハ尽力するハ当然の事」というのである。正造は、

「押出し」という運動形態そのものに反対であった。それで、上京の準備を進めていた雲龍寺の鉱毒事務所宛に、ちょっと待てという電報を打って止めようとしたのであろう。第一回目と同様である。それでも、被害民たちが「押出し」を強行したために、仕方なく「尽力」するといった風情である。そして、上京した被害民たちが宿屋に入るのに正造は反対し、他の宿泊可能な施設にいろいろとあたっていたようである。

それにしても、正造が「過まてり」といった「小生の下策」とは、いったい何であったのだろうか。その手がかりは、「凡よの中の乞食をして攻撃させせんとせし」という文言である。先に引用した赤松新右衛門に宛てた書簡のなかでも、やたらと「貧民」「貧困民」と強調していたことからも推測できるように、正造は、被害民たちに、どうせ出てくるならできるだけみすぼらしいなりをしてくるようにと指示を出していたのではなかろうか。そして、東京でも、宿泊する金もないことを示すために進歩党の事務所とか寺院に泊まるようにと示唆していたのだろう。それが、被害民たちが宿屋に入ったことにたいする不満の理由であったのだ。正造は、こうした考えを「徳義心ニ乏シ、王者の風ニあらず」と反省しているが、〝貧すれど窮せず〟という被害民たちの自尊心をひどく傷つけたであろうことは想像に難くない。

正造が「押出し」に批判的であったのは、はからずも正造の秩序意識のありようを物語っている。はるか後年のことになるが、一九一三年に東京で第一次護憲運動の参加者たちが暴動化したのを目撃したときも、正造は「静かな運動」の必要性を強調していた。人がたくさん集まって、数の力で何かを勝ち取ろうとする運動のスタイルが、正造にとっては秩序を乱すものと受けとめられていたのであろう。それゆえ正造は、後述する第三回「押出し」まで、総代方式の請願にこだわったのである。皮肉にも、正造のこうした方針は、取締側の官憲と同じであった。正造は、あくまで法律の範囲内で最善をつくすことを第一に考えていたのである。だから、私は、これを正造の合法主義の限界とは考えない。しかし、正造がいかに「押出し」に批判的であったにせよ、現実には、被害民たちのこうした運動が世論を喚起し、政府が公然とした対策（＝鉱毒調査委員会の設置）を取ることを余儀なくさせていったのであった。

四　足尾銅山鉱毒調査委員会と世論

（一）足尾銅山鉱毒調査委員会の設置

政府は、一八九六年の渡良瀬川大洪水の被害を受けて、独自の調査を進めていた。この年の暮れ、一二月二五日に、「足尾銅山鉱毒特別調査委員答申書」が農商務大臣宛に提出された。それによれば、「足尾銅山鉱業ハ渡良瀬川ノ河水ニ有害ナル物質ヲ含有セシメ沿岸ノ田畑ニ従来被害セシメタルコトヲ認ムト雖モ之レカ為メニ鉱業停止ヲ命令スルノ必要ヲ認メス」と、被害の程度は鉱業停止命令を発するほどではないという判断が示されていた[27]。

翌一八九七年（明治三〇）二月、「渡良瀬川沿岸農作地鉱毒被害ニ関スル農務局ノ意見」が提出された。そこでは、「実地踏査ニ係ル目測上ノ概算」の「損害高」が、「田畑原野山林等ヲ合セテ無慮八千町歩以上ニ達スヘク、内耕地ニシテ被害ノ甚シキ分ハ少クモ凡五千町内外ナルヘシ」と見積もられていた。被害地の数値が、被害民の調査では二万九一九八町歩、栃木県の調査・報告でさえ一万八四四三町歩なのに、農務局の調査では約八〇〇〇町歩以上と、極端に少なくなっていることが注意を引く。そして、「地価ノ低減」は「少クモ二、三百万円位」とされていた。これでは、足尾銅山の生産高とほぼ同じか、それよりも少なくなってしまう。

その上で、農務局は、今後の方針として次のように述べている。「鉱山業ニ於テ防止シ得ヘキ最極ノ程度ヲ究メ又タ農業ニ於テ許容シ得ヘキ最少ノ程限ヲ定メ、双方協定ノ標準ヲ規定スルノ必要ハ独リ足尾銅山ノミナラス各地方ノ鉱山ト農業ニ対スル将来ノ処分上目下ノ急ナリト信ス」（同前）。鉱毒の完全な防止は不可能であり、農作物への影響も否定できないので、両者の折り合いのつく「協定ノ標準」を定めることが焦眉の急務であるというのである。そして、「行政上ノ許ス限リノ範囲内ニ於テ鉱主ヲシテ相当ノ損害ヲ賠償セシムルノ手段ヲ取ラレンコトヲ望ム」と、損害賠償を命令するようなことはしないとしていた従来の見解よりは一歩踏み込んだ提言をしている。さらに、地方人民の企図している「治水ノ方法」を、内務省も考慮、実行するよう働きかけてほしい、と結んでいる。[28]

もっとも小西徳應の研究によれば、このとき政府は、「当時施行されていた鉱業条例を廃止して、新たに鉱業法を制定する作業に着手していたのである。その内容は、足尾銅山、ひいては鉱山一般をどのようなことがあっても温存させる、新しいしくみをまさに法律によって制定しようと」していた。それは、「当業者ノ意見ヲ参照シ」てまとめられたもので、かりに「公益」に害があっても永久停止は想定されておらず、かつ予防工事期間中の「損害」を政府に請求できるとしたものであった。この法案は、三月一九日に閣議決定された。つまり、正造の質問に対する三月一八日の政府答弁書にある「将来鉱業ト農業ト衝突スル場合ニ適用スベキ方針ヲ確定スル」とは、この鉱業法のことを示唆していたと考えられる。小西の推測によれば、政府は、三月二四日にこの法案を議会に提出しようとしていたが、その前日に被害地を視察した榎本農商務相が大隈外相と相談し、法案提出を見合わせて、調査委員会の設置へと方針を転換したのではないか、ということである。[29]

こうして、三月二四日、第二次松方内閣（松隈内閣）は、鉱毒調査委員会（第一次）を設置した。そのメンバーは以下の一四名である。

委員長　神鞭　知常（内閣法制局長官）
古市　公威（内務省土木技監・工学博士）
渡辺　渡　（非職御料局技師・工学博士）
後藤　新平（内務省衛生局長）
長岡　宗好（農科大学助教授）
坂野初次郎（農事試験所技師）
目賀田種太郎（大蔵省主税局長）

織田　一　（農商務省参事官）
和田国次郎（農商務省技師）
細井　岩弥（農商務省技師）
小寺房次郎（農商務省技師）
小藤文次郎（理科大学教授・理学博士）
早川　幾次（農商務大臣秘書官）
坪井　次郎（医科大学助教授・医学博士）

これに、のちに入澤達吉（医科大学教授）が加わった。また、鉱山局長であった肥塚龍も委員会に出席した。

（二）鉱毒調査委員会の議論の展開

鉱毒調査委員会の設置は、被害民の中に、鉱業停止への〝希望的観測〟を成立させた。委員長の神鞭知常は、かねてから被害民に好意的な論調を展開していた新聞『日本』グループ、国粋主義者グループの一員であり、農商務大臣は三月二九日の榎本武揚の辞任を受けて大隈重信外務大臣が兼任することになった。さらに、鉱山局長には、進歩党の肥塚龍が就任していた。田中正造の同志である。

ところが、正造は、大隈が農商務大臣を兼任することに対して、大反対であった。「犬養馬鹿、尾崎馬鹿、イカナレバ伯を農商の大臣とせしハ馬鹿の馬鹿」と進歩党のリーダーである犬養毅や尾崎行雄を非難し（⑭四九一）、佐野の村山半に宛てても、「殊に大隈伯の農商に付ては、却て一敵国を顕出いたしたる思ひ」がすると書いていた（⑭四九二）。こうした正造の反応は、「国家問題」であるべき鉱毒問題の処分が大隈農商務相の下でなされると、党利党略視されてしまいかねない点を危惧してのことといえる。すでに鉱毒問題が党派問題視されていたことについては、四月一五日の鉱毒調査委員会の席上、肥塚龍が、「既ニ早ヤ党派問題デアルトカナントカ云フ位ノ流言マデモ出シテ居ル際デゴザイマスカラ」と発言していたことからも判明する。[30]正造が、鉱毒問題を自分の選挙のための運動や党派的問題と受け取られることをいかに嫌っていたかは、やがて憲政本党を脱し、議員まで辞職してしまうことで明白になる。

以下、少し丁寧に、調査委員会の議論をたどってみよう。

四月一三日の委員会で、委員長の神鞭が、委員長としての基本的な考え方を披瀝した。

今日所謂鉱毒ナルモノ、存在スルト云フ所ヲ認メタナラバ此場合ニ鉱山ノ全部若クハ幾分ヲ停止シテサウシテ其害ニナルベキモノヽ予防ヲ充分ニ完全ニスル道ヲ講ゼシメナケレバナラヌ、サウシテ夫ガ完全ニ予防ガ出来ルト云フコトニナレバ無論アノ大切ナ国産テアリマスカラ早ク営業ヲサスルガ宜シ、夫カラシテ万一ドウシテモ之ヲ予防スル道ガナイト云フコトナラバ不幸ニモ之ヲ停止スルヤウナコトニナルカモ知レマセヌケレドモ、先刻来ノ御話デ見レバ誰方カラ聞イテモ尚道ガアリサウニアル……（六五六頁）

神鞭の考えは、鉱業の永久停止ではなくして、「一時全部カ若クハ幾部分ノ停止ヲ命シテ」予防工事を実行させる、というものであった（六五八頁）。しかし、こうした一時停止方針に対しても、渡辺渡、古市公威、鉱山局長の肥塚龍らがさかんに批判、攻撃した。

翌一四日の委員会で問題になったのは、鉱毒の発生源を足尾銅山、あるいは古河操業以降の足尾銅山に特定するかどうか、であった。これに関して、「該鉱毒ハ足尾銅山ヨリ発スル」という語句の修正要求が出された。まず、渡辺は、発生源を「足尾銅山」に特定することに反対し、もっと上流にいけば廃鉱がたくさんあると述べ、鉱毒がそれらの廃鉱から流出している可能性もあることを示唆した（六七八頁）。また、古市は、原案に「主トシテ」の四文字を入れることを主張した。その理由は、桐生の機業の染色水や上流の廃鉱山など、鉱毒の原因として考えられるものは他にも色々あるから、というのであった（六七九頁〜）。長岡の調査では、これらはいずれも銅分を含んでいないことが明白であったが、結局古市の修正案が賛成多数で可決された。渡辺は、さらに、古河操業以前の捨て石も鉱毒の一部分であると主張し、「現鉱業人営業以前ノ採掘ニ属スル旧坑中ヨリ流出スル礬水並ニ当時遺棄セラレタル捨石『カラミ』鉱脈ノ露頭ヨリ崩壊流出スル鉱石ハ」「其量多カラス」という原案の「其量多カラス」という部分を、「鉱石ハ害毒ノ一部分タルハ疑ヲ容レサルモノナリ」に修正することを要求した（六八二頁）。鉱山の専門家として「科学」の名の下に古河の企業責任を極力薄めようと画策しているのである。

次に問題になったのは、「各主務省ニ下命」することとしてあげられた原案三項のうち、第二項「一時足尾銅山鉱業ノ全部若ハ其幾分ヲ停止シ鉱毒ノ防備ヲ完全ニ且永久ニ保持スル方法ヲ講究セシムルコト」という部分で、ここに反対意見や修正要求が集中した。

まず、肥塚が削除を要求した。「此際ニ当ツテ之ヲバ主務省ニ実行セヨト云フコトハ私ノ考デハ此際ハ容易ニ決行出来ナイ」、実行できないものを内閣に答申するのは委員会の「面目信用」にかかわる、というのがその理由であった（六九二頁）。ついで、渡辺が次のような修正案を提出した。「一　期日ヲ定メ鉱毒ノ防備ヲ完全ニ且永久ニ保持スルノ方法ヲ実施セシムルコト、若シ該期日ヲ経過シ怠慢ノ処置アリト認ムルトキハ鉱業ヲ停止スルコト」（六九三頁）。その理由は三点あった。

①鉱業条例第五九条（「鉱業上ニ危険ノ虞アリ又ハ公益ヲ害スト認ムルトキハ所轄鉱山監督署長ハ鉱業人ニ其予防ヲ命シ又ハ鉱業ヲ停止スヘシ」）にも、鉱業の停止を命令する前に予防を命令していること、②足尾銅山は「既ニ従来ノ鉱山局長カラ与ヘラレタル所ノ予防命令ニ従ツテ不十分デハアルケレドモヤリツヽアル」（六九四頁）、予防工事をやりつつあるのに停止させる（渡辺は神鞭の考えを「懲罰的停止」と表現している）のは良くないこと、③現在は、農業だけを重視していればいいような時勢ではなく、鉱工業も重視しなければならないこと（「今日デハ農ハ国

ノ本ナリト云フコトヲ云ツテ居ラレナイト思ヒマス」（六九五頁））、である。

この渡辺の修正意見に対して、委員長の神鞭が反論を行った。

私ハ懲罰的ニ之ヲ停止スルト云フコトハ云ハナイヤウニ思ツテ居ル、ト云フノハ苟モ斯ノ如ク鉱毒ト云フモノガ存在シテ居ツテソレガ彼ノ山カラ出テ来ルト云フコトデアレバ之ヲ除カセルト云フコトハ必要デアル、デ除カセルニデスナ除クマデ其手続ガ見付ルマデハ流シテ居ツテモ宜イト云フコトハナイ、之ハ其方法ヲ講究サセテ除ケルマデハ此仕事ヲ止メサセテ之ガ除ケタラ此仕事ヲサセルト云フコトハ誠ニ通常ノ話デアツテ……（六九五頁）

そして、渡辺が、ヨーロッパの例を出して、なおも一時的にせよ停止させる必要はないと主張したことを批判して、「全体斯ウ云フ法律ノ精神ニ余リ欧羅巴的ニナルカラ此解釈デモ取扱振リデモ欧羅巴的ニナリ過ギタ結果ガ斯ウ云フ災害ヲ起シタノジヤナイカ……日本ノ農業ノ趣キト云フモノハ欧羅巴ノ趣キトハ大ニ異ツテ居ル所モアルデアラウシ、農ハ国ノ本ナリト云フコトハ最早言ヘナイト仰シヤルケレドモ事実上ニ於テ農ハ国ノ余程本デアル」と述べている（六九六頁）。ここには、神鞭のナショナリストの一面がよく出ていよう。

結局、この日は結論が出ず、翌一五日もこの問題が継続して審議された。

長岡宗好は、「足尾銅山ノ作業ノ一部分」である「洗鉱」を停止させる意見を表明した。「洗鉱」をやらずに、「刮掘」をやればよい、というのである。この意見を渡辺が批判したが、長岡は、農民の不安の念を除却することの重要性を重ねて喚起した。

古市は、渡辺の修正案への賛成意見をのべた。「停止ヲセズニ防禦ハ十分私ハ出来ルト思フ」というのである（七〇五頁）。坂野初次郎は、「趣意ニ於テハ長岡君ト略々同一デアリマス」（七一〇頁）と述べ、「況ヤ実際其毒ヲ流シツ、アルモノヲ其侭ニ措イテ何ノ係リカモ知レナイケレドモ予防方法ノ完全スル迄、矢張リ現在ノ侭ヤルト云フヤウナコトハドウモ此委員会ガ甚ダ不親切甚ダ不公平デアルト云フ考ヲ持ツテ居リマス」と強調した（七一一頁）。長岡も、「渡辺君ハ農業ト云フコトヲ少シモ頭ニ御入レ下サラナイデ唯銅山ノコトバカリ仰シャル」（七一三頁）と、渡辺を批判した。

しかし、採決の結果は、渡辺・後藤新平・古市が主張した修正案が、賛成八名の多数で可決された。肥塚も修正案に賛成した。鉱山局長という立場からか、肥塚の言動が、足尾銅山よりであったことは明白で、正造の失望も大きかったことだろう。修正された文案は以下の通りである。

一　期日ヲ指定シテ鉱毒及煙害ノ防備ヲ完全ニ且永久ニ保持スベキ方法ヲ講究実施セシムルコト、且必要ナル場合ニ於テハ官ニ於テ直ニ之ヲ実検シ其費用ヲ鉱業人ニ負担セシメ若ハ鉱業ヲ停止セシムルコト（七一七頁）

神鞭らの、一時停止方針の完全な敗北であった(31)。

委員会の議論の模様を伝える新聞報道を、おそらく被害民たちはじっと注目していたにちがいない。ところが、新聞によって報道内容が異なっていた。たとえば、『報知新聞』は、当初、閣議の大勢が一時停止論に傾いているという楽観的な報道を行っていた（四月一八日）。四月二〇日に、『万朝報』は、鉱業停止をせずに予防する方針であることを報じたが、同日の『報知新聞』は、内務省・農商務省とも「予防方法の定まる迄一時営業を中止する」意向であると伝えていた。もっとも、翌日の紙面では、委員会の議論の大勢を割合に正確に報道しているが。委員会の方針は四月一五日に決定しているにもかかわらず、進歩党よりであるはずの『報知新聞』が、その後も鉱業停止の「幻想」をばらまく報道をしたのには、何か隠された意図でもあったのであろうか。被害民たちは、それによって一喜一憂、振り回されたことであろう。

しかし、情勢がおもわしくないことを薄々感じ取ったのか、被害民たちは、四月二一日に会合して、「鉱毒事件調査委員の結果にして万一噂の如く非停止と決したらんには被害民一同出京して決死の大運動を試むる事」を決議している。[32] また、既に群馬県邑楽郡の有志五〇余名が「決死隊」を組織し、足利・安蘇郡でも同様の動きがあることが報じられている。

このような被害地の雰囲気をよそに、調査委員会では、免租処分を地租条例にのっとっておこなうことの是非を論じていた。四月二六日の委員会で、租税担当の目賀田種太郎は、「何分天災デナク外形モ地形ノ変更モナケレバ荒地デハナイノデアリマス、地租条例デ地租ヲ減免スルモノハ荒地デアリマスカラ、サウ云フ訳デ自然ニ害ヲ与ヘル原因ガアレバ其原因ニ向ツテ何カ其人ガ苦情ヲ申スヨリ他ハナカラウト思ヒマス」と述べた（七二〇頁）。つまり、鉱毒という原因がはっきりしているならば、民法上、訴訟という手段を通して解決するのが筋であり、地租条例の改正はできない、「一部分ノ為ニサウ云フ法律ヲ作ルコトハ出来ヌ」（七二三頁）、というのである。これが大蔵省の方針であったことは間違いない。

四月二八日の委員会でも、この問題が議論された。注目すべきは、織田一が、「鉱毒ガ這入ツテ収穫ガ取レヌヤウニナツタカラシテ地租ヲ免ズル」というように、地租条例を改正しても良いのではないかと主張したことである（七三二頁）。しかし、委員会の大勢は、地租条例の免租規定は、「天災ノタメニ土地ノ形チノ変ジタト云フコトノ二ツ」が原則であるから、鉱毒という人為の害を原因とする免租を地租条例にのっとって実施することはできない、という意見であった。ただ、神鞭は、「荒地トナツテ居ル分ハ……其恢復ニ要スル相当ノ免租年期ヲ与ヘルト云フヤウナコトニシナケレバナラヌト云フコトハ……理ノ然ラシムル所」（七三〇頁）と述べているので、相当期間免租を適用することを考えていたことがわかる。

五月三日の委員会では、長岡から地租条例改正案を提出する意見が発表された。長岡は、地租条例は鉱毒問題が生起する前に制定されたものであるから、「今日斯ウ云フ場合ガ出マスレバ、法律ノ改正ト云フモノハシナケレバナルマイト云フ自分等ノ考デアリマス」（七三七頁）と述べた。さらに、注目すべきは、被害地を救済するために、「緊急勅令」の発布を考えていたことである。「ソレデ今日ノ如キ急場ニ向ツテ此地租法ト云フモノ、改正ガ出来ナイ、即チ議会ニ提出シナケレバナラヌト云フコトデアリマスルナラバ、一時此緊急勅令ヲ以テ被害地ノ処分ヲ附ケテ置イテ、此十一月ノ議会ニ対シテ此地租法ノ改正ト云フモノヲ政府カラ提出サレタイト云フ私ノ望デアリマス」（七三七〜八頁）。

私は、この長岡の緊急勅令の有効利用という発想と、のちに正造が議会で主張した内容とのあまりもの類似性に驚きを禁じ得ない。むしろ、正造は、勅令を利用した被害地の救済という主張を、この委員会での長岡の意見から借用したのではないかと思えるほどである。

織田も、長岡の地租条例改正案提出の意見に賛成する発言を行った。だが、目賀田は、鉱毒被害は、「ドウモ其性質ガ地租法ノ扱フベキコトデナイト思ツテ居リマス」と反論した（七四〇頁）。肥塚も、織田・長岡の意見を批判して、「鉱毒ト云フモノハ人為デ防ギ得ベキモノデアルト云フコトヲバ此間中カラノ調査ノ進行ニ依ツテ私ハモウ認メテ居ルデゴザイマス」、だから天災とは異なる「防ギ得ベキモノ」を追加するための改正には反対であると主張した（七四八頁）。

これらの反対意見に対して長岡は、委員会で鉱毒の存在とそれによる被害を認めておきながら、「併シ法律ガナイカラシテ仕方ガナイカラ民事上ノ問題ニスルガ宜イ、勝手ニシロト斯ウ打ツ放スト云フコトハ非常ニ不親切ナコトニナル」、それでは「一部ノ人民ト云フモノヲ見放スト云フコトニナリハセヌカ」と懸念を表明した。神鞭委員長も、「サウナルノデス」と、事実上の切り捨てであることを認めている（七五〇頁）。しかし、結局、織田の特別法制定案は、賛成少数で否決された。(33)

五月一二日の委員会は、一つの山場であった。長岡・坂野両委員から、「完全ナル予防ノ設備竣功迄一時鉱業ノ全部若ハ一部（即チ云々）ノ停止ヲ命スルノ必要ヲ認ム」という緊急動議が提出されたのである。

この緊急動議の提出は、新規の調査結果に基づいてなされたものであった。

① 旧坑・廃坑から出る水はごく少量で、微弱な酸性を示すだけであり、鷹ノ巣坑や銀山坑からでる大量の強い酸性を示す水とは比較にならない。
② 捨石の場所も、これまで知られていなかった所がたくさんあって驚いた。
③ 鉱脈の露頭は、あっても幅が三〜五寸程度のもので、それをもって鉱毒の原因ということはできない。
④ 水質調査の結果、「此渡良瀬ノ水源へ足尾銅山ノ現借区外カラ悪ルイ水ガ這入ッテ来ルト云フコトハナイ」と断言できる（七六三頁）。
⑤ 工場の「カラミ」の処分も、古い「カラミ」の処分が緩慢なため、川の中にたくさん流出しており、川底が「カラミ」で真っ黒になっているほどである。
⑥ 沈澱池の泥砂も、そばの川岸にどんどん捨てているため、雨が降れば毒分が川に流出している。
⑦ 通洞の捨石も、川の本流の流域にどんどん捨てており、平常ですら川の水がそれを洗っている状態である。
⑧ 小滝の製錬場の上の水は大変きれいなのだが、その下の水は銅分を多量に含んだ悪水になっている。今回の調査ではじめてわかったことである。（七五八頁以下）

これらの調査結果は、委員会で一時停止方針を否定した渡辺らの論拠を、すべて覆すものであった。そのために緊急動議を提出したのである。

ここで留意しなければならないのは、坂野らの調査が、銅山側のごまかしや妨害の中で行われたものであることだ。たとえば、坂野らが小滝の溶鉱炉の下から出ている水を調査しているところ、「故意ニ銅山ノ方カラ何処カラ出シタカ水ヲ非常ニ出シテ稀薄ニスルト云フヤウナコト」があった（七七九頁）。また、前年一二月の予防工事命令にあった廃水への石灰の注入も、朝か夕に「不意」に行ってみると全然やっていないことがわかったりもした。それだけに、坂野らにしてみれば、古河の予防工事にとりくむ姿勢のいい加減さが目立ち、鉱業を停止しないで行う予防工事の効果に対する疑問がつのったのである。

そこで、坂野は、こうした予防工事のずさんさの結果、仮定の話ではあるが、として次のようなことを指摘した。傾斜地に捨てられた最終沈澱池の泥砂から川の中に流出する銅分は、一ヵ月あたり二五五〇貫、三ヵ月だと七六五〇貫、小滝のカラミに含まれる銅分を銅山側が言うように二%と計算して、そこから流出する銅分が三ヵ月で三万八八〇〇貫、この二ヵ所だけでも四万貫以上の銅分がたった三ヵ月の間に流出することになる。作物を害するには、水の中に一〇万分の五の銅分が含まれていれば良いから、それで計算すると二九〇〇町歩の水田の厚さ三寸の上層まで一〇万分の五の銅分が入ることになる、と。

この仮定の話は、のちに和田国次郎から「針小棒大」の話であると批判されることになるのだが、坂野は、六〇〇〇から七〇〇〇町歩の水田が田植えを前に灌漑に入ろうとしている時期だからこそ、これ以上の毒の流出を防ぐために、予防工事中の操業を全部もしくは一部停止すべきであると、緊急動議提出の趣旨を説明した。

これに対してさかんに反対したのが肥塚である。他の委員の誰にもまして、肥塚は、予防工事の有効性を強調してやまなかった。また、後藤新平は、仮定の話を根底に停止を主張するのは「不当」であると、「科学」の厳密性を持ち出して批判を展開した。停止した場合でも、川底に沈澱した鉱毒泥砂が原因の被害は続くであろうし、「之ヲ止メレバ是丈ノ利益ガアルト云フコトヲ認ムルト云フコトガ出来ルカ」どうか、それが確認できなければ賛成することはできない、と述べた(七八一頁)。

長岡は、それは誰も答えられない「御無理ナ」質問であって、実際、銅山を数十日間停止してから、新たな鉱毒泥砂の堆積程度などの十分な実験をしてみなければわからない話であると反論した。

採決の結果、出席者一二名中、賛成四名の少数で、緊急動議は否決された。確認できるところでは、賛成したのが、長岡・坂野・小寺房次郎、反対したのが、肥塚・後藤・和田・織田である。なお、渡辺渡と古市公威は、この日委員会を欠席している。

こうして、五月二七日付けで、三七項目に及ぶ鉱毒予防工事命令書が、東京鉱山監督署長南挺三名で古河市兵衛に出された。正確にいえば第三回目の予防命令であるが、最長で一五〇日という期限付きの、しかも期限内に工事を完了し監督署長の認可を受けなければ「直に鉱業を停止すべし」という内容のものであった。[34] 神鞭が当初企図し、長岡や坂野が緊急動議という形で成立をはかろうとした予防工事期間中の鉱業停止は、結局実現できなかったのである。

(三) 鉱毒予防命令と世論

ここでは、足尾鉱毒問題と鉱毒予防工事命令をめぐる世論の一端を、当時のオピニオン・リーダーたちの論調に探ってみたい。取り上げるのは、新聞『日本』の陸羯南、勝海舟、島田三郎・木下尚江の『毎日新聞』(関連して『報知新聞』)、そして『時事新報』の福沢諭吉である。この順番は、この段階における鉱毒被害民に対する共感の度合いによっている。

まず、陸は、一八九七年三月二九日の社説「国家的社会主義(七)」ではじめて鉱毒問題をとりあげたあと、四月五日の「所謂改革の啓端(下)」で次のように政府を批判している。

聞く、夫の鉱毒事件の如きは、十年前曽て一たび調査を遂げ、農業及衛生に及ぼす害の実在は、時の専門技師既に之を認めたるも、当局者は鉱業主と結託して之を掩蔽し、今に至るまで農民の苦情を抑え来れりと伝へらるゝに至る。吾輩は此の伝聞を直ちに事実と認むる能はざるも、官海の事情に観れば、強ち之を訛伝のみ言ふを得ざるなり。榎本農相の引退は何の理由に出でたる乎未だ審かならざるも、彼れ一たび鉱毒地を巡視して帰りて辞表を呈したる跡より見れば、蓋し一省の責任者として其吏僚の放漫に過を引きたるものには非る乎。官海の敗腐せる、官紀の紊乱せる、世人の之を言ふや、既に久しかりし。[35]

陸の鉱毒問題観は、第一に、それが資本主義発展にともなう社会問題であり、第二には、古河側に立ってそれを放置してきた政府の腐敗ぶりの代表的事例である、というものであった。陸をはじめとし、三宅雪嶺や谷干城など、政教社系のナショナリストたちは、その農本主義、儒教的愛民主義や行き過ぎた近代化を批判する立場から、もっとも熱心に被害民擁護の論陣をはり、また行動したのである。

次に勝海舟であるが、勝は、鉱業即時停止論を主張していた。勝の足尾鉱毒問題観は、松浦玲の「勝海舟と足尾鉱毒事件」(『田中正造と足尾鉱毒事件研究』第三号)や、『明治の海舟とアジア』(岩波書店、一九八七年)に詳しい。とくに、後者では、その第九章が「足尾鉱毒問題をめぐって」と題されている。今、松浦の研究を参照しながら述べるならば、勝は、一八九七年三月二七日、明治女学校の巖本善治に対して、「鉱毒問題は、直に停止の外はない。今になつて其処置法を講究するのは姑息だ。先づ正論によつて撃ち破り、前政府の非を改め、其の大綱を正し、而して後にこそ処分法を議すべきである。然らざれば、如何に善き処分法を立つるとも、人心快然たることなし。何時迄も鬱積して破裂せざれば、民心遂に離散すべし」、「旧幕は野蛮だと言ふなら、夫れで宜しい。伊藤さんや陸奥さんは文明の骨頂だと言ふじやないか。文明と云ふのはよく理を考へて、民の害とならぬ事をするのではないか、夫れだから文明流になさいと言ふのだ」と語っている。[36] ここで勝は、その独特の文明観から、伊藤や陸奥などに代表される「文明」を批判している。「野蛮」な旧幕時代のほうが、治山治水など「民の害とならぬ」よう絶えず心を配ってきた点では、はるかにすぐれていたことを指摘して、操業の即時停止を主張しているのである。勝は、「明治の「文明」のいかがわしさ」の代表として鉱毒問題をとらえていた。[37]

ただ、勝は、居ながらにしてこのような主張をしていたのではない。一八九六年六月三日には、日光に赴き、山林が濫伐されている状況を実際に目の当たりにしていた。だから、九月の大洪水の最中に、こうした山林濫伐が洪水の一大原因であることを指摘していたのである。

「古河の濁れる水を真清水に　誰がかきまぜてしらず顔なる」という勝の歌は、今日では有名である。また、勝は、一八九八年六月二九日、訪問した正造に対して、「百年之後、浄土又地獄ぇ罷越候節は、屹度惣理に申付候也　請人

半死半生翁　勝　安房　阿弥陀・焰魔　両執事御中」という証文を書いて与えている。[38]

次に『毎日新聞』の論調であるが、後年、正造らの運動を最もよく支援することになる『毎日新聞』も、この段階では、政府のように「鉱業と農業の衝突」という認識を少しも出ていないのが特色である。そして、鉱山よりでもなく、被害民よりでもない、いわば中立的な主張を展開していた。[39]

たとえば、四月一三日の論説では、地方官の行政的怠慢と古河が永久示談で処理しようとした吝嗇さなどを批判した後、同時に「停止派の躁妄」をも批判し、「停止派が急言喝論直に停止すべしと云ふは、予輩の未だ同意する能はざる所」であり、「苟も停止説に全部の同意を表せざる者は、直ちに賄賂に汚るる者と叫ぶに至る」正造らの言動を「躁妄狂挙」として退け、「遍ねく専門家の専攻せる結果を聴く迄は、軽々しく断案を下さざるなり」と主張していた。

先に紹介した『報知新聞』の社論は、「完全に害毒を予防するの道を得ざる限りは、しばらく鉱業を停止するの外無し」（一八九七年四月二一日）というもので、そうした社論が鉱毒調査委員会の審議の楽観的な見通しの原因になっていたことはさきに指摘したが、四月一五日の「社説」では、「鉱業禁停を主張する以外の人を目して、漫然之を敵人と為し、濫りに公平的社会の感情を害すること無きと同時に、謹慎して其要求を主張せんこと」を被害民に要望していた。

このように、『毎日新聞』と『報知新聞』は、その論調に幾分の相違を見せつつも、被害民の「暴挙」をいさめる点では共通していたのである。

富国強兵・商工立国論の代表が福沢諭吉である。正造とは対極に位置する論調であった。福沢は、四月九日に内務大臣樺山資紀が被害地を視察したのを受けて書いた「内務大臣の鉱毒視察」（四月一三日）で、視察に反対する理由を、「国務全面の衝に当る大臣が、自から一地方一事件の視察とは何事ぞや」、「専門家調査の結果をも待たず、素人たる大臣が分りもせぬ視察して、先入主と為ることもあらんには、寧ろ判断の妨にはならざるか」と述べている。つまり、一地方の一事件に過ぎない足尾鉱毒事件でわざわざ大臣が視察するほどのことはない、視察するにしても専門家の調査を待つべきである、というのである。福沢は、被害民の「押出し」も徒党視して苦々しく思い、「先頃来該地方の人民が多人数を催ほし陳情請願云々とて騒々しく政府の門を叩きたるは、文明の法律世界に如何にも穏ならぬ挙動にして、断然排斥と思の外、当局者は親しく面会して事珍らしく彼等の陳述を聴聞したるのみならず、今又自身に出張とは、随分念の入たる次第なり」と皮肉っている。(40)

このような温度差を持ちつつ、とりわけ鉱業停止をめぐっては大きな意見の食い違いをみせつつも、何らかの鉱毒予防命令が必要であるという点においては、ほぼ共通していた。その結果、五月二七日に予防工事命令が出されると、各新聞は一斉にこれを評価し、被害民の「妄動」を諫める論調が支配的になっていくのである。

陸は、五月三〇日に「鉱毒事件と検査院」を表し、「内閣は古河氏の鉱業に永久の停止を命ぜざるも、彼れに命ずるに精密厳重の施工を以てし、剰さへ其の被害者たる農民等は免租の恵を受くるに至れり。是れ尋常の事なりと雖も、偸安姑息と目せらるゝ現内閣の断行としては、吾輩寧ろ之を大出来なりと称揚せんのみ」と高く評価した。そして、「足利郡其他の農民は宜しく今の政府に感謝すべきなり。復た何ぞ不満を言ふに遑あらんや」、「被害農民は猶ほ鉱業の永久停止を求め、或は免租の外に他の恵をも求むるあらば、是れ殆ど飽くなきの慾なり」、「吾輩は彼れ田中正造氏等の、決して当局者の恵に狎れて猶ほ不満を唱ふるが如き無きを思ふ」と、正造や被害民に、永久停止などこれ以上の要求を出さないように求めたのである。(41)

『報知新聞』も同様であった。早くも、鉱毒予防工事命令が出される前の五月一九日、「鉱毒処分案成る」という社説を掲げて、「而して彼の民人たるもの、亦た政府が蹇々として其職務を完ふするに勉むるの良心と勉強とを諒恕し、温顔以て其除害案を迎へ、之が実効を確むるの雅量無かるべからず、先づ除害案の無効なるを予断し、只だ一片の猜疑心を以て之を劈頭に排撃し、以て鉱業停止をのみ強要するが如きは、決して其中庸を得たるの処に非ず」と述べていた。実際に処分案が出されてからも、『報知新聞』は、「今日人知の意料内に属する害毒は悉く之を探査し、人知の及ぶべき予防法は総て之を講究せるものと為すを得べし」と非常に高く評価し、被害民に対して軽挙を戒め、

「慎重の挙動」をとるように主張している（「鉱毒処分案出づ」五月二八日）。

福沢に至っては、もろ手をあげて賛成し、これで鉱毒問題は終わりを告げたと断言した。『時事新報』五月二八日の「足尾銅山鉱毒事件の処分」に明瞭にみてとることができる。そこで、福沢は、予防工事命令を「政府の権能上あらん限りの手段を尽したるもの」と評価し、次のように述べた。

抑も此避害予防等の方法は政府の兼て命じたる委員調査の結果にして、専門の技師が学理上より判断して、斯く〳〵すれば実際に害毒を免かる可しとて責任を負ふて立案し、政府に於ても至当と認めて命令したることなれば、最早や一毫も動かす可からずして、該事件の処分は茲に終りを告げたるものなり。左れば命令通りに此の方法を実行するときは、鉱毒は全く跡を絶つことならんなれども、只爰に残る所は将来の防毒法は是れにて充分なりとして、今日まで被りたる既往の損害は果して如何す可きの一事なり。処分の命令中には曾て此事に及びたる事項なけれども、我輩の所見を以てすれば、本来この事たる、政府の預り知る可きものに非ず。政府は既に権能の許す限りに於てあらゆる力を尽して処分の法を講じたることなれば、其責任は充分に全うしたるものと云ふ可し。故に若しも被害地の人民にして従来の損失を其侭に付すること能はずとて其補償を求めんとならば、之を法廷に訴へて法律上に争ふ可きのみ。（中略）又その処分に就ては地方の人民などが例の如く演説集会など催ほして不服を唱ふるものもある可し。其演説集会にして法律に触るゝの挙動なき限りは全く自由にして毫も牽束す可らざること無論なれども、若しも其演説集会にして不穏に渉り或は竹槍蓆旗などの行為を煽動するの口気あるか、又は多人数の力を以て他人を脅迫するが如き挙動もあらんには、政府は断然職権を以て処分し一毫も仮借する所ある可らず。[42]

このように福沢は、予防工事命令が「専門」の「学理」に裏づけられたものであることを強調する一方、「竹槍蓆旗などの行為」は仮借なく弾圧せよ、それが「文明の政法」であると、『学問のすゝめ』以来の相も変わらぬ主張を繰り返していた。

こうして、世論は一気に沈静化してくるのである。[43] しかも、予防工事を実行している間は、被害民が鉱業停止要求をかかげて運動することなどはもってのほか、という論調がほとんどであった。

ところが、何度も苦い思いをさせられてきた被害民たちは、あくまで鉱業停止方針の旗を降ろそうとしなかった。こうした動きを察知してか、五月一二日の『万朝報』や『報知新聞』が伝えたように、既に内務省は警察権を行使して、被害地の取り締まりを強化していた。それにもかかわらず、被害民たちは、五月二九日の『万朝報』が報じるところによれば、早川田で秘密会議を開き、「撓まず屈せず鉱業停止の願意を貫徹する迄運動する事」、「百姓一揆的の請願運動をもなさず関係町村より委員を上京せしむる事」、「再び演説会を各所に開きて沮喪せる被害民の意気を鼓舞作興する事」を決議したという。

このような被害民の動きが新聞等で報道されると、一方で、ひたすら「恭順」の意を表して予防工事の実行を急ぐ古河と対比して、「被害地の不穏」、あるいは被害民の「頑愚」という図式が作られていった。たとえば、雑誌『太陽』は、「栃木県下　除害令を見て尚紛擾す因は効力の有無を疑ふと言ふにあり其頑是に至らしむ責亦当局に在り」と述べていた。[44] 被害民たちの運動は、警察ばかりでなく、当時のジャーナリズムによっても、さらにそれに作られた世論によっても押さえ込まれようとしていたのである。

それは、正造とて同様であった。「栃鎮　老爺昨日汽車にお召しなされて宇都宮に繰込まれぬ鉱毒騒動消えて手持無沙汰の余に野州の風雲を叱咤せんとするか御老体御苦労に奉存候」[45] とか、「足尾鉱毒　一段落つきて田中栃鎮一時咆哮の料なきに苦しむ一喝県下に横行せる赤痢を郤くる能はさるか」[46] とかいうように、手持ち無沙汰でやることがなく困っているかのように揶揄され、皮肉られているのである。

こうして、足尾鉱毒問題は終わったかのような印象が強まっていった。

第二節　「非命死者」像の定立

一　免租と町村自治の崩壊

（一）洪水後の正造らの運動

一八九七年（明治三〇）五月二七日、予防工事命令の通達と同時に、政府は「税務官吏に対する訓令」を発し、一八九六年九月の大洪水による被害地約二万二五〇〇町歩に、地租条例二〇条による免租を適用するように申し渡した。地租条例第二〇条とは、「荒地ハ其被害ノ年ヨリ十年以内免租年期ヲ定メ年期明ニ至リ原地価ニ復ス」というものである。被害の程度に応じて、特等から五等までの六段階に分けられ、特等は一五年、一等一〇年、二等八年、三等六年、四等四年、五等二年と免租期間が定められていた。それを、含銅量の多少を基準に被害地の田畑に割り当てたのである。そして、これを、一八九六年九月にさかのぼって適用することとなった。

その結果、国は、年間二〇数万円の減収となった。足尾銅山の鉱業税は、約二万三〇〇〇円余であったから、その一〇倍近くの租税収入を失ったことになる。

ところで、この大洪水後、正造はどのような運動を展開していたのであろうか。

正造は、大洪水の後、すぐに被害民たちにあてて、鉱毒被害による免租処分を要求するように指示していた。たとえば、群馬県邑楽郡大ヶ野村の高瀬平一郎に宛てて、免租・減租を要求するときには、必ず「足尾鉱毒土砂侵入ノ為メ免税願」「足尾鉱毒侵入ノ為メ減税願」として提出するよう指示している。栃木県や群馬県などの行政側は、「鉱毒」の二文字があると請願を受理しなかったが、それでも「鉱毒」の二文字は譲れないというのが正造の立場であった。また、荒川高三郎らと連名の印刷されたハガキを、被害地の関係各町村に送っている。

「もし突然地租条例ニより候ハヾ権利上大間違も出来せんとす」(⑭四五七)と述べているように、正造は、鉱毒は「人為の害」だから、あくまでも地租条例によらない「特別免租」を要求していく決意であった。それは、「鉱毒ノ害ガ権利ニ及ブ」というように、地租条例を適用されれば公民権・選挙権という国民・公民としての重要な権利を失ってしまうからであり、町村自治にも重大な影響を及ぼすという明快な認識が成立していたからである。つまり、一方では、「鉱毒→田園荒廃→免租・減租→地方税・町村費枯渇、公権喪失」、他方では「鉱毒→山林荒廃→洪水→地方税・町村費増加」というように、鉱毒被害によって町村自治が危機的な状況に追い込まれてしまうという判断もあった。

そのため、正造は、大洪水直後の九六年一〇月に早速上京し、大蔵省に対して「特別免租の件」で折衝している。ところが、先にみたように、鉱毒調査委員会の意見の大勢は、鉱毒は、害の発生源が明確であり、人為で防ぎうるものであって、「天災」ではなく「人災」であるから、政府のあずかり知らぬ民事上の問題である、一部分の被害に対して地租条例を改正したり特別法を制定したりすることはできない、というものであった。一方で「人災」と認めて予防工事を命じておきながら、免租に関しては地租条例にあった「天災」による免租規定を適用したのであるから、これは明らかな矛盾である。ここに見られる論理は、いみじくも桐生税務署長が語ったように、国家が監督不行届の責任を果たすために免租するのではなく、「洪水」という「天災」にあった人民を救うための「恩典」としての免租に過ぎなかったのである。

政府は、鉱毒被害の損害賠償は、民事訴訟で行えとしていたが、被害民の側が訴訟に訴えるのは非常に困難であった。「被害民訴ヲ起ス能ハザル理由」を、正造は二点にわたってまとめている。第一に、資力がないことである。正式の裁判を起こすには、公用印紙代だけで三〇万円かかる。それを被害地二万戸でわっても一戸あたり一五円。それは、「年々洪水デ父子不相見兄弟離散スル被害民ノ堪ユル処ニアラザルハ論ヲ待タザル処ナリ」(②四九九)、と。ましてや、公判維持費の負担など想像するのも不可能なことであった。

第二には、「万一訟廷ニ敗訴セバ示来ハ公然鉱毒ノ堆積場ト異ルナシ」（②五〇一）というように、敗訴したときの問題である。行政も司法も相手にしないとなっては、被害地は手も足もでなくなり、「鉱毒ノ堆積場」となるのを指をくわえて見ているしかなくなってしまう。だから、「之寧ロ裁判ヲ仰ガザルノ優ルモノアリ」というのである（一八九七年一〇月「憲法法律の保護なく訴えるすべなき被害民の救済につき請願書草稿」）。

正造は、裁判闘争に訴える気は毛頭なかった。

(二) 荒地免租処分の問題点

正造が懸念した通り、地租条例第二〇条の荒地免租の適用は、被害地（民）に深刻な影響を及ぼした。

まず、地租割が免租になったことに伴う地方税・町村費の収入減である。これが、町村財政を破綻させ、教育にも波及し、町村費で維持してきた小学校が廃校に追い込まれるところも出てきた。また、日清戦後の各種の特別税負担は容赦なく被害民を襲い、かつ、一八九七年五月以前の町村費の滞納分は免租にならなかったために、それらの滞納者のなかには公売処分に処せられる人も出現し、日常生活の維持すら困難になるほどであった。困窮の度合いを増すばかりであった関係町村の被害民たちは、町村費の国庫補助請願を行ったが、それらは一八九九年六月にすべて却下された。

次に、免租に伴う公民権・選挙権の喪失である。免租決定当時は、県と郡は三円、町村は二円、そして衆議院議員選挙は一五円の直接国税納入が資格要件であった。ところが、群馬県新田郡では、それまで選挙権を有していた九七九名のうち、免租によって六三二名が選挙権を喪失し、その割合は六五％近くにも及んだ。さらに、旧梁田郡の村々では、梁田村四四→三、御厨村七七→九、筑波村六四→五、山辺村四七→七、久野村六六→一、というように、五ヵ村全体では二九八名が二五名に、なんと九一％も選挙権を喪失しているのである。[47] また、町村では、町村長や助役、議員の失職があいつぎ、町村自治も崩壊の危機にさらされた。そうした町村には、郡が書記を管掌村長などとして派遣したのである。被害民側が特別免租を要求したのは、免租によって公民権・選挙権を喪失しないためであったが、特別免租要求がすべて却下されたことは先に指摘したとおりである。

そして第三に見過ごすことができない影響は、被害地における階層分化の進展と対立の激化である。渡辺隆喜は、前掲論文の中で、それを「地域的対立と階層的対立との二様の影響として現象した」と整理している。たとえば、植野村における免租を受けた船津川とその他の地域のように、「同村内の被害地と無害地域集落との対立」が顕在化した。階層的対立に関しては、「地租減免要求は主として中農層を中心としたもので、地主層は免租による公民権の喪失で、かえって発言権が低下して不都合であった。小作貧農は一応無関係であったとしても、小作料中に高い地租が転嫁されている場合が多く、免租の影響は当然に受ける立場でもあった。特別免租要求はこの階層間の対立を回避するための方法でもあった」が、中貧農層の要求にそう形で公民権失格の免租を受け入れた、とまとめている（二七頁）。こうして、地主・小作民の対立も激化していき、足尾鉱毒反対運動の担い手の多数を、中下層の農民たちがしめるようになっていったのである。

二 「非命の死者」

(一) 鉱毒問題＝生命問題という認識の成立

前述したように、田中正造の初期議会期における鉱毒問題認識は、所有権と「公益」が大きな柱をなしていた。鉱毒によって侵される権利の第一は所有権であって、生命問題に対する敏感な反応はみられるものの、それを鉱毒問題に関連づけて捉える視点の広がりはまだもっていなかった。それでは、いつごろから生命の問題が浮上してきたのだろうか。

その契機は、やはり一八九六年九月の大洪水であった。それは、この頃書かれたと思われる「鉱毒反対請願運動の要点」の中に、「生命ト権利トハ価格金量ヲ以テ容易ニ算定シ得ベカラズ」（②四六二）と出てくることからも明らかである。そして、翌九七年二月二六日には、「鉱毒ノ害ガ権利ニ及ブ」と国会で演説し、一〇月三一日には、小林善平に宛てて、「衛生ハ権利ノ根元」という考えを示し、乳汁欠乏婦人の調査を依頼している（⑭五三七）。同じ一〇月に書かれた「憲法法律の保護なく訴えるすべなき被害民の救済につき請願書草稿」には、鉱毒を「非命ノ災害」（②四八一）と捉え、被害民が陥った状況を「非命ノ苦境」（②五〇二）と表現している。そして、「其損害ヲ極ムルレバ生命問題トハナル」（②五〇四）と断言するようになったのである。

（二）死亡小児の統計

このような認識の成立は、正造たちをして、鉱毒による生命の損害調査、具体的には子どもの生命に与える鉱毒の影響の調査に赴かせた。一八九九年（明治三二）三月六日の「第十三議会足尾銅山鉱毒事変再質問書」のなかで紹介された「鉱毒被害地出産死亡表」である。

前年一二月に調査された結果によれば、戸数一九〇戸前後の安蘇郡植野村大字船津川では、ちょうど大洪水があった一八九六年をさかいに、出生者と死亡者の数が逆転している。いま、出生者と死亡者の数の変遷を一八九二年からたどれば、出生者が四六→五四→四三→三九→三二→二九→二五とかなりの減少を見せているのに対して、死亡者が三〇→三〇→二八→三三→三五→三三→四八と急激な増加を見せている。そして、この死亡者の数字を押し上げた要因の一つは「二歳以下ノ者」の死亡で、その数は九七年に一〇名、九八年には一四名に上っている。それ以前は年に四〜八名程度であったから、その急増ぶりがきわだっている。さらに、「死体分娩」、つまり死産者の数が九八年に一二名と一気に上昇していることにも気づく。

加えて、無害地との比較統計も出している。人口一〇〇人あたりの出産率と死亡率の統計であるが、それぞれ、被害劇甚地が一・八五と五・八七、接続の無害地が三・四四と一・九二、日本全国が三・〇八と二・二〇となっている。被害民の調査であるから、被害を強調しすぎているのではないかという疑念が生じるかもしれない。しかし、内務省の「戸籍法に基づく調査」によれば、人口一〇〇人あたりの日本全国平均の出生率は、一八九七年が三・一五、九八年が三・一九、また死亡率は、九七年が二・〇七、九八年が二・〇九となっている。全国平均の数値はほぼ正確なものである。だからといってそれ以外の数値も正確であるとは断定できないが、多少の強調があったとしても被害の状況は数値以上のものがあるわけだから、そのまま受け取ってかまわないものと考えられる。(48)

この調査結果は、正造を驚愕させたことであろう。出生率の極端な低下と死亡率との逆転現象は、よほどの自然災害が発生、継続しなければ、本来ありえないことである。それが鉱毒という人為の害によって引き起こされ、その影響は胎児や乳幼児というもっとも弱い存在に集中的に現れてきたのである。この世に祝福されて生まれてくるはずの子どもが、そしてこれから可能性に満ち満ちた人生がまっているはずの子どもが、鉱毒の害によって、生まれてくることもできず、せっかく生まれても二歳をまたずに亡くなっていく。そうした正造の痛哭の念が、「非命の死者」という表現となって結実していくのである。

(三)「非命死者」像の定立

一八九九年六月二日、正造は、大出喜平に宛てて、「凡人トシテ生命ノ問題、死生ノ問題ニ注意セザレバ犬馬ノ如シ」と書き送っている(⑮三九)。そのうえで、生死問題に関する「厳密ナル御調査」を要請していた。その調査結果が先に見た統計であった。正造にとって、生命の問題にとりくむことは、まさに自分が人間であることの証明に他ならなかったのである。

同じく六月一九日の室田忠七他宛のハガキに、はじめて「非命死亡」という表現が登場する。「非命死亡問題は天下の問題であります。(中略)渾て人の生命は重きものと云ふ事をしらねばならぬ〔な〕り」、と(⑲四二七)。

七月一八日には、左部彦次郎に宛てて、「暴威奸商のために被害激甚地の小児死亡せしは即ち殺されたると同じ。之を等閑にせば人類社会にあらず」(⑮五一)と書いて送った正造は、その翌日には雲龍寺の黒崎禅翁他に宛てて、「凡ソ人類同胞ノ境遇タルモノ、此非命ノ死者アリトキヽテ、誰レカ之ヲ悲マザルモノナカラン」(⑮五二)と書いた。

このように、正造は、「非命死者」問題を、天下人類の問題と捉え、死亡した小児は殺されたも同然であると言っていた。それらは、のちに、「鉱毒殺人問題」(一八九九年一二月六日、初見八郎宛)と形容され、さらには「死亡小児の仇討」(一八九九年九月一一日、村山半宛)をしなければならぬとの思いを募らせながら、九月一日から一〇月一日にかけて、一日も欠かさず被害地各地で「鉱毒非命死者談話会」を開催していくことになる。

こうした生命問題への認識の深まりを示す最も適当な資料は、一九〇〇年の月不詳の川俣久平宛書簡である。おそらく川俣事件以降のものと推測できるが、いささか繰り返しになるけれども、正造のこの時点での思想を最もよく象徴しているものとして、関係する部分を引用しておきたい。

別紙上申書ハ被害地の同情を表せしもの即ち最早二十五、六ヶ町村人数三千余人の調印せしもの三十余通りハ出で申候。

(略)本郡十五ヶ中十三ヶ村より上申被下候とも、多少の文意を改めてもよし改めざるもよし御上申被下候ハヾ、被告人のため不少と奉存候。本郡北部と雖ドモ、国家としてハ充分の損害を被れり。殊にハ人命ニ関する点ニおゐてハ誠ニ国家の問題ニして、誰れか之を拒むものなからんと奉存候。人頭割等ニ至りてハ直接の被害あり、戸数割も直接の被害あり申候。人権上ニおゐてハ金銭上の問題ニあらず、日本人ハ勿論外国人と雖、之れニ口喙ヲ容るゝ事をも得るほどの貴重之人類問題と奉存候。然るを同郡中ニおゐて経済利害も直接ニし親戚朋友も多き近郷里程僅ニ一、二里若しくハ半里もしくハ数丁の間ニ此非命の死者あり。之を等閑ニすべからざるなり。其調査統計出来分二通のみ、尚三通目ニ取掛りヤ、出来せんとするとたん調査人ハ入獄せしめられて、尓来之ヲ調査せる人も乏しく候。○救済会諸氏ハ先づ此第一貴重ノ人命生死比較統計の事ニ御尽力被下、之を以て県会及帝国議会ニ請願もしくハ建言せられ被下度候。誠ニ国民ノ義務否ゝ為すべき本分之業務なれバ又責任ニ有之候。此書面の如き事を貴下等ニ訴るも義務なり。而して又訴るの権利と云ふも可なり。よろしく御汲取被下置度候。往ゝ誤解者の言ニ、被害民ハ救助を願ふを権利の如く申す、心得違なり云ゝ、一応其通り候。然れども国家より見るときハ、此国の邦土ハ被害民の邦土ニあらず、被害民ハ只目下の所有権を有するのみ。国家の邦土ハ偏に四千万同胞の共有せるものなれバ、之れを同胞ニ訴るハ即ち国民同胞互の義務権利ニ候。（⑭五九九〜六〇〇）

ここには、生命人権問題は金銭問題とは異なる貴重な問題であること、だから鉱毒問題は一地方の問題ではなくして世界人類の問題であること、「非命の死者」を思いやる心、すなわち死者の無念さへの想像力が大切であること、さらには、土地は四〇〇〇万同胞の共有地であり、被害民は一時的にそれを所有しているに過ぎないのだから、被害地の回復を訴えるのは国民としての義務であり権利であることなど、興味深い思想が盛りだくさんである。

㈣その意義

「非命」とは、天命を全うできないことを意味する言葉である。直接的には、天から与えられた命、あるいは天が定めた寿命を全うすることなしに、事故や災害で死亡することを指している。儒教的素養をそれなりに持っていた正造にとって、「非命ノ死」という言葉自体はなじみ深いものであった。一例をあげれば、一八九六年三月二四日に、議会で、日清戦争に伴い「朝鮮ニ於テ非命ノ死ヲ遂ゲタ人数」の調査を政府に迫ったときに用いたりしている。

しかしながら、鉱毒問題との関連で、また、正造の思想的生涯の中において「非命死者」像の成立の重要性を最初に指摘したのは、鹿野政直「民権以後」（『東国民衆史』第一二号、一九八五年六月）であった。鹿野は、「非命死者」認識の成立が正造の思想に与えた「一定の変化」を、次のようにまとめている。「かれはそれ以後、鉱毒事件を追及する立場の基本を、㈠「公益」を呼号する立場から「被害民」を軸とする立場へ、㈡「財産」権の侵害を主張する立場から「生命」権の侵害を見つめる立場へ移行させたと読みとれる」。つまり、「「生命」を基底におく「人権」「人道」「人類」の意識化」であった、と表現している（一〇頁）。

私が考えるところ、その意義は四点あげられる。

一つには、それまで様々な政府の「不正」問題と同じレベルで捉えていたような「公益」問題一般という位置づけからの鉱毒問題の分離である。

二つには、損害を金額で比較してその多寡を論じるという姿勢（〝相対的損失〟論）からの離脱であり、生命問題＝〝絶対的損失〟と捉える立場への移行である。これは、やがて金銭の意味を無化するような地点へと正造を導いていくだろう。

三つには、「生命」の視点からする近代文明批判の登場である。思想史的にいって、日清戦後は、社会問題の発生にともない近代文明批判、「反近代」の思想が広範に見られるようになる時代であるが、資本主義文明の発達そのものが生命を侵害するという認識に到達したのは、田中正造ただ一人ではなかったろうか。社会問題の名著と評価されている横山源之助の『日本之下層社会』（一八九九年）には、「貧民問題」「労働者問題」「小作人問題」への視野はみられるが、足尾鉱毒問題は社会問題の範疇にいれておらず、「生命問題」を独立して捉えるような見識は示されていない。それどころか、横山は、『明治富豪史』の中で、古河市兵衛を高く評価してさえいる。正造は、足尾鉱毒による生命の侵害を、「暴威奸商」による「人殺し」「鉱毒殺人問題」と明確に把握しており、「社会的殺人」に他ならないことを見抜いていたといえよう。このように、正造は、「非命死者」の視座から、日本の近代化における「生命問題」を鋭く提起した思想家であった。

それればかりではない。一八九九年三月の日記にみられる「文明ト鉱毒　鉱毒以上文明ノ大失敗」（⑩一〇七）という叙述の背景を探っていくと、正造における「非命死者」像の定立は、「文明」の対極にある「野蛮」の側に身を寄せることで、近代化の過程できりすてられてゆく「弱者」[49]、すなわち鉱毒被害民にとどまらず、鉱工業に対する農業(民)、地主に対する小作人、男性に対する女性等々を含めた「弱者」の側に立たせてゆく契機となったのである。

そして、四つには、「天」の観念の浮上である。それは、「非命」の前提としての「天命」にかかわっている。さらにそれは二つの側面をもっていた。

まず、正造が「非命」を強調せざるをえなかったのは、被害民の中に、鉱毒被害を「天命」として甘受するような傾向が強く見られたからであった。これは、鉱毒反対運動にとって、大きな阻害要因であった。正造は、被害民が、「働キテ報酬ヲ得ベキ権利ヲ失フコトヲ天命ト云」っていることに着目している(②四七六)。被害を「天命」=不可抗力として受け入れてしまうような被害民の意識を変革するためにも、正造は、「非命」を強調したのであった。

さらに、「天」には、絶対的存在としての側面と、自然という意味もあるが、後者の意味における「天」への着眼が、「天産」「天然」の強調として現れてくる。

「鉱毒事件此度請願之大要ハ人を殺すな、渡良瀬川の水を清めて渾而の天産を復活せよと云ふニあり。其他ハ皆此中ニ含める趣意ニ而、右天産と水ト人殺しの三ヶ条ニ過ぎず候」(一八九九年一二月三日、庭田源八宛、⑮九二)という方針の表明は、「非命の死者」像の定立がもたらしたこの段階における思想的到達点を凝縮した文章なのである。

三　政党政治家から民衆運動家へ

(一)「社会の長次官」意識

一八九七年一二月、第二次松方内閣が総辞職した。一〇月に進歩党が提携を絶ち、大隈重信も辞職し、一二月二五日に衆議院が内閣不信任案を上程したのにたいして、衆議院を解散、同時に内閣も総辞職したのである。そして、第三次伊藤内閣が成立した。

翌九八年（明治三一）三月、第五回総選挙が行われた。田中正造は一〇七六票を獲得して当選した。対立候補の木村半兵衛はわずかに七八票を獲得したにすぎなかった。

選挙の結果、自由党が九八議席、進歩党が九一議席を占めた。伊藤内閣は自由党との連携を模索したが不調に終わった。そして、六月、自由・進歩両党が結束して地租増徴案を否決したことにより、衆議院がまたもや解散された。

このころより、自由・進歩両党合同の動きが活発になってきた。正造の思いは、「正直ナル青年及院外ニテ一着ヲ付ケヨ、大隈、板垣両伯親近ノ士ノミヲ以テ創立者タラシムルナ」（⑩四〇）というにあった。芝紅葉館で行われた懇親会でも、正造は、「両党より数名宛の銓委員を選出すべし其委員たる資格にハ板垣の妻君に取入るとか大隈邸に夕飯を戴くやうな党員ハ一切排除して正直なる男のみを集むべし」と演説している。[50]大隈・板垣の取り巻き連中だけに任せるのではなく、国民に直接呼びかけ、政党のもとに広く結集し、その力をもって藩閥元老勢力を抑え、真正の政党内閣を樹立することを期待していたのであろう。「正直」ということをさかんに強調するようになったのは、政党（員）の腐敗とそれによる民心の離反を危惧してのことであったにちがいない。

六月二二日に、両党が合同し憲政党が結成され、三〇日には大隈を首班とする憲政党内閣が成立した。はじめての政党内閣とはいえ、これは「半身不随の内閣」であった。周知のように、政党内閣を成立させた背景には、元老井上馨の政党内閣をして政党内閣を葬らしむる方針が存在していたし、天皇は政党内閣の成立に不快感を隠さず、山県有朋の画策もあって、組閣に際しては陸海相に政党員を除くようにという組閣命令を出した。その結果、陸相桂太郎と海相西郷従道とが留任し、この二人は内閣の内部にあって倒閣を画策することになる。加えて、旧自由・進歩両党の確執と猟官競争が顕著であった。[51]

正造は、六月二七日の早朝、拝命のために皇居にむかう大隈に何か忠告しようとして大隈邸に向かったが、一足違いで間に合わなかった。前日の日記に、「二伯ヲ処分スベシ」「前途政費ノ大節減ヲ要スルコト」と書いているので、もしかしたら拝命を受けるなと大隈に忠告するつもりだったのかもしれない。また、拝命を受けるなら、断固として行財政改革を断行し、大幅な政費削減をして国民の支持を得なければならないと言うつもりであったのだろう。

憲政党内閣の成立に伴う猟官運動は過熱化し、新聞でも様々な予測が流された。立憲改進党創立以来の中心メンバーで、第一回総選挙より連続当選をしてきた正造も[52]、局長もしくは県知事のポスト就任が噂されるようになった。たとえば、『信濃毎日新聞』は、七月二日の紙面で、「人あり田正前代議士に向ひ某新聞は貴殿が栃木県知事たるを望まるゝ趣を報じたるかと問ひしに、翁カラ〳〵と打笑ひ「トンデもない、拙者は生涯日本の官吏にはならぬ」と喝破し去りて意気傲然たり」と報じている。正造が猟官運動にまったく興味がなかったことは確かである。それをもっともよく象徴するのが、原田定助に書き送った六月二九日付け書簡中の、「正造ハ赤毛布の窮民、社会の長次官を熱心するの外、もとより無一物」という言葉である（⑭五九三）。

正造の地元でも、正造がなにかのポストに就任することを期待する声があった。しかし、まったくその気がない理由を、正造は、「只僕モ社会上無用ノ人間ニナレバ政治海ニ没セラル、モ名誉ナレドモ、未だ必用ノ仕事アルトキハ官海ニ至ラズトモ人間ノ仕事ハアルナリ。之レ却テ社会ノタメナリ」と大出喜平に書き送っている（⑭六二〇）。九月五日の日記にも、次のように書いていた。


予ハ今内閣ノ組織以来寸毛〔毫〕ノ功ナシ。予ハ故ニ政治海ニ暗愚タル上ニ、更ニ愚トナレリ。予ハカモアヒルノ鳥の如ク、川ノ辺、芦ノホトリノ貧村ニ出没スルノミ。且ツ営養乏シキ食物ヲ貰フテ食スルノミ。故ニ宮殿玉室ノ大政庁ノコトハ毛モシラズ。

然レドモ、予ハ発明セシコトアリ。政治運動ナンゾノ気楽ナルヲシレリ。鉱毒問題ト比例的、政治ハ皮相ノミニテ、今ノ政治ノ気楽ナルヲ怖レテ驚けり。（⑩六三～六四）

ここで「政治」と対比されている「社会」が足尾鉱毒運動を指すことは明白である。「政治」から「社会」へ、議会の中から民衆の中へと、正造は少しずつ軸足を移しつつあったのである。それには、正造自身「名誉の奴隷」から離脱する必要があった（二月一七日付け川俣久平宛、⑭五五九）。そして、鉱毒問題への取り組みを、「愚者」の「専心一意」と表現するようになっていた（八月二五日の「格言」）。まさに、愚鈍の一念として足尾鉱毒問題の解決のために全知全能を傾けようという決意である。

八月一〇日に行われた第六回総選挙は、対立候補の木村半兵衛も七月三日に憲政党に入党しているので、同じ憲政党員同士の対決となったが、ここでも正造は、七六四票対四六票と圧勝した（憲政党は三〇〇議席中二六〇議席を占めた）。しかし、政治海で名誉を求める気持ちがさらさらなかった正造にとって、憲政党の内訌は苦々しいかぎりであった。「栃鎮の猟官論」と題する『信濃毎日新聞』の記事は、「外の奴等は反対の政府へは安売をも仕兼ねない癖に却つて仲間へは懸直をして成るべく高く売り附けようとして居やアがる、飛んだ考え違いの奴等だ」（七月一二日）という正造の弁を伝えているが、皮肉たっぷりの正造の発言に、むしろ正造の内面のいらだちを読みとることができるだろう。また、九月二四日の日記には、「旧自由進歩の不和をみて、／さて何れの方勝ちたりとて我国ハほろびんかな」と書いている（⑩七一）。

このように、「政治」から離脱しようとする機運を見せ、憲政党内閣を突き放してみる一方では、「自分達の内閣」であるという期待も多少はあったのであり、憲政党内閣に鉱毒問題の解決を望んでもいたのである。それが、第三回「押出し」の際の正造の言動となって反映された。

（二）〝保木間の誓い〟

先にも指摘したように、田中正造と被害民との関係は、必ずしもうまくいっていなかった。たとえば、正造が、六月六日に行った「邦内の一国に比すべき……」質問の理由に関する演説が、「今年の演舌ハマヅカツタト雲龍寺君よりニハ叱ラレタリ」している（⑭五八八）。この演説は、エコロジーの視点も導入されるなど、鉱毒被害の捉え方がより幅広くなった点で評価できるものであったのだが、「局外者の賛同ヲ［得ること］コソ目下ノ急」として「穏当」な内容のものにしようとした正造の方針が、沸騰寸前であった被害民にはいかにも生ぬるいとうつったのであろう。

こうして、九月二六日、一万人余りの被害民が雲龍寺に集合し、午後一時に出発した。第三回目の大挙請願上京である。その契機となったのは、この年九月の大洪水によって鉱毒沈澱池が決壊し、鉱毒被害がさらに拡大したことにあった。被害民たちは、「何が何でも政府当局の返答を聞かぬ内は、餓死しても帰らぬという決心」で、「鉱毒悲歌」を歌いながら進んだ。彼らは、三日分の食料しか持参しなかった。それも、おにぎりなどという〝高尚な〟ものではなく、三日分の麦めしを炊いて釜ごとあけたものをそのまま包んで持っていったという。彼らの中には、「薄衣ノ老人」も混じっており、病人すらいた。

それ以降の経緯については、正造が、第一四議会におけるいわゆる「亡国」質問に際して参考資料として提出した文書に詳しい。いま、それを参照しながら、第三回目の「押出し」の経過をまとめてみたい。

被害民出発の知らせを受けた正造は、二七日に内務・農商務の二省と文部大臣尾崎行雄らに面会し、内務省に対しては警保局に被害民の進行を妨害しないように申し入れた。そして、真夜中の二時半に、左部彦次郎と一緒に南足立郡淵江村大字保木間に向かった。「被害民此日越ケ谷宿スルモノ、草加ニ泊スルモノ、皆露宿。憲兵警官逆待多シ。夜半、露頭ヲ馬足ニ蹂躙ス。衆大ニ散ズ」（⑩七二）。このことは、室田忠七の「鉱毒事件日誌」からも確認できる。「此ノ夜ハ巡査憲兵ノタメニ非常ノ困難ヲ蒙レリ」、と。(53)

九月二八日の昼頃、正造は約二五〇〇名とも三〇〇〇名ともいわれる被害民を前に演説を行い、三つの約束をした。①これ以上の犠牲者を出さないためにも、代表を残して後は帰国するように、自分も被害民代表として政府に対して充分な説明を行うつもりである、②「去ル替リニハ田中正造ガ死ヲ決シテ此ノコトニ当リ夫シテ願意ノ徹底セザルトキハ田中正造ガ先鋒トナリ運動シマス」、③今の内閣は「諸君の政府」「我々の政府」であるから、願意も聞き届けられるだろう、と。

正造は、後に、「幾分カ其時ノ政府ヲ先ヅ買過ギテ」いたと反省しているが(⑧二五二)、正造に憲政党内閣に対する期待があったことは否定できない。不十分とはいえ、あれほど念願していた政党内閣であったからである。また、代表を残して後は帰国するよう説得した姿勢には、前述したような正造の法意識、ないしは秩序意識が如実にあらわれている。正造は、代表一〇人以下を主張したが、第一回目の「押出し」の教訓に学んでいる被害民たちは五〇人の代表を残すことを主張し、結局被害民側の意見が通って五〇人残ることになった。そして正造は、九月一一日に、被害地で、「正造ハ被害民のために奴隷たるものなり」(⑩六六)と約束したことをあらためて表明し、それでも駄目な場合には今度は自分が「押出し」の先頭にたつことを言明した。こうして、被害民の多くは、「涕泣」しながら帰国の途についたのである。

ところが、九月二九日、三〇日と、総代が内務・農商務省を訪れて面会を求めたが、大臣はいずれも面会を拒絶した。『万朝報』の報じるところによれば、「地方有志総代等が大臣に面謁を求むるときハ一定の手続を経由したるものゝ外ハ一切面会を許さずとハ近日大臣等の申合せたる所」、という(一〇月二日)。「一定の手続」とは、郡役所から地方長官の手を経た陳情を指している。そうではなくて、直接東京にやってきて訴えても一切面会に応じない、というのである。政党内閣の大臣が、「大臣様の貫目」を保つために逆に国民との距離をとろうとするのは、なんとも滑稽なことというしかない。三〇日に会うことを一旦は約束しながら、その約束をすっぽかして総代たちを「号泣」させた大石正巳農商務大臣が、一一月一日にようやく面会に応じてくれただけであった。

このような経緯の中で、正造は左部彦次郎と次のような会話をかわしている。

「〇左部氏、正造ニ云ふ、足下万一間違ヘバ、被害民ニクビヲ取ラレルト。答、間違ナシト。又曰ハク、やりそこね、否そこねぬと答ふ」(⑩七三)。

ここにみられる正造の「(やり)そこねぬ」という自信は、どのような裏づけがあってのことなのか、今ひとつ不明である。この年一月六日の日記に、「或ハ目的を達するに至らるゝならん」(⑩六)と書いているので、鉱毒問題の解決にある種楽観的な見通しを持っていたのだろうか。とすれば、その根拠が問題になるが、それはやはり憲政党内閣に対する「期待」なのだろうか。いや、それだけとは考えにくい。とすれば、この時点で、すでに正造の中に直訴という方法が浮上していたのかもしれない。

しかしながら、このように正造が被害民を説得して帰国させた行為に対する評判は、あまりかんばしいものではなかった。西郷従道に、「此間ノ仕事ハ余リアレヤ器用過ギルヂヤアナイカ」といわれたようであるし（⑧二五五）、盟友であるはずの島田三郎にさえ、「田中ハ子供ナリ。三千ノ被害民ヲ煽動シテ又之ヲ説キ帰国せしむ云〻」といわれたという（⑩七七）。正造が、自分の名利のために仕組んだ自作自演の芝居と一部には受け取られたのであった。

(三) 憲政党内閣の崩壊

このようなとき、八月二一日に、尾崎行雄文相のいわゆる「共和」演説事件が起こった。演説自体は金権社会を批判したものであって、「共和」という言葉それ自体には大した意味もふくまれていなかったのだが、大隈内閣打倒に利用しようとの政治的思惑から問題化したのである。ここでも、最後の引導を渡したのは明治天皇であった。天皇は、一〇月二二日に侍従長を派遣して大隈に尾崎の罷免を求めたのである。その結果、大隈もこれ以上支えきれなくなり、二四日に尾崎が引責辞任する。

そして、尾崎の後任をめぐって、旧自由・進歩両党の対立が激化していき、大隈が後任に犬養を据えたことで旧自由党が一斉に反発を強め、二九日に旧自由党系閣僚が辞表を提出、新しく憲政党を組織した。大隈らが単独で組閣して政権を維持する可能性も全くないわけではなかったが、結局、三一日に大隈ら旧進歩党系閣僚も全員辞表を提出して、大隈内閣は瓦解したのである。大隈ら旧進歩党系は、一一月三日に憲政本党を結成した。

正造は、「雲行ヲ見ルヨリハ人民ヲ見ヨ」（⑩八七）と一一月七日に述べている。政党政治家であれば重大問題であるはずの政界の激動も、正造にしてみれば結局はコップの中の嵐に過ぎず、政治の主人公であるべき人民を忘れ去った結果であると受けとめていたのである。

第三節　「亡国」に抗して

一　議員歳費辞退

一八九八年（明治三一）一一月一八日、第二次山県有朋内閣が成立した。星亨をリーダーとする憲政党もこれに閣外協力することになった。

第二次山県内閣の焦点は、地租増徴問題であった。地租を、地価の二・五％から三・三％に増額するという案である。正造は非増租派であったが、憲政党の賛成で一二月三〇日に成立してしまった。そしてその見返りとして提出されたのが、議員歳費を年八〇〇円から二〇〇〇円にする議員歳費値上げ案であった。

衆議院で賛成演説にたった星亨は、次のように述べた。「今日の歳費は、殆んど日本の役人の属官の二等目位」のもので、「地方で言へば郡長……と同額のものである」、郡長と同じ額の歳費をもらって喜んでいる議員はいない。二〇〇〇円に増額しても、一年で六六万円の増加に過ぎない、それを四〇〇〇万人口で割ったら一人当たりたった一銭六厘である、一銭六厘の出費を惜しむような人民は（反対党にはいるかもしれないが）いないはずだ。しかも、山県内閣が提出した地租増徴案も歳費値上げ案も、もとはといえば大隈内閣が計画したことである、だから歳費を辞退したい人は勝手に辞退すればいい、と。

ハガキ一枚が一銭五厘、かけそば一杯が一銭八厘、小学校教師の初任給が月一三円の時代である(54)。総理大臣の年俸こそ九六〇〇円であったが、一気に二・五倍もの歳費値上げ案であり、しかも地租増徴案を通過させた協力御礼という性格が強いものだったから、世論の反発は強かった。『読売新聞』などは、「没理背徳案」と形容しているほどである。

星亨に対して、反対演説にたったのが正造である。一八九九年三月六日のことであった。

正造は、「鉱毒問題ノ外ハ真闇夜」であると前置きしたあとで、①「議員ノ品位」は金の多寡ではない、②しかも今回の値上げは「賄賂的デアル」、③「地方ノ不景気」という「トキニ際スルノ徳義」に欠けている、④自分の歳費を自分で決定することができる議員だから、余計に慎む必要がある、⑤上天皇に対して、下人民に対して「相済マザルコト」である、と反対の理由を述べた。こうした論理は、県会議員時代から一貫したものである。

しかしながら、採決の結果は、一三四対一二五の賛成多数で可決された。憲政本党内部でも、本音では歳費値上げに賛成するものが六〇余名いたとされている。ところが、「党略」によって反対したのだと、『万朝報』は分析していた（二月一七日）。

辞退したかったら辞退すればよい、という星の挑発にのったわけではないが、歳費辞退を申し出たのは、田中正造ただ一人であった。いったん、四月一三日に提出したようであるが、「改正議員法未だ発布して居らざれバ」ということで返還された[55]。そして、四月一九日に再提出したが、届中の「依て茲に歳費の全部を挙げて之を辞す」という文面を、「其後議長より注意する処あり更に「任期中歳費の全部辞退致候」云々と訂正して届出を了りたり」という[56]。

正造は、議員としての活動費を、原田定助や村山半に援助してもらっていた。それにもかかわらず、全額辞退したのである。「歳費増加反対を衒ひ限党今に至る迄歳費辞退を宣告せず大貧乏人の柄鎮を虐めてお茶を濁す」と『東京日日新聞』（四月一五日）が伝えたように、正造の貧乏ぶりは周知のことであったのに、である。

世論の受け止め方は、一般に好意的であった。それらは、左部彦次郎編『歳費辞退田中正造翁』（一八九九年五月二六日）に詳しく紹介されている。一言でいえば、「清涼感」という言葉で共通させることができる。山梨の栗原信近は正造に感謝状を贈ってきた。また、新聞に感謝広告を出した人もいた。悪意に満ちた報道をしたのは、『中央新聞』や『東京日日新聞』程度である。『東京日日新聞』（四月二一日）は、「潔白を装ふが為めに辞するの愚」と評価している。また、『新潟新聞』のように、「取る丈け取つて鉱毒地の貧民救助にでも出したら善からう」という反応も一、二あった。これも一理ある主張である。

ところが全額辞退するという極端な行動に出たのは、どのような意味を込めてのことであったのだろうか。その真意は、五月二日の原田定助宛書簡に吐露されている。すなわち、この問題は、「己人の徳義問題」でもなく、とるもとらぬも自由という「権利上の問題」でもなく、「国家的条理問題」なのだ、と(⑮二八)。

それでは「国家的条理問題」とは何であったのか。四月二三日の原田宛書簡を見てみよう。「(議員歳費)今二千円ヲ辞ス。人ハ馬鹿ト云フ。然れども之れより生ずる国家の警誡より来るべき国用歳出の節約直接ニ数百万円ニして、尚人心ノ腐敗をして幾分ノ矯正を為すや疑へなし。其利挙げて算すべからず。嗚呼、世の政治家の馬鹿此理をしらず、宗教道徳家又克く之を行ふものなし」(⑮二五)。これによれば、正造は、議員歳費辞退という行為に、(一)「国用歳出の節約」、(二)「人心ノ腐敗」の「矯正」という二つの波及効果を期待していたことがわかる。ここで、かつて正造が、日清戦争中に、独特の戦後経営論を展開していたことを想起してほしい。つまり、議員歳費と政府官吏俸給の半減によって「国家百般ノ節約」の「好慣例」を作ろうと述べていたことである。そして、軍費と普通の経済の区別を厳密にし、行財政改革を断行して政費を削減すれば、軍人も功を誇ることがないだろうと主張していた。だから、正造にしてみれば、歳費辞退という行動は、自分がかつて論じた戦後経営論に沿った行為であったのである。

ところが、従来の研究で明らかなように、日清戦後の財政は軍備拡張費を中心として膨張する一途であった。一八九六年から一九〇三年のトータルで、陸海軍省費は歳出の四〇%以上を占めるようになり、その財源は地租の増徴や酒税をはじめとする間接消費税の増税に求められた。そして、軍需産業は植民地支配とも結びつき、三井・三菱・住友などが財閥として自己形成をするようになり、賄賂が横行、拝金主義的風潮が瀰漫していた。第一三回議会で、政府は、一億円の軍備拡張費を含む二億二六〇〇万円を議会に提示した。そして、歳入不足分の三七〇〇万円は、地租増徴と酒造税・所得税・醬油税などに求める増税案を出してきた。

そのとき正造は、陸軍省三〇〇〇万円削減、海軍省一〇〇〇万円増、農商務省五〇〇〇万削減して、合計二五〇〇万円節約し、その分で非増税を貫こうと考えていた（⑭六二五）。注目すべきことは、この時期の正造にはげしい軍部批判がみられることである。それは、一二月一〇日に提出した「邦内の一国に比する土地の被害人民に対し憲法の保護なき儀につき質問書」とその演説である。その中で、正造は、越谷で憲兵が馬に乗って被害民を蹂躙したことを例に挙げ、それを「陸軍省ノ責任」であるとし、言葉をついで、「余リ軍人ノノサバリ方ガ多イノデゴザイマス」（⑧一〇四）、「我帝国ハ国賊ヲ以テ兵隊トスルコトヲ許サナイ」（⑧一〇五）と糾弾したのである。この時期、正造ほど真っ向から激しく軍部・軍人を批判した議員は他にいない。

軍人を「国賊」呼ばわりした質問に対して、議長から「軍人激憤セリ、依ツテ其一部取消テハ如何」と言われたのに対し、正造は、「死なバ死ね殺さバ殺せ死んだよに　殺さるゝとてかなしくもなし」（⑩九二）という歌を詠んでいる。さらに、一二日には陸軍次官より事実無根として訂正要求が出されたが、議場を欠席していた正造はあわてて出席し、「頭上ポッポと湯気を立てゝ、恰も不動の怒れる如く大音上げ」て、[57]「無根トハウソト云フコトナリ、陸軍大臣ト田中正造ト、孰レガ尤正直ナリヤ」（⑩九三）、もしくは「田中正造ガ嘘ヲ吐クカ、大臣ガ嘘ヲ吐クカ比ベテ見ロ」（⑧一〇九）と怒号し、退場処分に付されている。[58]

憲政党内閣崩壊後の第一三議会の正造は、「国民的政党他ニ多数を占むるものあれバ、円滑ニ政権ヲ受与すべきも、もし万一ニも藩閥的軍隊的政党の多数ニ至るときハ、死を以て守るべし」（⑩四五～六）と演説した言葉通りに、山県内閣、星亨をはじめとする憲政党、そして軍部など、藩閥・軍閥・党閥に対して、死を決したかのような徹底的な批判、抵抗を行っている。その結果、一二月一七日には懲罰委員会にかけられ、一週間の出席停止を命じられている。それにもかかわらず、正造は、「気焔却テ震フ」（⑩九三）と、ますます意気軒昂であった。

このように見てくると、田中正造の議員歳費辞退という行動は、個人的な倫理観のレベルでかたづけられる問題では到底ありえない。それは、自分の意に反して展開される日清戦後経営（軍拡増税路線）に対する抵抗の意志を極端な形で表したものであり、「亡国」状況に突き進んでいる国家を救うための大まじめな行動であったのである。[59] たとえば、『歳費辞退田中正造翁』で、左部は、「之れ蓋し一面には同問題の死決以て発奮するにあらざれば、容易に成効し得べからざるを歓破《ママ》し、飽迄身を逆境に処して、世の金銭の為めに屈腰売節の如輩あるを慨し、実力以て之を征掃せんとする、信念の発輝《ママ》にあらずや」(九八頁)と推測している。たしかに、鉱毒運動の引き締め、古河の示談工作や買収工作に乗らないようにする一面もあったであろう。ただ、左部は、正造が地方有志に宛てた「通知書」の中の「国用歳出に対する警《ママ》戒を加へ」の一語に至りては又翁の意志が如何に高調なる経済思想を包含するかを見るに足るべきを思へ」(五三頁)と書いていることからも、正造が歳費辞退に込めた意味を見抜いていたようである。正造自身も、自分の真意を理解しているのは、左部ただ一人であると述べていた。以上のようなことから、私は、議員歳費辞退を、国家人民をまるごと救わんとした《第一の直訴的行動》と位置づけたいのである。

二 「公議体」組織の提唱と運動の〝一兵卒〟へ

(一) 第四回「押出し」の準備

一八九九年(明治三二)八月三日付けの大出喜平宛書簡は、田中正造の内面を知る上で非常に重要である。

さて正造事愚才短慮薄学ニして、決して衆人の長たるべき器量ニあらず。只誠実被害地を永遠救へ出さんとして茲ニ三年、或ハ多数ニ対し屢ゝ不礼の演舌をなし、又屢ゝ重なる諸氏ニ向てハ言辞円満ならず、或ハ大勢折角の出京をも専断ニ之を説きて帰らしめ、或ハ示談金を得るの機会あるも、永遠ニ救ふの決心なるを以て之を排折[斥]して、却而飢餓ニ陥らしめ、直接ニ船津川ニ多くの死亡者を出し、而して政府ニ対し非常の苦痛を堪へ、党員ニ対し万端譲歩シテ運動を試ミ、忍び難きを忍び、幾度当路者ニ膝を屈するも、幾度同志を集合するも、其

功少なし。（⑮六四）

この手紙は、東京の順天堂病院で書かれている。入院中ということもあり、いささか気弱になっていたのであろうか。あるいは、〝老いの自覚〟といってもいいだろう。だが、被害地を「永遠」に救うつもりで運動してきた、と繰り返している点は着目する必要がある。

而テ正造老へ兎角病気、屢其任ヲ尽サズシテ機ニ後ル、又屢〻ナリ。只徒ラニ諸氏ノ上位ニアツテ言語動作ノ上ニ於テモ徒ラニ長老ノ体ヲ荘〔装〕フニ過ギザルノミ。大ニ其実ナキヲ恥ヅル久シ。依テハ正造モ自今其実地ノ必用ニ試ミ、虚名及年ノ長幼ニ論ナク、諸氏ノ驥尾ニ附シテ一心只難キヲサケザルノ尽力ヲ為スベシ。諸氏今ヨリ公議躰ヲ組織シ、又責任ヲ各部分トシ、正造ニ代ツテ交〻正道ヲ守リ、正義ヲ張リ、朋友ニ厚ク、公ニ義ニ、必ズ救済ノ方法ヲ講ゼラレヨ。其目的ヲ以テ此救〔窮〕民ヲ助ケ賜へ。

正造近〻帰国、他ノ壮年及青年ニモ有志ニモ図リテ、諸氏ヲ推シテ参謀員ニ仰ギ、正造等モ即チ其命ニ服センコトヲ約セントス。（⑮六五）

ここではじめて、運動の母体となるべき「公議躰」の組織が提唱されている。そして、その中心として大出等を「参謀員」とし、その決定に正造も〝一兵卒〟として従うと述べているのである。そこには、これまでの「押出し」に対する自分の対応への反省があった。

こうして、第四回「押出し」が準備されていく。そして、この「押出し」のバネになったのが死亡調査であった。『通史足尾鉱毒事件』によれば、第四回「押出し」が最初に決定されたのは、一八九九年八月三〇日の雲龍寺集会であったという（九五頁）。この時は、鉱毒委員三〇余名が秘密裏に集会をし、第一四議会の開会にあわせた行動を決議した、という。そのように判断する資料的根拠は、内水護編『資料足尾鉱毒事件』に収録された「館林警察署の記録」である。しかし、鉱毒委員の中心メンバーの一人であった室田忠七の日記には、八月三〇日の集会に関する記載がない。

先述したように、「非命の死者」という認識を確立した正造は、九月一日から一〇月一日まで、被害地各村で連夜「鉱毒非命死者談話会」を開催し、「死亡小児の仇討」を呼びかけていた。そして、九月三日には、上京委員野口春蔵ら七名と左部彦次郎の名義で檄文を発し、「老人よ青年よ来る七日を以て雲龍寺に被害民の大会議を開き死活一途最後の哀願法方を計らんとす」と呼びかけた[60]。九月七日に実際に会議がもたれたことは、室田日記の「雲竜寺事務所ニ於テ被害民死活一途ニ関スル最後ノ方針ヲ協議スタメ大集会ヲ開キタリ」という記載でも確認できる[61]。この日は、田中正造も左部彦次郎も出席していた。

さらに室田日記によれば、九月一二日にも雲龍寺で集会がもたれ、第四回「押出し」を正式に決定している。「各村ヨリ全権ヲ有スル委員雲竜寺事務所ニ会合シ最後之運動方法ニ就キ大運動必用ヲ見留メ就テハ各村参謀長撰任シ二十日迄ニ死亡調査表及上京スル人名等記シ事務所ニ集会スルコト[62]」。運動の驥尾に従うといってはいたものの、「参謀長」の選任や「死亡調査表」など、正造の意見がかなり反映されているようである。

『下野新聞』によれば、九月二一日に二〇〇名余りが「田正翁の命により」雲龍寺に「雲集」し、「密議を凝らす所あり」という（九月二三日）。こうして、九月末までには、第四回「押出し」の具体的な内容が決議されていたと考えられる。九月二九日の『万朝報』「鉱毒被害民の決議」と題する記事を引用してみる。

栃木群馬埼玉三県鉱毒被害民の委員等ハ此程群馬県鉱毒事務所に会合し左の決議を為し今回ハ死を決して目的を達せんとする趣を声言し居れり

一、渡良瀬川河身改良即ち大復旧工事施設費予算編入の事
一、鉱毒による被害人民生命救助の事
一、途中は野宿の心得にて食料及び天幕を用意する事
一、行進中は凡て指揮者の命に従ふ事
一、警察に行進を差止めらるゝときは何事たりとも其場所に止まる事
一、警察官に拘引せらるゝもの有るときは之れを奪ひ返す事
一、一致団結して運動するを差止めらるゝときは各道を異にして上京する事

一〇月一六日、雲龍寺で出生死亡調査の報告や河身回復の研究などが、正造と左部も出席して行われた。二一日、「此ノ日決議セシ事項ハ河身大改復実行ノ請願ヲナスコト・衛生保護ノ件・免租継年期限ノ三件ナリ／出席ノ人百名余、泊リニナリシ者五十名[63]」。この会合にも正造と左部は出席している。内水前掲編著によれば、この二一日の会合の模様は、邑楽郡長より群馬県庁に報告がなされている。官憲側も被害民の動きに神経をとがらせ、情報収集に余念がなかった。

その後、一一月初めにかけて、被害民たちは、郡会、郡役所、県知事、県議などに面会し、働きかけを行った。一一月一〇日には、「雲竜寺事務所ニテ両県之県庁ニ出頭セシ報告会ヲ兼ネ尚将来ノ方針ニ就テ協議セリ[64]」。この日も正造と左部が出席しているように、正造は、この間、雲龍寺の会合には欠かさず出席して、被害民たちと協議している。東京から指示を出していたそれまでとは、全く異なる対応であったことはいうまでもない。

(二)「鉱毒議会」をめぐって

一八九九年一二月、第四回「押出し」に向けて準備が着々と進行する過程で、「鉱毒事務所規則案」がまとめられ

た。これまで、「鉱毒議会」と表現されてきたものである。

ところが、直訴同様に、これほど評価が分かれてきたものは他にない。そこで、自説を展開する前に、先行研究の中から田村紀雄、東海林吉郎、森長英三郎、由井正臣の四人の評価を紹介し、検討することにしたい。とくに、設立の目的、その性格、発案者の三点に注目してまとめてみよう。

最初に、田村紀雄『渡良瀬の思想史』をとりあげてみよう。

田村の方法論は、「農民運動のなかでの田中を見るべきであって、その逆であってはならない」（九八頁）と述べているように、足尾鉱毒反対運動を被害農民たちを中心軸に分析する点に、一貫した特色がみられる。「鉱毒議会」設立の目的に関して、田村は、「鉱毒議会」という一種の権力機関の成立は、村々の多くが鉱毒による地租免による公民権の大量喪失と村財政の破綻からくる〝自治〟村の解体を十分に読みとって考えねばならないとしたうえで、農民たちは、「国家や県という権力体系とは別個に、それらの改変を問わないで、独自のローカルな権力体系」の樹立を指向した、と述べている（一二八頁〜）。田村は、それを、「鉱毒議会コンミューン」、あるいは「雲龍寺コンミューン」の「拡大コンミューン」と形容している。発案者に関しては、流域に両毛低地という独自の文化圏を成立させてきた自然と、長年の運動によって生み出された、野口、永島、室田、大出その他数百の農民の叡知によるものであって、決して田中正造の発想によるものではない、としている。「「名主」的請負主義の田中正造は、とりまとめて自分が先頭に立つことはできても、運動を下へ広げる体質はこの時点ではもち合わせなかったと思われる」（一三一〜二頁）と述べ、正造の発案ではなく、おもだった農民たちの経験と叡知の産物であることを強調している。

次に東海林吉郎は、「鉱毒議会議員」として名が出された足利町の分二五名（実際は三八名）のうち、一七名が商工ブルジョアジーであることに着目し、「鉱毒議会」が農民の発想による組織化とは考えにくいとして、次のように述べている。「まとめていえば、「鉱毒議会」を発想・組織化したものは、商工ブルジョアジー、町村役場員や町村議員、あるいは青年たちを意識的に俯瞰できる存在であるといえる。それは、このいずれにも所属せず、この三者をして、足尾鉱毒の基本的解決という切実な課題に向けて組織化することができうる思想、あるいは運動論的な鍛錬を経た存在によるものと考えるのが妥当であろう[65]」。それは、田中正造しか考えられないと、田村を批判している。そして、正造の協力者、オルガナイザーとして、須永金三郎の存在を推測している。また、「鉱毒議会」設立の目的については、「この鉱毒議会は、国家による行政単位――分断統治を超えて、被害地を一丸とする解放への自治的制度化をめざそうとしたものである[66]」と述べている。この点に関しては基本的に田村と同じ見解である。

一方、森長英三郎は、『足尾鉱毒事件』上のなかで、次のように述べている。

立法部があり行政部がある、渡良瀬沿岸の被害地が日本政府の支配からはなれて独立国をなしていたとすると、それこそ農民コミューンと呼ぶことができよう。しかし、実体はそういうものではないことはすぐにわかる。これを農民コミューンと呼ぶ人もあるが、コミューンということばは、実体のないところに、そうかるがるしく使わるべきものではあるまい。私は、鉱毒議会の実体は、最後の押出しに青年層を動員するための手段にすぎないものとみる。第一五話で、田中正造や左部彦次郎らの報告にふれたが、その報告にあるように、農民たちは、最後の押出しにたいして熱意がない、そのねむろうとする農民たちを、青年層に鉱毒議会議員の肩書をあたえて、動員することにより活を入れようとしたものであるとみる。田中らの被害地の青年たちにたいする期待は大きかったが、実際には、鉱毒議会は青年行動隊なのである。(一六五頁)

このように森長は、「鉱毒議会」を一種の「コンミューン」であるとする田村を批判し、それは第四回「押出し」を実行するために農民たちを動員しようとした「青年行動隊」にすぎないと評価している。また、その発案者についても、「田中に近いもの、あるいは左部彦次郎あたりではないか」と推測している(一六七頁)。一〇五五名の議員も、「各町村や字から町村役場吏員や町村会議員に青年の人名を持ってこさせ、暫定的にそれを最初の鉱毒議員としたのではないかと思われる。そのために田中正造の反対派までいれている」（一六九頁）、「したがって、この議員録から、いろいろの推測をすることはまちがっているだろう」（一七〇頁）と、暗に東海林の方法をも批判している。議員の選挙といっても、「村や字で下から選挙されるのではなく、役場吏員や町村会議員による指名ではないかと思われる」（一六八頁）、「結局、鉱毒議会はペーパー・プランに終わったわけである。／雲龍寺の請願事務所だけなら川俣事件の大弾圧はなかった。鉱毒議会を設立したために、これをつぶす目的で川俣事件により弾圧したとの説をなす人もあるが、その証拠といいうるものは見あたらない」（一七三頁）とも述べ、「鉱毒議会」がそれほどの実体のものではないことを繰り返し強調しているのが森長の特徴である。

最後に、由井正臣は、『田中正造』において、「鉱毒議会は栃木・群馬四郡一九か村一〇七〇余名で構成したが、それはあきらかに第四回「押出し」のための組織であった」（一五八頁）と述べ、鉱毒議会の意義と発案者については、次のようにまとめている。

> 第一に、行政区域を越え、渡良瀬川を清浄ならしむることの一点を目標に被害民を結集したこと。
> 第二には、町村役場吏員、町村会議員を鉱毒議会の議員として内包し、破壊された町村自治に活を入れるとともに、ともすれば鉱毒事務をサボリがちな町村役場吏員を督励、監督する役割をはたそうとしたこと。
> そして第三に、鉱毒議員を三二歳以下の青年を中心に組織し、その知識と活動力を活かそうとしたこと。
> この三点にあろう。これが正造の構想にもとづくものであることはもはや説明の必要はない。（一五七頁）

「鉱毒議会」は田中正造の構想に基づくもので、それは第四回の「押出し」のための組織に他ならないと明言している。

（三）「鉱毒議会」設立の経緯とその目的

以上のように、「鉱毒議会」の発案者とその設立目的をめぐっては、様々な解釈が為されてきている。問題は、発案者が正造であったのかどうか、であり、組織の性格が単なる運動体にすぎなかったのか、それともそれを超えた新たな「自治体」の創出まで目指したものであったのか、ということになる。それらは、『全集』の刊行により、かなり明確になったのではなかろうか。

まず、由井が述べているように、発案者・提唱者が田中正造であったことは間違いない。それは、先に引用した八月三日付けの大出喜平他宛書簡をみれば明らかである。

それに基づいて、鉱毒委員を中心に、第四回「押出し」の準備と平行して議論を煮詰めていき、一〇月二一日の地方事務所委員大会において「行政部」と「立法部」のそれぞれの「責任ノ部分」を「決議確定」した。同時に、「議員」を確認した。これは、「各村に於て正式に議員を選出する迄は、当明治三十二年十月二十一日地方事務所会議に於て決議確認したる人員を以て議員とす」[67]というように、あくまで正式決定までの仮の議員であった。

そして、おそらく一二月に「鉱毒事務所規則案」の原案が成立し、それに正造が修正を加えて、一二月二三日に確定した。だから、「鉱毒事務所規則案」の原案は、鉱毒委員たちが中心になって起草したものと考えられる。いわゆる「鉱毒議会規則案」は、「鉱毒事務所規則案」の「行政部」を削除し、「立法部」のみを残したものである。ただ、これに付されている各町村の議員名は、一〇月二一日に決定されたものと同じであるから、こちらはまだ確定していなかったようである。

ついで、森長によれば、翌一九〇〇年二月四日に、雲龍寺で集会を開き、「鉱毒議会規約案」と「議員録」を承認した、という。つまり、この段階で正式に承認されたことになる。

このように見てくると、「鉱毒議会」の成立の日をいつと見るか、多少の問題が残る。実質的には「規約」が成立した一八九九年一二月二二日であろうが、最終的承認を重視すれば一九〇〇年二月四日になろう。もう、第四回「押出し」の直前である。私は、一二月二二日と考えてよいと思っている。

それから、議員に関する若干の疑問は、第一に、九月二〇日までに雲龍寺の事務所に持参する予定であった上京者名簿との異同である。それを転用したのか、それともそれとは別に作成したのか、現時点ではどちらともいえない。第二には、議員の人数である。森長は一〇五五名といい、由井は一〇七〇余名という。しかし、『近代足利市史』史料編に掲載されている資料の人数を計算しても、一〇四二名にしかならない（栃木県八四九名、群馬県一九三名）。ここでは、『足利市史』掲載資料の人数をとっておきたい。

いずれにしても、「鉱毒議会」は、「議会」（「立法部」）あるいは「議員」としての実質的な活動はほとんど行えぬままおわったものと考えられる。せいぜい、演説会に「出席せさるもの丶家へは手下の青年壮士を分派し其趣意にて戸々演説を為さしめ居る」程度ではなかったろうか[68]。

それでは、「鉱毒議会」設立の目的、その性格はどのようなものであったのだろうか。基本的にそれは、森長・由井が指摘するように、第四回「押出し」に向けた運動体としての組織であった。それは、正式承認の日付などを見ても符合する。

それに、この時期、正造は青年に注目し、青年の果たすべき役割を重視するようになっている。そのことが、「議員」の資格を「議員ハ被害地人民中明治元年出生ノモノニ限ル」とし、「青年ハ村〻父兄ノ愛スル処ノモノナレバ、青年先ヅ卒先シテ老ヘタル委員ヲ助ケテ父兄ノ財産生命ヲ保全シ、合セテ其子孫ノ居住生命ヲ全フセシムルニ勤ムベシ。之レ人倫ノ大道ニシテ子弟タルモノ、誠ニ為すべきの義務なり」（②五二〇）と青年の「義務」を強調し、その行動力に対する期待につながっていたといえよう。正造は、青年の持つエネルギーを最大限に活用して、鉱毒問題の最終的な解決を一気に図ろうと考えたのである。

しかしながら、川俣事件で大弾圧を受け、「鉱毒議会」が幻に終わることがなかったならば、どのような発展を見せていただろうか。あるいはまた、正造はどのような組織へと育て上げようと考えていたのであろうか。このような疑問を呈してみるのも、あながち無駄とはいえないだろう。そのことが結果的に「鉱毒議会」の性格をはっきりさせると思うからである。そのためには、少々さかのぼって検討する必要がある。

一八九六年一二月末から九七年初めにかけて、正造は、「自治監察員」なるものを構想している。たとえば、一二月二一日付け吉川七三郎宛には、次のように出ている。

此監察員ナルモノハ自治の人民ガ徳義上ヨリ発達セル監督ニシテ、
第一、郡中ノ汚穢一洗シ、
第二、鉱毒ヲ退去セシメ、
第三、国家ノ元気ヲ立ツ。
此外理〔利〕益多ク害ナキノミ。……（⑭四六七）

人民が徳義に基づき、国政・地方行政を監督するとともに、鉱毒事件の解決を期す。それが「自治監察員」の構想であった。こうして正造は、腐敗を知らぬ青年層の組織化を考えはじめるのである。

そういえば、「鉱毒事務所規則案」の「立法部」のところにも、「仮規約ハ渾テ規定ノ罰則ナシ。只徳義上ノ責務アルヲ要ス。又徳義上ニ於テ輿論ノ制裁ヲ受ケ徳義ノ制裁ヲ蒙ルハ固ヨリ本規約ノ要旨タリ」と記載されていた（②五二三）。こうした点に着目すれば、「自治監察員」構想と「鉱毒議会」構想の関連性が浮かび上がってこよう。

一八九六年一二月四日の日記には、次のようにある。

下羽田ノ例

青年押ヘベカラズ、放ツベシ。只法則中ニ放ツベシ。

自治ノ青年ヨリ発生スル利益

町村自治ノ事務ヲ敏活ニシ、町村ノ人物ヲ多クシ、町村ノ財産経済ヲ益シ、町村ノ団体ヲ堅固ニシ、町村交際ヲ円滑ニシ、町村ノ智力ヲ益シ、町村ノ学力ヲ益シ、町村ノ時間ヲ多クシ、町村ノ腕力ヲ多クシ、町村ノ信用ヲ多クシ、町村経験ヲ多クシ、凡町村ノ益ナラザルナシ。（⑨六三一）

「自治ノ青年ヨリ発生スル利益」とは、「自治ノ青年」と「自治ノ」「青年ヨリ」という二つの意味に捉えることができる。同じく一二月三〇日の雲龍寺他宛書簡では、「年三十年以下之青年」の元気を喚起することの重要性を指摘し、「青年の元気の有無ハ国家の興廃存亡ニ大関係御座候」と述べている（⑭四七〇）。このように正造は、すでに明治二九年の大洪水の直後に、被害の深化に伴う下層民の困窮や、町村自治の形骸化の危機を察し、自治的な青年層への、運動の担い手として、あるいは町村自治活性化への起爆剤としての期待を高めているのである。

そして、一八九九年一一月二六日付けの野口春蔵他宛書簡である。

郡長ニ説カンヨリハ寧ロ村長ニ説キ、村長ニ説カンヨリハ寧ロ村会議ニ説キ、村会ニ説カンヨリハ寧ロ有志ニ説キ、有志ニ説カンヨリハ今三十二年以下即明治元年以下生レノ青年ニ説クノ得策タルヲ。（⑮八九）

同日の大出喜平・野口春蔵他宛書簡にも、「正造ノ青年同行毎戸運動」（⑮九〇）と出ている。

以上のように、正造の青年層への着目は、明治二九年の大洪水の直後から見られ、その組織化の方法も、「自治監察員」から「鉱毒議会議員」へと明確化していったことが確認できた。その目的は、第一義的には足尾鉱毒反対運動の活性化にあったことは間違いないが、それと劣らぬ程度において町村自治の活性化のためでもあったことを確認できよう。だから、「町村ノ回復ヲ図」るためにも青年層の結集を必要とし、そのためには「家柄」という制約も打破しなければならなかったことから、「鉱毒議会」の「議員」を年齢三二歳以下としたのではなかろうか[69]。

すなわち、「鉱毒議会」の性格は、田村のような「コンミューン」規定には賛成できないが、自治的自発的精神に基づく青年たちの行動によって既存の町村自治の活性化を図り、新しい地域秩序を作り上げていこうという指向性をもったものであったとまとめることができる。

三　川俣事件とその衝撃

(一)一〇六四人の出京を要請

第四回「押出し」の準備と同時並行的に進められていた「非命の死者」の調査がまとまった。一八九九年一二月五日までの調査結果では、四県三四字の人口一万八四七三人中、出生が二一九一人、死亡が三二五五人で、死者の数が一〇六四人も上回っていた(⑧一九八)。日本全国の出生者対死亡者の比率は、おおよそ三対二であったから、その比率が逆転している。日本全国と同じ生死率であったと仮定すれば、出生者が二一九一人であるならば、死亡者は一四六一人になるはずである。ところが現実には三二五五人もの死者が発生しているのだから、その差は一七九四人にもなる。正造はこのようには計算しないで、単純に死者の数から出生者の数を引き算しただけだったが、鉱毒が生命に与える危害がより深刻化していたことへの驚きは大きかった。

こうして、田中正造は、一〇六四人の上京を促すようになる。一九〇〇年二月三日、正造は、大出喜平や野口春蔵らに何通もの手紙を送り、「死人一人ニ付一人ノ仇討請願者ナレバ丁度千〇六十四人トナリ申候」と述べている(⑲四四二)。正造は、ここではじめて被害民の上京を自ら促した。それも、一〇六四人という大量の人員を。これが、〝保木間の誓い〟への正造なりの回答であったことは間違いない。

被害民たちも、「死なば諸共伺うせ助からぬ生命なら、行き掛けの駄賃にもう一度政府に哀願して見ようと云ふ気持が、沿岸一帯の被害民の胸の底に起つて来」ていた。[70]

一九〇〇年一月一八日、雲龍寺で鉱毒被害非命者施餓鬼が、僧侶一八名、三〇〇余名の参加の下に大々的に開催された。そして、「鉱毒非命死者供養和讃」を称えたという。「非命の死者」を思いやり、その「無念」「怨念」を共有することで、志気を奮い立たせるのが目的であった。

一月二一日には、五〇名から成る「青年決死隊」が結成され、さかんなオルグ活動をはじめた。そして、二月九日の夕刻から、被害民たちは続々雲龍寺に集まりはじめ、一三日の午前八時半に雲龍寺を出発した。その数は、「一万二千人」（被害民側）とも、「二千五百余名」（警察側）とも、「三千余人」ともいわれ、確定していない。そして、その多くは「小前層」であったといわれている。[71]

(二) 川俣での惨事

警察側も被害民たちの動きに目を光らせ、情報収集に勤めていた。雲龍寺の集会にも館林警察署のスパイが入り込んでおり、被害民たちの動静は逐一報告されていた。内務省とも緊密に連絡をとりあいながら、準備を進めていた群馬県警は、「押出し」の当日、三〇〇余名の警官隊を、渡良瀬川や利根川の渡し場を中心に配置し、「押出し」の一行の到着を待ちかまえていた。こうして、利根川べりの川俣で、川を渡ろうとする被害民と渡すまいとする警官隊との間で衝突事件が発生することになる。

このときの模様は、実際に弾圧を体験した永島與八に物語らせるのが一番である。

やがて午後一二時の交、利根川の北岸なる川俣附近まで進んで行くと、警官の方では十有余の警察署の警部巡査が総動員で陣容を調へて待ち構ひて居つた。而して川俣の入口の上宿橋の所で我々一行を喰ひ止めやうと云ふ計画であった。我々の方でも此難関さへ突破すれば利根川は船橋を撤去されても自分の船で渡ると云ふ覚悟であった。ソコで先づ大船を積んだ二台の車を先に立てゝ一斉に上宿橋を通過すべく前進した。然うすると警官は一喝解散命令を下して之からは一歩も前進させぬと云ふ。此時私は車の先に立つて行つたから警官に向つて『我々は多数でこそあれ何も不穏の事をする者ではなく只上京するだけであるから通して貰ひたい。又此所は野原であるから別に解散命令を下される理由もあるまいと思ひます』と云つた。然うすると警察官の一人が『此奴が永島と云ふので悪るい奴なんだ、ソレやツつけてしまへ』と云へながら、四五人の巡査が飛びかゝつて来て無茶苦茶に私を殴打したのであつた。又一方遮二無二巡査が車の方にも飛び付いて棍棒を押へて引止めようとした。我々は警官を振り離して飽まで前進しようとした。其内に巡査が車を二台共に転覆させてしまつたから進む事が出来ぬ。のみならず警官の方では警部も巡査も荒武者の如く猛り狂つて、サーベルを揮つて我々を手当り次第殴ぐり始めた。我々は素より抵抗する意志は更になく従つて身に寸鉄否な寸木も帯びないのだから、到底斯る乱暴なる仕打に対して応戦する事は出来ぬ。警官の思ふ存分殴ぐられ蹴られ衝かれ踏まれて、忽ち十数名の負傷者が出た。中で腕力の強い者は巡査を取つて投げた者もあつたらうが、何しろ我々の方は警官と格闘などする意志のある筈はなく、只上京したいと云ふ一心で居る所へ。出し抜けに乱暴極まる不意討に会つたのだから溜つたものでない。殊に警官の方ではサーベルで殴ぐる衝く、其上手拭に石を包んで所撰ばずぶん殴ぐると云ふ乱暴ぶり、我々の方は無手で無抵抗で警官の為すがまゝに任せるより外致方はなかつた。而して到頭追ひ散らされて田となく畑となく宛ら蜘蛛の子の散るが如く逃げ出した。警官は其逃ぐるのを追ひかけて一人の被害民に三四人宛も掛つて殴打した。此時私は命から〴〵巡査の手から遁がれて桑畑の中へ逃げ込んで倒れてしまつた。然うすると又も巡査がやつて来て倒れて居る私を引ずり起して、今度は泥深い堀の中へ投げ込んだ、私は三度まで堀から這ひ上つたが三度共投げ込まれて、四度目にはもう這ひ上る力が無くなつた。而して泥の中に倒れて居るのを見て巡査も漸く去つたから、後とでやツとの事で堀から這ひ上つて復た桑畑の中に倒れてしまつた。私は此時頭、眼、腕、足の

四箇所をひどく殴打されて、別けても眼と足が腫れ上つて眼は片眼見えなくなる、足は一歩もあるく事が出来なかつた。(72)

その弾圧の様子を現場で目撃した『万朝報』の出張員が、「巡査の仕打あまりなりと見て取り一二言注意する所ありたるに巡査等ハ乱暴にも出張員を殴打し微傷を負はしめたり」という(二月一五日)。見るに見かねて注意した新聞記者まで被害にあったのである。正造の国会における演説によれば、このとき警官たちは「土百姓」というかけ声をかけて襲いかかり、被害民たちをけちらしたあとに「勝どき」をあげたという。

ところが、その直後、大弾圧を受けた側の被害民が一〇〇余名も逮捕され、うち六八名が予審にまわされ、五一名が起訴、公判にかけられることになるのである。

こうしたすばやい対応は、前橋地方裁判所の松本検事が、事件当日、館林警察署に待機していた事実が示すように、綿密周到な準備のたまものであった。(73) 田村紀雄『川俣事件』(社会評論社、二〇〇〇年)や、布川了『要約川俣事件』(随想舎、二〇〇〇年)などをみても、足尾鉱毒反対運動を一気に潰滅させようとした権力側の謀略によって川俣事件が引き起こされた事実を、もはや否定することはできないだろう。

(三) 川俣事件の責任の追及

事件発生の知らせを受けた正造は、さっそく二月一四日に、開会中の議会に「警吏大勢兇器を以て無罪の被害民を打撲したる儀につき質問書」を提出した。さらに、翌日も「政府自ら多年憲法を破毀し曩には毒を以てし今は官吏を以てし以て人民を殺傷せし儀につき質問書」を提出、その演説を行った。

政府は、「被害民ヲ毒殺シタ」ばかりか、「今又官吏自ラ手ヲ掛ケテ此被害民ヲ殺傷」した(⑧二三八)。「何シロ二三里バカリノ間ニ亙ッテ居ッテ、所々ニ怪我ヲシタ者ガ転ンデ居ルト云フヤウナ訳デ、マルデ戦争ノ跡デモ見ル如キノ有様」(⑧二三九)であったと事件の概要を説明した後で、正造は、憲政本党の脱党を宣言した。これまでも「公明正大」に「公平心」をもってやってきたが、鉱毒問題は党派問題ではないことを重ねて証明するためにも政党を離脱するというのである。そして、再び警察官の弾圧を糾弾する。

良民の請願は、「渡良瀬川ノ水ヲ清メ、沿岸無量ノ天産ヲ恢復セヨ、鉱毒ニ殺サレタル者ノ処置ヲナセ、今ヨリ後ノ人ヲ殺スナ」というものであって、「少モ悪ルイコトノ請願デハナイ」(⑧二四三)。ところが、地方官に提出しても「奥書ヲシナイトカ云ウテ拒ム」い、仕方がないから上京しても「大臣ガ面会ヲシナ」い、ほとんど請願の途を閉ざされ進退窮まった被害民たちが、身に寸鉄も帯びずに、衷情を是非とも聞いてもらおうとして出てきたのを、警官と憲兵隊が待ち受けてサーベルで殴る蹴るの乱暴を働いた。それだけではない。

「逃ゲル者ヲ何処マデモ追駆ケテ、怪我ヲ負シタノデアル、或ハ二里以外ニ遁レテ近処ノ寺マデ来テ、漸ク溜息ヲ吐イテ居ル所ニ来テ、又警察官ガ来テヒドイ目ニ逢セタト云フコトデアル」(⑧二四八)。そして、「道路ニ倒レテ動クコトガ出来ナイデ居ル者ヲ警察官ガ来テ撲ル、又後カラ来ル警察官ガ撲ッテ行ク、或ハ口ノ中ニ石ヤ砂利ヲ押込ンダト云フコトデアル、モウ何トモ彼トモ左様ナコトガ――今日左様ナ事ガ日本ノ中ニ在ッタカ」(⑧二四九)。

このようなことが白昼堂々まかり通るようでは、もはや憲法がある国家とはいえない、いや日本そのものがなくなってしまったのだ、と正造は思っていた。心底から沸き上がる憤りを押し込めつつ、正造は、さらに、議員を辞職する決意まで披瀝する。

「サリナガラ此田中正造ハ衆議院議員デゴザイマスルカラシテ、自分ノ選挙区ノ関係ガアルカラヤルナゾト云フヤウナ、馬鹿ナ話ガ此議場ノ中ニ勢力ガナクテモ一人デモ二人デモ左様ナ御方ガアルガタメニ、此被害民ノ不幸ヲ被リ、又国家ノ不幸ヲ被ルト云フコトノ不都合ガゴザイマスレバ、私ハ又議員ヲ罷ルノデゴザイマス、今日ニモ罷メルノデアリマス」、と(⑧二五六)。

議員辞職の問題についてはのちに詳述するが、川俣事件の衝撃がその最大の要因であったことは間違いない。そして、川俣事件はまた、正造の中に形成されつつあった「亡国」認識をも決定づけたのである。

四 「亡国」質問

(一)「亡国日本」の告発

川俣事件の直前、二月一二日に川俣久平にあてた書簡は、様々な意味できわめて興味深い。まず、川俣事件以前にすでに「亡国」認識を深めていたことが看取できることである。書簡の書き出しは、次のようである。

拝啓仕候。先刻我国亡滅ニ近シ、死ニ水取リニ来らるべしと申上候ハ誤りニ候。実ハ最早亡びたるのちの国なり。今ハガイ骨の草むらの中にゴロ〳〵然たる如シ。偶〻死に残りたるものハ非常の病人なり。肉落ち色青し。又死人となりて身体に肉あるものハ狼や狸きの飼〔餌〕となり居りツ、アリマス。⑮一二四

そして、骸骨が踊り、死体を犬が食べている絵を描いている。どこかしら、古河出身の河鍋暁斉の絵「髑髏之舞」を想起させる絵である(次頁参照)。

ここで、「実ハ最早亡びたるのちの国なり」とかいているように、正造の内面においてはすでに「亡国」認識が成立していたといえるのだが、それではその理由はなんであったのだろうか。それは、この書簡にも明らかなように、行政、司法、立法を初めに蔓延してやまぬ「腐敗」であった。

日清戦後、田中正造は、ますます「腐敗」が深刻化しているとの認識をはぐくんでいった。国会でも、何度も「腐敗」追及の質問演説を行っている。たとえば、第八議会においては、軍隊用牛肉缶詰や毛布の買い上げに関する不正と腐敗を追及し[74]、第九議会では、軍用品に関する再質問と横浜築港不正工事の追及を行っている。さらには、一〇〇

田中正造「亡国ノ跡」(『全集』第15巻)

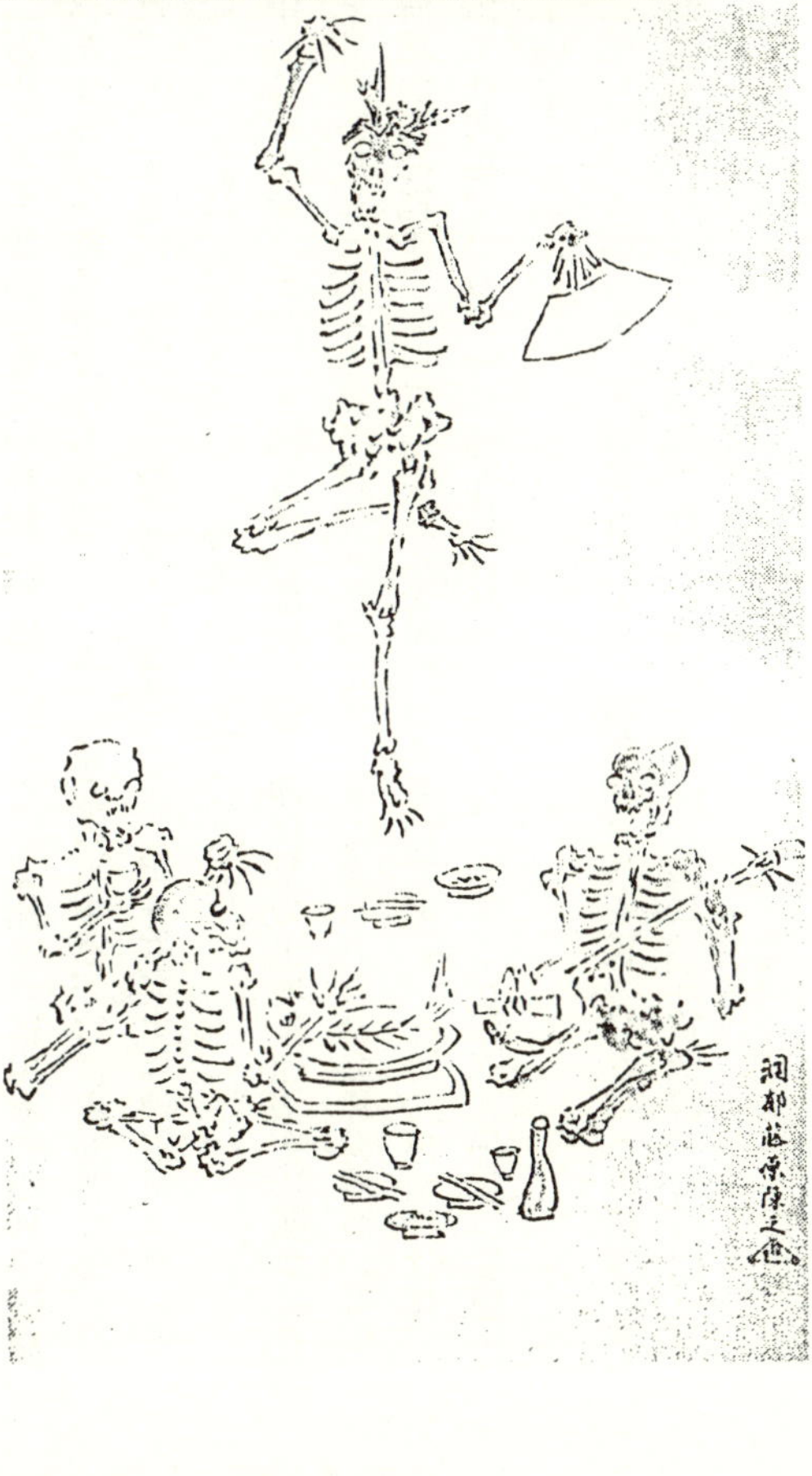

河鍋暁斉「髑髏之舞」
(部分、古河歴史博物館所蔵)

万円内外の価値のある山林を、わずか二万円内外の価値しかない林野と交換したとされる熊本の細川家の山林不当交換問題や、日清戦前にも熱心に取り上げた北海道炭鉱鉄道会社の問題、そして三浦安の宮中顧問官採用問題など、その内容は実に多岐にわたっている。それでも、正造は、「今日ノ此複雑ナル腐敗ノ世ノ中ニ於テ十二通ヤソコラノ質問デ事ガ尽キル訳デハナイ」(⑦三七四)と、これでもまだまだ不十分であると述べていた。

第一〇議会からはほとんど鉱毒問題中心になるが、それでも国有林の濫伐問題や沖縄県の土地整理法案に関する質問などをとりあげている。特に後者は、知事の座に一六年も座り続け「琉球王」とまでよばれた奈良原繁県政の問題を取り上げたもので、正造の視野が北海道から沖縄まで届いていたことを証明するものである。そして極めつけは、第一三議会における賄賂的な議員歳費値上げ問題である。一八九九年三月の日記には、「余リ大腐敗ヲ語レバ思想ノサクランヲ起スベシ」(⑩一〇七)とまで書きつけていた。

このように、日清戦後の「腐敗」の蔓延に対する憤りと、川俣事件において警官が良民を傷つけたことの衝撃とがあいまって、一九〇〇年三月一七日の有名な「亡国に至るを知らざれば之れ即ち亡国の儀につき質問書」の提出となるのである。

> 一民ヲ殺スハ国家ヲ殺スナリ
> 法ヲ蔑ニスルハ国家ヲ蔑スルナリ
> 皆自ラ国ヲ毀ツナリ
> 財用ヲ濫リ民ヲ殺シ法ヲ乱シテ而シテ亡ビザルノ国ナシ、之レヲ奈何
> 右質問ニ及候也(⑧二五八)

質問書自体はこのように簡潔なものであったが、その意味するところを演説内容に探ってみよう。

正造は、演説の冒頭で、「今日ノ質問ハ亡国ニ至ッテ居ル、我日本ガ亡国ニ至ッテ居ル、政府ガアルト思フト違フノデアル、国ガアルト思フト違フノデアル、国家ガアルト思フト違フノデアル、政府ガアルト思フト違フノデアル、是ガ政府ノニ分ラナケレバ、即チ亡国ニ至ッタ」(⑧二六一)、「財用ヲ紊ッテ、民ヲ殺シテ、法ヲ紊シテ」亡びない国はないことを政府は「承知シテ居ルノデアルカ、承知シテ居ッテ直スコトガ出来ナイデアルカ、是ガ質問ノ要点デアリマス」(⑧二六二)と述べた。

ついで、内務省・大蔵省・文部省・陸軍省・農商務省の「曠職」の事例を事細かに論じていくのだが、その中で、鉱毒地を救済するための勅令の発布を要求していることに注意しておきたい。「村ガ壊レタト云フコトハ、鉱毒事件ヲ去ッテ別問題ノ地方制度ガ破レタモノトシテモ、是ハ一ノ方法ヲ案出シナケレバナラヌノデアル、内閣ノ法制局ハ何ヲシテ居ルノデアル、何ゼ之ニ対スル所ノ早速勅令ヲ出ストモ何ヲ出ストモ、又此議場へ法律案ヲ何ゼ是ハ提出シナイノデアルカ、……政府ノ破ラレタト、町村ノ破ラレタト、唯大小ノ差コソ変レ、同ジコトデアル」(⑧二六七〜八)。鉱毒による町村自治の崩壊も、正造にとっては「亡国」の証明であったのである。

そして、再び、陸軍省に対する痛烈な批判を行った。「病人ニ兵隊ガ向ッテ発砲ヲスル銃器ヲ向ケル抔ト云フニ至ッテハ、不埒至極ナル所デアッテ、斯様ナ陸軍ハ我国ニ存シテ置クコトハ出来ナイノデアル」(⑧二六九)、このような軍隊では「迚モ外国ト軍サヲスルコトハ出来ナイ」(⑧二七二)、「コンナ馬鹿ナ兵隊ノ使方ヲシテ居テハ、斯ノ如ク腐レテアルトキニハ、我陸軍ハマルトイカナイノデアル、幾ラアッテ見テカラガ、却テ国ノ害デアル、食潰シデアル」(⑧二七二)、と。なんと痛烈な、歯に衣を着せぬ批判であろうか。だから、「最早秩序アル運動ガ絶エ切ッテ居ルノデアルカラシテ、自ラ――自ラヲ守ルノ外ナイカラ自ラ々ヲ守ルノ手段ニ於テハ、如何ナル事ヲスルカモ知レナイノデアル」(⑧二七四)と述べ、国家が乱れ切っているのであるから、被害民は殺されないための「正当防衛」の権利と必要性があり、「押出し」はその行使に過ぎないと述べた。

翻って、日本社会の現状をみると、「年老寄《ママ》ハ訳ガ分ラヌ、若イ方ハ腰抜ダ」。それでも、「真面目デヤルト云フナラバボットシタナラバ此国ヲ持堪ヘルコトガ出来ルカモ知レヌガ馬鹿ナ癖ニ生意気ニ口ガ悪ルク又悪ルイ方ヘ上手ニナッタト云フニ至リマシテハ（拍手起ル）何処カラ何処マデモ見所ハナクナッタノデアル」（⑧二七五）、まるで「世ノ中ガ鉱毒ニ類似シタ有様ニ段々ナッテ来タ」（⑧二七六）と指摘している。

それから、よほど腹に据えかねていたのであろう、もう一度川俣事件における官憲の弾圧に話を戻した。「巡査ガ人民ヲ捕マヘテ土百姓ト云フ掛声デ撲ッタ」、「サウシテ鬨ノ声ヲ揚ゲタ、勝鬨ヲ揚ゲタ、大勝利万歳ノ勝鬨ヲ揚ゲタ」（⑧二七八）、「皇帝陛下ノ臣民ヲ警察官ガ殺スト云フコトヲ　皇帝陛下ノ御身ニ傷ケ奉ルコト且ツ又己ノ身体ニ傷ケルノデアルト云フ、此道理ガ此大ナル所ノ天則ガ分ラナクナッテ、尚且ツ之ヲ蔽フニ兇徒聚衆ト云フ名ヲ以テ召捕ッテ、何裁判所ヘ送ッタ」（⑧二七九）。天皇の権威を持ち出しながら、王土王民思想もかいま見せての追及であった。

このような状態でありながら、まだ日本は「亡国」ではない、「天下泰平」だと思っているのか、と舌鋒鋭く政府を批判したのである。正造の演説の迫力に、議場はシーンと静まり返り、聴き入っていた。

ところが、山県有朋首相名で出された二月二一日付けの政府答弁書は、次のようなものであった。「質問ノ旨趣其要領ヲ得ズ、依テ答弁セズ／右及答弁候也」（⑧四六一）。実にあっさりとしたものである。これはいったいどうしたことであろうか。政府は、正造の質問の無視を決め込んだのか、それとも全く質問の趣旨が理解できなかったのか、どちらであろうか。

私は、おそらく、政府は、正造の「亡国」質問の趣旨を全く理解できなかったものと考えている。なぜなら、日清戦争によって植民地台湾を領有し、世界の一等国の仲間入りを果たそうと資本主義化、軍備拡張に邁進している政府当局者にとっては、日本はまさに「大国」化の過程にある上り調子の輝ける国であった。「亡国」なぞとはこれっぽちも考えもしなかったであろう。だから、正造の質問とそれに対する政府答弁書は、一九〇〇年前後の日本に存在した「膨張日本」か「亡国日本」かという両極端の国家像の対立を、見事に物語っていたのである。[75]

しかし、正造は、この答弁書に対し、猛反発した。それは、翌日から矢継ぎ早にたくさんの質問書を提出したことでわかる。とりわけ、二月二三日などは、一日で都合二四通の質問書を提出しているのである。正造ほど議員の質問権を行使した議員は他にいなかったが、それにしてもすごい数である。最後の議会、という意識があったのだろうか。正造がいかにこの第一四議会に賭けていたかは、この時期に書かれた書簡の数が少ないことにもうかがえよう。

さらに注目すべきは、明治二九年の大洪水以降、徐々に正造の内面に「佐倉宗吾」意識が浮上してきていることである。そのもっとも早い事例は、一八九七年頃と推定できる「鉱毒をめぐる政府と被害民に関する演説草稿」で、そこには「諸君の満足田中宗吾郎ヲシテタラシメヨ」(②五〇七)と書かれてある。ついで、一八九八年一月三〇日の日記に、「佐倉倉《ママ》吾郎ハ人民のために死せり」(⑩一二、前述したようにこれは一八九六年一一月の弁とされている)、一九〇〇年二月の日記にも「佐久良宗吾郎ハ死シテ貫ケリ」「宗吾生代リ死代リ」(⑩一三三)といった記述がみられる。特に最後の文章は、「毒ニ死スルモノ千六十四人」、「此ウラミヲ晴サデ置クベキカ、七度生れ代りても」(⑩一三三)という表現から考えて、川俣事件以前に書かれたものと推定できるが、翌年の議員辞職から直訴へといたる正造の歩みを考えるときに、この時期の正造が自分を佐倉宗吾になぞらえていることは、非常に興味深い点ではなかろうか。

(二)キリスト教への接近

こうした「亡国」認識の深まりと同時に、一九〇〇年前後の正造の思想を見る上で押さえておかなければならないのが、キリスト教に対する言及である。晩年にキリスト教に深く傾斜したことで有名な正造は、いつごろ、どのようにして宗教に対する関心を強めていったのだろうか。

このことを考えるときに気になるのが、一八九五年(明治二八)七月の日記の、「予ハ明治十九年より二十三年まで居眠れり。二十三年より少〻目ざめ、二十八年ニ漸く宗教のの《ママ》事ニ心付きて又十九年の以前ニ戻りて正人となれり」（⑨四六一）という記述である。ここで、正造が、明治二八年になってようやく宗教のことに目覚めたといっているのは、おそらく、川俣久平との間の、白隠禅師の「片手の声」をめぐるやりとりのことを指しているのであろう。「片手の声」（隻手の音声）とは、臨済宗の代表的な公案である。両手を打てば音がするが、片手で空を切ったときにはどのような音がするか、その音を聞け、というのである。難解きわまりない問題であるが、これを、正造は、「人ハ片手の声をきくよりよき楽みハ無之候。正造の不開化頑固ハ励精此片手の声をきゝたく、孤掌独り鳴るの点ニ至る迄の研究をつくし度決心ニ御座候」（一八九五年三月四日付け川俣宛書簡、⑭三七〇）と、これから一心に「研究」していきたいと述べている。

それでは、キリスト教との関係はどうであったのだろうか。

ここで私たちが注目しなければならないのは、小林孫平とのやりとりである。正造とキリスト教の問題を考えるとき、小林の果した役割がかなり大きかったのではないかと推測できるからである。

『全集』第一四巻の「解題」によれば、小林は、「安政三（一八五六）年鐙塚の名主の家に生れ、一三歳で父のあとを嗣ぎ、維新後は絹織物業に転じ、昭和七年沒したという」と触れられているにすぎない。しかし、一九〇八年七月七日に、田中正造は逸見斧吉に対して小林孫平の紹介文を送っているが、そこでは、「小林孫平氏ハ栃木けん佐野より犬伏町大字鐙塚の農民ニて、実業のため米国ニ数年。此間モ無怠キリスト研究、昨今帰国。尚親戚を米国農業ニ遣した人」（⑰三八一）と述べられており、小林がクリスチャンであったことは間違いない。永島與八の『鉱毒事件の真相と田中正造翁』には、川俣事件で前橋監獄に収監された永島の依頼により聖書を差し入れたのが小林であったとされているし、佐野教会の中心的メンバーであったことも指摘されている。この小林に対して、一九〇〇年の一〇月から一二月にかけて正造が送った書簡の中に、この時点での正造のキリスト教認識や聖書観がよくあらわれている。(76)

まず、一〇月二一日付けの書簡では、次のように述べている。「……生ハ成敗ニ頓着なく、病人ニ頓着なく、少しも早く神の道に進めとの命なればバ、生ハ躊躇せざるものニ候。クレグレ生が身命、今日ハ誠ニ惨状の中ニ沈淪せるものなれバ、只神の教へのままニ働き申候。生の神とハ、今ハ生の良心ニ候。故に生ハ只多くの人を救へ得を以て神の道ちニかのふとハおもへ申候……」(⑮一七九～一八〇)。なお、この書簡には、正造が、川俣事件の被告とされた被害民たちに、キリスト教の説教を聞かせようとしていたこともうかがえる。

次に、一一月二三日に投函した書簡である。ここでは、小林が、「汝ぢをそしるものを愛せよ、汝を殺すものを愛せよ」と言ってきたのに対して、よく理解できないと述べ、「案ずるに、汝ぢの道ち神の道ちニさい叶候へバ、即ち其加害者を撲滅するを以て、生ハ大なる愛なりと奉存候。……今のよの人ハ過半ハ撲ちころしてもよろしと奉存候。過半打ちころしなバ、神のおぼしめしに叶ふなりと信じ候。正造の悪口ばり〔罵詈〕ハ皆愛するためニ候。神の教へのままニ外ならず」(⑮一九八)と答えている。

さらに、「暖かなる座上ニ神の道チヲ説きタリトテ、神ハ座ぶとんの上ニハ居り不申候」(同前)と、説くより行うことが大切であるとの持論が展開され、その次に、〝神は区別なし〟ということを言わんがための卓抜なたとえ話が記されている。

○古しの神職なるものあり。祠らの主宰をなせり。神を祈るときハ、身を洗へ、手を洗へ、口を洗へ、衣を改めて後ちにあらざれバ、神を汚すと為せり。かくてハ農業従事して糞小便を手ニするときハ、神の心を忘れねバならぬなり。此教の愚云ふに足らざれども、鉱毒運動ハくそ小便の中に出没する農夫の如し。又、戸毎ニ口ち糊する乞食の如し。其愚なる事、犬馬よりも甚し。政府が此種の人民を救わん事ニ尽さんとして左右を顧ミざるとき、神の心ろなしと云ふか。正造ハ決して神を忘るるものニあらず。糞の中にても、花の中ニても、多分の違へなし。毛も違へなしとせバ神ならん。違あるを免ぬかれざるハ之れ凡人なり。此一点只神ニ及ざるかと存居り候(⑤一九九)

そして、正造は、「此手紙ハ熟考の上認めたるものニあらず。旧来生の思想の常を愚筆ニ而申上候までニ候」と書いている。正造は、この手紙の続きに、「生ハ常ヲ以テ被害民ヲ救ハント欲スルノミ。之レ即チ神ノ道ナリ。神ノ道ヲ学ブモノニシテ、常ヲ捨テ他ニ走リ、若シ高ク上リ、己レ独リ登リテ神ノ子ナリト思フハ、学文上ノ神子ニシテ霊妙ナル精神、慈善の神ノニハアラザルナリ」とも述べているが（⑮二〇一〜二）、既に晩年のそれを彷彿させる文章ではあるまいか。つまり、正造は、惨状の中にあって苦闘しながら被害民を「救ふ」ことを追求していくのが今の自分の「神の道」であって、「暖かなる座上」で神の道を説いたり、自分一人だけ高く上がって「神の子」になったとて、何の意味もない、「只救ハルルコト計リヲ急ギテ、救フ念ナキモノハ利欲利己ノ宗教ナリ」と断言しているのである。これらのことは、自分がいつも考えてきたことだ、というのである。

そして、前橋で教会に行ってみたこと（「会堂ニ行、神ニ近づくべき御はなしをききました」）や、クリスオールドというアメリカ人女性（宣教師で、佐野教会にもたびたび応援にきた）に、おそらくはキリスト教に関する本をもらって半分読んだことが、一一月二五日付けの小林宛書簡に記されている。そこでも、正造は、「只神ニなる事の一点分り兼て居ります。わたくしの素人考とハ少〻違へます。其他ハわたくし常にヤツテ居ルコトデアリマシタ」（⑮二〇三、）というように、自分に引き付けて読んでいるのである。自分が考え実行してきたことと符合する部分に出会っては、思わず〝ウンウン、その通り〟と大声を出してしまったのだろう。「大勢〔声〕ガ出ルノデ隣席ハイヤガリマシタロー」と正造は述べている。

以上のような小林孫平宛書簡の内容に、一一月三日付けの蓼沼丈吉宛書簡の次のような記述を加味して考えると、一九〇〇年末にキリスト教に対する関心がかなり深まっていることは明白である。「予ハ耶蘇教ニあらず。然れどもよの中の人〻の中に耶蘇教をあしざまに喋〻するを憎めり。／予ハ云ハんとす。／汝ぢの品行犬の如くして耶蘇の天使を誹る、之れ恰も犬にして馬乗の君子を嗤る如し。馬乗の人の風采の見なれぬを驚き嗤るのみと叱責す。予ハ謹而耶蘇宗教の教を聴かんと欲するものニ候。只其時間と光陰の足らざるとに悲むのみ」（⑮一八七）。

この書簡は、蓼沼に、正造が発案した「東洋仁会」設立の趣旨を書き送ったもので、正造は、「永遠長久のため」には「仁」が必要不可欠で、「宗教をそしるハ仁にあらず」と述べている。私は、この「東洋仁会」設立構想そのものが、当時の日本の政治社会の腐敗、正造の言葉でいえば「亡国」へと一目散に突き進んでいるかのような状況を救うために発企されたものであり、のちに明確になる正造の救済観念、すなわち「弱者」が集合し強者（ここでは「器量人」）を改心させてともに救済にあたるという考えの魁をなすものとして重視しているが、蓼沼宛書簡にみられるきわめて儒教的な「仁」が勝ちまさったキリスト教への関心は、基本的に、一八九一年（明治二四）八月一三日付けの栗原彦三郎宛書簡にみえる「儒道の天命と申事、耶蘇の天帝と申意味ニ候」（⑭二五五）とあるような認識、つまり、キリスト教を正造の基本的素養であった儒教に引きつけて理解しようとする姿勢が一貫していたことを意味しているであろう。[77]

おそらく、正造が、一九〇〇年末に、宗教、なかんずくキリスト教への関心を強めているのは、直訴へといたる内面の揺れ動きをふまえなければ理解できないものであろう。足尾鉱毒反対運動の沈滞、立憲政治の閉塞状況、そして自身の身体的不調など、諸々の要因が相乗して、正造は「亡国」という想念を深め、また「亡国」化を押しとどめ人々を救済するために自分ができることは何か、必死に模索していた時期であった。そうしたなかで、政治を通しての救済の見通しの困難さが、一方では直訴の決意を固めさせつつ、もう一方ではキリスト教に対する関心の強まりとなってあらわれたのであろう。

このように考えるならば、正造にとってのキリスト教への接近は、もともと自己一身の魂の救済や解脱というレベルにとどまりえない、いや最初からきわめて「国家的」「政治的」な性格をおびたものであったことになる。

従来は、田中正造が新約聖書全体をはじめて通読したのは、川俣事件の公判最中に大きなアクビをして官吏侮辱罪に問われ、重禁固一ヵ月一〇日と罰金五円の刑が確定し巣鴨監獄に服役した一九〇二年六月一六日から七月二六日までのこととされており、これをもって正造のキリスト教への開眼とするのが通例であった。しかし、獄中という特異な状況下で新約聖書を読んでキリスト教に開眼したという劇的な変化をあまりにも強調するのは、逆に危険である。新約聖書を読んでキリスト教への関心が飛躍的に増大したことは否定できない事実であるが、やはり、その素地は、直訴以前からすでに準備されていたことに注目する必要がある。(78) それも、田中正造という思想主体を確固として把持したままの接近であったことを忘れてはならないのである。

小括

一八九六年の渡良瀬川大洪水とそれによる鉱毒被害の拡大は、田中正造や被害民にとって、運動と思想の両面にわたって大きな転換点となった。被害地の運動方針は、示談から鉱業停止に一本化し、被害地の雲龍寺と東京に鉱毒事務所を設置して活発な運動を展開していった。被害民たちの調査・請願活動は、議会における正造の質問演説と連動し、それを支えていった。

ただ、「押出し」という新しい運動のスタイルをめぐっては、正造と被害民との間の齟齬がなかなか埋まらなかった。正造のあくまでもおだやかに法律の範囲内で最善を尽くそうとする秩序意識は、「押出し」に参加した被害民たちの決死の思いを受けとめることを困難にしていた。第三回目の「押出し」まで、正造と被害民たちは、必ずしも一心同体の関係ではなかったのである。

しかしながら、「押出し」という運動はマスコミの注目を集め、鉱毒世論が盛り上がっていった。その結果、第二次松方内閣は鉱毒調査委員会の設置を余儀なくされ、足尾銅山に予防工事の実施を命令した。そのために、一旦は盛り上がった世論も急速に沈滞化していったのである。

さらに、正造たちが要求していた特別免租ではなく、荒地による免租が適用されたことによって、公民権・選挙権を喪失するものがあいつぎ、町村財政も破綻していった。まさに、「鉱毒ノ害ガ権利ニ及ブ」状況が広範に現出したのである。

そのような状況下で、一八九九年から一九〇〇年にかけて、正造の思想に一大転機がおとずれた。鉱毒による「其損害ヲ極ムルレバ生命問題トハナル」というように、正造のなかに生命問題への視点が明確に成立したのである。死亡小児の調査の結果浮上してきた「非命の死者」の問題である。

「非命の死者」という認識の成立は、足尾鉱毒問題を「公益」問題一般から分離させ、国家的人類的問題であるとのゆるぎない位置づけを正造にもたらした。また、損害に関しても、金銭という《相対的損失》から生命という《絶対的損失》への視点の移動を促した。そして、生命の観点からする近代文明批判が登場し、あわせて「天」の観念も浮かび上がらせていった。さらに加えるならば、鉱毒による生命への危害が、正造の内面において「亡国」イメージを膨らませていったということもできる。

このように、人権のなかでも生命＝生存権を優先させる視点が確立したことや、近代文明批判の出現に加え、同時期にキリスト教への接近もみられること、さらに自治思想の面においても自治法の条文よりも自治の精神の重視へという本質的転換がみられることは、正造思想において、この一八九九年から一九〇〇年という時期が、大きなターニングポイントであったことを意味している。

そうした思想的変化に伴い、正造は、徐々に政党政治家から民衆運動家へと軸足を移していった。鉱毒反対運動においても、指導者から〝一兵卒〟へと自ら志願して移行していった。被害地では、正造の発案で、青年層のエネルギーを結集した「鉱毒議会」が組織され、第四回目の「押出し」が準備されていった。

ところが、第四回目の「押出し」の一行は、川俣に待ち伏せしていた警察・憲兵によって大弾圧を受け、リーダーたちは「兇徒嘯集」という名目で起訴されてしまい、運動は壊滅的な打撃を受けた。川俣事件は、自らもはじめて積極的に「押出し」に関与した正造にも、大きな衝撃をもたらした。

そうでなくても、政治や社会の「腐敗」ぶりに「亡国」の危機をかぎ取っていた正造は、身に寸鉄もおびずにひたすら願意を聞いてもらおうと上京の途についた被害民たちが大弾圧を受けたという報せに、「亡国」との思いを決定的なものとした。そして、政府に、「亡国に至るを知らざれば之れ即ち亡国の儀につき質問書」を突きつけた。鉱毒問題が党利党略視されるのを恐れ、すでに憲政本党を抜けていた正造は、やがて議員も辞職し、天皇への直訴を決行する。

注

（1）『通史足尾鉱毒事件』三七頁参照。
（2）明治二九年一一月「足尾銅山鉱毒事件仲裁意見書」『栃木県史』史料編近現代九、五三一頁。
（3）同前、五三三頁。
（4）同前、五一〇頁。
（5）同前、五一五頁。
（6）以上、同前、五三四頁。
（7）同前、五三五頁。
（8）明治三〇年二月一日「鉱山局長山内徳三郎宛栃木県知事報告書」、同前、五五八頁。
（9）一八九八年一月三〇日の日記に、明治二九年一一月、志賀重昂に小事に関わるなといわれたとき、「佐倉宗吾郎ハ人民のために死せり」と答えたことが回想されている。この「小事」という言葉の同一性に着目するならば、この「友人」とは志賀重昂ではなかったかと推測できるが、そうであれば、「同役場員等心配ス」と「又友人」との間には時間的な差違があることになる。
（10）前澤敏翻刻『校注足尾鉱毒事件史料集』一九七二年、所収、一九頁。
（11）同前、三二頁。
（12）栃木県の報告書では、一一月上旬となっている。
（13）『佐野市史』資料編近代3、八二五〜六頁。
（14）前澤前掲書、三五頁。

(15) 同前、四五頁。
(16) ただ、小西德應が指摘するように、非停止請願の署名集めには、停止請願と称して集めた署名簿の表紙のみをこっそり非停止請願に差し替えるなどの不正行為がかなりみられたようである。小西「足尾鉱毒事件研究—示談推進と鉱業非停止運動をめぐって」『明治大学大学院紀要』二三巻三号、一九八六年二月、参照。
(17) 前掲『栃木県史』五三五頁。
(18) 『下野新聞』一八九七年四月二五日より引用。
(19) 明治三〇年四月一三日「足尾銅山鉱毒事件調査委員会議事速記録第一号」、前掲『栃木県史』六四九頁。
(20) 前澤前掲書、五〇〜五二頁。
(21) 佐野俊正「田中正造の未発表書簡」上、『古河市民新聞』一九八六年七月一七日。のち、『亡国への抗論』に収録。
(22) 永島前掲書、一七八頁。
(23) 前澤前掲書、五九頁。
(24) 同前、六二頁。
(25) 花村冨士男『田中正造の終りなき戦い　足尾鉱毒事件』(一九九四年)によれば、野島幾太郎や栗原嘉藤次などは、永久示談を進めた側でもあったとされている。そのあたりに由来する不信感が背景にあったのかもしれない。また、花村は同書で、第一回目の「押出し」も正造の要請によるものではなかったかと推測しているが、賛同できない。正造の関与が明白なのは、第四回目の「押出し」のみである。
(26) 『万朝報』一八九七年三月二七日。
(27) 前掲『栃木県史』六二九頁。
(28) 以上、同前、六三二頁。
(29) 小西「足尾鉱毒事件と政府—幻の鉱業法と第一次鉱毒調査委員会を中心に—」『明治大学社会科学研究所紀要』二八巻二号、一九九〇年三月。また、小西論文に収録されている一八九七年五月一九日付けの岡崎邦輔が古河の経営陣に宛てた書簡によれば、「損害要償之事に就而は、内閣の見込は到底人民互の相対にまかせ遂に民事上の訴訟と相成候より外なかるへしとの考えなれども、農商務省にては是非に此間に立ち入り、古河より出金せしめ、朝野の名誉ある人を以て委員を組織し、夫れをして仲裁せしむる様に致し度との考えにて種々の見込みを立て居れり」、「肥塚鉱山局長の意見として申出るは、古河氏に於ては一〇ヶ年一〇万円つゝ百姓の為に出金することを適当と見込む云々を申出たり」と政府内の方針が報告されている（七〇頁）。

（30）前掲『栃木県史』七〇一頁。以下、鉱毒調査委員会議事録の引用はすべて同書からなので、引用箇所の最後に頁数を付して注記に代える。

（31）小西は、前掲論文の中で、「幻の鉱業法」案を古河側に有利なように修正した法制局長であった神鞭であるから、大隈らと同様に鉱業停止という考えは持っていなかった、「停止させないとの前提に立ちつつも、委員のなかに鉱業停止を主張するものがいる以上、彼としては露骨に鉱業非停止を口にできなかったのではなかろうか」と指摘している（七二頁）。しかし、私はそうは思わない。神鞭の鉱毒問題に関する姿勢は、『日本』グループの陸羯南らに近いものであって、委員会で主張した鉱業一時停止方針は彼の本心から出たものであったと考える。

（32）『下野新聞』一八九七年四月二五日。

（33）もっとも、その後、五月七日の委員会で、五月三日に決定したことの報告がなされたおり、再議がなされ、特別処分法案を作るという意見が五名の賛成多数で可決されている。報告内容は、以下の通りである。

一　鉱毒被害地ハ三種トス
　一　洪水ノ為メ堤防破壊ニ伴ヒタルモノ
　二　洪水ノ節浸水ニ依ルモノ
　三　灌漑水ニ依ルモノ
一　前項一及二ハ荒地ニシテ地租条例第二十条ニ依ル免租年期ヲ与フヘキモノ
一　同上三ハ地租条例ニ依ルヘキモノニアラス、故ニ民事上ノ手続ヲ執ルヘキモノナリ（本項ニハ反対即特別免租法ヲ設クヘシトノ少数意見アルニ付再議ヲナスコトアルヘシ）（六三五〜六頁）

（34）予防工事の期限について、小西は、次のような鋭い指摘を行っている。「いま（古河の—小松）『社史』によって紹介したように、（予防工事命令書の）第三十二項の最終案には「以上の外各所の工事は百八十日」とある。じつはこの箇所は本当の命令書では「以上の外各所の工事は百二十日」と決められていたのである。つまり古河は、本山における煙突関係の工事の百五十日を別とすれば、最長百二十日と決められていた命令を勝手に変えて六十日間延期したのである」（一三八頁）。しかも、それを政府も黙認した、と(「足尾銅山鉱毒事件研究―第三回鉱毒予防工事の実施と命令書の改ざん―」『政経論叢』五八巻五号、一九九〇年三月)。たしかに、古河の社史だけでなく、たとえば内水護編『資料足尾鉱毒事件』に収録されているのは古河側の『足尾銅山予防工事一斑』という資料であり、それらに依拠した研究の多くは「百八十日」説をとって、古河の改竄の事実を見落としてきた。

(35)『陸羯南全集』第五巻、五三三頁。

(36)『海舟座談』、松浦『明治の海舟とアジア』一七八頁より重引。

(37)松浦前掲書、一八四頁。

(38)同前、一九〇頁。

(39)鉱毒問題をめぐる諸新聞報道を分析した山本武利の『公害報道の原点』(御茶の水書房、一九八六年)によれば、もっとも鉱毒問題を熱心にとりあげたのは『読売新聞』『東京日日新聞』『毎日新聞』の三紙であり、その色分けは、被害者側にたつ『読売新聞』、鉱山側に立つ『東京日日新聞』、そして『毎日新聞』は「中間的(松隈内閣)立場」を代弁しているとまとめている。

(40)以上、『福沢諭吉全集』第一五巻、六五〇頁。

(41)以上、『陸羯南全集』第五巻、五六八~九頁。

(42)『福沢諭吉全集』第一五巻、六六九~七〇頁。

(43)山本武利前掲書によれば、「押出し」で盛り上がった世論も、五月中旬ころより沈静化してくるとされている。

(44)『太陽』三巻一一号、一八九七年六月二〇日。

(45)『下野新聞』一八九七年八月一四日。

(46)『太陽』三巻一八号、一八九七年九月五日。

(47)『近代足利市史』別巻、二三一~三頁。

(48)「足尾銅山鉱毒被害地　生者、死者、調査統計第二回報告書」によれば、明治三一年度における被害地の出生率は二・八〇、死亡率は四・一二になっている(内水編前掲書、三七五頁)。

(49)李静和は、『つぶやきの政治思想』(青土社、一九九八年)の中で、「弱者」という規定に限らず、「抑圧された側という見方自体、外部からの視察、まなざしになってしまう」と指摘している。李の指摘の重さを受けとめつつも、本稿では他に適当な表現が見つけられない非力さから、「　」つきで使用することにする。

(50)『万朝報』一八九八年六月一二日。
(51)この間の経緯は、由井正臣「日本帝国主義成立期の軍部」(『大系日本国家史』五、東京大学出版会、一九七六年)、および佐々木隆「明治天皇と立憲政治」(福地惇・佐々木隆編『明治日本の政治家群像』吉川弘文館、一九九四年)などに詳しい。
(52)島田三郎・河野広中・尾崎行雄・犬養毅・箕浦勝人・新井章吾・佐々友房・長谷場純孝など、全体でわずか一六名しか連続当選者はいなかった。
(53)『近代足利市史』別巻、二八五頁。
(54)週刊朝日編『値段史年表』朝日新聞社、一九八八年、参照。
(55)『万朝報』一八九九年四月一五日。
(56)同前、一八九九年八月一五日。
(57)同前、一八九九年一二月一三日。
(58)『亡国への抗論』所収の海軍中佐木村浩吉宛書簡は、激昂した軍人による呼び出し状に対する返事だったのかもしれない。
(59)一九〇六年一一月二六日に、正造は、歳費辞退を「形を失ふて形を得るの法」(⑯五四八)であったと想起している。
(60)『下野新聞』一八九九年九月六日。
(61)『近代足利市史』別巻、三一八頁。
(62)同前、三一九頁。
(63)同前、三三〇頁。
(64)同前、三三二頁。
(65)東海林「足尾鉱毒事件における直訴の位相」『田中正造と足尾鉱毒事件研究』一号、一九七八年、一三〇頁。
(66)『通史足尾鉱毒事件』九九頁。
(67)内水編前掲書、一二九頁。
(68)『下野新聞』一八九九年一一月九日。
(69)一九〇三年三月二〇日の日記には、「鉱毒ニ対スル青年会」と題して、「青年会ハ拾五才以上ヲ以テス。凡ソ二拾年ヲ以テ年令ノ中心トス。名ヅクルニ三拾年以上ヲ中老トシ、明治元年生レヲ以テ終結トス」と、「青年会」の組織構想を記している(⑩三二二)。「青年」の年齢層は「鉱毒議会」よりもさらに低下しているが、「明治元年生レ」以降とする点では一貫していた。
(70) 永島前掲書、三六四頁。
(71)『万朝報』一九〇〇年二月一二日。
(72) 永島前掲書、三六六～八頁。
(73) 布川了氏のご教示による。
(74) このときやり玉にあげられたのが、広島県の業者逸見山陽堂であった。のちに正造のこの上もない支援者となる逸見斧吉の父が経営していた会社である。
(75)「膨張日本」の使徒としては徳富蘇峰や高山樗牛を、「亡国日本」の告発者としては田中正造や出口なおをあげることができる。なお、一九世紀末の「亡国」論の概要については、荻野富士夫『初期社会主義思想論』(不二出版、一九九三年)を参照のこと。
(76) 小林孫平に関しては、『日本基督教団佐野教会創立八十年／みくに幼稚園創立二十年記念誌抄』(一九七一年)を参照。
(77) 布川了は、「正造とキリスト教とのかかわりは古く、『田中代議士には明治二十三年頃より伝道しつゝありしが』(『上毛教界月報』二五号)とあり、一九〇〇年頃は小中の正造宅に「基督教講義所」の看板が掲げられていた」と指摘している(『田中正造と足尾鉱毒事件を歩く』一二四頁、随想舎、一九九四年)。この指摘は、ここで引用した小林・蓼沼宛の書簡の時期にほぼ符合する。
(78) 正造が、「キリストガ一ツノパンノ説モ亦大ニ謂レアルナリ」(⑮四二〇)と初めて書いたのも、一九〇二年四月五日のことであり、巣鴨監獄に入る前であったことにも注意しておきたい。

第三章　直訴前後

第一節　議員辞職と直訴

一　「馬鹿政府」と「被害地の馬鹿」

川俣事件と兇徒嘯集罪による被害民たちの起訴は、被害地の足尾鉱毒反対運動をいちじるしく困難な状況に陥らせた。永島與八の回想によれば、「兇徒嘯聚被告人として五十一名収監された後の沿岸被害地に於ては、今後鉱毒運動を為す者は誰彼の用捨なく片つ端から縛り上げてしまふと云ふ噂さが立つた。質朴なる被害民は之を信じて甚く失望落胆して復た起つ能はざるものと思ひ込んでしまつた[1]」という。なかには、摘発をさけて、遠く四国や九州、あるいは東北から北海道までも逃げていき、ほとぼりがさめるまで姿を隠していた被害民もいたという[2]。なにやら、秩父事件に参加した民衆のその後を彷彿させるエピソードであるが、それだけ、被害民の心をとらえた恐怖心がものすごかったことを物語っている。

それは、運動のリーダーたちも同様であった。一九〇一年四月一八日付けと推定できる野口春蔵他あて書簡の中で、正造は、保釈され出獄した被害民のリーダーたちの様子を次のように描いている。「御一同は出獄後早く耳にも入れず、話するも耳にも入れず、逃げる如く御帰りのまゝ、帰られてより人をこわがり、家の中に布団をかぶり息を殺して、夜具の袂より来る人の顔を見てはふとんをかぶり、寝所へ飯を運ばせる、汁をはこばせる。終に今日までは戸外隣りにも参らず。村の巡査の曰く、運動すると巡査さんに叱られますと。また曰く、保釈人は妻君の膝の下に息を殺して謹慎して居るのだよ、と巡査さんより教へられました事堅く信じて動かぬ〳〵」(⑮二六〇)。

いささか誇張が混じった書簡であろうが、運動のリーダー格の農民が一網打尽にされた川俣事件とその裁判の影響は深刻であった。また、運動の拠点であった雲龍寺も、「本山より爾今事務所に貸与すること成り難しと達せられしのみならず、住職は其職を免ぜられたり[3]」というように、それまでのような使用法は困難になった模様である。

このような大きな制約があったにもかかわらず、田中正造は、一方で川俣事件裁判の支援体制組織化に奔走するかたわら、他方で消沈した被害民の志気を再び奮い起たせんと、被害地をかけずりまわる毎日であった。それも、「先頃より脳病の気味にて順天堂病院に入院治療中なるが、一昨日来病勢漸く進み、精神にも少しく異状を来したるが如き模様ありと云へり[4]」と誇張されて伝えられたように、還暦を前にして病気がちの身体をおしてのことであった。川俣事件裁判の支援闘争を別にすれば、一九〇〇年の正造の運動の中心は、期限切れになる免租の継続請願運動を組織化することにあった。新聞報道によれば、正造は、この年の九月、一〇月頃まで、免租継続請願運動に取り組んでいることがわかる。たとえば、次のように『下野新聞』は報じている。「鉱毒代議士田中正造翁は鉱毒被害地を巡視し、地租免除年期継続願中に付き該請願採否の決定せらるゝ迄は納租を見合せては如何と説き廻りたたる《（ママ）》やにて、鉱毒被害地には納租するもの一人もなく、当局者は頗る困難し居れる由」、と(一〇月一〇日)。

最後の議会演説で、「今日ノ乱暴デハ租税ヲ納メルノ——租税ヲ出スノ義務ハナイノデアル」と断言しているように、租税は国家が真に「公」たりえているかどうかの信任行為であるという正造の租税観からすれば、もはや「無抵当デ租税ヲ出ス」だけの正統性＝「公」たる所以を失ってしまった政府であった。しかし、租税を納めなければ公売処分が待っている。納める金があればいいが、それすらないのが被害民の現状で、公租負担能力を失い公売処分に処せられる者が相次ぎ、より悲惨の度をましていった。『万朝報』一九〇一年二月一二日の記事を引用してみたい。

足尾銅山附近鉱毒被害民の今日に於ける惨状ハ今更ら言ふ迄もなき事ながら、殊に兇徒嘯聚の罪に問はれ当時控訴中にて鍛冶橋監獄に拘禁せられ居る者の家族ハ必要なる稼人が入牢したる事とて日々の活計にも困難し、漸く有志者の救助に因り飢餓を凌ぐの有様なる、（中略）以上の状況なるを以て、免税地となりて既に其年期の満ちたる栃木県安蘇郡界村埼玉県埼玉郡川辺利島村の如きハ公租を納税する能はず、其結果公売処分を受くるの惨状に陥りたり、斯の如く公売処分の為めに祖先伝来の地所を失ふに至る上ハ最後の決心をなすの外に途なしと何れも云ひ合へり

「租税ヲ出ス」力が回復するまで、せめて免租処分を継続してほしいという願いもすべて却下され、被害民たちの地所が続々と公売処分に付されようとする状況を目の当たりにして、正造は、あらためて「自治」と「権利」の問題を考えずにはおれなかった。

まず、「自治」とは何なのか、「町村の公務」とはいったい何なのか、という問題である。それに関する正造の答えが、『全集』第二巻の五八八頁に掲載されている「村役場は村の被害民を助けよ」という資料である。これは、おそらく、一八九八年から一九〇〇年七月頃までの間に書かれたものであろう。

一、鉱毒の仕事ハ自分の家の仕事である。命ちハ自分の命ちである。たとい郡役所からの村役場え仕事をたのみ来るとも村の仕事を跡廻しにするハ間違へなり。我〻のためにも働かぬ他人の家の仕事を頼まれると同じである。村の仕事と他人の仕事と何れが重ゐのであると云ゐば、鉱毒の仕事が、自分の仕事と村の仕事で重ゐのである。財産も取られ、命までも奪れたのではなゐか。村〻の中に此理にくらき村役場ハ、鉱毒の仕事を見る尚他人の仕事の様に思ひ違へて、他人から頼まれる仕事計りして、村のものハ命迄も奪れて此悲しきに、其上に村のものより他人の仕事をするための役場費を多く取り取り立てゝ、戸数割なぞを高くして、毒のないときよりも高くして、

段々費用を多く取立てゝ、免租せられたる趣意を無にして居るハ何たる事ぞ。自分の骸の肉をきりて鬼に食わせる如し。我子の肉をきりて隣りの犬に食わせるも同じ事なり。今より此非理非道をさとりて村ハ村の被害民を助けよ。

鉱毒の害から地域住民の生命・権利・財産を守ることが町村の何よりの「公務」であり、それをさておいて郡役所から廻されてくる仕事、つまり徴兵事務や国税徴収などの国政委任事務ばかりを優先させ繁忙をきわめている町村とは、いったい何なのか。本来、町村の「自治」とはどのようなものであるべきか。正造は述べている。「自治ノ法タル、事柄ヲ記スルモノナリ。之ヲ行フモノハヨロシク精神ヲ行フベシ」、「自治ハ自治ノ内ニ自由安全ヲ得テ、決シテ心ニモナキ他人ノタメニ苦役セラルヽモノニアラズ。若シ夫長年月、他人ノ苦役、長上ノ命令ノ下ニ服従セシメラレテ、自家自治ノ発動、発見、発心、自由等ノ働キヲ減滅〔セ〕バ自治ノ死滅セルト同一ナリ」(⑩一六八〜九)。

ここで、憲法に対する理解の変化、つまり個々の条文から精神の重視へ、という変化と同様のものが自治法に関する解釈にも見られることに留意しておきたい。まさに「自治」の本質ともいうべきものを正造はつかみ取ったのである。その結果、正造の眼に見えてきたのは、一つには、国政委任事務という名の町村自治にたいする「干渉」によって苦しめられているのは、被害地の町村だけではなく、他の無害地町村も同様なのではないかという発見であり、二つには「干渉」されることに慣れてしまい、それが「遺伝の天性」のようになってしまっている人民の側の問題であった。前者は、すでに一九〇〇年七月の「鉱毒地四ケ年期免租継続請願書草稿」の中に、「現今町村自治ノ制度ハ一般ノ無害地町村ト雖モ行政権ノ波及セル処町村ノ実力ヲ侵害セザルハナシ」(②五三九)というように明確に述べられているが、ここでは後者の「権利ヲ解セザル人民」に対する批判の激しさを見ておこう。

まず、一九〇〇年一一月二九日付けの宮下宛書簡に、「国家専制ヨリ法治トナルト雖、人間ハモト徳川ノ旧思想ナルガタメニ、今日ノ法治ハ名ノミ」という文章が出てくる(⑮二〇六)。正造は、それをまた、「憲政国人民の権利を用ゆるの習慣なく、官尊徒らに依頼心を政府ニよするの旧弊のみ」とも表現している（一九〇〇年九月五日付け川俣久平・湧井藤七宛書簡、⑲四五〇）。まさに明治初年の福沢諭吉が、「ネーション」の形成を自らの思想的課題として、官尊民卑や依頼心の弊害を説いてやまなかった姿を彷彿させる、それとほぼ同じ問題視角からの批判であったといえよう。だから、「西洋」を模倣するにしても、「西洋の風俗気取りて西洋の料理、西洋の服をきて、西洋人中の奸知を間似て賄賂を取る事のみ西洋人の如く」している、というのであった（⑮一四五）。

そして、今の政府は、「人民ニ軍サヲ起セト云フコトノ権利ヲ――軍サヲ起ス権利ヲ与ヘル」ほどの「馬鹿政府」であった（⑧四三〇）。それに引き替え、被害民たちはどのように正造の眼に映っていたか、一九〇一年四月二八日の小山孝八郎宛書簡を引用してみよう。

被害地の馬鹿ハ自家の権利ヲ縮メルコトニノミ汲〻シ、一方国家ノ奸賊ハ山林ヲ盗シ、天産ヲ荒ラシ、生命ヲ奪ヘ、尚且ツ人ヲ罪ニス。然リ而テ之ヲ悟ラズ、悔ヘズ、被害地ノ至愚ハマス〳〵退縮卑劣偽リテ、請願ノ上京ヲ怖レ、又上京ヲ悔ヘ、巡査ニ威嚇セラレシ親戚ノ談話ヲ信ジテ、堂々タル人〻モ自家ニ閉息蟄伏シテ、曰ハク、権利等ド危険ナシ、権利ヲ主張セバ却テ獄ニ投ゼラレタリ、今ヨリマス〳〵権利ヲ放棄スルノ良案ニシカズト。嗚呼、之等ノ愚、嗚呼、之等ノ馬鹿ニ帖〔貼〕附スベキ良薬ナシ。（⑮二六二～三）

「馬鹿政府」に「被害地の馬鹿」。まさに「亡国」そのものであった。立憲政治はじまってから一〇年の年月がたちながら、未だにこのていたらく。政治主体であるべき人民の権利意識の確立如何に立憲政治の成否の基準を求めていた正造は、焦燥感を募らせるばかりであった。おそらく、こういった「亡国」状況をなんとかして打破しなければならぬと考え、ますます直訴への思いを深めていったのではなかろうか。それは、「自治」や「権利」をめぐる批判が、一九〇〇年五月頃より頻出する〝正造の身は「明日ヲ期セズ」〟という「死」をほのめかすような言葉とからみあいつつ強まっている点からもうかがえる。この年の七月の日記には、すでに、「国が腐れたとて死ぬ事をしれる人ハ死なねバならぬ」と出てくるのである(⑩一九四)。

ところが、川俣事件裁判の公判で「欠伸」事件を起こし、自らも起訴されるというアクシデントが発生した。一一月二八日のことである。前橋地方裁判所では、一二月二〇日に、有罪の予審決定書を言い渡し、直ちに軽罪公判に移る旨申し伝えた。

その決定書の内容は次の通りである。

決定正本

栃木県安蘇郡旗川村大字小中平民農

被　告　　田中　正造（六十年）

右官吏侮辱被告事件予審を終結し決定すること左の如し

決定主文　右田中正造の本案被告事件を前橋地方裁判所の軽罪公判に付す

事実及び理由　第一被告正造は明治三十三年十一月二十八日午前前橋地方裁判所刑事法廷に於て野口春蔵他五名兇徒嘯集及び治安警察法違犯稲村與市外四十名兇徒嘯集川島民八外二名兇徒嘯集官吏抗拒小野寅吉兇徒嘯集官吏侮辱事件に付き裁判所長判事磯野衡陪席判事宮島鈴吉同望月彦吉補充判事三井久次郎検事小林登志吉裁判所書記中島高則列席公判開廷ありたるに当日同法廷傍聴席前面に在りて同日午前十一時五十分頃小林検事が被告人山崎欽次郎負傷の点に付論告する所ありたる際其論旨に不満を懐き列席判事検事等に面したる侭故に両手にて其顔をなでながら二三回大なる咳嗽様の声を発し引続き双手を高く差伸べて「ア、アーッ」と大声を発して欠伸を為したる如く装ひ前掲判事検事裁判所書記の職務に対して其面前に於て形容を以て侮辱したり第二被告正造は其後間もなく休憩となり各弁護士傍聴人等皆法廷より退き弁護士等が同裁判所構内控所へ入りたる後同日午後零時三十分頃同控所内弁護士雑誌記者廷丁給仕等十数名以上居合せたる場所に於て暗に小林検事を指し「アノ野郎賄賂を取りやがつたに違いないイツオレは賄賂を取つたからこんな弁論をするとこきやがればよい」と大声演述し又直ちに同所入口辺に至り入口近傍同所軒下等に佇立し居りたる当日の傍聴人等凡三十名許りに対し検事の馬鹿野郎と一声大喝し同所に居合せたる弁護士花井卓蔵飯田宏作の注意を受けたるに拘はらず更らに控所内に立戻り前同様弁護士雑誌記者等の面前に於て「人間としてあんなことが言へるものでない」と言ひ即ち以上公然の演説を以て小林検事の職務に対して侮辱したり」以上事実の証拠十分にして被告正造右第一の所為は刑法第百四十一条第一項に該当する軽罪第二の所為は同法第二項及び第一項に該当する軽罪なりと思料す依て刑事訴訟法第百六十七条初項末段に従ひ主文の如く決定す

明治三十三年十二月二十日

前橋地方裁判所　予審判事　水谷　白章

同　書記　折井　在信[5]

この「欠伸」事件による起訴と公判が、議員辞職を遅らせてしまうことになった。

二　議員辞職について

田中正造が「死」を意識しはじめた背景には、高齢に加うるに病気（正造自身は「脳病」と表現していた）という身体的不調が大きく作用していた。それを、正造は、「正造ノ病気ハ一人ノ病ニアラズ、天下ノ病ヘナリ」というように、原田定助に宛てて書いている（⑮二六六）。「天下ノ病ヘ」が全快すれば、自分の命もあと一〇年はもつだろうが、「天下今日ノ如クシテ被害民ノ死命ヲモ救フ能ハザレバ、正造ノ命数ハ本年ノ内ニアリ」と述べ、「此予言ノ余リニ誤ラザルコトヲ記憶セラレヨ」と書いている。はたして、「予言」という意味深長な表現を用いてほのめかされている直訴の決意を、甥の原田定助は読みとることができたであろうか。

そして、もう一つ注目しておかねばならないのは、一九〇一年に入ると、正造が、〝時代遅れ〟、社会・運動にとっての〝無用者〟意識に深く捉えられるようになったことである。たとえば、正造の後援者であった津久居彦七と蓼沼丈吉に宛てた七月一〇日の書簡には、「正造等は漢法〔方〕医にして、此二十世紀の病には断じて適当せざるなり」(⑮二九九)という表現がでてくる。また、原田タケに対しても、「正造ハ最早用るなき場合なり。只座上の稽古、空論、紙上の文字をしるのみにて、決して社会と共ニ進行し独立し得るものニあらず」と書き送っている(同年九月三日、⑮三一二)。親族や親しい友人に思わず気弱な側面をもらしたとも考えるが、こうした、〝時代遅れ〟意識は、それ自体が、明治という「時代」が、あるいは日本の「近代」がたどりつつあった進路に対する強烈な違和感を物語るものであった。そして、その違和感が強烈であったればこそ、このまま老いさらばえて死を待つよりは、〝無用者〟であればこその〝意味のある死〟を欲したのであろう。

正造は、一〇月二三日に議員を辞職した。その模様を、『信濃毎日新聞』は次のように報道した。

帝国議会の名物男栃鎮は第一期以来今日迄其職に在りしが、一昨朝突然片岡議長を訪うて辞表を提出せり、片岡氏は政友の情誼として一応辞表の撤回を勧告せしも、田中氏は自己が生命を捧げて運動し来りたる鉱毒問題が明白なる国家の利害問題たるに係はらず、動もすれば自己の議員たるに何等かの関係あるものゝ如くに忖度せられ、其結果種々の故障を斯る問題の上に蒙らしむるを見るに忍びずとの事情を陳述し、到底辞意翻す可らざるを以て片岡議長も終に即日辞表を許容したりと云ふ(一〇月二五日)

それでは、正造は議員辞職をいつごろ決意したのであろうか。また、その理由はなんであったのだろうか。

周知のように、田中正造が、「正造国会議員も今回で切り上げます」と蓼沼丈吉に書いて送ったのは、一九〇一年一月一九日のことであった。しかし、同日付けの村山半宛書簡には、次のようにある。

拝啓　○取込中。○文略、小生儀今回限り位にて議員は切上げに致度決心に候。○已に昨春二月十三日の議場と覚、右の事情を陳述せしに事故あり、今日に遷延致し居り候始末に候。突然の様に御汲取有之候ては重々恐入候得共、昨春より相発し居り候事に付、夫々後進者中御準備にも可有之事とも被相察候。
右に付疾く得拝眉度候処行違にのみ相成、好機会も無之、十年二十年忽ち一夢の如く過ぎ去り、何んの為す事もなく朽ち果て候。折角御参考被下度候。尤、蓼沼氏に一通申上候。川俣氏へ後事に付少〻申上候。近頃病気中旁極めて短かく申上置候。頓首（⑮二一八）

文中、「二月十三日の議場」とあるのは、二月一五日の記憶違いであろうが、こうした記憶違いを生じるほどに川俣事件の衝撃は大きかったことが読みとれる。また、文中の「事故」とは、これこそ川俣事件のことを指しているであろう。そのように解釈するならば、川俣事件の前から議員辞職については考えていたことになる。このことは、この時期の日記に、「議員ノ辞セント欲スルノ理、放リ付ケルノダ。忠告　歳費ノコト　乍去　譲リ引」（⑩一三六）と書いていることからも証明できる。それが、思いも寄らぬ川俣事件の発生と、近藤貞吉や山田友二郎などの支持者の強硬な反対によって延期していたのである。

議員辞職の理由の第一は、一九〇〇年二月一五日の議場でも、また辞表を提出した片岡議長にも述べているように、鉱毒運動がどうしても政治家としての自分の「名利」や選挙目当ての運動にみられてしまうことへの苛立たしさにあった。それはおそらく、一八九八年九月の第三回「押出し」後にピークに達したことであろう。党利党略視されることを忌避して憲政本党を脱けただけではおさまらず、自分の名声のためにやっているとの勘ぐりを断ち切るためにも、議員辞職に踏み切ったわけである。

第二には、政治そのもの、あるいは政党や議会に対する失望感とその「腐敗」への憤りの強さである。これも、前述したように、一八九八年一〇月末の憲政党内閣のあえない最後から、翌九九年の歳費値上げ問題をめぐる一連の出来事の中で、一気に増幅していったことであった。それを何とか矯正しようとして、正造は議員歳費辞退を決意し実行したのであったが、肯定的に捉える人も否定的に捉える人も、いずれも個人プレーとしか受けとめてくれず、国家人民をまるごと救おうという正造の真意は伝わらなかった。そして、ますます「腐敗」が進行し、「亡国」状況が濃くなっていったのである。先に引用した日記の文章中に、「歳費ノコト」と出てくるのは、正造の内面において、議員歳費辞退と議員辞職とが密接に関連づけられていたことを物語っている。

議員の座を投げ捨て、「ただの人」となることは、そうした「腐敗」状況に対する正造なりの警世の行動であったのである。そしてそれは、〝保木間の誓い〟の実行でもあり、また直訴を決行するための準備でもあった。

しかしながら、従来あまり指摘されてこなかった理由が他にもあったのではないかと私は考えている。それは、選挙地盤である安蘇郡の動揺であり、それが一八九九年の県会議員選挙を通じて噴出したのである。これが議員辞職を決意させた第三の要因であったと私は思う。なぜなら、蓼沼に議員辞職の意向を告げた書簡と別に同日付けで送られた書簡の中に、次のようにあることを重視したいからである。「回顧せバ一昨年九月郡中ニ政治廃徳の競争あり。而して予等の如き光陰の貴きもの丶口ちを容る丶能わざるに至らしめられ、ために正造等ハ他の運動最中とハ乍申、又之れを傍観せざるを得ざる悲むべき境遇ニ陥れられ、尚且ツ選挙後の今日までも正造等をうらむるものすら出来て候とやら、馬鹿〱しき次第ニ候」(⑮二一四)。以下、少し詳しく見ていこう。

かつて、自由民権運動の時代に「改進党の本丸」とまでいわれた安蘇郡は、この選挙の時点まで、ただ一人を除き、選出された県会議員はすべて改進党系であった。これを正造は「二十年来の好慣例」と称していた。ところが、正造が「政治廃徳の競争」と評した一八九九年九月に行われた県会議員選挙は、非常な激戦となった。「従来安蘇郡政界の天地は憲政本党の勢力瀰漫して些の反対分子もなく、県会議員選挙などには世間の注目を惹くが如き競争もなかりしに、物極まれば変ずとかや、今日迄十数年平穏無事の反動として、這般の選挙競争は日々本紙上に記する如く各候補者の運動競争の盛んなる、実に驚かざるを得ず」。選挙の模様を伝える『下野新聞』一八九九年九月二一日の報道である。

『下野新聞』によれば、この選挙には、憲政本党派に反対する「無所属派」として、清水千勝、藤沼友次郎、坂原久平などが積極的な運動を展開したらしい。その結果、蓼沼丈吉（六一一票）と村山半（五一八票）と清水千勝（四九八票）が当選し、憲政本党系の関口吾一郎はわずか八票差で次点に甘んじる結果となった。いうまでもなく蓼沼と村山は憲政本党系である。清水は「中立」を標榜していたが、実質的には憲政党（旧自由党）系であり、安蘇郡の政治地図に大きな変動をもたらすことになった。

田中正造は、八月二六日の三宅雄二郎宛書簡にみられるように、県議選にたいする懸念を表明した印刷物を配布するなど、(6)その帰趨を憂慮していたが、基本的には、「生は万事を放擲して鉱毒の一方のみ」(⑮八五〜六)というように、鉱毒問題で手一杯で県議選のほうまでは手がまわらなかった。前述したように、正造は、この年九月一日から連日のごとく被害地各所で「鉱毒非命死者談話会」を開催しており、とても選挙応援どころではなかったのである。しかし、それを『下野新聞』は、正造の指導力・影響力の低下とみた。

同郡の名物栃鎮の田中正造老は尚健在なるや郡中年来の同志間互に此悲劇を演ずるに際し徒らに傍観し或は徒らに逃避して然らざるものゝ如く僅かの鉱毒事件位を口実として将来の郡治如何をも顧慮せずとは咄々怪訝に堪へす同老の健在に疑無き能はざるなり（一八九九年九月二一日）

そして、その後も、一〇月九日に清水千勝、藤沼友次郎、坂原久平らが会合し、「無所属派」の連合運動などを協議していることなどから、『下野新聞』は、「此競争の為め田中栃鎮翁が十数年来苦心経営の結果漸く一郡の団結を維持し来る基礎を全く根抵より破壊し了りたりともいふべく（中略）昔日の鞏固なる一致団結は到底見ること能はざるに至らんとなり」（一〇月一二日）と、田中正造が培ってきた「一郡の団結」が「根抵より破壊」した、と安蘇郡の分裂をみてとっていた。正造自身も、この選挙と選挙結果を、賄賂の悪弊、腐敗が郡内に侵入する契機になったものと深刻に受けとめた。

このように、田中正造が鉱毒問題に専念している間に、正造の選挙地盤である安蘇郡の政治地図は動揺変化を見せ始め、支持者の中に〝田中ばなれ〟ともいうべき現象がみられるようになっていた。それは、木村半兵衛の動向と無縁ではない。県議選の直前の七月頃、第一四議会限りで田中は木村と交代するという噂が流された。木村が、憲政党結成に伴い入党し、一八九八年八月の第六回総選挙は、同じ憲政党同士の戦いになったことは前述したが、その後憲政党が分裂しても、木村は「三十二年ころから憲政本党に同調し、その後援によって県会議長を務めていた」(7)というように、憲政本党に同調する動きをみせていたようである。

そこで、一九〇〇年六月一一日、『万朝報』に次のような観測記事が掲載された。「進歩党の策士山田武（代議士）横尾輝吉（県参事員）等ハ木村を同派に引き込まんとて昨春幾回かの密議交渉を尽せし末遂に田中栃鎮をして二年間（即ち十四議会限りにて）に代議士を辞し木村に譲らしむる約束成り木村ハ影山禎太郎等と共に進歩党に入党したり」。「昨春」といえば一八九九年春ということになり、県議選を前にした時期ということになる。しかし、木村への「禅譲の密約」が成立したという噂を、正造は、躍起になって否定していた。一八九九年七月二八日付けの原田光次郎宛書簡にみることができる。

木村半兵衛ハ触レテ曰ハク、田中ヨリ候補ヲ譲ラレタリト吹聴、但シ内〻ニ朋友ニモラス如キ口調ナリト云フ。果シテ如此事実アリヤ否ヤヲ荻野氏、須永氏等ニ、其他御心付きノ人ニ御しらせ置被下候。畢竟何人ヲ問ズ、選挙人ノ権利ヲ譲ルト云フコトノ出来ルモノニハアラザルコトヲ以テ、当方ニテモ檄文ニテモ

散布スルノ必用アラン。木村果シテ此行為アリトセバ、矢張り古河市兵衛ノ再来ナリ。（⑮六二）

正造にしてみれば、木村はあくまでも古河派だったのである。[8] それにしても、こうした「禅譲」の画策が山田や横尾らによってなされたのが事実であるならば、鉱毒問題にのみかかずらわっている正造の存在は、栃木県の憲政本党にとってもうとましいものになっていたことの証明であろう。前掲『万朝報』の記事が、「進歩党より約束履行代議士辞職を迫らるゝ累を避けんが為め鉱毒事件ハ党派問題にあらず其疑を避くる必要より進歩党を脱すと声言して脱党を決し以て目的を果したり」と書いているのはいささかうがちすぎであるとしても、支持者の〝田中ばなれ〟が相当進んでいたようであることは、正造辞職後の総選挙の動向が証明しているように思われる。

正造の辞職に伴う補欠選挙は、一九〇一年一一月に実施されたが、蓼沼丈吉派と木村派との対立は激しかった。結果的には蓼沼が何とか当選を果したが、蓼沼は一期限りで木村と交代することを約束したと噂されたり、正造の支持者であった近藤貞吉が「厳正中立同盟」を標榜して蓼沼と対立したりした。

一九〇二年八月には、任期満了に伴う第七回総選挙が行われたが、この選挙からそれまでの小選挙区制にかわり、全県一区（宇都宮市を除く）の大選挙区制が採用され、栃木県の定数は六となった。木村半兵衛は、この選挙から三回連続当選する。このとき、安蘇郡では、玉生嘉寿平らが木村を支援している。近藤にしても玉生にしても、長年にわたる正造の有力な支援者であったのである。

さらにうがった見方をすれば、正造は、全県一区の大選挙区制では蓼沼の当選もおぼつかないという配慮が、議員辞職に際して働いたかもしれない。蓼沼に後事を託すには、時間的にもギリギリの辞職であったといえよう。

以上のように、鉱毒問題に専念する正造は栃木県の憲政本党から浮き上がった存在となっていた。そのため、政党の論理からする「田中おろし」工作が進められていた。一方、正造の方は、鉱毒問題は国家の問題であるという観点から、党派的問題や自分の選挙のための運動と見られるのを極端に嫌っていた。選挙地盤である安蘇郡の動揺を目の当たりにしながらも、対策らしい対策はほとんどとらなかった。ただ「腐敗」の進行に心を痛め、それを批判するだけであった。議員辞職は、そのような思惑や利害がからんだ政治的背景のもとに行われたのであったが、正造にしてみれば、様々な経緯から、政治家であることにほとほと嫌気がさしていたことも事実であった。

三　「直訴」をめぐる研究史

さて、直訴の日の前夜、正造は、養女であった原田タケを芝口の越中屋に呼んだ。後年、その時の模様を原田タケより聞いた木下尚江は、次のように描いている。「武子さんの話を聞くと、用談云々の端書が来たので、直訴の前夜、芝口の宿屋へ尋ねて行つたそうだ。行つて見ると、別に用談の景色も無い。翁は目を閉ぢて独り何か冥想して居るのみで、差せる用事のあるでも無いらしい。帰らうとすると、「も少し居よ」と言ふて留める。けれど何の話があるでも無い。夜が更けるので、遂に立つて帰つた」[9]。

また、原田定助とタケの夫の原田勘七郎に宛てて、「覚」と題する六ヵ条を掲げたあとで、「正造ノ身、実ニ明日ヲ期セズ」という、まるで〝遺言〟のような手紙を書き送った。

一夜明けた一二月一〇日、午前一一時二〇分ごろ[10]、第一六議会の開院式に出席した天皇の一行が帰るのを待ち受けていた群衆の中から、直訴状をかざし「おねがいがございます」と叫びながら、天皇の馬車をめざして田中正造が飛び出した。警護の騎兵に突き殺されることを自ら求めての行為であった。しかし、正造は足がもつれ転んでしまった。正造を遮ろうとした伊地知騎兵特務曹長も、急に馬首の向きを変えようとしたために、馬もろとも倒れてしまった。正造は、かけつけた尾川・高木の二人の巡査にとりおさえられた。天皇の馬車はまるでなにごともなかったかのように、正造の前を通り過ぎていった。

しかし、正造の直訴は、非常に大きな衝撃をともなって日本中をかけめぐった。人々は、田中正造に佐倉宗吾を重ね合わせた。たとえば、当時大阪で発行されていた『公平新聞』の第一一六号（一九〇二年一月一日、旬刊）は、磔の刑に処される宗吾のおおきな挿し絵入りで、正造の直訴を「明治宗吾」と題して伝えた（次頁の図参照）。また、南国鹿児島の『鹿児島新聞』にも、「ふみづか」と題する投書欄に「同情生」と名乗る人物の次のような投書が掲載されている。「田中正造氏の直訴事件、言論の自由なる今日如何にも狂気染みに候へ共、彼の心中真に憐むべきものあり、彼れ口沫を飛ばして論ずれ共世は同情を表して応ぜざるなり、彼れ熱血を濺ひで訴ふれ共社会は冷然として之を容れざるなり、是に於てか事此に出でしのみ、嗚呼佐倉宗吾の昔も忍ばれて転た同情の念に堪へ不申候」（一九〇一年一二月一七日）。

それでは、このような正造の直訴は、これまでどのように研究されてきたのであろうか。一九七〇年代以降の研究史を、ここで簡単にふりかえってみたい。その特徴は、一口にいって、一九七七、七八年頃をさかいに、事実関係の究明が進み、『義人全集』や木下尚江の著作などをもとに描かれてきた直訴像とは全く異なった新しい直訴像が提示された、とまとめることができる。それまでの〝純粋で衝動的な行動〟から〝冷静で計算ずくの戦略的行動〟へという直訴像の変貌は、とまどいすら覚えるほどに急激であった。

直訴の事実経過に関しては、布川了が手際よくまとめている（「田中正造直訴の深層」『田中正造と足尾鉱毒事件研究』第八号、一九八九年八月）。今、それを参照しながら、現在までに明らかになった点をまとめてみよう。

①　少なくとも、二、三年前から計画された行動であった。つまり衝動的な行動ではなかった。
②　少なくとも石川半山、幸徳秋水の二人の協力者がいた。つまり、単独行動ではなかった。
③　鉱毒反対運動と世論が再び高揚しつつあった時期の行動であった。つまり、「窮余の策」ではなかった。
④　幸徳秋水に直訴状の執筆を依頼する前に別の人に頼んだが、他の人に漏らしてしまったので依頼を取り消した。
つまり、直訴の前に正造の直訴について知っていた人は、最低でも四人はいたことになる。[11]
⑤　幸徳が最初に草案を作成したのは、一一月一二日のことであった。
⑥　直訴後に正造が釈放され起訴されなかったのは、もっぱら法律上の問題であった。森長によれば、明治一五年

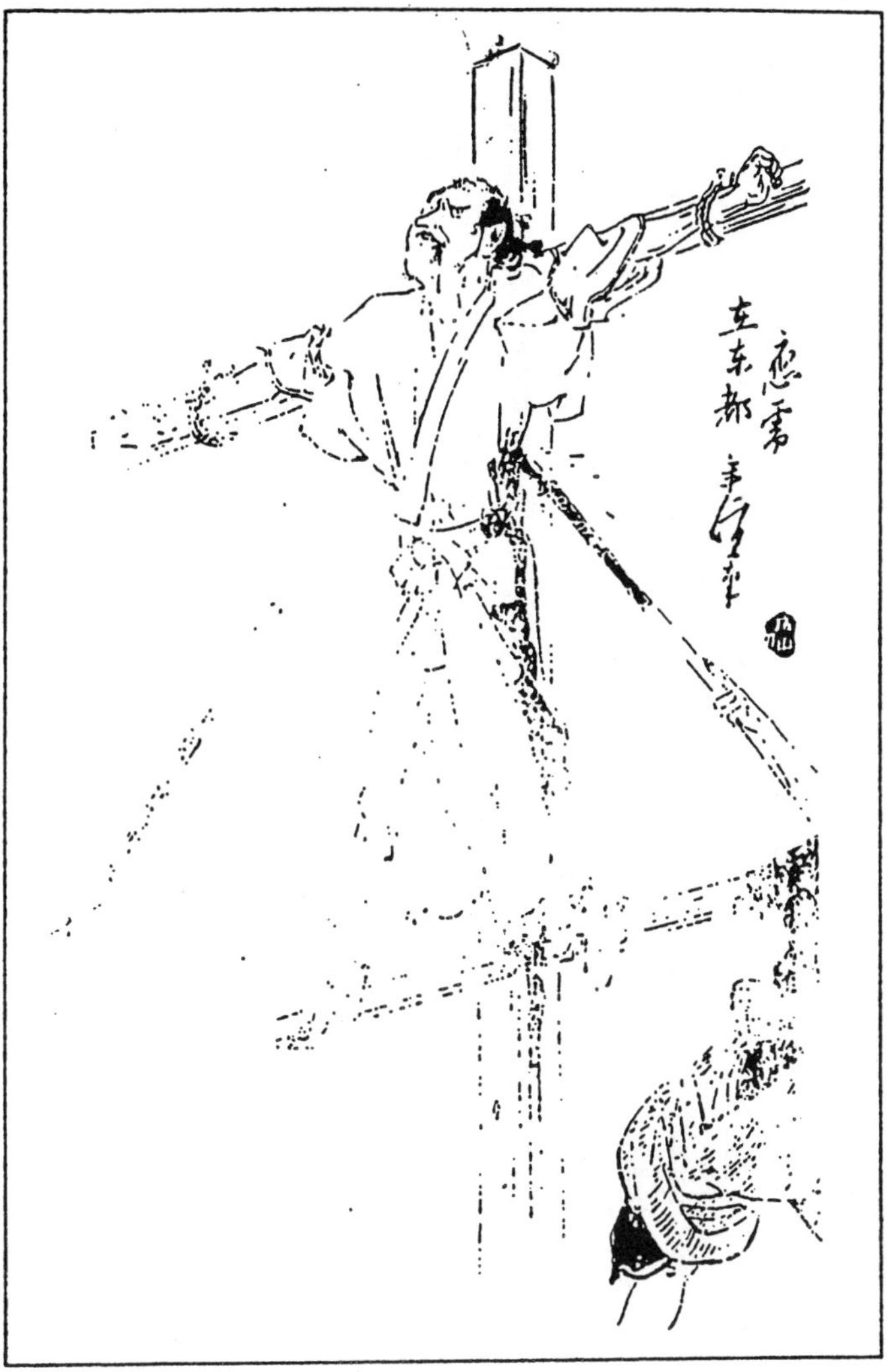

『公平新聞』第116号（1902年1月1日）より。

に制定された請願令には直訴に関する規定がなく、また不敬罪には不敬の意志を要するのに正造にはそれがなかったことなどから、法的に起訴するのは困難であると判断した結果であった。つまり、「狂人」扱いされたからではなかった(12)。

このような直訴像の変貌の資料的裏づけとなったのは、当時『毎日新聞』の主筆をしていた石川半山（安次郎）の「日記」の出現であった。とりわけ、一九〇一年六月八日の記述は、まさに衝撃的であった。そこには、「共に晩食し相謀る。田中曰く調査会云々。余冷然之を評して曰く。鉱毒問題を解決スルニ調査会ハ無用なり。平和手段ハ君のガラになき所、十年平和手段を取て尚決スル能ハズ。今ハ唯一策アルノミ。唯君ノ之ヲ行ハサルヲ怨ムノミ。田中曰く。何事ぞ。余曰ク。容易ニ語ル可らず。田中曰く。謹て教を受けん。（以下欄外）僕曰く。君にして若し行ふならば僕之を言はん。君唯佐倉宗五郎タルノミ。田中蹶起快之誓断行。僕乃ち其方略を授く(13)」。そして、六月一〇日の条には、「朝幸徳を訪ふて田中正造ノ件ヲ協議す」とあったのである。

このような石川半山の「日記」を縦横に駆使して従来の直訴像を一新したのが、東海林吉郎の「足尾銅山鉱毒事件における直訴の位相――戦略構想としての直訴の浮上と『石川半山日記』にみるその展開」（『田中正造と足尾鉱毒事件研究』第一号、一九七八年七月）であったことは、いまさら指摘するまでもないであろう。

もっとも、このことは石川自身が『義人全集』第一巻に寄せた「序」の中ですでにほのめかしていたことである。「翁の直訴の前後、田中君は度僕《ママ》々の所へ来た、僕も植木屋や越中屋へ往つて、種々翁密議《ママ》を凝らしたことがある」というように。また、石川の「日記」の存在が明らかになる以前から、正造の直訴が石川との「合作」でなかったかという大胆な仮説を提起した研究もあった。それは中込道夫の『田中正造と近代思想』（一九七二年、現代評論社）である。いま、中込と東海林の研究を読み比べてみると、東海林の研究は、はからずも、中込の「従来のような「天皇直訴」にまつわる哀訴的イメージを打破したい」（同書、三〇六頁）という問題意識を受け継ぎ、中込が打ち出した仮説を資料に基づいてあとづけ、いきいきと再現したものになっていることに気づかされる。さらに、中込の研究とはややニュアンスを異にするが、遠山茂樹の「田中正造における「政治」と「人道」」も、正造の直訴に「意図的、計画的」な一面もあったのではないかと推論した、先駆的な業績であったことも看過してはならないであろう。

東海林の直訴像の特色は、まず、直訴を、世論の喚起と鉱毒反対運動の活性化のための、正造の死をもって完成する戦略的行動であったと位置づけるその結論にある。さらに、こうした戦略構想は、石川との「謀議」によって成立したと、直訴に果たした石川の役割を非常に重くみる点に、東海林説の最大の特色があろう。中込説も含めて、直訴＝〝共同謀議による戦略的行動〟説と形容することも許されるかもしれない。

そして、そうした規定が最もよくあてはまる場面が、東海林によって描かれた〝植木屋総括〟、つまり、石川・幸徳と、ひたすら謹慎していたはずの田中正造の三人が、正造の宿で深夜その総括を行ったとされる場面である。遅く来た幸徳が「やったやったと快哉を叫びつつ入って」きたあとで、石川が、正造に向かって、「失敗セリ〳〵、一太刀受けるか殺さ（れ）ねばモノニナラヌ」と言うと、正造が「弱りました」と答える。それに対して石川が、「やらぬよりも宜しい」と慰める、あの場面である。

東海林が、石川の「日記」から読みとったこの情景は、〝純粋で衝動的な単独行動〟という旧い直訴像を粉微塵にうち砕き、「機略縦横の戦略家」田中正造イメージを一気にふくらませることになった。こうして、東海林によって描かれた直訴像は、その後の研究に無視しえぬ影響力をもつことになったのである。

しかしながら、叙上のような説を東海林が打ち出そうとしつつあった当初より、その「謀議」を重視する説に批判的であったのが、松尾尊兊である。松尾は、前掲「田中正造の直訴について」の中で、直訴がかなり以前から考えられていた計画的な行動であったことは認めつつも、「半山と秋水が直訴に深くかかわっていたことはまちがいない。しかし問題はその程度にある。私は正造の直訴が単に「石川案を実行」したものでもなく、また正造と半山、あるいは秋水を加えての「謀議」によるものでもなく、あくまでも正造の自主的な決意による行動であったと推定する」と述べている。つまり、松尾は、半山や秋水を、正造と「対等な立場の共謀者」や「軍師」とはみない。あくまで、

「正造の決死の主体的行動を援助した支持者にほかならなかった」と位置づけるにとどめている。

以上のように、一九七七、七八年頃に、直訴を、石川と幸徳の協力の下になされた計画的行動と捉える研究が浮上してきたが、そのなかに、当初より、〝共同謀議による戦略的行動〟か〝正造の主体的行動〟か、という見解の相違が存在していた。そして、『全集』が完結し、『全集』に依拠した新しい研究が続々登場するようになった一九八〇年代における直訴をめぐる研究も、ごく大まかにまとめるならば、一方で、(a)東海林説が広く受け入れられ補強されるとともに、他方ではそれに対する厳しい批判が、(b)松尾説を支持する立場、あるいは、(c)直訴そのものを戦略的行動とみない立場の双方から加えられてきた、ということになるだろう。

(a)に関しては、東海林と菅井益郎との共著『通史足尾鉱毒事件』が自説を補強したものとして位置づけられる。また、山本武利『公害報道の原点　田中正造と世論形成』も、「政治的俳優」田中正造の「世論をねらった自己演出」の側面と、直訴にあわせた『毎日新聞』の「世論形成戦略」を重視している。由井正臣『田中正造』に描かれた直訴像も、ほぼ、東海林説を踏襲している。

(b)の立場を支持する研究の代表的なものは、森長英三郎『足尾鉱毒事件』、後神俊文「田中正造の直訴と半山・秋水・尚江」(『岡山朝日研究紀要』七号、一九八五年一二月、のち『初期社会主義研究』第二号、一九八八年四月)などがあげられ、(c)の立場のものには、清水靖久「田中正造」(『言論は日本を動かす　第九巻　文明を批評する』所収、講談社、一九八六年)などがある。

八〇年代における数多くの研究の中で、直訴像に関するもっとも注目すべきものが後神論文である。後神論文は、東海林が、正造をあまりにも「戦略家」として描きすぎではないか、という疑問から出発し、東海林正造像の「訂正」を意図して書かれたものである。それゆえに、東海林説批判の最大のポイントは、前述したような〝植木屋総括〟はなかったという点におかれている。一二月一一日の午前一時以降、半山も秋水も植木屋には行かなかったと後神が主張する理由の第一は、正造に宛てた一二月一二日付けの秋水の書簡である。そこには、「嘸〻御疲労之御事と奉恐察候、其後早速御見舞之為参上致度と存居候処、生憎中江翁一両日来容態危篤にて、同家へ詰め居候為め御不沙汰失礼御詫申上候」と、中江兆民が危篤状態にあったため、直訴後の正造をまだ見舞えていないことへのお詫びが書かれている。[14] 第二に、後神は、一二月一〇日の半山の「日記」の最後の四行が一字下げられて書かれてあることに注目する。そして、このような書き方は、「遅く来」た秋水と会ったあとで正造と会ったときのやりとりを記したのではなく、昼に越中屋で正造に会ったときのやりとりを最後に記したものと読みとるべきであることを主張している。

このように、後神は、〝共同謀議〟の存在を最も強く印象づけた〝植木屋総括〟が無かったことを論証し、後神が「一般の理解を越えた正造像」と表現する東海林正造像の修正を喚起している。

こうした後神の研究に代表されるように、近年の研究は、正造の、直訴にいたる内面の軌跡の分析を通して、正造に与えられた「戦略家」イメージを見直す方向に進んでいるように見受けられる。やはり、私も、「謀議」という問題に関していえば、正造の自発的主体的側面を重視する松尾説に賛成であり、「戦略的」という規定に関しては、直訴を形容するのに「戦略的」と「計画的」とどちらがよりふさわしいかという問題のたてかたをしたとき、「戦略的」という規定自体が、正造の発想にはあまりなじまないのではないか、という感を強く持っている。それは、次のような、「略」を用いることを、「永遠の考へあるもの」にとって不利であると否定している正造の書簡に注目しているからでもある。「略と申者は他人もしくは反対には時として用ふる事もなきにしもあらざるべしと雖も、それすら略を用ふる者は信用を減ずるものなれば、永遠の考へあるものは毛も略を用ひ不申候。(中略)政治家の略に流るるものは百年の長計なし。(中略)小生は未だ他人の略を見破るの明なし。況んや自ら進んで略を用ふるなし」(一八九七年一〇月二三日付け村山半宛、⑭五三三〜四)。さらに、天皇を含めた国家と人民、なかんずく被害民を思う心情の純粋さも再評価されてしかるべきだと考えている。

そこで、私は、一九八九年一一月に刊行された『選集』第四巻の「解説」のなかで、次のような直訴像を呈示した。

四　直訴の真相と深層

従来の直訴の解釈に関して、私が問題にしたい点の第一は、直訴を、あまりにも鉱毒問題の解決という側面からのみ捉えすぎていることである。それは、至極当然のことではあるのだが、それだけでは田中正造のたたかいの特質を捉えそこねてしまうのではないだろうか。また、その結果、議員歳費辞退と直訴とを切り離して考えてしまい、両者の密接な関連、つまり歳費辞退が、《第一の直訴的行動》であったことを見落としてしまうことになっているように思える。

私は、直訴を考えるときの前提として、一九〇一年九月二五日に雑誌『警世』第二二号に発表された「足尾鉱毒問題」のなかの、「予は唯だ人民を救ふのみを以て目的とせず、国家と人民とを併せてこれを救はん〔と〕する者なるが故に、常に我同志及志士仁人と共に、憲法法律の実行を求むる者なり」(②五六九)という文章に着目する必要があると考えている。これこそ、「足下は斯く悲哀の情に迫れる人民を、一意早く救済するの計策を講ぜざるか、何故に多年間行政府の責任をのみ責るの一途に出るか」という「益友」の「詰問」に対する答えであった。

実は、この点こそ、谷中廃村問題でもくりかえされる田中正造のたたかいの特徴(自己規定)なのである。正造は、「人民」＝鉱毒被害民の直接的な救済だけを目的にはしていない。ことに、代議士になってからは、「国家」と「人民」をまるごと救うことを常に究極の目標としてきたのである。

それでは、「国家」と「人民」をまるごと救うことは如何にして可能であったかというと、正造の答えでは、それは、「憲法法律の実行」、その正当な実行を通しての立憲政治の機能回復、確立をおいて他にありえなかった。正造の憲政イメージは、直訴後に『滑稽新聞』に寄せた書の中に、「人権を重んじて民命財産を保護し危害を除き利福を進め一国の富強を成す、是豈に所謂憲政運用の賜ならずや」(⑤五〇三)というように語られている。しかし、現実には、鉱毒問題に代表されるように、国家の富強のために人民の生命権利財産が犠牲にされてやまなかったわけで、こうした理想と現実との大きなくいちがいこそが、正造にとっての憲法問題なのであった。その意味で、あえて表現するならば、正造にとっては、鉱毒問題も憲法問題の一つにすぎなかったといえる。

このことは、正造が直訴の決意を固めつつあった時期に、一人の裁判官が免職させられたにすぎない高野問題に、なぜあれほどまでにこだわったのかを考えてみればたやすくわかる。高野問題とは、一八九七年一〇月、当時台湾高等法院長であった高野孟矩が、政府から一方的に非職を命ぜられた事件をさす。台湾統治をめぐって軍と対立していた高野が、今度は台湾総督府の汚職摘発に意欲を燃やしていると伝えられたのが非職の理由という。正造は、高野の非職を、内閣が「憲法を破壊毀損」したものと受けとめた。「高野問題ハ処置《(ママ)》なくして何を憲法ありと云ふか。亡国ミミミミ」（⑩二三六）、と。ここにも、田中正造が「亡国」を叫ばざるをえない問題があったのである[15]。

このように、正造が死を賭した直訴で目的としたことの第一は、「亡国」へと突き進む日本を身を挺しておしとどめることにあった。その意味では純粋で破天荒な行動といえよう。そのためには、まず憲法問題の解決により国家人民をまるごと救う必要があった。つまり、直訴状にあるように「帝国憲法及ビ法律ヲ正当ニ実行」せしむることに最大の眼目があったといえよう。正造にとっての憲法問題の最大のものであった鉱毒問題の解決と被害民の救済は、おそらく、そのための〝突破口〟と位置づけられていたのではあるまいか。また、そうしてこそ、はじめて未来永劫にわたって「非命の死者」の発生を阻止できる、と。正造の視野は、そこまで及んでいたように私には思われる。

以上のように田中正造の直訴の目的をおさえてみると、次に第二の問題として、天皇に対する期待があったか否かという問題が浮上してくる。

この問題に関しても、一九七〇年代以降の研究史の中では、中込道夫が、直訴にまつわる天皇への「哀訴的」なイメージを打破することを企図して以来、天皇への期待はなかったという解釈が有力になってきた。この点が、七〇年代以降の研究とそれ以前の研究とをわかつ大きな特色である。一例をあげれば、由井正臣は、「田中正造における明治憲法観の展開」（遠山茂樹編『近代天皇制の成立』所収、岩波書店、一九八七年）のなかで、次のように述べている。「正造の直訴が、天皇の仁慈にすがって鉱毒問題を解決しようとしたものでなく、広く社会に訴え、輿論を喚起するための計画的な行動であったことは、いまは明らかにされている」(三九七頁)、と。

しかし、天皇に対する期待が全くなかったと言い切ってしまってよいものかどうか、私には疑問が残る。なぜなら、この問題は、足尾鉱毒反対運動の動向や田中正造の天皇観の分析をふまえ、慎重に検討すべき問題だと思うからである。

まず、後者から考えてみよう。後者に関しては、清水靖久が、「徳義」をキイワードに、正造は「有徳の君主」としての天皇に直訴することで自らの徳義を示そうとした、正造が訴えたかったのはまず天皇に対してであった、正造は、天皇に対しかねがね、「立憲政治上の役割」と必ずしも区別できない「道徳上の役割」を果たすことを期待していた、と述べているのが注目される。

世論喚起が直訴の目的であったという東海林説に対する批判も意図して提起された清水の説を、私は、一定の留保をつけつつも、軽々に「俗説」「通説」として斥けることはできないだろうと思う。というのは、私が調べた限りでも、直訴の前、とくに一九〇〇年頃をピークに、際だって天皇観の昂進ともいうべき発言・記述が多くなっていることが目立つからである。その第一の特徴は、「皇帝陛下ノ臣民」という言葉の氾濫に見ることができる。先述したように、川俣事件に関する質問演説のなかでは、「皇帝陛下ノ臣民ヲ警察官ガ殺スト云フコトヲ　皇帝陛下ノ御身ニ傷ケ奉ルコト」と表現しているし、鉱毒による土地の荒廃が「陛下」の居場所をもなくしかねない状況を形づくっているばかりか、古河市兵衛のことを、「之レ皇帝陛下ノ国家統一ヲ妨害スル国賊デアル」とまできめつけている(②四一六)。そして、「未ダ日本ニハ未ダ我国ニハ　天皇陛下ト云フモノガアルト云フコトヲ忘レナイデ貰ヒタイ」(⑧三六二)とまで、議場で述べている。

以上のような王土王民的発想が、議会演説や質問書、雑誌の文章など、対外的に発表され、あるいはそれを前提に書かれた文章のみに見られるのであれば、そこになにがしかの戦略的イメージを読みとることも可能であろう。しかし、この時期においては、日記のなかにもそうした類の文章をたくさん見つけることができるのである。たとえば、「国家／政府ハ自ら毀つコトノ目ニ見へる今日之如き甚しきハなかるべし。殊更ニ自国を亡す国ハ稀れなり。神を信じて組織せる国なり。陛下を神奉せしためなり」（⑩二二九）という記述がある。ここには、日本の国家形成の特徴を天皇の存在に結びつけて考えていることがわかる。神話的な国家観、もしくは天皇観である。それらが明確に見られるのも、この時期の第二の特徴なのである。

詳細は、拙稿「田中正造における憲法と天皇」（熊本大学文学会『文学部論叢』第二一号、一九八七年三月）を参照していただきたいが、田中正造の天皇観の基本は、これまで確認してきたように、「法」の立場を優先させる制限君主的な天皇観であった。それは、帝国憲法第四条「天皇ハ国ノ元首ニシテ統治権ヲ総攬シ此ノ憲法ノ条規ニ依リ之ヲ行フ」の「憲法ノ条規ニ依リ」の部分を重視する立場である。しかし、同時に正造は、これも先述したように、立憲君主制の採用を、むしろ天皇の「尊厳」「神聖」さを保障し、増幅させるものと認識していた。そして、この点にこそ、正造の天皇観のあやうさが潜んでいたのである。

それはいかなることか。それは、田中正造が、憲法の精神が守られていない、憲法に基づく政治が機能していないと判断したときには、同時に天皇の「尊厳」が侵され、「神聖」さが汚され、「徳」を損なっていると考えてしまう論理構造を内包していたということである。すなわち、正造にとっては、天皇の「神聖」さが汚されている問題も、つきつめれば、鉱毒問題や高野問題と同じ憲法問題の一環なのであった。いうならば、天皇も、人民同様に、憲法無視の政治の〝被害者〟であった。そして、そのような認識の成立が、正造をして、天皇との心理的距離感を急速に縮めさせていくのである。「明君ニ代りてよめる此旧暦の正月、国家多事のさまを見て／〇目出度やもかなしもしらぬ民くさの無邪気を見れバいとゞかなしき」（一八九八年一月二四日付け、雲龍寺黒崎禅翁他宛、⑭五五四）という歌が、その例証である。また、一九〇〇年五月から六月にかけて、「日本魂」が地を払はんとしていることを憂い、和歌（「国風の道」）の保存の重要性を訴え、その代表として「旭ニ匂ふ山桜花」（本居宣長の歌の一節）や、吉田松陰と親しく「海防僧」の異名をとった長州尊攘派の僧月性の歌を引用していることなども、一つの証左であろう（⑩一五五など）。言い換えれば、それらは、〝被害者〟天皇の心を思いやることで高まってきた草莽意識の発露とも考えられる。だから、「直訴状」に「草莽ノ微臣」と書いてあることは、この時期の正造にとって、ごく自然な表現であったと見なければならない[16]。

一方、足尾鉱毒反対運動の展開にそくして考えれば、一八九七年三月の二度の「押出し」の直後の『報知新聞』に、被害民が、(一) 鉱業停止請願、(二) 宮内省への陳情、(三)「最後の手段に訴ふる事」という三つの方針を決定したことが報じられている（一八九七年四月一日）。また、同年五月七日の『万朝報』には、「鉱毒被害地人民の不穏」と題して、「畏れ多くも　聖上の御還幸を待受け奉り闕下に伏して鉱毒の惨害を　天聴に達せんとの事」という運動の方針を、地元の警察署が探知したと指摘されている。

このように、被害地人民の間では、一八九六年の渡良瀬川大洪水以降の運動のごく初期の段階から、宮内省への陳情や天皇への直訴が考えられていたことがわかる。そして、一八九九年一一月九日の『下野新聞』には、田中正造自身が被害民に向かって宮内省への陳情を呼びかけている、という記事が出ている[17]。

ただ、宮内省への陳情といっても、具体的にいかなる内容のものを考えていたのかはわからない。それでも、被害の実態を天皇に精確に知ってもらおうというのが第一の目的であったことは、容易に想像がつく。とすれば、被害の実態を知ったら天皇は必ずやこうするだろう、あるいは、こうしてもらいたいという期待が、被害民や正造のなかにあったのであろうか。結論から先に述べれば、私は、天皇に対する期待があった、と考えている。そして、その期待とは、鉱毒被害地と被害民を救済するための勅令を発布することであったと推測している。

残された資料の中で、正造が「勅令」に言及しているのは、全部で三回ある。

第一は、一八九八年九月一八日付けの村山半・安蘇郡長他宛書簡である。そこには、「郡会の御意見として、鉱毒被害地救済として至急勅令なり何なり相発し、破壊町村救助を乞ふ事ニ御助勢可被下候」と述べられている（⑭六〇八)。ここからは、田中正造が、被害地救済のための勅令発布を求める運動を進めようとしており、そのことを郡会でも決議してほしいと、村山や郡長に要請していることがわかる。

第二に、翌九九年三月八日に議会でおこなった質問演説である。このとき、正造は、公然と勅令発布を要求している。

町村ハ町村制ノ法律ヲ容レル所ノ余地モ何モナイ、国家ノ義務モ何ンニモスルコトモ出来ナイ村ニナッテシマッタノデアル、サウスレバ之ニ対スル所ノ特別勅令ヲ出スカ何カ致シテ、相当ナル処置ヲシナケレバナラナイノデアル、(中略)又当年ノ議会ヲ俟タズシテ、勅令ヲ出セバ済ムコトデアル、勅令ヲ出シテ是ガ永ク持ツ勅令デハゴザイマセヌガ、(中略)鉱毒ノ被害ハ年々継続シテ、後トカラヤッテ来ルノデアリマスカラ、勅令ヲ出シテ何トカソレヲ取繕ッテ、永イモノヂヤナイ、其土地ニ今日ハ権利モナイ、財産モナイト云ッテモ、人民ハ居ルケレドモ、後ニハソコニハ人民ガ居ラナクナッテシマフト云フ結果デアリマスカラ、勅令ヲ出シテモ、何ノ役ニ立タナクナルト云フコトハ、分ッテ居リマスケレドモ、先ヅ人民ノ居ル中ハ、是ニ対スル処分法ヲ出サナケレバナラヌト云フコトハ極ッテ居ル、之ヲ人ガ教ヘナイナラ格別、コチラカラ教ヘテ、ソレヲシナイト云フノハ、何タルコトデアルカ(⑧一七二)

そして第三には、一九〇〇年二月一七日のいわゆる「亡国」演説のなかにおいてである。そこでも、正造は、「内閣ノ法制局ハ何ヲシテ居ルノデアル、何ゼ之ニ対スル所ノ早速勅令ヲ出ストモ何ヲ出ストモ、亦此議場へ法律案ヲ何ゼ是ハ提出シナイノデアルカ」(⑧二六七〜八)と強調していた。

勅令を出すことを「コチラカラ教ヘテ」やっているのに、「ソレヲシナイト云フノハ、何タルコトデアルカ」というのである。議事速記録は天皇も目を通すものであることを、正造は十分意識していた。[18] あるいは、かつて第四議会で軍艦建造費をめぐり紛糾を重ねていたときのことが、頭の片隅にあったのかもしれない。

伊藤博文の『憲法義解』によれば、「勅令」には、憲法第八条に規定された「緊急勅令」と、第九条に規定された「行政命令」とがあると説明されている。ここで正造が要求している「特別勅令」がそのどちらを意図していたのか定かではない。だが、「行政命令」の中でも特に「独立命令」と表現されているものは、第九条の、天皇は、「公共ノ安寧秩序ヲ保持シ及臣民ノ幸福ヲ増進スル為ニ必要ナル命令ヲ発シ又ハ発セシム」という部分に該当するものである。これは、帝国憲法発布のときの天皇の告諭の中にあったことでもあり、正造が要求していた内容とも合致する。

では、正造が「勅令」の発布を思いつくにいたった背景を考えてみよう。第一に考えられるのは、第一次鉱毒調査委員会における長岡宗好委員の提案である。前述したように、長岡が「緊急勅令」による一時的救済という発言をしたのは、一八九七年五月三日の委員会の席上であった。鉱毒被害地の免租処分をめぐる審議のなかでの発言であり、再度引用すると、それは、地租法の改正が即座にできなければ、「一時此緊急勅令ヲ以テ被害地ノ処分ヲ附ケテ置イテ、此十一月ノ議会ニ対シテ此地租法ノ改正ト云フモノヲ政府カラ提出サレタイト云フ私ノ望デアリマス」という内容であった。正造の発想は、この長岡のそれと全く同じである。正造が勅令発布請願を村山半らに指示するのは、その翌年九月のことであった。

第二には、一八九九年八月一七日の『万朝報』の記事「緊急勅令の濫公布」という記事が参考になるであろう。そこには、次のようにある。

緊急勅令の議会の承諾を得ざる、其の効力を将来に失ふのみならず、爾後其の公布を再たびするべからざるなり、渡韓取締及び選挙取締に関する緊急勅令ハ已に一再公布せられ、而して議会ハ共に之に承諾を与へず、之に対する輿論の所在、已に明白なりと言ふべし、然るに政府ハ更に両つながら之を公布す（選挙取締に関する緊急勅令も已に公布に決す）其の輿論を蹂躙し、議会を蔑如する、亦甚だしと言はざるべからず、若し夫れ、議会閉会中に之を公布し、其の開会に先だちて之を廃止し、以て議会の承諾を求むるの煩を免かれんとするがごときハ、憲政運用上の悪慣例を啓きて遂に緊急勅令に関する憲法の精神を没却するに至るもの、特に識者の注意を要す

このように、当時の政府は、緊急勅令を政治的懸案を解決する手っ取り早い手段として頻繁に利用していた。『万朝報』の記事は、それが議会を無視し憲政を形骸化させる危険性を指摘したものであるが、正造にしてみれば、ならばなおさら鉱毒問題で勅令をださないのはなぜだ、という思いにかられたとしても不思議ではないのである。「人民ガ居ル中」の緊急の「処分法」として勅令の発布を要求し、しかも、「当年ノ議会ヲ俟タズシテ、勅令ヲ出セバ済ムコトデアル」と述べているのは、政党政治家としての自己否定につながりかねない危うさも熟知したうえでの、一種の断念をともなった主張であったといえるのである。

以上のように、正造の天皇観と鉱毒反対運動の両面から考えてみると、直訴にあたって正造が天皇に期待するところがまったくなかったとは考えにくい。なんらかの期待があったと考えるべきであろう。そして、その「期待」とは、残された資料から推測しうる範囲でいえば、まず、天皇が憲法に基づき勅令を発して被害地町村・人民を救済することで、「有徳の君主」としての「徳」を率先して示すことであったと考えられる。つまり、とりあえずの救済を天皇の勅令による処分に求め、そして「永遠ニ救ふ」道を、それを突破口とする憲法法律の正当な実行と、人権や自治や生命や土地や清流が大切にされる政治の確立に求めた、といえるのではなかろうか。それでこそ、天皇の「尊厳」も回復されるのだ、と。

私の直訴に関する理解は以上である。正造の直訴は、計画的ではあったが純粋な心情に裏付けられた主体的行動であった。直訴の目的が、単に鉱毒問題の世論喚起と運動の活性化にあったというだけでは、あまりにも狭い捉え方になってしまう。もとよりそれは正造の願うところでもあった。が、たとえ石川ら新聞関係者の協力を仰いだにしても、直訴による世論の沸騰は、当然予測しうるいわば自明の事柄であり、正造の直訴に世人がすぐ佐倉宗吾をイメージし

たように、直訴という行為が民衆の中に息づいている義民伝承に火をつけることくらい、正造ならずとも容易に推測できたはずだからである。また、天皇に直訴しておきながら、天皇に対する期待が全くなかったと理解するのも、私には、非常に不自然に思われる。この段階の正造に、天皇に対する〝幻想〟があったとしてもちっとも不思議ではない。(19)

五　九〇年代の直訴研究

一九九〇年代も、正造の直訴に関する研究がさかんに行われている。いま、直訴そのものを対象にした研究、あるいは正造の直訴にまとまったかたちで言及している研究を発表順に列挙すると、以下のようになる。

小松　裕「正造の直訴をめぐって」（一九九二年）
花村冨士男『田中正造の終りなき戦い』（一九九四年）
新藤泰男「田中正造の権利思想の一考察―一―直訴に見る権利思想」（一九九四年）
井上章一『狂気と王権』（一九九五年）
小松　裕『田中正造』（一九九五年）
南　敏雄「田中正造の天皇像―その変遷と政治思想」（一九九五年）
小西德應「田中正造研究―直訴報道と研究史」（一九九六年）
原　武史『直訴と王権』（一九九六年）
布川清司『田中正造』（一九九七年）
日原高志「Multi-scale history から見た田中正造の直訴」（一九九八年）
小西德應「田中正造研究―直訴にみる政治システム認識と天皇観」（一九九九年）

この中で、花村、新藤、南、日原、小西、布川の見解を一瞥しておこう。

まず、花村は、正造は直訴によって憲法第九条の「特別命令」発布を期待したとし、「正造は天皇への尊崇の念厚く、同時に、鉱毒事件の解決のための天皇の特別命令の発布を期待し、その効果にある程度の希望を持っていたものと考えられる」（三二三頁）と述べている。注記はないが、私の見解をほぼ踏襲している。

新藤は、直訴をめぐる研究史を概観して、直訴の動機と内容、天皇への期待、直訴の結果の予想の三点で私の研究を整理したうえで、「小松氏の論証をもって直訴解釈は決着したと思える」と指摘している。そして、正造の思想を直訴をもって一応完結したものとし、それ以降の思想とは非連続で捉えることを提唱している。

南は、「正造は直訴で天皇に憲法を逸脱した強権介入を要請したのではなく、憲法の枠内での権力行使と、それによる鉱毒問題の解決を要請したのである」（一五四頁）とまとめている。

日原も同様に研究史を整理し、まず、「義人田中正造的直訴観」、「策士田中正造的直訴観」という表現で代表的な直訴研究をまとめている。そして、「このような義人観／策士観は、直訴に至る歴史的文脈（time-scale）をどう設定するかの見方の相違」に由来するとして、「策士観」は石川半山日記に記載がはじまる一九〇一年六月からの半年の time-scale で直訴を捉えるものであり、「義人観」は正造の生涯六〇年の time-scale で直訴を捉えるものであるという興味深い指摘を行っている。（一四四頁）さらに、上記の二つに加え、最近の研究として由井『田中正造』と私の研究をとりあげ、最近の研究の特徴は複合的な time-scale から正造の直訴を捉えようとしている点にあるとまとめている。

精力的に研究を発表している小西は、一九九九年の論文の中で、正造の直訴は、鉱毒問題の解決だけでなく、機能不全に陥っている「政治システム」（政治・行政・財政・地方自治・司法など国家の統治システムの全体を小西はさしている）の機能回復も目的にしたものであったと主張している。小西の論文の特徴は、次の三点に求められる。「六角家払奸運動」を「直訴の原型」と位置づけたこと、『都新聞』の記事を手がかりに正造が直訴の決意を固めたのが明治三三年一月初めであったとしたこと、そして、天皇の「聖断」に期待するところがあった、とした点である。小西は、次のようにまとめている。「田中が天皇に望んだことは二つだった。一つは直訴状に目を通してくれることであり、もう一つは自分の意見に耳をかたむけてもらうことであった」、天皇の仁慈にすがるものではなかったが、「行政府を機能させるさいには、天皇から大臣に対して、何らかの形で「命令」がなされることが前提とされていたことはまちがいない」(二三五頁)。

一方、布川の解釈は次のようである。「江戸期の義民と共通する心情をもっていた」「正造がただ世論を喚起するために自らの生命を賭けたとは考えられない」、被害民の生命を救おうと考えたのであり、「人びとの生命を救いたいと考える正造が、自分の生命まで賭けて頼めると考えたのが明治天皇だった」、「したがって直訴の目的は直訴状を天皇に手渡すところにあった」、「主義よりも実効を重視する正造には、天皇の仁慈にすがることはけっして不名誉なことでもなく、むしろ江戸時代の義民の伝統にもとづく当然の行動なのであった」(五四〜六頁)。

以上のように概観してみると、直訴研究の方向性は、布川の見解を除いて、ほぼ私が呈示した見解を踏襲するかたちで進んできていることがわかる。[20] ただ、天皇に期待したものが、憲法に規定された範囲内での具体的な行動であったとする点では共通するものの、それが閣員に対する督責にとどまるのか、それとも勅令の発布まで求めたのかという点で、若干の差異がみられる。

この点に関して、私の説に対するほとんど唯一の批判といえる由井正臣の見解を参照しておこう。由井は、「勅令には一般の勅令と緊急勅令があった。一般の場合は天皇が命じるわけではないのは正造は知っているし、緊急勅令の場合だって議会を通ることになる。その視点はどうかな」というように、『新・田中正造伝』(朝日新聞宇都宮支局編、一九九二年)に収録された座談会の中で述べている。座談会の発言であるので、必ずしも批判のポイントが明確ではないが、私もそのあたりのことは正造も十二分に承知した上での勅令発布要求であったと考えている。そこで、勅令発布要求説の妥当性を再検討するために、間接的な論証になるが、一九〇六年二月八日の帝国議会で質問演説がなされた緊急勅令問題を見ておきたい。この質問書は、島田三郎・花井卓蔵・鳩山和夫ら、田中正造に政治的立場が近い議員の手によって提出されたものであり、そこから正造の勅令観を推測することもある程度可能ではないかと考えるからである。

問題の経緯はこうであった。政府は、一九〇五年九月六日に第二〇五号と二〇六号の二つの緊急勅令を天皇の名で発布した。二〇五号は「東京府内一定ノ地域ニ戒厳令中必要ノ規定ヲ適用スルノ件」、二〇六号は「新聞紙雑誌ノ取締ニ関スル件」と題されていた。いずれも憲法第八条によるものであり、日比谷焼き打ち事件に代表されるような日露講和条約反対運動を押さえ込むために発布された勅令であった。ところが、この勅令を、政府は、議会開会前の一一月二九日に、勅令二四二号によって一方的に廃止してしまったのである。勅令第二四二号は以下のような内容である。

朕茲ニ緊急ノ必要アリト認メ枢密顧問ノ諮詢ヲ経テ帝国憲法第八条ニ依リ明治三十八年勅令第二百五号及同年勅令第二百六号廃止ノ件ヲ裁可シ之ヲ公布セシム

こうした政府の措置に対する島田らの質問の要点は二つあった。第一に、憲法第八条第二項で、緊急勅令は必ず次の会期における議会に提出して承認を求めなければいけないと規定されている、だから議会に提出し審査を受けるまえに緊急勅令を廃止したのは憲法違反である。第二に、仮に会期前に廃止できるものとしても、勅令二四二号は憲法第九条によって発布されなければならない性格のものである。

ここで注目すべきは、後段の憲法解釈である。そこで、もう少し詳しくこの点を考察するために、島田らが提出した質問書の関連部分を引用する。

憲法第八条第一項ニ依レハ緊急勅令ハ公共ノ安全ヲ保持シ又ハ其災厄ヲ避クル必要アルニアラサレハ発スルコトヲ得サルモノニシテ即チ消極的ニ危害防護ノ目的ニ出ツルヲ要シ積極的ニ幸福増進ノ目的ニ出ツルヲ許ササルノ注意ヲ示シテ余アリ而シテ勅令第二百五号及第二百六号ハ施行ノ必要ナシトシテ廃止セラレタルモノナレハ其目的危害ノ防護ニアラスシテ幸福ノ増進ニアルコト明ケシ故ニ仮ニ廃止シ得ヘキモノトスルモ勅令第二百四十二号ハ憲法第九条ニ則テ発セラルヘク同法第八条ニ基キテ発セラルヘキモノニアラス而シテ事爰ニ出テサルハ憲法ノ条規ニ違フモノト信ス

つまり、第八条の勅令は消極的な危害防護を目的とするものであり、第九条の勅令は積極的な幸福増進を目的とするものであるから、勅令第二四二号は第九条によって発布されなければならない、というのである。

質問演説にたった花井卓蔵も、次のように述べている。緊急勅令で緊急勅令を廃止することは、「緊急勅令ハ公共ノ安全ヲ保持シ、又ハ災厄ヲ避クルタメノ必要ニ依ツテ発スベキモノニシテ、其他ノ場合ニハ一切之ヲ発布スルコトハ出来ナイノデゴザイマス、消極的ニ或危害ヲ防禦スル目的ニ出ヅルト云フコトヲ必要ト致シテ居ルノデゴザイマシテ、積極的ニ人民ノ幸福ヲ増進スルノ目的ニ於テ発スルコトヲ認メテ居ナイノデゴザイマス」、だから勅令二四二号は、「此勅令ヲ廃スルニハ普通ノ勅令ニ依ルベク、幸福増進ヲ目的トシテ居ル、憲法第九条ヲ以テ廃セラルベキモノデ、危害ノ防禦ヲ目的トスル緊急勅令即チ憲法第八条ニ拠ツテ廃止スベキモノデハナイト思フ」、と。(21)

このように、正造のかつての同僚議員たちは、第八条と第九条の勅令の性格の相違をきちんと認識していた。私は、おそらく正造も同様であったろうと推測するものである。とするならば、問題は、正造が主張する「特別勅令」が、はたして、一時的な危害防護のための緊急勅令であったのか、それとも被害民の幸福増進のための積極的な普通の勅令であったのか、ということになる。「当年ノ議会ヲ俟タズシテ、勅令ヲ出セバ済ムコトデアル、勅令ヲ出シテ是ガ永ク持ツ勅令デハゴザイマセヌガ」と正造が述べたとき、その脳裏にあったのは、第八条と第九条のいずれであったのだろうか。

ここで、「議会」を意識していることと、「永ク持ツ」ものではないと語っていることを考えると、第八条の緊急勅令を意味していたとも受け取れる。さらに、緊急勅令は法律を変更することができるが、一般の勅令は法律を変更することができないという問題もある。正造が、地租条例など、何らかの法律の変更を考えていたのであれば、第八条の緊急勅令を考えていた、ということになる。しかし、正造が憲法の精神を強調するときに、「臣民」の「康福ヲ増進」することを宣明した憲法上諭を引用することが多いことを考えれば、やはり被害民救済のためのより積極的な勅令を期待していたとも考えられるのである。そこで私は「独立命令」説を呈示したのであったが、そのように断定できる史料が残されていない現状では、第八条も含めて、ただ「勅令」を要求していたと判断するのが妥当に思われる。むしろ私たちがくみ取るべきなのは、正造が「人民ガ居ル中」の救済を「勅令」発布に求めたことの重みなのである[22]。

しかしながら、たとえ憲法の条文にあったにせよ、また国家と人民をまるごと救うためとはいえ、天皇が自らの意志を勅令という形で表して現実政治に介入することは、立憲政治にとって好ましいものではなかった。この点を鋭くついたのが、共和制論者の木下尚江であった。周知のように、木下は、『六合雑誌』に寄せた「社会悔悟の色」と題する論攷のなかで、正造の直訴を、「立憲政治の為めに恐るべき一大非事なることを明書せざるべからず、何となれば帝王に向て直訴するは、是れ一面に於て帝王の直接干渉を誘導する所以にして、是れ立憲国共通の原則に違犯し、又た最も危険の事態とする所なればなり」と指摘している（第二五三号、一九〇二年一月一五日）。そして、正造の中に「旧式の直訴心」をみてとっている。

木下の批判は、正造の心情や意識を無視した客観的な直訴の位置づけとしては、最も的を得たものである。戒厳令までふくむ勅令の濫用は、『万朝報』も危惧していたように、議会政治を形骸化し、天皇の絶対君主化に道を開きかねないものであった。その証拠に、絶対君主的天皇観を有していた憲法学者の上杉慎吉は、伊藤博文の「独立命令」という解釈すら否定して、「独立と云ふのは、行政権は本来立法権に隷属するものなることを前提として、行政権がこれと独立に発する命令であると云ふのであるから、我が天皇の地位に当らぬ」とし、憲法第九条は、天皇が議会の議決を経ずに自由に法律でも命令でも出せる権利を規定したものの一つであると主張している(『帝国憲法逐条講義』一九三五年)。

問題は、正造がその危険性に自覚的であったか否か、である。この問いに対する私の回答は、正造はその危険性を熟知していた、というものである。第四議会において行った「和協」の詔勅に対する激しい批判をみれば、詔勅の政治的利用が憲法政治を形骸化させてしまう危険性に正造は十分自覚的であったことがすぐわかるであろう。その意味でも、直訴は、政党政治家としての自己否定をも意味している。だが、日本の立憲政治の先行きがどちらに転ぶかわからない危険な〝賭け〟であったからこそ、正造は、自らの生命を投げ出そうと、自らの死の重さを代償にしようとしたのではなかったろうか。

第二節　谷中への道

一　世論の沸騰と運動の再構築

又正造ハ今よりのちハ此世にあるわけの人にあらず。去る十日に死すべき筈のものニ候。今日生命あるのハ間違ニ候。誠に無余儀次第ニ候。当日ハ騎兵の内一人馬より落ちたるものなけれバ、此間違もなくして上下の御ため此上なき事に至るべきに、不幸にして足し弱きために今日まで無事ニ罷在候。此間違ハ全く落馬せしものありての事ならんとも被考候。(⑮三五五)

直訴後の一二月一八日、妻カツに宛てた手紙の一節である。

この一二月一八日付けの書簡が、現在わかっている限りでは、直訴後はじめてのものである。この間は、日記も論稿もない。正造の自発的謹慎は、約一週間に及んだことになる。

このことを長いと見るか、短いと見るかは、評者によって理解が分かれるところであろう。私は、意外に立ち直りが早かったと考えている。おそらく、想像をこえた世論の沸騰に元気づけられたのではなかろうか。一二月二〇日の『滑稽新聞』に寄せた書のなかで、「唯今回の事満天下の耳目を聳動せしめたるが為め或は鉱毒問題の解決に対して無二の好機会を与へ善後の措置に向つて最良の機運を授けたるは正造の心私に信ずる所也」（⑤五〇四）と述べているのは、そうした回復の早さをものがたるものであろう。

一方、直訴によって世論は沸騰し、鉱毒被害民救済運動の輪も広がっていった。すでに、一九〇一年一一月二九日には、日本基督教婦人矯風会を中心に鉱毒地救済婦人会が結成されていたが、直訴後はますます活発に運動を展開するようになっていた。一二月二九日には、鉱毒被害地救済仏教者同盟会が結成され、群馬県邑楽郡海老瀬村に鉱毒施療院を設置して救済活動を繰り広げていた。学生たちも運動に立ち上がり、一二月三〇日に学生鉱毒救済会を設立して、熱心な運動を展開していった（学生たちの運動の展開と意義については、補論二を参照してほしい）。また在京知識人を中心に結成されていた鉱毒調査有志会も、一九〇二年四月二日に、神田基督教青年会館で演説会を開き、足尾鉱毒問題解決既成同志会への改組を決定した。

こうした運動の盛り上がりをうけ、正造も再び運動にたちあがり、沸騰した世論への働きかけをはじめていった。一九〇二年一月から、さっそく、佐野、神田、横浜で開催された演説会に出席し演説を行っている。一月二四日には、植野の道交会宛に、佐野や足利、その他の「枢要ステーション」に被害品を陳列することを要望している。実物教育というわけである。あるいは、写真を使って被害の実態を知らせるというアイデアも提示している（⑮三九〇）。

こうして、正造は、「人道問題ノ周旋屋」（二月一日、原田定助宛、⑮三九一）を自認しながら、足尾銅山鉱業停止請願運動の再構築をはかっていくのであった。三月一三日に、川俣事件東京控訴審の被告とされている被害民におくった書簡には、「赤穂四十七士よりも更ニ困難ハ多シ。凡人ハ死するを易シとす。生きながらに長く節義を高くして、人民のために罪を受くるハ難し」（⑮四一〇）と書いていた。直接的には被告たちに向けた言葉であるが、正造が死ぬ決意を最終的に放棄した文章と読むことも可能である。

ところが、従来の研究は、直訴から谷中村に入るまでの正造の歩みをほとんど等閑に付してきた。この点は、鉱毒被害民の運動に関しても同様である。しかしながら、正造がなぜ谷中村に入るに至ったのかを考えるには、この間の正造の行動と思索の軌跡を明らかにする必要があるのではなかろうか。日向康が作成した『全集』別巻の「年譜」は、かなり詳細にこの間の軌跡をたどっているが、それでもまだ抜け落ちている事実が多い。私は、おもに『毎日新聞』の報道を中心に、運動の局面が転換する直前の、一九〇三年八月までの正造の歩みと鉱毒反対運動の経過を少し詳しく追ってみることにしたい。

一九〇二年（明治三五）一月から、正造は、精力的に演説会に出席している。『全集』の「年譜」に掲げられたもの以外に、一八日には慶応義塾の学生有志が発起した「鉱毒地救済演説会」（芝ゆにてりあん教会）に出席し、さらに二九日の「鉱毒地惨状幻燈会」（神田錦輝館）と三〇日の「鉱毒地救済演説会」（正教青年会発起、神田美土代町青年会館）でも挨拶を行っている。

一方、被害民たちの請願運動も一月末から再び開始された。「鉱毒非命死者救護の請願書」を携えて、まず、一月三一日に群馬県山田郡の各町村の総代が出京し衆議院に提出した。同日、邑楽郡二二ヵ村からも同様の請願書が提出された。

二月一九日には、女たちの「押出し」が行われた。当初、七〇余名が上京の途についたが、海老瀬村で警官に押しとどめられ、一七名が小野政吉らに率いられて上京した。『毎日新聞』が「被害地の老婆連」と形容した女たちは、各新聞社をまず訪問し、ついで近衛貴族院議長、片岡衆議院議長を訪ねて陳情を行った。二四日からは連日首相官邸を訪ねて桂首相に面会を要請したが、公務多忙を理由に断られ、果たすことができなかった。自分はどうなってもいいが、子や孫にまで「毒水」をのませたくない、との一心での行動であった。この間も三々五々被害地から女たちが上京し、なかには粟餅を少々持参しただけでお金もなく野宿する老婆もいた。その後も女たちはしばしば上京し、古河市兵衛の邸前で「鉱毒非命死者和讃」を唱えるなど、興味深い活動を行っている(23)。

二月二三日には、犬養毅・鳩山和夫・田口卯吉・島田三郎らの発起になる田中正造慰労会が、富士見町富士見軒で開催され、約七〇名の議員らが参加した。発起人総代として挨拶した田口卯吉は、「世間田中氏を以て明治の佐倉宗五郎となすも彼れは一時の窮状を訴へたる者にして田中氏が十年一日の如く無告の窮民の為めに社会に訴へたるに比すべくもあらず、則ち氏の赤誠は宗五も尚及ぶ所に非ず」と述べた。島田三郎は、自由民権運動以来の正造との交情について述べ、あわせて正造を支えてきた夫人の功をたたえた（二月二五日）。

二月二八日には、様々な動きがあった。まず、麻布大学校の講堂では鉱毒地横死者の追弔法会が開催された。横浜の日宗会が発起した鉱毒救済演説会には二〇〇〇余人もの聴衆があつまり、高橋秀臣らが熱弁をふるった。また、安蘇郡植野村青年道交会の新井市蔵他八三名と邑楽郡西谷田村の三田善蔵他三六名がそれぞれ鉱毒非命救護の請願書を提出した。さらに、根岸門蔵ら二八三五人も、利根川の「修築設計の全部を本年度より施行し、沿岸被害地の危害を救済せられたき旨」の請願書を、貴衆両院に提出している。

三月二日、渡良瀬川下流域を中心とする栃木・群馬・埼玉・茨城四県の被害民たちによって、再び大挙請願上京が決行された。五度目の「押出し」である。五〇〇〇余人もの被害民が被害地を出発したが、九〇〇余名にも上る人員を栗橋などに配置して厳重な警戒にあたった警官隊に遮られ、また千住でも阻止された結果、ほとんどが追い返されてしまった。しかし、かろうじて上京した男女あわせて一〇〇余名の被害民は、三月五日に農商務大臣の官邸と農商務省に押し寄せて、「総代を選んで今迄何年となく嘆願したのもチットもきかれやんせんで我々は何時までも毒水を飲むのでやんすから帰っても死ぬのです毒水を止めて下さらぬ内は死んでも国へは帰りやんせん」と、大臣への面会を求めた。翌日、利島村の片山嘉平を代表とする被害民総代一一名と、野口春蔵、左部彦次郎らが平田農相と面会、足尾銅山の鉱業停止を要請した。総代の中には、谷中村の川鍋岩五郎、宮内喜平、川辺村の稲村廣吉らとともに、界村の野口なみ、三鴨村の山中まつの二人の女性も含まれていた。女たちが運動の表に立つようになったのが、直訴後の運動の一大特色である。

三月八日には、下都賀郡野木村他六ヵ村の被害民二〇〇〇余名が上京を試みたが、警官隊に阻止され、かろうじて二〇名の総代だけが上京を許された。先の大挙請願上京とあわせ、渡良瀬川下流域の運動が激しくなっていることを確認できる。

三月中旬には、高橋秀臣と荒川高三郎を中心とする巡回演説が、群馬・栃木両県の被害地で行われた。さらに興味深いのは、次のような記事である。「足利郡毛野村大字川崎植木たつ、関口しんの両女発起となり十数名の老婆連を集めて去十四日同字岩崎佐十氏の宅に集ひ鉱毒非命死者供養塔前にて念仏を修行し翌十五日よりは引続き各村々を廻りて非命死者の為めに念仏を修しつゝありと」(三月一六日)。岩崎佐十は、屋敷の裏庭に、鉱毒非命死者供養塔を立てていたが(次頁図参照)、その前で老女たちが「念仏」(前述した「鉱毒非命死者和讃」かと思われる)を唱え、その後各村々を巡回しているというのである。これも地域の伝統文化をベースにした運動といえ、老若男女それぞれが、思い思いに自分のできる運動を繰り広げていたことがわかる。このように、足尾鉱毒反対運動は、ただに請願や演説に止まらず、念仏という伝統的なものから幻燈という近代的なものまで活用したきわめてバラエティにとんだ文化運動でもあったのである。

三月一八日、神田錦輝館で東亜仏教会の主催になる鉱毒被害地非命死者の追弔と凍死軍人の追弔を兼ねた春季大会が開催され、正造は、被害民総代として、鉱毒非命死者の霊に焼香した。二一日には、横須賀で開かれた相州婦人矯風会主催の鉱毒幻燈演説会に出席して挨拶を行い、二二日には横浜の日宗会主催の鉱毒事件演説会に参加、「救を呼ぶの声」と題して演説を行った。

こうした運動や演説会活動も、四月にはいると勢いが少しずつ衰えはじめ、『毎日新聞』の紙面も、それまで三段にわたっていた「鉱毒事件彙報」欄が二段になり、一段になり、そしてその半分になりと、徐々に記事が少なくなってくる。そして、五月になるとほとんど運動がみられなくなってしまうのである。農民を中心とした運動がもつ制約であった。わずかに、五月四日の紙面に、「鉱業停止免租の請願」と題して、川辺利島両村の総代が、足尾銅山鉱業停止、免租継続の請願書を携えて上京したという記事が掲載されている程度である。一方、田中正造は、九日に「欠伸事件」の有罪判決が出されたが、一〇日には長野県佐久郡野沢町城山館で開かれた鉱毒救済演説会に出席して演説を行っている。

運動は、六月一六日の田中正造の巣鴨監獄への下獄によって、さらに沈滞化してくる。ただ、被害民たちが田中正

（備考）『毎日新聞』1902年３月28日３面より。

造の特赦願として九〇四〇名の署名を集めて司法省に提出したという動きが注目できる。

七月二六日に出獄した正造は、すぐ花井卓蔵の選挙応援のために広島に向かった。ここで、対立候補の応援に駆けつけた井上角五郎と大岡育造が、「法律家は有害無用」で議会には必要ないと花井を攻撃したことを知り、正造は次のように尾道で反論している。

法律家が無用とは何事ぞ、抑も今日の政界は法律家にして始めて其議員たるの職責を全するを得るなり、彼の星亨が政界に跋扈せしは、法律家なりしが為めにして、彼れは法律眼を以て政府の非行欠点を看破し、此の急所を握て政府を威迫せしが故に、政府も止むを得ず彼れに大利を喰はしたり

大岡育造氏は法律家なり、故に蛇の道はヘビにて、星が大利を占めたるを看破して、密かにイヤ味を言へり、星にして其の利を分配せば彼等は一致せしならんが星は之を分配せざりし為めに、星の生前に於て此の両人は仲が善からざりき

井の角氏は法律家に非るを以て政府の急所を突く能はず、従て星の如く大利を博するを得ず、コソ〳〵と政府をつゝきて小利を博する内、時として星と利の衝突を来す事あり、故に星は井の角とも仲か善からざりき

今日政府の急所を看破し、政客の非行悪徳を看破するには、必ず法律眼ある者ならざる可らず、唯法律眼を具えて、其の急所を看破し、而して星の為せし如く示談をなさゞる所の真正の人物を議会に要するなり

議会に法律家を要せずとは何事ぞ、議会は立法院に非ずや、憲法は明白に議員に法律を議定せしむることを記せるに非ずや、議会に法律家を要せずと論ずる人は憲法破壊者に非ずんば議会の性質を知らざる愚者の論なり（八月一八日）

いかにも正造らしい、歯に衣を着せぬ痛烈な人物評である。相変わらずの星亨評や、法律家に対する期待がうかがえ

て、興味深い資料である。

ところが、正造が広島にいる間、八月九日に渡良瀬川の水が氾濫し、谷中村の堤防が決壊して、三四八戸が水に浸かってしまった。東京に帰ってきた正造は、谷中村の被害状況を調査に赴く一方で、二二日には群馬県藤岡町で鉱毒地救済演説会に臨み、佐藤良太郎や関口貞利らとともに演説を行っている。そして、八月三〇日には、仙台控訴院に移された川俣事件の裁判を支援するために、夜一〇時過ぎに仙台に到着、さっそく演説会で挨拶を行い、翌三一日に開催された演説会でも、「解決及び目下の急」と題して演説を行った。このあと、盛岡、青森をかけて演説活動を行い、帰京する。

九月八日、今度は利根川が増水し、北埼玉郡の堤防が決壊、利島川辺の両村のほとんどが浸水した。『毎日新聞』の報道によれば、川辺村の浸水戸数は四四三戸で村の全戸数にあたり、利島村では五七〇余戸のうち五二三戸が浸水するという惨状であった。その被害状況を正造は視察している。そして、谷中村や利島川辺の両村にさらに追い打ちをかけたのが、九月二八日の関東大洪水であった。渡良瀬川の桐生・足利付近でも氾濫し、下羽田などは、洪水による置土が一尺から三尺におよび、被害民は涙ながらに「毒土」の除去作業を行っていると報じられている。三度の洪水で、渡良瀬川沿岸の被害地は再び目も当てられぬほどの荒廃に帰した。こうした中で、一一月六日に被害状況を視察に来た片岡侍従に対して、地方官は被害激甚地に案内しなかったばかりか、被害民たちが直接陳情に及ぼうとするのも妨害するという事件が起こっている。

こうして、一方では大洪水の被害への対応と、他方では一一月二七日より開始される川俣事件控訴審の再審への対応に追われ、正造の身はいくつもに引き裂かれんばかりであった。

年があけて、翌一九〇三年（明治三六）になると、再び、鉱毒地救済婦人会や在京知識人を中心とする活動が盛んになってきた。

一月一五日、左部彦次郎らは救済婦人会と協力して、谷中村の茂呂近助方に、被害民のための授産場を設置した。

柳の木を削り麦藁のように編んで輸出用の婦人帽子を編む仕事で、一〇才から一五、六才までの女児約七〇名が従事した。また、一月二七日から二九日にかけて、潮田千勢子らは被害地の巡回を行ったが、二八日に正造らと界村の永島礼七宅でおちあった。その夜は、被害民を前にして、正造や佐藤良太郎が演説を行っている。また、翌二九日は、雲龍寺から川崎、富田方面を巡検した。

二月に入ると、正造は、第八回総選挙に立候補した河井重蔵や島田三郎の応援で大忙しであった。静岡県掛川市で河井の応援をした後、横浜に戻り、二月一三日から連夜のごとく応援演説を行っている。一三日は横浜喜楽座で「人道の為めに叫ばざるべからず」と題し、一六日は元町万竹亭で「亡国の第二期」と題してそれぞれ演説を行った。一九日夜は本牧の池田邸で、二一日は青木町の橘樹亭で、そして二四日には雲井座で開かれた応援演説会に出席している。横浜市選挙区は、島田の他に、加藤高明、奥田義人の有力候補が立候補しており、激しい選挙戦が戦われたが、選挙結果は島田（一一〇六票）と奥田（四三〇票）の二人が当選し、加藤は一二票差で涙をのんだ。また、河井重蔵は、最下位当選の沢田寧に五三票差の一七二四票で、惜しくも次点に終わった。

五月に入ると、開催された第一八回特別議会にあわせて、被害民たちの運動が再び盛り上がった。それを箇条書き風にまとめてみよう。

五月二日　被害民一〇数名、蓑笠姿で皇居坂下門にあらわれ、桂首相への面会を求める。

五月四日　黒澤酉蔵他九名の被害民、内閣法制局に出頭し、市毛（一木？）委員長に面会、調査委員会の調査の進展具合を尋ねる。

下都賀郡部屋村瀬下元一郎他一二名の被害民、桂首相との面談を求め、坂下門にあらわれる。

五月五日　被害民九名、農商務省に出頭、大臣に面会を求める

五月二一日　群馬県新田・山田・邑楽三郡と栃木県足利郡の被害民数百名が大挙請願上京に出発するも、利根川沿

岸の赤岩の渡船場で警官隊に遮られる。

夜一一時頃、栃木県下都賀郡谷中・藤岡・部屋の被害民千余名が大挙請願上京に出発するも、三国橋で警官隊に遮られ、一四名の総代を残し退散。

五月二三日　栃木県下都賀郡の総代一四名、桂首相邸を訪問し面会を申し込むも謝絶される。

この頃、栃木県足利郡筑波村、群馬県邑楽郡高島村、同山田郡休泊村、矢場川村の被害民二〇〇〇余名が大挙請願上京に出発、二〇名の総代を選び上京。

五月二四日　二〇名の総代、桂首相の官邸を訪問するも不在。

五月二八日　鉱毒被害民総代諸井彦四郎、内務省に出頭し、一六〇余名の調印になる鉱業停止請願書を提出。

五月三〇日　群馬県山田郡矢場川村小林長次郎、同郡江良川村橋崖孫蔵、同郡須戸村佐々廣吉、同郡九合村上原栄三郎の四人の村議が、宮内大臣に面会し、被害の実状を陳述する。

わずか、五月だけで、これだけの運動がみられるのである。それも、従来のような大連合しての運動というよりは、各個バラバラの運動のように見られる。それだけ「背に腹はかえられない」切迫した状況に被害民が追い込まれていたのであろう。こうした運動のすべてが、田中正造の示唆によるものかどうかはわからない。しかし、島田三郎の議会演説（五月二八日）にあわせての運動とみられることから、何らかの指示めいたものがあったのかもしれない。

六月から七月にかけては、鉱毒問題解決期成同盟会や青年修養会が主催する演説会が相ついで開催された。ただ、弁士に正造の名前はみられないので、演説は行わなかった模様である。興味深いのは、八月二二日に雲龍寺で開かれた演説会で、田中弘之、高木政勝、荒川高三郎、左部彦次郎、中島祐八らと一緒に、正造と木村半兵衛がそろって演説していることである。

このように、再び運動に挺身するようになった正造であるが、その直訴後の思想を見ると、それまではあまりみられなかったり、あるいはかすかにみられただけであったりしたものが、より明確な形で述べられるようになったという特色があることに気づく。その第一の特徴が、「天然」の強調であった。

二　人力は「天然ニ勝ツ能ハザルノ理」

(一)「愚」の自覚の形成

その前に、正造の自己認識において、「愚」という自覚が強まってきていることに触れておきたい。一九〇一年一二月二七日の原田定助宛書簡に次のようにある。

愚にても正直の心を磨き、愚にても誠実を研き、愚にても義、愚にても孝、愚にても忠、愚にても愛、愚にても天、愚にても地、或ハ神。之等ニ対シ誠心誠意、専心一意、其主とするもの尊く、重く、厚くし、其勉強昼夜に止まず、流動する事水の流るゝ如くして止まざれバ、いつしか愚も智となり、鈍も鋭利となり、才ハ日に衰へてモ智ハ日に盛んになり可申か。石も磨けバ光りを放ち申候。木材の柱らすら毎日〳〵ふきみがけバ光りて人の顔もうつるものニ候。一日ふきそふじを怠れバ、柱らの光り忽ち朦朧たるものニ候、故に只愚者の光りハ油断なくして終生を勤めとするにしかず。古人ハ天賦の智ありてすらも油断せず、故ニ勉めて聖とハなれり。況んや今人の愚いよ〳〵正直をみがきて、取捨心を明にし、災を除き幸へを得ん事を励ませざるべからざるなり。⑮三六二〜三)

心に染みいるような書簡であるが、ここで正造が述べているのは、「愚」や「鈍」が「智」や「聖」にいたる道のことである。たとえ「愚」であっても、「正直」や「義」や「愛」などに「誠心誠意」「専心一意」に勉めれば、やがては「智」にいたる、ということである。だから、「油断」することなく日夜勉めなければならない、という。それを、花崎皋平は、いみじくも「愚の弁証法」と名付けたが、ここで、「才」と「智」を明確に区別していることにも注目しておきたい。やがて、「学問」に対する明確な批判としてそれは浮上してくるからである。

被害民に対しても、「至愚」につとめるよう語っている。

サテ人生ノ勝敗ハ、金銭ノ多寡ト人生ノ決心ト二ツニアリ。イカニ金銭多シト雖、心ニ決スルナケレバ功ナシ。又人生の戦争ニハ各長短アリ。被害者ノ長ハ至愚ト貧乏ナリ。加害者古河市兵衛の長所ハ金銭ノ多シト籠絡ニアリ。各〻長所あり。各長所ニよりて初めて戦争となり申候。もし其長を捨てゝ反対の長所ニレン〳〵セバ、即ち短ヲ以テ短ヲ補フモノニテ、連戦連敗、二十四年以来の如シ。以上申上候ハヾ、大体の愚物モ今ハ了解せん。頗る御説明ヲ仰グ処なり。(⑮四〇二)

新里兼吉や大出喜平、野口春蔵などに宛てた書簡である。ここでも、「被害者ノ長ハ至愚ト貧乏ナリ」と述べ、それに徹することが活路を見いだすことにつながるという考えを表明している。

同じ様なことは、一一月二五日に原田定助に宛てても書いている。「正造ハ尤愚者を友とす。被害民ほどの愚なるものハなし。……正造ハ此愚者と共ニ自身も愚に陥りつゝあるをしらざるものなり」(⑮五一六)、と。ここで、正造自身も「愚」に陥りつつあるとの認識が示されている。ここで、「愚」が肯定的に評価されていることは一目瞭然であろう。それは同時に知識人の浅薄な「才知」を批判することにもつながっていく。

そして、前述した原田宛書簡の引用部分の次ぎに、「然れども正造の子孫ハ数百年の後に伝へんのみ。数千年ののちに伝へんと欲するなり。果して伝へて相続するものあるなり」と書かれているのは、非常に興味深い。血がつながった「子孫」のことをいっているのではない。「愚者」のことをさしている。つまり正造のたたかいは、今後数百年、数千年と「愚者」のなかに語り継がれていくだろう、というのである。正造は、そう確信するに至ったのであった。

(二) 一九〇二年七月二九日の一つの転機

ここで、一九〇二年(明治三五)七月二九日という日をなぜ特に重視するかというと、それは、この日に長文の書簡を五通も書いていることと、『全集』で三六頁にも及ぶ「足尾銅山鉱業停止請願書」をまとめているからである。それは、正造の精神において、何等かの重要な転機が訪れたことを物語っているのではなかろうか。

その第一は、新約聖書をよんでの「悔改め」である。いわゆる「欠伸」事件で、正造は、一九〇二年五月九日に、東京控訴院で重禁錮一ヵ月と一〇日、罰金五円の刑に処せられた。大審院に上告したが、六月一二日に上告棄却の決定がなされ、刑が確定し、六月一六日から七月二六日まで、巣鴨監獄で服役したのである。そして、この間に、七月五日ころから、新約聖書を読んだのであった。

「入獄中病室に居る二十余日、新約三百ページを一読せり。得る処頗る多し。いよ〳〵老へて強情たるを得ん」(⑮四四五〜六)とは、出獄後の七月二七日に原田定助に宛てた書簡の一節である。そして、ここに「悔改め」という表現が登場してくるのである。その「悔改め」の内容は、荻野萬太郎他宛書簡に記されている。「真理のそろ〳〵研究……小生の従来は余りに無意味にて候。恰も燈なくして暗夜を狂奔せるものに候。……元気のみにて真理に弱きものに候」(⑮四四七)という部分がそれにあたる。

「研究」という表現は、正造の思想的転機にかならず登場する言葉である。「真理」とは、ここでは宗教的な信仰のこと、もしくは人は何のために生きるのかという人間の実存に関する哲学的問題のことをさしているのだろう。それを深く考えることなしに、これまではやみくもに運動をしてきただけであったと「悔改め」、これからは「真理」にこだわって生きていこうというのである。それが「老へて強情」ということである。荻野宛書簡には、「今よりは温厚の君子とも見ゆるほどに言葉遣ひも非常に丁寧にはなり可申」とあるけれども、それは正造の柄ではなかった。

ますます「強情」になっていくことは、ものわかりのよさや分別くささとは無縁の生き方を選ぶということであり、その結果として攻撃の舌鋒はますます鋭さを増し、多くの人が離反し正造も孤立していく原因となるのであった(24)。

第二の変化は、「足尾銅山鉱業停止請願書」の中に「天然地勢論」が重要な位置を占めているということである。それはまず、「自然」と「人工」を対置し、人間のすることは自然にはかなわないとの認識を強めていくことになった。「自然ノ天候ヨリスル大勢力ニ対シテハ、如何ナル人工モ得テ之ニ対抗スル能ハザルモノナル事ヲ断言スルヲ争フベカラザルナリ」。古河市兵衛とて、「彼レモ天然ニ勝ツ能ハザル」存在である（③五一）。「猾智ヲ以テ一時ヲ濾〔瞞〕着スルモ、限リアル区々ノ人智ヲ以テ天然ニ作レル無形ノ大勢力ヲ欺キ、且ツ之レニ反抗シ之ニ勝タントスルモノ姑息ト云ハンカ、狡猾ト云ハンカ」（③五三）。人力・人智は、一時的には天然を従え、それに勝ちをおさめたかのように見えても、結局は「天然ニ勝ツ能ハザルノ理」を理解しなければならない（③五四）、しかも、人間の生死さえ「地勢応用ノ順逆ニヨル」のである（③七五）、「真正ノ人道ハ地勢ト共ニ存在スベキ」ものなのだ（③八一）。だから、鉱毒問題の解決は、「此天然ノ大価値大勢力ヲ有セルモノニ対シ、法律ナク監督ナクシテ数万ノ山林田野ヲ保護シ天賦ノ大勢力ヲ有用ノ方向ニ応用スルヲ得バ足レリ、又天造ヲシテ之ヲ順道ニ応用セバ足レリトス。即チ無用ノ工事ヲ為シテ国民ヲ欺カザレバ足レリトス。要ハ地勢水勢地質水質ノ有ユル天然ノ実力ヲ順用スルニアリ。即チ天ニ従ヘ地ニ則リ天賦ノ正道ヲ実行スルニアリ」（③八五）。県議時代から初期議会期にかけてはもっぱら予算執行（税公平支出）の観点から批判されていた「無用ノ工事」が、ここに至って「自然」の観点から批判されるようになったのである。また、同時期に書かれたと思われる「請願の標準書」にも、鉱毒処分の「善後ノ方法」は、「其法タル自然天造ノ資力ニ任シ毫モ人為ノ害ヲ加ヒザレバ、案外速ニ其功ヲ奏シ数年ヲ出デズシテ果シテ回復ノ功験ヲ見ン」（③四八）とある。

このように、正造は、限りある「人工」「人為」でもって「天然」「地勢」を改変しようなどとは考えずに、むしろ「天然地勢」にさからわず、自然がもっている「実力」「資力」を順用することが、逆に被害地回復の早道であると主張するようになっていた。

次に「天然」に対して「文明」を対置し、「文明」を仮のものとする視点も形成されてきていることに注目したい。一九〇三年秋、鉱毒被害地は予想だにしなかった豊作で沸いていた。前年の大洪水が、被害地に水源地の山々の肥沃な表土をもたらし、「毒土」をおおいつくしてくれたからである。皮肉なことに、これを機に渡良瀬川中上流部の運動が終息に向かっていき、鉱毒反対闘争の局面が大きく転回していくのであるが、正造はこの豊作を、自らの「天然地勢論」の正しさが実証されたものと受けとめた。そして、まず岩崎佐十に対して、明治二四年以来の国会質問演説中に「天産論」の登場するところを見つけて謄写するように、指示を出している（⑯一四）。同時に、石川半山が、『毎日新聞』に「鉱毒地新土論」[25]を掲載したのを謝し、それを「一名天然地勢論／一名天産復活論」というふうに言い換えている（⑯一五）。さらに、正造は、自分の「天然地勢論」を印刷して配布した。そこには、被害地の豊作は、「沿岸古来ノ豊沃ヲ御追想被遊、至急鉱業ヲ停止シテ、此ノ天然力ニヨリ被害地ノ全部恢復相成候様御尽力之程、付テ奉懇願候」（⑯三二）と、鉱業停止論の正当性を証明したとの認識が示されていた。

こうして、「天然ヲ恐レヨ」と正造は述べるようになる（⑩四九八）。天然の力は、神の働きともいうべきものであった。豊作は、まさに「神」の存在を証明したものであった。だから、正造は、「渡良瀬川のほとりにキリストのある事」を実証した自然の働きを見に来るよう原田定助他に勧め、「啻に書藉上のキリスト様よりハ、キリストノ真実と実体とを御らん被遊度」と、キリストは聖書の中には存在せず、自然の中に自然を通して実体を示すものであることを強調していた（⑯八八）。同様に、一九〇三年三月一日から開催されていた大阪の「人工的」な勧業博覧会に行くよりも、下羽田にきて天然の働きのすばらしさを見よ、と述べているのである。

第五回内国勧業博覧会には、冷蔵庫などが出品され話題をよんでいたが、正造は、そうした「文明」から距離を置きつつあった。一九〇三年六月二七日の日記には、「日本ハ文化文政ニ亡びたり。維新ハ皮下注射の如し。故ニ我文明ハ仮リナリ」と書かれてある（⑩四三四）。「文明」の発展を謳歌する博覧会が開催されている最中に、「文明」は

「仮り」のものであるという認識を表明しているのである。そして、七月一八日の日記には、「我文明観」と題して、「さかさまに一足飛にはね廻る　うさぎめのみの間似をするとハ」という歌が記されている(⑩四七三)。日本の「文明」化は、むしろ後退であるというのである。一二月二日には、三宅雪嶺にあて、次のような心情を吐露していた。「国家の表面ハいかに盛んなるも、たとい市を飾り城を飾るも、国家の裏面ハ丸ると空洞ニて候。満身粟を生じ候」(⑯八一)、と。

正造は、そうした文明への批判の意味を込めて長髪にしていたとは、とくに鹿野政直が指摘するところであるが、実際、正造は、髪を伸ばすことを、「天然」を尊重することであると述べていた(③一四三〜四)。それは、嫌われものの「しらみ」の視点に立って、文明発展の恩恵をうけることが少ない貧民労働者の境遇への同情心も生み出していく。

以上のような、「天然」による「人工」「人為」の相対化と「文明」批判の視座の確立は、谷中入村後、さらに深められていく。

三 「神」と社会主義

(一) 社会主義者へのシンパシィ

一九〇一年一二月に作成された「在京鉱毒死亡調査会及有志人名録」は、鉱毒調査有志会の会員名簿といった性格のものであろうが、そこに記された人名をみていくと、まさに、日清戦後の思想状況をそのまま反映しているかのような感じに打たれる。古くからの政党関係の同志だけではない。保守主義者、国粋主義者、自由主義者からキリスト教・仏教などの宗教関係者、そして社会主義者に至るまで、全部で六二名の名前が連ねてある。一九〇〇年一月に結成された社会主義研究会のメンバーとの重複も多い。それは、とりもなおさず、足尾鉱毒問題が、日清戦後の日本を代表する社会問題であったことの証明であろう。

この中に、一九〇一年五月に社会民主党の結成に参加した六名のうち、安部磯雄・幸徳傳次郎・木下尚江の三人が名を連ねている。また、西川光二郎も、一九〇三年一〇月一四日に本郷中央会堂で開催された「鉱毒地豊作問題演説会」の講師の一人にあげられている。さらに、加納豊も鉱毒問題関係の演説会に参加し、何度となく演説している。

このように、鉱毒問題に対する社会主義者の協力関係ができあがりつつあったが、それと同時に、正造の中にも社会主義者に対するある種の親近感、期待のようなものが形成されてくる。正造の資料の中に、具体的な社会主義に関する言及がみられるのは一九〇三年の後半になってからであるが、この時期は、豊作問題を契機として、運動が徐々に困難さを増していっている時期であった。いわば、運動の困難さにともなう〝異端〟への共感の深まりといっても許されるかもしれない(26)。

正造の社会主義理解は、基本的に、社会主義者こそ「真ノ愛国」者であり、「時勢ノ正気」であるというものである。それを、幸徳秋水の『社会主義神髄』に対する評にみてみよう。

神髄之評

実行の歴史と目的であり真正之勤王論と云ふも可なり。民主主義ハ勤王の真理である。正当の富豪家や工業家ハ即ち社会主義だ。

秀英堂〔舎〕故佐久間氏ハ職工を愛した。氏ハ肺病であつた。すると職力〔工〕も空気わるい処ニ働くから肺病ニなるものあらんからとて、氏ハ土用ニなれバ必ず職工を同道して逗子の別荘ニ連れて行た。暑中休課〔暇〕中ハ職工を自分の別荘ニ遊せた。斯くする事をすゝめるのだ。然るに他の工業家ハどふです。去年九月二十七日、足尾銅山の荒れて死んだものハ、坑内計りも七八百人ハ死んだ。坑外の小屋の潰れた計りでも死人ハ二百三四十人ですと当時同山の警察吏員のはなしであつたニ、農商務鉱山局の報告でハ総計怪我人と死人で二十八人ニ過ぎない。こんな人命を軽く心得て居る山師もある。之ハ社会主義ニ絶対の反対である。（中略）奸商、御用商、大資本家の見るべき書なり。又国体家の見るべき書なり。（⑩五〇五、六）

極めて独得な理解をしていたことが、一目でわかる。

まず、「真正之勤王論」というように、「勤王」という言葉で表現していることが注目できる。「民主主義ハ勤王の真理」などという表現は、田中正造が直訴前に好んで使った「憲法的勤王」を彷彿させるものである。つまり、『社会主義神髄』を「憲法的勤王」の延長線上に捉えていたのである。これは、逆にいえば、『社会主義神髄』の限界、すなわち「国体」（天皇制）と共存する社会主義というスタンスがはらんでいる問題性を、うまく評したものといえよう。

次に、「正当の富豪家や工業家ハ即ち社会主義」である、という規定が注目できる。その代表として、秀英舎の佐久間貞一をとりあげ、佐久間がいかに職工を愛し、命を大切にしたかが指摘されている。そして、その対極に古河市兵衛が位置づけられている。この理解も、「非命の死者」認識の延長に捉えられる。正造にとっては、人命や人権を尊重する資本家は「社会主義者」なのであった。これも、『社会主義神髄』が内包していた欠陥であった。たとえば、「仁徳天皇の大御心の如きは、全く社会主義と一致結合する」と述べているように、そこでは社会主義が「仁政」とほぼ等置されていた。だから、正造も、社会主義を一種の「仁政」の実行と受け取った可能性が強い[27]。

その後、正造は、一九〇四年六月二七日に、『平民新聞』の弾圧で入獄していた堺利彦の出獄祝賀会に出席し、非戦論活動を繰り広げた結果弾圧をうけた堺等を「平和の犠牲者」と高く評価した。谷中入村後も、平民社の月例会に黒澤酉蔵らを派遣して谷中問題への協力を依頼したり、また、木下尚江らの新紀元社や福田英子らの世界婦人社とも関係を維持するなど、社会主義者との関係はこののちも続いていく。さらに、谷中村事件が、荒畑寒村や大杉栄、伊藤野枝などの思想形成に大きな影響を与えたことも、日本の社会主義運動史を考える上で、見過ごすことのできない点である。

（二）宗教「研究」の途上で

先述したように、田中正造は、巣鴨監獄に収監中に新約聖書をよんで、「真理の研究」に目覚めたのであったが、注意しなければならないのは、正造における「神」とは、キリスト教的な唯一絶対神を意味しはしないことである。第一章でもふれたように、正造における「神」とは、一面では、「天」あるいは「天然」とほぼ同義の、人間の力を超えた超越的な存在をさしているが、また一面では、「正直ハ神の道ちと合する」（⑩五二二）というように道徳的倫理規範の実践を通して人間すら神に近づきうる存在として考えており、人間の中に神をみることさえあったのである。だから、あまりにもキリスト教にひきつけすぎて正造の宗教観・「神」観念を捉えることは慎まねばならないが、谷中に「天国」を造るという発想はキリスト教の影響下のものであることは否定できない。

それを最初に宣明したのは、一九〇三年一月ころの足利における演説の中であった。「過般足利にて正造の演舌の大結末の一言ハ、政府にて此激甚地を捨れバ、予等ハ之を拾ッて一ツノ天国ヲ新造すべし、と云へたるもの之《これ》なり」（一九〇三年二月五日付け原田定助宛、⑮五八〇～一）[(28)]。あるいは、「政府もし之をも用へずして移住をすゝめ此国を捨てバ我輩ハ之を拾。／天国を造り天民と共ニ住居すべし。／天ハ必ず被害民を助けて天民たらしむる疑ふべからず」（③九六）というように述べている。

政府が谷中村切り捨ての姿勢を徐々に明確化してきたのに対抗して、鉱毒被害激甚地の谷中に「天国」を造り、「天民」と共に居住しようというのである。このような考えをもって、正造は「谷中ニ帰国の準備」にとりかかるのであった（一九〇四年七月二八日付け、黒澤酉蔵宛書簡、⑯二二四）。

それとともに看過できないのは、谷中入村以前に、抑圧者をも〝あわせ救う〟という観点が形成されていることである。すでに、一九〇三年一二月には明確になっている。

たとえば、一二月二日の飯野吉三郎他宛書簡には、「貴下よ、天に代らせられて此憐なる無邪気の国民と至愚の政府と国家の全体とを併せ御救あらんことを」と書き送っている（⑯八四）。また、一二月二八日付けの大出喜平宛書簡には、「予等の少数ハ天の如く、神仏の如く、却て此悪新聞悪官吏をも併せて救わんとするためのみ」とある（⑯一一六）。

国家と人民をまるごと救うことは正造の念頭をたえず離れなかった課題であったが、このように、この段階になると、単なる「悪魔退治」ではなく、それを悔い改めさせて「併せて救」うこと、言い換えれば、被抑圧者が抑圧者の権力を奪取してそれに取って代わるのではなく、権力の存在そのものをも揚棄していこうとする指向性が少しずつ顕著になってきたといえる。ただ、この時点ではまだ、そうした課題を担うのは「予等の少数」の先覚者なのであり、「弱」が「弱」のまま救うという地点まで正造の解放観念が到達していないことにも留意する必要がある。正造にとって、谷中入村後の「谷中学」の過程は、そうした先覚者意識を克服し、抑圧された人民を主体とする変革構想に到達する過程でもあったのである。それは、上流男子から選挙権を取り上げよと主張したり（③一一六）、衆議院召集停止を求める請願書を作成したり（③一三五）した行動に見られるように、正造が考えていた政治主体が「腐敗」をしらぬ青年や下層民衆へ下降して行くことと軌を一にしていたのである。

さらにもう一つ指摘するならば、正造が初めて公式に非戦論を表明したのも一九〇三年であったことである。それは、正造自身、静岡県掛川で河井重蔵の選挙応援演説中の二月一二日のことであったとしているが（一〇月二六日の日記、⑩五四七）、『亡国への抗論』に収録された河井重蔵宛の書簡をみると、このとき正造は、八日に三島に宿泊し、九日に掛川に入り、一一日の夜遅くには横浜に戻っていることが確認できるので、一二日というのは正造の記憶違いであろう。それは、「鉱毒問題ハ対露問題の先決問題なり。鉱毒問題を後ちニして戦ハヾ失敗す。理相〔想〕ハ非戦ナリ」というものであった（同前）。そして、四月六日に甥の原田定助に宛てた書簡でも、「正造ハ今日と雖非戦論者なり。倍〻非戦争論者の絶対なるものなり」（⑯一七四）と述べている。

こうして、正造は、日露戦争中も非戦論を唱え、やがて軍備全廃を主張するようになるのであるが、このような正造の非戦論を、日露戦争における非戦論の中に正当に位置づける必要があろう。内村鑑三や木下尚江のキリスト教的人道主義にもとづく非戦論、幸徳秋水や堺利彦らの階級的視点にたつ非戦論、また与謝野晶子や大塚楠緒子の肉親愛を中心とした厭戦論とは異なり、正造のそれは生命の貴重さを中心に階級的視点をも併せ持った非戦論として特筆に価するのである。

小括

天皇への直訴は、もとより、死を覚悟した捨て身の行動であった。正造は、被害民を救済するだけでなく、憲法法律が正当に実行される立憲政治の機能回復と「亡国」状況に突入した日本の国家と人民をまるごと救おうとして、直訴に及んだのである。そして、天皇に対しては、鉱毒被害の実態を精確に知ってもらうこととあわせ、被害地救済のための勅令の発布を望んだのであった。

直訴前から活性化のきざしをみせていた鉱毒反対運動と被害民支援救済運動は、正造の直訴によって再び大きく盛り上がった。知識人・婦人・学生・宗教関係者などが続々被害地の視察に訪れ、演説会などを通じて救援を呼びかけた。一方、被害民たちの鉱業停止請願運動も活発に繰り広げられた。ところが、一九〇二年の渡良瀬川洪水と一九〇三年秋の豊作問題が、反対運動の隊列を分断させ、鉱毒も運動も渡良瀬川下流域へと押し込めていくことになったのである。

こうして、正造は、谷中村に入っていった。

注

(1) 永島前掲書、三九九頁。
(2) 同前、四〇二頁。
(3)『下野新聞』一九〇〇年七月六日。
(4)『万朝報』一九〇〇年三月九日。
(5)『下野新聞』一九〇〇年一二月二九日。
(6)『全集』第二巻所収の「府県会議員選挙につき鉱毒運動の近況を報ず」(九月二三日)とその「続報」(一〇月一日)がそれである。
(7)『佐野市史』通史編下巻、四五一頁。
(8) 木村のために弁護しておけば、その後国会議員に当選した木村は、憲政本党の鉱毒問題調査委員として、河井重蔵らとともに尽力している。
(9)『神　人間　自由』(『木下尚江著作集』第一四巻、明治文献、一九七二年)一一五頁。
(10) 直訴に関する諸新聞報道を綿密に比較検討した小西德應は、直訴決行の時間に約四〇分もの開きがあることを指摘し、いつ直訴が実施されたか現在では特定困難であると述べている(「田中正造研究―直訴報道と研究史」『明治大学社会科学研究所紀要』三四巻二号、一九九六年三月)。本書初版では、『空前絶後の大椿事』の記載に従い「午前一一時四五分ごろ」としたが、その後、「宮廷録事」に天皇還御の時刻が一一時三五分と記されているとの安在邦夫氏の指摘があり、布川了氏の見解も踏まえて訂正した。
(11) 明確な根拠はないが、直訴状の執筆を依頼した別の人とは、陸羯南ではなかったろうか。ジャーナリストであり、鉱毒問題に理解があり、かつ「有徳の君主」観を持っており、漢文くずし調の名文をかける人物は、正造の知友のなかでは陸を除いて他に考えられないからである。
(12) 森長前掲書、下、二八八頁。直訴に関する罰則は、一九一七年の請願令にはじめて制定された。しかし、この点に関しては、そもそも刑法の不敬罪で取り締まろうとしていたのは直訴のような行為であった、という説もある。渡辺治「天皇制国家秩序の歴史的研究序説」(『社会科学研究』三〇巻五号、一九七九年)、原武史『直訴と王権』(朝日新聞社、一九九六年)、参照。

(13) 以上、引用は、松尾尊兊「田中正造の直訴について」(『全集』月報六、一九七七年一二月)によった。
(14) 『幸徳秋水全集』第九巻、二一三頁。
(15) 一九〇〇年七月の日記に、つぎのような記述がある。
○約言憲法無視蹂躙　○破壊
司法官ハ十条特例　天皇と雖ドモ
　　五十八条二項二項　懲誡裁判二級審
刑法三十一条二項及三十二条　公権　重罪
　　三十三条　禁錮十一日以上(⑩二〇〇)
非常にわかりにくい内容である。この資料を、東海林吉郎は、正造が天皇を、刑法における「最高刑に価いする無拘禁の状態の犯罪人」であると考えていたことの証拠であると解釈しているが(「田中正造思想の現代性」『救現』創刊号、一九八六年七月)、とてもそのように解釈することはできない。なぜなら、この正造のメモは高野問題に関するものだからである。おそらく、次のように解釈するのが妥当であろう。憲法第一〇条は天皇の官吏任免権を規定したものだが、そこには、「但シ此ノ憲法又ハ他ノ法律ニ特例ヲ掲ケタルモノハ各〻其ノ条項ニ依ル」という但書きが付されている。一方、五八条には、「裁判官ハ刑法ノ宣告又ハ懲戒ノ処分ニ由ルノ外其ノ職ヲ免セラル、コトナシ／懲戒ノ条規ハ法律ヲ以テ之ヲ定ム」とある。だから、ここで正造がいわんとしているのは、次のようなことであろう。官吏の任免権は天皇にあるが、裁判官の場合は、一〇条の「特例」にあたる五八条の規定が存在し、それによれば、官職の剥奪は、「重罪ノ刑ニ処セラレタル者」(刑法三二条)、「禁錮ニ処セラレタル者」(同三三条)など、刑法による実刑判決が出た場合にのみ許される。こうした憲法の規定を、官吏任免権をもつ「天皇と雖ドモ」勝手にふみにじることはできない、と。このように、正造は、高野問題を、政府が憲法を蹂躙した極めて重要な問題であると認識していたのである。
(16) 原武史『直訴と王権』(朝日新聞社、一九九六年)によれば、日本と比べて、朝鮮において「直訴」がはるかに多かった理由の一つに、君主と人民の距離の近さを挙げている。その意味では、この時期の正造の内面における天皇との心理的距離は、きわめて近接していたことは事実である。しかし、注意しなければならないのは、神話的な天皇観が見られたにしても、それがそのまま正造の天皇観が一変したことにはならないということである。正造における天皇観の高揚は、正造の立憲君主制理解に構造的に内在するものであったことを忘れてはならない。

(17) これは、単に時期的な符合による推測なのだが、一八九九年一一月の陸軍近衛師団の下野演習の際、天皇の佐野への臨幸が予定され、地元で歓迎の準備が進められていたにもかかわらず、急遽取りやめになったのも、被害民のこうした動向を察知し、不測の事態を避けるための措置だったのかもしれない。

また、月日不詳で明治三〇年のものと推定されている「鉱毒をめぐる政府と被害民に関する演説草稿」の中に、「諸君の満足田中宗吾郎ヲシテタラシメヨ」(②五〇七)というように、正造が佐倉宗吾に言及した最も早い事例が出てくる。これは、もちろん、「田中をして宗吾郎たらしめよ」ということだが、この「諸君」が被害民をさすと考えれば、正造は、川俣事件以前に、被害民を前にして直訴の決意を語っていた、あるいは語ろうとしていた可能性も出てくる。とすれば、被害民の中にくすぶっていた直訴への思いを正造がくみ取っての行動であったと評価することも可能になる。

(18) たとえば、「亡国」演説の中で、正造は、「此速記録ト云フモノガ　皇帝陛下ノ御覧ニナラナイモノデアレバ、思フサマキタナイ辞ヲ以テ罵倒シ、存分ヒドイ罵リヤウモアルノデアルガ、勘弁ニ勘弁ヲ加ヘテ置クデアル」(⑧二八〇)と述べているのが、その証拠である。

(19) このように、私も、〝「共同謀議」による戦略的行動〟説を否定するものである。しかし、それでは、なぜ直訴状を一人で書かなかったのか、なぜ、幸徳に執筆を依頼したのか、という疑問が当然のことながら浮かび上がってこよう。それは、正造が、幸徳の文章に惚れ込んでいたこととともに、幸徳も「勤王家」であると考えていたからではなかろうか。幸徳が天皇制を明確に否定するようになるのは、周知のように、平民社の解散後にアメリカに渡ってからであり、この時点ではまだ、天皇の存在を否定してはいなかった。後述する正造の社会主義観を参照してほしい。

(20) 布川清司は、『田中正造』の「はじめに」で、「直訴に関する新解釈」を提出したと書いているが、「新解釈」というより、五〇年代までの研究に主流であった天皇主義者正造の直訴像としか思えない解釈である。

(21) 以上、『官報号外』明治三九年二月九日、衆議院議事速記録第五号。

(22) 正造が憲法第九条の条文を実際に引用することはほとんどなかったが、一九〇八年一一月一二日付けの平田東助内相宛請願

「法律上ニ正文ナキ潴水池事実上必要ナキ有害公益ニアラザル土地収用法及堤内地ニ河川法施行ノ不当取消シ訴願」の中で、茂呂多重の所有地に対する土地収用法認定公告取り消しを求める「事実及理由」として、憲法第二七条（所有権）と第九条を引用している（④一五七）。このことは、正造が、人民の権利の保障と幸福増進のための武器として憲法第九条を捉えていたことを証明するものではないだろうか。

(23) 詳しくは、田村紀雄「明治三五年の鉱毒地婦人による「押出し」」（『田中正造とその時代』三号、一九八二年）を参照のこと。

(24) 親友に対しても、正造ほど直言を辞さなかった人物はまれであろう。それは、あるべき人間関係を、正造が次のように考えていたからであった。「信友互ニ言論の自由を要せり。日本の旧慣、遠慮なる名の下ニ言を尽さず、黙して恨ミ云わずして誹る。而も又行違多し。之れ所謂封建圧制時代の弊ニして、礼節の真をしらず、誤解を学び来るもの、今ハ交際の真理を害しツヽ、責任を以て直言するを遠慮して、意思互ニ通ぜず、却て朋友の言行を咎む」（⑯一一七）。

(25) 「鉱毒地新土論」とは、正造の命名になるもので、記事自体の表題ではない。『毎日新聞』では、この豊作は前年の大洪水によって渡良瀬川源流地の肥沃な土壌が運ばれて、鉱毒に汚染された土の上に堆積した結果なのであって、決して鉱毒問題の解決を証明するものではないことを、まず、九月一〇日に「鉱毒地本年の作柄と原因」と題して報道した。さらに、一〇月五日にも、「鉱毒地の豊作について　古在博士の名を詐る」と題してまとめている。正造が石川に謝意を表したのは、この一〇月五日の記事のことであっただろう。

さらに、『毎日新聞』は、一〇月一六日、二〇日、二一日の三回にわたって、社説として「鉱毒地の豊作」を掲載して正当な世論の形成をはかっている。また、青年修養会などが主催した鉱毒地豊作問題演説会も、一〇月一四日と二六日、一一月一一日の三回にわたって開催されており、正造も、一四日の演説会では「鉱毒地豊作の理由」と題して、一一月一一日には「是れ亡国問題也」と題して演説をおこなっている。一九〇三年秋の正造は、この豊作問題への対応でおおわらわだった。

(26) かつて幕末期に「勤王論」にちなむ流言が広められたように、一九〇三年頃には社会主義（者）に対する民衆の偏見を利用した流言が離間策として流されたのであろう。一九〇三年七月一三日の日記に、次のような記載がある。「流言　鉱毒問題ニ運動スルモノハ社会主義者ナリ。社会主義ハ国体ニ取テ反対ナリ。故ニ反対スト。然ラバ社会主義ヲ撲滅スルヲ要スベシ。鉱毒ヲ撲滅スルニアリ。鉱毒ヲ撲滅スルハ鉱業ヲ停止スルニアリ。少数ノ専有ヲ撲滅スルニアリ」（⑩四七〇）。

(27) 宮本研脚本の映画『襤褸の旗』にしても、劇団はぐるま座の『亡国の構図』にしても、社会主義の描き方に大きな問題があるように思える。『襤褸の旗』では、幸徳が初めから天皇を否定しているように描かれているし、『亡国の構図』に至っては、社会主義の高みから被害農民と足尾銅山の労働者との提携を考えなかった正造の〝古さ〟が指摘される。これでは、一九五〇年代までの大きな限界を持っていた正造研究と変わらない。

(28) おそらく、『全集』第三巻の八八頁以下の年不詳「演説草稿　亡国」が、その草稿ではなかろうか。

第三部 「谷中学」の苦難のみちすじ

第一章　廃村と復活

第一節　日露戦争と「谷中問題」

一　「谷中問題」の歴史

田中正造が「谷中問題」に専念するために谷中村に入ったのは、日露戦争のさなかの、一九〇四年七月末のことであった。ここで「谷中問題」とは、政府や栃木県が、足尾鉱毒問題を利根川・渡良瀬川の治水問題にすりかえ、その解決と称して渡良瀬川に鉱毒を封じ込めるために谷中村を買収し（潰し）、そこに広大な遊水池を設置するにいたる一連の経緯をさしている。正造も、「谷中ハ治水問題で、谷中村と云ふ村の事件ではない」（⑰三八三）と述べ、「谷中村の事件」と「谷中問題」を区別していた。

それでは、「谷中問題」の発端はいつに求めることができるであろうか。

この点に関しては、二つの起点が考えられる。まず一つは、一八九〇年秋の渡良瀬川大洪水である。この洪水で、谷中村は甚大な被害をこうむった。その様は、『下野新聞』によって、「東方は古河野木の高台より南は渡良瀬川下流下宮内野辺の沿岸と西方藤岡赤麻辺の林木を遙に認むるの外四面茫として恰も一大湖の如く内野下宮辺の民家ハ点々水中に散見して其状宛ながら奥松島の景色に彷彿たり」（一〇月二〇日）と形容されたほどであった。その結果、谷中村村会は、いち早く足尾銅山の位置変更と損害賠償を求める決議をあげ、周辺町村への働きかけを行ったことは、

前述した通りである。(1)

そして、この洪水の被害を契機に、谷中村の大野孫右衛門が排水器の設置を考究するようになる。いわゆる「排水器事件」の発端である。この「排水器事件」を谷中村買収の一大要因として重視すれば、その契機となった一八九〇年の洪水を「谷中問題」の起点と考えることも可能である。

しかしながら、私は、やはり、一八九六年秋の大洪水に「谷中問題」の起点を求めたい。なぜなら、この洪水を契機として、渡良瀬川への鉱毒押し込め策が密かに進められるようになるからである。

一八九六年の大洪水は、鉱毒被害を一気に拡大・深刻化しただけではなく、鉱毒水の「帝都」流入という問題も発生させた。南足立郡や南葛飾郡、それに本所区の一部が浸水したのである。この事態におおきな衝撃を受けた政府は、足尾銅山に鉱毒予防工事命令を出す一方で、関宿の「棒出し」を強化し、鉱毒水が江戸川に入り込みにくいようにした。それまで二六間から三〇間あったのを、幅九間強に狭めたのである。一八九八年のことであった。それればかりか、渡良瀬川の河口を密かに拡幅して、洪水時に利根川の逆流水が入り込みやすいようにしたのである。つまり、ここにいたって、渡良瀬川の鉱毒問題は、利根川の洪水対策と一体のものとして明確に認識されるようになったといってもいい。

それでは、利根川の治水対策は、どのように行われてきたのであろうか。

そこで重要なのは、徳川幕府の手によって行われた利根川東遷事業である。周知のように、古来、利根川は、現在の隅田川をへて東京湾に流下していた。渡良瀬川も同様に江戸川に入って東京湾に注ぎ込んでいたのである。しかし、その利根川の河身を東に向け、銚子沖に注ぎ込むようにしたのが利根川東遷事業であり、一六五四年に完成している。大熊孝の労作『利根川治水の変遷と水害』(東京大学出版会、一九八一年)などを参考に、以下まとめてみよう。

その目的は、四つほど考えられている。第一に、江戸を利根川による水害から守ることである。第二に、埼玉平野から利根川を遠ざけて、その開発を進めることである。第三には、舟運を開いて、関東平野はもちろん東北と関東との経済的交流をはかることである。そして第四に、東北の雄藩伊達氏に対する防備として、利根川をして江戸城の一大外濠とすることである。

大熊は、小出博の見解を踏襲して、第三の目的が主たるものであったと指摘している。そのためには、常陸川と江戸川の舟運安定のために、流量を増大させる必要があった。

ところが、一七八三年（天明三）の浅間山大噴火の結果、利根川・渡良瀬川の河床が上昇し、洪水が頻繁に発生するようになる。一七八三年までに記録に残る破堤は、利根川筋で五回、渡良瀬川筋で七回と少なかった。それが、一七八三年から一八三六年までの五四年間で、記録に残る利根川洪水が二四回も発生している。ほぼ、二年に一回の割合である。さらに、文禄四年に築かれた渡良瀬川右岸の堤防が、一七八三年から一九一〇年までの間に、なんと二九回も破堤している。その原因は、主要には利根川の逆流水に求められている。一方、利根川も、右岸を強化したために左岸の破堤が多かった。その結果、利島・川辺村一帯は、遊水池帯と化すことになったのである。

こうして、頻繁に発生するようになった洪水から江戸を守るために、天保年間に江戸川流頭に幅一八間の「棒出し」がはじめて設置された。江戸川への土砂の流入と、中小洪水の流入を防止するためでもあった。この「棒出し」設置には、当時から下都賀郡民の反対があったことが、根岸門蔵の『利根川治水考』に窺い知れる。「其上流タル、栃木県下都賀郡々民ハ主トシテ之ニ反対シ、該工事ヲ中止セザレバ、水流停滞シテ、汎濫漲溢ノ災害ヲ蒙ムルニ至ルベキヲ呼号シ、其結果、遂ニ将来、江戸川流頭ヲシテ、十八間ヨリ窄縮セザルベキコトヲ約シ、其紛議漸ク和解スルヲ得タリシナリ」(2)、というのである。ここで、「棒出し」を将来にわたって一八間より狭めないという約束があったことに注目しておきたい。

その後、「棒出し」は、江戸末期から明治初年にかけて約二六から三〇間に拡幅された。しかも、お雇い外国人の一人であったオランダ人技師リンドウの報告書に基づき、明治七、八年頃には、「棒出し」を撤去して江戸川への洪水流入量を増大させる治水方針がほぼ確立していた。リンドウは、利根川よりも江戸川の方が勾配が急であることを根拠に、「棒出し」の撤去を進言したのである。

しかしながら、「棒出し」の撤去方針は、いつの間にか変更されてしまった。大熊は、「明治一七年頃には江戸川拡大方針はすてられ、江戸川縮小方針あるいは少なくとも現状維持方針にその治水方針が転換しているように思われる」と推測している（一二四頁）。そして、明治二九年と三一年に、二度にわたって「棒出し」が強化され、セメントで改築し、河床を埋め、幅九間強（約二〇メートル）にまで狭めてしまったのである。その理由を、大熊は、次のように推論している。

「しかし、明治二九年、三一年の極端な棒出し強化は、鉱毒による被害がすでに激化しており、一方利根川の舟運にかわり得る鉄道輸送網がほぼ完成されていることを考えあわせるならば、田中正造の見解のように東京府下に鉱毒水が氾濫することを恐れての対策であると考えることには矛盾がないように思われる。とくに、江戸川河口行徳の塩田を考慮した場合、これへの鉱毒被害の拡大をもっとも恐れたためではないかと考えられる」（一二八頁）。

つまり、鉱毒被害の激化とその東京府下への流入が、「棒出し」強化という方針転換の直接的な理由であるというのである。しかも、同じ明治三一年には、極秘のうちに渡良瀬川河口の拡幅工事を実施していたのである。まさに、渡良瀬川への鉱毒押し込め策に他ならなかった。

こうして、谷中村遊水池化案が浮上してくる。

政府は、田中正造の直訴後の世論の盛り上がりをうけて、勅令によって、一九〇二年三月一五日に鉱毒調査委員会（第二次）を設置した。[3] 三月一八日の第一回会合における桂首相の演説に、政府の意図は如実に表されている。「今ニシテ之カ方針ヲ定メザルニ於テハ其間ニハ各種ノ錯綜シタル事情ノ纏綿ヲ来シ今後益々困難ニ困難ヲ加ルニ至ルハ明カナル」がゆえに、「適当ナル善後ノ計画ヲ定メ及フベキ限リ本件ノ終局ヲ期ス」[4] というのである。鉱毒問題の幕引きのための委員会であった。

一一月二五日の第八回会合で、日下部弁二郎委員が、渡良瀬川洪水予防のため考えられることとして、「新川ヲ開鑿シテ利根ニ水ヲ落スコト」と「渡良瀬川ノ沿岸ニ水溜ヲ作」ることとの「治水上二個ノ方法」があるが、第一の方法は大事業が必要であり現状では困難であるから、「貯水池経営ノ方法」が望ましいと述べた（九五三頁）。

一二月一九日の第一〇回会合では、中山秀三郎委員より、「先ツ藤岡ノ決潰点ヨリ赤麻沼へ引水シ之レヨリ谷中村へ流入スルノ計画ニテ設計スルニ、平均十尺ノ深サトシ三千町歩ノ遊水池アレハ或ハ可ナリ奏効セムト思料ス」（九七四頁）と、谷中村を中心に三千町歩の遊水池を作れば充分であるとの意見が出された。

そして、一二月二三日の第一二回会合で、井上友一委員が、「要スルニ治水上遊水地トシテ土地収用法ヲ適用シ強制買収ノ方法ヲ取ルノ外ナキモノ」（九八四頁）であると、具体的に強制買収の方針に言及し、あわせて北海道移住などの「貧民救済方法」を提示した。

このように、政府は、谷中村などに遊水池を作るために土地収用法を適用して強制買収を行う方針とともに、鉱毒被害民の移住政策とをあわせて固めたのである。このような政府の方針は、第一〇回会合の席上、一木喜徳郎委員長が、「既往ノ怠慢ニ付テハ要スルニ何レニモ不注意アリシト評スルノ外ナク従ツテ何人ニモ責任ナキモノト思料ス、故ニ其損害ハ別問題トシテ治水ヲナスヤ否ハ将来保護上ノ問題ナレハ之レハ河川法ニ依ツテ処分スルヤ又ハ特別法ヲ設クヘキヤ否ヤヲ決定セサルヘカラス」（九七六頁）と述べていることに明らかなように、古河のみならず政府の責任をも不問に付し、一九〇〇年よりはじまった利根川改修工事の一環として、鉱毒問題を治水問題にすりかえて解決をはかろうとするものであった。

しかも、「足尾銅山現業ヨリ排出スル水中ノ銅分ハ微少ナリ、故ニ銅分ノ根源ハ明治三十年予防命令以前ニ於ケル鉱業上ノ排出物ノ足尾銅山一帯ノ地域及渡良瀬河床ニ残留スルモノ其ノ大部分ヲ占メ、足尾銅山現業ニ基因スルハ比較的小部分ニ過キサルヲ知ル」（九九〇頁）というように、一八九七年の予防工事以降、鉱毒の新規流出は止まっていると強調して、被害民たちが望んでいた鉱業停止論は一顧だにしていないのである。その姿勢には、あくまで治水問題として処理しようとの、執念めいたものを感じてしまうほどである。

委員会は、一九〇三年三月三日に「足尾銅山ニ関スル調査報告書」を提出した。「報告書」には、明確に、「利根川ノ既定計画ニ危害ナカラシメムトセハ勢ヒ渡良瀬川流量ノ一部ヲ一時遊水セシメ、本川ノ減水スルヲ俟チテ徐ロニ之ヲ排出シ去ルノ策ヲ講セサルヘカラス」（二〇一五〜六頁）と、利根川改修工事との関連で、利根川の洪水を防止するために、渡良瀬川流域に「二千八百町歩乃至三千三百町歩」にわたる遊水池を設置することがうたわれていた。

以上のように、この第二次の調査委員会には、鉱毒被害民救済という観点が全くみられない。「鉱毒病」や「非命死者」の存在すら否定している。いわく、死亡率が高いのは、不潔な飲料水を原因とする「伝染病、呼吸器病、発育及栄養的病、消化器病」のなせる業であって、「毫モ怪ムヲ要セス、即其ノ原因ヲ鉱毒ニ帰スヘカラサルヤ明ナリ」（二〇〇一頁）というのである。それどころか、乳児の発育にとっては、微量の銅分を含んだ乳の方が発育佳良であるという実例を得た、と主張して、逆に人体に銅分は有益であるという始末であった。委員の中でわずかに被害民寄りとみられる古在由直や坂野初次郎にしたところで、谷中村の買収価格一反歩三〇円を五〇円にするように、多少なりとも救済の色をつけるよう主張した程度であった。北海道移住策にしても、事実上の「棄民」政策にほかならなかった。

そして、このような委員会の答申が出される以前に、すでに埼玉・栃木両県会には、利島・川辺、そして谷中村の買収案がかけられていたのである。しかし、利島・川辺両村民は一致して反対運動に立ち上がり、納税兵役の「二大義務」を拒否するという強い決意で案の撤回を迫ったために、埼玉県会は、一九〇二年一二月二七日に買収計画を断念した。栃木県会でも、一九〇三年一月一六日に否決され、一旦は買収案を葬り去ったのである。

二　当時の谷中村

谷中村は、忘れられた村であった。洪水や不正・汚職事件でもなければ、新聞でも滅多に取り上げられることのない村であった。実際、私が調べたところでは、一八七九年八月二日の『栃木新聞』創刊以来、「谷中問題」が浮上しつつあった一九〇二年末までの間に掲載された谷中村に関する記事は、わずかに一一編のみであった。[5] 地元紙ですらこうであった。

谷中村は、三方を堤防に囲まれた輪中の村であり、明治に入ってからもほぼ三年に一度の割合で洪水に見舞われる水害の常襲地帯であった。それだけに、堤防工事に関連する不正事件があとをたたなかったのである。

田中正造が入村した当時の谷中村の様子を、荒畑寒村『谷中村滅亡史』(一九〇七年)と島田宗三『田中正造翁余録』上(一九七二年、以下『余録』と略記)の二冊の本に探ってみよう。

まず、荒畑は、次のように描いている。谷中村は四〇〇年の歴史を有する村で、堤内地が九七〇町歩、堤外地とあわせると一二〇〇町歩にもおよぶ広大な面積をもっていた。明治三八年頃までは、人口が二七〇〇、戸数が四五〇戸を数える「日本無比の沃土」であった。肥料もやらずに、一回草取りをしただけで、一反平均七から九俵(玄米)の収穫があった。鉱毒水が浸入する以前は、内野の深谷某の土地で一二俵半、下宮の鶴見某の土地で一一俵半の収穫があったほどである、と。

島田宗三は、さらに詳しい。谷中村の草創は一四七一年で、一六二四年にはじめて堤防が築かれた。「明治三十七年、買収着手当時は、土地千二百町歩、戸数(世帯)四百五十、人口二千七百を算し、そのうち約一千町歩の土地と三百八十の世帯は周囲約三里半の堤防と約半里の高台を以て囲まれ、地勢平坦、渡良瀬川は村の西南を流れていた。(中略)たまたま洪水があれば山間の肥土が流れ込むので、無肥料で作物が倒れるばかりに繁茂し、その上漁獲の収入も多く、実に豊かな村であった」(『余録』上、三四頁)。

以上のように、二人が描く谷中村の姿は共通している。土地は一二〇〇町歩、戸数四五〇、人口が二七〇〇人であり、洪水があれば無肥料で作物がたくさんとれる「豊かな村」であった、というのである。[6]

しかしながら、二人が描く谷中村の豊かさについては、若干の留保が必要であろう。なぜなら、豊かさの基準を所得の多さに求めるならば、豊かさの内実を見誤ってしまうからである。たとえば、一九〇〇年時点で、谷中村の男子一二〇二人中、県議選の選挙権を有するものはわずか二名にすぎなかった。免租の結果とも考えられるが、県議選の有権者の資格は、直接国税三円以上を納める者であったから、谷中村民の納税額＝所得額がそれほど多くなかったことは一目瞭然である。納税額が少ないのに、堤防修築費など地方税から多額の支出が必要な村だったのである。一九〇〇年三月四日の臨時県会で県側の田辺技手が報告したところによれば、明治二三年から三二年までに谷中村に支出した堤防費の総額は一七万五五一〇円余にのぼるという。(7) だから、栃木県や下都賀郡などの監督官庁から見れば、「貧乏村」で「厄介村」ということになる。荒畑寒村も、「常に「厄介村」と呼ばれ居たりき」（二九四頁）と述べているし、『下野新聞』一九〇二年六月六日の紙面でも「監督官庁の厄介物」と表現されていた。また、農学博士の澤野淳は、「哀れな村」「貧村」と形容している。このように、谷中村を「貧乏村」「厄介村」とする見方は、行政側だけでなく、マスコミをはじめとする県下全般の共通認識となっていた。

それでは、谷中村の「豊かさ」の内実とは、いかなるものであったのだろうか。それを、買収に応じて谷中村から移住していった農民たちに語らせてみよう。

那須郡那須村大字寺子の、駅から八〇〇メートルという「温泉所在地」に移住した宮内増蔵は、次のように語っている。「この間に立ちて唯だ不自由なるは、冬期農業の閑暇なる候に（谷中の菅笠作製、漁業などの）副業なき事、農家必須の人糞肥料を（先約者が多いために）近郷近在にて得られぬ事、……」(8)。駅にも近く、しかも温泉まであるということであれば、現在の感覚では非常に恵まれた便利な場所ということになろうが、宮内は逆に谷中村にいれば感じることのなかった「不自由」さを嘆いているのである。

もう一人、下都賀郡南犬飼村大字国谷に一九〇六年八月に移住したある農民は、「彼の谷中村の地が無肥料にて一反歩に二石以上の収穫ありしに反し、当所にては過硫酸加里、締粕、糠等約五円強の肥料を費せしに拘はらず麦作六斗以内の見込みなり。……川無ければ漁する能はず、蘆無ければ笠を作って商ふ能はず」と述べている。(9)

移住した農民たちが語っていることは、島田宗三や荒畑寒村が記す谷中村の「豊かさ」と共通している。それは、無肥料でも米や麦の収穫が非常に多かったことであり、農閑期の副業としての笠作りや漁業に必要な葦や魚類がそれこそ無尽蔵であったことである。資本（もとで）をほとんど必要としない、自然の恵み、「天産」の豊饒さのことであった。いうならば、労働と遊びとの区別さえないようなユートピア的な世界に、谷中の人々は生を送ってきたのである。こういった、いわゆる所得としては把握されない面で得るものの大きさ、それが谷中村の豊かさの内実だったのである。[10]

三 「谷中学初級生」

谷中村が属する下都賀郡は、正造にとって「敵地」であった。自由民権運動以来、下都賀郡は、一貫して旧自由党系の強力な地盤であったからである。そんな谷中村を、入村直後の正造は、次のようにみていた。「殆ンド想像及バザル地獄ノ有様ナリ。実ニ我谷中村ハ大小悪漢ノ巣窟又ハ大小詐欺師ノ集合地ト云フベキカ、又百病併発ノ危篤患者ト云フベキカ」（③二七七）。

正造が、谷中村を「大小悪漢ノ巣窟又ハ大小詐欺師ノ集合地」と評したのには理由がある。前述したように、谷中村では、堤防工事等をめぐる不正事件があいついでいた。その例をいくつか挙げれば、一八九八年一二月には、急水留工事を請け負った篠崎豊吉が、県官の監督怠慢をいいことに手抜き工事を行い、三〇〇円余りの剰余金を着服したとの風説が流れ、下宮人民が憤激して役場に押し掛けるという事件がおこっている。また、高砂の堤防修築工事を請け負った峯岸清太郎が、「真土」ではなく「砂土」を使って堤防を築いたとして、同様に下宮の人民が県庁に訴える騒ぎも起こっている。こうした事件は、その後も繰り返し起こっているが、一八九八年の大洪水以降、何度も堤塘が破れ鉱毒水をかぶるようになり、増幅された被害民の疑心も、騒ぎに輪をかけたことであろう。

一連の不正事件の中で代表的なものが、「排水器事件」である。この「排水器事件」に関しては、これまで、荒畑寒村の『谷中村滅亡史』の記述が、林竹二・日向康等によって踏襲されてきた。[11]また、正造自身の認識も、様々な請願書や、一九〇八年一〇月二一日付け田尻稲次郎宛書簡（⑰四四九）などで示されている。それによれば、事件の経緯は次のようである。

谷中村に、七〇馬力の中古のオンボロ排水器が設置されたのは、一八九四年三月一六日のことであり、その中心人物は不在地主の安生順四郎であった。価格と維持費は四万二千円であり、それを全村民が毎年一反歩につき玄米一斗一升八合ずつ、五年割賦で返済することになった。ところが、排水器の設置直後に、まったく使いものにならないことが判明し、紛糾した。そのため、九八年に、安生は、一〇万円の村債を起こして堤防を修築することを提案し、村会で決議させた。翌九九年、谷中村は、日本勧業銀行から五万円借入したが、これは安生の懐に入り谷中村には残らなかった。

さらに、安生は、その年の一二月に、大野孫左衛門が五万円を寄付するので、県が五万円を補助して堤防修築工事を実施するよう県に申し入れることを提案し、県に建議を行った。それに対して、栃木県は二万円の補助を決定した。このとき、県から補助金を出させるために、安生は運動費として横尾輝吉に二〇〇〇円の手形を渡したが、目論見が違った安生は手形を搾取したとして横尾を告訴した。結局、谷中村には多額の負債が残っただけだった、というのである。

ところが、『下野新聞』等の報道を参照すると、事実関係が、これとはやや異なってくる。谷中村に排水器を設置するにいたった経緯は、澤野淳の「谷中村の排水器」が詳しく述べている。それによれば、最初は、一八九一年四月の『官報』に外国における排水器の利用状況が出ているのを見た大野孫左衛門が、農商務省を訪問し、色々と資料を取り寄せて研究を重ねていった、とされている。大野は、外国から排水器を取り寄せると、運賃こみで三万六、七〇〇〇円もかかるので、日本で作ることにし、試行錯誤の末、一五〇馬力で蒸気仕掛けのポンプを「今年」完成させ、「此程始めて設置」したという。澤野の講演記事が掲載されたのは、一八九九年一〇月二七日のことであったから、排水器の設置は一八九九年のことと考えられ、通説よりも五年ほどあとになる。その価格はわからないが、ある「金主」が存在したことは澤野も指摘している。性能は、一昼夜に一四〇万石の水を高さ一丈二尺の処にかきだすことができるということで、稲作中のもっとも必要な時期に排水器をフルに稼働した時の維持費を、人件費こみで、大野は二五〇〇円から二六〇〇円と見積もっているとされている。

このように、排水器設置の中心人物は、澤野の理解によれば、通説のように安生順四郎ではなくて、大野孫左衛門ということである。澤野は、「今迄貧村なりし谷中村も、之れから確かに富裕な村となるであらうと私は信ずるのでありります」と結んでいる。大野が設置した排水器は、農学博士のお墨付きをもらったわけである。

その後の経緯も、『下野新聞』で追ってみよう。

一八九九年には、大野ではなく谷中村が五万円を寄付して、県庁に堤防修築工事を請願している。設置直後に排水器が使いものにならないことが判明して紛糾したのであれば、一八九九年設置、その年に堤防工事を請願という新聞報道の方が、つじつまが合う。請願を受けた栃木県会は、一九〇〇年三月四日に審議した結果、二万円ではなく、一万四千円余の補助を決定した。そして、大野が横尾を二〇〇〇円の手形搾取の件で提訴し、その第二回公判が、一一月三〇日に宇都宮地裁で行われている。ちなみに、横尾の弁護士は、鳩山和夫・花井卓蔵・山田武ら一一人であった。裁判の結果、搾取は事実であるとして横尾の有罪が確定したようであるが、谷中村の堤防修築工事は、実施されはしたが完成するにはいたらなかった。

以上のように、通説と新聞報道とは、若干の相違がある。通説は、あまりにも安生を悪役に仕立て上げすぎている嫌いがある。黒幕は安生で、大野はその手先にすぎなかったと、大野と安生の関係を整理することもできるだろう。しかし、排水器の設置を考案したのは大野であり、その事業に、自分が所有する土地の収穫が増大することを期待した安生が協力するようになった、というのが、妥当な解釈ではなかろうか。

問題は、日本勧業銀行からの五万円の借金について、『下野新聞』の報道には触れられていないことである。この点に関して、『毎日新聞』の「水上の村落（七）」（一九〇四年八月一九日）には、次のようにある。

去三十一年、今の村長大野某の助役たりし当時、水害善後の途に使用する目的を以て日本勧業銀行より金五万円を借入れたる事ありしが、同村大地主の一人にして、元下都賀郡長を奉職したる安生順四郎なる者あり、古河の丸山某及び大野等と通謀し、利殖を名として五万円を三分し、中二万五千円を安生に、一万円を丸山に、二万五千円を京浜銀行に預けしめたり、左れど安生も丸山も之れを投機事業の為めに浪費し、利殖処か一文も返金する事能はざるの境遇に陥れり、加ふるに京浜銀行も亦安生に多額の貸金あれば、前の預金は将に其方に差引れんとす、此内容の漸く暴露し来るや、勧業銀行より大野に対して厳重の交渉ありしかば、大野も大に狼狽して之れを正式の村債と為さんと欲し、一味の村会議員等と共に昨今其運動中なりと云ふ（下略）

やはり、五万円の配分はともかくとして、日本勧業銀行から五万円を借入、結果的にそれが谷中村の負債として残されたことは事実のようである。借入れた年について、正造は「三十二年五月二十三日谷中村債ト名ヅケテ内務大蔵ノ許可ナキニ之ヲ捏造シ、勧業銀行より金五万円ヲ借リ入レ安生ハ右金五万円ヲ使用シタ」（③五〇二）と「安生順四郎所有の排水器買収に関する請願書草稿」の中で明言しているが、先の『毎日新聞』の記事では「去三十一年」となっている。一八九八年なのか一八九九年なのか定かではないが、おそらく、澤野が講演の中でほのめかしている「金主」とは、この日本勧業銀行をさしていると考えるのが妥当であろう。もともと、この借入は、排水器の設置と維持費用にあてるつもりだったのかもしれない。しかし、それが、通説や『毎日新聞』の報道のように安生等の懐に入ってしまったのであれば、排水器の設置費用は誰がどのように負担したのか、という疑問が残る。通説のように、谷中村民が負担したことは、新聞等の報道では確認できない。

以上のように、谷中村をめぐる不正事件の続発に加え、谷中村が抱えていたもう一つの問題は、不在地主が多い、いわゆる「不在地主型村落」であったことである。『全集』第一〇巻の六二一頁から二頁にかけて、他筆ではあるが、一二名の不在地主が列挙されている。[12]そして、これら不在地主の所有土地は合計二五四町歩にもなり、なんと谷中村の耕作面積の四分の一近くを占めるのである。こうした事情が、最終的に谷中村が買収されるに至る大きな要因となった。

しかし、以上述べてきたような不正事件の数々は、「谷中問題」の表層にすぎなかった。谷中村を「百病併発ノ危篤患者」と形容していたことからわかるように、正造は、「谷中村買収事件の歴史ハ全く権力と金力と結托して無辜の良民を迫害したるに在り」(③三二六)と、古河と行政立法の両府が「共謀」して、その権力・知力・財力を暴用し、天産に富み、しかもまだ「開拓」されつくしていない関東一の美村である谷中村を奪わんとして「公益ノ名ヲ濫用」している問題、とその本質をみていたのである。

さらに、正造は、村民の側にも問題があると感じていた。一九〇四年八月一三日付けの「(価値ある発見)」と題する書簡の意味するところがそれである。谷中村民は、「百人中九十九人」までが鉱毒の害を忘れ、解決すべきは「水害」の問題だと思っているように見受けられた。水と毒の区別もしらないばかりか、「社会上の義務と権利」の何たるかもしらない。しかも、自由民権運動期や鉱毒反対闘争最盛期とはうってかわって「集会ハ無用」の有様である。自分たちの身の上にふりかかっている問題がなんであるのかすらわかっていない原因を、正造は、谷中村民の広く青年層にまで蔓延している精神的腐敗に見定めた。「前ニ害されて今ハ自ら害す」という状況である。そこで、田中正造は、一方では、「谷中の事ハ自業自得」という非常に突き放した見方をする一方で、それでも「余り〳〵の次第」を見るにしのびず、「憐れニも亦憐れ」な村民たちを救おうとして、買収反対運動に専念していくのであった。これが、谷中入村直後の正造の〝初心〟であった。[13]

なぜ村民たちがこのような状態なのか。なぜこのような境遇に甘んじているのか。なぜ抵抗ののろしをあげないのか。「発見」の衝撃が大きかっただけに、それだけその原因を心底知りたいと思い、こののち「下情研究」がなされていく。それを、正造は「谷中学」と自称し、自らを「谷中学初級生」と位置づけたのであった。そして、「予等年歯六十四ニシテ此学ニ入る、難有次第ニ候」（⑯三七三）と、感謝の気持ちを表している。

私は、この谷中入村から死までのおよそ九年間を、全体的に〝「谷中学」の過程〟と位置づけてよいように思っている。そうして、このように位置づけてみるならば、それ以前は〝「谷中学」前史〟とおさえられるが、その起点は、やはり一八九八、九九年頃の「非命死者」像の定立に求められるのではなかろうか。それは、一九〇一年八月九日付けの蓼沼丈吉宛の書簡中に、「非命ノ人々」に「見捨テラレテハ生活出来不申候」（⑮三〇五）というように出てくることから推測するのであるが、この世の多くの生産労働者（ここでは農民）が、その生産労働を通じて多くの人々の生活をささえているにもかかわらず、支配の構造上「弱者」の地位におしとどめられているがゆえに、もっとも「非命死者」を生み出す割合が高いという関係への着目が、「下情」の研究へと正造を駆り立てていったものと考えるからである。

だが、谷中入村以前の「下情研究」と「谷中学」との相違も、いくつか指摘することができる。一つには、それが、自覚的・意識的に取り組まれるようになったことである。それは、この時期以降、「研究」という言葉がかなり頻繁に使用されていることから判断できる。二つには、「谷中学」の深化の過程は、キリスト教の「研究」の深化と相互に支え合う関係にあったことである。直訴前から、「賢を見んとせバ下情を見よ。神を見んとせバ下情を見よ」（⑩二七九）という発想が正造の中には存在していたが、そういう姿勢がより強く意識されるようになるのは、谷中村民と起居をともにするようになってからであった[14]。

四　「亡国ニ八開非ナシ」

ここで、田中正造の日露戦争に対する態度を見ておきたい。

正造自身、戦局の行方に一喜一憂するところが全くなかったわけではない。それどころか、次のような『毎日新聞』に掲載された書簡をみると、戦争の帰趨に注目するところ大であり、新聞報道等に敏感に反応していることがわかる。

日露今回の戦局は、旅順を陥落して、初めて一期の戦勝たり、遼陽奉天を占領して第二期の勝利たり、未だ第一期の勝利を見ずして、早く満足し、功名を競ひ、大将に進む者、一回七人の多きに至る、戦地に在る中将は、今回大将など望むの余念閑暇なきこと必然なり、内地に居る中将、提灯行列に酔ふて陞官す、東郷君乃木君を薦むるも、自ら避くるは、大器を国人に示すの好模範たらんに、何事ぞ、常規に拘りて連名受官、一点謙虚の態なきや、是れ大局に着眼せざる者なり、小成に安ずる者なり、上下の惰慢を兆し、国民の油断を招けり、

玄海灘の失態は、独り海陸軍某々部の失態といふ能はず、内地中央の行政官、立法者、及び新聞社等も亦罪を免れず、大将七人は一種の提灯行列なり、満洲丸観覧も亦一種の提灯行列なり、国民は良心を披瀝して玄海灘の水底に謝罪し、忠鬼の寛容を請ひて大に今後を警戒すべし云々[15]

この書簡は、陸軍の人事を批判し、常陸丸などの撃沈を「油断」のせいであるとして、あらためて「油断」を戒めたものであるが、旅順陥落を「第一期」の勝利、遼陽・奉天占領を「第二期」の勝利と位置づけているところに、正造の日露戦争に対する関心の高さがうかがわれる。

しかし、基本的には、「谷中問題ハ日露問題より大問題なり」という立場で一貫していた。それは、かつて日清戦争のとき、挙国一致を重んじた正造が、戦争中は鉱毒問題の追及を手控えたにもかかわらず、〝国難〟に乗じて永久示談の強制や山林濫伐が行われ、鉱毒被害をさらに大きくすることになった苦い体験を踏まえてのことである。

正造はまず、「主義」として無戦論軍備全廃論を、より明確に主張するようになった。「小生の主義は無戦論にて、世界各国皆海陸軍全敗〔廃〕を希望し且つ祈るものニ候。只人類は平和の戦争コソ常に憤闘すべきもの」⑯二四

六)。正造がこのように書いて、鉱毒問題解決のために熱心な活動を行いながら、「肺患」のために一九〇四年五月四日に死去した新潟出身の壮士佐藤良太郎の長女に送ったのは、九月九日のことであった。

正造がはじめて非戦論を唱えたのは、前述したように、一九〇三年二月、静岡県掛川においてであったが、一九一三年三月一三日の日記の「海陸軍全廃」と題する回想文をみると、「世界海陸軍備全廃論ハ、正造神ノ接[摂]理ニヨリテ去ル三十五年入獄四十一日ニ及べリ。此時聖書ヲ通読スルノトキ軍備ノ不可ナルヲ確信シテヨリ、静岡、東京、栃木一府二県中ニ於テ五回ニ及ンデ同一ノ確信ヲ演べタリ」(⑬四五二)と記されている。つまり、獄中で新約聖書を読んだことが軍備全廃・非戦論を唱えるにいたる直接的な契機であるというのである。ところが、この世の「地獄」谷中村から日露戦争を見ていた正造には、キリスト教的な非戦論の枠にはとどまらない視野が存在していた。なによりも、非戦論を自己目的化してはいなかった。つまり、非戦論のための非戦論ではなく、「人道」の視点から非戦論すらも相対化するような視座を確立していた。「開戦モ非戦も耶蘇も仏も犬のくそも何んのその。此内地細民及同胞を無視侮蔑を以てする人道の頽廃ハ之を何とかする」(⑯二五五)、「一人ノ人道ハ世界の総ての山岳よりも大問題なり」(⑯二四〇)というのである。

さらに正造は、「日本の開戦ハ誠ニ山師の主張ニて国民の主張ニあらず」と、平民社にも共通する階級の視点から戦争の本質を衝く見解も展開している。「山師」=投機的な資本家が喜ぶだけであることに、国民は誰一人気づかない、というのである。こういった主張の裏には、正造の養女であったタケの夫の原田勘七郎が、開戦必至の状況下にあって相場変動を利用して一儲けしようと企てた問題が存在しており、それを戒める意味もあった。「止めよく〳〵。大倉、古河、三井、三菱、浅野等の外ハ満州問題を煽動するほどの資力もなかるべし」、と(⑯九五〜六)。

もう一つは、「戦争ニ死するものよりはハ寧ろ内地に虐政ニ死するもの多からん」という認識が注目できる。これも、「非命死者」観の深まりによってもたらされた生命の視点からのものである。正造は述べている。「南山の戦死僅ニ数千。無形の玉ニ死し、無名ニシテ人モシラズ又注目もせられず非命ニ斃るゝものハ、天下幾千百万人ならん。

繰返〳〵御研究」、と（⑯二一一）。こうした視点に立ったとき、正造の眼に、谷中村民は、「一戸中内外二様ニ死者を生ずる」ものと映った。「亡国水毒村」谷中からも四〇余名[16]の青年が戦場にかり出されていた。彼らは戦場で敵弾に倒され、残された家族は古河が放つ「無形の玉」に倒されていくのである。

こうして正造は、人道と階級と生命の視点から、谷中村への暴政は露都の暴政と同じであると、国境をこえて被抑圧者同士の連帯を呼びかけていった。[17] 講和条約締結後も、「矢張小国ハ小国ナリ」という思想的立脚点を崩すことなく、民衆の生活を圧迫してやまぬ軍備を世界に先駆けて全廃することが戦勝国日本の「権利」であるという独得の認識を形づくるに至った。そして、救世軍のブース大将に面会したねらいも、オランダのハーグで開かれる万国平和会議の席で世界中の陸海軍の全廃を日本代表に提案させるので、イギリス政府も賛成するよう働きかけてほしいと依頼したかったからであった。

軍事費を全廃すれば、国民は一〇年間無税で暮らすことができるとも主張している（③六〇三～四）。そのかわりに、外交費や外交員を現在の三〇倍、三〇〇倍にして、平和外交を行おうというのである（⑬四五二）。こうして、正造は、「極端な無抵拘」主義を主張するにいたる。「海陸軍全廃ハ極端な無抵拘ニあらざれバ功なし。無抵拘の極ハ抵拘ニ優る。……日本今貧なりとも此最上無我の決心を以てせバ、独り東洋の平和のみニハあらざるなり。殆んど世界の大半を引へて天国ニ導くものなり」（⑬四四三）。

このような、正造の軍備全廃無戦平和の主張は、今日でもその光りを失っていない。

第二節　辛酸こそ「佳味佳境」

一　谷中村買収案の可決

一九〇四年（明治三七）一二月一〇日の深夜、栃木県会は秘密会を開き、前日に白仁武知事が提出した一九〇四年度土木治水費追加予算七八万五三九〇円を、ろくろく審議もせずに、一八対一二の賛成多数で可決した。このうち、四八万五〇〇〇余円が谷中村堤防修築費という名目の谷中村買収費であることが明らかにされた。一旦は否決した予算案が通ったのは、県の反対派議員に対する切り崩し工作が効を奏したのである。

荒畑寒村『谷中村滅亡史』の記すところによれば、この年七月に谷中村の堤防が決壊し、またもや谷中村が水没したのをいいことに、白仁知事は、内務省に芳川顕正大臣を訪ね、谷中村の堤防を完成させるには一二〇万の修築費と年々六万円の修繕費が必要であると述べ、芳川内相から、ロシアとの戦争中でもあり一村の堤防工事に巨額の金額を投入することは不可能だから、「宜きに取り計らへ」との言質を得て、買収の準備にとりかかったという。そして、「十二月十九日、先づ県会議員一同を集めて、酒、芸妓等を馳走し、三十二名の議員に七十六人の巡査を附き纏はしめ、翌二十日に至りては、八名ほどを土木委員の肩書きを以て買収し、而して同日夜八時、突然秘密会議を開き、十二時に到りて谷中村買収の件、及び爾来堤防を修築せざる件、等を議決し終れり」、ということである。(18)

四八万円余のうち、一二万は、一二月二四日に帝国議会で可決された災害土木費国庫補助金があてられ、残りの三六万余は県費からの支出であった。だが、四八万全部が買収費にあてられたわけではなかった。五万円は、日本勧業銀行への村債の償還にあてられた。二万五〇〇〇円は、県会議員等への賄賂に使われたというが、使途不明金として処理された。いずれも、「排水器事件」の後始末のために費消されたのであろう。残りの四〇万のうち、「おそらく三―四割が遊水池設置に反対する村民の切り崩し工作に使われたといわれている。したがって実際に村民が手にしたのは、二〇数万円ということになるが実際の買収総額ははっきりしない。一部の富裕な村民を除いて、村民の大部分の土地は買収以前に借金の抵当に入っていたので、ごくわずかな移転料を受けとっただけであった。買収価格は、いずれも一〇アール当たり、畑三〇円、田二〇円、宅地一〇〇円、家屋一坪移転料共八円、墓地一円にすぎなかった(19)」。

一九〇五年に入ると、栃木県は、谷中村の買収に着手した。田中正造は、それを、政府と人民の「戦争」であると捉えた。「之は戦争でございます、日本政府は此忠良なる人民を相手にして戦争をするが如く、八方から水責にし食物を絶ち金融を絶ち、妻子を疲らして遁出す時分に僅なる金を与へて之を買取つたと称して居る、さうして千五百万円からの価のあるものを、僅か四十八万円の金を以て奪取る云ふことは現在行れて居る」、と(③四〇三)。ここで、正造が、谷中村の価格を一五〇〇万円としている根拠は、次のようであった。谷中村は年々一五万円の純益をあげている。政府買収の五〇万円を元金とすると、年々三割の利息になる。しかし、三割というのはかなりの「高利」であり、年利一分くらいが相応とすると、利息一五万円に対応する元金は一五〇〇万円となり、これを谷中村の価格とするのである。しかも、村の歴史を価格に算定するならば、一億五〇〇〇万円にものぼるだろうと正造は指摘する。だから、わずか五〇万円にも満たない買収価格は、不当に安いものであると批判する。

しかし、正造の真意はここにはない。「去りながら假令一億五千万円を以てするも人権をば買収することは出来ぬ」(③三三八)。正造は、谷中村買収案を、「谷中村人権買収土地奪領」の案であると明確に認識していたのである。さらにお金で買えないのは人権だけではなかった。村民の「結合の力」「習慣の力」「団結力は金銭に見積れぬ程の価値があるのだ」(③三三九~四〇)と正造は言いきっている。だから、村の「興廃存亡」を決定するのは政府や県ではなくて、あくまでも村民自身でなければならなかった。しかも、谷中村という一つの村を買収する費用など、法律のどこをさがしても書いていない。だから、法律違反でもある、と主張する。

このように、正造は、「人権」と「自治」と「法」に、谷中村買収に対する抵抗の拠を求めていた。だが、まだこの時点では、貯水池として水を入れるために買収するというのは嘘であり、その実は「善い村だから取つて銭儲けをしやうという主義からきた」ものであると、あくまで「土地奪取」にその目的があるとにらんでいた。一九〇六年（明治三九）四月二二日に新紀元社でおこなった「土地兼併の罪悪」と題する演説は、正造のそうした考えを表明したものである。遊水池設置計画を本気にはしていなかったのである。いささか認識が甘かったといわなければならない。

ところが、現実に買収の矢面にたたされた村民たちは、「流言、強迫、誘導」の前に「騒乱」状態にあった。それも当然であろう。それまで、駐在所が一つに警官が一人いれば十分であった「寒村」に、四箇所の駐在所が設けられ、九人の警官が入り込んできて眼を光らせるようになったのである。それだけでも、村民たちにとっては脅威であり恐怖であった[20]。正造は、「公益の為め買はなければならぬと云ふ明な言葉を出すことが出来ぬから」様々な流言を流したり、強迫したりという「悪策」を用いるのだ、と見抜いていたが、混乱を極めている谷中村民を激励し、さらには川辺・利島両村民などの協力も得て、栃木県が放置しておいた破堤所を自力で修築する急水留工事に従事する毎日であった。それは、「谷中村に人民生活する間は必要の堤防を築く可きなり」という、ごく当然の主張すらかえりみられないままの「村民自衛」の行動であった。

栃木県による買収工作はものすごかった。県の役人だけではなく、県議や警官なども総掛かりで、昼となく夜となく押し掛けては「説得」にあたった。反対派の村民に対する買収も盛んに行われた。長年、正造の片腕として活躍してきた左部彦次郎も運動を離れ、一九〇五年一〇月に県の土木吏に採用されている。それまで谷中村における反対運動の中心であった川鍋岩五郎、宮内喜平なども切り崩された。これは「悪業」でなくしてなんであろうと正造が喝破した買収の実態は、荒畑寒村の『谷中村滅亡史』や島田宗三の『田中正造翁余録』に詳しい。また、正造も、その実情を書き残している。今、その事例を一、二あげてみよう。高砂の青年茂呂忠造は、賭博・女郎買いに誘われ、娼妓を身請けして借金を作らされたあげく、家財を売却させられた。日露戦争に従軍し、一九〇四年一一月二六日に戦死した川島平四郎の遺家族の場合は、卑劣にも戦死者の家族におくられる四〇〇円の一時金が買収に利用された。川島の家では三〇〇円余りの負債があったために、一時金でそれを弁済しようと村役場に行ったところ、まだ金が下りていない、しかし立ち退けば即座に下付すると逆に脅かされた。そこで、やむなく買収に応じたところ、ようやく役場から四〇〇円下付されたというのである。そのほかにも、従軍して壮丁のいない留守家族がねらい打ちにされた気配がある。

こうして、一九〇六年春頃には、すでに「村の大半は買収に応じて移住したので僅かに半数の二百戸内外が残っていたのみであった」(『余録』上、四九頁)。正造の記すところでは、八月頃には「堤内二十戸、堤外四十戸斗り」になってしまったのである。

二 深まりゆく人権思想

日露戦争は、「谷中問題」を見えなくしていた。日本基督教婦人矯風会を中心とする鉱毒地救済婦人会や鉱毒問題解決期成同盟会の活動もほとんど見られなくなった。青年修養会の中心メンバーであった大亦楠太郎は、早稲田大学、明治大学、日本大学等の学生が組織した報国青年会の演説会に参加したりしており、谷中問題を演説会で取り上げることも少なくなった。在京の知識人たちが鉱毒問題や谷中問題で演説会を開催したのは、戦局もやや落ち着いた一九〇四年一二月に入ってからであった。しかし、その後も、高橋秀臣や卜部喜太郎、桜井熊太郎、高木正年らは、日露戦争の講和問題をめぐる演説活動に熱心であって、谷中問題に関する活動は一時休止の状態であった。

そのような中で、一九〇五年四月には、村民総代として大島善右衛門が上京し、内務省地方局長に谷中村廃村禁止請願書を提出した。また、正造も八月に入ると、村民と一緒に何度も上京して、関係各省を訪問して買収反対を訴えているが、二日に上京した折は、入京とともに警察から検束処分を受けるなど、運動を妨害されている[21]。

運動は困難を極めていた。

「社会の事イヨ〳〵六ケ敷、下層人民ノコト到底其真相ヲシルベカラズト思フホドナリ」（⑯三〇八）。田中正造の「谷中学」も難航していた。

自分たちを「鉱毒窮民党」と名のり、還暦をとうにすぎた身の苦痛こそ「佳味佳境」という闘いの中で、正造は、抵抗の根基を今まで以上に強く人権に求めるようになった。とりわけ、この時期より、谷中村民に対して権利の大切さを訴える記述が急増してくることが注目できる。「権利ハ自家の宝物なり。他人より軽重すべきニあらず」（⑯四〇三）、「今日ハ尚更ラ強ク自分ノ権利ヲ重ズベシ。分カラヌコトハ聞ニ来ルベシ」（⑯四二三）、「人生は権利あり。子は母に衣をきせて貰ふ権利あり。母悪ならば自衛の行動に出づ」（⑯四三三）、「政府人民の自由を保護せざれバ人民各〻自身ニて保護す。之を人権の大切なるものと云ふ」（⑯四五二）等々。いささか啓蒙臭の強い「谷中村一ツとや節」も、「一ツとや　人に権利を割かれるな」から「九ツとや　このわがけんりは力なり」まで、全体の半分が権利に関する歌詞で占められている。

ここで、この時期の人権思想の特徴を何点かにまとめてみたい。

まず、第一に、この時期、とりわけ一九〇七年頃に特に顕著になってくるのが、人権と法律を対比させて述べることである。それは、まさに、政府・栃木県の法律の「暴用」がエスカレートしていくのに対応する形で研ぎすまされてきた認識であった。

一九〇五年一二月一二日には、谷中村会が選出した村長（村民の田中与四郎）の認可を栃木県が保留し、郡吏の鈴木豊三を管掌村長として派遣してきた。翌一九〇六年に入ると、栃木県は、麦を収穫するためのささやかな急水留・畦畔工事に対して河川法違反、「原形回復」を命令し、工事中だった堤防を破壊した。三月には、村会を無視して、第一・第二尋常小学校を廃止した。四月一五日に、谷中村会が藤岡町への合併案を否決しているにもかかわらず、管掌村長の鈴木は、七月一日に独断で谷中村の廃村、合併を決定した。さらに、一九〇七年一月二六日には、西園寺内閣が土地収用法の適用認定を広告、という具合に、まさに谷中村民を追い出すためにありとあらゆる法を「鉾」として攻め込んできたのである。一八八九年七月三〇日に公布された土地収用法は、その第一条に、「公共ノ利益ノ為メノ工事ニシテ必要アルトキハ此法律ノ定ムル所ニ依リ損失ヲ補償シテ土地ヲ収用又ハ使用スルコトヲ得」と定められ、ここでも「公共ノ利益」、つまり「公益」という文字が〝錦の御旗〟にされていた。

前に古河の副社長をつとめた内務大臣の原敬が指揮したこの土地収用法適用認定広告に対して、人権を楯とし「門前払」にする決心を固めたとき、正造は、福田英子・石川三四郎・西川光二郎の三者に宛てた書簡で次のように述べている。

行政者の認識の奈何ニハ関係なき我々正当の解釈を以て、護身の覚悟なかるべからず。谷中人民死すとも之ニ甘んずるもの一人もなし。只悲しむべきハ、識者間ニ於て法律の範囲を脱する能わずして、事情人権の貴重なるを憤慨せず、已ニ我立法帝国議会すらも昨年の非を改むる議論を為すものなし。(中略)甚敷ハ一旦決せる法律ハ暫ラク服従ノ義務あるものと誤るものすら多し。之我国体が綸言汗の如しの言葉を金玉とせる旧習の混交ニシテ、堂々たる議会亦不当決議ニ服従の恥辱をしらず。(⑯五八三〜四)

土地収用法の認定に対する正造の批判は、一九〇七年五月一〇日の「土地収用法適用につき訴願書」にみることができるが、一方で、一坪地主的な運動を構築しながら、他方では、たえず「異議の申立てをして他日の権利(即ち人権法権)を失わ」ないようにすることと、「人権より論理を立てゝ現行法律上の責任を正し」ていく方法を選び取っていったのである(⑯六二八)。

しかも、正造の場合にきわめて特徴的なことは、人権を抑圧するような法には「服従の義務」がないばかりか、それに「服従」すること自体が人間としての「恥辱」なのであり、それを人権保障という法本来の性格に変えていく行動に立ち上がることが政治主体としての権利であり義務なのだ、と主張する点である。「議会の結果の善悪ハ国民常ニ之ヲ可否シテ其賛否行動を為すの義務あり、権利あり」(⑰八)ということである。議会や議員まかせにしていてはいけない、議会や議員の立法行為を国民は常に監督する義務と権利があるのだ、という。これは、中江兆民が、フランス革命から学び、第一回総選挙前に『選挙人目ざまし』(一八九〇年)などで繰り返し主張したところの、代議制の形骸化を防ぎ、さらには、人民が「漸次に其議院に奪はれたる権利を恢復する」ための手だてとして日本に根付かせようとした「有限委任」論(有権者が「号令者」として、「受令者」たるべき候補者と、あらかじめ様々なレベルの政策について、議会においてこのように主張し行動しなさいと契約を結び、国会に送りだし、その行動を監督すること)と、ねらうところはほぼ同じではなかったろうか。正造ほど主権者としての監督責任を重視した思想家はまれであった。

さらに正造は、「議員を憎ミて代議政を侮るハ自ら損するものなり」(⑰六)と強調している。いくら議員や議会の腐敗が腹立たしいからといって、代議制まで否定してしまっては、たらいの水と一緒に赤ん坊まで流してしまうようなもので、自分の権利を放棄することになってしまう、という。そして、「国民、三百六十日年中憲法を喋〻して国家漸く立てり」とも主張する(⑰五)。自らの権利を護る武器として憲法を活用するために、一年中憲法を論じてその精神を日常生活の中に活かして行かない限り、立憲国家は立ち行かないのだ、というのである。

だから、そのときに重要なのは、「どこまでもじぶんでやるせいしん」(⑰二五)であった。官や他人への依頼心を排除し、精神的に独立すること、そして一人一人の日本人が権威や権力に対して強くなること(正造は、官吏の「虚勢」が「虚が実となる已往の歴史」であったと表現し、「神の教へハ、かく弱かれとハ教へざりしものふ」と、一九〇八年一一月一四日の書簡に書いている)、そのためにも「わがけんりは力」でなければならなかったのである。「天則人権」と「人造法律」を対比させて捉える視点は、このような民主主義の原点ともいうべき能動的な政治参加監視の思想と結びついていた。

第二に、権利・人権といったときのその中身が、あるいは比重のおかれ方が、それ以前とはかなり大幅に変化してきているのではないかと見受けられることである。ブルジョア革命によって確立をみる市民的権利の核となるものは、周知のように私的所有権・私有財産権であったとされている。もともと富の源泉を労働に求める考え方が、労働の成果の所有を自然権ととらえ、かつ土地すらも労働による土地改良の成果として私的土地所有の道を開いていったのである。ここから土地の不均等所有も正当化されてくる。こうして、所有権は、生命・自由・財産、さらには名誉をも総称するものとして、フランス革命をへて定着していった。日本において、「近代的原理」としての所有権絶対の思想は、幕末維新期の世直しや自由民権期の困民党運動にみられる「共同体原理」としての「土地均分」要求や貧富格差是正要求を粉砕して、大日本帝国憲法第二七条として確立した。

　田中正造の場合も、自由民権期から初期議会期にかけての権利意識の中心は、この所有権絶対の思想であったと私は考えている。たとえば、前述したことであるが、一八八〇年一一月の太政官布告第四八号で、国家財政負担軽減のために監獄費を地方税支弁に変え、府県土木補助費を廃止するとともに、地方税規則を改正して地租付加税を五分の一以内から三分の一以内へと増税したことを、正造は、「之レ法律ヲ以テ我〻ノ私有産財《（マヽ）》権ニ侵入スルモノニシテ決テ甘ジ受クベキ法律ニアラザルナリ」（①四一七）と、極めて特異な受け止め方をしていた。さらに、初期議会期に足尾鉱毒問題を追及する際も、いつも真っ先に憲法第二七条を持ち出してくるのが常であった。それは、家永三郎が評価したように、農民の立場から国家や資本家に対して所有権の絶対を主張したという点で、ジョン・ロックの「所有権」の本来的意味、即ち「弱者」の生存権保障としての財産権という考え方に合致するものであった。しかし、そうした所有権を掲げた闘いがやがて大きな壁にぶつかる必然性を内包していたことは、前述の通りである。

　ただ、そうした過程で、正造の内面において、「公益」のためにはなんらかの形で所有権の制限が必要ではないか、という考えが膨らんできていたのではないかと、私は推測しているのであるが、正造の権利意識を決定的に変化させた契機は、「非命死者」の存在への着目であった。ここで正造は、人権意識の中核に「生命」をおくようになり、「生命」「生存」の前に「所有」は制限されるべきであるとの認識に到達したのである。それを、人権思想の発展の歴史に位置づけるならば、所有権中心の思想から生存権を軸とする社会権の思想への変化、と表現することもできる。そして、こうした権利意識の変化の副産物が、土地共有の主張であった。そのながれを大まかにまとめるならば、一九〇八年四月五日に「土地は天のもの」とはじめて主張した翌年の八月六日には、財産も「天」のものであるというようになっている。一九一一年一月一九日には「非所有権」を唱え、一一月一四日には「所有権無用」をいうようになった。ここでは、〝我に一物なければ天は我物〟とか〝天は無尽蔵〟とかいうように、「天」のまえに所有を相対化する思想が表明される一方で、土地共有だけでなく、実業利益の分配まで主張している。

それでは、なぜこのような主張をするにいたったのであろうか。それは、同時代の社会主義思想の影響、聞きかじりであったのだろうか。

いや、私はそうは考えない。注目すべきは、鶴巻孝雄らが強調している「共同体原理」の再評価が、この時期にかかれた正造の論稿のなかに見いだせることである。たとえば、一九〇八年三月二日の「旧谷中村復活請願書」には、「徳川政府が土地の売買を禁じたのは、つまり土地併呑の禍を抑へて土地所有の平均を保たしめる為でしたろう」という、独得な評価をしている部分がある。幕府の田畑永代売買禁止政策は、農民が土地を手放し「産を失」い没落するのを予防するための政策であった、というのである。そして、質地慣行も、次のように評価している。「土地は売らさなゐで年期付で質入抵当にさせる事でしたから余程助つて居りましたが、私共の今日は土地を売らされたといふよりももつと酷ゐ目に遭つて居るのです」（④八三〜四）、と。

幕末期の質地騒動を分析した鶴巻孝雄によれば、「無年季金子有合次第請戻し」という質地慣行が〝村法〟という意識を農民たちの多くが持っており、根底には、「百姓永続・一村永続願望」と、潰れ百姓を出すほどの土地集積を「不正」とみる意識があった、とされている。鶴巻は、こうした「過度の土地所有（富の所有）制限」意識を「共同体原理」と表現しており、そうした願望は困民党事件まで見られると述べている。[22]

そういった「共同体原理」を、なにゆえにこの時期になって正造は評価しはじめたのであろうか。かつての自分は、土地は売買の対象と考え、西南戦争時には、戦後のインフレをみこした土地集積をおこなったはずであった。

やはり、こうした認識は、谷中村の買収を「土地兼併の罪悪」と認識したことと密接に関連していよう。そうした不正な土地集積や廃村に対抗する論理構築をはかったときに、幕府の土地政策・本百姓維持政策や共同体を維持するための独自の質地慣行が持っていた意味が、改めて思い出されたのである。いわば、「近代」(私的所有権)を相対化するための「伝統」(モラルエコノミー)の再評価がここで行われたのである。

しかし、ここから土地共有論を導くのは困難である。鶴巻のいう「共同体原理」も、基本的には「農民的土地所有」「小生産者社会」への回帰願望が根底にあるからだ。とするならば、正造の土地共有論は、何に由来するものであろうか。同時代の日本における土地共有論に大きな思想的影響を与えたのは、アメリカのヘンリー・ジョージの「土地共有論」であった。それは、安部磯雄をはじめとする社会主義者、宮崎民蔵の土地復権同志会(一九〇二年四月)の「土地均享主義」、さらには孫文の「平均地権」構想にも影響を及ぼしているとされている。[23]

だが、正造がヘンリー・ジョージの訳本を読んだかどうかはわからないし、影響を云々したときにもっとも可能性が高い宮崎民蔵との関係も不明である。とするならば、やはりキリスト教との関連で考察するのが、現時点ではもっとも生産的な議論であろう。

正造にとって、土地とは、天与の自然であり、神の恵みであった。それは、「憲法論や法律論じやない」「自然の道、神の法則」であると述べていた。特に、晩年の正造が肌身離さず持ち歩いていた「マタイ伝」(マタイによる福音書)が参考になろう。そこで、「悪魔」とは、「持つこと」の代表者であり、「物質的消費と、自然および〈人間〉に対する力の代表者」であり、一方、キリストは「あること」の代表者であり、「持たざることがあることの前提であるという思想の代表者」とされている。そこで、キリストが「悪魔」に最初に試されたのが、石をパンにかえよ、というものであった。それに対して、キリストは、「人はパンだけで生きるものではない」と答えたのは有名であり、正造が好んで引用した部分である。

正造は、「キリストの実践　捨テル、詫ビル」とまとめているが、「マタイ伝」から、財産を蓄えることの愚かさを学び、そこから所有への願望を捨てなければ自由になれないことを学んだのであろう。マタイはいっている。「あなたがたは自分のために、虫が食い、さびがつき、また、盗人らが押し入って盗み出すような地上に、宝をたくわえてはならない。……天に、宝をたくわえなさい」、と（マタイ、六―一九、二〇）。また、「富んでいる者が天国にはいるのは、むずかしいものである。また、あなたがたに言うが、富んでいる者が神の国にはいるよりは、らくだが針の穴を通る方が、もっとやさしい」（一九―二三、二四）も、正造が何度も引用した部分である。[24]

このように、正造の土地共有論や財産否定論は、単なる土地私有の否定、私有財産の否定にとどまらず、より広い意味で所有＝「持つ様式」それ自体の否定であった。それを、花崎皋平は、「所有の文明」から「存在の文明」へ、とまとめているが、同感である。所有それ自体を、正造がいかに忌避していたかをあらわすエピソードがある。正造は、渡良瀬川の「桜石」など、小石を拾うのを数少ない趣味としていた。一九一三年一月九日の日記には、小石を拾う理由を次のように述べている。道路で小石を拾うのは、「美なる小石の人ニ蹴られ車ニ砕かるゝを忍びざればなり」、海浜で小石を拾うのは、「まさつ自然の成功をたのしみてなり」、と。ところが、「取ればハ所有品となり、大なる天を放れバ単純な人ニ帰す。天を去つて人ニ帰す。授受のみちハ自然の如くして、天道を去るの憂へあり。予の憂ハ茲ニあり」というのである（⑬三八四）。財産としてはほとんど無価値な小石でさえ、「所有」することを「天道」にそむくものとして憂慮しているのである。「持つこと」それ自体へのおそれ、おののきといってよい。

正造は、土地共有や実業利益分配や私有財産否定を実現するための具体的な方途を提示したわけではない。それが、社会主義者たちとの決定的な相違である。しかし、だからといって正造の思想に価値がないわけではなかろう。制度よりも倫理にこだわるのは正造の思想的個性である。正造の土地共有論も、こうした宗教的倫理的道徳的文脈から出てきたものと解釈するのが妥当である。

第三節　強制破壊と「谷中学」の転回

一　孤立感と先覚者意識

川鍋岩五郎宅を拠点に運動していた頃と異なり、この時期になると、正造は、「病気の外一ヶ所二泊せし事なし」（⑯五一五）という奔走ぶりであった。しかし、雲龍寺に鉱毒事務所をおいていたころの同志の多くも谷中村問題に関心を示さないばかりか、「田中ハ食われぬから谷中食ツブシノ客人なりとの風評」（⑯二六三）まで立つ有様だった。

「孤立」という表現だけでは生やさしく感じられるほどの状況のなかで「谷中学」が進められていったわけだが、私は、ここで強制破壊以前の「谷中学」が持っていたある種の欠陥を指摘しないわけにはいかない。それを一言でいうならば、〝教えよう〟という姿勢の強さである。先に引用した「分カラヌコトハ聞ニ来ルベシ」という〝聞かせる〟姿勢の強さである。それは、やはり、「桃源とかニ眠れる人民」という谷中村民に対する原イメージが大きく作用していたといえる。谷中の人たちは、あくまで啓蒙の対象であった。彼ら独自のたたかいかた、その論理を正造は知ろうともせず、もっぱらこれまでの闘いを通じてつちかった自分の論理と方法を押しつけようとしていたかに見える。

隣村の利島・川辺の両村民が、団結して買収案を葬り去っているだけに、なおのこと谷中村民を「憐れ」と思い、そうであるがゆえになおさら使命感をかきたてられるという関係にあった。故郷の人々が正造を隠居させる話を進めていたのに対し、「正造ハ老へたりとて隠居せるものニ無之候。斃れて止むまで、又ハ老へて朽ち果つるまで進歩主義にて候」（⑯五一一）と述べて、それを断ったのは、一九〇六年八月二一日のことである。五月二〇日には、同じく原田定助（熱心なキリスト者でもあった）に対して、「正造モ近日中ニ洗礼ヲ受ケント祈リ居候」（⑯四八三）と、

「洗礼」を受けようと考えていることを伝えているのも、深まりゆく「孤立」感に対応しているものであったろうか。

この年一一月二日に、かつての同志大出喜平や野口春蔵らに宛てた書簡がある。その中で、正造は、「タトヘ人民ハ眠レルトモ、ソレハ眠ラセテ、曩キニ醒メタルモノ、先ヅ倦マザルモノ、撓マザルモノ、時勢ノ結局前途ニ亡滅ノ見込ミノ立チ得ルモノ、国法、人道、人権、生命、財産ノ貴重ヲ解スルモノ、利害ヲ後チニシテ人権ヲ先キニスルモノ、貧苦ニ堪ヘ私慾ノタメニ精神ヲ曲ゲザルモノ、一日問題ヲ忘レバ百日ノ損、一年油断セバ十年ノ損ノミナラズシテ、永遠ノ悔タルコトヲ解スルモノノミ数人ノ名ヲ以テ」「今期議会ニモ必ズ例ニヨリ価殖［値］アル請願ヲ呈出セラレタク候」（⑯五三八〜九）と依頼している。「曩キニ醒メタルモノ」が大出や野口らを指すとはいえ、ここには、まごうかたなく先覚者意識が見てとれるのである。

こうした姿勢が揺さぶられはじめるのが、一九〇七年六月二九日からの強制破壊にはじまる一連の出来事を目の当たりにしたからであった。

二　強制破壊

土地収用法の適用認定公告に対して、谷中残留民は、その不当性を訴える意見書を幾たびか栃木県に提出したが却下された。五月二九日に、栃木県は、残留民が受け取りを拒否した買収金を宇都宮本金庫に供託した。これで、事実上の買収が成立した。この時点で、残留しているのは、堤内一六戸、堤外三戸のみであった。

六月一二日、栃木県は、二二日まで立ち退かない場合には強制執行をするとの戒告書を手交した。二二日夜、残留民たちは最後の結合会を開いた。「われわれが屋根の下に寝るのも、今夜限りで明日はどうなるかわからない。今宵一晩同志と共に快く飲み食い、歌い語って最後の結合会をしようというのであった」（『余録』上、一一二頁）。正造は欠席したが、菊地茂、星野孝四郎、柴田三郎や伊香保の山をおりてきた木下尚江と残留民が、酒、魚、うどん、牡丹餅などで語り合った。

このときの残留民は、「闘争などという意識はなく、ただ各自辛苦の油汗で築いた土地と家屋、これによって生活しなければならぬ境遇、また先祖代々三百年四百年という永い歳月を積んで完成した村落を自分らの代に於て潰しては先祖に申し訳なく子孫にも亦顔向けができない」という意識がもっぱらであった。そして、「生活から離れ」ないためにも、「あくまで田中翁を信じて」、「土から生まれたわれわれは、土を食ってもこれを守り抜かなければならない」という覚悟であったという（同前、一一一頁）。

ところが、夜中の一二時に巡査数名がやってきて、強制執行を五日間延期したという再戒告書を手交した。これは、「隣町村で破壊人夫の応募者がなかった手違いのため」であったと、島田宗三は推測している（同前、一一六頁）。こうして、二三日の夜も、間明田仙弥方で、再度晩さん会が行われた。正造は、「田螺は家もろ共さらわれてしまうが、われわれは家をブチ壊されても、別に身体を守ることができる。たとえ乞食になっても、住む家もなく、食べるものもなければ、私この正造も皆さんと共に乞食となって社会に訴え、食を天下に乞う覚悟ですから、どうぞ貴方がたもその決心をしてもらいたい」と語った（同前、一二〇頁）。

こうして、荒畑寒村が、「嗟呼、記憶せよ万邦の民、明治四十年六月廿九日は、是れ日本政府が谷中村を滅ぼせし日なるを」と表現した、強制破壊がはじまった。強制破壊は、この「明治政府悪政の紀念日」から七日間続いたが、この間の詳細は、荒畑や島田の著作に譲る。

残留民たちは、田中正造や木下尚江の、川俣事件の反省とキリスト教信仰にもとづく非暴力不服従の方針に従って行動した。ご飯の入った鍋や釜を持ち去られ空腹を抱えながらも、あるいは、両手両足をつかまれ屋外に「抛り出」されても、暴力をもって抗うことをしなかった。それればかりか、木下尚江は、「彼ら十数戸の農民が婦女小児に至るまで最早警官を恐れず政府を恐れず法律を恐れず家屋破壊の黒手を眼前に控へながら麦を打ち魚を釣り平然日常の稼業に従事して驚かざりし」姿に、「労働の自信力」を痛感させられていた（『谷中村滅亡史』によせた木下の「序」）。内心オロオロしていた自分とは違って、いつもと変わらない日であるかのような残留民の姿に、精神の強靭さをみずにはいられなかったのである。それは、たぶん、正造とて同じことであったろう。

住む家を破壊されても、仮宿泊所が準備されているわけではなかった。残留民たちは、自力で木や板を寄せ集め、粗末な仮小屋を設営して住みはじめたが、七月七日も、八日も、九日も、一〇日も、そして一一日も雨だった。仮小屋の中で、雨に打たれ、坐ることも横になって休むこともできず、ただうずくまっているだけの残留民の姿を、正造の書簡は伝えている。「見るもの皆酸鼻」という状況の中で、正造は、自らの無力さを痛感していたに違いない。「天国ハ則ち近けり」(⑰五四)、「国民更ニ新たニ自身薪木となりて再生するにしかず」(⑰五五)と、「復活」「再生」「蘇生」への思いをかきたてられながらも、他面では、「救わるゝの身を以て救ふべきの術なし」(⑰五三)、「出来ぬまでも人を助けんとするの気象あるのみ」(⑰五七)というような、いささか気弱な言葉ももらしているのである。

三 「聞くと聞かせると」

そういった正造の「谷中学」に、大きな転機が訪れた。八月二四日からの渡良瀬川大洪水がそれである。洪水のとき、古河町にいた正造は、洪水の規模の大きさに驚き、残留民、とりわけ病人の身を案じて、二百石船を借りて救援に赴いた。ところが、病人の水野常三郎をはじめ、「北古川の人びとは、何れも仮小屋の中に小舟を浮かべ、あるいは木につかまって激浪に揺られながら、案外平然としていた」(『余録』上、一五二頁)。その他の人々も、堤防の上や小さな石の祠の傍らで、ズブ濡れになりながらも、正造の「収容」のすすめを頑として聞き入れなかったのである。

八月二九日からの一連の書簡の記述の中に、この〝事件〟の受け止め方が示されているが、私は、それが微妙に変化してゆくことに注目したい。八月二九日の書簡では、「只感心なのハ谷中人民の忍耐ニて候。我〻の考の上ニてありし」(⑰八七)というように表現していた。つまり、正造が感じていたと同じような「苦痛」を残留民も感じ、それにじっと耐えているものと最初は考えたわけである。ところが、九月一日付けの書簡では、自分は「苦痛」であったが、病人たちは「殆んど平気」「之は自然」であったと形容するようになる。「此人々の自覚ハ神ニも近き精神」であって、自分はとうてい及ばない、というのである。

「人ハ以て一概ニ侮れぬものか」という有名な言葉が、このようにして正造の胸の奥から絞り出された。正造は、ここではじめて、「予等の自覚説」と谷中残留民の「自覚心」の出所が異なることに気づいたといえよう。

この相違の「発明」が、正造の「谷中学」に取り組む姿勢を変化させていった。それは、一九〇八年(明治四一)三月二一日の木下尚江・逸見斧吉宛書簡に、「只谷中の一村、此細人(民)ニ学ぶ処ありて、数年此人民より其教を此人民ニ受けてよりも亦更らに受けん事のためニ、暫らく俗政治界の人〻と遠くせり」(⑰三〇三)とあるように、〝教える〟〝聞かせる〟姿勢から、〝学ぶ〟〝教えを受ける〟あるいは〝聞く〟姿勢への転回であった。

この転回を、正造は、一九一一年(明治四四)七月二〇日付けの島田宗三宛書簡で、次のように回想している。

正造モ去三十七年已来教んとして失敗せり。三十七年の最初より正造谷中人民のはなしをきかん事ニつとめれバ早くよかりしに、さわなくして、きく事ハ後ちニして教る事のみ切迫せるまゝ、只管教んく\と計り取詰めたり。せき込めバせき込むほど反動して、正造の申す事ハきく人もなくして空く徒労となり、三年又四、五ケ年目より少〻ヅヽはなしをきく方針ニ改めたので、尓来少〻ヅヽハ谷中事情モ分りはじめたので、回顧八ケ年をへて只此一ツ、聞くと聞かせるとの一ツを発明したのみです。(⑱四六〇)

谷中入村後、「三年又四、五ケ年目より」、すなわち一九〇七年八月頃から一九〇九年頃より「少々ヅヽはなしをきく方針ニ改めた」結果、「聞くと聞かせると」の違いを「発明」した、という。

そのことを証明するこの時期の書簡を、いささか長文になるが、もう一つだけ引用しておきたい。一九〇七年九月一日付け、逸見斧吉・柴田三郎宛の書簡である。

一ツ発明したよふな心がするのです。其心が出たり入りたり、あるが如く又なきが如く、ありと見バ忽ちなし、なきかと見れバ又忽ち顕るゝ、其内ニ何か一ツ発明したよふなのです。文が出来れバ中々面白く、天地の間の事をかきたいので、虫の死するも天地と共に興廃をともにすので偶然でないとおもふ。○此度ぬれたきもので病んで只の人の家ニ寝て居る。之れが生れてはじめての極端な不愉快であったけれども、之れで解決がついた。○谷中の人々も今度が極端で、これニて解決がついた。此度こそ大切だとおもへます。此ツライのが解決で何人も瀦水池の有害を見とめたので。○虫しも踏ミ殺さるゝとき或ハ天国ニのぼる時であるかもしれず。○人と人との争へ計りでハ解決せぬ問題も、天の神様ハ必し《（ママ）》も解決します。人と人との争へを解決するハ戦争と裁判、議会の狭き内ニ無理押付けの解決のみ。自然の解決ハ天の業ならざるなしで。○正造がぬれたきもので病人の資格ニ欠乏して困りて苦痛を忍ぶハ忍ぶの難儀あり。谷中の人々水野、間明田二人もと病人で、きものぬれたハもとより、而も水の中ニ安座して怒涛をさけるまで殆んど平気、之ハ自然にて正造ほどに深く苦痛ともおもわざりしならん。此点ハ此人々の自覚ハ神ニも近き精神となり、正造の方ハ止むなくして此境遇なり。故ニ及バざる遠し。ソレ神あり。人之を見止める事茲ニあり。只神となりても自身之をしらざるあり。神ニ遠き人ニしても神を見るときあり。○及バざるもの必しも愚にあらず。智者必しも智ならざるも亦茲ニあらんか。（⑰九六～七）

この書簡には、「天地と共に興廃をともにす」や「自然の解決ハ天の業ならざるなし」、さらには「神」の観念や「智」と「愚」の関係など、晩年の正造がとりくんだ思想的テーマが一まとまりになって提示されている。つまり、正造が「聞くと聞かせると」の違いを「発明」した結果、それまで漠然としていた考えが一斉に形をなして正造の胸中に噴出してきたのである。私が一九〇七年という年を思想的画期として重視する理由もここにある。真の意味での「谷中学」がこうして始まった。[25]

第四節　「農ハ土ノ汁、官ハ知ノ汁」

一　「旧谷中村復活請願書」

以上のような「谷中学」の転回の結果、一九〇七年末から一九〇八年初めにかけて、正造の「研究」の成果を集約的に表現していると思われる文章が二つあらわれる。その一つは、一九〇七年一〇月一八日の「日本キリスト教婦人矯風会における演説草稿」であり、もう一つが、一九〇八年三月二日の「旧谷中村復活請願書」である。

「旧谷中村復活請願書」は、「今は只私共の生命が残つて居るばかり、其れ以外には何一つ残らぬ迄に苛めつけられ」た残留民の女子三人が、鉱毒問題と谷中村買収問題との関係にはじまって、この間の歴史的な経緯を、詳しく、かつわかりやすく述べたものである。

そこに、正造の相変わらずの啓蒙臭を見る人もいるだろう。しかし、私は、過酷な抑圧を受けている残留民の中でも、さらに制度的にも社会的にも、また慣習的にももっとも「抑圧された」立場にあった女たちに対する理解と想像力が、正造をしてこのような語り口を採用させたものと考えている。

そこでは、まず「瀦水池」なるものが「人民の為や洪水を防ぐ為」のものではなく、役人同士や「足尾銅山の金持と其銅山とを護らんが為」の「鉱毒沈澱池」、あるいは「鉱毒問題の尻拭」にすぎないという基本的認識が示されている。そして、「私共は只自分達の利益のみを思ふてお訴するのではありません。若し瀦水池を作ることが多くの人々の為になりますことならば、私共は決して反対などは致しませぬのみか寧ろ自分を損しても人々の為になりたいと心がけて居るものであります」と述べている（④六八）。

この言は、誇張でも何でもなく、残留民たちの真意であったろう。なぜなら、私たちには、高田仙次郎が、自分の土地家屋が公益のために本当に必要ならば、無償で「天皇陛下ニ献上すべし」と述べていたことが、すぐ想起されるからである。〝真の公益〟に対する社会構成員の責務感覚というべきものであろうか。正造の言葉をかりれば、谷中人民の「公私に対する道義」の素晴らしさであった。

また、公益とは何かを生涯追求してきた正造にとって、「当局ノ所謂公益ナルモノハ是真ノ公益ニ非ズシテ却リテ大ナル公害」（③四九八）なのであった。だから、「公益」の名を借りて「悪事ヲ働クモノ口ニ公益ノ文字ヲ用ユルヲ許サズ」と断言するのである。まして、やがて、「町村の安危は町村民の意見が即ち主権者なり」（⑱一一六）という絶対的な確信を表明するにいたる正造であったれば、村会の決議に表された民意を全く無視して、小学校を廃止し、堤防を壊し、村を潰し、住居を破壊し、麦蒔きを妨害して立ち退きを迫るやり方が、「公益」のためであるはずがなかった。「お役人方も真実多くの人の為にすることでないものですから、あんな卑劣な蔭暗ゐやり方をなさるのでありませう」（④六八）。

そして、「私共から見まするると、法律を濫用して居るお役人はつまり私共人民を圧制するばかりで無く、法律をお拵へなされたあなた方をも侮辱して居るのだと思います。私は、ここで、「強ゐお役人」の「法律の濫用」が、「弱ゐ私共」を苦しめるばかりでなく、その法律を作成した自分自身をも、さらには法律を成立させた議員たちをも「侮辱」するものであるという認識を示していることや、しかも、そのことをわがことのように「口惜しくてなりませぬ」と表現している点に注目している。非常に高く清らかな倫理意識がみてとれるからである。それは、「弱ゐ私共」であるがゆえの、他の何ものをも抑圧しえぬ存在であるがゆえのものといっても良いだろう。そのうえで、役人たちが一日も早く「金持の肩ばかりを持つといふ御了見違」を改めるように、議員たちの働きかけをお願いしていた。

二　正造の「事業」

このように、この請願書にもみられる「弱ゐ私共」が「強ゐお役人」や議員たちの改心＝人間性の回復を願い求めてゆく姿勢は、正造の「事業」、または宗教の「研究」と密接に関連して出てきたものと私は考えている。それは、単に権力対民衆、支配階級対被支配階級という二元的対立図式ではおさえきれない質のものであった。正造は、自分の「事業」のことを、「谷中学」入門後の一九〇五年一〇月に、「腕力流行のよの中ニ反対の事業中」と表現した。人倫や人道が地におちてしまっている「腕力」や「金力」中心の「よの中」を、なんとか回復しようというのである。それは、たぶん、前述した一九〇一年七月一日の原田定助他宛書簡に出てくる「弱のまゝニ而其弱きを救ふ」こと、そして、一九一〇年（明治四三）八月三日の日記に出てくる「竊ニ思ふ、予の多年のたのしみハ何かと思ふに、人生を大別二とし、社会の最ニ勢力なき弱き人〻を合せて強き暴慢を排するをたのしみとせしハ、予正造が行為の十中の九ニ居るなり。最弱を以て最強ニ当るにあり」（⑪四四三）という文章に関連していよう。この、「最弱を以て最強ニ当る」こととは、つまり「最強」を越える〝至強〟ともいうべき存在になって「最強」を倒すことではない。また、「弱きを救ふ」のに、自分一人が「弱き」群れから抜け出して「強者」になって救うことでもない。あくまで「弱のまゝ」で救うのである。

こういった「弱者」が「弱者」のままで「強者」にあたり「弱者」を救うという視点は、やはり、「非命死者」像の定立以降に形成されてきたものであったが、それを更に一歩進めて、自分たちを抑圧してやまぬ「強者」をも併せ救うという高次の思想に導いたのは、新約聖書との出会いと宗教の「研究」の成果であった。これも前述したように、新約聖書との出会いの直後の一九〇三年一二月二八日付けの大出喜平宛書簡に、「予等の少数ハ天の如く、神仏の如く、却て此悪新聞悪官吏をも併せて救わんとするためのみ」と出てくるのが、それを証明している。それが、この時期からしばしば「悔改」という言葉で表現されるようになり、さらに「我〻同志ノ業　我〻同志ハ、之等ノ奸悪ヲモ説キ論シ、自ラ其罪ヲ悔ヘ改めしむるコトをつとむべし」というように、自分たちだけが救われることを目的にしているのではなく、「悪魔」と闘いつつ、その「悪魔」をも併せて救うことが「事業」の目的なのであって、「約言セバ愛ナリ」と明確に語られるようになっていくのである（一九〇九年八月の日記、⑪三四一）。

三 鋭い学問批判

解放への道程をこのように見定めていたがゆえに、それだけ「知識」を悪用する人々、あるいはそういった「知識」しか教えない「学問」というものに対する批判は、極めて痛烈であった。鉱毒反対闘争の過程で、財産のある人、知識のある人から運動を離脱し、また買収されていった事実をつぶさに見てきたことが、それに拍車をかけた。いや、単に「知識」や「学問」だけでなく、当時の日本の知的状況全般に対する批判をますます強めていったのである。

もちろん、「谷中学」以前からも、こうした批判はままみられた。たとえば、「今の学者学士ハたこの如し、高くなれバ根本と拒里（距離）遠し」（一九〇三年四月一三日の日記、⑩三三八）とか、「大学廃スベシ。腐敗ノ淵藪タリ」（同年六月二六日、⑩四三二）と出てきていた。また、鉱毒問題こそが「青年」にとっての「村中肝要事実の学文」であると強調してもいた。しかし、「谷中学」に自覚的に取り組むようになってから、さらに激しさを増していったのである。

まず第一に、「実学」の重視である。「日本人ハ文明上の青年なれバ、学者を見る事神の如く、無学を見る土芥の如シ」（⑯三〇三）と日本の風潮を批判し、しかし、「よの中ハ学士博士の破るなり造るハ下男織るハ織ひめ」（⑯二九四）と、社会は農民労働者によって支えられていることを、正造は指摘する。それだけに、「机上ノ学文」「座上ノ空論」や「読書ノ長者」になるよりも、「事実の学文」が大切であると強調するのである。「実学」の重視は、たとえば次のように述べられている。「夫れ学文ハ実業を尊べり。実業とハ商工の故ニあらず。……実ニ付くものを実の業とす。正造ハ実の学、実の業を尊び候」（⑯四一二）。「青年ニ望む／実学をつとめよ。即ち村ニ帰るハ実ニ付くなり。普通文字なき人民のむれに入るなり。……」（⑪七六）。

このように、正造が重視した「実学」とは、ごく普通の人々の「むれ」の中に入って行き、まず、彼らがおかれた現実を知ることにあった。「社会ハ大学なり」（⑫四九六）というように、正造にとっては現実社会こそが「大学」であったのである。「読書の長者」という非常に卓抜な表現で描き出された反面教師像が示唆しているように、知識をどれだけ身につけるかということよりも、それをどれだけ現実の生活とその変革のために役立てられるか、という点を重視した「実学」であったといえよう。その意味では、なによりもまず実践の学問であった。

それゆえに、当時の学者や学生に対する批判は、非常に手厳しいものがあったわけである。

先に若干引用した「青年ニ望む」と題する文は、次のように続いている。「学生を見よ。何学生でも皆人民を救ふ学文を見ず。たといバ栃木けんの学生、法律も百人位あらんけんども、人民を救ふ学生ハ一人もない。其他経済なり、政治なり、人民を責め欺きて自分の懐ろを。栃木けんハ特別として［も］凡此類である。而して農民を虐げるもののみである。公租ハ日本第一八千万円。此農民を虐げ欺きて其財を奪ふもの、殆んど何千万人。イカニ学力ハアツテモ其知識ハ悪である。油断スルト此類の仲間ニ入る」（⑪七六）。大学で法律や経済や政治などの〝実学〟を学ぶ学生は多いけれども、そこで得た知識は自分の懐を肥やすか人民（農民）を虐げるために悪用されるばかりで、「人民を救ふ学文を見ず」と正造は言い切っている。

学者も同様であった。「博士」の肩書きをもつそうそうたるメンバーを集めた鉱毒調査委員会の「知者学者」に対する批判をみてみよう。特に第二次の委員会は、「銅山弁護の外なくして、公平ニ学術上の調を為したる点ハ誠少〻なり」であった（⑬五一〇）。「語ニ曰く、心茲ニあらざれバ見れども見へず、きけどもきこいず、食すれども其味をしらずと。今の学者ハ概此類なり。見る目あり、きく耳あり、食ふ口ちあり、むしろ無学の人〻より多くの耳口目を持ちながら、心ニ誠実なく、心ニ天心なく信念なく、良心を切り売りして知識を切り売りして、自ら徳義の山林を濫伐して」生きているにすぎない存在だ、と（⑬五一一）。

また、一九〇九年七月六日の日記では、次のようにもいう。「〇眼鏡ノゴミノ掃除ヲ専業ノ如クスルモノアリ。眼鏡ニ対スルハ可ナリ。夫レノミヲ以テ事務トセバ眼鏡ハ何ンノタメニカケルカ。物ヲ見ルタメナリ。物ヲ見ルコトヲ為サズ、只管ニ眼鏡ノミコスリ、終生之ヲ専業トセバ、近キモノヲモ見ルノ暇ナカラン。／眼鏡ハ掃除サレンノ目的ニアラズ。物ヲ見セン目的ナリ。学文ハ眼鏡ノ掃除。今ノ学者眼鏡ノ掃除ニ余念ナク、多大ノ光陰ヲ此眼鏡ノ掃除ニ消費シテ、遠方ハ愚カ汝ヂノ膝下ヲモ見ヘザルナリ」(⑪二四九)。学問をやればやるほど物が見えなくなる学者を、正造は、「眼鏡ノ掃除」に例えて痛烈に批判している。

このように、正造の眼は、「実学」という観点から、支配のための道具であり、国家に奉仕することを目的にしていた官学アカデミズムの本質を、射抜いていたのである。

第二に注目すべきは、初等教育に対する批判である。まずそれを、谷中残留民の中の長老格の人物であった島田榮蔵の孫娘いく子のエピソードに探ってみよう。

三、四歳のころのいく子は、正造の目に「奇人」と映っていた。「眼光」も鋭く、正造が戯れに捕まえようとしても、すぐその「気」を察して逃げてしまう。三、四歳にすぎないのに、弟二人の世話や鳥獣の世話も行き届いている。「神機敏捷にして予殆んど恐るゝほどなり」と正造は述べている(⑪二七七)。

ここで、「神機」とは、人間がはかりしることのできない霊妙な働きのことだとされている。いく子には、誰が教えたわけではないのに、生まれながらにしてそういう「天性」が備わっていると、正造は高く評価していた。

ところが、いく子が小学校二年生になったとき、野木の雷電神社のお祭りに一緒に行こうと正造が誘ったら、いく子は、衣服が粗末なのを恥ずかしがり、悲しいそぶりを見せた。

しかし、こうしたささやかな出来事が、正造にものすごい衝撃をもたらしたのである。正造は書いている。「初等小学にして已に此美性をして悪変せしめたり。悲しむべき教育の風俗は寧ろ野蛮に劣る万〻、野蛮の天性を其侭にせる時代に劣る万々、物質進物〔歩〕と反比例にして其去る事幾千万里。破道破憲とは何んぞ愚なる、今や天地を破壊せり。日本の天地を破壊せり」(⑪二七八)。

「日本の天地を破壊せり」とは、とてもおおげさな表現のように思われるが、そうした表現をせざるをえないほどに正造が受けた衝撃が大きかったこと、初等教育の現状に対してほとんど絶望的ともいうべき感情を抱いたことを、このエピソードは物語っている。[26]

同様なことを、正造は、一九一一年五月九日の日記に、佐野町の染物屋林重平から聞いた「ちりめん」(縮緬)を染め上げる工程をヒントに、次のようにまとめている。

はまちりめん高いの、平らちりめんやすいの、之をねるとちりめんとなる。そして色ニ染めるなり。ねるとき、ねり薬りを用ると質弱くなり、一時の色ハ同じニても大切の素要を失へり。今の教育、父兄ハはまちりめんを出す。そめやねり薬りを多く投じてそめて卒業せしむ。表ての色ハ卒業せしも、朽ちたる薬りニて已ニ業ニ織物ハ死したるなり。ねり殺すとは此事ならん。可怖ハ教育の名の下ニ人殺しを為す。平ちりめん、はまちりめんともに養蚕して生糸を取り、織り為すまでハまじめなり。染屋ニ至りて質素を殺して色沢のみ安価ニ仕上げんとす。仕上げて素要ハ殺さる。染めざるニしかず。(⑫一八一)

「はまちりめん」とは、縮緬の中でも最も高級とされている長浜縮緬のことである。染料に化学物質を使うことは、すでに幕末からはじめられ、明治中期には一般化していたといわれている。「ねり薬」とは、そのことをさすのであろう。つまり、今の小学校教育(教師)は、子どもたちが持っている素質(「野蛮の天性」)を「ねり殺」し、外見だけあざやかな色をつけて卒業させているだけだ、というのである。

ここにも、「聞くと聞かせると」の違いを「発明」した正造の「谷中学」の視点が見てとれるだろう。

ここで、このような正造の「学問」批判の歴史的位置を探ってみたい。

周知のように、近代日本における「学問」とは、一八七七年に東京大学が設置されて以来、帝国大学を中心とする「アカデミズム」「官学」のことであった。帝国大学は、一八八六年に制定された帝国大学令にあるように、「国家ノ須用ニ応スル」学問をする場であった。その結果、学問は富国強兵という国策に奉仕することが目的になり、きわめて国家的な色彩を帯びることになった。かつ、欧米の進んだ学問を導入することに熱心な移植的性格も併せ持った。

こうした学問状況に大きな地殻変動が起こったのが大正デモクラシー期である。官学アカデミズムの中にも、吉野作造や河上肇に代表されるように、国家に奉仕する学問から、国家を批判し、民衆に奉仕する学問へという動きが出てきた。また、民衆の中からは、鹿野政直によって「民間学」と総称された動きが顕著になってきた。柳田国男の民俗学、伊波普猷の沖縄学、金田一京助のアイヌ学、津田左右吉の歴史学、南方熊楠の生物学、高群逸枝の女性史学などがそれである。

田中正造の学問批判を、日本の学問史上にはじめて位置づけたのも鹿野政直である。鹿野は、正造の帝国大学批判を、「民間学生誕の前夜」における「最初の本格的な「富国強兵学」批判であった」と位置づけ、次のようにまとめている。「田中正造は、日本の学問史上、アカデミズムのもつ「富国強兵学」的特質を、もっとも早くかつ全面的に指摘した人物であった。日本学問史は、アカデミズムの批判者として、この「下野の百姓」の名を逸することはできない」[27]。しかし、正造の限界を指摘することも忘れていない。「おおむね〝既成〟の否定者として終始した」、と。

私も、基本的に同感である。しかしながら、私は、正造の学問批判を、もう少し広く捉えたいと考えている。一つには、その批判の鉾先が、単に、権力に奉仕する学問のみならず、富国強兵に邁進する権力に一見背をむけるかのような学生の姿にも及んでいることであり、二つには、学問の方法論に関する正造の認識は、今日においても顧みられるべき価値があるものと考えるからである。

かつて、岡義武は、「日露戦争後における新しい世代の成長」上下(『思想』第五一二、五一三号)において、日露戦後の青年層の意識的特徴を「個」の意識の発展と総体的におさえ、それを四つに分類した。一つは、「成功」

（＝致富）という言葉の流行であり、二つには、「星菫党」という言葉が流行したように享楽的傾向の強まりである。三つには、懐疑・煩悶の流行であり、四つには個人主義思想の蔓延であった。そして、全体的に、「国家的忠誠心の減退あるいは国家への無関心の傾向」とその特徴をまとめている。

こうした青年層の意識動向は、補論二で指摘するように、日清戦争後にかなり明確になってくるのだが、正造の批判は、ここで第二に整理されている「星菫党」と呼ばれた学生たちにも及んでいた。「被害地ニ学生の如きものを見る事甚だ少し。……日光の山ニ紅葉をかる学生、紅葉の枝を鉄道の乗車室ニ挿んで帰る学生ハあれども、此国家社会の憂を心ニ挿める学生の少なからんを怖る」（④六〇二）と正造は述べている。そして、その下書きであろう日記には、「手のつけよふなし」（⑪七二）と吐き捨てるように書いてあった。おそらく、田中正造には、人民が被るであろう害に鈍感な、自分の研究の進展のみを考える学問のあり方や、権力にとって有利であることを（つまりは保身を）他のなによりも優先させる学問のあり方も、また、そういった性格の学問に背を向け、社会国家のことより自己一身のことのみ思いわずらう学生の姿も、「人民を救ふ学文を見ず」、「人民を救ふ学生ハ一人もない」という点では五十歩百歩のものに見えたのである。

そして、正造独自の学問の方法論である。それは、端的にいって、学校で教わることや読書を通じて行われるものではなく、人民が、生活の中で得られた経験を、繰り返し繰り返し反芻することで、一つの「真理」（すなわち経験知）にまで高めていく方法であった。私がそう考えるのは、正造が谷中の残留民に対して、何度となく、請願書を何百ぺんでも読み、暗記するまで読めと指示していることに注目するからである。それを集約的に表現した書簡がある。一九一三年二月一二日付けの島田熊吉・宗三宛書簡である。

> 見よ、神ハ谷中ニあり。聖書ハ谷中人民の身ニあり。苦痛中ニ得たる智徳、谷中残留人の身の価ハ聖書の価と同じ意味で、聖書の文章上の研究よりハ見るべし。学ぶべきハ、実物研究として先ヅ残留人と谷中破壊との関係よ

り一身の研究を為すべし。徒らニ反古紙を読むなかれ。死したる本、死したる書冊を見るなかれ。（聖書ニくらべて谷中を読むべき也。）生きたる汝ぢの心、生きたる残留民の経験、歴史をくり返し〴〵熟思熟考、去る三十一年関宿、三十五年以来の事より今日ニ到りしまでを暗記暗称してこそ又新しき発明を得るなり。之れを天国ニ到るのみちとしるべきなり。（⑲一六五）

説明は不要であろう。つまり、正造は、みずからの体験を記憶し、それを反芻することによって真実をつかみとり、それを抵抗の原基とすることを谷中残留民に期待していたのである。いや、残留民ばかりではない。一九一一年四月二一日の「日記」の一節に、「善政の跡掩ふべからざれバ、又悪政亦後世ニ伝ふるの跡ありとするも、人民ハ死滅して居るものなく、居るも歴史ハ忘れる。又ハ人類の移転屢〻、或ハ洪水ニ流され、或る〔は〕離散して記録乏しき至れバ、暴政亦常の如くなり。天然の沃野変じて鉱毒の原となり、砂漠となるも、人民自然怪めるものすらなきニ至らんか、亡国ニ到るの歴史ハ当時〴〵の人民一〻之を記して憤慨せざるものなり人民ハ国なりで人民復せざれバ国ハ常ニ亡ぶ」（⑫二二九）とあることを裏返せば、「悪政」や「暴政」を「記録」し伝え、その「歴史」を忘れないことが人民復活・再生の方法であると正造が考えていたことが明確に読み取れる。

自らの「経験、歴史をくり返し〴〵熟思熟考」し、そのことを通じての譲ることのできない「真理」を発見すること。それを、正造が、「進歩ハ芋を洗ふ如しと。同様類似のふるきはなしを幾回も〴〵もくり返すと、自然に真理に徹底するものなり。誠ニ芋を洗ふ如し」（⑫一九八）とまとめていたことは、花崎皋平がつとに着目するところであるが[28]、そこにはもっと積極的かつ普遍的な意味がこめられていたのである。

「知識ノ奴隷ガカ《(ママ)》社会国家ヲ亡スノ兵士トナリタル」状況の中で、田中正造の「谷中学」はくりひろげられていった。そして、ついに、「書籍ニ得たる法文の力らハ其人民と談話するの舌なし」（⑬一六二）という確信を得るに至るのである。

四　農民は百年の計、官吏は一日の計

以上のような「谷中学」の立場からする学問批判や、この時期同様に激しさを加えてくる文明批判を別の形で表現したものが、「農ハ土ノ汁、官ハ知ノ汁」(⑪七三)であった。つまり、「智識生活」者と「無学の土民労働者」とを、または官吏の生活と農民の生活とを対比した表現である。この表現は、「谷中学」の「研究」の成果の結晶であると同時に、直接的には谷中村民の移住問題に対応してゆく中で出てきたものであった。

買収に応じた谷中村民の移住は、一九〇五年一〇月頃より始まる。第一期は、那須郡下江川村大字志島に移住した一八名であった。そのほか、塩谷郡や壬生町、藤岡町、古河町など、最初は近場に移住している。そして、一九一一年からは北海道サロマベツ原野への移住が行われるようになる。一九〇四年一〇月七日の北海道移住奨励に関する内務大臣の各地方長官宛訓令に基づく北海道移住促進政策の中に、谷中村民の移住問題も組み入れられていったのである。これは、第二次調査委員会の「答申」の中にも、〝救済策〟の一つとして登場していたものであった。そうした、北海道移住政策が、前村長茂呂近助や川島平助ら谷中村からの移住民一六戸を含む二三七名の移住として、一九一一年四月七日に具体化した[29]。

ところが、那須郡下江川村に移住した人々を待ち構えていたのは、地元選出の県議矢板博三郎を中心とした三、四〇〇名の村民による排斥運動であった。彼らは、移住者の小屋掛けを拒み、一〇余日も待たせたあげくに、移住者に払い下げられる土地から一〇町歩を村に差し出させることで決着をつけたのである[30]。このように、移住条件をめぐる約束違いも多かった。さらには、その地の住民に「谷中上がり」と蔑まれ、忍従をしいられていったのである。また、北海道のサロマベツ原野の入植地は、オホーツク海に開けた酷寒の地で、九月になれば霜が降り、一年の半分近くも雪に閉ざされるところであった。移住民が到着したときにも雪が二尺以上積もっており、また一番近い店まで一二里もあった。この気象条件の極端に悪いサロマベツ原野への移住は、それを推進した吉屋雄一下都賀郡長(作家吉屋信

子の父）らが、現地調査もせずに、あたかも「楽土」であるかのような幻想をふりまいて行った事実上の「棄民」政策であったのである。[31]

まさに、「去るも地獄　残るも地獄」の状況であった。

正造は、谷中村民の移住には基本的に反対で、残留民を慰留する毎日であった。正造が「谷中村堤防の記」に「谷中村民の身上は地方に派出せる地方官吏等の如き身軽にあらず、手軽く動き能ふものにあらず」（③三四六）と記したのは、最初の移住者を見送った後の一九〇五年一二月一三日のことであった。[32]

たとえば、一九〇五年に堤防一つ隔てた藤岡町篠山に移住した秋山松三郎は、「当時は地価の値上がりがひどくて、私の家も、谷中にあった二町二反の土地を平均二六円で売り、この土地を、二〇〇円で買って入った。みんな移住する土地探しに苦労し、田中翁にはもちろんのこと、親類にも内緒で土地を求めて歩いた」と回想している（小池前掲書）。あくまで移住反対を叫ぶ正造に隠れて移住地を探し歩く村民たちは、どんなにか後ろめたい思いにさいなまれたことであろう。正造も、「古来住慣れた土地所有地を捨てゝ他に移る農民の困難ハイカニ悲惨でアローー」と、その行く末を案じていた。

あくまで移住には反対していたが、さすがにその悲惨な状態をみかねたのか、正造も、「セメテハ村中ニて堤外なりとも二移らするの考ニて、生モ七、八日前よりボツ〳〵奔走中」（⑰六八〜九）と、一九〇七年八月一二日頃より奔走していた。ところが、強制破壊後に結成された谷中村救済会は、移住地の選定をめぐって、正造を飛び越して県や残留民と交渉したり、独自に野木村野渡の満福寺境内を移住先に選んで、残留民に対して一〇日間という期限付きの回答を求めてきたりした。買収不当価格訴訟の提起問題でも意見の食い違いがあって、正造は、こうした谷中村救済会の行動をこころよく思わなかった。

「中々百姓人民の進退ハ面倒、……けして若き官吏のよふな身軽なものでない」。たとえていえば、農民は「三、四百年間も根の深く入りたる大木」であって、官吏や知識人は「御縁日の植木やボンサイ」のようなものである（⑰

六九〜七〇)。「智識は携帯に軽便」であるけれども、生活の基盤を土地に置いている農民は簡単に移住することなどできない。「昔から、若し百姓が先祖伝来の田畑を売つて他所へ行きますと、其中十の八九迄は産を失つたものであります」(④八三)。なぜなら、「農ハ土ニ衣食す。土を食ふ。土の汁を吸ふ。土の汁を吸ふ虫みゝづの如し。みゝづニして土を金と代へれ《ママ》てハ死す。農ハ金の活用をしらぬものなり。故ニ田畑を金ニ代られてハ死す」、と(④六〇〇)。このような半ば信念めいた気持ちから、内面において救済会に対する不満を増幅させていたときに、「農ハ土ノ汁　官ハ知ノ汁」という表現が生み出されたわけである。

そして、「食乏敷、家屋破れて雨ハもる。衣も汚れて虱子多シ」農民と労働者こそがこの社会を支えている真の担い手なのだ、彼らの仲間こそ自分が「辛酸を共ニ」すべき「むれ」なのだという思いを一層強めたとき、正造は、「農民ハ愚でも百年の計を思ふ。知識ある官吏ハ一日の計のみ」という確信を揺るぎないものとするにいたった。「嗚呼、人民は愚でも正直で常に前後を考へ、百年の計をなすに、官吏、今の官吏は、殊に上流官吏等ハ之に反し、百年どころか一年の計もなくして只一時一刻慾ばりのみ。其日其日の椅子安全を計るのみ。故に常に姑息なり。之を信ずるは大誤りと可申。人民は人民の経験を信じて一歩譲るべからず。又動くべからず、動かざるべからずですよ」と明言するにいたったのである(⑰二五五〜六)。また、文明の恩恵をこうむることが少ない「豆腐屋二十里」の農民生活の不便さこそが理想発達の基本であり、逆に、「専門の思想ハ大理想ニ短なり。科学の高妙ハ未だ以て宇宙大理想ニ遠し」(⑬三五八)とも言い切る境地に立ちえたのであった。

小括

田中正造の直訴によって沸騰した世論と再び活性化した反対運動を押さえ込み、鉱毒問題に決着をつけようとした政府は、一九〇二年に第二次鉱毒調査委員会を設置した。この委員会における審議過程を検討すると、そこには被害民救済という観点が決定的に欠落していたことに気づかされる。そして、この委員会の答申によって、鉱毒問題は利根川を中心とする治水問題へと完璧にすりかえられていった。「谷中問題」が明確な形をとって出現したのである。

正造は、「谷中問題」に取り組むため、一九〇四年七月末、買収の対象とされた谷中村に「帰国」した。第二次委員会は天皇の勅令によって設置されたものであったから、正造の谷中入りは、客観的にみれば、勅令発布を期待した直訴の責任をとった形になる。

栃木県による「悪業」と評すしかない激しい買収工作と移転勧誘の結果、一九〇七年になると、谷中の地に踏みとどまっているのは、堤内一六戸、堤外三戸のみとなった。この世の地獄に残留の道を選んだ被害民たちを待っていたのは、権力による強制破壊という名の暴力であった。それでもなお、仮小屋をつくって生活しつづけようとする残留民を、大洪水が容赦なく襲いかかったのである。そのとき、洪水の中の残留民たちの「平然」とした姿を目の当たりにした正造に、大きな思想的転回がおとずれた。

私は、谷中入村後の正造の歩みを、「谷中学」の過程と位置づけている。

谷中入村直後の正造には、抜き去りがたい先覚者意識と愚民観が存在していた。しかし、谷中の人々とともに買収工作に抵抗し、土地収用法などの法の「暴用」とたたかう中で、「谷中学」は少しずつ深化をみせていった。その第一は、これまで以上に、抵抗の拠を人権に求めるようになったことである。そして、その人権の内容も、所有権から生存権へと比重を移していった。それればかりではなく、キリスト教の影響もあって、所有という「持つ様式」それ自体をも正造は否定するようになっていった。

第二には、「聞くと聞かせると」の相違の「発明」である。一九〇七年の強制破壊とその後の洪水を契機に、正造の中に、残留民に「教えよう」「聞かせよう」とする姿勢への深刻な反省が生じ、残留民から学ぼうとする姿勢、つまり「聞く」姿勢へと徐々に変化していったのである。

こうした一九〇七年を画期とする「谷中学」の転回が、「弱のまゝニ而其弱きを救ふ」ことであり、「最弱を以て最強ニ当る」ことであった正造の「事業」を、「弱者」のままで「強者」をも併せ救うことへと昇華させていった。

当時の日本の知や学問をめぐる状況に対する痛烈な批判も生み出していった。その結果、人民は人民の経験を信じて一歩も譲るべきではない、自分の経験を繰り返し繰り返し反芻し考え抜くことで必ずや「真理」に到達するのだ、という確信を持つにいたったのである。

正造の「谷中学」は新しい地平に到達したのである。

注

(1) 一八九〇年一二月二日の『下野新聞』から、谷中村の動向をうかがってみよう。

渡良瀬川丹礬水に関する村会の決議　下都賀郡谷中村ハ同郡の南端渡良瀬川に沿へる一村落にして年々歳々洪水の度毎に水害を被ふる場所なるがかの足尾銅山開掘以来該山より流下する丹礬毒水は渡良瀬川を経りて同村其他各村の田畑に該毒水を浸入し為に夏季作物の生育を妨け近時に至りてハ一層甚しく全く収穫を失はしむるに至りしを以て今回同村の有志発起となり足尾銅山借区人古河市兵衛氏に対し談判を開き既往の損害要償と併せて位置変換を要求せんと大字下宮なる古澤繁次氏外数名を総代に撰みしが同総代よりは渡良瀬川に沿へる村々群馬県邑楽郡除川村外数ヶ村及び本県安蘇郡界村下都賀郡三鴨村、藤岡町、外数ヶ村にも右談判に加盟せんことを求めし（中略）因に記す渡良瀬川沿岸ハ本年の洪水の為め草木皆枯死し又是れまて土取場より土を取り揚け肥料にせしものが今度は其土を用ゆれば反つて害となる如き場合にて殆んど困却を極む又是れまで麦小麦作は年々浸水の所にあらざれば多額の収穫を見難しと云ふ程なりしに今ハ却つて浸水を恐る丶に至れりといふ

議決書及其理由書

第一条　本村田畑被害攘除ノ為メ制第三十三条ノ十一項ニヨリ本県下上都賀郡足尾銅山借区人古河市兵衛ニ談判ヲ開クモノトシ便宜ノタメ本郡谷中村古澤繁次外数名へ左ノ件ヲ委任スベシ

一　上都賀郡足尾町古河市兵衛所有ノ製銅所ヨリ出水ノ度毎ニ丹礬水ヲ押流シ渡良瀬川ヲ経過シ来リ該毒ヲ田畑ニ浸入シ作物ノ生育ヲ害シ収穫ヲ失ハシメタル巳往ノ損害ヲ要求スルコト

二　同上製銅所位置変換ヲ要求スルコト
三　損害要求及製銅所ノ位置変換ノ要求調和ニ至ラザルトキハ訴訟ヲナスコト
但始審裁判終局マデ
第二条　第一条第三ノ場合ニ至ルトキハ本村ノ損害要償金額ニ対スル訴訟印紙ハ「大字甲大字都賀」ノ負担トス
第三条　第一条第一ヨリ第三マデノ費用ハ本村ニ於テハ一切負担セザルモノトス、委任ヲナスニ於テ本村ハ代人等ノ間ニ契約ヲナスコト
本村ノ内大字甲大字都賀ハ渡良瀬川ニ沿ヒ年々歳々水害ヲ被ムル場所ニ有之然ル処上都賀郡足尾銅山ヘ製銅所設置以来同所ヨリ押流ス丹礬ノ余水渡良瀬川ヲ流下シ洪水ノ度ニ本村ノ田畑ニ溢レ該毒ヲ耕土ニ残留シ為メニ夏季作物ノ生育ヲ妨害スルコト年々多キヲ加ヘ近時ニ至ツテハ全ク収穫ヲ失フニ至レリ此侭経過スルトキハ挙ゲテ荒蕪地トナル期シテ俟ツベキナリ故ニ借区人古河市兵衛ニ掛合ヲ遂ゲ被害ヲ攘除セント欲スルニ在リ

（2）根岸門蔵『利根川治水考』（一九〇八年、影印版崙書房、一九七七年）一七七〜八頁。
（3）委員は、次の通りであった。奥田義人（委員長・法制局長官、のち一木喜徳郎に交替）、渡辺渡（東京帝大工科大学教授・工学博士）、日下部弁二郎（土木監督署技師・工学博士）、田中隆三（農商務省鉱山局長）、神保小虎（東京帝大理科大学教授・理学博士）、若槻礼二郎（大蔵書記官）、村田重治（営林技師）、河喜田能達（東京帝大工科大学教授・工学博士）、本多静六（東京帝大農科大学教授・林学博士）、野田忠広（内務技師）、井上友一（内務書記官）、中山秀三郎（東京帝大工科大学教授・工学博士）、坂野初次郎（農事試験所技師）、古在由直（東京帝大農科大学教授・農学博士）、中西清一（法制局参事官）。第一次委員会の委員でもあったものは、渡辺渡と坂野初次郎の二人である。注目すべきは、医科大学関係者が当初一人も含まれていなかったことである。衛生に関する調査は野田が担当することになっており、のちに、四月二三日になって、東京帝大医科大学助教授橋本節斎が委員に追加任命されているが、沿岸住民の健康被害問題はさほど重視していなかったように感じられる。
（4）『栃木県史』史料編近現代九、九四三頁。
（5）見落としもあろうが、参考までに、関連記事の一覧をあげておきたい。以下、委員会議事の引用は頁数のみ記す。
・「常置委員巡回の概況（承前）」（明治二三年一〇月二〇日）
八月二三日の渡良瀬川大洪水による古河から谷中にかけての被害状況。

・「渡良瀬川丹礬水に関する村会の決議」（明治二三年一二月二日）

・「下都賀南部の通信」（明治三一年一二月二九日）

県属松井某の谷中村急水留工事の監督怠慢により不正工事が行われて、村民と役場の間で紛議が起きている。

・「谷中村の排水器」（明治三二年一〇月二七日～二九日）

第四回関東区実業大会における農学博士澤野淳の講演記録。いわゆる「排水器事件」として表面化する排水器設置の経緯が詳細に報告されている。

・「谷中村堤防の拡築」（明治三三年三月六日）

臨時県会における谷中村堤防拡築案の決議。

・「再昨日の臨時県会」（明治三三年三月七日）

三月四日の谷中村堤防拡築工事諮問案の審議状況。

・「横尾氏の公判　第二回」（明治三三年一二月一日）

谷中村堤防拡築工事諮問案に関して、横尾輝吉が二〇〇〇円の手形を詐取したとして、谷中村の大野孫左衛門が提訴した事件の公判。証人として、大野孫左衛門、影山禎太郎、安生順四郎が出廷。

・「下都賀谷中近況」（明治三五年六月六日）

村長茂呂近助の金品着服嫌疑による入監と下宮樋門工事の不正。

・「谷中村長の苦心」（明治三五年一一月二八日）

多額の金円を使って内野の破堤復旧工事を請け負った染宮太三郎が、茂呂の後を受けて村長に当選した結果、請負工事もできず村長を辞任することもできず困っている。

（6）谷中村の当時の人口や戸数については、異説がある。これまでは、島田宗三の記憶をもとに、堤内三八六戸、堤外に約七〇戸の合計四五〇戸程度、とされてきた（日向康『田中正造ノート』六八頁）。

しかし、正造自身は、「四百五十戸」ということが多かったが、「戸数三八六、人口二五〇〇」と書き残したりもしている（『選集』⑤七二）。また、『栃木県史』通史篇八近現代三では、谷中村の面積は一二八四町歩、明治三六年一二月三一日現在で、現住戸数三七七、現住人口二五二七、としている（九五九頁）。それをもとに、布川了は、実際の戸数は三八〇戸から四〇〇戸くらいではなかったかと推定した（「谷中亡村八〇年を問う」『救現』第二号所収、一九八九年三月）。ところが、日向は、それを堤内のみの数字であると反論して、布川との間に論争が交わされた経緯がある。

　このように、資料によって戸数・人口はまちまちであり、実際にどの程度の戸数・人口があったのか、確定することは不可能である。参考までに、『毎日新聞』明治三七年八月一一日の「水上の村落（二）」では、一月現在の人口が二五二七人、戸数三七六としており、『栃木県史』の数値にほぼ等しい。ただ、『毎日新聞』の続報によれば、六月現在の人口が二〇八五人で、半年の間に四四二人も減少したことになっている。

(7)『下野新聞』一九〇〇年三月七日。

(8)『読売新聞』一九〇七年七月一八日。

(9)『読売新聞』一九〇七年七月一三日。以上、日向康『田中正造ノート』七四頁より重引。

(10)藤間生大は、谷中村に「十九夜」と刻んだ石仏が多いことに注目している（旧谷中村の石仏」『歴史評論』第五三四号、一九九四年一〇月）。十九夜女人講は女たちの信仰であった。私は、廃村以前には、谷中の女たちのかなりの部分が、自分の自由になるお金をある程度所持していたのではないかと推測している。それも、笠作りなどの副業で得たお金であったと考えられる。

(11)日向は、『義人全集』第四巻、鉱毒事件下も参照している。

(12)谷中村外ニシテ谷中村地所々有者及ビ納税代理人

堤内外七十町歩　古河町　丸山義一　代人　田中明之進
〃〃　六十町歩　上都賀郡清洲村　安生順四郎　代人　田中徳次郎
〃〃　四十町歩　古河町　丸山藤五郎　代人　島田伊蔵　田中明之進　新井岩蔵
〃〃　十五町歩　藤岡町　田口佐兵衛　代人　新井傳蔵
〃〃　十一町歩　東京今川橋　小林一松　代人　古河町　三谷傳三郎
〃〃　十町歩　東京本所五ツ目　大石勇次郎　代人　茂呂晋吉
〃〃　七町歩　古河悪戸新田　針谷倉吉　代人　針谷秀吉
〃〃　四町歩　古河町　松井四吉　代人　加藤伊右ヱ門
〃〃　五町歩　〃　中江川清亭　代人　野口友三郎

〃〃　三町歩　〃　小倉紋三郎　代人　針谷秀吉
〃〃　十四町歩　　田村庄太郎　代人　加藤惣吉
〃〃　十五町歩　〃　藤岡町　島村島三郎　代人　田中明之進
合計四百八十《ママ》町歩
明治三十八年一月一日調

(13) しかし、正造のこのような谷中村民観と実際は少し異なり、谷中村民の鉱毒反対運動も、一九〇二年ごろから盛んに行われている。一九〇二年二月二六日には、谷中村下宮の高田ぶん（五二才）と荒井そめ（六〇才）が請願のために上京しているし、三月六日には、被害民の総代として川鍋岩五郎や宮内喜平らが平田農商務大臣に面会していることは前述したとおりである。一九〇三年五月二一日の一〇〇〇余名の大挙請願上京の試み（正造の指示によるものとされている）には谷中村民も参加していたし、一〇月一三日には赤麻沼の堤防修築請願のために二〇〇余名の村民が上京を企図したが阻止され、一四日に川鍋・宮内・今泉清太郎の三人が総代として上京し、内務省などを訪問している。また、一九〇四年五月下旬にも総代が上京して、堤防修築工事の継続と完成を内務省に請願している。（以上、『毎日新聞』より）

このように、正造が谷中村に入る前にも、川鍋岩五郎・宮内喜平を中心とした谷中村民の運動は行われていた。ただ、片山嘉平などを中心とする利島・川辺両村の運動と比較すると、やや見劣りがするとの印象は否めない。

(14)「研究」という言葉で語られている内容は、非常に多岐にわたる。目に触れただけでも、人生、人道、土地共有論、治水、国家・社会と個人の関係等々さまざまであるが、その中でもっとも「難題」と位置づけられていたのは、やはり下情と宗教（聖書）の「研究」であった。

(15)『毎日新聞』明治三七年六月二一日、「他山の石　田中翁の書簡」と題する記事より。『全集』第三巻六〇〇頁にも収録されているが、あえて原文を引用した。書簡の前に記者の手になる次のような紹介の前文が付されている。「江湖の遠に在るも、其君を思ふは、国士の心なり、麁衣糲食、茅舍の中に、□仰して鉱毒地の窮民と伍する田中正造翁は、玄界灘の遭難を耳にして、痛憤措くこと能はず、左の書を郵致し来れり、文は其言の如く、激怒の音響あり、想ひ見る、其筆を下すの時、怒髪帽を突きて、宛然鍾馗が小鬼を叱するの概ありしことを」。

ここで、玄界灘の遭難とは、ロシアのウラジオストク艦隊が、六月一五日に、対馬海峡で、陸軍運送船和泉丸、常陸丸を撃沈し、佐渡丸を砲撃した事件をさしている。正造の書簡は、この事件に関する『毎日新聞』の社説「玄海付近の惨事」（六月一八日）と内容が対応しているので、『毎日新聞』の報道を注目していたことは明らかである。
(16) 島田宗三は、「谷中村残留民立退キノ説諭ニ対スル回答書」の中で、「五十余人」と記している（『亡国への抗論』一八三頁）。これも正確な人数はわからない。
(17) 正造は、一九〇五年一月九日のペテルブルグにおけるいわゆる「血の日曜日」事件にも注目している。「血の日曜日」事件とは、六万から七万の労働者とその家族が、司祭ガポンの指導のもと、皇帝の肖像画や教会旗、十字架やイコンを掲げて平和的に冬宮にデモ行進したのに対し、政府側は事前に厳戒態勢をしき、禁止されていたデモ行進を行い、停止しない隊列に向かって無差別に発砲して、一〇〇〇人以上の死者をだした事件のことで、ロシア第一革命の発端ともなった。このとき、民衆が皇帝に提出しようとした請願書は、「専制政治と横暴のため息づまりそうです。陛下、もう力がつきました。辛抱できるぎりぎりのところまできています。このたえきれない苦しみがこれ以上つづくくらいなら死んだ方がましだという、恐ろしいときがやってきました」という書き出しではじまり、政治犯の釈放、市民的自由の実現、税制の改革、戦争の中止、労働者保護立法などを要求していた（倉持俊一『ソ連現代史　Ⅰ』山川出版社、一九八〇年）。足尾鉱毒反対運動の中で提出された「致死」の請願と共通するものがあり、非常に興味深い。
(18) 寒村の『谷中村滅亡史』では、なぜか、一二月九日の知事提案が一二月一九日に、一〇日の秘密会による買収費の可決が二〇日に、と一〇日ほどずれた日付になっている。
(19) 『通史足尾鉱毒事件』一八三〜四頁。
(20) 菊地茂の「聖代の暴事　鉱毒地谷中村買収」『毎日新聞』一九〇五年五月二九日。菊地は、『毎日新聞』に何度も谷中村関係の記事を書いて、運動を支援している。
(21) 『毎日新聞』一九〇五年八月四日。
(22) 鶴巻孝雄「近代成立期の民衆運動・試論―武相困民党の社会的願望を中心に―」『歴史学研究』五三五号、一九八四年一一月、のち『近代化と伝統的民衆世界』東大出版会、一九九二年、所収。
(23) 伊原沢周「日中両国におけるヘンリー・ジョージの思想の受容―主として孫文・宮崎民蔵・安部磯雄らの土地論をめぐって―」（『史林』六七巻五号、一九八四年九月）。

(24) たとえば、「○キリスト曰ク、富めるものゝ天国ニ行くハらく駄〔駝〕の針の穴をくゞるよりかたしと賜われたり。誠ニありがたき確言なり。之れ誠ニ〱神の言葉なり」(⑫三七四)。

正造が引用している聖句と聖書との詳細な対比は、竹中正夫「田中正造の聖書観」(『キリスト教社会問題研究』第三七号、一九八九年三月)、大竹庸悦「田中正造と新約聖書、そしてキリスト教?」(『流通経済大学論集』第二八巻第一号、一九九三年七月)がおこなっている。竹中によれば、『全集』にみられる聖句の引用は全部で八四回に及び、明治四〇年五月から大正二年七月に集中しているという。明治四〇年五月とは、後述するように、「谷中学」の転回の直前であることに留意したい。

(25) ただ、こうした「谷中学」の転回の予兆が、渡良瀬川の大洪水以前にみられることも忘れてはならない。それは、八月一五日の逸見斧吉他宛はがきである。そこには、「予ハイカニ愚鈍ナルカ」、「予ハ人ヲ見ントスルタメニ見ヘズ。人トナリテ見ルコトヲシラザリシ。(人ヲ見ルハ非ナリ。人トナルハ是ナリ。)」(⑰七二)と書かれてあった。このように、正造の内面において「谷中学」の転回が準備されており、それが大洪水の中で見せた残留民の姿の意味を考えに考えることを通じて形になったものであったことに注意する必要がある。

(26) 林竹二は、この一文に注目して、晩年の田中正造が憲法を武器とした闘いをやめたことの証左としているが(『田中正造の生涯』一七六頁〜)、それは、この文章が、基本的に初等教育の現状を問題にしているという文脈をとりちがえ、文章の真意をとりそこねた結果である。

(27) 鹿野『近代日本の民間学』岩波新書、一九八三年、三九頁。

(28) 花崎『民衆主体への転生の思想』七つ森書館、一九八九年。下野地方では、里芋の皮をむくのに水車を利用することが多かったといわれている。何度も何度も回転し、互いにぶつかり合ううちに、自然と皮がむけるのである。その意味で、この表現はきわめて農民的な発想である。

(29) 谷中村買収当時の栃木県知事白仁武が、早くから積極的な北海道移民論を唱えていたことは注目されていいだろう。白仁は、「北海道移民と海外移民」(『太陽』一八九八年一二月五日号)の中で、次のように述べている。

「北海道移民は。窅《(ママ)》に北門警備の為め一日も忽かせにすべからざる事業」である。「元来北海道の地たる、方にして六千里、周にして七百里、其の風土気候、之を畿内上国の間に比すべからざるも、之を東北七県の如きに相比せば甚だ相譲らず。故に単に地積の上よりせば優に三千万人を容るゝに足り、七県の例に取るも尚ほ七八百万人を容るゝは容易なり。而して現在の住民未だ七十万口に過ぎず、既に調査を経たる田畑の適地凡そ三百万町歩中既墾の地僅に十二三万町歩あるのみ。以て耕すべし、以て民を殖すべし、容積の綽々余裕あること帝国刻下年々の増加民数四十万人の全部を容れ尽すも以て三五十年の長日月を支ふるに足るべきなり。海外移民の事固と忘るべからざるの重事たるべきも、近く此好地域を内国に有せる帝国の為政家は何が故に其の全力を北海移住の事に致さゞるや」（一七頁）。

だから、第二次調査委員会の「答申」に北海道移住のことが記されたのは、白仁にとって、まさに我が意を得たり、というものであったろう。ただ、実際に谷中村民が北海道に移住したときには、白仁は、知事の座を離れて久しかったから、直接白仁の意志が政策に反映したわけではないだろう。この点、小池喜孝は、平田東助の存在を重視し、平田内務大臣が栃木県知事に対して、北海道移民の中に谷中村民を加えるよう指示したのではないかと推測している。

（30）「藤岡・古河町民ヨリ岡田知事ヘノ陳情書」一九一三年三月、『栃木県史』史料編近現代九、一一一〜二頁。

（31）小池喜孝『谷中から来た人たち　足尾鉱毒事件と田中正造』（新人物往来社、一九七二年）、林えいだい『望郷　鉱毒は消えず』（亜紀書房、一九七二年）、参照。

（32）前掲「藤岡・古河町民ヨリ岡田知事ヘノ陳情書」によれば、正造は、第一回目の移住者が暁に谷中村を出発しようとしたときに、「田中翁之レヲ遮リ得意ノ悪口ヲ以テ之レヲ止メントセシ時ノ光景実ニ愚筆ニ尽シ難ク」と、それを押しとどめようとしたことが書かれてある。しかし、正造を振り切るかのように村を出ていく移住民の後ろ姿を見送りながら、涙をポロポロこぼしていた正造の姿が、『余録』上には描かれている。

第二章　憲法と自治

第一節　明治憲法体制の否認

一　自己認識の深まり

田中正造の生涯にわたって、その自己認識がどのような変遷をたどったかを知るには、書簡の自署に注目するとよい。書簡や葉書に記された正造の署名をながめ渡しただけで、正造がその時々において自分をどのように規定していたかがわかる。そこで、正造の自己認識の深化の過程を探るために、ここで、書簡にみる自己表現の特徴をまとめてみたい。

①　明治一一年頃までは、「小中村　田中正造」と記したものがほとんどである。

②　『全集』に収録された書簡を見る限り、明治二四年九月まで、「田中正造」「田中」「正造」以外の表記はみられない。

③　明治二九年まで、それ以外の使用例が見られるのは、明治二四、二七、二八年に各一回ずつの計三例に過ぎず、村山半宛に「小中山人」「小中村」などと書いているのが目立つ程度である。

④　鉱毒問題に専念しはじめた明治三〇年より、少しずつ異なった自己表現が見られはじめる。たとえば、「鉱毒被害民同居貧乏無学極端生」（明治三〇年一〇月一四日、村山半宛）、「愚物生」（明治三〇年一〇月一七日、関

口幸八他宛)、「老朽生」(明治三二年一一月二六日、蓼沼丈吉宛)、「在京餓鬼」(明治三二年一一月二六日、野口春蔵他宛)などである。また、明治三一年七月一〇日の村山半宛書簡には、「人民の代議士　田中正造」と記している。「国会議員」とか「衆議院議員」とかいう肩書きはほとんど記したことのない正造の、きわめて稀な表現例である。

⑤　直訴後の心境を表現したものとして、「東京　前世界残骨生」(明治三五年四月四日、荻野文八他宛)や、「小中村の百姓」(同年七月二九日、荻野萬太郎他宛)などがみられるが、「谷中問題」にかかわりはじめる明治三六年頃より急激に増えはじめるのが一大特徴である。明治二四年から三五年までの一二年間に、姓名以外の表現は二二例みられるだけなのに、明治三六年だけで一六も数えられる。たとえば、「一貧寒生」「老朽生」「奔走生」「言論自由請願人　正造」「多忙生」などである。「下野人田中正造」などと、「下野人」と自署するようになるのも、この頃からである。とくに、一一月末から一二月にかけて多用している。

⑥　内容表現上の一大転換点は、なんといっても明治三七年七月末の谷中入村である。それ以降は、本文中にも、「東洋の土人」「谷中食ツブシノ客人」「老鳥の羽抜け鳥一羽」「谷中学初級生」などの興味深い自己表現が見えはじめるが、自署で多くなるのは、「谷中より　正造」、あるいは単に「谷中より」と記したものである。また、「下野人」「下野生」「下野の一農夫」「下野野外生」など、「下野」の言葉を多用するようになってくる。それに比べ、「栃木県人正造」の使用例は、たった一回きりである。ここには、栃木県の仕打ちに対する厳しい批判が見てとれよう。また、「近代」や「自治」の現状に対する否定といってもよい。

⑦　明治四二年からの著しい変化として、「小中」の使用例が目立って増えてくることが指摘できる。もちろん、「谷中代人生」や「谷中残留人」と、「谷中」を用いた例も散見するのだが、それよりは圧倒的に「小中」を使用するようになるのである。「小中の老朽」「小中生」「安蘇の小中村生」「小中」「四県平等治水理想へボ農夫小中の土百姓」「小中の土人」などである。

なぜ、「谷中」にいながら「小中」を多く用いたのであろうか。あるいは、「下野」から「小中」への変化が物語るものは何であろうか。詳しくは後述するが、身は谷中にありながら、心は小中に飛んでいたと考えることもできる。また、正造の自治思想の変化、すなわち自治の実現のためには町村の規模が小さければ小さいほどよいと考えるようになったことが、「下野」から「小中」への変化に対応していよう。正造にとって、小中は自治の原イメージそのものであった。さらに、この時期に使用例が増えてくる「土百姓」「土人」という表現とあわせて考えれば、次のようなことが指摘できる。つまり、それらは、正造が自らを文明の対極に位置づけるようになり、土に根ざし、自然とともにある生き方を良しとするようになったことの反映である、と。とするならば、「百姓」としての自分のルーツがある「小中」を多用するようになったことも不思議ではない。

それだけではない。「小中の在の人　溜かつぎ営業　正造」という自己表現には、都会人から如何に白眼視されようとも、人間生活にとって必要不可欠な「職」を自分は担っているのだ、という自負心と、大地の実りを口にし、排泄したものがまた豊かな大地の実りをもたらすというエコロジー的な視点を正造が自分のものにしていたことを証明していよう。

以上のように、書簡にみる自己表現の変遷をたどってみると、それが、正造の思想的変化（深化）と見事に対応していることがわかるであろう。特に、明治四二年以降に多種多様な自己表現が見られるようになることは、晩年において正造の自己認識がさらに深まっていることを物語っている。

「老生六十九年にても宿なし犬の如く此の沿岸に吠へ廻る腰弱の老犬、巡査に叱られ〱泣て居る」（⑰五五九）と、「腰弱の老犬」にたとえたり、「此間ハねい、あの乞食ハ来ないねい、いつのまにか死んでしまつたとさ」（⑪一八四）のように、人知れず野垂死にする「乞食」に自分の行く末をなぞらえたりしている。それらは、自らの老いの自覚と無力感にむち打ちながら困難な運動を続けている正造の、そして宗教的関心の深まりがもたらした自らを見つめてやまぬ日常の思索の結果でもあったのである。

二　制限君主的天皇観の明確化と天皇批判の登場

（一）制限君主的天皇観の明確化

天皇への直訴後に見られる田中正造の大きな思想的変化の一つに、憲法第四条を重視する制限君主的天皇観が、はじめて明確な形で表現されるようになったことが指摘できる。直訴前のような天皇に対する期待や、幻想めいたものは、ほとんどみられなくなる。

たとえば、一九〇七年（明治四〇）九月二七日付けの野口春蔵・蓼沼丈吉宛書簡には次のようにある。

此悪事を改革するハ今回の議員の権義なり。〇然れども茲ニ一ツの古るき誤解あり。議決ハ一年限りの功力ト云フコトヲシラザル議員ガアル。議決ハ一年限りニテ年々修正若シクハ改正、若シクハ撤回、自由自在ナルノデ、之レガ議会の本性ナルニ、多クノ人々之ヲ誤解シテ居テ、一旦極メタコトハ其侭ニスルノガ女の節操ノ如ク心得、其誤リモ其侭ニ為シテ改めるをしらず。之れハ日本の旧弊で、無学の男気、無学の侠客なぞニある。又我国でハむかしより、りん言汗の如しと云ふ。天皇陛下の詔せられし事ハ汗の如しで、再び本ニ帰らぬなぞ、古るき国教のまゝをそのまゝ進歩のないのです。今日の政治ハ憲法あり、憲法の四条にハ天皇とい ゝども憲法の条目ニよりて行ふとありて、今のりん言ハ時として取消しも出来るほどニなつて居りますけれども、泥棒ニハ正シキ憲法モ法律モ規則もない。乱暴ニ泥棒するのが法律である。然るニも拘わらず一方の議員殿の馬鹿無学連ハ議決の変換をする事が出来ぬものゝ如くニ心得違して居る。（⑰二一八）

同内容の文章が、同年一〇月三一日付けの三宅雄二郎宛書簡にも見られる。このように、これまで天皇に関して憲法の条規を引用するときには、第一条や第三条が強調されることが多く、第四条を引用して制限君主的天皇観を表明することはなかったのが、ここではっきりとそれを打ち出してきていることは、注目すべき変化といえよう。「りん言」の「取消し」自体を、天皇の「神聖」さを汚すものとして激しく攻撃していた直訴前の正造とは別人のようである。やはり、一命を賭した直訴によっても、期待したような政治的行動を天皇が何一つ行わなかったことで、政治的存在としての天皇に対する〝幻想〟が急速に失われつつあったことの証明ではなかろうか。

このことと関連して、天皇や天皇制の思想的支柱に対する批判的言辞が少しずつみられるようになったことも特筆に値しよう。

(二) 天皇批判の登場

まず、一九〇四年四月五日付けの大出喜平宛書簡を引用してみよう。

〇静岡県下ニハ怪談多シ。宮内の御猟山林二十五万町あり。以て土民の蒔き付けたる粟稗を食荒すの猪鹿あれども、之れを殺す能はず。此山林ニ県税国税町村費を課するを得ず。且ツ森林伐木山荒洪水あり。偶ゝ鹿一疋或る西洋人銃殺せりとの風聞ありしとき、宮内官吏ハ其取調ニ出張す。地方官大勢随行、郡衙警察戦ゝ怖れ騒ぎて驚かんのみ。其費用合計五百円。嗚呼、一疋ノ鹿の価五百円ノ騒ぎとなりたりと。其他ハ推智すべきのみ。静岡の不幸ハ此一事のみにても此くの如し。(⑯一七二)

これは、直接的に皇室を批判したものではない。しかし、「御猟山林」[1]の存在が、いかに地方財政、地方人民の生活を圧迫しているかについての批判の眼の形成を読みとることができる。

正造は、この書簡の最後の部分で、「乱世ニハ人類却て猪鹿よりも賤めらる。叫バざるを得ざるなり」(⑯一七三)

と述べているが、そのとき彼の脳裏には、鉱毒地の貧窮民や谷中村民が食している「ほたるめし」[2]が浮かんでいたことであろう。そうであるならば、直訴後、とくに谷中問題に取り組むようになってから、徐々に天皇や皇室に対する批判の眼が形成されつつあったことを意味する資料と考えられる。

次に、一九〇九年（明治四二）一二月一九日の日記から引用してみよう。

多大の村〻を潰すハ、村潰し人殺しの名なり。毫も治水の義なし。谷中を亡すハ亡すなり。瀦水の名ニあらず。人を殺せバ人殺しなり。人を殺して治水と云ふべからず。国家のため、国家のためと唱へて、山林を盗ミ、山を盗ミ、洪水を出し、村を流し、村を潰し、古ニなき大毒海の如きを造り、以て窮民を造り多く人を殺す。国家のためとハ何を。敵国ニ対せバ如何。日本陛下が日本臣民を遇する尚交戦中の敵国ニ対すると毛も区別なし。此くの如きを国家の公益なりとせバ、盗賊ハ国家のためなり。国民を殺すハ公益とす。（⑪三八四）

この資料は、様々な示唆を与えてくれる。一つは、「国家のため」という合い言葉への重大な疑義の提出である。前述したように、正造は、日清戦争に協力している間に鉱毒被害が激化してしまったことへの痛切な反省に基づき、日露戦争の最中は、この戦争が政府と一部特権資本家のための戦争にすぎないことを喝破し、非戦論を唱え、外の満州問題よりも内の谷中問題の方が重大であると叫び続けた。にもかかわらず、戦争中に谷中村の買収を決定し、村の壮丁が戦地にあって不在であることを利用して買収工作を進めたやり口に、激しい怒りを抱いていた。この時期、しばしば日露戦争の開戦の詔勅が引用されるのは、そうした政府の無道に対する憤りが根底に存在したからである。谷中という地域の視座に徹底することで、かつて日清戦争中に深く囚われ、しかもその戦勝の要因として高く評価してもいた「国家思想」＝ナショナリズムというものの軛から、正造はみずからを解き放ったのである。「国家のため」が、かならずしも「公益」ではないこと、むしろ「国家のため」という合い言葉は、「人殺し」を糊塗するための唱名にすぎないと正造は言いきった。
二つには、被害民の処遇についての天皇批判である。「日本陛下が日本臣民を遇する尚交戦中の敵国ニ対すると毛も区別なし」という一文は、『全集』の中で唯一見いだすことのできる明確な天皇批判である。正造は、一九〇五年の段階で、「嗚呼、日露戦争中谷中よりも三十七人現役あり。其兵士の留守中ニ田宅を奪わずとも、せめてハ旅順の降参人位の取扱ハありても可然。（中略）谷中村民ハ今死したり。蹴らるも奪わるゝも殺さるゝも為す処をしらず。此死者ニ対する暴勢ハ恰も露都の暴政ニ同じ」（⑯三七一～二）という認識を示していた。谷中人民の処遇は、「旅順の降参人」以下であって、ペデルブルグの「血の日曜日」事件で示した露国政府の暴圧と同じである、と把握していた。そうした谷中人民に対する、敵国人民に対すると同じような、あるいはそれ以下の処遇に対して長年抱き続けてきた憤懣が、ここではじめて「日本陛下」への批判となって噴出したといえる。(3)

（三）天皇制家族国家イデオロギー批判

さらに、五ヶ条の御誓文に対する批判的な言及も、はじめて見られる。一九一〇年一二月一八日の日記で、「我田引水」について述べた部分に、「広く知識世界にもとめ、大ニ皇基を震起すとハ我田引水なり。豈独り皇基を振起せるのみならんや」（⑪五八二～三）とある。その前後の文章から判断するに、皇基を振起するにしても、他を圧迫・排斥する仕方で独り皇基のみの振起を図るのはよろしくない、という意味であろう。直訴後、「国体」という言葉を多用するようになった正造であったが、鉱毒問題を全人類的な問題と捉える視野の広がりとともに、「国体」や「皇基」の独善性、偏狭性への批判の眼も形づくられていったように思われる。

また、「忠」は君主の独占物にあらず、と書いていることは、「忠君愛国」イデオロギーに対する批判と読むことができる。正造は、次のように述べている。「論語ニ忠と云ふありけれバ、忠ハ君ニ対する外ニ用ゆるものなきニ到りて、忠ハ君子の専有物たる久矣。可笑ゝゝ。忠の文ハ人道人心の根元ニして、すべての心なり。忠ハ我心なり。君子ノものニあらず。親ニも兄弟ニも信友ニも他人ニも忠ならざるべからず。約言せバ臣ハ君ニ忠ニ、君ハ臣ニ忠ならざるべからず」(⑫五〇五)。

周知のように、「忠君愛国」イデオロギーにおける「忠」とは、民衆を、有無をいわさず軍備拡張政策や戦争に動員するために、「臣民」の側が一方的に天皇に対して尽くすべき性格のものであった。天皇の資質や徳の有無如何は、問うところではなかった。ところが、正造は、天皇に対する「忠」を否定してはいないものの、「君」=天皇も「臣」=人民に対して忠を果たす義務があると捉えているのである。まさに天皇と憲法の関係がそうであったように、「忠」を介した天皇と人民の関係も双務的なものという認識を示しているのである。(4)

次に「大和魂」についてはどうであろうか。かつては、日清戦争の勝利の要因として賛美していたはずのものである。しかし、この「大和魂」に関しても、一九一一年八月二七日の日記に、痛烈な批判がみてとれる。「大和魂」は、「日本古来ノ政治専ラ上ニアリ、人民之レニ信頼ス」るところから出たものであって、「左レバ日本魂アリト雖、根本ガ信頼ニヨレル魂ニシテ、自動的日本魂ニアラザルナリ。魂ヲ信頼ス。汝ヂ自身ノ魂ニハアラズ。他ノ必用ニ応ズル魂ナリ。日本ハ之ヲ日本魂ト云ヘリ」。だから、「其半面ハ空虚」であって、今日にあっては「大和魂ナルモノハ大疵物ニシテ、殆ンド今ハ殆ンド半額ノ価ダモナシ」、と(⑫四二三〜四)。自発的であることを重んじる正造は、「自動的」ではない今の「大和魂」は「半額の価」もない、と言い切っている。

恩賜財団済生会に対する正造の見解も注目に値する。

済生会は、一九一一年二月一一日に済生に関する勅語が発布され、一四日に天皇が御手許金から一五〇万円を下付し、五月三〇日に設立された。まさに、天皇の〝慈愛〟の象徴として、すなわち天皇制家族国家のシンボルとして、済生会が発足したのである。その済生会に言及している、一九一一年八月二六日の日記を引用する。

〇済生五百万円ハ或ハ窮民撲滅ノ費ト化セザレバ幸ヘナリ。谷中村ハ堤防費ヲ以テ村民ノ財産ヲ掠奪セシ実例スラアリ。之レヲ鑑ミバ、済生ノ名ハ変ジテ殺生的コトナキヲ期サン。汝ヂガ造クレル困窮民ハ汝ガ之ヲ済フ当然、然レドモ救フノ真意ノ、克ク仁ニシテ実際ニ適当ノ施行ニ出ルヤ否。真ニ此道ちを以て国家すべて克くせバ、此五百万円を以て日本国天下ハ泰山の安きを見ん。五百万円ハ散財なり。政費ニハあらざるなり。若シ夫れ現在流行の狭きヤリ方ニせバ、吏俗の弁当代となり、更ニ十倍の害となり、五千万円ヲ以テスルモ防ギ得ザルノ大弊ニ陥ラントス。当路者茲ニ着眼スルモノハアラザルベシ。予ハ人道ノタメニ一回ハ当路者ニ忠告勧告ノ労ヲ怠ラザルベシ。然レドモ例ノ老朽、常ニ寸暇なくして、空シク時ニ後クル、歎息のみ。日本漸く危態ニ切迫せり。ア、。

（⑫四〇九〜一〇）

基本的に、正造は、済生会の設置を、「人道」や「仁」の観点から好ましいといえるが、問題はその施行如何に存在しているとみていたことがわかる。しかし、私が注目したいのは、むしろ正造が吐き捨てるようにつぶやいた「汝ヂガ造クレル困窮民ハ汝ガ之ヲ済フ当然」という部分である。天皇の勅語には、「無告ノ窮民ニシテ医薬給セス天寿ヲ終フルコト能ハサルハ朕カ最軫念シテ措カサル所ナリ乃チ施薬救療以テ済生ノ道ヲ弘メムトス」とあった。両者を比較してみれば、正造の済生会観の意図するところは明白であろう。単に政府批判にとどまらず、天皇に対する批判めいたものも感じ取れるのである。ましてや、「国家のため」という言葉は「人殺し」の別名にすぎないという認識を示していた正造である。「済生」という美名に隠れ「窮民撲滅ノ費」として運用されるのではないかという懸念を、谷中村民の体験を反芻していた正造が抱くのはもっともであった。(5)

これに関連して、もう一つだけ例をあげておこう。一九一一年一二月二日の日記に、次のような記述がある。「日本盲唖学校全国五十四校ヨリ、其内天皇陛下ヨリ御褒美アリシハ二ケ所、二ケ所金百円ヅ、ヲ茨城ノ盲唖学校ト同時ニ頂キタリ。此二校ノミ御誉メアリマシタ」（⑫六二二）。ここでも、最後の文の、「此二校ノミ御誉メアリマシタ」に着目すれば、天皇の「仁慈」の偏頗さを指摘していると読むことも可能である。

このように、さほど多くはないものの、晩年の正造に天皇批判が散見することを重視しておきたい。おそらく、以上のような天皇批判は、民主主義思想の成熟と密接に関連していよう。

（四）大逆事件および明治天皇死去に対する反応

恩賜財団済生会の設立は、大逆事件に対する権力側の対応の一つであった。大逆事件は、周知のように、一九一〇年五月二五日に宮下太吉が逮捕されたのを皮切りに、全国で大検挙が行われ、首謀者の宮下・菅野スガ・新村忠雄・古河力作をはじめ、幸徳秋水ら合計二四名が大審院で死刑判決を受け、そのうちの一二名が一九一一年一月二四、五日に処刑された事件をさす。社会主義者・無政府主義者の一網打尽をねらった山県＝桂官僚内閣の、まぎれもないフレームアップであった。

その大逆事件に対する正造の反応はどのようなものであったのだろうか。正造は、この事件に関してあまり言及していない。わずかに、島田宗三の『余録』上に正造の考えが紹介されているだけである。それは、次のようなものであった。「わが国の天皇の政治というものは憲法上の形式だけで、実際は往々その側近者（各重臣及び大臣という意味）の意見が政治となって顕われるのですから、その善悪は実際は天皇の責任ではなく皆側近者の責任です。従って天皇を倒したからとて直ちに政治が改善されるものではないのに、こうした事件の起ったことは遺憾なことです」（二九九頁）。

おそらく、正造は、石川啄木のように、事件が権力側の謀略であるという情報はつかんでいなかったであろう。かつて、直訴状の執筆を依頼した幸徳が処刑されているのに、きわめて淡々とした反応ぶりである。だが、ここからは、正造が、非常に憲法に忠実な、制限君主的天皇観を把持していたこと、近代立憲主義の原則にまことに忠実な評価をしていることがわかる。それゆえ、逆に、現実政治の重要な局面の折々に果たしてきた明治天皇の役割を過小評価することに帰着してしまっている。もっとも、菅野スガと内山愚童が「処刑の場に臨んでも泰然自若として微動もしなかった」ことを「死刑執行に立ち会ったある人から洩れ聞い」ており、菅野は「婦人の一念」だろうが、内山は「宗教の力」だろうとして、「宗教的鍛錬」の重要性を再認識させられているのは、独特の大逆事件観といえなくもない。

それでは、明治天皇の死に関しては、どうであったろうか。

正造は、天皇重態の発表後、一九一二年七月二三日に谷中の残留民に対して、見舞状を栃木県知事に宛てて差し出すように指示している。また、『余録』下の記すところによれば、九月一三日の大葬の日の正造の様子は次のようであった。

九月一三日は、明治天皇の御大葬が挙行された。

翁はその前日、藤岡町にあって、かつて県庁が谷中残留民の仮移住地に指定した赤麻湖畔の鹿島神社境内の状況を、筆者と共に調査した。なお町内有志を訪問して、その夜は下町の早乙女文吉氏宅に同宿、翌一三日、翁は治水の啓蒙運動のため、藤岡町底谷の平間竹松、東赤麻の針谷粂之進両氏と筆者を連れて、町の各有志を歴訪したのち、上町の出はずれの星宮神社の東を通り、赤麻沼の西畔（現在の新開橋東南の高台）にさしかかった。

羊羹色に褪せた黒木綿の単衣に、もっと赤茶けた黒繻子の袴、紺の脚絆に爪先の抜けた地下足袋姿の翁は、突然反対の南方を向いたまま動かない。十分、二十分、無言のままジッと下を向いていた。やがて、極めて厳粛な態度で、

「私も元衆議院議員ですから、御大葬に御参列できるのですが、いや御参列申上げなければ誠におそれ多いのですが、なんとも着物がありませんから……」

と独り言を捧げられた。私は熱いものが胸にこみあげ、他の二人の眼にも涙が光っていた。翁は初めてわれに返ったように、「ハーハー」と私達に挨拶をして、また北方の赤麻村に歩を進めた。途中、秋の夕靄をついて遥拝式に行く男女幾組かの群に出逢ったが、翁は黙って過ぎた。

そして、その夜、東赤麻の農家日高文六氏方に泊り、やがて柱時計が御大葬の時刻を指すと、翁は南面して恭黙静坐すること一時間余り、あたかも石像のように微動だもしない。その厳粛壮厳な遥拝の姿に、隣人は皆感動した。（六五〜六頁）

心から天皇の死を悼んでいるようである。もっとも、御大葬に参加しようとしても、常に巡査の尾行がつき、何かあるときには「予戒令」で拘束の対象とされた正造では、かなわぬ願いであっただろう。

しかし、より気になるのは、島田らの前で見せたこうした姿と、日記等の文章とのギャップである。天皇の死に関する日記の記述は、たった三行に過ぎない。「四十五年七月三十一《ママ》日、年号明治改め大正の告示、宮内省告示あり」、「八月一日、部屋村〻会を開きて天機奉伺ニ付云〻。前帝崩御ニ付」、「七月三十日大正と歴〔暦〕改る」（⑬二八三）、だけである。むしろ、冷淡といっていいほどの内容と量である。

このような人前における行為と日記の記述とのギャップは、何を意味しているのであろうか。天皇と誕生日を同じくする正造には、天皇に対して個人的に親近感を抱いていたことは否定できない。だから、そうした親近感からする追悼の念の自然な発露であったとも考えられるが、この時期の正造の内面において、天皇の存在はさほど大きな位置を占めてはいなかった。だから、日記の記載のような淡々とした反応の方が正造の真意に近かったであろう。島田らにみせた正造の姿は、むしろ、彼らを啓蒙するためのいささか芝居がかった行動ではなかったろうか。

（五）辛亥革命と「共和」

田中正造の天皇観を考えるときに、もう一つ参考になるのは、辛亥革命に関する発言である。まとまった記述が、日記に二箇所見られる。

日本ハ立憲の実力なし。たとへ学術上の知識経験ありとするも気力精神に欠乏す。立憲の力らを有せるもの果して幾人かある。気力ハ独り軍人ニありといゝども、之れ立憲の理想ニハ背戻す。むしろ撞着す。日本立憲の心あり、力らあるもの殆んど少数のみ。清国又然り。彼れの共和、条理におへてよし。実ニおゐて反す。（⑬七八）

予ガ曰く、清国の革命ハ結構なり、只共和とハ難儀なり、されど現今の処共和を主唱するの外名義なからん、故ニ共和を以て叫びの声とす、然れども、之れ実行上清国の人心ニ適せず云ゝ。されども一旦平和となり、仮りニも共和をつくり、鉄道事業の速成を図らバ、コワ又意想外の一大強国となるハ必然なり、日本コソは実ニ内地の死滅を復活するの一大至急の事なり云ゝ。右去年一二月。（⑬一四一～二）

こうした記述をもとに、正造は、「彼れの共和、条理におへてよし」というように、原則的理念的には共和制を理想とする境地に達したことを最初に評価したのは、『選集』第七巻における鹿野政直の「解説」であった。

正造の辛亥革命観は、私の見るところ、次の二点で当時の一般的理解を凌駕していた。

当時の日本の論調は、孫文らの「南方」びいきの非干渉論が支配的であった。犬養毅の見解をみてみよう。犬養は、「革命はシナ限りの出来事である。君主制を廃して共和制を採用するもシナの自由である。況んやシナは古来革命の邦で日本の国体と根本に於て違っている。然るに一片の杞憂を挟んで一種の政策を強うるが如きは、他国の内政に干渉するものだ。仮令如何なる名義上に於てするにせよ誤った政策である」[6]。また、頭山満は、「お隣のシナが共和になったからとて我が国体に影響を及ぼすなどと心配するのは自ら国体を侮るようなものだ」と述べている[7]。

こうした犬養や頭山の辛亥革命観と正造のそれとが決定的に異なっているのは、犬養や頭山が、日本の「国体」の優越性を前提にした革命への〝理解〟（寛容、余裕）であったのに対して、正造は、日本の「国体」の優越性に安座していなかったことである。「日本も難船で今や将に沈没せんとす」（⑱一一）というように、危うきはむしろ日本の方であり、日本の「立憲の気力」と「内地の死滅」とを「復活」させることこそ一大急務と考えていたのである。

二つ目の相違点は、「共和」に対する評価である。一般に好意的であったとはいえ、それを一皮めくれば〝何をしようと中国の勝手〟的な犬養の「シナの自由」論や、「政体などは何でもよろしい」（大隈重信）といった反応が多かったなかで、正造のように、「条理におへてよし」と評価したものは極めて稀であった。

そして、もう一つ付け加えるならば、正造の辛亥革命評価が、侮蔑的な中国観を前提にしたものではなかったように思われることである。大隈や内田良平などは、中国民衆の政治的能力の欠如や「国民的精神」のなさをさかんに強調し、「自家の私利私福のためには如何なる羞恥をも忍受するを辞せざるの険民なり」（内田）とまで言い切っていた。だから、共和政治などはとうてい実現不可能であると考えていた。日本の利益のために、革命派を援助したに過ぎないのである。正造も、中国民衆に立憲の力はほとんどなく、共和革命も「実行上清国の人心ニ適せず」と、失敗に終わることを予見しているようであった。しかし、だからといって将来にわたって中国がこのままであるとは考えていない。前述した史料に明らかなように、中国が「意想外の一大強国となる」可能性を否定してはいないのである。そのことを考えると、かつて、日清戦争の時のような「虎狼」とまで評した中国観からは解放されていたと推測できる。(8)

問題は、このような辛亥革命観と天皇観との関係である。鹿野は、辛亥革命観を、天皇死去観とならぶこの時期の天皇観の「二本の脚」と位置づけている。「清国が「共和」化することへの危機感はさらさらなく、むしろ「共和」が人心の昂揚をもたらし、国家を衰微や亡滅から救うものと」把握していると評価している（三三一頁）。しかし、正造が、「共和」の条理的正当性を確信するにいたったとしても、そのことが直ちに天皇の存在の否定につながるわけではない。正造は、「日本の国体保存」は、「誠ニ止むを得ざ」るものと述べているのである。しかし、私たちがここから読みとるべきなのは、「日本の国体」＝天皇制を、日本に特殊な「日本的天則」にでたものと位置づけ、その「保存」は止むを得ないものだ、と述べているときの微妙なニュアンスである。積極的に「保存」を主張していないこと、いやむしろある種の諦念とも受け取れるほどの響きさえ感じられまいか。正造における「共和」への関心は、こうした天皇制に対する消極的評価をもたらしたのである。

以上のように、正造は、天皇の存在を否定することはなかったが、政治的にはあくまで憲法に制約された立憲君主であるという制限君主的天皇観をゆるがせにしなかった。むしろそれは、美濃部達吉や吉野作造以上に徹底していたと評価することもできる。私的レベルで抱いていた明治天皇に対する敬愛の念は、晩年にはかなり薄まっていたのではないかと考えられる。だから、津田左右吉や和辻哲郎のように、文化的存在としての天皇に心情的に一体化することもなかった。(9) 正造が天皇のタブーからいかに自由であったか。それは、谷中村の強制破壊の前にやってきた栃木県の植松第四部長一行に、「いかに貧しく愚かな谷中人民と雖も、納税・兵役の義務は怠らない。いやしくも等しく天皇陛下の赤子であるぞ」と言い放ったことを、後で、「彼らも天皇陛下といえば少しは感じるだろうと思って、頭から浴びせてやったが、彼奴ブルブル震えましたね」と語った(『余録』上、一〇七〜八頁)ことを初めとする数々のエピソードからも窺い知れる。

私は、正造が天皇の存在を否定しなかったからといって、正造を過小評価しようとは思わない。あるいは、日本に共和制を実現しようと考えていなかったからといって、正造の思想のラディカルさを否定するものでもない。天皇否定、共和制、その点にのみこだわった正造理解は、逆に正造の思想がもっている豊かな可能性を見えにくくしてしまうであろう。

三 「広き憲法」の「新造」へ

田中正造晩年の憲法観を考えるときに、まずおさえておくべきは、林竹二の評価であろう。

林が重視するのは、一九〇九年八月一日の日記の「奇怪の変化」と題する一節である。前述したように、これは、正造が、島田榮蔵の孫娘のいく子を、野木の雷電神社のお祭りに一緒にいこうと誘ったとき、衣服が粗末なのを恥じて悲しいそぶりをみせたことに対する正造の感想を記したものである。今、その部分を再度引用してみよう。

初等小学にして已に此美性をして悪変せしめたり。悲むべき教育の風俗は寧ろ野蛮に劣る万〻、野蛮の天性を其侭にせる時代に劣る万〻、物質進物〔歩〕と反比例にして其去る事幾千万里。破道破憲とは何んぞ愚なる、今や天地を破壊せり。日本の天地を破壊せり。予等同志が谷中に対して、中央の為政行為を見て破憲破道なりと云ふ、抑も後れたる愚の愚なるもの。……（⑪二七八）

林は、この資料から、これまでの「憲法と人道を根拠とする」谷中の戦いを根底から否定し、「谷中における政府の行為を、天地を砕く行為として捉えなおし、そしてこの日本の政治をとらえている根のふかい退廃に相応する新しい谷中の戦いを構築することが、田中正造の存在のかかる重い課題になって」いくと指摘した。林は、この一九〇九年八月一日を転換点として、正造において政治離れ＝政治否定がさらに進行し、一九一一年七、八月頃に具体化されるようなキリスト教を中心とした精神変革の戦いへ移行するとまとめている。つまり、政治から宗教へ、憲法からキリスト教へ、という一大変化が見られると評価しているのである。

しかし、由井正臣は、正造が憲法を武器とする戦いを最後まで継続していたことを明らかにし、林の見解を批判した。花崎皋平も、キリスト教だけで正造の宗教意識は語れないと、別の観点から同様に林を批判した。私も、前述したように、正造のこの日記は、基本的に初等教育の現状に対する批判であり、残留民の孫娘が小学校に入ったら「貧乏」を恥と思うように「悪変」したことを、これは「破憲破道」以前の問題であると正造が認識するのはごく自然であって、これを憲法と人道を武器とした闘いの放棄を証明する資料と読むのは誤りであることを、かつて指摘した。

鹿野政直の『選集』第七巻「解説」は、こうした研究史のながれを踏まえてまとめられているが、そこで鹿野は、この時期見られる憲法観の二側面を、「訓示∧命令∧法律∧憲法」と憲法を最重視していながら、一方では「憲法∧

人道・公道」というように憲法を相対化するような視座が形成されてくるとまとめている。私も、鹿野の整理に同感である。それを、憲法「死守」の姿勢の堅持とその蔭で進む憲法の相対化、と表現したい。

（一）憲法「死守」の姿勢の堅持

正造は、その死にいたるまで、憲法を拠とした闘いを継続した。その決意のほどは、「もし国家を存立せしむるものとせバ国の憲法を守らざるべからず」（一九〇七年一〇月三一日付け三宅雄二郎他宛書簡、⑰一五九）や、「死を決して憲法を守りて動かず。其故ハ憲法なき国ハ何れニ行くも安全の道ちなければなり。故ニ我〻ハ自己自由を以て憲法の精神を守るものなり」（一九〇八年一〇月から一一月頃と推測できる「覚書」、③五二五）などの文章に明らかである。

正造が、基本的に、大日本帝国憲法を「人民の権利章典」と把握していたことや、憲法の条文よりも憲法の精神を重視するようになっていったことは、前述した通りである。晩年の正造と行動を共にした島田宗三は、正造の憲法観をつぎのようにまとめている。

翁の憲法観は、……その基本的精神、すなわち旧憲法発布の詔勅、

朕ハ我ガ臣民ノ権利及財産ノ安全ヲ貴重シ及之ヲ保護シ憲法法律ノ範囲内ニ於テ其享有ヲ完全ナラシムベキコトヲ宣言ス

および同憲法第二十七条の、

日本臣民ハ所有権ヲ侵サザ（ル）ルコトナシ、公益ノタメ必要ナル処分ハ法律ノ定ムルトコロニ依ル

という正文、たとえそれが不完全のため、他日その憲法を改廃しなければならなくなったとしても、現にその憲法の存する間はこれを擁護しなければならぬという、憂国愛民の信念にもとづいたものであった。

単にこれを曲解し逆用する専制的為政者を憎むとか、あるいはかつての自由民権運動の執念のみから主張したものではなかった。（『余録』上、二四二頁）

それでは、なぜ憲法を「死守」しなければならなかったのだろうか。それは、いうまでもなく「臣民権利義務」こそが「神聖」であったからである。一九〇九年三月七日の日記の記述を見てみよう。

憲法ハ君主専制の器械、機関武装ナリト教。大学の穂積沈〔陳〕重兄弟。憲法ハ神聖ナリト云フコトヲ解セバ可ナリ。之ヲ神聖トセザレバ憲法ナク国家ナキニシカズ。已ニ神聖ナリ。臣民権利義務ノ神聖。神聖ニシテ侵スベカラザルコトヲ期セザルヲ得ズ。（⑪一七〇）

また、同年四月一一日の日記にも、「三条　神聖ハ人民モ神聖ナルが故ナリ」（⑪一八七）と書かれてある。つまり、正造にとって「神聖ニシテ侵スベカラザル」ものは、憲法第三条に規定された天皇であるよりも先に、人民であり「臣民権利義務」であった。天皇の神聖不可侵条項を、人民の神聖不可侵の方にむしろ重きをおいて読み替えているのである。(10)

であるからこそ、正造は、議会や政府に対する働きかけをやめなかったのである。「谷中村ノ破壊ハ憲法ノ破壊也」という観点から一九〇九年三月二〇日に書かれた「破憲破道に関する請願書」の提出をはじめ、花井卓蔵らを介した議会への工作は継続しているし、また、谷中村買収不当価格訴訟にも、金額の多寡ではなく憲法問題であるという観点から次第に熱心に関わっていくようになる。谷中村の復活こそが、憲法の復活であり、国家の復活であった。

正造が最後まで憲法を拠とした闘いをやめなかった背景には、正造なりの「愛国心」が存在していた。それは、「なんのかのと日本無しですに、まだ生かして見たい」という、逸見斧吉に書き送った一文に、見事に表現されている（一九一一年三月一五日、⑱三七七）。正造にとっての「亡国」状況とは、憲法や法律が機能しないことであった。だから、国家を存続させるには、憲法の復活こそその第一要件であった。「国民三百六十日憲法を喋〻して国家漸く立てり」なのである。

それに、谷中残留民に対する期待が存在していた。谷中の十九人は「人道の手本、憲法擁護の手本」であって、憲法の「番人」である、と正造はいう。またそれは、いつまでもそうあってほしいという正造の願いでもあった。一九一二年一月二八日、北古川の水野官次宅で、男女六〇歳以上の老人と小学生の計二一名の新年慰安会を開き、甘酒や牡丹餅で新年を祝ったときの正造の話である。「谷中村民が谷中にいることはちょうど酒樽にヒネリ口があるようなものだ、このヒネリを取るか、またはゆるめると酒はたちまち漏ってしまう。それと同じく谷中村民というヒネリ口を取るか、或はその心をゆるめると、そのうちに盛ってある権利、即ち憲法が流れ出してなくなってしまう」、と（『余録』上、三四五頁）。

正造の最後の演説となった一九一三年四月一三日の「下都賀南部危急存亡問題政談大演説会」でも、正造は、最後に憲法発布の勅語を読み上げて閉会している（『余録』下、一四五頁）。正造の死の直前にも、日記にたびたび引用していたのがこの憲法発布の勅語であった。

それだけに、憲法を形骸化させた行政権の濫用、法律や命令・訓示の乱発に対する批判は激しかった。

〇君主専制は汽車の如し。人民もしレールの上に居らば殺さるべし。立憲政治も汽車の如し。然れどもレールの上に人居ると云ふ事を告ぐれば、汽車の止るの規定あり。然るに古への聖人は汽車の如くなりとも人を殺さず、必ず救への網を汽車に設けたり。今は之に反して、人を汽車に殺す事を自業とし、また自得とす。今の法律は矢玉の如し。遮らざれば必ず人を射殺す。民声叫べ。

（中略）

○小児相争ふて石を擲つ。ガラスを破り瓦に疵く、以て他人の迷惑を顧みず。法律家之に似たり。法のために人民あり、人民は的の如し。法律は矢の如し、法律は弾の如し、人民鳥獣の如し。但し命令の方は法律より強くして、訓示の力は命令より強し。今の政治は訓示を以て憲法法律の上に置けり。(⑪二八六〜七)

(二) 大日本帝国憲法の相対化

一九〇九年(明治四二)三月二〇日の日付がある「破憲破道に関する請願書」には、冒頭次のようにある。「凡ソ憲法ナルモノハ人道ヲ破レバ即チ破レ、天地ノ公道ヲ破レバ即チ破ル。憲法ハ人道及ビ天地間ニ行ハル、渾テノ正理ト公道トニ基キテ初メテ過尠キヲ得ベシ」(④二九〇)。そして、「若シ如何ニ憲法ノ精神ヲ破壊スルモ其死文ニ抵触セザレバ憚ラズト言ハヾ、初ヨリ憲法ノ廃滅ヲ期スベキナリ」(④二九三)、と。

ここでも、正造が、憲法の個々の条文(「死文」)よりも、その背景にある「精神」を重要視していたことがよくわかる。それと同時に、憲法は、人道や天地間に行われる「正理」、そして「公道」に基づかなければならないもの、と表現されていることが注意を引く。これは、人道や自然界の秩序をもってする憲法の相対化のはじまりでもあった。林竹二が重視する一九〇九年八月一日の転換以降は、たしかに請願書などを除いて憲法に言及することが少なくなってくる。自治や水について語ることが多くなってくる。しかし、注目すべきは、正造が、国家社会の「新設」をさかんに言うようになることである。

若し栃木県にして独立の躰面を立てんと欲せば、議員率先して私立に栃木県を創建するの必要あり。而かも党派を問はず宗派を問はず、一般有志の名の下に栃木私立県、私立県会を開くより外無し。(中略)下野一人の有志なく財政なく、土地荒廃、人民皆愚に陥り貧弱また立つ能はず、朝鮮の今を他日に見んこと鏡に見る如けん。(略)今日は既に悪弊改革の時に非ず、之を脱して別に国家も社会も私立に創設すべき也。(④三四八)

正造は、栃木県も栃木県会も、さらには国家社会も「私立に創設」することを主張している。これは、「奇怪の変化」で述べられている「天地より其形勢より改革新築」することと同じトーンの主張である。こうした主張は、正造の自治思想と密接に関連していた。正造は、残留民の長老格であった島田榮蔵に対して、「谷中自治村創立準備」を指示しているが、既存の自治体や国家を廃してすべてを新たに作り直そうと呼びかけるその背景には、現存する国家なるものからの精神的離脱が存在していた。国家を限りなく相対化する視点の形勢が、実定法としての大日本帝国憲法の相対化につながることは説明するまでもないだろう。

これを、正造が憲法を相対化するにいたった思想的背景の一つとすれば、二つ目は、買収不当価格訴訟の過程で、憲法をとりまく現実に改めて着眼したことであった。

○財産ヲ奪ハレ、家ヲ奪ハレテ拾ケ年間、飢且ツ凍テ居ル人民ハ訴ヲ起ス力ラナシ。
○憲法アレドモ憲法ノ保護ヲ受クル権利ナシト同ジ。
右谷中破壊破憲問題ニ付テ四十四年九月十九日午后十二時理解ス。（⑫四七二）

この記述は、前日一八日の宇都宮地方裁判所における谷中村買収不当価格訴訟第一二回公判で、正造がはじめて行った大弁論を、河川調査のために泊まった那須郡太田原町の旅舎中川方で、深夜思い返しながら書いたものである。この訴訟は、一九〇七年七月二九日に谷中村救済会の勧告に従って提訴したものであった。一九一一年六月二八日の第九回公判で、原告被告双方の弁護士から裁判長に対して残留民に対する和解勧告を申し出[11]、裁判所は、七月一二日を和解期日と定め、出頭を要請する書留郵便を残留民に郵送した。

残留民たちは、正造とともに協議し、七月一八日に「訴訟のために永くかかるのは困るけれども、和解すれば憲法破壊の買収問題まで自認した結果になりますから、自己の利害を顧みず最後まで闘いぬかなければならない」として、訴訟の継続＝和解勧告拒否を決定した（『余録』上、三二一頁）。

こうして、和解を進めようとする茂木清弁護士との間に齟齬が生じることになった。東京救済会の弁護士たちは、救済会の立ち消えとともに自然に裁判から脚が遠のき、裁判はほとんど茂木弁護士一人の肩にかかってきていた。無報酬で裁判にあたっていた茂木は、負担増の問題もあり、被害民に有利な条件での和解が得策であると考えたのであった。

九月一八日の法廷で、正造は次のように陳述を行った。「裁判の進行、証拠及び事実の調査ができないのは、谷中村民がズルイためではなく、為し能わないためである。第一、金がない、智恵がない、その上に十ヵ年の水浸り、殊に四ヵ年にわたっての仮小屋住い、かつ日々の食料乏しくして手間（余暇）もない。村は一里四方もあるのに、村内の交通は多く舟によらねばならないので、ちょっと寄合をするにも二日も三日もかかる始末である」。「今日この重大な裁判の傍聴に村民が出てこないのは不熱心のようであるが、決してそういうわけではない。その日その日の活計に追われて、来たくとも来られないのである」（『余録』上、三二三頁）。

日記にも、「谷中人民の出席少きハ、来らざるニあらず、来れぬなり」（⑫四六八）と書かれてある。おそらく、一〇年前の正造であったれば、裁判に来ない人を、自ら権利を放棄するものとして痛烈に批判したことであろう。しかし、谷中の人たちは、来ないのではなく、来たくても来れないのだと表現するようになったこと自体、正造の「谷中学」の深化を物語るものであった。それだけではない。ここで、正造は、谷中残留民の姿を通して憲法・人権をとりまく現実に初めて気が付いたのである。谷中残留民のような貧窮民には裁判を起こす力もなく、いくら憲法の条文にあろうが、制度が完備されていようが、「憲法ノ保護ヲ受クル権利」すら奪われていることに気が付いたのである。それは、「憲法の精神」以前の問題であった。私たちは、「理解ス」という言葉の重さに注目しなければならない。

こうして正造は、「憲法死守」の文脈ではありながらも、憲法の不完全さを言うことが多くなってくる。たとえば、

「政治ノアラン限リハタトへ不寛全タリトモ不寛全トハ云ハザルベシ」(一九一一年一〇月「建白書の一」、⑤七三)とか、「国の憲法たとへ不寛全なりとするも、之を愛せバヤ、全きを得ん。愛せざればバ金ケ玉条皆無用有害なり」(一一月一〇日の日記、⑫五五八)、とかいうように。

その結果、正造は、一九一二年に入ると、国家社会の「新設」のみならず憲法の「新造」をも主張するようになった。一九一二年一月一六日の日記を引用してみよう。

国家、社会、人類の生命を永続せんとせバ、断じて此大誤りを根底より改め天然の良能を発起せしむるの外、果して之を実行断決するニ於てハ、憲法、法律、教育の渾てを全廃して、更天神を基とせる方法即ち広き憲法を設くすべし《(ママ)》。誠ニ天則ニよらバ即ち憲法の天ニかのふを云ふなり。真理を中心とする憲法なり。(⑬五五〜六)

また、三月二四日の日記には、次のようにある。

○人権亦法律より重シ。人権に合するハ法律ニあらずして天則ニあり。国の憲法ハ天則より出づ。只惜む、日本憲法ハ日本的天則に出しなり、宇宙の天則より出でたるニハあらざるなり。
然るに日本政治の組織ハ日本の国体保存を失わず。恰モ家ニ家廷［庭］のある如シ。人〻各戸の趣きを同ふせざる如し。之れ国の形勢位置風土のしからしむるなり。又誠ニ止むを得ざればなり。然れども之れ形ちなり。精神ニ於てハ万国同一なり。心ニ於て厚薄長短あるのみ。心の長短厚薄ハ土地山川地勢の如シ。甲乙高低広狭肥痩の同じからざる如し。尚人の面容の如シ。皆形勢なり。形ハ心ニ従ふて動くなり。只精神なるものハ克く之を一貫す。
故ニ一貫の精神なきものハ人ニあらず。心なきものハ形を動すべからず。即ち人ニあらず、国民ニあらず。憲法を破るものハ心と形とを破るものなり。国民ニあらざるなり。天則人権を傷くるものハ精神を破るものなり。人ニあらざるなり。見よ、鳥獣却てよく天則を守りて精神あり。(⑬一五七)

つまり、「日本憲法」=「日本的天則」=「国体」=「形ち」よりも、「広き憲法」=「宇宙の天則」=「人権」=「精神」というのである。「国体保存」を「誠ニ止むを得ざ」るものとし、現憲法の「形ち」より「精神」を通した理解を相かわらず強調しつつも、同時に「日本憲法」の限界性を指摘し、万国共通の「真理」に基づく普遍的憲法の新造を主張せずにはおれなかったのである。これが、正造の憲法擁護、憲法死守の長い長い闘いの果てにたどりついた地平なのであった。[12]

四　近代文明と日本社会批判

(一)「食ハ充満して餓死多し」

日露戦争後、農村の疲弊とうらはらに都市は急速な発展を見せ、近代文明のショウウインドウとしての相貌を明確化していった。近代化の一応の達成の故に、日本社会には「一等国意識」が蔓延した。そうした状況を前に、正造の機械文明・都市文明に対する批判は、ますます苛烈になっていく。

まず、正造は、そうした繁栄は虚偽の繁栄であると考えていた。「虚飾虚勢、虚々のみ」というのである(④三四二)。二八億もの負債を抱えて、何が繁栄だと正造はいいたかったのであろう。

「世界人類の多くハ、今や機械文明と云ふものニ嚙ミ殺さる」(⑫四二六)、「デンキ開ケテ世見暗夜となれり」(⑬五三二)という文からは、文明の発展が必ずしも人間にとっての光明ではないこと、逆に人間が機械に従属し、それに「嚙ミ殺さ」れているような状況をもたらしていることへの鋭い洞察がみられる。「よの中ハ高き枕のゆめのまにみやこの花やちるをいそがん」（⑪五七四）という歌には、「みやこの花」＝都市文明を「ゆめ」＝幻想、虚妄とする正造の考えが、よくうかがわれる。

だが、正造は、文明の発展そのものを批判していたわけではない。正造が重視していたのは、機械文明の発展とともに「徳想」も発展していくことであった。「〇機械を発明して機械に殺さる。／〇鉄道、電信、電話、無線電信、瓦斯、電燈、飛行機、其他大小機械の発明進歩に伴つて徳想進歩せればバ可なり」（⑫五三七）と考えていたのだった。「今や徳ハ退歩して、なすび独り気車ニて早く遠く行けり」（⑪四二二）ではだめなのであった。

この卓抜な比喩は、鉄道交通網の発達により、古河町の市場で売買されたなすが、次の日の昼には北海道の旭川でおかずとして食卓にのぼることを聞いたことがもとになっている。軽い驚きとともに、いやそれだけではだめなんだ、「徳」も同時に進歩しなければならないのだ、と考えていたことがよくわかる。

しかし、正造の眼に映った現実は、人々が「金」や「モノ」に支配され、あさましい姿をさらしていた。「猫もシャクシも興利々々、興利が人民を殺すのです」（⑰四六二）とは、「公益」をはかるには「興利」よりも「除害」が先だと考えていた正造の表現であるが、他の部分にも「小利ニ汲々」としている人々に対する痛烈な批判を見て取ることができる。「仁義」「道徳」「愛国」「同仁」「人道」「信仰」などの「すべての善事皆価なくして只金只金只慾只慾」の時代であると、唾棄するように述べている（④五三〇）。

これらの批判を集約した表現が、「食のみ足りて人ハ飢へたり。食ハ充満して餓死多シ」というものなのである。正造は、表面的な繁栄の陰に進行する道徳的頽廃・精神的飢餓状況を鋭く見抜いていた。一九一〇年六月一一日の日記の一文である。

古河町影山中学生渡良せ川ニ船闘の稽古あり。人道の戦を学バず、実践なきもの単ニ腕力を学ぶ。嗚呼、危へかな。（中略）

○養蚕教師あり、農作教師あり、工芸教師あり、万般知識の教師あり。而モ人ヲ教る教師なし。人を教る教師なければバ、食のみ足りて人ハ飢へたり。食ハ充満して餓死多シ。(⑪四一三)

以上のような正造の近代文明批判は、第一に都市に対する農村の立場に、あるいは中央に対する地方の立場に、第二に富者に対する貧者の立場に、あるいは知識人や官吏に対する農工商の立場に、第三には物質に対する精神、なかんずく宗教の立場に立脚していたことが特色である。

まず、正造は、便利さ快適さを追求してやまない近代文明・都市文明に対し、「豆腐屋二十里」の不便な農村生活を対置する。正造が近代都市として形成されつつあった東京をどのように見ていたかは、次の文章が象徴している。「○国家ハ疾く滅亡して、社会独り苦悶の中ニあり。東京ハ其病源地ニして地方ハ被害地。恰モ鉱毒地と亦異るなし。事情の軽重あるのみ」(一九〇九年一一月一〇日付け逸見斧吉宛、⑱一一〇)。東京は、国家「滅亡」の「病源地」であり、また「良心保全の地ニあらず」という。

正造の農村観をよく表しているのが、一九〇七年一〇月一八日の「日本キリスト教婦人矯風会における演説草稿」である。

日本の農ハ文明の機械中鉄道ヤ電話ニ縁の遠き事甚し。酒屋ニ三里豆腐屋二里、今尚日本其通り。今の日本農民ハ実ニ憐れの生活である。之ニ反シ官吏の生活ハ権勢あり知識あり機関あり。交通ニハ鉄道電話あり。むかし一日費したるもの今一二時間の手間です。電話ハ別段。之ニ対する日本の農民を見よ。酒屋ニ三里、豆腐屋ニ二里、谷中ハ二里往返二時間。鉄道ハ二時間二十里。豆腐屋ニハ二十里となつた割合。一方官吏の二十里ハ二里となり一方農民の二里ハ二十里となつた割合です。文明ノ進歩日本の農民ニハ此不便ヲ来して居る。同じ農でも田畑を所有せぬものハ別段であるけれども、古来住慣れた土地所有地を捨てゝ他ニ移る農民の困難ハイカニ悲惨でアロ

一。（④六〇〇〜一）

文明の恩恵を蒙ることの少ない農村では、文明が発達するほど相対的に不便さを増し、それまで「豆腐屋ニ二里」であったものが、割合でいうと「二十里」になった勘定になるというのである。まだ、この時点では、不便さをかこつ被害者としての側面が強調されていた。こうした被害者意識はその後も一貫するが、便利さ、快適さとはおよそ縁遠い谷中での生活が、やがて「其不便が却て理想発達の基本」であり（⑰三八九）、「真の自由ハ不自由より生ずるもの」（⑬五二九）、といった考えを生み出すに至るのである。

第二に、飽食、搾取、重税に対する批判である。一九〇八年一一月一四日付けの逸見夫妻宛の書簡に、「馬鹿の大食」という話が出てくる。「国亡びて一夜乞食ニ陥るまでハ楽観して汝のいぶくろを喰へや《ぶ》る」（⑰四六九）、と。夏目漱石の『こころ』に見られる亡国像と全く同じような表現を用いて、日本という国は、自分で自分の身体を食べていると述べている。「今日中以下の生活、農商工の貧弱に苦むを見よ。徳川の末路よりは更に甚だしきを見ん」（④三四三）と、正造の近代批判は、ここでも徳川時代を想起させているのである。

正造は、「五十日労働」説を唱えるようになる。それは、搾取の激しさ、酷税観の反映であった。「〇五人一家一人五十日労働せバ足ル。世界統計、政府及資本家ノタメニ奪ル」（⑪四一四）、「〇或る博士の統計ニありと、或る人のはなしニ曰く、男子一人五十日の働きハ五人の家族一ケ年ヲ養ふニ足るものなりと。是神より人類ニ賜ふ処なり。然るに夫婦毎日星を頂きて起居働けども、五人殆んど飢んとす。是皆租税の多きためなり」[13]（⑪四四二）。

こうして、正造は、「病ノ人ヲ殺スヨリハ富者ノタメ貧者ノ死亡多シ」（⑫一二一）という認識を獲得し、富者による食の独占をも痛烈に批判するようになっていく。

〇日本最高等ニ到らずも中流以上の奢侈生活の食料ハ一食金五円位の人ゝ中ゝ多しと。之を下級民の一日食料金三銭より四銭位ニ比セバ奈何。高等奢侈ハ最下等の五百倍の食ヲムサボル。五百人分ノパンヲ一人ニテ食フト同じ。
キリスト或ル会場ニアテタル野原ノ聴衆及信者の五千人ニ、五ツノパント五ツノ魚ヲ分ケ与ヘタリトアルハ、右五百人分ノ食料ヲ一人ニテ食フニ反対セルモノナリ。疑フベキニアラズ。而モ信仰薄キモノハ、キリストノ奇行ヲ怪メリ。
○理想ヨリセバ五百人分ノ食物ヲ一人ニテ食スルモノハ、此外ニ於テ尚怖シキ悪影響ヲ流セリ。何ンゾヤト云ハヾ、凡五百人ノ食ヲ一人ニテ食フモノハ、五百人ノ食ヲ奪フ道理ニテ五百人ハ飢ルナリ。一日三回五百人ヲ飢スモノナレバ、数十日ノ後チニハ五百人ヲ餓死セシムルコトヽハナレリ。
語ニ曰ク、一人貪欲貪戻ナレバ一国乱ヲ起〔作〕スト。誠ナルカナ。(⑬四三〇～一)

引用文最後の言葉は、『大学』の中に見られる言葉である。このように、キリスト教も儒教もすべて持ち出して、正造は、全身をかけて富者を、つまりは分配の不平等を批判していた。

第三に、こうした富者に対する批判は、キリスト教の信仰と深く結びついていた。正造が、「人ハパンノミヲ以テ生きるものニあらず」という警句を好んで引用し、さらに、「○キリスト曰ク、富めるものゝ天国ニ行くハらく駄〔駝〕の針の穴をくゞるよりかたし」(⑫三七四)という箴言も愛用していたことは、前述した通りである。

正造は、機械文明の発展や都市の繁栄、富者の驕慢などに対して、その対極に位置するものに立脚し、それらの虚偽性を告発して止まなかったのである。「矢張小国ハ小国ナリ」と、一等国意識にからめ取られた人々にたゆまずに警告を発し続けていた。

(二)「民主の難き国情」

正造は、谷中村の自治復活闘争の過程で、日本社会に民主主義が根付きにくい要因を様々な側面に見いだすようになった。それは、日本社会の軍隊組織化であり、「官尊民卑」の弊害であり、また何事も上から下へという気風であり、人を地位や学歴で判断する傾向であり、依頼心ばかりが目立つ「先天的奴隷人」のようになっている国民の姿であった。

政治の軍隊組織化は、次のように表現されている。「人ハ人としての正シキ強キ元気なければ、悪魔の併呑を免かれぬ。鞭チ打たざれバ動かぬ馬の如き、命令ニあらざれバ働かぬ兵士の如き、日本の政治、皆軍隊の組織となりてより以来、久シク人民の権利ハなし」(⑰六二八)。「日本の全人民、凡此例であ」って、「到底日本ハ滅《ママ》烈して亡びざれバ止まぬ」という。

この点に関連して、一九一一年二月三日の日記を見ておきたい。これは、薩長の政府によって、関東の人民は、虐待されながらもその状況に甘んじていると正造は判断し、それを批判した文章である。「よりて人心ハ民権自由自主の気風を失つて、いつしか啻ニ権門ニ諂ふの徒のみ多くなり、恰も之れ先天的奴隷人の感あるまで落ち入りて、尚且毫も之を恥ぢとせざるニ到れり。(中略)人民自国を愛するの念薄くして結局独立独歩の元気なし。一旦此元気を失へてハ又依頼心の外一物なく、醜体殆見るにもきくニも堪へざる事どもなり、人生貴重すべき精神の卑屈ハ又貧乏となり(働のために生ずる生産乏しく)、小山師的人物を生じ、依頼と僥倖とに精神を奪れて、自活生産の気風を欠けるを以て貧乏亦他国よりも早く貧乏となりたり」(⑫四六)。前述したように、「日本魂」ですら「自動的日本魂」でなく「他ノ必要ニ応ズル魂」だとして批判しているのと、同じような視点からする「依頼心」の批判であった。いうまでもなく、正造にとって、人間関係の基本、社会の基本は、他に頼ろうとする心を捨て、独立独歩、自発的自主的精神に富んだ人間の存在であった。

上より下への気風は、次のように語られている。

二十九日　生井よりへや赤麻藤岡しの山川島熊蔵氏ニ泊す。

長男曰く、頭株より云〻。之れ日本人の特性なりと覚ゆ。民主の難き国情。今日谷中ニ入る魚皆無、瓦斯及水量増加、谷中水源ニ至る事を告ぐ。（⑪三七七）

日本人の気風ハ下より起らず上よりす。民権も官よりす。（中略）日本の民権ハ民人より発揚せるニハあらざるなり。憲法すら上よりせり。嗚呼、一種不思議の気風なり。日本今君主専制国の如く、又立憲の如く、盗賊国の如く、此三種を以てせり。危し〳〵。（⑫五八六）

正造は、運動の過程で宿泊した民家におけるなにげないエピソードに、日本の「民主の難き国情」を見て取っている。それだけではない。一九一二年八月二二日の日記には、次のように記されている。

○上の好む処下之れより甚し。

○高橋ちよ子の養子ハいびせ〔海老瀬〕村大塚紋太郎氏の実弟なりと云ふ。今回の改修の成行をバ、一百日をへても、未だ何ら養母ニ一言告げる事なしと。以て専有の思想の習慣ハ尚此くの如シ。上なるもの専制ニして下之れより甚シ。立憲の日本人ニ不合格なる凡此類。（⑬二九九〜三〇〇）

つまり、「上」（支配者）の気風を「下」（被支配者＝民衆）がまね、内面化し、「上」よりももっとひどく実行してしまう。そのことに、日本に専制の気風がいつまでも抜けやらぬ原因をかぎ取っていた。かつて、議会政治家として、日本に立憲政治、議院内閣制の実現をめざして専制政府とたたかった時と異なり、正造の内面において、日本の現状に対するほとんど絶望ともいうべき想念が深まっていることの証明であろう。

正造のこのような日本社会批判が物語っているものは、アドルノやE・フロムが明らかにした「権威主義的パーソナリティ」と共通する。そして、このような問題点を克服していく可能性を、正造は、「どこまでもじぶんでやるせいしん」と、「人民相愛ノ道徳」など、自発的主体的精神の確立と同時に、他人との関係性の中で他人と連帯して生存していこうとする指向性、そして法も権力をも怖れぬ「自重自信」力に見いだしていったのである。

(三) 一等国意識批判

ここでは、田中正造の植民地認識を手がかりとして、一九一〇年前後の日本に蔓延した一等国意識に対する批判をおさえておきたい。何よりも、対外認識は自己(国)認識に他ならないからである。

正造の基本的認識は、「矢張小国ハ小国ナリ」というものであった。日本の軍事大国化を批判し、もともとが「小国」なのであるから、必要以上に背伸びしたり、自分の胃袋を食い破るまで詰め込む必要はないと考えていた。とするならば、石橋湛山のように植民地放棄論を唱えてもよさそうなものだが、残された史料の中に明確な植民地支配への批判は見あたらない。正造の植民地認識の特徴は、朝鮮の「亡滅」をつねに谷中(日本の内治)の問題と結びつけて把握している点にある。決して「対岸の火災」視しないのである。そして、鉱毒問題を初めとして薩長藩閥政府に虐げられてきた「関東の不幸」を朝鮮の運命にたとえることが多いのも特色の一つである。そこには、朝鮮も自分たちも同じ運命、同じ境遇にあるものとしての共感・同情が存在していた。

一九〇三年一二月一三日付けの原田定助宛書簡を見てみよう。そこには、「朝鮮の今日ニ至るも国民の堕落して常の心を失ひたるのみ。決して他の強国の故ニあらず。今日本人日本を忘れたり。忘れたるものハ他人を拾ふなり。／凡戦争を常とせバ、別ニ戦ふべきの日ある事なし。常ニ油断せバ常ニ狼狽す。自ら侮るもの他に侮らるゝを免かれず。

自国の弱き人民を侮るもの、いづくんぞ強き他国の侮りを防ぐべけんや。右所感。主戦も非戦もあるものか」と書かれてある（⑯九五）。ここに、日本の朝鮮侵略に対する批判的視点はみられない。それどころか、朝鮮の衰退の原因は朝鮮の内部に、つまり朝鮮人民の「堕落」に求められてさえいる。しかし、正造が強調したかった点はそこにはなく、日本政府の「弱き人民を侮る」姿勢を批判することにあったのは明白であるが。

日露戦争を経て、正造の朝鮮認識にも少しずつ変化が見られてくる。一九〇七年の二つの所感を引用してみよう。まず、七月二〇日の大出喜平他宛には、「朝鮮のほろびるハ対岸ニして見へる、己れの心の腐れたハ内ニして見へず。我国今や死したり。死灰ハ再ビ燃へず。国民更ニ新たニ自身薪木となりて再生するにしかず」（⑰五五）とある。ここでも、朝鮮を亡国と位置づけ、日本と同一視していることがわかる。ところが、八月一一日付けの蓼沼丈吉宛書簡になると、「政府ハ弱き朝鮮や内地谷中の窮民ニ対してハ中〻威張る」（⑰六二）というように、「弱」い朝鮮という認識は継続しているものの、日本政府の暴虐の被害者という点では朝鮮と谷中残留民は同じであると考えるようになってくる。そして、一九〇九年九月一〇日の逸見夫妻宛書簡では、「銅山の軍略、大臣も奴隷なり、関東人民ハ朝鮮国民なり。銅山ハ日本政府、県ハ統監府なり。大日本ノ未来モ亦何れの国民か来りて統監府を設けんのみ」（⑱四二）と、統監府支配に対する批判めいた言及がみられるようになる。また、他日、日本が他国によって「統監府」支配されることの、予言めいた指摘がみられるようになるのである。

こうして、正造は、日本と朝鮮の現状をまさに逆転させ、日本亡滅・朝鮮復活の予測を唱えるようになった。それが、もっとも早くみられるのは、一九〇七年七月二四日の原田勘七郎宛書簡である。「其危きハ朝鮮より危し。朝鮮の今日ハ未来の安全を得る所以、日本今日の虚勢ハ皆空相場のみ」（⑰五六）というのである。[14]

日本による「韓国併合」後、正造のそういった認識はさらに明確なものとなる。正造は、一九一〇年八月三一日に、「〇嗚呼、我国ハイスパニヤノ轍を踏んで尚且ツ之れニ懲りる色薄シ。到底亡国の外なし。〇朝鮮の合邦ハ他日我邦亦他ニ合邦セラル其祝の取越シか」と書いて、逸見に送っているのである（⑱二六一～二）。正造は、「韓国併合」

を祝って全国各地でにぎやかに繰り広げられた提灯行列を目撃したのであろうか。日本が「亡国」に至ったこともしらずに無邪気に浮かれ騒いでいるお祝いを、逆にいつの日か日本が他国に「合邦」されることの前祝いをやっていると見たのであった。政府関係者のみならず、板垣退助、大井憲太郎らかつての自由民権家も、キリスト者たちのほとんども、もろてをあげて「併合」を賛美し、一般民衆も深く「一等国意識」にからめとられていったその最中にあって、正造はむしろ、日本の「亡国」が決定的になったことを痛感したのである。そして、朝鮮の山河の荒廃すらをも、人為が入らず自然のままに保存されているものとして、反対に高く評価するに至っている（⑫一〇〇）。朝鮮復活の可能性を自然観の側面においても確信しつつあったといえよう。

以上のように、正造の植民地認識は、植民地支配そのものに対する明白な批判こそ見られなかったものの、その「韓国併合」観に見られるように、極めて独特なものであった。「韓国併合」という歴史的事実を、日本の「亡国」を証明するものと受けとめた人が他にあっただろうか。その意味でも、田中正造は、大日本帝国に対する稀有な批判者たりえたのである。

第二節　自治は「天来の已得権」

一　地方改良運動に対抗する谷中村自治復活・創造運動

政府と栃木県が強権を発動し、谷中村そのものの存在を地図の上から抹殺した暴挙に抵抗し、谷中村の復活をめざす闘いを継続していくなかで、正造の自治思想はさらなる深化を見せていった。この時期のその第一の特色は、それが政府の地方改良運動を明確に意識しつつ進められていったことである。

地方改良運動とは、一言でいえば、帝国主義突入段階における広範な国民統合政策であった。日露戦争によって一気に膨張した国家財政を固定化し、多額の負債をかかえつつもさらなる軍備拡張を推し進めていくために、政府は戦争中の非常特別税を継続し、国民からの収奪をより強化した。しかも政府は、国家財政の膨張と増税の矛盾を地方財政に転嫁し、地方への国政委任事務をさらに増やす措置をとった。その結果、地方財政は、経費が増加し、それを町村費や戸数割の負担増で乗り切るしかなかった。そのしわよせは、中小農民によせられたのである。たとえば、一八九七年段階での国民一人当たりの租税負担額は三二四〇円であったが、一九〇五年には五九八五円、一九〇七年には七六一四円と急増し、一九〇九年にいたっては八七八四円と、二・七倍近くもの上昇をみせている。

当然ながら、地方や国民の不満は増大する一方であった。そこで、それを抑えるために、一方では部落有財産を町村に強制的に編入して町村の財政基盤を強化するとともに、一九〇八年一〇月一三日には戊申詔書を発布し、「勤倹貯蓄」をスローガンに国民の自発的精神を利用しようとしたのである。こうして、たくさんの町村では、戊申詔書に基づいた「町村是」が作成され、「勤倹貯蓄」のためには貯蓄組合が、税金の「滞納ノ矯正」のためには納税組合が、風俗改良のためには青年会が結成されていった。また、町村合併や神社合祀が強行されていった。こうして町村はますます「国家のための共同体」という性格を濃くしていき、政府のおめがねに適う町村は「模範町村」として表彰された。公共心・共同心・自助の精神がさかんに強調されていったのである。

こうした地方改良運動の展開を意識した闘いの中で、正造は次のように論理構築していった。第一に、谷中村は「模範村」たる資格を十分にもつ「美村」であることを強調し、一方で模範村を顕彰しながら、一方では潰す地方政策の矛盾を鋭く突いたことである。このことは、一九〇九年に集中的に表現されている。

地方改良運動へのもっとも早い注目は、おそらく一九〇五年七月二六日の三宅雪嶺宛書簡に、谷中村は「伊豆の国の稲取村ニも劣らざる美村」であると述べられていることであろう（⑯四一三）。しかし、正造は、政府から「模範村」として顕彰された稲取村よりも、谷中村に近似した南郷村の方を高く評価するようになっていく。それは、南郷村の出身である河井重蔵を通じて、かなり詳しい情報を得ていたからである。

谷中村と南郷村を比較して、谷中村の自治の「体力」を強調するようになるのが、一九〇九年である。まず、五月三一日の「谷中回復予報の一」には、「谷中村五月三十一日現在　〇七十五戸（略）、自治村と為すニ足る。南郷村ハ百〇五戸ニテ自治美ナリ」（⑪二一三）と出てくる。さらに、九月一二日から二四日まで、七度にわたって「渡良瀬川改修案反対の陳情書」がわかりやすい言葉でつづられているが、その中では次のように触れられている。

古来住み馴れたる土地の生業を妨げられ、其人民虐待に耐え忍び今尚ほ七十六戸を現存せり。今谷中回復して自治の団体を造るとせば、忽ち已往の人民復帰し来りて一村を造るに難からず。静岡県遠江国に南郷村と云ふあり。戸数九十六戸にて自治を造り今日は一百五戸に至れりと云ふ。此南郷村は田畑原野を合せ参百町歩に充たず、而かも他に富める共有の財産無しと雖も誠に美事な自治村を成せり。谷中反別一千二百町あり戸数今七十余戸ありとせば、之を復するに難からず。而かも之を回復せば年々金弐拾五万円以上の収益ある也。（④三二八）

このように、正造は、「共有資本沢山有之」（⑱二二）稲取村と違って、南郷村レベルと比較すれば、谷中も立派な美村たりうると盛んに強調した。稲取村よりも南郷村を賛美したのが意図的なものであったことは明白である。さらに、正造が理想とする自治村の規模に南郷村が合致していたことも、南郷村賛美の理由の一つに考えられる。

そして、正造は、一〇月五日に、残留民に対して実際に「谷中自治村創立準備」を指示している。それをうけて、一九一一年六月に、島田宗三ら青年を中心に自治復興運動がはかられた。その結果は挫折に終わったが（『余録』上、三〇二頁）、ここにみられるように、谷中村の「自治」の「回復」「復活」とは「創立」であったことに留意したい。それは、林竹二が指摘するように、谷中に「残留」という「日本の地獄を自己の意志によって選択した人たち」が主体となって、自治を新たに作り上げる行為であった。

第二点目の特徴は、旧来の村単位の共同体的関係（＝郷党の団結力）の積極的な評価である。こうした共同体的関係は、地方改良運動を進めていく上で逆に障害となるものであり、政府が否定しようとしていたものであった。正造は反対にそこに政府に対する抵抗の根を求めていくのである。だからこそ、「谷中村の人民が集まって一つの村に居ればこそ」生じてくる無形の「団結力」「結合の力」「習慣の力」は、金銭に見積もれぬほどの貴重な価値があることを、正造は強調した。この面への着目は、やがて正造をして、「公共相愛協力の生活」へと赴かしめる。

第三に注目できるのは、納税組合などが行政補助機関化している実情の鋭い指摘である。一九一三年七月一七日の日記に、次のように出ている。「〇納税組合亦収税ノ便。／〇青年会行政の便ハ通弊。／〇農事委員スラ或ハ行政ノ便ニシテ、自治ノ真理ヲ研究セルモノナシ。以テ精神撲滅ノ結果コソ証シ得ラル、ナリ」(⑬五二七)。政府が強調する自発的精神の喚起とは、政府にとって都合よく利用するためのものであって、真の意味の自治の精神はそれによって「撲滅」されてしまうことを、正造は見抜いていた。

そして、もう一つ付け加えるならば、神社合祀に対するエコロジー的視点からの疑惑のまなざしであり、南方熊楠のそれに共通するような観点である。「〇神社局　地方合祠、樹を伐る、社を破る事、中央ハ敬信（神）愛国」(⑫四一一）というのは、一九一一年八月二六日の日記の記載である。ここには、いわゆる鎮守の森が神社合祀を理由に伐られて行くことへの批判的視点と同時に、地方の視点からする神社統合・序列化に対する批判がみてとれよう。

二　「古来ノ自治村」イメージの浮上

以上のように、地方改良運動に対する批判的視座を確保しながら、一面ではそれを利用する形で谷中村の自治の「回復」を模索していた正造であったが、政府の手によって町村自治が破壊される様を一〇年以上にわたって見続けてきた正造の内面に、この時期急速に浮上してきた自治のイメージがある。それは、一九〇七年になって初めて出現した「古来ノ自治村」というイメージである。この年五月一〇日の「土地収用法適用につき訴願書」に、「谷中村ノ如キ古来ノ自治村」という表現が登場する（③四九七）。この「訴願書」は、さらに、「古来郷党熟和ノ好慣ヲ存セル団体及組合ノ公益」を破壊し、村人を四散させる当局の行為は「真ノ公益ニ非ズシテ却リテ大ナル公害」であると続いている（③四九七〜八）。また、同年の月日不詳の「覚書」にも、「古来ノ自治団体ノ人民ノ居住ハ自由ナリ。自由ノ自由ナリ」と述べられている（④三五）。

ここからは、非常に重要な思想が看取できる。「古来」を強調するようになったのは、村が国家によって形成されたものではないこと、国家形成以前に人々の手によってまさに自治的に形成されたものであることを言わんがためであった。そして、居住の自由も国家形成以前の権利であって、国家に与えられる権利ではなかった。さらに、自治こそが「公益」の源であり、それを破壊するのは「公害」に他ならないと断言して止まないのである。つまり、明治地方自治制という「人造法律」による「自治」村、すなわち「行政村」を相対化する視点を正造は獲得した。それは同時に、中央集権国家の相対化でもあった。

しかしながら、「古来」という言葉は、正造においてどのように使用されてきたのだろうか。そして、それは、何の修飾語として用いられていたのであろうか。そのような疑問を解明するために、いささか時期をさかのぼって見てみると、すでに、直訴状の原案とみられる「多年解決せられずして鉱毒地方非命に陥り死人の増加せるを以てこれに対する請願の目的の草案」（一九〇一年一二月）の中に、「破壊せる河身を復し天然の地勢に基き自然に背かず大古より居住せる人民相続の危険を救へよ」（③三）と、「大古より居住せる人民」という類似の表現が出ていることに気づく。そして、直訴後の一九〇二年頃に書かれたと思われる「請願の標準書」に、「其谷沢ハ利根江戸両川一帯ヲ分配シテ水陸無量ノ公益トナリ、之レガ為メ古来ノ住民一百数十ケ新町村ノ経営正ニ此天産ニ養ハル、モノトス」（③四〇）や、「古来ノ住民ガ自然ノ風土ヲ養ハン千数百年ニ渉リテ勤労ヲ加ヒテ関東八州ノ中央ニ五州ノ野ヲ茲ニ開拓セシ祖先ノ辛苦子孫ノ経営ヲ挙ゲテ誰カ一ケ人ノ左右スル処ニ任センヤ、……」（③四七）などというように出てくる。

このように、「古来」という言葉で歴史的厚みを強調されていたのは、一九〇一年から二年頃においては「住民」

であって、町村はむしろ「古来ノ住民」に対する「新町村」として対立的に捉えられていたことがわかる。それが、一九〇七年頃になると、「古来ノ住民」から「古来ノ自治村」へと変化していくのである。これは、「人ありてこそ村とは云ふ、人は貴きものなり」と一九〇四年一二月に述べていたことからもわかるように、初めに人ありき、人が集まって村を造った、そして長い歴史を経て村が集まって国を造った、というような正造の歴史観に対応している。まず、鉱毒で侵される生命の危機に対して、それを守るための「村」であり「自治」であることを強調していた正造は、谷中村が強制的に廃村に追い込まれるに及んで、今度は、国家よりも歴史的に古い「自治村」を強調するようになったものと考えられる。一面では、「町村」の擬人化を意味すると同時に、天然自然の絶対性の強調と軌を一にしていることにも留意したい。

このような「古来ノ自治村」イメージの浮上により、少なくとも二つの点で、正造の自治思想に重要な変化が見られるようになった。一つは、自治の単位として、従来は町村合併による大町村を良しとしていたのが、一〇〇戸前後の「字」程度の規模を理想とするようになったことである。それを証明する史料を、一九〇八年と一〇年の日記から引用してみる。「自治村大形人心区〻なり。一字ハ不幸なる年柄なるに、一字ハ年柄よくして遊興にふける。之れ等同情を離隔す」(⑪一一四)。「町村の事(町村)町村大ニ失せり。(略)之を小ニするニしかず。小の小なるもの群賢を容るゝニよし。民自ら平を得る」(⑪五六八)。

二つには、これも自由民権期から明治二〇年代にかけて理想としていた名望家支配の否定である。一九一二年一二月一日の日記に、「地主ニあらざるも、家主ニあらざるも、自治人民の自治権ハ住民より発動すべし」と書いている(⑬三六六)。正造はここで、「地主」に対する小作人や借地人、「家主」に対する借家人の立場に立ち、そうした人々こそ自治の中心的な担い手として住民自治を運営していかなければならないと述べる。「高持」や「有徳之者」を中心とした自治から、地位や財産にとらわれない平等な住民による自治へ。田中正造の自治思想は深化していった。[15]

三　町村自治の絶対的不可侵性

一九〇九年頃から、正造は、自治の絶対不可侵性をたびたび強調するようになる。まず、それを女子の貞操にたとえていることが注意を引く。「要は自治の本領にありて、之れ殆んど女子の操の如し。又庭内に咲ける梅花の如きか。自治は何人も其枝を折り取るを許さず」、というのである（⑱一三二）。

同じ時期に、正造は、「町村の安危は町村民の意見が即ち主権者なり」と言い切っている（⑱一一六）。そして、その後も、国や県の都合よりも町村住民の意志、すなわち住民の自決権がなによりも優先することを、くりかえし強調するようになる。同年一二月五日の「渡良瀬川改修とは何ぞや」と題する論稿には、「町村は町村の権利がある、自由がある。町村は別に町村自治の法律がありて一ケ人と同じ権利を有するので、地元村としてハ中々貴重の自治権があるから町村の死活は妄りな県会なそに左右されるものでない」（④三七二）と述べられている。さらに、一九一二年四月一九日付けの羽鳥大吉他宛書簡にも、「町村ハ町村自治権を公けの重き権利とせり。何者ニても之れニ立ち入るを許さず。（中略）町村を破る破らざるハ人民の心ニありて、政府ニハあらざるなり」（⑱六三〇）と記されていた。

このように、「広き憲法」の新造を主張するようになるのとちょうど同じ時期に、正造は、町村自治は「天来の已得権」としての絶対的なものであることを強調するようになる。

一九一二年一月の日記に、次のような記述が連続して見られる。

「嗚呼、獲得権の最大已得ハ沿岸町村自治ナリ。古来の歴史なり。国体保護憲法上ノ大権なり」（⑬一八）。

「〇国造りをなせし古来の居住、今の町村ハ天来の已得権なり。この已得権ハ已得国ニて、近年人造、今のよの人が造れる法律の已得権と同じからず。神の造りし天来ニして、無上最大の已得権なり。即ち今の国なり。之を破るハ国を破るなり」（⑬五八）。

ここにも、正造の考える国家形成過程が明白である。町村があつまって国を造ったのだから、町村自治は天賦のものであって、人造法律によって保障される権利などではない、という。それは、法律で侵すことのできない絶対的な「已得権」なのである、と。

このように、正造が「天来の已得権」としての町村自治を強調するようになるその背景には、自然（地形・地勢）の絶対性や天・神の絶対性が存在していた。町村を天や神が造ったという指摘は、あちこちでなされている。一九一一年の日記から二つ引用しておこう。

〇三百年のむかし人民の造れるものを、今人之を破るハよろしからず。村も堤も土地も皆数百年前人民のひらき拵へたるものなし〔り〕。人民ハ租税地を拵る、今人之れを荒亡ニす、よろしからず。三百年前、誰が人民ニ命じて村を造りしか。神の命ニあり、即ち神の造りしものなり。神の造りしものを人としてやぶるよろしからず。（⑫一〇三）

正造ハ、天地開闢のはじめより、地形の存在ハ自然の村造りとなりたるものなれバ、村ゝハ天の造くれるものなり、人為の妄りニ取捨すべきものニあらずと断言す。（⑫三四一）

そして、さらに町村は自然の地勢や地形に基づいて形成されたものであること、自然の地勢や地形が絶対的なものであり人為でそれを改変してはならないように、町村の自治も同様であることが、次のように明白に語られる。一九一二年三月二七日の「新川開さくは大罪の設計につき陳情書草稿」である。そこでは、「古来の村ゝを潰すハ易しと雖町村ハ数百年を経ざれバ町村を為さゞるものなり。造るハ難し」と指摘されたあとで、次のように述べられている。

○遊水池の入口として藤岡町の北方の高地に新川を開さくハ大罪の設計なり。鉱毒沈澱池ニ浸水の至便を図るのみ。治水ニ用なきを見られよ。地勢を見られよ。藤岡町ハ三毛山の山脈地なり。藤岡町の山脈と及海老瀬村の山脈とハ二里余の長蛇形ニして北より南ニ到る。此地勢や渡良せ川及利根川の波及氾濫を予防す。此地勢ハ自然なり。太古開闢のはじめ土人来り此山脈の蔭げニ居る。土肥へて水利ありけれバ人集りて、後ち数百年をへて村々を為せり。之れ地勢ニよれる今の村々安全の地位とす。一赤麻、二部屋、三生井、四野木、五谷中、六藤岡町の東部面、右六ヶハ栃木けん、尚茨城古河町地の西部新田、中田今の新郷村、埼玉けん川辺村、利島村の四ヶ所合十ヶ町村ハ三毛山の山脈の蔭げニて、西南より到る水害さけたる居住の地なり。然るに今もし藤岡町の北部ニ於て高さ三丈余の高地を掘割、神の造れる此天形を破れバ、此天形を楯とせる右十ヶ町村ハ居住安全の要塞を破るものなり。此害をうけて此町村の滅亡は眼前なり。(⑤一五五)

まさに、村は「山により、川による」ものであった。だから、「町村ハ千差万別一様ならず」(⑫三〇六)というように、地勢が異なれば、町村の個性も異なってくるのである。

四 「公共協力相愛の生活」へ

以上のような正造の自治思想の一つの到達点を、私たちは、「公共協力相愛の生活」という表現に見て取ることができるだろう。

もともと正造のいう自治とは、「自治の本体、奴隷となる勿れ」(⑩三七三)という言葉が表現しているように、他に対する依頼心を排除した自主独立の気象にあふれた個人を基礎としていた。そして、「他愛心」や「共同ノ心」、「公共心」、「同情心」、「惻隠ノ心」などをとても重視していた。それが、一九一〇年ころより、自治を一つの「家庭」や「一家団欒」に喩えることが多くなるのである。その、もっとも早い事例は、一九一〇年五月の日記の「〇町

村道徳のみ　自治ハ一家の家庭なり」（⑪四一〇）という記載であろう。

一九一二年に書かれた、「自治村に村価なるものあり谷中村の村価幾千にして之より生ずる人民所有の土地および物件の価格につき審査会は正当の標準を定めたるべし　其正しき標準および政治上被告の答弁を求めん」という非常に長い題の意見書の中にも、「古来の一村ハ自然一家団欒の姿あり。之を一時ニ流離せしめば気候ニモ生活ニモ損害の多きハ勿論なり」（⑤二七九）と述べられている。

ここでいう「家庭」とは、「たかだか二百年、大衆レベルではわずかに百年から六十年の歴史しかもっていない」「母性愛あふれる母、母を慕う子、母子を毅然と統率する父」という形でイメージされる「情緒的共同体」としての「近代家族」をほうふつさせる。[16]

正造がこのような家庭観を持つにいたったのは、彼の交友関係を考えると、巖本善治の「ホーム」論、「夫婦相思の愛」を基本とする「人生最大の楽場所」としての「ホーム」という考え方に影響されたとも考えられる。だが、それよりも、私たちは、一八七四年の「家政の憲法」自体が、平等な構成員よりなる家庭を理想としていたことに着目すべきであろう。巖本の「ホーム論」に影響されるところがあったにしても、その根底には幕末維新期からの平等思想が流れていた。それも「自然」にそのような家庭であることを、正造は強調するのである。もっとも、実生活ではほとんど家庭生活らしきものを楽しむことがかなわなかったが故に、逆にそういった家庭像を理想としたのかもしれない。そして、そういった家庭に自治をたとえているのである。

それをまとめて表現したものが、冒頭に紹介した「公共協力相愛の生活」であった。一九一一年八月一七日の日記の一節を引用してみよう。

〇共同公共協力の生活を為すものあり。之を孤立の人〻に比せバ、中〻有力なる事のたとへハ、谷中堤内三百八十戸ありと仮定し、各自宅地ニ樹木竹林を有して風波よけとせり。以て相互に風波少なかりし。谷中虐待ハ悉く之を伐り払への後ちハ、一千町の里距ニ渉りて空ミ漠ミの広野となり、僅ニ憲法擁護民のみ十六戸残存せるに、風浪已前ニ幾倍せり。之れ公共協力相愛の生活を破られて然るなり。団体の重要なる、人類生存の道ニ於て最大の経済なり。自治ハ此何百戸何千人を以て町村組織せるものなり。誠ニ国家の団体なり。社会家庭の根本なり。之れの組織を造るハ数百年をへて成れり。而も之れを破るハ一朝のみ。故ニ破るハ事業ニあらず。（⑫三九一～二）

この日記がかかれた一九一一年八月には、「公共相愛」という言葉が頻出している。それほどこの言葉が気に入っていたものとみえる。そして、一九一三年二月四日付けの川島要次郎他宛書簡にも、次のように表現されている。

○夫れ夜る行くもの一人より二人よろしで、たとへ心ニハかわりなくとも、寂敷ハ二人より一人ハさびしく候。共同共和の力ら、一村の自治、共同団の力らより生ずる公益ハ甲乙丙丁の中ニ発生するで《(ママ)》、一人でハ幸へも少きなり。共同心の公益実ニ貴重ニ候得バ申上るまでもなけれど、……（⑲一三二）

しかしながら、近代日本の地方自治論議は、いつの時期もほぼ共通して、自治＝「一家団欒」が強調されてきたという特色がある。そして、正造がこのような自治思想を確立しつつあった時期、つまり地方改良運動の中では、ひときわ「家族主義」が強調され、また「公共心」や「共同心」の喚起がなされていた。

たとえば、元内務官僚で学習院教授の清水澄は、「市町村の自治といふものは唯だ規律とか法律とかに依つて本義を求むべきものではない。恰かも一家の団欒に於ける如く、市町村の同胞が克く相和合して、部落全体の幸福を図るといふのが自治の主眼である」と述べていた。[17] また、横井時敬は、こうした地方改良運動に割合に批判的であった人物であるが、彼も、一九一四年に刊行した『農村改造論』の中で、次のように述べている。「官僚者流の「大農村論」

に反対して、自治体は成るべく小さいのが可いと云ふのが吾人の持論である。……役場の人達は、よく、町村民の顔を知り、気だてを知り、平素の行状を知り、而してよく親しみのある関係を結ぶことが出来る程度の範囲に於いて、町村民は夫れ夫れ一家族であると云ふ様な感じを懐き得る程の範囲に於いて、町村を形づくらせたい。斯くすれば、自分の町村を愛するの至情も自から起こらざるを得ない。真の自治の精神が、斯かる小さな町村に於いて出現する、活躍するものである」[18]。

このように、町村自治の理想形態を「家族」あるいは「家庭」にたとえることは、地方改良運動のイデオローグであれ、それに批判的な立場であれ、見事に共通していた。

また、「共同心」や「公共心」に関しても、地方改良運動のイデオローグであった内務官僚の井上友一や農政家・農民教育家の山崎延吉などは、次のように述べていた。

まず、井上は、「自治の訓育」には、「公共心の養成」と「共同心の養成」との二つがあり、「公共心と共同心との盛であるとないとに依って（町村）自治の事が能く行ったり悪くなったりするのであります。標準がそこにあるのでありますます。それであるから、根本義としては此二つの精神を養成するより外ないのであります」と述べている。

山崎も、一九〇九年頃に、内務省のいう三つの土台（奉公の精神、共同の精神、自助の精神）をあげ、別の言葉で、「村風と云ふものが出来なければならぬ。此風と云ふものに付ては私は三つの精神と云ふものが必要であらうと思ふ。是は自治体の本領として申上げました公共心・共同心・自助心、是は村の主義、村の思想、村の信仰でなければならぬ。お上のことは第一にする。私のことは跡にする。公けのことだから大に励む。是は斯様に自分を利益するから共同する。さうして銘々自分の力のあらん限り自分のことに励むと云ふ精神があって出来たる農村でなければ此村落が立派に出来ない」[19]、と。

正造の主張するところとあまりにも似通っていることに驚くことであろう。しかし、それら地方改良運動のイデオローグの地方自治論と正造のそれが決定的に異なっているのは、まず、自治を「家族主義」あるいは「家庭」的関係と位置づけるにしても、イデオローグたちのそれは、地主小作関係を前提にし、地主を親に、小作人を子に喩えるような地主的温情主義を「家庭」的関係と見なしていたのに、正造の場合は、そうした地主小作関係を前提にせず、むしろ小作人の立場にたって平等な住民としての自治を構想していたことである。そして、井上や山崎が強調する「公共心」「共同心」は、「命を捨てて国に尽す」とか「お上のことは第一にする」とかいうように、あくまで国家のための「公共心」「共同心」の発揮が期待されていたのに対して、正造は、「国家のため」ということ自体から疑ってかかり、政府のいう「公益」が「公害」に他ならないことを看破し、国家に収斂されない「公共心」「共同心」を強調していた点で、決定的に異なっているのである。正造の自治思想は、国家の自治に対する支配介入を否定し、「公共協力相愛の生活」を送る町村住民がまさに主権者として、自分たちの運命を自分たちで決定していくことに他ならなかった。

こうして、正造は、「町村自治の外、日本を守るものなし」と断言するに至った（⑫三〇六）。インドやオーストラリアなど、「各移民地も自治ニ進ミツヽあり。日本内地自治ヲ破リツヽアリ。内地ハ占領時代」（⑪一三二）というのである。政府の手によって、町村が占領されている。自治が破壊されている。日本を再生させるためには、町村自治を本来のあるべき姿に復活させるしか外に手だてはない、というのである。いったい、帝国主義国家として離陸しはじめた当時、こうした日本認識をもちえた人物が他にあっただろうか。

正造は、「小さい政治」を理想とするようになった。「小さい政治」こそ、人々にとって身近なものであり、「人民の希望ニ従ふ」ことができると考えたのである（⑫三〇六）。林竹二が、「人民が明治国家に奪われてしまった自治をとりかえす以外に、半面国家日本を全面国家にする道はない[20]」と評したように、正造は、「小さい政治」である地域自治の復活=創造なしに日本の未来はありえないと考えたのである。

自治思想は、正造の理想国家像の中軸であるばかりでなく、正造の思想の背骨でもあった。

小括

「谷中学」の転回は、田中正造の憲法観にも新局面をもたらした。

これまでも、正造が「憲法の精神」というとき、その意味しているものは、大日本帝国憲法の個々の条文ではなくして、「自然法的な憲法」の精神をさしていた。そして、帝国憲法の精神もまた「宇宙間」の憲法に合致しているものと考え、憲法を拠とするたたかいを継続してきたのである。しかし、一九一二年の段階で、正造は「広き憲法」の「新造」をいうようになる。このことは、もはやそれまでと同じ「憲法の精神」の重視といったレベルを超える内実をもっていたと考えられる。

私は、正造は、帝国憲法を「憲法の精神」で理解することに決定的な限界を感じ取ったがゆえに、「広き憲法」の「新造」を言い出したのだ、と考える。実定法としての憲法も、「天地間」の「正理」を条文化したものでなければ、結局、貧窮民の人権を守り抜くことはできないのだ、と悟ったのではないかと思うのである。それが、「国家社会」の「新設」のみならず、憲法の「新造」まで唱えるようになった正造の真意ではなかったろうか。

晩年における田中正造の思想の革命的変化は、憲法観だけではなく、天皇観においても、民主主義思想においても、さらには自治思想においても見られる。それは、正造が、現実の「国家」を限りなく相対化しえたからこそ顕在化した変化であった。

まず、明確な天皇批判がはじめて登場した。谷中という現場にたち、苦闘を重ねる中で、正造は、「日本陛下が日本臣民を遇する尚交戦中の敵国ニ対すると毛も区別なし」といいきった。天皇批判がそれだけ孤立して出てきたのであれば、さほど重要視するに価しないかもしれない。しかし、天皇制をささえる「忠君愛国」の「忠」にしても、「大和魂」にしても、さらには天皇制的パターナリズムの象徴ともいうべき済生会設立に対しても、鋭い批判が見られるのである。そうした批判が、「一君万民」の「国体」の実現を願う見地から発せられたものであるとは、私にはどうしても読むことができない。

　そして、正造の民主主義思想は、政治的なレベルを越えて、民主主義を支える国民一人ひとりの心性のありようの問題にまで到達した。正造は、日常の中で見聞したささいな出来事の中に、日本に民主主義が根づきにくい要因を敏感にかぎ取っている。それは、何でも上から、という気風であり、権力の前に心がくじけてしまう卑屈心であり、権威によりかかろうとする依頼心であったりした。これでは、自主独立のつよい心をもった人間相互の平等な関係など作りようがない、と正造は痛感したのである。

　だからこそ正造は、自治の回復実現に大きな期待をかけていったのである。町村の運命を決定するのは政府ではない、町村民なのだ、なぜなら町村は国家が形成される以前に既に存在していたものだから、町村自治は国家の人造法律によって作られたものではない、それは絶対的な已得権なのだ。そう正造は主張するにいたったのである。

　私たちは、田中正造が他の何にもまして自治を重視していたことを、その生涯を一貫する特徴であると知っている。林竹二がいうように、「昔話」執筆によってよみがえり、谷中村に入って重視されるようになったものではない。その意味で、正造は、まぎれもなく「自治」の思想家であった。だから、私たちが注目しなければならないのは、正造の生涯における自治思想の変遷なのである。そういった視点から見たとき、この時期に、正造が、従来よしとしていた名望家中心の自治を否定し、規模の大きな町村も否定するようになったことの意味は大きい。まさに、自治こそ、正造の理想とする国家構想の核心をなすものなのであった。

注

（1）正造は、この「怪談」を、おそらくは河井重蔵から聞いたものと推測できる。河井の住む静岡県小笠郡南郷村では、この時期、御料林の払い下げ運動が進められており、村長の名による請願「御料地下付願」が、明治三八年一月の第二一議会に提出されてから、二二、二三、二六、二七議会と連続して出されている（林業発達史調査会「明治・大正期林業関係法案・建議案・質問・請願文書目録」『林業発達史資料』第三〇号、一九五五年九月）。

（2）「ほたるめし」、もしくは「蛍粥」とは、青葉や摘み草の中に玄米を少々いれて炊いた粥のことである。正造は、大出に、引用書簡の直後の四月一六日に書いた書簡で、「小生今ハ足利町附近の貧民草食及ほたる飯しの調べニ付出没中ニ候」と記している（⑯一七八）。また、やや時期は下るが、一九〇八年一二月一五日の逸見斧吉・菊枝夫妻に宛てた書簡では、谷中に猟にきた人が連れている猟犬の朝飯が「玉子と飯」であったのをみて、谷中残留民の悲惨な生活を思いやっている。人間よりも、猪や鹿、犬が大切にされる社会への正造の痛哭が聞こえてきそうである。

（3）第一部第二章ですでに指摘したように、正造が、一九〇七年一一月の『日本及日本人』天長節特集号に寄せた「好める史的人物」の中で、孟子の放伐思想を引用していることは、天皇に対する批判の気持ちを込めたものと解釈することも可能である。

（4）ただし、前述の引用文は、「然れども君もし臣ニ忠ならざれバ如何。君、君たらざるも臣ハ臣たるの道を以てすべし。之れ君臣の人道の大礼なり」と続く。このように、一面では原理的には君臣の関係が双務的なものであることを確認したり、「放伐」思想の正当性を認めたりしつつも、実際問題としては君臣上下の秩序の維持をよしとしているのが、正造の天皇観のありのままの姿であった。

（5）正造の済生会観に関する私の解釈に批判的なのが、佐藤裕史である。佐藤は、「田中正造における政治と宗教（三・完）」（『法学』六一巻五号、一九九七年一二月）の中で、次のように述べている。「全体を通して読むならば、この記述の意味が、天皇批判にではなく、「仁ニシテ実際ニ適当ノ施行」をせずに「現在流行の狭きヤリ方」によって、谷中での経験同様に、せっかくの恩賜金を「窮民撲滅ノ費」「吏俗の弁当代」に化してしまうかもしれない政府当局への危惧にあることが、明らかであろう。／このように、田中正造の、一見したところ天皇を批判するような言辞は、天皇の名のもとに政治を行う政府に対する批判を意味すると思われる」（二三〇頁）。こうした佐藤の解釈は、序論でもふれたように、正造が「一君万民」の「国体」の実現を希求していたとする佐藤の天皇観理解によっている。私は、直訴までの正造にそうした傾きが見られることは否定しないが、直訴後には天皇観も大きく変わっていくという理解に立っている。この点で佐藤の解釈には賛成できない。

（6）鵜崎鷺城（熊吉）『犬養毅伝』誠文堂、一九三二年、四八頁。

（7）葛生能久『東亜先覚志士記伝』中、黒龍会、一九三五年、四六六頁。

（8）正造が、その後も中国革命の行方に関心を抱いていたことは、一九一三年二月一四日の日記に、「○大正二年二月十四日、孫逸仙氏来る。歓迎非常滔天氏務む」（⑬三六八）と出ていることに窺える。おそらく、宮崎滔天から、孫文の人となりについても聞いていたであろうが、実際に孫文に会ったかどうかは確認できない。

（9）天皇制イデオロギーを浸透させる小道具の一つとして、歌会始や「御製」など和歌の重要性がしばしば指摘される。正造も和歌の愛好者であり（といっても狂歌に近いものがたくさんあるが）、正月には毎年のように「天皇の御製」を書きとめ、それにちなんだ歌を作ったりしている。一九一二年一月五日のはがきには、「本年陛下の御題ハ（松上の鶴）」として、「松の上に鶴のあまハ真赤なり、我髭白しみよの初春」と記して、島田榮蔵らに送っている。晩年においてもそうであったことを考えれば、正造の明治天皇に対する親近感は一貫していたということもできる。

（10）正造は、生涯、何度か憲法第三条をもじった表現を行っている。まず、「昔話」に出てくる父の存在であり、第二にこの人民であり、そして第三に一九一二年四月二日に述べられる山岳山河の神聖さであった。また、注目すべきは、新井奥邃も正造と同様の考えを表明していたことである。播本秀史「新井奥邃と教育問題」の指摘を引用してみよう。「彼には人間平等という考え方もあります。たとえば当時の「大日本帝国憲法」第三条に、「天皇は神聖にして侵すべからず」というのがありますけれども、そのことについてある人が奥邃に問うたときに、「人間神聖にして侵すべからずというのは、なにも天皇だけではない。人間すべてが神聖にして侵すべからざるものである」ということを話しております」（新井奥邃先生記念会監『知られざるいのちの思想家―新井奥邃を読みとく』春風社、二〇〇〇年一月、二二頁）。なお、このことは、『奥邃廣録』第四巻、五〇二頁に述べられている。

（11）この日の裁判は延期したことになっていると正造は述べている。正造は、和解勧告を決めた第九回公判に出席しなかった。

（12）この点に関しても、佐藤は、前掲論文の中で、正造の大日本帝国憲法に対する批判は、「従来の帝国憲法観を全面的に放棄し、帝国憲法を否定したことを意味するわけではない」、それは単なる「修正」にすぎなかった。「田中正造は、帝国憲法の「形」と「精神」とを区別することによって、帝国憲法にたとえ限界があっても、それは「形」の問題であり、「精神」は神や人道そして聖書を離れるものではないと考えた」と述べている（二二八～九頁）。たしかに、正造は、憲法の「形」よりも「精神」を一貫して重視してきた。しかし、この段階に至って、正造は、私が考察したように、帝国憲法の「精神」に関しても、その実現を妨げている社会状況の存在を発見したことから、「形」と「精神」の両面にわたってその限界を痛感するようになったと考えられる。それが、「只惜む、日本憲法ハ日本的天則ニ出しなり、宇宙の天則より出でたるニハあらざるなり」という一文に集約的に表現されているのである。

佐藤の研究は、正造の思想の分析としては鋭いものを持ちつつも、史料的方法論を欠いていることや、歴史的分脈に即した分析になっていないこと、つまり思想史的分析が弱い点で、おおきな限界を有している。

(13) この「博士」が誰であるかの確認はできていない。

(14) なぜ、一九〇七年の七月から八月にかけて、まとまった形で朝鮮に関する言及が見られるのか。それは、この年六月に発生したいわゆるハーグ密使事件をめぐり、七月三日に伊藤博文韓国統監が韓国皇帝の責任を追及し、一九日にその責任をとる形で皇帝が譲位の詔勅を発表、二四日には最後のだめを押すかのように第三次日韓協約が調印されるというように、韓国情勢をめぐる激動の時期であったからであろう。正造は、かなりの関心をもって、新聞報道等を通じて韓国情勢に接していたものと思われる。

(15) 花崎皋平は、「田中正造の思想」(下) の中で、「地主小作制度への明示的批判がみられない」と指摘している (三四三頁) が、どうであろうか。一九一二年八月二九日の日記に、「〇又某曰く、近来小作人同盟ヒ行〔罷業〕起りて地主ハ弱ります。正造之を聞へて竊ニ欽然たり」と出ている (⑬三一八)。ここからは、「地主小作制度」への批判が明瞭に読みとれるのではなかろうか。

(16) 落合恵美子『近代家族とフェミニズム』勁草書房、一九八九年、七頁。

(17)「自治行政の本質」『斯民』第二編第五号、一九〇七年。

(18)『横井博士全集』第四巻所収、一六〇〜一頁。

(19) 以上、宮地正人『日露戦後政治史の研究』より重引、東大出版会、一九八二年、七六〜七頁

(20) 林前掲書、二三一頁。

第三章　自然と宗教

第一節　「水」の思想

一　正造の治水論

田中正造の晩年の思想的特徴の一つに水の思想があげられることは、由井正臣『田中正造』などをはじめ、しばしば指摘されるところである。

正造が水に注目するようになったのは、いうまでもなく、足尾鉱毒事件を契機としている。足尾鉱毒問題とは、渡良瀬川の水汚染の問題であり、土地や作物、人体への被害も（洪）水が媒介していたからである。直訴前よりその萌芽はみられるが、とりわけ一九〇二年ごろより、「水ヲ清メヨ」という言葉が、頻繁に使われるようになる。たとえば、「水ヲ清メ天産ヲ復シ優美幽邃ノ水質ヨリ享クル利益ヲ旧ニ復セン」（③三〇）や、「水ヲ清メヨ　人ヲ殺スナカレノ二言ハ　小児ニ至ルマデ毎戸毎朝毎夕御祈願ノ事」（⑮四九〇）、というように。

しかし、水の汚染への着目は、単にスローガン的な「水ヲ清メヨ」という表現を生み出しただけではない。たとえば、一九〇二年七月二九日の「足尾銅山鉱業停止請願書」には、全部で一〇項目の「天産公共ノ利益」があげられており、その「第二、水質ニ付」では、「古来ハ水質佳良ニシテ飲料及ビ染色織物等多大ノ公益ヲ享有セシモノ今悉ク害サレテ結局其用ヲ供スルヲ得ズ」と説明されている（③五九）。その他、漁業にしても農業にしても、渡良瀬川流域の住民たちは、川から多大の恩恵を受けてきた。正造のこの文章は、そういった川と人間との長い長いつきあいの歴史を見すえて書かれている。すなわち、鉱毒問題とは、こうした昔からの川と人間の関係そのものを断ち切ることでもあった。

直訴後に、自然と人間との関係についての省察を深めていた正造の前に、遊水池問題が登場してきた。先述したように、谷中村遊水池化案は、鉱毒問題を治水問題へとすりかえて、強引に最終的決着をつけてしまおうという性格のものであった。そのため、正造は、鉱毒問題の利根川改修工事へのすりかえを批判し、その根本的解決のためには元を断つこと、すなわち足尾銅山の操業停止しかないことを主張しつつも、その一方で、治水策としてみた場合でも利根川改修計画が「正理」ではないことを論証するという、いわば両面作戦をとるようなかたちで、徐々に治水論にのめり込んでいった。

一九〇七年八月二五日、仮小屋の中の残留民を渡良瀬川の洪水が襲った。正造は、この洪水は、天然を「逆用」した「学芸進歩の結果」の「人造洪水」であり、「文明の大弊」であると評したが⑰一三九)、その結果、あらたに渡良瀬川河身改修工事計画が持ち上がり、一九一〇年から実施されることになった。

工事の内容は、渡良瀬川上流部の旗川、才川などに逆流防止のための逆水門を設置すること、藤岡新水路を開削して下流部の河身をつけかえ、赤麻沼に直接渡良瀬川の水を流し、遊水池の周囲に堤防を築くこと、などであった。下流部の犠牲の上に上流部を救おうという性格も露骨なこの改修計画が発表されてから、渡良瀬川上流域と下流域との利害対立が顕著になり、住民は互いに反目しあうようになり、遊水池化反対運動はさらに困難になっていった。

正造は、この工事計画をも、ただ批判するだけではなく、自然と人間との関係の深い省察にもとづく独自の治水論に裏づけられた「根本的治水策」を提示することで、その欺瞞性を明らかにしようとした。いわば、政府が投げてきたボールを受けとめ、治水論には治水論をもって対峙しようとしたのである。

それでは、この時期に様々に述べられた正造の治水論の特色のいくつかを、箇条書風にまとめてみよう。

①　正造は、激化する一方の水害を、自然災害ではなく「人造洪水」であるとみていた。

②　治水は、「西洋式」ではなく、「日本ノ地形風土ニヨレル治水」でなければならないと考えていた（⑤二〇一）。「天然ニ背き、明治政府ハ更ニ西洋式なりとて河川を造為す」（⑬三八）、と。

③　「西洋式」の治水とは、利根川改修工事に代表される治水工事のことをいい、その根底をなす堤防万能主義を戒めていた。

たとえば、一九〇八年八月九日付けの逸見斧吉宛書簡に、「日本河川の自然ニ背ける堤防ニ付てハ、又非常の罪悪と不経済の極度ニより尓後の革命を要せん。而も考案未だ熟せずといゝども、竊ニ思ふ、日本全国中過半の堤防ハすべて皆有害なり、無益なり、とみとめました」（⑰四〇四）と述べている。また、一九一〇年一一月八日の日記でも、次のように指摘している。「むかしハ水害浅く、堤ミ低くして深く憂へとするに足らざれバなり。後ち河川法又改めりで、築堤学進んで堤防高くなり、一朝の破堤、水害むかしニ数倍す。（中略）妄りニ新川をほり山をキリ、流水を左右せんとせバ、一ツの利を見て百の災害ニ及ぶものなるなり。治水ハ歴史的変化を鑑ミざるべからず」（⑪五三四～五）。前者では「考案未だ熟せず」と断定を避けているが、後者からは、河川法の成立（一八九六年）を画期に日本の築堤法の変化と水害の激化をみていることがわかる。

④　そのうえで、正造は、伝統的な「水系一貫の思想」にもとづく低水法をよしとしていた。

「水系一貫の思想」とは、山から海まで、上流から下流までを有機的一体のものとして把握し、治水のみならず治山をも重視する思想である。[1]正造は、「山林濫伐は国家の自殺なり」と述べるほど、水源涵養を重視していた（⑫二三六）。また、低水法とは、河川改修を行って河身を直線化し、あわせて両岸を高い堤防で囲み、水を一刻も早く海へ流してしまおうとする高水法に対し、川（水）の自然力を信頼して蛇行させながら水の力を弱め、ある程度以上の洪水は越流させることを前提に自然の遊水池機能を持った土地を住宅地などとして開発せずに残しておく、という方法であった。

⑤　以上のような主張の根底には、「治水とは流水を治むると云ふにはあ〔ら〕ず、水理を治むるを云へる也」（⑤八七）というように、「水理」＝水の「性」に対する深い洞察と川の自然力、流量調整機能に対する信頼があった。

たとえば、一九一一年八月三〇日の日記に、次のようにある。「古への治水ハ地勢ニよる、……然るに今の治水ハ之に反し、恰も条木〔定規〕を以経の筋を引く如し。山ニも岡ニも頓着なく、地勢も天然も度外視して、真直ニ直角ニ造る。之れ造るなり、即ち治水を造るなり。／治水ハ造るものニあらず」（⑫四二九）、と。

ここで、一九一二年一月二六日の「日記」に描かれた「山」と「川」という字の字解をみてもらいたい（次頁参照）。つまり、「山」は水をためて少しずつ流すから「山」、「川」はせき止めたり溜たりしないでそのまま流すから「川」だ、というのである。この絵の下に、正造は、「此字天地ノ理ニ適せり。現今ノ治水家、此字ノ理ヲシルモノ稀レナリ」（⑬六五）と記している。

今、正造の治水論の原則を、大要五つにまとめてみたが、こうした原則からする正造の「根本的治水策」とは、きわめて単純明快なものであった。すなわち、「水量の増進に先きんぜんとする愚をやめて、水量の減退を計ること之れなり。換言すれば水源の涵養と水流の停滞を助くるものを一掃すること之れなり」（④二五）。「水量の増進に先んぜんとする愚」とは、洪水時の高水量を上回る高さの堤防を造ろうとする姿勢のことで、結局は、増大する一方の水量と堤防の高さとの〝いたちごっこ〟になってしまうことを指摘したものと考えられる。

その上で、具体的に利根・渡良瀬の両河川の治水策として正造が指摘していたのは、主要には次の三つである。第一に、関宿の江戸川流頭に設けられた流入量制限のための「棒出し」を撤去することであった。前述したように、それまで「棒出し」間の幅が二六～三〇間あったのが、一八九八年に、東京への鉱毒水の流入を抑える目的で、政府が幅九間強に狭めたという経緯があった。第二には、栗橋鉄橋の左右を切り拡げ水の停滞を防ぐことであった。この点もかなり前から問題になっており、現に、東北線の栗橋鉄橋が利根川の水流を阻んでおり、それが洪水の原因になり

かねないと危惧した地元住民が、行政側に何らかの対策を講じるよう要請していたことは、一八八六年七月二五日の『郵便報知新聞』の記事に明らかである。[2] そして第三には、水源地の山林を涵養することであり、こうした三方針は、谷中入村直後から一貫したものであった。この三つさえ実施すれば、谷中村を潰して広大な遊水池を作る必要も、渡良瀬川の河身をつけかえる必要も、利根川改修工事に膨大な費用をかける必要もないというのが正造の力説したところであった。[3]

二　治水論の歴史的位相

それでは、次に、一でまとめた正造の治水論の歴史的位置づけをこころみてみたい。

近代日本の歴史をふりかえってみると、川の姿は、いくたびか大きな変貌をとげてきた。富山和子によれば、その最大の転換点は、一八九六年（明治二九）の河川法の制定に求められるという。くしくも、前項でふれた正造の考えと一致しているが、富山は、この変化を、「治水の革命」と形容しているほどである。それは、〈洪水を「なだめる」方式〉から〈洪水を「押し込める」方式〉への変化、つまり低水工事から高水工事への変化であった。[4] 明治三〇年代は、日本全国で、大量輸送・交通手段の主役の座を、河川が鉄道に徐々に譲り渡していきつつあった時期でもある。そのことも、高水工事の採用に拍車をかけたであろうと思われる。

高水工事のメリットは、何よりも土地の高度利用と安定した収穫を可能にする点にあった。これは、寄生地主制の成立にともなう広範な地主層の強い要求でもあった。さらに富山は、政府の予算的措置がそれに輪をかけたと推測している。つまり、河川法が制定される以前の高水工事の費用は府県が負担しなければならなかったのに対し、河川法に認定された河川の高水工事は、その全額もしくは大部分が国庫負担になったのである。

しかし、メリットはデメリットと裏腹の関係にあった。高い堤防に守られ、土地の高度利用＝「開発」が進行していくと、ちょっとした雨でも上流域の水が集まりすぎ（「走りすぎ」）、中下流域の氾濫が頻繁に起こるようになり、そのたび毎に計画高水量の見直しと改訂工事が必要になる。その代表がやはり利根川で、一八九六年、一九一〇年、一九二六年、一九四七年と、より規模の大きな水害が発生したのに応じて改修工事に改訂が加えられていき、財政的負担もさらに膨れ上がっていったのである。

もう一つのデメリットは、正造も指摘しているように、洪水を前提にして徐々にあふれさせる方法をとっていた低水工事に比べ、洪水を堤防の中に「押し込めよう」とする高水工事が採用されるようになると、堤防が水の勢いを支えきれなくなったときには、それが一挙に破壊され、大変な惨事をもたらすことが多くなったことである。富山によれば、低水工事時代の一八七三年から八四年までの年平均被害額が四一五万九〇〇〇円であったのに対し、高水工事への移行期である一八八五年から九六年までは二八八六万一〇〇〇円、高水工事全盛となった一八九七年から一九一一年までは、三四四〇万九〇〇〇円と試算されている。人的物的被害が、それ以前とは比較にならぬほど激増したのである。(5)

正造が批判した一九〇〇年からはじまる利根川改修工事は、そうした高水工事の代表的なものであった。高橋裕『国土の変貌と水害』（岩波新書、一九七一年）によれば、一九〇〇年から一九三〇年までの工事に従事した人数は延べ四〇〇〇万人、堤防の総延長一八六キロ、掘削・浚渫したり堤防に使用した土砂の量は、あわせて二億二〇〇〇万立方メートルで、パナマ運河工事の土砂量（一億八〇〇〇万立方メートル）よりも多かったとされている。これほどの改修工事を実行しても、結局、利根川の水を治めることはできなかったわけである。

先に、私は、正造の主張する具体的な「根本的解決策」として、関宿の「棒出し」の撤去以下三つの方針を指摘した。しかし、正造にしてみれば、実は、これらの方策も「止ヲ得ザル窮策」にすぎなかった（④一八六）。正造が「第一策」と考えていたのは、利根川を埼玉県葛和田の辺りより南下させ、隅田川に流下させることであった。つまり、利根川を一五世紀以前の古来の姿に戻すことである。だが、谷中村買収に反対し、買収に応じて移住していく村人たちの行末を「古来住慣れた土地所有地を捨てゝ他ニ移る農民の困難ハイカニ悲惨でアロー」と心から案じ、移住民の後姿を見送りながら涙をポロポロこぼしていた正造のことである。「現在住民ノ移転苦痛ノ堪ヘ難キ」ことに思いをいたすと、「第一策」の実現は困難であり、「姑息ノ手段」ではあるが「第二策」を採用するしかないと主張する。この「第二策」が、江戸川を通して東京湾に流す方法であった。江戸川は、一八世紀末まで「利根川」と呼びならわされていた。このように、正造の利根川治水に関する基本的考えは、自然の勾配差を利用した利根川南流論・江戸川主流論であった。(6)

しかしながら、今日の私たちには、正造の「根本的治水策」を実行していれば、本当に洪水をおさめることができたのかどうか、検証確認するすべがない。なぜなら、正造の治水策は、当然のことながら実行に移されなかったからである。残された方法は、当時において、正造のような利根川南流論・江戸川主流論を主張していた人が他にもいたのかどうかを検討し、正造の主張が決して孤立したものではなく、それなりに広い支持基盤を持っていたことを明らかにすることであろう。この点で、大熊孝『利根川治水の変遷と水害』は、私が本章をまとめるにあたってたくさんのものを教えられた労作であるが、大熊が指摘するところによれば、利根川南流論・江戸川主流論は、明治以来、戦後にいたるまで一貫して存在していた。

明治初年に日本の河川の治水工事を計画担当したのは、いわゆる「お雇い外国人」のリンドウ、デレーケらオランダ人技師たちであった。その中心的存在であったリンドウは、「日本の治水の説　第一　江戸川」(一八七三年三月)で、勾配差に着目して江戸川主流を本とする主張を展開し、江戸川流頭に設置された「棒出し」を批判していた。また、一九〇八年に『利根川治水考』をまとめた根岸門蔵は、一九〇六年二月に貴衆両院に提出した「江戸川浚渫工事ニ関スル請願」などで、はじめて江戸川主流論を主張したとされている。その根拠も、自然の勾配差に求められていた。

根岸の著作に遅れること二年、碩学吉田東伍が『利根川治水論考』を発表した。(7)この中で吉田は、利根川と渡良瀬川の分離案を主張し、江戸川を拡大すれば遊水池の必要はなくなると指摘している。正造もこの著作を読み、「その所説を同じうするところから益々自信を得」たとは、『余録』上（二九九頁）が記すところである。(8)

さらに、大熊は、戦後に唱えられた千葉市の医師武本為訓の古利根再興論や、元農商務省の君塚貢の江戸川主流論などにもふれ、自然の地勢にもとづく勾配差に着目した利根川南流論・江戸川主流論が、大規模な洪水の被害があるたび毎に繰り返し主張されてきたことを指摘している。しかるに、なぜ、こうした主張が顧みられなかったのか。大熊によれば、その最大の理由は、鉱毒問題ではなかったかという。鉱毒を含んだ水の江戸川流入を阻止するという大前提が、江戸川流頭の「棒出し」の強化を必然化し、その結果、利根川の逆流水を調節するための渡良瀬遊水池が必要になったのだ、と大熊は推測している。

このようにみてくると、正造の江戸川主流論は、当時にあって、決して孤立した主張ではなかったことがわかる。しかもそれは、勾配差という自然の地勢と、水は低きに流れるものという水の性質を尊重した、その意味では「理」にかなった主張であった。そして、こうした主張を根拠に唱えられた正造の治水策＝低水法は、中国古代の孟子、日本では武田信玄や加藤清正、さらには山鹿素行など以来の伝統的な治水法であったばかりでなく、科学技術を駆使して人間が自然を征服できるものとみなし、その結果さらに大なる災害を誘発してきた「近代」の科学技術万能視への批判も含まれていた。いうなれば、自然に対する人間の謙虚さを要請していたのが低水法の思想であったと考えられるのである。

しかし、田中正造が、こうした観点からする政府の治水政策批判を繰り返していた時代は、まさに高水工事全盛の時代であった。その意味では、正造の主張は、いかにも〝古くさい〟内容のものであった。だが、今日的視座から振り返るならば、正造の治水論は、人間と河川との関係や、水と土と緑に依拠してきた「文明」観が根底から変化しつつあった時期に、「治水ハ造るものニあらず」として、そうした行き方の危うさに警鐘を打ち鳴らしたものと評価することができる。自然に対する人間の謙虚さと、自然との共存・共生を求めた環境倫理思想と評しても過言ではない。

そのことを、象徴的に表現した文章がある。

今日といゝども道路気車の設備ハ治水と異なり皆直線を好んで山河高低亦殆んど眼中ニなく、或ハ山腹ヲウガチ高橋ヲ架シ座シテ千里ヲ走ルト雖、不《ママ》自然ヲ害スルニ至ツテ其害スルノ甚シキホド今ノ文明ノ利益トスル処多シ。但シ此利益ナルモノハ天然自然ヨリ受ケル利益ニアラズシテ誠ニ之レ人造ノ利益ナリ。利益ト云フモノ、文明ト云フトモ可否詳カナラズ。天ノ与ヘザルモノニテ人ノ与ルモノハ害必ず其内ニアリ。而モ之レヲ文明ト云フヲ以テ之レハ知識ニ問フテ決スベシ。只水ハ気車道ノ如ク無利ニ山ヲキリ川ヲ移動シテ妄リニ直経直行ヲ好ムモノニアラザルハ断々乎トシテ明カナリ。川ト道トハ全ク同ジカラズ。約言セバ道ハ法律ノ制裁ニ従フト雖、水ハ法律ノ制裁ナシ。之ヲ制裁セバ却テ順ナラズ。水ハ誠ニ天地ノ如シ。天地ノ大ヘナルハ法律ノ制裁ナシ。即水ノ心ナリ。水ハ尚神の如し。自由ニ自在の自然力ヲ有シ又物ヲ害サズ偽ラズ、故障アレバ避ケテ通ルハ水ノ性ナリ。

……（④五三四）

この文章は、近代文明の本質を鋭くついている。ここで対比されている「道」と「川」とは、自然との関係で、それぞれ異なった「文明」のありようとして描かれている。つまり、「道」（道路・鉄道）の文明は、直線を好み、自然を害し、「川」の文明は、自然の地勢に従うことから必然的に曲線を好み、自然を害さない、というのである。「直線を好」み、「自然ヲ害スル」文明は、「利益ト云フモノ、文明」だ、と正造は喝破している。正造の治水論は、こうした利益至上の、あるいは効率万能の近代文明のありようそのものを告発する視点に立っていたのであった。

三　治水行脚

一九一〇年八月、関東地方を古今未曾有の大水害が襲った。やがて七〇歳にもなろうかという正造は、この大水害のあと、各支川も含めた利根川水系全体の水位調査を思い立ち、ひたすら歩き、沿岸住民から洪水時の水位と被害の模様をひたすら聞く旅に出発する。それは、自らの「根本的治水策」の正しさを実証するためばかりではなく、自然の真理と、その中で生かされている人間とのあるべき関係を見極めようとする、求道的な〝治水行脚〟ともいうべき性格のものであった(9)。

八月八日、正造は、甥である足利の原田定助の家にいた。安蘇、足利両郡の渡良瀬川沿岸を視察する予定であった。翌九日は、朝から「篠突くような豪雨」だった。一〇日、予定を急遽変更して、鉄道で足利から間々田に出、翁屋に投宿し、思川沿岸の乙女、友沼の破堤状況を調査した。この頃、谷中は、利根川の逆流の影響で一面の洪水となり、残留民の仮小屋はどれも水に浸かってしまった。そして、わずかばかりの荷物も水に流されてしまっていた。

正造は、一二日に、「天災にあらず」と題した印刷物を各方面に発送。乙女から藤岡に渡った。一四日、残留民のため野木村の野渡で米五俵割麦一俵を買い入れ、恵下野の島田榮蔵宅で渡そうとしたが、波が高くて舟が出せなかった。一五日、ようやく恵下野に渡ることができた。翌一六日には群馬県海老瀬に渡り、一七日、再び藤岡に戻った。

二一日、島田宗三ら谷中の青年五人と小舟で海老瀬方面に調査にでかけた。二二日は、藤岡で、水害調査に来た栃木県参事会員一行に水害の状況を説明したあと、再び小舟で川辺村から古河まで調査に赴いた。二三日夕方には、東京に出、日暮里の逸見斧吉宅や木下尚江宅を水害見舞いで訪問した。このとき、蓑笠姿で出京した正造の姿を見咎めた警官に対し、正造は、「この国家大艱難の時、靴をはき洋服を着、髪を光らせて歩く奴こそ真に異様の姿というものだ」と、逆に厳しく叱責したという（『余録』上、二七七頁）。

こうして、九月頃から、日記の内容が水害調査一色になる。九月四日には、谷中の青年らと古河発午前四時三六分の汽車で栗橋に出、ここで根岸門蔵を訪問したあと、徒歩と小舟で関宿に出た。「昼食後、附近の人びとに洪水の模様や堰堤の実状を訊ねたが、皆多くを語らない。その筋から口止めされているとの説であった」（同前、二八〇頁）。関宿で、東京方面から来た「紳士風の一団」と出会ったが、正造は一顧だにしなかった。そして、再び舟で逆川を北進し、茨城県の境町に出、古河に戻ったのは夜の一一時という強行軍だった。
　九月六日からは足利方面の調査に赴いた。風邪で一日休んだものの、九日には館林に出、一〇日に再び出京、行徳・浦安方面で江戸川下流域の被害の実態や、東京湾のアサリや海苔の損害などの聞き取り調査を行っている。
　このように、正造は、ひたすら歩き、たくさんの人から聞き取りをし、その証言を集めていった。たとえば、一一月二七日には、梁田村と並木村で一七人から聞き取りをしているが、その内訳は、旧友、校長の妻、「土方」、水車業、名もわからぬ人まで、実に多様であった。その結果、「三十九年〔より〕二三寸高し、三十九年ハ床下ビシャ〱ナリシモ、本年床上ビシャ〱ナリ」という証言を得ている（⑪五四四）。こうして、正造は、「工事ハ村民却て学士なり」（⑪五四六）というように、沿岸住民の「経験」の積み重ねから紡ぎ出された「知」に対する確信をより深めていくのであった。[10]
　治水行脚の過程で、次のようなエピソードが残されている。一二月四日の夜、宇都宮から北へ二駅目の宝積寺で降りて宿を探したが、四軒の宿屋いずれにも一杯であるという理由で断られた。宝積寺には、あと、福寿屋という宿屋しか残っていなかった。そこで、正造は、福寿屋を訪ね、丁寧に宿泊を申し込んだが、やはり断られた。

正造途方に暮れ、性名（ママ）を明かさんか、性名をあかせバ宿をさせるハ勿論なれども、明かすも残念なりと、幾重ニも一夜の宿を乞ふ。主人曰く、一二丁帰りて某会社の隣り安やどあり、之れなら多分ゆるすべしと。正造又問ふ、其家ハ木銭かと云ふたる言葉をさとりて主人曰く、とめてやれ〱。正造先ヅ座ニ上り、寒へから少しあたらせと火燵のそばニ行き、先ヅ一寸姓名を告げると主人大笑、且ツ驚きて奥座敷ニ入れる。俄ニ訪問者もあり。駐在も来り、周旋百事くまなく、予の旅行を助けたり。今朝来水害地の視察や気車ののり入、百事よく懇篤なり。
（⑪五六二）

正造の人間性が良くあらわれたエピソードである。「元代議士田中正造」という肩書や名声は、とうの昔にふりすて、あくまで「ただの人」として生きようと決意していた正造であった。しかし、みすぼらしいなりで寒空に一夜の宿を乞うたとき、正造の心はゆれ動いた。それが、正直に淡々と記されている。しかも、正造と知って手のひらを返すように応対をかえた旅館の主人を見つめる正造のまなざしに、非難がましいものは感じ取れない。主人らへの皮肉というよりは、「ただの人」の生きにくさをホロ苦くかみしめているかのような一文ではなかろうか。

このように、その行程の多くは人力車夫と巡査を〝道づれ〟にしての調査行を、各河川毎にまとめなおしたものが、一九一〇年一二月一九日から書きはじめられた「河川巡視日記」である。その「思川」の部分には、「此旅ハ人の知力の深浅や財産の高低に用でハない、専心ニ水の高低を見んとの旅行」であると述べられていた（⑫八四）。

そして、何百人もの聞き取りから判明したことは、一九〇七年以前の洪水と比べて、利根川の上流域と下流域とではむしろ水量が少なく、中流域のみ大洪水になったということであった。「要スルニ関東昨年ノ洪水ハ大洪水ニアラズ。鬼怒川以西ニ大洪水ナシ。利根川亦大洪水ニアラズ。右各河川ノ上流已ニ水低クシテ其最下流モ亦水ノ低クキヲ見ヨ」（⑫九三）。こうして、一九〇七年以来の大洪水は、「利根川流水妨害工事（が原因の―小松）人造ノ大災害タリ」（同前）という自説の正しさを、正造は足で確認したのであった。

それでは、以上のような治水行脚の特徴をまとめてみよう。まず、この調査は、「天然を見るにハ徒歩ニあらざればバ趣味少なし」（⑪五八六）というように、ありふれた表現だが、齢七〇間近の老軀にむちうって、徒歩で、脚で確かめた点に特色があった。一九一〇年八月一〇日以降、翌年一月三〇日までに、いったいどれほどの距離を正造は〝歩いた〟ことだろうか。驚くべきことに、私が、日記に記載された旅程を手がかりに、地図や時刻表を使ってごく大雑把に合算しただけでも、一八〇〇キロ以上になった。日記に書かれていない分を合わせれば、優に二〇〇〇キロを越えるのではなかろうか（もちろん、鉄道や人力車を使用した分も含めてではあるが）。わずか半年で、実に本州を縦断したに等しい距離を〝歩いた〟ことになる（青森から下関まで、鉄道の距離で一八三五キロである）。

第二には、「本書ハ肉眼ノ見取リノ測定ニシテ、実測ニ照ラシテ多少ノ差アルベシ」(⑫九四)と述べているように、計器を使っての実測ではなくして、「見取リ」、つまり眼で確かめる方法をとったことである。正造も認めているように、科学的観測法よりは正確さで劣るかもしれないが、農民の伝統的観測法ともいうべき「見取り」法は、長年の観察と経験の蓄積とによって、それなりの確度を保証しうる方法であった。正造は、歩きに歩いてひたすら水を見つめつづけただけでなく、自分の経験に、いわば定点観測者ともいうべき沿岸住民の「見取り」と「経験知」を合わせ用いることで、前述したような結論を得たのである。(11)

こうして得られた調査結果をもとに、正造は、一九一一年二月一二日から一八日まで古河町の宗願寺に宿泊し、毎晩午前二時、三時頃まで、島田宗三を助手として請願書や陳情書を書きつづけた。全部で五通作成したが、宗三によれば、この間の正造は、「火鉢の火も消えて寒さのため手の感覚もないようになってから寝につくという熱誠ぶり」であったという(『余録』上、二九五頁)。

その一方で、人間に被害のすべての原因をなすりつけられてもただ黙々と流れつづける水がいとおしくてたまらなくなったのであろう。水にかわって汚名をはらさんとするかのように、水の「性」に関する発言が多くなっていく。「水ハ人ヲ害サズ」、「水には階級なし。実に平かなり」、「水は徒らはせぬ。皆人が悪い」、「水ノ心ハ平カナリ」、「水ハ尚道徳の如シ。水ハ平易なるなり」、「流水ハ小児の如し。小児ハ法律の制裁なし、利屈の判談力なし」……。

それらの特徴は、〝水は低きに流れるもの〟というような自然物質としての「性」以外に、水を擬人化・人格化して、道徳や倫理に結びつけた表現がたくさん見られることである。いわく、正直、公平、無私、平等、温和(争いを好まない)、平易(わかりやすい)、等々。そして、それらを通じて、正造は、汚濁した人間社会を際立たせんと意図したのであろう。「古人モ云ヒリ、水ノ流レヲ見レバ人ノ行ク末ガ見ヘルト」(⑤三三三)。

こうした水をひたすら見つめ、水と対話しようとする姿勢が、正造の水の思想をより内実豊かなものにしていった。治水は「流水」を治めるのではなく、「水理」を治めることであるという確信を、正造はますます強くした。政府は正造を「谷中の一隅」に「厠ぜめ」にして損をした、「今の正造ハ治水上已往の正造ニあらずして、治水を云ふものなり」(⑱五二九)という自負心も生まれた。こうした自信が、治水のことは、役人や学士に問うよりもまず「沿岸の老農故老に問」(④二六)えという農民の「経験知」の重視へ、さらにはまた「人ニ問ふよりハ水ニ問ふの便法なるにしかず。人よく人を欺けども流水毫も人を欺かず」(④五四〇)という発言に帰結していったのである。

〇又曰ク、治水ハ天の道ちなり。我〻の得てよくする処にあらず。只謹ミ謹みて他を害さゞらんとするのみ。流水の妨害をなさゞらんと欲するのみ。苟くも流水を汚さゞらんとするのみ。清浄ニ流さんとするのみ。村〻国〻郡〻互ニ此心にて水ニ従ハゞ、水ハ喜んで海ニ行くのみ。我〻ハ只山を愛し、川を愛するのみ。況んや人類おや。之れ治水の大要なり。(⑱六七)

正造の水の思想の結晶ともいうべき文章である。「公益の母文明ノ父タル山々」のみならず、「公益幸福ノ父母」としての川を大切にしない文明は必ず滅びる。そう語る正造の声が聞こえてきそうである。

四　自然と人間

しかしながら、私たちは、以上のような水の思想の深化の過程が、正造の思想全体の中では、直訴前後に少しずつあらわれはじめ、谷中入村後にスピードを増してくる自然観の転回の過程とともにあったことに留意する必要があろう。それは、自然を自分(人間)の外に存在するものとみなし、単に観照の対象であったり、対立征服すべきものと位置づけるような姿勢から、自然の中にあって、自分を無にし、自然に溶け込み、自然と一体になるという姿勢への転回であった。いうまでもなく、それは、人権と自治の思想や宗教的関心の深まりとも密接にかかわりあっていた。

正造自身は、「人為の以て天然にさかう能はざるを知り、記憶は限りあり社会の事無限、人の命は限りあり天地間の事無限、一身は一心を堅く強く専ら誠実に貫かざれば歳月足らざる」ことを知ったのは、六角家騒動で入牢していたときが最初であると述べているが（①二八〇～一）、幕末維新期におけるこのような天然自然観の転回を裏付ける資料は見当たらないので、やはり晩年の思想的特徴と考えてよいのではなかろうか。

国会議員時代の正造の自然観をよく表している書簡がある。一八九三年四月二七日に遊説先の山梨から実家に送ったものである。

本月一六日已来、長野県信州山梨県甲府迄ニ十七ケ所中十四回、演説ニ出席、一日二回三回毎夜懇親会アラザルナシ。只悲シキハ汽車ナク、道路磊々碌々泥寧凹凸ノミナラズ、甚シキハ十四里の峠あり、之レハ信州上田ヨリ松本ト申処ニ至ル山道ノ新開ナリ。／○各所、党員を得、青年数百名の送迎、精神的ハ快活無限候得ども、身体の疲労不少、時ニ酒肉山林池沼より多く、美人弦歌桜の山よりも繁く、白雪尚近山ニ見ひ、梅花未だ開かざるに鴬啼蝶飛、座間ニ去来し、ウルサク面白くもなんとも無之候。鉄道熱心之土地人民、此饗ヲ為す、必ず需ムル所アリ、謹マザルベカラザルナリ。頓首（⑭二九六）

政治家として党勢拡大に奔走していた時期の正造にとっては、自然は、「ウルサク面白くもなんとも無」い存在であった。鉄道の便利さと必要性への言及といい、晩年の思想との対比が極めてあざやかな書簡である。[12]

ところが、足尾鉱毒問題にとりくむ過程で、鉱毒被害の拡大とともに、自然に対する見方が少しずつ変わっていった。一八九八年六月の「邦内の一国に比すべき戸口を有する土地に対し鉱毒加害処分を果さざる儀につき質問書」提出理由に関する演説草稿に、正造は次のように記している。天災ならば経験があるので対応のしようもあるが、「人為ノ災害」である「鉱毒ハ社会ノ無経験ニ乗ジテ潜ミテ来ル。目ニ見ヘヌ。見ヘルトキハ貧乏極マル。／可悲渾テノ土地財産渾テノ権利又動植物渾テノ生命ヲ奪ハレ又発達ヲ押ヘラレ又風致モ飲食モ居住モ害サレ」ていると（②四〇七）。ここに、私たちは、鉱毒は、人命人権のみならずすべての動植物の生命を奪い、「風致」をもそこなっているとの認識の成立をみてとることができる。やはり、鉱毒がもたらす自然への被害、被害地の荒廃ぶりを見つめつづけるなかで、正造の自然観も次第に転回していったのである。

正造は、一九〇七年一二月五日に、「山川の寿命人類の寿命」と題して、次のように述べていた。「山や川の寿命は万億年の寿命である。三十年や五十年の昔は彼れの一瞬間である。人の短へ寿命や短へ智識で考るから三十年とか五十年を昔のよふに感ずるのである。山は天地と共に並び立つ寿命である。又尊へものである。神ならぬ人間の干渉なぞは許さぬのです」（④三七三）。

「山川の寿命」、つまり《自然の生命》は永遠であり、「人類の寿命」、つまり《人間の生命》は一瞬間にすぎない。同様の表現が、この時期、五回ほど出ている。だから、正造は、一瞬の生命にすぎない人間が自然に「干渉」し自然を傷つけ害することを「文明」とは認めないのである。正造にとって、「天地ハ皆我身」なのであって、鉱山の採掘事業などは我身を傷つける行為以外のなにものでもなかった（⑪四二〇）。「〇真の文明ハ山を荒さず、川を荒さず、村を破らず、人を殺さゞるべし」（⑬二六〇）という確信は、その後の「治水行脚」の過程で、ますます深められていったものであった。

「空気の中ニ生活して風とともニ飛び廻るのです。山を見たり川を見たりしてハたのしみと又かなしみと取りまぜて皆此眼中ニ落ち込みます。長き天め土の大寿命の其中ニ生れ出でゝも、人生命みぢかで風前の燈火、又朝露の如し。虫としてハぶよの命ちの朝ニ生れて夕べニ死するもしらず、人生の私慾ハ何んの必用あるか」（⑱五六〇）。

いみじくも花崎皋平が「遊行聖」のような、と形容した「空気の中ニ生活して風とともニ飛び廻る」飄々とした生き方を通して、正造は、天地自然の永遠性から人間の「私慾」というものを相対化し、「私慾」や「小利」や「所有」にこだわる生き方を否定するようになった。《無私無所有》の生き方を理想とするあまり、正造は、自分の残されたほとんど唯一の趣味ともいうべき美しい小石を拾うことすら、「所有」ではないかと真剣に思い悩んでいるほどである（⑬三八四～五）。

これに関連して、次のような文章にも注目してみよう。

もし万一官吏等ガ谷中の人民を憎ミて谷中人民の耕作を忌むなら、イツソ谷中人民十九人の人〻ニハ少しも耕させずしてもよろし。何人にても結局耕せバよろしです。日本人で何人でもよい。たとい日本人でない米国人でも支那人でもよい。耕せバ天理です。谷中人民の口ニ入らぬともよろし。実りたる穀類ハ鳥が食ふもよろし。猪鹿来て食ふもよろし。皆天理です。極端を云ハゞ盗賊来て盗んで稲を苅り取り行くもよろし。只天然天与の食料ハ人類及動物の口ニ入りて一日の生命を長ふせバ天理なり。神ハ此飢を救ふニ同意せん。否、是誠ニ神の教なれバなりと確信いたし候。（⑰四三五～六）

実は、谷中の残留民たちが谷中の土地に麦蒔きすることを、政府や栃木県は河川法によって禁じていた。しかし、正造にしてみれば、法律をもって耕作を禁止することは、「谷中の天産地をして空しからしむるの愚策」に他ならなかった。なぜなら、谷中の人々が麦や米を作るのは、収穫してそれを所有することが目的なのではないからである。自然の力、つまり土地が本来持っている生産力をいかすこと、それを大切にして無にしないことが本当の目的なのであった。耕すこと自体に価値があったのである。まさに、「耕せバ天理」なのである。だから、谷中の土地は誰が耕してもよかった。そして、耕作の結果もたらされた「天然天与の食料」は、誰が食べてもよかった。極端なことをいえば、「盗賊」が来て盗んでいってもかまわなかった。それで、鳥や獣や盗賊が「一日の生命を長ふせバ天理」なのであった。

このようにみてくると、正造は、土地を耕作すること自体に価値を見いだし、耕作の結果得られる生産物の私的所有や独占を目的とはせず、それを天からの贈り物として誰もが分かち合うことを理想としていたことがわかる[13]。自然を破るのではなく、「天然を発起」することこそ「自然公共の大益」なのであった。

もっとも、原理的なことをいえば、農業のいとなみは、何らかのかたちで自然の力を収奪するところに成り立っている。しかし、自然の力をいかしながら収奪するのか、それとも自然の力をこえて収奪するのか、その差異は決定的に大きい。これも一般的にいえば、人類の歴史は、自然の力をこえて収奪することの連続であったといえよう。が、とりわけ、私たちが生きているこの近現代社会は、加速度的に発達した科学技術の力を〝悪用〟することによって、自然に対して不可逆的なダメージを与えつつある。問題の本質は、やはり、私たちの自然に対する姿勢、自然と人間の関係のありよう如何に存在していよう。

そこで、つぎのような正造の言葉に、耳を傾けてみたい。

人ハ万事の霊でなくもよろし。万物の奴隷でもよし、万物の奉公人でもよし、小使でよし。人ハ只万事万物の中ニ居るものニて、人の尊きハ万事万物ニ反きそこなわず、元気正しく孤立せざるにあり。之れ今日の考なり。尚考へてよき事を以てせん。

人必ずしも万物の霊でなくで〔て〕よろし。万物の奴隷でもよろし。奉公人よろし。大将小使もよろし。正直なれバ馬でも鹿でもよろし。人ハ万物の中ニ雑居し明よく万事を写し、和して万事ニ反かず、其身のあやまちを改め、人の万事の罪をすくい、其身の元気を明ニしめして発〔働〕らき、誠を推して孤立せず、即ち霊たるニ近かし。之れ今日の考へなり。尚考を尽し言葉をすゝめんとす。（⑫一八九）

この読むものの心にしみいるような正造の文章は、私たちに次のようなことを教えてくれる。

「人間は万物の霊長」という言葉は、長い間、自然や他の生物に対する人間の優越さ、傲慢さの根拠とされてきた。きわめて人間中心主義的な発想の濃いものである。しかも、そのルーツは、聖書にまでさかのぼることができる。[14] しかし、正造は、まず、こうした人間の思い上がりをすてなければならないという。人間は「万物の奴隷でもよし、万物の奉公人でもよし、小使でよし」。ただ、人間は「万事万物の中ニ居る」もの、つまり、自然の中で様々なものの恵みをうけながら生かされている存在であるから、「万事万物ニ反きそこなわず、元気正しく孤立せざること」、すなわち自然との調和が大切である。そして、「其身のあやまちを改め、人の万事の罪をすく」おうと心がけることによって、はじめて人は「霊たるニ近」くなるのだ。つまり、人間は生まれながらに「万物の霊」なのではなく、そうしたひとりよがりの思想や態度をすて、万事万物に霊性を認め尊重し、それらと調和して生きるように心がけることによって、はじめて霊的存在に近づくのである、と。正造は、人間だけではなく、自然の中のすべての存在に「霊性」を認めていたのである。[15]

こうして、正造は、「天地とともに」ある生き方を理想とするようになった。

こうした考え方も、実は、一九〇七年の渡良瀬川大洪水の最中にみせた残留民の態度に触発されて生み出されたものであった。九月一日に、正造は、一つの「発明」として「天地の間の事」をあげ、「天地と共に興廃をともにす」という生き方を指摘していた（⑰九六～）。そういった思想が、一九一二年から一三年にかけて昇華されていくのである。

たとえば、「人ハ天地ニ生れ天地とともにす。些の誤りなし。安心も立命も皆此天地の間ニ充てり。よろこびたのしみ又限りなし」（⑬三四六）、あるいは、「日本死しても天地ハ死せず、天地と共ニ生きたる言動を以てせよ。天地と共ニ久しきニ答へよ」（⑲一三三）というように。正造にしてみれば、人間の生命も一瞬だが、国家の生命も同様であった。だから、人間は、国家（日本）と一体化するのではなく、永遠の生命を持つ自然と一体化した生き方を心がけよ、というのである。さすれば、霊魂不死、永遠の生命を獲得するだろう、と。

これは、自然をよりどころとした永世願望の一種ともいえる。そう解釈すれば、正造が到達した自然観も、日本の民衆思想の歴史的水脈の中に位置づけることができるだろう。

谷中残留民飢へて食なきものあり。土地ハ水乾燥して魚居らず、雑草も少くして徒らに空地の広きを見るなり。然れども此悲惨の内春風ハおもむろニありて、神の造れる若き男女ハ夜る遊べり。是四面虐待の中ニ太鼓ツヾミの声すらあり。毎夜三更尚眠らず、五更ニ及ぶ事多し。之れ恰モ小サナ籠の中ニてキリギリスの声を立つる、ウグイス亦籠中ニ鳴く、皆妻を呼ブの声なりと云ふ。夫れ虐待ハ野蛮の野蛮なり。而モ此虐待中といゝども万物発生の勢へを止めず。曰ク浩然、曰ク塵芥ヲ止メザルノ精神ノ真ズイニシテ人為の以て奈何トモスベカラザルヲ覚。(⑱一九八〜九)

「悲惨」な谷中にも、自然の法則は間違うことなく、春が訪れるとともに若い男女が夜に遊び恋をささやき合う。それを正造は、いみじくも「万物発生の勢へ」と評し、温かい目で見守っているのである。文明開化の時代以来、悪しき風俗として弾圧され続けてきた若者たちの「夜遊び」ではあったが、正造のまなざしには、そんなけちな了見などまったくない。すべては自然なのだとして、ありのままを受け入れ、そのこと自体をたのしもうという、透徹した心境に到達していたことがわかる。

以上のように、正造の自然観は、自然と人間の関係を考察する上で、きわめて大きな示唆に富んでいるのである。[16]

第二節　宗教認識の深まり

一　正造と宗教

晩年の田中正造の宗教とのかかわりというと、これまでは、林竹二の『田中正造の生涯』のように、キリスト教のみで語られることが多かった。たしかに、キリスト教が中心であったことは否定できないが、それだけでは語りつくせない多様さを持っていたことも事実である。この点は、花崎皋平がすでに指摘している。花崎は、「田中正造の思想」(上)や『選集』第六巻の「解説」などで、林の仕事を、一九〇九年に思想的な最大の画期を認める点では同意しつつも、おもに、(一)あまりにも西欧的な「神」観念の把握、(二)キリスト教への入信、(三)新井奥邃の信仰の忠実な信奉者、という三点で批判している。そして、①一九〇三年に「欠伸」事件で入獄中に新約聖書に接したこと、②一九〇七年に強制破壊後の大洪水の中で谷中残留民の姿に接したときの「発明」、③一九〇九年以降の新境地、という三つのターニングポイントの存在を指摘している。

ここで、花崎の理解をごく大まかにまとめるならば、次の四点になるだろう。

(一)正造の「神」観念＝正造にとっての「神」とは、「天地自然に遍在して造化のはたらきをつかさどる霊」、または自然に内在する「無形の霊性」のことであり、キリスト教のエホバのような超越的人格神とは異なっていた。常でない存在として人間に禍をもたらすような神ではなく、「常なる神」であった。「天国」すらも彼岸にではなく此岸にあるものだった。

(二)そのキリスト教の摂取も、きわめて倫理主義的なもので、根底には儒教の理念があった。つまり、儒教でいう倫理的自己完成(聖化・浄化)と天下安民とを統一的使命とする「聖人」と化することが、信仰の目的とされた。別の言葉でいえば、内なる霊性にめざめて生きることが使命であり、その使命を実践してたゆまぬものが「聖人」であった。それゆえ、正造のキリスト教とは実践がカギなのであって、教義の解釈や布教には全く興味がなかった。

(三)人間の内なる霊性は「神の分体」であり、人間は「聖人」になる道を実践することで神に近づき、神にもなれる存在であった。そして、「聖人」といえる存在は、孔子と釈迦とキリストの三者であり、なかでもキリストは「大聖人」であって、無私に徹して真理を実践したという点でほとんど神にも等しい存在であった。後年は、この意味でのキリストへの傾斜が強まる。

（四）正造自身は、「聖人の出来そこね」であった。しかし、こうした自覚・反省がよりキリスト教の実践の揮発油となっていく過程の繰り返しの中で、「無学で愚であるという自覚に徹底してこそ、聖なるものにふれ、真実に生きることができるという弁証法」、つまり〈「聖」と「俗」の弁証法〉に到達した。ここにおいて、キリスト教は、弱き者・貧しき者・無知無学な者のものになる。

このように花崎は正造の「神」やキリスト教理解を説明し、そのうえで、キリスト教にとどまらない正造の宗教的関心の例として、岡田式静坐法の岡田虎二郎などへの傾倒ぶりに着目している。

私も花崎の見解に基本的に賛成である。[17] だが、私は、花崎の理解に次の四点を付け加えたく思う。まず、第一に、正造の宗教、あるいは精神の「浄化」に対する関心の広がりは、岡田や一燈園の西田天香だけには止まらなかったことを、もっと重視する必要があることである。第二には、儒教的な倫理的自己完成に加え、正造により強くみられるのは、「誠」や「正直」などという道徳的な倫理価値の実践こそ神の道とする姿勢である。これは、誰もが日常生活の中で実践可能なものであり、それだけに谷中残留民の心の中にもスーッと入っていったのである。第三には、既に述べたように、キリスト教への関心が最初に表白されるのは、現存する史料の中では、一九〇〇年一一月三日の蓼沼丈吉宛書簡であり、直訴前のことであったことをもう少し重視すべきであるという点である。そして第四には、「聖人」の語が登場するのも、この時期の文明観の転回と軌を一にしていることである。つまり、宗教的な思索の深まりがそれだけ孤立してなされたものではなく、谷中村復活闘争や国家観・文明観などの変遷との関連において深化をみせているという、ごくごくあたりまえの事実に注目しておきたい。

二　富士浅間信仰の記憶

第一の点に関していえば、一九〇四年ごろから正造の日記をたどっていくと、とりわけ一九〇七年ごろから、キリスト教以外の様々な宗教（家）、精神修養法（家）の名が頻繁に書き留められていることに気づく。それは、神代復古運動の小林與平《ともひら》[18]にはじまり、西田天香、岡田虎二郎はいうまでもなく、無我愛運動の伊藤証信、心霊術の平井金三、藤田霊斎、「〇金光教　天地金乃神、金ハ兼の通語ニよる／一天理教　天輪王ノ語あり／一黒住教」（⑫一〇三）、「〇仙台ノ仙人　水火ニ入リ／催眠術　五十嵐光龍氏」（⑫三四五）、「天理教の人平石平三郎……／中山みき子九十才ニて去る、奈良けん山へ〔辺〕郡丹波市町の生れ」（⑬五七）、そして淘宮術[19]などと続いている。

　こうした幅広い宗教的関心の背景に正造のどのような意識が存在していたのか、この点は後述するとして、ここで注目しておきたいのは、今日、民衆宗教と総称されている諸宗派の名が頻出していることである。この点に関連して、谷中村に入ってまもない一九〇四年（明治三七）一〇月三〇日付けの黒澤酉蔵宛書簡の、「仏信者の秘訣」について語った一節に着目しておきたい。「ふじの山ニ登る人ハ頂上ニハ何かあるならんとおもふて登るハ皆凡人の常なり。而も登りて見れバ何もなし。よしあしともに我こゝろのみとハ、仏信者の秘訣であるべきか」（⑯二九三）という一文である。

　「仏信者の秘訣」とあるから、どこかの高僧や名僧の金言名句のたぐいを引用しての手紙と思われるかもしれないが、実は、ここで述べられていることは、第一部第一章でも指摘したように、民衆宗教の一つである富士講の第六世食行身禄の歌が下敷になっている。身禄の『御決定之巻』（一七三二年）の中にある「ふじの山　のぼりてみればなにもなし　よきもあしきも　我がこころなり」という歌がそれだ。正造は、この歌を、一九一一年五月五日の日記（⑫一六九）や、一九一二年三月三日付け島田榮蔵他宛葉書（⑱五九四）、さらには同年一〇月五日付けの島田平次宛葉書（⑲三九）でも引用している。正造の記憶に深く刻み込まれた、よほど印象深い歌のようである[20]。

　このことは、いったい何を意味しているのであろうか。

　一九一一、二年という時期は、一般に、正造が最も深くキリスト教に傾斜していた時期とされている。たとえば、その直前の五月一日の日記には、「孔子ハ俗事ニモ熱誠なり。釈迦ハ脱俗虚空。キリストハ真理実践。予ハキ〔リ〕ストヲツトム」（⑫一六四）と書いている。そうした決意表明のあとに、正造は、身禄の歌を書きとめているのである。この事実自体が、やはり、正造の宗教的関心をキリスト教一色で塗り固めてしまうことの危険性を物語っていよう。

ところが、従来の研究では、田中正造と富士講（富士浅間信仰）との関係に、まったく光があてられなかった。すでに述べたように、「神信心」が厚かった家庭環境や、足利・安蘇地方が富士講の一大拠点であり、小中村にも講が存在していたなどの地域の宗教的環境の影響もあり、幕末期の田中正造は、非常に熱心な富士浅間信仰の実践者であったのである。

しかしながら、明治に入って、盛岡の獄中で西洋近代思想に接した正造は、あれほど熱心であった富士浅間信仰を、まさに弊履のごとくすててしまったのである。とはいえ、田中正造にとっての宗教、ないし信仰体験の原点が、民衆宗教の一つであった富士講（富士浅間信仰）であったという事実は、前述した身禄の歌の引用が示しているように、もっと重視されてしかるべきであると私は考えている。若き正造にとって、信仰とは、なによりも実践であった。それも、きわめて「通俗道徳」的な内容のものであった。また、富士講のような山岳信仰は、山や沼などの自然のなかに神霊を見、これをあがめるという特徴がある。だから、幕末期にそうした信仰の体験をもっていたことが、正造の信仰のありようを根底で規定していったと考えられるのではなかろうか。

谷中入村後に正造が富士講を再び意識するようになった契機は、おそらく、谷中村民の信仰にあったろう。谷中の人々と起居をともにするようになってから、正造は、村民の日常生活の中に富士浅間信仰をはじめとする民間信仰が深く根付いていることを発見したのである。とりわけ、島田榮蔵は富士講の「先達」であった。前述したように、入村直後にも食行身禄の歌を想起しているが、かつての記憶が急速に浮上してきたのは、一九〇六年頃ではなかったかと考えられる。その証拠は二つある。

一つには、五月二一日付けの島田雄三郎宛の書簡であり、この中で正造は、小中の生家に、祖父の代に人からもらった「富士石」があると述べている。(21) しかも、この前日には、「正造モ近日中ニ洗礼ヲ受ケント祈リ居候」（⑯四八三）と、甥の原田定助に書いて送っているのである。

もう一つは、次のようなエピソードが指摘できる。九月一〇日に、木下尚江と石川三四郎が、田中正造に頼み込んでその生家に初めて連れて行ってもらった。そのとき、正造は、「煤けた箱、古ぼけた軸物」などを抱えてもって来た。「翁は、やがて汚ない函を引き寄せて、蓋を取つたが、小さな巻物が幾つもある。何れも富士講の掛物で、富士山の下へ、何やらの歌のやうなものが書いてある。翁は、其中一番古く殆どボロ〲になつて居るものを、僕等の前へ丁寧にひろげた。此の一軸は、山も歌も、富士講家祖の一女の筆で此の講社の人達には此上も無い宝物だと云ふ。文禄四年と記してある。翁は笑ましげに此の一軸の由来を物語つた。――其れは、翁の祖父に当る人が、大の富士神霊の信者で、翁の父君がまだ幼少で大病に罹つた時、神明の加護を祈る為め、雪中、富士へ登山した。其れを見た行者が、ヒドく其の信心に感心して、秘蔵の巻物を出して呉れた。其れが此の一軸である。此の祖父に当る人が、正造と言つたので、翁は祖父の名を受け継いだのだ[22]」。

そして、一九〇九年三月二〇日には、間明田仙弥他の残留民にあてて、「神信心の革命案建白」と題する書簡を送っている。

従来、谷中の人々毎月八仙元〔浅間〕参りを為せり。今之を改めて一仙元参りとせられたく候。島田榮蔵翁を生たる仙元様として、此翁の社に毎月此一ケ所に参詣せば足るのです。生きたる此翁の此神の社に参詣せば、却てきゝめが多い、利やくが多いのでよろしいのです。又心の正直が大天狗になれば、正直の天狗で天狗もよろしい。太平山に月参りするより、精神の堅い人の塚にのぼりて参詣せば、其方が却てよろしい。（⑰五八一）

このように、正造は、島田榮蔵を「神」にしてしまっているのである。

このエピソードには、「人ハ皆神なり。人の躰を仮りて世を見る」（⑪一六六）という、正造独特の「神」観念や、

「仏でもキリストでも日本の神でも、皆極端なる誠の精神と極端正直なる実践の結果ニあらざれバ、世界ニ響け不申候。宗旨ハ何んでも誠に精神の至らざるものハ取るニ足り不申候」(⑰三八九)という、正造の基本的な宗教認識が反映されている。だから正造は、「誠の精神」と「実践」とを忘れ、なかが空っぽなのにもかかわらず、「彼の元祖祖師の名ニよりて、妄りに集金を目的とする」ような既成宗教の現状を痛烈に批判したのである。

もう一つだけ例をあげておこう。一九一二年八月一五日に島田榮蔵に宛てた書簡である。

先年翁ハ年七十以上ニシテ富嶽ニ登リシコトアリ。之レハ翁ガ谷中村ノ復活ヲ天ニ祈リシ登山ナリ。翁ガ天ニ祈ルコト亦年已ニ久シ。此間区〻ノ小人、切〻ノ鼠輩等巧ニ谷中人民ヲ苦メタリ。星霜已ニ十一ケ年、聖代ノ世ト云フ表面ヲ飾リテ、悪魔ノ実地ハ人民水攻、田畑奪取ノタメニ人民放逐ナリ。(⑲一八〜九)

正造は、島田榮蔵の富士浅間信仰が、谷中村復活闘争と密接に結びつき、信仰が戦いを支えていることを悟った。そして、それをありのままに受けとめようとしたのである。すなわち、正造晩年における富士講(富士浅間信仰)の記憶のよみがえりは、正造の「谷中学」の進展を物語るものに他ならなかったのである。

それでは、田中正造の思想と食行身禄を中心とする富士講の思想との関連性を、どのようにおさえることができるだろうか。

第一部第一章でも指摘したように、身禄の人間平等思想や財産観、自然観などは、正造のそれと極めて類似していた。ここで、さらに類似点をあげることができる。[23] まず、不正嫌いと倫理的潔癖性である。

身禄は、油の行商をたつきとしながら、はかり売りする枡の内側にこびりついた油まで竹べらでかきおとして売っていた。たいていは、それが売り手の得分となっていたにもかかわらずである。そのため生活は苦しく、「乞食身禄」と称されていたほどであったが、形体には無頓着に願行をつとめていた。また、「色に耽るな」という角行の教えに背いた月行を、自分の師といえども許さなかったといわれている。

第二には、学問批判の類似性が指摘できる。学問もなく、文字かなづかいも知らなかったとされる身禄は、次のように述べていた。たくさんの難しい経を読み、学問をつんで博学となり、世界のことについて一家言を有するほどに見聞を広めた人物といえども、「心眼」が開けていなければ決して「目明き」（賢人）ということはできない。たくさんの書物を集め、物事を良く知り弁舌がうまくても、世間がほめそやすから逆に「利口すぎてかへって身禄にてはなし」、つまり、利口であることを鼻にかけるようになり心がゆがんでしまうものだ、と。

第三には、たえず貧しい人々とともにあり、「まづしき人え慈悲をいたすべし」とこころがけた姿勢である。先述したように、身禄の歌の一つに、「あらそいわ我がいるところさらになし　しもなるひとをかみえかみえと」というものがある。これを、一九〇九年五月の日記にみられる正造の一文と比較してみよう。「い〔え〕らい人ニなるよりハ人民をいらい人ニなせ。人民をいらくせバ、身ハいらくならざらんとすともいらくなるなり」（⑪二一六）。下の人を上へ上へ、という身禄と、自分が偉くなるよりはまず人民を偉くせよ、という正造。人民認識においても両者は似通っていた。

その他、ばくちをしないこととか、無益な殺生をしないことなどを含む身禄の思想が、「富士講の憲章」として、月々の法会の席で必ず先達によって読み聞かされたという。正造が富士講の法会に出席したことがあったかどうかは定かでないが、祖父の富士講信仰を通して何らかの思想的影響を受けたと考えても、あながち間違いとばかりはいえないであろう。

三　「正直の頭に神宿る」

正造にとって、信仰とは何よりも実践であった。それも「正直」や「誠」などの道徳的な価値の実践であった。ここに見られる基本線は生涯変わっていない。つまり、「正直」と「実践」の二つは、正造の宗教認識の基盤を形作ったものと位置づけることができるのである。

たとえば、田中正造が好んで引用した言葉に、「正直の頭に神宿る」というのがある。それが最初にあらわれるのは、一八九一年二月一八日付けの上野松次郎他宛書簡であるが、そこには次のようにある。「皆善き人〻ハ学文芸能なくともこゝろの高尚より、忠義と節操とを加ひて候ハヾ、此長歳月を重ねて即ち自然の天帝の恵みを得るものと奉存候。いづれニも人ハ神の恵を得るよふニ心掛御座候ハヾ、老人ニなる迄ニハ有福ともなり、尊き人ともなり可申候。所謂正直の頭上ニ神のやどりましますと申候」(⑭二四四)。その後、一九〇〇年一月一九日付け稲村與市宛書簡、同年六月五日付け村山半他宛書簡、一九〇三年九月二〇日の日記と続出するが、それも単なる「正直」ではなく「強い正直」でなければならなかった。「正直な人のあたまにハ神様もやどります。強い正直ニハ強い神がやどり、弱へ正直にハ弱へ神さまやどります」(⑱四三八)。これは、一九一一年六月二七日に、谷中残留民の竹澤庄蔵他にあてた葉書の文面である。

また、一九〇三年九月二六日の日記では、次のようにもいう。「正しき行ハ神ニ叶ふものなれバ正直ハ神の道ちと合する事ハ多いのだ。……只正直ハ愚にても常ニ神の道を募〔慕〕ふ、常ニ合する事多し」(⑩五二二)。「こゝろさいまことの道にかないなバ　いのらずとても神やまもらん」(⑨三四六)や、「まことある人ハ神なり仏なり　むすべバ同じ露の玉かな」(⑩四二五)などと、「歌」にも詠まれている。[24]

宗教宗派の如何にかかわらず、日常生活の中において「正直」や「まこと」の実践、それも極端なまでに徹底した実践を心がけていれば、ことさらに神社や教会などで救いを祈らなくても、神はまもってくれるものなのだ、いや、人間はたとえ愚かであっても「正直」の道を忠実に実践さえしていれば、神にも仏にもなれる存在なのだ、と正造が基本的には考えていたことがわかる。それを集約的に表現しているのが、通俗的な《格言》として広く人口に膾炙した「正直の頭に神宿る」という言葉だったのである。教えは簡易平明であることを正造は重んじていた。[25]

これに関連して、実践の重視であるが、新約聖書に接する前は、「論語読みの論語不知」(⑭二五八)、あるいは、

「机上の論語読ミ」（⑲四一九）という表現で語られることが多かった。たとえば、一八九五年一月二九日の原田光次郎他宛書簡では、孔子のような「遠ク漢土ノ聖賢ノ教」は「其行ヘヲ先キニシ、言ヲ後チニスベシトノ誡メ」にあったのに、「末代腐儒」がそれを誤解してしまったと述べている（⑭三六五）。また、一八九八年一〇月一六日の日記には、「正造無学ナリ。万一ニモ古ヘノ聖哲の語ニ合スルコトアラバ、之レ諒ニ一大不幸ト云フベキモノナリ。若シ又万ミ一ニモ過テ賢聖ノ行為ニ似タルモノアレバ、之レ誠ニ一大幸ナリトス」（⑩三）と記されている。日記の裏表紙の裏に記された文章なので、あるいは後に書き加えられたものかもしれないが、聖賢の言葉よりも実践を尊ぶ姿勢が顕著にうかがえるのである。

さらに、「孟子曰ハク、悉ク書ヲ信ゼバ書ナキニシカズト」（⑩七五）と述べたり、孔子の言も丸呑みにしてはならないことを強調したり（⑲三二三）、子供のころから慣れ親しんだ漢学的素養の文脈の中で、[26] 正造は、実践の重要性を繰り返し主張していた。おそらく、それは、政治家としての信条でもあったに違いないが、後に新約聖書を前にしたときの基本的態度となるものであったことも確認しておく必要がある。

四 「聖人」待望論

これまでもたびたび指摘したように、正造は、儒教思想をベースとしてキリスト教を受容していったが、儒教の限界もしっかりと見据えていた。それは、次のような、一九〇九年八月二七日の日記の一文に明らかである。

〇議論ヲ以テ俄ニ其実価ヲ図ルべからず。孟子浩然の気を養へども口ちニ云へ難し。只四大四剛直キヲ以テ養ふべしとあり。孟子ハ天地間一神の大ナルモノアルヲシル。然れども未だ之を説くの道を解ざるものゝ如し。孔子ハ曰く、天徳を我に為せりと断言せり。即ち神の天ニいますをしれり。然れども未だ其神の力ら、神の徳くを解きて明かに至らしむる言葉なし。孔子孟子の此聖賢と雖、当世の政界の奸悪を悔、之を改めしめんとする日夜の苦心奔走ニ忙シク、無形の真理を研究して永久に国民の生命を全ふせしむるまでの大計ニ至らず。只目前の事態を改革せんと欲して他ニ余力なきがため、深く真理に立入る事能わざりしものならん。(⑪三三八)

儒教思想を一面では評価しつつ、他面では限界を認識していたがゆえに、正造は、「真理」のさらなる研究のために、キリストの教えをより深く理解しようとつとめていった。

では、そうでありながら、なにゆえにかくも広範な宗教家や精神修養家に関心を寄せていたのであろうか。それは、正造の宗教に対する関心の根底には、独特の終末観と、それゆえに強烈な「聖人」の出現に対する渇望とが存在していたからであった。私は、むしろ、こうした「聖人」待望論とでも表現しうる側面に着目したほうが、正造の宗教観の特徴をより一層明瞭に描き出すことができるのではないかと考えている。

正造は、一九一一年(明治四四)一月三一日の日記に、次のように記している。

○我れハ去る三十七年の春神田の青年会館ニて、大学入校新生徒慰問会の演説ニ曰く、東洋ニ聖人が生れ顕わるなり、但し其已前ニ一度日本ハ亡びるなり、其時きまでハケ、専門ニ励ミて其道の聖となるべし、と云ふ事をのぶ。(⑫四五)

同じような回想を、正造は、一九一二年二月一五日の日記でもおこなっている。ただ、「三十七年春」とあるのは誤りで、実際には、明治三六年一〇月一〇日の神田青年会館における演説の中で述べたことである。

ここに明らかなように、正造には、《亡国→聖人出現→復活》という終末思想が存在していた。明治三六年といえば、日露戦争の前年にあたる。強国ロシアとの戦争のことが念頭にあってこのような《予言》となったという側面も無視できないであろうが、「亡国」状況への憂憤はそれ以前からのものであった。

日本はとうてい一度は滅びなければだめだ、そうしてこそはじめて「聖人」が出現し新しく甦るのだ、という正造の《予言》は、どこかしら大本教の出口なお（一八三六―一九一八）の「立替え」の思想をほうふつとさせる。なおが「立替え」への切迫感をよりいっそうつのらせていたのも同時期であり、「戦争と天災で世を覆して世界の人民を改心させ」てはじめて「天下泰平に世が治る」というように、むしろロシアとの戦争に敗れることまで期待してさえいた。なおにあって、そのときに出現する「救世主」は大本教の親神様、すなわち「艮の金神」であったが、正造にあっては「聖人」であったのであり、両者の終末観は基本的にほぼ同質のものと位置づけることが可能である。[27]

たしかに、正造にとっての「聖人」とは、孔子と釈迦とキリストの三人であり、なかでも「大聖人」キリストに最も深く傾倒し、「今の世ニ何故ニキリスト出でざるが〔か〕、キリスト独リ上下の間ヲ貫きて一切の救へ主たるをしるなり」（⑫一七二）と、キリストの復活を熱望しているかのような文章もみられる。しかし、問題は、孔子も釈迦もキリストも、しょせんは過去の聖人であったことだ。現世に「天国」を作ろうと考えていた正造が求めていたのは、まさに現世を、現在のありのままをまるごと救う「聖人」の出現なのであった。

それでは、正造は、そうした「聖人」を見つけ出すことができたのであろうか。

正造が関心をよせた数多の人物の中で、世界に通用する人物と認めて自らの「師」と仰いでいたのは、「岡田先生、新井先生、内村先生／日本名工、世界名工ナリ。皆其人〻なり」（⑫五六〇）とあるように、岡田虎二郎、新井奥邃、内村鑑三の三人であったと考えられる。そこで、正造とこの三人との関係を押えてみよう。

まず、内村鑑三の名前が『全集』に最初にあらわれるのは、一九〇〇年四月三日の日記であるが、一九〇〇年時点で登場する箇所はすべて住所と名前のメモに過ぎず、しかも「勘蔵」と誤記していたりする。内村との関係が深まったのは、内村が鉱毒調査有志会の委員として一九〇一年六月二一日から一〇日間ばかり鉱毒地を視察したときに正造も同行したことが契機であろう。内村は、一九〇二年暮れにも学生七人をつれて鉱毒地を視察し、慈恵品を持参しており、また、『万朝報』記者としても視察記や正造に同情的な文章を発表していた。正造も、内村から『聖書之研究』

の寄贈をうけるようになったようである。

ところが、内村に関する記述は、一九〇〇〜〇三年頃にほとんど集中しており、谷中入村後はあまり『全集』に登場しなくなる。内村の思想についても、正造はほとんど言及していない。ただ一つ、一九〇三年七月一日の原田定助宛書簡の中で、内村の『聖書之研究』を、「論旨狭きニ似タリ」、「吝しよくの母が袋ろの中より慢じう一ツヅヽ出して子供ニ与ふる如シ。吝なれども得る小児ハ却て其一ツを喜びて食わん。利害如何」(⑮六二二〜三)と、いささか批判的に述べているのが目につく程度である。正造は、内村を、キリスト者の中では非常に高く評価していたが、新井や岡田に対するような傾倒ぶりはうかがえない[28]。

二人の関係を考えるときに見過ごすことができないのは、正造が内村に対して「聖書を棄てよ」と忠告したことである。それがいつのことであったのか、その時期を確定することはできないが、一九〇二年三月二日に神田青年会館で行われた講演「聖書の研究と社会改良」のなかで、内村がつぎのように紹介している。「或る有名なる社会改良家の一人は私の事業を評すると同時に申されたさうです。即ち「今は聖書を棄てヽ起つべきである」と、即ち今や国家滅亡に瀕して居る　此際聖書の研究などに従事するときではないと申されたさうであります[29]」。

それに対する内村の答えは、内村にしては稀な「聖書生」という署名を用いた「聖書を棄てよと云ふ忠告に対して」(『聖書之研究』一九号、一九〇二年三月二〇日)などの文章に示されている。まず、自分は聖書の福音を伝道することで人心を改良し人を作ることを第一の任務と考えている。人の心に巣くう「利慾」や「好色」などの罪悪を絶ち人の霊魂を救うことが「根本的改良」である。だから、聖書の研究こそが「社会改良の最良法」なのであって、聖書を棄てることは「兵糧」をもたずに戦争にいくようなものだ。自分たちに聖書を棄てて起てと叫ぶかわりに、むしろ社会運動家の側が社会運動を棄てて静粛なる聖書の研究に従事した方が、社会問題の解決にどれほど有益なことか。自分は、「渡良瀬川沿岸に聖書の行渡る時は鉱毒問題の解決せらるヽ時である事」を信じて疑わない、と。

正造が「聖書を棄てて起て」といったのは、それだけ内村に対する期待が高かったからであろう。新井奥邃を深く知る前の正造にとって、男性のキリスト者のなかで期待できるほとんど唯一の人物が内村ではなかったろうか。また、聖書は実践するものであって読んだり研究したりするものではない、という正造独特の聖書観もすでに形をなしていた。

しかしながら、見過ごすことができないのは、内村と正造の間に、この時点で決定的ともいうべき思想的乖離が存在していたことである。内村は、はやくも、政治は「糞塊」であるから近寄るべきではないと、臆することなく政治否定論を表明していたし、人民の頭上から圧制を取り除くよりも、人民の心中に「新王国」を築くことが、人民を救済する方途であると強調していた。「今日ハ今日主義」の立場にたつ正造との決定的な差であった。

内村の回答を目にした正造の落胆は、いかばかりであったろうか。このことが、一九〇四年ころより内村に関する記述がほとんどみられなくなる理由であると考えられる。しかし、内村が鉱毒被害民救済のために尽力したことに対して、正造は生涯感謝の念を忘れなかった。そして、内村の方も、「聖書を棄てよ」という正造の一言を、生涯にわたって忘れることができなかったのである。それは、はるか後年の一九二九年一〇月一〇日の『聖書之研究』第三五一号に、「曾つて故田中正造翁が屢々私に勧め「古書を棄て現代を救へ」と言ひし」と回想していることからもわかる。正造の忠告が、内村の信仰のよってたつ基盤を生涯にわたって揺さぶり続けたといえよう。

次は岡田虎二郎であるが、私が思うに、内村鑑三、新井奥邃、岡田虎二郎の三人の中で正造が一番期待をかけていた「聖人」は、岡田虎二郎であったと考えられる。

岡田式静坐法で有名な岡田は、幼いころは体がとても弱かったが、二〇歳を過ぎてから農業に専念し、農事改良に力を注いだ。その後、一九〇一年六月に渡米し、一九〇五年一月に帰国した後に岡田式静坐法を始めた。明治末から大正にかけて都下だけで信徒が二万人にのぼったといわれるほどのブームを起こし、岡田式静坐法に関する本はいずれも出版するやいなや何度も版を重ねるベストセラーとなった。ただ、岡田式静坐法を単なる病気癒しや健康法と受けとめていた人が多く、一九二〇年一〇月に岡田が四九歳で死去すると、ブームは一気に萎んでしまったとされている。

正造が、逸見斧吉や木下尚江の強いすすめもあって、初めて岡田のもとを訪れ静坐を行ったのは、一九一〇年八月二五日のことであった。正造も、基本的に、長年にわたる奔走で悪化する一方の体調と精神的疲労を何とかしたいという動機で接近したことは否めない。しかし、そんな岡田を、正造は、次のように評している。一九一〇年一二月二八日の静坐会に参加した感激を述べた文章である。

これ予が三十七年春、青年会館内ニおゐて学生ニ告げたる予言に応ふのおもへあり。果して然らん（⑪六〇〇）

一昨〻日の岡田先生が我〻の主たるべきか。当日の高談雄弁ハ尤絶倫。古来未発の格言あり。依之記憶すべきもの多大なりと愚老すらも追〻考来り候。之れ誠ニ神の接［摂］理なり（⑱三三四〜五）

つまり、正造は、冒頭で触れた東洋に「聖人」が現れて復活するという予言の、まさにその「東洋の聖人」に岡田を擬したのである。正造は一八四一年一一月生まれ、岡田は一八七二年六月生まれ。実に岡田は三一歳も年下であった。親と子ほどの年の開きがある岡田を、正造は「我々の主」と評したのである。「静座」についても、正造は、「正座」、「聖座」、「霊座」などと多様に表現している。そうした表現にも、正造が〝救世主〟岡田に期待するところいかに大きかったかがうかがえる。[30]

たとえば、一九一一年六月四日の日記を見てみよう。「岡田氏曰く、予の目的は七情を和する目的なり、恰かも音楽のしらべの如くするを目的とするにあり、病を治するものにあらず、自然に病も癒るに至らんとするのみ、其結果は万事に及び、万端の発展となるなり、医学、政治、教育、総べて改良の緒を開くなり、但し古人曾て論じてある事多し、今予は之れを総べてまとめて、其真理の一即ち一以て之を貫くにあり云々」（⑫二三八）。

これは、「七情調和」という岡田の教えを、正造が思い返しながらまとめたものだが、他の部分では、「中庸」に関しても、「岡田氏ニ到りてはじめて、七情調和ハ即ち中庸の天地位すの意義にして、静座せバ自然ニ天地と位へを同ふすと告げらる」(⑫二八〇)と述べている。これらが、一九一三年六月二八日の日記の、「予近来岡田氏の静座により万事の発展力を為せり」(⑬五〇三)という文章に対応していることはいうまでもなく、正造は、初めて「七情調和」の話を聞いたときの感激を、「其答弁と教とハいかに大なる解決を予正造ニ与へたるか」(⑱四二二)と書き送っている(詳しくは、小松幸蔵『岡田虎二郎』(創元社、二〇〇〇年)を参照のこと)。

それ以外でも、正造は、岡田の教えを割合に良く書き残している。その分量は、新井と比較しても、はるかに多い。「汗水浴」の話などは、正造がとても気にいっていたものであろう。これは、夏の暑い盛りに身体中汗びっしょりになって働いている労働者農民と、海水浴に行く有産階級とを対比して述べたもので、正造は、「汗水ハ天人ノ行、海水浴ハ人事の奢侈」(⑬三〇〇)と記している。また、正造は、静坐をはじめてから杖が必要なくなったことを、一九一二年五月一五日の日記に記しているが、そこに「精神も落ち付きたり。天真ニ帰れり」と述べられている「天真」という言葉も岡田のものと推測できる。自分の心を縛るもの(道徳、法律、財産など)が何もなくなったときにはじめて心の自由が得られ、己の欲する処に従って矩を踰えずという生き方が可能になる、そうなれば自分の身体は天地と一体になる、という思想で、それを岡田は「日常天真」と言い表していたらしい。[31]

岡田は、静坐の根本は神を信ずることであり、要は「信」の一字に帰すると述べていた。また、その指導の目的を、天賦の神性の開発においていた。その話すところは、古今東西の聖典名著から縦横無尽の引用ぶりで、含蓄の深さには誰もが驚かされている。仏教を下敷に「静坐は絶対他力」と主張するかと思えば、聖書からの引用もしばしばで、あまりにも「愛」という言葉を濫発するので、一部の人には岡田がキリスト教の説教をしているのではないかと思われたこともあったという。聖書などに向かう際の岡田の姿勢は、次のようなものであった。「自分は書籍を読んで覚えようと思ったことはない。仏書を読んでも、経書を読んでも、聖書を読んでも、自分の思想と一致するものを見出すに過ぎない。読書は自己を読むのである」、「聖書も仏典も多くの例をもって卑近の人々に語ったものなのに、今の人は理屈をつけて、むずかしいものにしてしまうのはおかしい[32]」。

一読して、田中正造の聖書観と酷似していることに気付く。いや、聖書を「備忘録」と言う新井奥邃の聖書観ともそっくりである。このことは、一体、何を意味しているのだろう。つまり、三者の思想は極めて似通っていた、一致点が多分にあったということではないのか。神への「信」を第一に重んじることといい、日常生活が即信仰であったことも、何も所有しない、所有しようとしない生き方（これを岡田は「零（ゼロ）の生活」と呼んでいた）においても、さらには「有神無我」の境地においても三人は一緒であった。

やはり、正造は、岡田や新井の中に無邪気に没入しながら、そこに自分の分身、自分の思想を見ていたのである。そのとおり、逸見斧吉などにしてみれば、正造も岡田や西田天香などと同じ「主」であった。自分も他の人から「聖人」と目される存在であったのに、自分を「聖人の出来そこね」と認識していた正造は、岡田や新井に期待し、その話に謙虚に耳を傾けたのである。とりわけ岡田に対する期待が高かったのは、なによりもその若さであったろう。さらに体重三〇貫を超えるという堂々たる体軀や、接するものを魅きつけてやまない快活さやエネルギッシュな活動ぶりも将来を託するにたると思わせたのであろう。さらに、心と身体を一体不可分のものととらえ、静坐を通した〝癒し〟と人間完成を実行している岡田に、キリスト教を超えるものを見出したのかもしれない[33]。正造にとって、「精神修養」は、「神ニ近づき、せめて全身の其一部分たりとも神となるのミち」に他ならなかった（⑫四一五）。

正造が自分を「聖人の出来そこね」といわざるをえなかったのは、彼の救済の対象があまりにも具体的でありすぎたからである。正造は谷中を捨てることができなかった。谷中を捨てて不特定多数を相手に救済を実践することは不可能だった。また、政治を棄てることもできなかった。政治を通した救済という方法を棄てることができなかったのである。それ故に正造は、岡田に東洋に現れるであろう「聖人」の姿を見ることになったのである。

五　新井奥邃と田中正造

いささか結論を先走りすぎたようであるが、ここで新井奥邃と田中正造の関係を考察してみたい。

内村に比べ、ほとんど知られることがなかった新井奥邃は、新井の信奉者であった工藤直太郎や、森信三・林竹二などの先駆的業績、長野精一『怒濤と深淵―田中正造・新井奥邃頌』（法律文化社、一九八一年）などにより、信仰者としての独自性と正造に与えた思想的影響の大きさが着目されるようになってきた。一九九〇年代に入って、戦前に刊行された『奥邃廣録』全五巻と『奥邃先生資料集』全六巻が大空社から復刻されている（それぞれ一九九一年と九三年）。また、『知られざるいのちの思想家　新井奥邃を読みとく』（春風社、二〇〇〇年一月）と題する論文集が上梓され、『新井奥邃著作集』（春風社、全一〇巻の予定）の刊行もはじまった。新井の思想に対する関心の高まりを象徴していよう。

アメリカで独特の宗教的共同体を作って活動していたT・L・ハリスに師事して長いこと生活を共にし、一八九九年八月にトランク一つさげて帰国した新井は、やがて巣鴨に謙和舎を設立し、独特の信仰生活を送った人物で、「巣鴨の隠者」と呼ばれた。聖書を講じることもなく、人前で説教することもなく、宗派に関心を示さず、どこの教会にも属さず、内村のように「無教会」の信仰を前面に打ち出すこともなく、日々の生活実践そのものが即信仰であるという生き方を貫いた。そうした新井が、正造の直訴に対する感想を「過を観て其仁を知る」と題して『日本人』一九〇二年一月一日号に発表したことは有名であるが、正造が新井と知り合ったのは一九〇一年頃、紹介したのは明治女学校の巖本善治であったろうと林竹二は推測している。

新井との出会いを、正造は次のように回想している。

〇三十四五年の頃、新井奥邃氏、予を見て神経病なりとして之をさとせり。よりて精神落付たり。然れども当時何んのために落付きたるやをバしらざりしなり。はじめ新井先生が、病院に行け、珍〔診〕察料も薬価も無財にてもよろし、気随に参るべしと云われしも、当時此ありがたき言葉をありがたしとハせず、却て新井先生の不明を心よからずとハせり。（⑬九五～六）

『全集』で明確に確認できる最初の訪問は、一九〇三年七月二一日と二二日で、これ以後訪問回数が繁くなる。たいていは黒澤酉蔵と一緒で、新井から余人は聞くことができない聖書の話を聞いたという。もっとも、初期のころは論語の話などを聞いたといわれているが、新井との関係は、このあと正造の死までのおよそ一〇年余、変わることなくずっと続いている。

晩年の正造にとって、新井の家は「天国」そのものであった。

○久々にて新井奥邃氏を訪ふて泊す。厄介となる。安眠す。殆んど深山に寝たる如し。清風静かに、身辺和らかに神心清きを感ず。（⑫二五六）

○新井奥邃氏と面す。一泊厄介を得て親くし長時間を対話する如くするも、一物の存するなきが如し。只何事か心清まりて高尚ニすゝむを覚ゆ。之れ神のめぐみのみ。神ハ物をさして教る事なし。すべてを育するのみ。只凡眼者流ハ物あり、音あり、声あらざれバ得難し。可憐かな。（⑫二五九）

正造は、新井の前で、ただじっと長時間すわっているだけで、「有神無我」の至福の時間を味わっていたのである。[34]

こうした新井を、正造は、「斯道の亜聖者」、「巣鴨ノ聖者」、「新井聖」、「新井神聖」などと評している。

逸見斧吉の遺稿集『斧丸遺薫』（一九四一年）に収められた逸見の島田宗三宛書簡によれば、逸見宅に残された正造の遺品の中に「奥邃語録」一〇冊があった。この「奥邃語録」は、一九〇六年一二月から一九一一年一〇月まで、奥邃が平生書いたものをまとめ、一〇〇部前後のごく少部数を印刷して知人や門下生に配布していたものである。『奥邃廣録』の第二巻と三巻に収められているが、それを正造が読んでいたことはまず間違いない。そのほかにも、『全集』には、「十二言」[35]⑯三九九に「十三言」と出てくるのは誤り）や「同志家訓」などの著作名が出てくる。

ここで、新井のキリスト教信仰と政治・社会思想の特徴を、『奥邃廣録』（一九三一年、復刻版一九九一年）や『知られざるいのちの思想家　新井奥邃を読みとく』などの諸研究を参照しながら、田中正造と比較してみたい。

新井は、「日本のキリスト教史上最大の異端者」（笠原芳光）と評されることが多いが、その「異端者」たる所以は、儒教思想を根底に、アメリカでハリスから受けた教えや、ハリスを通して摂取したスウェーデンボルグの神秘的キリスト教を独自に結びつけ、「まったく新しい「聖霊論的キリスト教」[36]を創始した」（小野寺功）点に求められている。コール・ダニエルは、これを、「儒基一如の思想」とまとめている。

土台になったのは、幕末期に安井息軒の下で学んだ孟子であり、「無私」「無欲」に徹することで「聖化」＝倫理的自己完成を目指す儒教倫理であった。新井にあって、儒教の「仁」はキリスト教の「愛」に、「誠」は「神」に結びつけられている。とりわけ、「夫れ誠は誠に遠近上下を貫いて永久に在らざるなし、是れ誠なり。然り而して其宏遠に於て無辺なる如く、其至近に於ては親愛之に如くはあらざるなり。故に誠に能く「誠」をしらば、以て明かに「貴紳」の情性を知るべきなり」と述べ、「誠」は「神の別名」であると指摘していることは、実に興味深い[37]。また、儒教的天下安民思想は、キリスト教の内面的信仰を媒介に構想された平等で平和な社会実現への希求となって表されている。門弟の前では、論語や孟子を講ずるのがほとんどであったことは、前述したとおりである。

その上で、新井のキリスト教理解の独自性をまとめるならば、①正統的キリスト教の父性が優越した超越神理解に対し、「惟一真神」は「父母神」であり「二而一、一而二」の関係にあるという神観念[38]、②聖書は「備忘録」であって、研究する対象でも、人前で講述するものでもないという聖書観、③我と慾と怒を無くし、キリストの志願奴隷としてひたすらに神につかえることで、「有神無我」の境地に到達することの重要性の強調、④それぞれが家職を誠実に勤め、「日常卑近の事」といえどもおろそかにせずに実行することが神の道であるとする「日用常行」の思想、⑤神の救済は普遍的であって、まず悪を救わなければならない、最悪なるものを救わなければ救済主とはいえない、という万人救済思想[39]、などが指摘できる。また、アメリカ在住中から呼吸法に注目していたことも留意すべき点であろう[40]。

　新井の政治・社会思想は、こうした彼のキリスト教理解と密接に関連しあっていた。新井は、非戦平和の思想を早くから抱いていたし、軍備は全廃することを理想としていた。国家間の同盟は「萬方平等の正義に反」し、かえって戦争の原因になるとして、非同盟をよしとしていた。人類は平等でなければならないものであって、富や食の分配に不平等があってはならなかった。とりわけ男女平等、男女は「二而一、一而二」の存在であることを強調していたのは、その「父母神」思想が根底をなしていた。そして、なにものも所有しない生き方を理想としていた。「我は無物なり。無物なるが故に、其無物なる限りに於て天下を有す。万有は神に属し、而して我れ能く無物なる限りに於て神の属なればなり」、と[41]。財産はおろか、生命の所有をも否定していた。財は「天ニ積む」ものであり、生命も神に捧げなければ本当の意味での「献身」とはいえないのであった。さらに、土地の兼併も罪悪に他ならず、土地が享有・均有されなければ万民が安楽に暮らすことは不可能であると考えていた。女子教育の重要性もさかんに強調していた。そのとき大事なのは、「依頼心は良心を蚕食する」というように、まず（男に対する）依頼心をなくすことであった。そして、女子が「しづやかなる」徳を養成する修養の根拠地を意味する「女子静里」という言葉を好んで使用していた。そのため、「新しい女」に対しては批判的であった。また、生涯独身を貫いた背景には、肉欲否定という信念が存在していたが、もっともこれは師のハリスを反面教師として確信を深めたものでもあったろう。国家主義や家族主義に対する痛烈な批判もみのがすことはできない。

　このようにまとめてみると、ほとんど正造と同じではないかと驚かざるをえない。たしかに、二人は、キリスト教の信仰や聖書観、政治思想や社会思想において、相違点をみつけるのが困難なほど似かよっていたのである。

それでは、正造に「亜聖」と評された新井奥邃は、田中正造のことをどのように見ていたのであろうか。

○　書状。　其所謂逆境は今の時に当りて以て吾人の本境となすべきものなり。
扨某氏は兎角尋常人に非ず。人に誤解せらるる所以のなからざるも然れども其誤解せらるる氏の如く甚しきは蓋し亦罕ならむ。一般彼を知らさる者ならば兎も角、其以て友人とも称する者共の氏の本意を知らざること実に甚しきが如し。氏の本意は求道者なると同時に、又実際一の伝道者たり。今の社会に於て正に人道を担当して撓まざる氏の如き者実に寡し。氏は今猶昔の如く其憤慨する所は則ち之れ有り。然れども必ず「快々鬱々」たる人に非ざるなり。蓋し往年然かる時代もありしならん。近年は誠に然らず。其一面に於ては快然として恰も小子の如し。実に恭謙にして尊貴の人なり。近来は其言常に政談に及ばざるも、若し或は政治の大義を論ずる時は毫釐も仮借する所なし。然るに彼は深意道を求むる人、敢て人を怨恨するの心あらじ。余は断じて之れなきを確信するなり。

　氏は常に貧民の中に在り。貧民に同情して貧民の為に労す。然り而して又却て貧民にも悦ばれず。……大体に於ては土百姓の装飾なり。知らざる者は氏を以て奇を好むと為す。余は敢て以て然りとせず。蓋し其始めや必ず激する所ありしならん。今は必ず之れ在らず。其習性となりたるもの疑ふべからず。其貌を以て氏を誹議する者は、無智に非ざれば必ず残酷なり。(42)……


おそらく、正造からの書簡に接して、新井奥邃が所感をまとめたものであろう。ここで新井は、正造を、「求道者」、「伝道者」、「人道」の実践者、「小子」などと評している。正造の死の直後に島田宗三に宛てた書簡と同じような表現をしている。新井にとって正造は、まさにキリストの教えを実践してやまぬ同志であった。工藤正三の表現をかりれば、「共に神に近付くために戦っている戦友」であった。[43] それればかりか、新井は、正造のなかに「小子」の精神(「嬰児の信」)を見ている。「完全なる人格は其完全なる小子たるに在り。凡そ有神無我なる者は、一として小子ならざるはなし」[44] というように、新井は、「小子」こそキリストにもっとも近い存在であると考えていたのであり、さらに、「若し有神無我なる者十男十女あらば廃国と雖も必ず興らむ」[45] と主張していたのである。

つまり、新井にとって正造は、信仰上の同志であったばかりか、暗黒なる文明世界、亡国日本を救う「義人」「真人」の一人とみなされていたのである。

残る問題は、二人の思想的関係をどのようにおさえるべきか、という点であるが、前述のような二人が相互に与えた規定を考慮すれば、二人のうちどちらか一方だけが相手に強い思想的影響を及ぼしたとは考えられないのではなかろうか。

たしかに、晩年の正造の日記の中には、「神戦」や「神息」など、新井の用語とおぼしき言葉も散見する。聖書から学んだ非所有論や「悪」をも救う救済観念などは、新井の思想と見まごうほどにそっくりである。しかし、二人の思想やキリスト教信仰には、決定的ともいうべき相違が見られることも事実である。まず、新井の信仰の核心ともいうべき「父母神」思想を、正造が受け容れているようには思えないことである。それに、新井は老子的なユートピア世界を否定していたが、「下野の百姓」正造の内面奥深くでは、それがしっかりと息づいていた。また、正造の最大の思想的特色というべき自治と人権の思想は、新井の中にほとんど見いだすことができない。

こういった点から考えても、私は、正造の思想やキリスト教認識は、足尾鉱毒問題や谷中問題という具体的な課題への取り組みのなかで、悪戦苦闘しながら深まっていったものであり、その結果として新井と類似した信仰に達したのではないかと考えている。[46] その意味で、正造の思想や信仰に対する新井の一方的影響を強調する理解は首肯しがたいのである。[47]

第三節　解放をめざして

一　「谷中」と「小中」

かつて、正造と「谷中」の関係を「三重の関係」にあったと整理したのは、鹿野政直であった。鹿野は、『選集』第七巻「解説」で、次のように述べている。第一に、「谷中残留民の一人」というように、「みずからを残留民の一人と位置づける視点」があった。第二に、「谷中学初級生」という表現に代表される「谷中の人民に学ぼうとする姿勢」があった。そして、第三に、自分を「谷中人民様の御付添」と形容する「谷中の人民の保護者・代弁者・指示者たろうとの意識」があった。それらをまとめて、鹿野は、「生活者・学習者・庇護者という三重の関係」にあったと規定した。そして、「谷中」は、正造にとっての「現場」であり、「原点」でもあった、と指摘している（三一五〜六頁）。

私も基本的に同感であるが、晩年の正造の意識がかならずしも「谷中」一色ではなかったことにもう少し注目してもいいのではないかと思っている。それは、書簡の自署にみる自己規定（認識）の変遷をたどっていくと、一九〇九年頃から「小中」と記す例が顕著になってくることに注目するからである。いま、その一覧を次頁に掲げてみる。

一見して、「小中の正造」、「小中の（土）百姓」という表現が特に多いことが目立つ。この表には、単に地名として記されたものは省いてある。それらを除いても、正造の生涯をとおして四三例みられるのであるが、その大部分は一九〇九年以降である。とりわけ、一九〇九年八月以後に頻繁に登場するようになることがわかる。そして、一九一一年と一二年に集中的に見られる。

このことが意味することは、おそらく次のようなことではないだろうか。つまり、谷中の闘い、谷中回復再生の闘

＜参考＞田中正造書簡の自署に見る「小中」

1.	1894・3・12	村山半宛	No.381	「小中山人」	⑭331
2.	1895・3・10	村山半宛	No.431	「東京にて　小中村」	⑭376
3.	1898・9・1	大出喜平宛	No.711	「うつの宮より　□中の人」	⑭604
4.	1902・7・29	荻野萬太郎他宛	No.1229	「小中村の百姓」	⑮447（本文中）
5.	1903・12・29	長谷川展宛	No.4972	「無野心家安蘇小中の農民」	⑲472
6.	1905・8・26	梅澤初子宛	No.1977	「茨城方面より　旗川村小中拝」	⑯434
7.	1909・3・28	原田好三宛	No.3068	「牛込高田馬場より　小中の老朽」	⑰594
8.	〃・6・23	原田勘七郎他宛	No.3159	「むかしの小中村今ノ正造」	⑰653
9.	〃・7・26	近藤貞吉他宛	No.3185	「神田花井方　小中の生れ拝」	⑱19
10.	〃・8・16	木下尚江宛	No.3194	「さの町より小中村」	⑱27
11.	〃・8・17	碓井要作宛	No.3195	「旗川村大字小中生」	⑱28
12.	〃・8・21	白石荘蔵宛	No.3198	「安蘇郡小中村　正造」	⑱31
13.	〃・8・27	白石荘蔵他宛	No.3201	「安蘇の小中村生」	⑱35
14.	〃・9・□	野口春蔵他宛	No.3250	「小中村　正造」	⑱77（本文中）
15.	〃・10・3	島田榮蔵宛	No.3255	「埼玉うらわより　小中」	⑱80
16.	〃・11・7	近藤貞吉宛	No.3298	「…四県平等治水理想ヘボ農夫小中の土百姓」	⑱104
17.	1910・2・10	津久居彦七宛	No.3379	「小中　正造」	⑱156
18.	〃・3・9	近藤貞吉他宛	No.3402	「東京より　小中村」	⑱171（本文中）
19.	〃・4・4	小沼仁兵衛他宛	No.3438	「小中生れの70才の正造」	⑱193（本文中）
20.	〃・7・1	萩原源次郎宛	No.3504	「茨城県古河町田中屋方　小中の正造」	⑱232
21.	1911・3・17	近藤貞吉宛	No.3736	「小中の在の人　溜かつぎ営業　正造」	⑱384
22.	〃・8・20	近藤貞吉他宛	No.3898	「今日ハ間々田水辺鳥生　小中生れ」	⑱485
23.	〃・8・31	高田仙次郎宛	No.3924	「日本国の東京より　小中の土百姓正造」	⑱506
24.	〃・9・5	林重平他宛	No.3930	「…小中の土百姓」	⑱509
25.	〃・10・3	原田政七他宛	No.3957	「あそ郡旗川村大字小中生」	⑱520
26.	〃・10・8	碓井要作宛	No.3964	「さの町方面　あそ郡小中生」	⑱524（本文中）
27.	〃・10・11	吉岡耕作他宛	No.3970	「栃木町途上より　小中生れの百姓」	⑱526
28.	〃・10・26	小島國平他宛	No.3987	「栃木より　小中の土人」	⑱535
29.	〃・10・27	津久居商店他宛	No.3988	「栃木町より　乱筆小中土人」	⑱535
30.	1912・1・25	白石五平宛	No.4043	「うつの宮より　小中生」	⑱566
31.	〃・1・26	木村浅七宛	新出	「政外正造　小中の土人」	『亡国』144
32.	〃・1・31	逸見斧吉他宛	No.4047	「下野小中生産地　正造」	⑱568
33.	〃・2・4	近藤貞吉他宛	No.4050	「栃木より　小中の正造」	⑱569
34.	〃・4・8	斎藤常五郎宛	No.4140	「栃木町より　小中の正造」	⑱621（本文中）
35.	〃・4・24	岩崎佐十宛	No.4160	「小中の土人　正造」	⑱631
36.	〃・4・25	小沼仁兵衛他宛	No.4161	「藤岡町より　小中の正造」	⑱632（本文中）
37.	〃・4・25	足利キリスト教会所他宛	No.4163	「あそ郡小中の正造」	⑱633
38.	〃・8・13	萩原源次郎他宛	No.4230	「茨城途上　小中生」	⑲7
39.	〃・11・12	小沼仁兵衛他宛	No.4328	「小中の一平民百姓拝」	⑲12（本文中）
40.	1913・1・23	野口春蔵他宛	No.4446	「…出京途上　田中屋方ニて小中の人」	⑲123
41.	〃・2・7	石関軍蔵宛	No.4475	「東京出先より御願　小中の百姓拝」	⑲147
42.	〃・2・11	木村浅七宛	新出	「昨夜来の東京　多忙中　小中の正造」	『亡国』158
43.	〃・5・14	清水多一郎宛	No.4620	「上彦間途上　小中の正造」	⑲233

（備考）『亡国』とは『亡国への抗論』の略

いが困難になればなるほど、そのとき同時に正造の内面において「小中」も浮上してくるのだ、と。単に、老境に入ったから故郷を思い出すことが多くなった、という一般的理由だけではないだろう。谷中における闘いと小中が、正造の内面においては、密接に関連しあっていたのではなかろうか。正造にとって、「小中」は「百姓」としての自らの「原点」であり、また「自治」の「原点」でもあった。そうであるならば、正造にとって、日本再生のためのもう一つの根拠地が「小中」であった、といっても過言ではない。

このような仮説を論証するために、少々詳しく、晩年における「小中」への言及を分析してみたい。問題はもっぱら財産処分の件である。

正造が、自分の家屋敷や田畑などの財産を「社会公共ニ放ふり出して仕舞」う決意をはじめて表明したのは、一九〇七年一二月二三日付けの原田勘七郎・タケ宛の書簡の中であった。長年の選挙運動で財産はすっかり使い果たしたものと思いこんでいた正造は、八反余の山林田畑がまだ残っていると聞いて、驚きあわて、前年の三月末にそれを原田定助に買い取ってもらうことにした。それは、カツの老後のことも考えてのことであったが（⑯四七四）、基本的には売却代で蓼沼丈吉や島田雄三郎への借金を返済してもらおうとしたのである。その後、考え直した正造は、次のような希望を述べる。「定助殿と蓼沼様と島田様三人で寄附ニして、其畑地の中ニ宗教倶楽部をつくり、その留守居ニハ縁近きものと信者を置き、或ハよき教員を置き、或ハ宗教家を置きて、郷里の風俗を改正したい。教育をすゝむる基へをひらきたいのです」、と（⑰二三七〜八）。

翌一九一〇年五月二一日、正造は、継母クマの危篤のために小中に帰った。クマは二五日に死去し、やがてカツも桐生の妹の家に身をよせるようになったため、生家を寄附する環境は整ったといえる。しかし、いまだに決めかねていたのか、一〇月一四日には、赤見村の林重平に、生家の問題で相談したい旨の書簡を送っている[48]。

一九一二年一一月一一日の林市造宛書簡は、様々な意味で重要である。「たとへ小中ニ数十年居らざるも、魂へハ常ニ小中の川原や林しの中をかけめぐります。安蘇郡ニ居らぬとも心ハ常ニ村〻をめぐる事恰も明治十三、四年の頃の如く」（⑲六二）、という。身は東京にあっても、夢では毎晩谷中に帰ると残留民に宛てて書いた、それとそっくり同じ様な表現を小中に対しても行っていることが注目できる。そして、精神を堅くもって「小中回復」に努めてほしいと願っているのであるが、鹿野が注目した「谷中人民様の御附添」という言葉は、この書簡に出ているのである。一二月一六日には、篠崎平吉に宛て、「小中回復クラブ」の事について相談し、翌一九一三年一月二日には、「小中の回復は日本の回復」、「国家亡びても小中は復すべし。天地の亡びざる限りは小中亡びるのいはれなければなり」と書き送っている（⑲九五）。谷中のことをさしているのでは、と思ってしまうほど似かよった表現が、小中に対してもなされていることに注目する必要がある。

そして、残っている財産をすべて「小中農教会」に寄附することを明言したのが、一月二二日と二三日の書簡であった。二月一日には、石関郡蔵に宛てて、寄附の真意を説明している。「小中を見れバ田畑も荒れ、人心亦旧の如くならず、川も林も光景一転、むかしの見る影もなき貧乏人の多い村とハなりはてゝ候。実ニ社会虚飾の文明と反比例です」。だから、田畑や家屋を寄附するのは「小中回復の一歩」なのである、と（⑲一三〇）。

正造は、長いこと小中を離れている内に、小中が荒廃してしまったことに心を痛めていた。もともと小中村は、そんなに貧富の格差がはげしくない村であった。それが、「貧乏人」が多くなり、村にも活気が失われ、自治も機能しなくなっていたのだろう。自分が財産を「小中農教会」に寄附するのは「小さな事」で「自慢」するほどではないが、「小なるを履んで大なるニ到るもの」だから、「小中挽回の端緒」になってくれれば幸いである、と考えたのである（⑲一一九）。

私が思うに、これは、議員歳費辞退と全くおなじ行動パターンであった。既にのべたように、議員歳費辞退は、国家財政の正常化を願い、亡国に突き進む日本を救おうとした行動であった。「小中農教会」に財産をすべて寄附してしまったのも、自分のすべてを放り出すことで、小中の人々を覚醒し、小中の回復と再生を期待したのである。そして、小中が再び日本再生のための「拠点」になるよう、正造は願ったのである。

「谷中の回復は日本の回復」、そして「小中の回復は日本の回復」。自治を拠とした再生への願いは、自治の「原点」としての「小中」への思いもかきたて、「谷中」のみならず「小中」をも日本再生の「拠点」と位置づけるにいたった。

二　正造の女性観

（一）「妻を呼ぶニハ名を呼ぶべし」

田中正造のみならず、人権思想を測る一つの目安は、被差別部落民や女性などに対する偏見や差別意識からどれだけ解放されていたかを調べることである。正造の被差別部民衆に対する考え方は、既に第一部で詳述した。その結果、「昔話」だけで高く評価するのは危険であり、正造も偏見から完全に自由であったわけではないことを実証した。それでは、女性観はどうであったのだろうか[49]。

これまで、私たちは、「家政の憲法」にみる男女平等観を見てきた。そして、県会議員としては、女子中学のみの廃止に反対するなど、人口の半分を占める女子の教育の重要性を喚起していたことも思い出すことができる。正造の女性観は、「家庭」に対する考え方がそうであったように、西洋啓蒙思想の影響や、巖本善治の思想（とその明治女学校の教育方針）などの影響を受けて形成されてきたものと、私は考えている。

だが、正造の女性観が語られるとき、きまって持ち出されるのが、妻の名を忘れてしまったというエピソードである。一九一一年の日記に、自戒をこめて、「妻を呼ぶニハ名を呼ぶべし」と書かれている。そして、その理由が、次のように記されている。

○むかしの田舎ものハ妻の名を呼バず。妻を呼ぶニコレ〳〵、てまいなぞと云へ、妻が夫と呼ぶニコレ〳〵、コチノ人、アンター、旦那、テヽサン、トツザンなぞ呼べり。正造も田舎の小中と云ふ藪の中の生れなれバ、やはり女房を呼ぶにコレ〳〵で間似合せたる星霜三十年、終ニイツシカ妻の名を忘れたるをしらず。或るとき衆議院議員たるの日、解散のためニ急用出来て、妻ニ端書を飛さんとして、宛名の妻の名を忘れて茫然しばし考へて漸く思へ出して田中かつ子と書きたり〔る〕も、自ら独り笑つて抱腹せしほどなれバ、国ニ帰りしとき直ニ其顚末を妻ニ語ると、妻ふつぜん喜びざる久し。之れ人倫人情の粗末なるに恥ぢたり。畢竟ハならわしのよろしからぬので、毎朝毎夕互ニ名を呼べバ、いかに物忘れの癖せありとも、日ニ三度ヅヽ呼んで一年三百六十ぺん、三度千〇六十《（ママ）》ぺん、之れを三十年せバ三万六十八《（ママ）》度なり。イカニ忘れ上手の正造たりとも読書百ぺんせバ義自ら通ずるので、女房の名を忘れたくも忘れられぬべし。西洋の文明の教へ来りてより、山の奥までもすまのうら〳〵までも、名を忘れぬ夫婦ハないけれども、むかし名を呼ぬ時代ニハ、現在の妻を忘れ夫とを忘れるものすらもありとハしば〳〵耳を汚したり。たとへ名を忘れずとも、夫婦互ニ人を忘るゝこそ罪の大なるなり。人も忘れ名も併せ忘れるものハ最も罪の大へなるものなり。（⑫一七〇〜一）

衆議院議員として、家庭をほとんど顧みない奔走の日々を送っていたときのことである。妻の名を忘れただけではない。かつて養子であった大沢文造の名すら忘れることもあったようである。[50] それにしても、大まじめで反省しているところは、いかにも正造らしい。諧謔味さえ感じさせる。しかも、憲法も三六〇日「喋〻」する必要があると強調していたことを思い起こせば、憲法と妻（夫）の名は毎日欠かさず唱えようということになってしまう。

正造の妻カツは、一八四九年五月一二日に、安蘇郡石塚村の大澤清三郎の次女として生まれた。正造よりは約八歳年下になる。正造と結婚したのが、一八六三年四月のことである。二人の間に子どもは授からなかった。[51] 一九三六年一月二〇日に、八八歳で死去している。

大出きたい「田中正造の妻カツ像を追って」（『田中正造とその時代』第三号所収、一九八二年秋）によれば、結婚後に正造がカツと一緒に暮らしたのは、合計してもわずか三年ほどに過ぎなかったとされている。そのため、一八九一年の父富蔵の葬儀のきりもりや親戚の不幸の見舞など、すべてカツが行ってきた。というと、不在がちの夫に代わって留守宅を守っている妻というイメージが強いかもしれないが、カツには、正造にとっての足尾鉱毒反対闘争の同志という一面もあったことを忘れてはならない。

正造が、足尾鉱毒反対闘争の担い手として女性に注目し始めるのは、一八九九年頃からと考えられる。二月一四日の村山半宛の書簡に、「……より御婦人様迄」として、鉱毒被害の調査に関して、乳汁欠乏による小児死亡の実態をなるべく多くの婦人に見せるよう指示しているのが最初であろう（⑮一五）。そして、一八九九年か一九〇〇年頃と推定されるカツあての書簡に、小児死亡調査や被害地案内は重要な「女子の運動」であり、女子でなくてはできないものである、だから、「日本の婦女子たるものに男子に劣らざる御尽力奉願上候」（⑮二一二）、と指示している。つまり、生命（「非命死者」）への着目が、生命を産み、守り、育む、「産む性」としての女性の特質への着目につながっていったと考えられる。

実際に、カツは、海老瀬村の松本英一宅に設けられた施療院に、一九〇一年一〇月頃から翌年七月頃まで泊まり込み、被害民の救済活動に従事している。また、一九〇二年二月には、被害地の婦人たちが「押出し」を敢行し、貴衆両院議長を訪ねて陳情し、その後も女性たちの上京運動が相次いだことは、前述したとおりである。このように、女性たちが直接集団行動をするのは、一揆にも、自由民権運動にもみられなかった特徴である。

おそらく、こういった女性たちの組織化・動員工作の過程で、女性のおかれた無権利状態、隷属状態に対する批判の眼が、正造に形成されてきたと考えられる。

(二)「男子ハ統監府の如し」

女性の隷属状態に対する言及が多くなるのは、一九〇三年頃からである。その一つの大きな理由と考えられるのは、妹リン（一八四五〜九三）の死とその生涯である。妹リンの回想は、階段から転落して死亡したというあっけなく早すぎる死の衝撃とともに、正造が「昔話」を『読売新聞』に連載したことなどもあって、リンの娘であり、正造の養女でもあった原田タケ宛に、何度も書き送られている。しかし、ここでは、一九一一年八月二四日付けの林重平宛書簡から、正造がリンの生涯をどのように見ていたか、引用してみよう。

わたくしの妹一人あり。之れも私よりも落ち付いて勇気もわたくしより一倍で、物の覚へもわたくしの一倍でしたけれども、女ニ生れたので足利の商人ニ嫁ニ行つて、つまらなく子供計り八人もうんで四十九で死んだ。女ハつまらぬ。実ニ女ハかわいそうです。（⑱四九五）

妹のリンの方が、自分よりもはるかに能力があったとは、正造が幾度となく繰り返すところである。しかし、もって生まれた天分を活かすこともできずに、リンは死んでいった。「女はつまらぬ。実ニ女はかわいそうです」、と。妹の生に対する痛哭の念が、正造をして、徐々に女性のおかれた地位に対する批判の眼を作り上げていった。

一九〇三年九月四日の日記に、「細君ハ男子ノ所有物ニハアラズ。彼レノ彼レ自身ノ所有物タリ」（⑩五〇六）という表現が出ている。妻のからだは、妻自身のものであるというのである。このように、正造は、女性の権利に対する当面の敵を、男子・夫に見いだしていった。そうした正造が、「日本古来婦人ハ奴隷の如し」と言い切ったのは、一九〇六年七月九日の福田英子宛書簡の中であった。

「凡人生心ニもなき方針、心ニ合わぬ人と夫婦となり、終生夫の奴隷となり、自由ニ女子の権利をものばす事の出来ぬほどの不幸ハ無之候。日本古来婦人ハ奴隷の如し。木〔器〕物道具の如くせられて恥とするもの少し。又怪まず、却て夫ニ残酷されるを、ヤキ喧嘩なり、鴨の味の如しなぞとまでニ誤りて、せめられ、たゝかれ、叱かられて、夫れを喜ぶ婦人の多きハ、実ニ東洋の弊ニ候事なりと、少シク西洋の婦人の御はなし、此手紙も御よみきけ被下度候」

（⑯四九八）。

やがて、このような男性の支配下にある女性の境遇への同情は、日本の実質的な支配下にある朝鮮人の境遇への同情と交錯し、「男子ハ統監府の如シ」という表現を生み出すようになる。一九〇九年一一月一三日の「日本キリスト教婦人矯風会における演説草稿」の中で強調されているのは、「今ハ日本婦女ハ朝鮮人よりもひくし。男子ハ統監府の如シ。否これよりも横着なり」（④六一六）ということであり、だからこそ、「其根本義として男性の圧迫を退けて婦人人権の保障を全からしめたい」（④六一七）ということであった。日本の「復活」は、「日本婦女の手」で行われなければならない、というのである。これは、正造が、選挙権を腐敗した「上流男子」から取り上げて、女性や学生などに与えるべきだと主張していたことにも共通する。

つぎの史料などは、極めて痛烈である。

○輸出の多くハ女子の手ニ出ず。一　織物、一　製糸、一　紡績、一　さなだ、一　茶、一　田植、一　たばこ葉まき紙まき　　公益

○男ハ酒、たばこ、ばくち、盗人、強盗、人ごろし、放蕩、遊び、のらくら、巧、企て、山林払下、土地併呑、土木費濫盗、詐欺、強奸、鼻咲（喧嘩）　　公害（⑫四三八）

女は「公益」、男は「公害」、というのである。ここで、男は、「公害」の元凶として、国家や企業と同一視されるにいたった。それは、単に、女性を圧迫しているのが男性だけではないことに正造が気づいていったからである。つまり、政治の堕落によって一般婦女子が被害を受け、さらに富豪の横暴によって貧弱の女子が被害を受けていることへの着眼である。男性中心社会の構図のなかで、性と階級の二重の抑圧に苦しめられている女性の姿に正造の眼は届いていた。それが、貧窮家庭の出身が多かった娼妓への同情心につながっていった。(52)

㈢　独特な公娼廃止論

田中正造が廃娼運動に関心を寄せはじめるのは、日本基督教婦人矯風会（一八九三年設立）や、救世軍日本本営（一八九五年、本部ロンドン）との関わりが契機であったと思われる。婦人矯風会や救世軍は、廃娼運動や自由廃業運動の中心的な担い手であった。

正造の史料の中に、一九一一年頃から公娼（制度）に関する所説が多くなるのは、この年七月に設立された廓清会との関連を抜きには考えられない。公娼制度の廃絶を目的とした廓清会は、会長に島田三郎、副会長に矢嶋楫子と安部磯雄、顧問に大隈重信と、いずれも正造と関係の深い人物を擁し、機関誌として『廓清』を発行した。正造は、廓清会の発足時から、密接な関係をもっていた。七月八日の午後六時から神田美土代町青年会館で開催された発会式には、正造も出席し、請われて「快弁」をふるったという。[53] また、正造にしては五円という大金を廓清会に寄付していることが、『廓清』第一巻第五号によって知れる。廓清会に期待するものが、それだけ大きかった証左であろう。

廓清会の発足前の一九一一年五月一〇日頃の日記に、今の日本男子は娼妓以下の存在であり、娼妓はむしろあわれむべき存在であるという記述が出てくる（⑫一七九〜一八〇）。そして、七月五日には、「公娼なぞと云ふ立派の文字の中ニ捕われるハ獄ニ捕ると同じ。女子生命を絶つので死刑である」（⑫三一二）と記し、公娼は生きながら殺されている存在であるとして、死刑と公娼制度の廃止論を展開している。そうした正造の公娼廃止論の集大成が、『廓清』第一巻第四号（一九一一年一〇月）に発表した「改良の余地なき悪制度」（『選集』⑦一九四〜、『亡国への抗論』にも収録）である。

その特徴は、第一に、公娼を買う男の側の「貞操」問題を重視していることである。

正造は、まず、「須らく男子を検黴せよ」と主張する。「吉原の如き、洲崎の如き、遊廓地では其入口に警察署を設けて、廓内に入り娼妓を買はうとする男子は一々此處へ届出でさせ、此處で警察医は其者の身体を検査し、若し肺病又は梅毒の如き伝染病に罹つて居ることを発見したならば、直に登楼を禁止すると云ふ事にしたい」というのである。それだけでなく、「遊客に巡査を尾行せしめよ」とも主張する。登楼を許すのは身元調査をきちんと行った上で独身者だけに限定し、さらに身体検査の結果無病と判明したものだけに許可して、そのうえ巡査を附けて尾行させよ、という。「遊客に一々巡査を附けるのは手数でもあり、遊客自身も五月蝿と云ふかも知れぬが、遊廓などへ往く奴は始めつから碌な奴はない。巡査を尾行せしめる価値のある奴ばかりであるから、却つて大なる利益があるだらう」と指摘している。娼妓を買う男の側を徹底的に取り締まり、娼妓に検黴制度があるなら男性にも同様の制度を施行して娼妓の身体と人権を保護すべきだ、というのであった。このような公娼制度に対する「買春」する男の側からのアプローチは、きわめて独自のものであるといえる。

第二には、娼妓への「同情」が根底にあり、娼妓の人権保護という視点が確立していたことである。正造はいう。「女子の身になつて今日の公娼制度を見ると、実に不都合な話であつて、女子の権利といふものを認めて居ない」、検黴規則も男子を保護するためのものであって娼妓の身体を保護するという視点が欠落している、「婦人も亦人間であり同じ日本国民である以上は、元より婦人をも保護せなければならぬ」、これは「大なる人権問題である」、と。

そして、結論としては、いくら男子を取り締まるにしても、「根底より悪い者は幾ら改良しても善にはならないから、寧ろ潔ぎよく廃止するには如かない」と、公娼制度の即時廃止を唱えている。

なぜ、正造の廃娼論が独自の意味を持っていたのかというと、その理由は、当時の廃娼の論理のほとんどが、娼妓に対する賎業視、軽蔑の念を持ちつつ、娼妓の人権よりも「文明」国としての体面を重んじていたからである。同性であった矯風会のメンバーの多くも娼妓に対する同情心は薄かった。この点は、廓清会の運動にも共通していた。

たとえば、『廓清』第一巻第二号（一九一一年八月）所収の「朝野諸名士と廓清会」（一）に、山路愛山の意見として、「女郎屋は穢多の一種族ならん」がある。「我輩の考へでは、女郎屋などを営む如き人間は、日本人には違いないとするも、屹度種族が一種異った者であらう。換言すれば穢多の一種に違いないと思ふのである。……遊廓は皆穢多村の近所に持つて行くがよい」（五〇頁）と述べている。

こういった視点は、『廓清』の編集発行人であった益富政助にもみられる。第二巻第一二号（一九一二年一二月）に掲載した「男女問題」の中で、益富は次のように述べている。「目下群馬県は此公娼制度を全廃しているのであるが、私娼があるにも拘らず一般人が之に対する眼は、余程以前よりは改り、群馬県人は人の前でダルマ買（私娼の俗称）の話をするを恥ぢ、子女はダルマの話をすると顔を背け耳を塞ぐと云ふ様になり一般の人民は之を穢多の如くいやしめている」（二三頁）。

山路や益富のように、「女郎屋」や「私娼」を「穢多」にたとえて不思議に思わない神経は、彼らの中に「賤業」だから差別されても当然であるという意識が抜き難く存在していたことを物語っている。たしかに、正造の残した史料にも、「醜業婦」という表現は登場する。一九〇六年七月九日付けの福田英子宛書簡の中で、大澤（新八郎か）の娘が朝鮮に働きに行くのを止めるよう進言してほしいと福田に依頼した後で、「海外ハ敵のみ多きものと承知せねバならず、彼の醜業婦の冒険を以てせる人々と同一ニハ参り不申、よほどあぶなし〳〵です」と書いている（⑯四九八）。この書簡では、前引したように、「日本古来婦人ハ奴隷の如し」ということばで、女性の隷属状態に対する批判が明瞭に見てとれるにも拘わらず、である。等しく人権とはいっても、まだ、一般女性と娼妓のそれを区別しているように思われる。しかし、娼妓の境遇に対する理解が深まっていくにつれ、そうした「醜業」視も徐々にうすれていき、娼妓にも人権があるということを明確に認識するようになっていったといえるだろう。

（四）「女徳」重視という基調

正造は、女子教育をとても重視していた。前述したように、県会議員時代に、財政難だからといって女子中学のみを廃止しようとする提案を批判し、廃止するなら男子中学も同時にすべきであるとして、次のように述べている。

女子ナル者ハ教育ヲ温順ニセザル可ラズ、又唯々夫ニ従ヘ活計上ノミ取扱フ等ノ風習ハ一体東洋ニ在リト聞ク、然シナガラ漸次ニ社会ガ進歩シテ今日ニ至テハ男女同権ノ論起リシ時ニ在ラズヤ、然ルニ女学部ノミヲ廃スルト云フハ不当也ト考フ（⑥三二七）

そして、「今日本の人民を三千五百万とするもその一半は女子也。而して女教振わずんば日本人民の一半は文盲の種族なり」とも述べている。また、「谷中問題」に関しても、「男の子ハ何とかして行くとしても女の子ハ全く教育廃止です。……此女子救済のことハいかニしてよきか、御訴へ申上げて置きます」（④六二一）と、女子が小学校にも通学できない状況にあることを心から憂えていた。

このように、女子教育の重視という視点は自由民権時代よりみられるが、問題は女子教育の中味である。正造は、はたしてどのような女子教育を理想としていたのであろうか。結論を先取りするならば、正造は、「知」よりも「徳」を重視していた。徳育こそ女子教育の中心でなければならないと考えていたのである。

「凡女子の品行ハ高尚を尊び申候。高尚とハ何ぞや、第一こゝろの高尚ニありと申候。たとい学文ハなくとも其真心ニしてやさしく貞節ニ候ハヾ女子の大徳ニ御座候」（⑭二四四）とは、一八九一年二月一八日付けの上野松次郎他宛書簡の一節である。ここにみられるように、まず第一に「こゝろの高尚」であり、「真心」「やさしく貞節」であって、さらに「忠義」や「節操」を重んじることが「女子の大徳」であり、「学文芸能」よりもはるかに重要なことである、というのが正造の基本的認識であった。「婦のなまいきハ三文の価なし」（⑲四〇七）とも述べている。まるで、女性の高等教育への願望を否定するかのような言いぶりである。

かつての養女タケの妊娠を知ったとき、正造が依頼に応じてその名前を考えタケ夫妻に送った書簡が、はからずも正造の理想とする女性像を表している。

一　たけ子妊娠六ケ月とハ御通知遅し。
其名をいらめと御申こしニ付一応入御らん候。
男タラバ、天作、徳治、實、進、太郎、一郎。（略）
女タラバ、貞、節、烈。
右之内ニテよろしく可有之候得共、如何御座候や。尚御選ミ可被遊候。（⑭五八〇）

正造の意をくんで、タケは、自分の娘に、貞子、節子と命名している。正造が、「好める人物」として三浦屋高尾をあげているのも、「貞、節、烈」といった「女徳」を尊重していたからであろう。

一八九九年に高等女学校令が公布され、「高等」の名の下に、「婦徳」涵養を目的とした家政学中心の良妻賢母主義教育が行われていくが、正造の女子教育論もそれとほとんど変わらないようにみえる。しかし、一般に良妻賢母主義教育は、性の二重基準をそのままにして展開されたものであり、性の二重基準を認めなかった正造とは本質的な部分で異なっていたと考えられる。つまり、高等女学校などで強調された「婦徳」は、男の放縦を前提にしつつ、女性だけが心がけるものとされていたが、正造の場合、基本的に「徳」は男にも女にも必要なものであり、かつ男の貞操保守義務も強調しつつ、その上で、とりわけ女性には「徳育」が必要だと考えていたのである。

正造の女性観は、『世界婦人』第二号（一九〇七年一月一五日）に掲載された幸徳秋水の「婦人小観」と比較すると、さらによくわかる。正造は、この秋水筆の「婦人小観」を、「悪筆」であると批判していた。

秋水は述べている。「僕はお転婆を尊ぶ、おきやんを尊ぶ、刎ッ返り、飛上り、ガラガラの婦人を尊ぶ」。「僕は親兄弟を振棄てゝ殿御に附く婦人を尊ぶ、同時に亦た能く亭主の圧制束縛不法に反抗し得る婦人を尊ぶ」、と。そして、秋水は、現在の結婚、家族制度に対する批判を展開している。「現時の結婚は婦人の自由の束縛也、婦人の首枷、手枷也、現時の家族制度は直ちに婦人奴隷制度也、天下自由を尊重するの婦人は、假令七人の情郎を有するも一人の亭主を戴だかざるを要す」。
現在の女性が、男（夫）の「奴隷」になっているという認識では、正造も一致していた。しかし、秋水流の、結婚や家族制度を否定してまで自我を貫くことを奨励する自由恋愛論には、とても賛成できなかったのである。原田勘七郎・タケ夫妻に宛てて、正造は、次のように書いている。

○愛国婦人の運動ハ益よりハ害多シ。婦人たるものハ家庭より急務ハない。又国家の事よりハ自身の人権を蘇生せしむるのが急務である。数千年来習慣たる、女子ハ男子の玩弄器械を甘んずるでハない。屈腹〔服〕閉口諾ゝで、終ニ習へ性となりてあるを改良改革せねバならぬ。かの秋水先生の婦人小観のハネツ火おてんばを以て予ハ喜ぶものニあらず。しかれども、卑劣卑屈ニ安んずるものハ（ママ）より、此ハネ天ばが比較上よいと云ふのであろふけれども、秋水氏の筆として近来の悪筆法ニ相違なし。（⑯五七九）

このように、正造は、女性の第一のつとめは家庭をおさめることにあると考え、結婚・家族制度否定論者のみならず、家庭をうちすてて社会に出、国家問題で奔走するような女性にも批判的であった。

しかし、正造は徳育だけで良しとしていたのではない。正造の教育論の特徴の一つに実学の重視が指摘できるように、女子教育においても正造は「実学」を重視していた。それを、正造は、一九一一年五月から八月頃にかけて、「女子無形学校論」としてさかんに展開している。『亡国への抗論』に収録された新出書簡の中にも、同様の書簡をたくさん見ることができる。もっぱら「中以下の女子」を対象とするものであった。[54]

然るに今の教育なるものハ、生活上自活上一ツの手業をも学バず、先ヅ形式礼容を脩めんとす。首尾顛倒の甚敷、脩身の整ハざるも宜べならざる（ママ）なり。男子ハ暫らく、女子ニ付てハ特ニ、一ケノ生活術をもて衣食し得らるゝ丈けのミちを学ぶ事専務肝要なり。男子と雖大同小異のみ。但し術芸と云ハヾ、今の学校の極弊にも又陥らん事を怖る。此芸とハ一事食ふニ適切の仕事の芸を云ふなり。農ハ耕す事、女子ハ田を植る事の如き芸を云ふなり。大工ハ大工、畳屋ハ畳屋の如きを云ふなり。

今や各高等の皮層の教育にのみ走りて、耕すものなく、織るものもなく、作るものもなくして、只他人の作りしものを着て、只食ふの人ゝのみ増加するのありさま。此現在の大害を怖るゝものなり。甚敷ハ財産から〴〵芸術の稽古ニ打込んで、表ハスベリノ虚栄的奢侈的ニ熟達スル女子ヲ、卒業生トハ云フナルべし。
○飯ヲ食フノ仕事ハ、生活上必用の立振舞ハ、女子精神脩養ノ要素ナリ。仕事ニ働キ、其労働ニ堪ヘツ、精神ノ脩養ヲ為ス、其人ノ脩養ハ根本アリテ堅シ。書籍上ノ脩養ハ車上ノ花見ナリ。生活上、仕事上ノ脩養ハ手ヅカラ花ヲ造ル人ナリ。花ヲ造クルコトヲシラズシテ花ヲ見ルモノハ、机上の熟練ノミ。花ヲ造クルコトヲシリ、合セテ花ヲ見ルノ人ト、其楽ミノ厚薄如何。
花ノ深味ヲシラズ、花ノ心ヲモシラズシテ、花ヲ見ルハ虚ナリ。何ンノタメニ花見ルカノ疑問アリ。之ニ異リ、花を作ルモノハ、形見ザルモ心ニ見ルナリ。女子タルモノハ、此花を植へ培へて花ヲ咲カセルノ女子タラシメントス。徒ラニ花見娘ハ放蕩ニ陥ランノミ。(⑫四〇三〜四)

女子に必要なのは、まず自活するための「生活術」を身につけることである。それをもって、仕事をする、労働をすることが女子の「精神脩養ノ要素」である。それなくして、礼儀作法ばかりおしえたり、他人に依食するしかない知識を教えても意味のないことである、と正造はいう。実際に正造は、被害地の女子を裁縫学校などに送り、自活の手助けを行っていた。

正造が、一九一一年になって「女子無形教育論」をやたらと強調し、賛同を募るようになる背景には、「新しい女」の登場に対する正造なりの対抗意識が存在していたのではなかろうか。平塚らいてうらの「新しい女」たちに対しては、非常に手厳しい見方をしていた。「〇二月十五日　新婦人演説あり。家庭破壊となる、旧ハ自己の自由を自覚。二十四五才平塚はる子」（⑬四一三）、と。

結局、正造が理想とした女性観、あるべき男と女の関係とは、次の文章に要約されよう。

〇婦人の徳ハ恰も衣類の裏らの如し。男子ハ衣類の表てなり。女徳の裏強よければバ、たとい表て切れ破れても裏ニて保てり。裏らハ表より大ならず、只表と共ニ終身を全ふするのみなり。偶表破るゝも、裏丈夫なれ。うらの丈夫ハ女徳の常ニかくれて見へざるも、非常の場合ニ顕れて男夫の危きをも救ふなり。（⑲四七）

これも、原田勘七郎・タケ夫妻に宛てた書簡の一節である。一九一二年一〇月二五日付けのもので、正造の死のほぼ一年前に書かれたものである。そこで、正造は、男は表地、女は裏地、といっている。男と女、夫と妻は、このような表裏一体の関係にあるという。一見、とんでもなく保守的なことをいっているように思われる。これでは、とても男女対等な関係とはいえないのではないか、と。

しかし、正造が女性の隷従を否定していたことをあわせ考えるならば、衣類の表と裏の比喩は、地位や権利の上下関係を意味しているのではなく、夫婦（男女）の相互補完、相互扶助関係を指しているものと理解できる。一般に衣類の表地は、裏地に比べて高価で立派であるが、正造がここで強調しているのは、衣類で重要なのは裏地の強さであるということだ。裏地がしっかりしていなければ良い衣類ではない、というところに強意点があることは明白である。そのうえで、正造は、実生活上は、あまり出しゃばらずに男をたてて、一歩退いた形で家庭の「和合」を大切にするような女性のあり方を良しとしたのであろう。この点、陸羯南などの考えに近いといえるが、「女徳」の強調も、裏を返せば、正造がそれだけ女性に期待するところが大きかったことを意味するであろう。文明の発展とは「徳義」の発達であると考えていた正造である。だから、後ろ向きに発展する文明や亡国に陥った日本を救うのは女性たちである、という思いが、「女徳」の確立を求めてやまない姿勢につながっているといえるのである。

さらに、私には、正造がここで、他ならぬカツ夫人のことを言っているのではないかと思えてならないのである。この書簡は、カツに対する讃歌ではなかったろうか。

三 「谷中学」がめざしたもの

それでは、田中正造の「谷中学」が最終的にめざしたものは何であったのだろうか。

そのことを考えるとき、私は、社会主義者幸徳秋水との考え方の相違や、木下尚江や逸見斧吉（缶詰製造販売逸見山陽堂主人）などとのあいだで交わされた政治と宗教をめぐる〝論争〟が浮かび上がらせている差異に注目したい。

もともと、正造には、鉱毒問題・谷中村問題こそ社会主義者が真っ先に取り組むべき問題であるとの認識があった。平民社の例会に出席して、彼らに谷中村問題への協力をお願いするよう、黒澤酉蔵に依頼したこともしばしばであった。その情景が、幸徳の手によって、次のように描かれている。

茨城県の青年黒澤酉蔵氏来つて、大に鉱毒問題を説く、鉱毒の問題や、実に全国に瀰漫せる資本家制度の病毒が偶々海老瀬、谷中の諸村に於て膿潰せるのみ、故に之が根治の法は一に資本家制度を絶滅するにあらずんば不可、唯だ其局部に膏薬を貼するが如き救済、請願何を為さんや、予は田中翁が百尺竿頭一歩を進めて、直ちに此社会主義の大旗を擁して天下に呼号せんことを望むもの也。(55)

ここに見られるように、幸徳秋水が田中正造を例にあげて議会に頼ることの無意味さを説くのは、「直接行動論」と「議会政策論」が激突したことで有名な一九〇七年二月の第二回日本社会党大会が初めてではなく、すでに渡米前からそういう評価をしていたことがわかる。社会主義革命の実現こそ先決問題であると考えていた幸徳にとって、現在の憲法や法律に依拠し、議会に請願を繰り返し、政府に救済を求めることは、何の意味も持たないものであった。この点では、幸徳とは立場を異にする木下や逸見も同じであった。たとえば、逸見の考えは次のようであった。

政治の罪悪＝権力ハ必ず腐敗を伴ふの実証として、鉱毒問題、谷中問題ほど具体的なるは無きが故に、此問題を提げて神の前に全人類の悔改を要求する事が覚者の神より蒙るべき使命のすべてにハ候まじくか。問題の全意義に恰当せるにハあらざるか。果して然らバ老台の期して以て真職命とし給ふべきは、問題の有形的救拯にあらずして精神的解決にあり。即ち憐れむべき無辜をして真に神の民たらしむるにあり、真純なる愛の天国の彼等の中に建設されん事にあらずやと存申候。

破憲の事、無法律の事、すべて詐欺の外何事も無し。

と被仰越候につけても、此事実ハ惟り谷中問題、治水問題の事実にあらずして、権力の在る処必ず伴ふべき事実なりと存候が故に、一切人類の悲惨を救ハんハ只〻人の「権力慾求」の毒魔を亡ぼすに存すべしと信ぜられ候。社会主義、無政府主義、或ハ実地に行ハるゝ時も参り申べくか、なれども、人の心に此権力慾求の黒翳存在する限ハ、社会主義、無政府主義ハ人類に対する第二の抑圧となり了すべく予想致され候へバ、まして現存之政権に依りて得べき外形の救済がやがて如何なる結果を生じ可申や予察に難からじと様存ぜられ候。(56)

このような、社会主義や宗教的な理想からする「政治否認」論者の立場に対して、宗教的関心を深めつつも政治を捨てようとしなかった正造の独自性は、どこに求めることができるであろうか。それは、その独自の救済観念、もしくは解放観念にあった。

正造が最終的に到達した救済、もしくは解放観念は、大きく、次の三つにまとめることができるだろう。「弱のまゝ」で「弱きを救ふ」こと、俗塵の中でその「むれ」の中に入って「むれ」の人と化して救うこと、そして、現在を、ありのままをまるごと救うこと、である。

第一の点については既に述べたところであるが、もともと、正造のキリスト教信仰は、自分一人だけの魂の救済を目的にしたものではなかった。自分一人だけの安心立命の境地を得ようと思うのなら、木下尚江のように、一人俗世間を離れ、深山幽谷の奥にこもってしまえばよかった。しかし、正造は、たえず世間の俗塵の真只中にあって、救おうとする「むれ」の中に入り、その「むれ」の人と化すことを通して救済しようと念じて聖書を「実践」しつづけたのである。現実に目をつぶり、来世での救済や社会から隔絶した〝離れ小島〟等に「天国」を作ることを求めたわけではなかった。これが、第二の特徴である。

このことが明白にうかがえるのは、一九一〇年六月六日付けの木下尚江宛書簡である。「夫れ山に入りて仙となるも世に何の益かあらん。社会紛擾の中にあり、若くは争闘苦戦の中に立ちながらに、即ちキルが如く、ミガクが如く、トグが如くして此苦中にあつて仙と化するを得ば、自然社会にも益あらんと存候。之は即ち浅学なる不肖目下の信仰にて候」(⑲五〇〇～一)。しかし、こうした考えが、単にキリスト教に接したから生み出されたものではなく、それ以前からの正造の持論であったことに、ここでも留意する必要がある。たとえば、一八九八年九月の川俣久平宛書簡に明瞭にみられる。「いろ〳〵ウルサクモ生キテ居ル内ハ人生ノ御奉公止ムナキ御事ニ候。御互ニ山ニ入ルノ考ハナキヨウニいたし度候」(⑭六〇九～一〇)、と。

だが、年老いた身で、決まった寝場所もなく、毎日転々としながら奔走を続けることは、生易しいことではなかった。それを、正造は、「老へて冷水を学ぶの愚」と表現して、次のように述べている。

老へて冷水を学ぶの愚、愚は即ち愚なり。車上貧民の巣屈を訪ふ。功少なく労費多し。《食ハ甘きを欲し、衣も》ハやわら〔か〕きを欲するの老躰を以て、此不便の地に入りて悲惨と飢餓とのむれに入らざれバ、《近》き学びニ至らず。《老生の》窮迫ハ誠ニ此一事ニて候。何も政治の虐待ハ今として正造の苦とするニ足らず。獄ニ《死するハ苦ニあら》ず。只老へてハ学べざるもの多きニ苦む。麁衣麁食して破屋ニ臥して、而して其人民の苦痛ニ学んで、《救へ》という思想の当然に発覚せるものならんか。もしそれ啻ニ見て以て憐れなりと思へ、聞へて《以て憐》れなりとせば、皮想ニ過ぎざるものあらん。(⑰三六九、《》は写本で補った部分)

一九〇八年六月一五日付けで逸見斧吉にあてた書簡の一節である。谷中村に入ってから「夢」のように流れた歳月を振り返りながら書いた書簡であるが、ここで、正造は、ただ、見て聞いて憐れと思っただけではいけないのだ、人民の「むれ」に入り、同じ境遇を体験しながら、その「苦痛」に学んでこそ、はじめて「救い」という思想が、意識せずとも身体の奥から自然に発して来るのだ、と強調している。「老い」という「敵」と戦いながら、こうした境地に到達した正造は、キリストのいう「汝の敵を愛せよ」というのもこういうことなのだろうと述べている。

そして、第三の特色は、現在を、ありのままを救うという救済観念の存在である。このことを、正造は、「今日ハ今日主義」と自称している。この問題は、とりわけ、社会主義者や、木下・逸見ら政治否認論者に対する違和感として語られることが多い。そこで、いささか遠回りになるが、正造の社会主義の受けとめ方から改めてみていこう。

田中正造の社会主義思想の受けとめ方は、良く知られているように、「今ノ社会主義ハ時勢ノ正気ナリ。当世ノ人道ヲ発揚スルニアリ。其方法ノ寛全ナラザルト寛全ナルトニ論(ナクー小松)其主義ニ於テ此堕落国ニ於テハ尤貴重ノ主義ナリ」(⑩五五二)というものであった。一九〇三年一〇月二六日の日記の記述である。

こうしたことからも、最初の頃の正造が社会主義(者)に好意的であり、また谷中村復活闘争への彼らの支援を心から望んでいたことは、まず間違いない。しかし、その後は、社会主義(者)に対する違和感の方がむしろ増幅していったのか、逆に社会主義者との〝違い〟を述べることが多くなっていく。

一九一二年五月一日、正造は、谷中残留民の婦人と子どもの慰労会の席上、次のように語っている。「社会主義の人たちは、経済を合理化して事業を機械化して、その利益を公平に分配すれば、一日何時間とか僅かな時間を働いただけで楽に暮せるというが、それは将来の理想であって、我々は目前の人造水害のために潰された谷中を、自然に復活して、麦米のとれるようにすることが大切です」(『余録』下、三六頁)。

正造は、前橋で廃娼演説を行ったときのものと考えられる一九〇九年四月一一日の日付の演説草稿の中で、「実業利益分配」と明確に書いているし(④六一五)、一九一〇年六月一四日の日記には、「〇五人一家一人五十日労働セバ足ル。世界統計、政府及資本家ノタメニ奪ル」(⑪四一四)と書き、「政府及資本家」の搾取を痛烈に批判していた。だから、「将来の理想」としては、正造も、社会主義の提示する将来像(ユートピア像)に否定的ではなかったと考えられるのだが、それよりは谷中を復活させるのが先だとして、谷中問題支援の熱が冷めつつあった社会主義者たちを批判するのである。

たとえば、一九〇八年一一月一〇日付けの木下尚江や安部磯雄らにあてた書簡のように、正造が、自分と社会主義者の目指すところの違いをいうとき、たとえ話として良く持ち出してきたのが、「娼妓店の火災」であった。娼妓は「罪人」だから「焼けるは却てよろしとするか」、いや、「聖人」には決してかかる冷眼はないはずである、と。また、社会はどんどん進歩するから、「公娼ハすて置へて消滅する」というが、だからといって「自然消滅までやらして置くとしてハ余リ自然ノ一方なり」(⑫三一四)、と。[57]

このように、正造は、「他の新主義のありて革正の至るハ別段として、今日ハ今日、未来ハ未来」(⑲二〇八)という考えから、「此窮民の一人を救へ得バ、正造ハ此処ニ死して少しもうらみなし」(⑯五四七)と、「目前」の困っている人、抑圧に苦しんでいる人を救うこと、つまり現在を救うこと、ありのままを救うことに情熱を傾けつづけたのである。

私は、こうした正造の「今日ハ今日主義」の淵源をなしていたのは、「一人を重しとする」という伝統的な儒教の精神であり、なかんずく孟子の「惻隠の情」ではなかったかと考えている。「惻隠」とは、子どもが井戸に落ちそうになっているのをみたら、〝かわいそうに、行って助けなければ〟と思う心のことである。とっさに人間性の深いところから自然に発するやむにやまれぬ気持ちのことをさしている。人間には誰にもそのような心が備わっているのだ、と孟子は述べている。[58]

おそらく、正造の谷中へのかかわりの根底にあったのは、人権思想とともに、こうした儒教的な「仁」＝人道思想ではなかったろうか。『余録』上には、正造が、無我愛運動を進めていた宗教家の伊藤証信の問いに対して、谷中村を〝不治の肺病患者〟にたとえ、救済の見込みはあまりないことを示唆した場面が描かれている。しかし、それでも正造は、「たとい明日滅亡せる国家といゝども、現在の境遇よりして此正論を放ねば、現在の国民の被害ハ何を以て幾分ニても救へ得らるゝかニ付、又ハ目前見るニも忍びず……」（⑱四八八〜九）という気持ちから、谷中村（民）への仕打ちが「人身権利の侵害」、「憲法の大違背」であることを、声を限りに訴えつづけたのである。

だから、資本主義の廃絶という大目的の前にいかに瑣事扱いされようと、あるいは、谷中の民を「神の民」にし「真純なる愛の天国」を作ろうという逸見斧吉らの宗教的メシアニズムの崇高さを十分認識していながらも、「目前見るに忍びざる惻隠の心」が、〝現在を救う〟ことへと正造をつきうごかしてやまなかったといえよう。「今日ハ今日主義」とは、いわば正造が自覚的に選択した守備範囲の限定でもあった。[59]

ここで私たちが確認しなければならないのは、田中正造が、こうした救済・解放の「事業」の担い手として、谷中残留民たちに多大の期待を寄せるようになったことである。当時の日本にあって、谷中残留民は、国家権力の手によって住んでいる村も家もさらには小学校も潰され、納税・兵役という国民の義務を果しながらも国民としての保護を受けられず、生命と財産と生活を護る堤防すら築いてもらえぬまま水の中に放置され、耕作すらも禁止された、最も「抑圧」されていた民衆であった。そういった最も「抑圧」された民衆こそ、救済・解放の「事業」の主体でなければならないと正造は考えたのである。

一九一〇年九月一一日付けの島田熊吉他宛の葉書で、正造はこう語っている。「己れを忘れて他人を救わんとせバ己れ亦自然神ニ救わるゝなり。然るを人ニ救われんとせバ神ハ傍観せり。〇諸君ニハ尚此上とも救へぬしの一人となられん事を厚くいのり上候」（⑱二六七）。人から救われようとする依頼心を捨てて、自分たちこそ「救へぬしの一人」にならなければならないという。では、それは、具体的にどうすることだったのだろうか。

それを表していると考えられる一九一二年四月五日付け島田熊吉・宗三宛の書簡を引用してみよう。


〇人ハパンのみを以て生きるものニあらず。

〇人ハ金のみを以て生るものにあらず。

然れども之れを諸君の力らにて今の世の人ゝニさとすの至難なる、もとより無限の難業なり。（中略）春ハねむし。たとへ眠むくも忍んで御さとしあれ。たとへ馬鹿さるゝとも忍んで御さとしあれ。たとへ軽蔑さるゝとも忍んでゝゝ、たとへ空腹ニなるとも忍んで、人ニ頭コツ〳〵ヤラル、とも忍んで、此憐れの人ゝと見バ教へて救へ賜へよ。殺さるゝまで忍んで救へ賜へ。諸君よ、我同胞の無邪気の人ゝニ教るハ天の道ちなり。但し絶対ニ反対するものハ救ふニ道なしと雖、苟くもたとへ薄くたりとも同志信仰の名ありて、多少のしるしあるものハ必ず御救へあれよ。見よ、三才の小児将に井ニ落んとす。又犬ニかまれんとす。之れを近くはせより急ぎ救ふハ道ちなり。人情なり。諸君疑ふなくして此道ちの御実践をいのる。（⑱六一五～六）

谷中残留民が「救へぬし」になるとは、人はパンや金のみで生きている存在ではないということを、たとえ人から軽蔑されようが馬鹿にされようが忍んで、また、どんなに眠くなっても空腹になっても忍んで、「殺さるゝまで忍んで」、今の世の人々に教えることであった。つまり、最も貧しく、軽蔑され、「抑圧」されていた「最弱」の存在である彼らが、逆に、所有欲・物欲・金欲にとらわれた人類を解放するために、最前線にあって活躍することを正造は期待していたのである。それも、暴力を通してではなく、あくまでも「静かなる精神」のままで、というのが、一九一三年二月に、東京にあって、第一次護憲運動の参加者が暴動化して交番を焼打ちするなどの情景をじっと観察していた正造の結論であった。

これも、すべて、正造が「聞くと聞かせると」の相違を「発明」したおかげであった。正造は、先覚者意識から自由になった。谷中残留民は、正造の啓蒙の対象ではなくなった。それどころか、ここに至って、正造にとっての谷中残留民は、単に「谷中学」の研究の対象にとどまらず、正造の「事業」をともにする〝同志〟となった。救済の対象ではなく、人類解放のための旗手となったのである。そして、ここで残留民の使命として語られていることを、すべての被抑圧民衆の、と置き換えたとき、正造の「谷中学」は、現代世界をも射通す普遍的な性格を獲得するであろう。私は、これこそが、「谷中学」が最終的にめざしたものではなかったか、と考えている。

四　その死

一九一三（大正二）年四月の半ばすぎ、正造は、珍しくカツ夫人のもとに「三晩という長泊り」をした。そのときのことを、カツは、「その時に何か書いてあげるから紙を出せといって、掛軸になるようなものをたくさん書いて行ったのです。あとで、あんなに長泊りするようではもうお別れに来たのではないかと話していましたのですが、本当に間もなく病みついて、あんなことになったのです」と回想している（『余録』下、一四八〜九頁）。

六月二六日、旧い同志の岩崎佐十が訪ねてきて、正造の頌徳碑をたてたいという話を島田宗三にしていった。宗三がその話を正造に伝えたところ、正造は、記念碑だとか銅像とかいうものは「大嫌いだ」と言下に否定し、「なに、死ねば川へ流すとも、馬に食わせるともかまわない。谷中の仮小屋で野垂れ死にすれば何より結構でガス」と答えたという（同前、一七五頁）。死んだら墓も碑もいらないとは、新井奥邃もつねづね言っていたことである。

「此間ハねい、あの乞食ハ来ないねい、いつのまにか死んでしまつたとさ」（⑪一八四）と日記に書いているように、人知れず「野垂れ死に」する「乞食」の姿に自分の最後をなぞらえ、またそれを理想としていた正造が病に倒れたのは、運動費調達のための旧友歴訪の旅―正造はこれを「たくはつ」と称した―の途中の八月二日のことであった。

谷中に帰る途中で、吾妻村下羽田の庭田清四郎宅に、精も根もつきはてて、人力車から転げ落ちるように降りると、そのまま縁側に倒れ込んだのである。病臥していても、正造は、「谷中へ行く、谷中へ行くといって、首を振ったり、手をもがいたりしながら、早く谷中へ知らせろ、担架で運ばせろ、と責めたて」たという（『余録』下、二一三頁）。

それほどまでに谷中に帰ることを念願していた正造であったが、再び起つことなく、九月四日午後〇時半に息を引きとった。死因は胃ガンであったといわれている。正造の病臥中や臨終の様子は、『余録』下巻や『全集』別巻所収の「田中正造翁病牀日誌」（田中翁病中事務所）に詳しく描かれている。

よく引用される正造の最後の日記は、「悪魔を退くる力らなきものゝ行為の半ハ其身モ亦悪魔なればなり。已ニ業ニ其身悪魔の行為ありて悪魔を退けんハ難シ。茲ニ於てざんげ洗礼を要す」とあり、「何とて我れを」で終わっている（⑬五四六）。この「何とて我れを」という言葉も、これまで様々に解釈されてきたが、一九〇九年一一月一三日の日記の文章を参照してみよう。「〇キリスト何とて我をすて賜ふやと云へるなり。神ニ尽くせる事此くの如し。信行〔仰〕の厚き茲ニ至る。信行の完からぬものニて此言の出るなし」（⑪三五三）と正造は書いていた。この文脈からすれば、「何とて我れを」という言葉は、ひたすらに神につかえ、完璧なまでに信仰を貫いた人でなければ到底吐けない言葉である。正造がそのように考えていたとすれば、私たちはこれを絶望の言葉とうけとるべきではない。むしろ、究極まで神に近づいた正造の、自分の生と信仰を肯定した言葉とみなすべきではなかろうか。

また、もう一つの最後の言葉は、次のようなものであった。

同情と云ふ事にも二つある。此の田中正造への同情と正造の問題への同情とハ分けて見なければならぬ。皆さんのは正造への同情で、問題への同情でハ無い。問題から言ふ時にハ此処も敵地だ。問題での同情で来て居て下ださるのハ島田宗三さん一人だ。谷中問題でも然うだ。問題の本当の所ハ谷中の人達にも解かつて居ない。（別五二一五）

一九一三年九月四日に岩崎佐十を枕辺に呼び寄せて正造が語った言葉を、五日朝に木下尚江が書き留め、島田宗三に渡したものである。島田宗三は、この木下の書簡を、自分の死まで公表しなかった。

あれほど谷中残留民に期待しながらも、最後には、「正造の問題」の本当の所をわかっていない、と言わざるを得なかった田中正造。正造はやはり絶望して死んでいったのであろうか。

いや、私は、これも絶望とは考えない。正造は、おそらく、自分の「問題」が後世の人に受け継がれ、最後には歴史的に勝利を収めることを確信して死んでいったのではなかろうか。

一方、「谷中問題」のその後はどうなったのであろう。

谷中残留民が原告となって提訴した谷中村買収不当価格訴訟は、東京控訴院に移されてから、中村秋三郎弁護士の尽力で、一九一九年八月一八日に、いちおう原告側勝訴という形で決着がついた。〝いちおう〟と断り書きを入れた理由は、裁判に要した一二年もの年月と労力・費用などに比べると、勝訴とはいえ、残留民が手にした金額（差額とその利子）は、微々たるものだったからである。いや、金額だけが問題なのではない。より重要なことは、裁判の決着は、同時に、谷中村が買収され、もはやこの世に存在しないという「事実」の容認を残留民たちに迫ることであった点である。こうして、谷中の地にふみとどまって日常生活の延長としての「抵抗」を続けてきた残留民や、移住先から舞い戻ってきていた旧村民も、谷中の地を去らなければならなくなった。

こうした結末を見通していたのだろうか。正造は、この裁判が失敗であったと悔やんでいた。「回顧。谷中人民モ裁判上にて金を得んとせしは大失策なり。当時法律家のすゝめは大間違なり」。正造がそう書いて藤岡町の田口佐平に送ったのは、一九一二年四月一八日のことであった(60)。

「谷中問題ハ日本未曾有ニして無比の問題なり。……他の俗人ハ兎ニ角にせよ、宗教家たるものとして之を脳ニ感ぜぬのハ、神を信ぜぬ証拠、之より明かなるなし。谷中問題結了すとおもふなかれ。正造の命ちあるうちハ復活せねバ止ぬ問題である。谷中亡びても問題ハ生きて働かん」(⑰一七六)とは、一九〇七年一一月一一日付けの原田勘七郎・タケ夫妻にあてた正造の書簡の一節であるが、文中の「谷中」を「水俣」に置き換えても、そのまま通用するであろう。まさに、「谷中亡びても問題ハ生きて働」いているのである。

小括

田中正造の晩年において、その思想が急激な深化をみせたものに、自然観と宗教認識があげられる。自然観の中でも、特徴的なのは、私が「水」の思想とよんでいるものである。利根川改修計画や渡良瀬川河身改修計画に対抗し、治水論には治水論をもってこたえようと、正造は老骨にむち打って河川行脚の日々を送った。それは、川と人間とのあるべき関係を模索する旅でもあった。その結果、正造は、従来からの持論である関宿の「棒出し」撤去、栗橋鉄橋左右の拡幅、そして水源涵養という基本的方針の正しさを確信し、利根川水系の治水問題の根本的解決のためには利根川南流論・江戸川主流論を採用しなければならないことを強調していく。さらに、「水系一貫の思想」に基づいた伝統的治水法である低水法の採用を主張した。「近代」と「伝統」を道路と川にたとえ、直線の文明と曲線の文明として対比している点に、伝統思想をもって「近代」の効率万能主義・経済第一主義を撃とうとする姿勢が明瞭に看取できる。こうして、正造の「水」の思想は、自然に対する人間の謙虚さと、自然との共存・共生を求めた環境倫理思想ともいうべき内実を持つにいたった。

正造の宗教認識の基礎は、幕末以来の体験に基づく「正直」と「実践」に求めることができる。キリスト教への接近も、聖書を読み解釈することには関心がなく、もっぱら聖書の実践を重視したものであった。そうしたキリスト教に最初に接近したのは一九〇〇年頃であったが、それは鉱毒反対運動の沈滞化や身体的不調などによる精神的孤立感の深まりと対応していた。精神的孤立感の深まりがキリスト教への傾斜を生み出していくという関係が、谷中に入ってからも同じように確認できることを、まずおさえておきたい。また、谷中村民と起居をともにするようになった正造が、谷中の人々の日常生活の中に信仰がしっかりと根を張っており、信仰が谷中復活の闘いを支えていることに気づき、正造の中に、かつて弊履の如く捨て去った富士浅間信仰の記憶が呼び覚まされていったことにも注目しておきたい。深い神信心が強靭でゆるぎない精神の母体になっていることを確信した正造は、「強い正直」の実践をことあるごとに強調するようになった。

ただ、正造の宗教認識の特徴は、その「聖人」待望論と独自の救済観念に求めるべきであろう。いかに深く傾倒しようとも、キリストや孔子や釈迦は、あくまで過去の「聖人」であり、正造が求めていたのは現世をまるごと救う「聖人」であった。それが、晩年の多様な宗教的関心の原動力になっていたのである。その結果、正造は、岡田虎二郎を「我々の主」であり、「東洋の聖人」であると期待するようになった。これまでは、新井奥邃の影響力を重視する研究者が圧倒的に多かった。私は、新井の影響を全く無視するものではないが、晩年の正造のなかに岡田が占めた位置の大きさを正当に評価したい。

もっとも、新井と岡田、そして正造には共通する点が多々見られることも事実である。自分の体験や思想に照らして読むという聖書観、日常生活が即信仰であるという姿勢、無所有の生き方、さらには「有神無我」の心境においても三人は共通していた。その意味では、正造も「聖人」になりうる存在であったのである。しかし、正造は、自分のことを「聖人の出来損ない」であると認識し、万人の師になろうなどという気はさらさらなかった。なぜなら、正造には、救うべき人々が目の前に存在していたからである。

谷中の闘いの過程で、正造の救済観念、人類解放観念は深まっていった。それは、前述したように、「弱のまゝ」で「弱きを救ふ」ことであり、俗塵の中でその「むれ」の中に入り「むれ」の人と化して救うことであり、現在を、ありのままをまるごと救うことであった。「貧しきものニ神を見る」にいたった正造にとって、救うべき対象であった谷中の残留民は、正造とともに人類解放の闘いの最前線にあって人々を救う「同志」になったのである。これが、正造の「谷中学」の到達点であった。

正造が、谷中におとらず生地の小中も日本回復の拠点として重視していたこと、さらには、女性観の分析を通して判明したように、正造が、女性の人権の確立のみならず、「女徳」を中心とした女子教育を生涯にわたって重視していたことも、見逃すことのできない点である。正造の女性観には、「女徳」という伝統的側面と、「人権」という近代的側面とが、正造流に解釈されて総合されており、「伝統＝近代」型思想家としての正造の面目躍如たるものが見てとれる。また、日本の再生のために、女性に期待するところがとても大きかったことをあわせて指摘しておきたい。

注

（1）明治初期の河川行政にたずさわったオランダ人技師デレーケの治水観の特徴を分析した高橋裕によれば、「彼ほど日本の各河川の現場を視察し、それに基づいて近代的な河川計画立案に献身的努力を捧げた技術者はいない」が、その治水観の根幹をなす「河川の上流から下流まで一貫してとらえる考え方」（「河川一体観」）は、いわゆるタテ割り行政のゆえに引き継がれることがなかったと指摘している（『現代日本土木史』彰国社、一九九〇年）。

（2）記事を引用してみる。

「日本鉄道会社が宇都宮線路栗橋中田両駅間に鉄橋を架設するや該地近傍の人民ハ之が為め多少水流を沮遏し幾分か上流の水量を増嵩し沿岸に水災を及すに至るべしとて大に苦慮せしが同鉄橋の上流埼玉県下北埼玉郡旗井村にてハ其橋台却て同村の堤塘より高けれハ自然橋柱に衝突して激昂せるの水堤塘を越去て村々に水災を及すの恐なきにあらずとて前年度上置腹付等の修築を加へたる所なるにも拘ハらず今回尚ほ又高一尺五寸乃至二尺の上置を為すの計画なりと云ふ」

（3）こうした三方針は、一九〇四年一〇月二三日の「亡国水毒村谷中村築堤工事緊急請願書」にも見られ、谷中入村直後から同様のことを指摘していたことがわかる。このほかにも、正造は、渡良瀬川と利根川の河底の浚渫の必要性も力説していた。

（4）富山『水と緑と土』中公新書、一九七四年。

（5）それにもかかわらず、現在にいたるまで、なにゆえに高水工事が維持されてきたのか。研究者の多くの答えはこうである。数十年に一度の大洪水の被害より、土地の高度利用化とそれにともなう生産活動の利益を重視したからだ、と。ここにも、近代を貫く効率万能主義、利益追求主義がみてとれよう。あわせて、洪水がそう頻繁に起こるものではなくなったために、被害の体験化と継承がなされにくくなったことも指摘されている。

(6)『余録』上によれば、栗橋から銚子河口までは三八里で平均一里につき一尺強の勾配であるが、南流論でいう栗橋から行徳河口までは一八里強で平均一里につき二尺強の勾配であった。また、根岸門蔵も、後述する『利根川治水考』で、前者(三五里一九丁)は一里平均一尺一寸三分、後者(一六里)は一里平均二尺の勾配であると指摘している。このように、もともと自然の勾配差に従って東京湾に流れていた利根川を銚子方面に東流させたのは、おもに徳川幕府の仕事で、いわゆる利根川東遷事業が完成したのは一六五四年のことであった。

(7)これも崙書房より影印版が一九七四年に刊行。

(8)また、正造の日記によれば、日本治水会が、一九一一年の春に関宿開放(「棒出し」撤去)を決議したということである(⑬九〇)。

(9)水害調査ならば、県会議員時代にも常置委員としてたびたび行っているし、一八九六年九月の渡良瀬川大洪水のときには、植野村法雲庵にいて、堤防決壊を防ごうとする人夫たちと一緒に働きもした。ここでいう水位調査に自覚的にとりくむようになったのは、一九〇七年の大洪水のあとと考えられるが、まだ全体的網羅的なものではなかった。

(10)正造の〝治水の先生〟として、たとえば、迫間田の青木静作がいた。正造の県会議員時代からの同志であるが、正造は、「治水行脚」の過程でしばしば青木の家に泊まり、治水問題で意見を交わしているようである。特に、一九一一年四月二六日に寒川村中里で面会したときには、青木の記録を書き写して「明治元年ヨリ最洪水年表」を作成している(⑫一四六〜七)。このように、正造の治水調査の背景には、数多くの〝農民学士〟が存在していたのである。

(11)玉城哲は、『水の思想』(論創社、一九七九年)に収められた「観察者の眼」の中で、正造の「水の思想」を例に、「冷静な観察者」としての側面に注目している。その「観察者の眼」とは、「土着の人のもつ鋭い観察眼であり、合理主義的思考」であって、「観察と経験の蓄積から生み出される」「農民の合理主義と同質のものであった」と位置づけている。

ただ、正造が農民の「経験知」を一方的に賛美していただけではないことにも留意する必要があろう。「只恨ム、地方ノ人〻ガ深ク水源ヲ探ラズ、又下流利根川ノ流水妨害ニモ深ク注意ヲ払ハズ、村〻互ニ自村附近ノ防禦排水ニノミ着眼シテ、眼孔狭キニ似テ根底ヨリ妨害ヲ取去リ、根本的ノ治水ニ勇ナキヲ遺憾ナリトス」(⑫九二〜三)。このように、自村付近の治水にしか目がいかない沿岸住民の視野の狭さも、「根本的治水策」の実現を阻むものとして批判的に捉えていたのである。

(12) もっとも、ここで正造が「鶯啼蝶飛、座間ニ去来し」と表現したのは、歌ったり踊ったり、酒をついでまわったりした芸者などのことであると解釈できることも付記しておく。

(13) こうした考え方に社会主義の影響を一定程度みてとることも可能である。また、キリスト教の歴史に即していえば、カウツキーが「消費の共産主義」と形容しているようなそれは、原始キリスト教以来、手ひどい弾圧を蒙りながらも脈々と流れ続けた《異端の教説》であった（カウツキー『中世の共産主義』栗原佑訳、法政大学出版局、一九八〇年、参照）。しかし、私たちは、こうした思想は、社会主義やキリスト教とは異なった水源からも発していることに注目する必要がある。東洋社会党の樽井藤吉、神代復古請願運動の小林與平、そして大本教の出口なおら、近代日本の民衆思想の水脈である。彼（女）らのユートピアの核となるのが「天産（物）共有」の思想であった。正造の「共有」論もこうした民衆思想の水脈に発しているものと考えられる。

(14) この点に関しては、J・パスモア『自然に対する人間の責任』（間瀬啓允訳、岩波書店、一九七九年）などを参照のこと。

(15) こうした正造の考え方を、シュバイツァーの文化哲学の基本概念である「生命への畏敬」に類比することも可能である。シュバイツァーがそうであったように、正造も、あらゆる生きとし生けるものの命を尊重し、虫も鳥も殺さない生き方を心がけていた。一九〇七年七月二四日付け大澤恒三郎他宛書簡に、「正造ハ今年六十七まで何をなしたるや。只人のものを盗まず、人の家ニ火を付けず、敢て人を人を《マヽ》殺さず、鳥りを殺さず、虫を殺さゞる心掛けあるのみ」と出ている（⑰五七）。

(16)「先駆のエコロジスト」という副題を持つ『語りつぐ田中正造』（田村紀雄・志村章子共編）が社会評論社から刊行されたのは、一九九一年一二月のことであった。このように、九〇年代になると、田中正造をエコロジストと評価する動きが活発になった。たとえば、西村俊一は、田中正造を安藤昌益の「再来」であり、「近代日本のエコロジストの魁」であったと位置づけている（「田中正造の社会認識と行動美学（一）」『田中正造と足尾鉱毒事件研究』第一一号所収、一九九四年）。しかし、こういった傾向に対して、住田良仁は、「現在、環境保護に関して「エコロジー」という語がしきりに使われ、この田中正造も、日本におけるエコロジストの先駆者として語られている。しかし、思想としてのエコロジーは、厳密に言うなら、西洋の自然観の所産であり、従って正造を、無造作に、エコロジストと断言することは、少くとも思想史の上では、避けねばならない」と批判している（「田中正造考（一）」『北海道東海大学紀要』人文社会科学系、第五号、一九九三年三月）。しかし、問題は、エコロジーが西洋思想の産物だからという点ではなく、正造をエコロジストと規定してしまったときに掌からこぼれおちてしまう自然観の内実であろう。最初から正造をエコロジストと規定し、それでは、エコロジストのなかでもディープエコロジストであったのかどうか、というように類型化に走ることは、厳につつしまねばならない。

(17) 花崎は、のちに次のように見解を修正している。「私は、田中正造を林氏が描くような、プロテスタント的な信仰告白にもとづく(と当時私は理解した)「クリスチャン」になったと言い切ることはできないのではないかと書きました。しかしその後、私のキリスト教理解が日本にもたらされた近代の制度化されたプロテスタント教会の信仰理解に密着し過ぎていた、という反省をしています。そして、田中正造のキリスト教理解が、彼にまったく固有独特とはいえず、明治期の日本でのキリスト教受容の一側面に結びついたものであると考えるようになりました」(「新井奥邃の思想―二一世紀に響きあうもの」前掲『知られざるいのちの思想家―新井奥邃を読みとく』所収、一六九〜七〇頁)。

(18) 神代復古運動とは、「神代への復活」、「万物の共有」、「貴賤の差別の否定」などをスローガンにした反西洋・原神道的な運動で、一八八〇年代後半から九〇年代初めにかけてピークを迎えた。その指導者が小林與平で、東京をはじめ、二府四三県、一一〇ヵ所に「主任事務所」を設置している。詳細は、鶴巻孝雄前掲書を参照のこと。

(19) 小学館『日本国語大事典』によれば、淘宮術とは、一八三四(天保五)年に横山丸三(まるみつ)によって創始されたもので、「人はその生年月日の干支や人相・骨相などに応じて各自宿命を背負っているものとし、生来の気質を矯正することによってその宿命を打破し、開運に至らしめるという」「開運の教義」の一種と説明されている。

(20) 「新井翁の庵りの山に何ニもなし夏は白雲冬ハしらゆき」(⑯三〇七)という歌も、この身禄の歌のもじりであろう。

(21) 『亡国への抗論』所収、一一三頁。

(22) 木下尚江『田中正造翁』(『木下尚江著作集』第一三巻、明治文献、一九七一年、二二四〜五頁)。

(23) 以下、岩科小一郎「創成期の富士講―角行と身禄―」(山岳宗教史研究叢書9、鈴木昭英編『富士・御嶽と中部霊山』所収、名著出版、一九七九年)より引用。

(24) ちなみに、『全集』第五巻収録の「和歌・俳句」の中で、「まこと」という言葉が出てくる歌は一七点もある。(また、「真心」も八点ある。)そして、そのほとんどは、「こころさいまことの道にかないなバ　いのらずとても神やまもらん」という歌を原型とする作り替えである。

ところが、この歌は、正造のオリジナルではなく、菅原道真の歌として広く人口に膾炙したもののようである。菅原道真に仮託された『菅家御集』に所載されている歌で、少なくとも室町中期頃からのものと考えられる（小川剛生氏のご教示による）。

海老名弾正のキリスト教思想を分析した鵜沼裕子は、海老名の思想の問題点の一つとされているキリスト教と古神道を結びつける論理に関連して、次のように述べている。

「心だに真の道にかなひなば祈らずとても神や護らん」という歌が日本国民の敬神の念から出たものであれば日本の神が正義公道を嘉する「至誠の霊」であることは論をまたない。こうした神につかえるには自ら正義公道を明らかにして至誠の念を発揮するに如くはない。そしてキリスト教こそ、そうした態度をもって神につかえることを説くものである、という。つまりキリスト教も古神道も等しく正義公道の神を敬神の誠をもって奉ずるものであるので両者はひとつになり得るということである」（『近代日本のキリスト教思想家たち』日本基督教団出版局、一九八八年、一二二～三頁）。

このように、キリスト者である海老名が、「心だに……」の歌に日本人の伝統的宗教心の核心を見て取り、「敬神の誠」においてキリスト教も古神道も一つであると考えていたことは、正造の宗教認識を考える上で非常に興味深い。

また、日本人の「国民性」といわれる「誠実」は克服されなければならない、という立場から『誠実と日本人』（ぺりかん社、一九八〇年）を著した相良亨は、日本人の伝統的な倫理観の流れを、古代において尊重された「清明心」（私のない状態）が、桓武以降は「正直」（せいちょく）という言葉におきかえられて中世を代表する徳目になっていき、近世に入って「誠」を重視する思想が徐々に主流となり、「後期の儒者はほとんど、誠をその思想の中心にすえている」とまとめている。

このように、正造が重視した「正直」や「誠」は、日本人の伝統的倫理観そのものであった。ただ、相良は、「誠」を重視する姿勢は、「理」を重視する姿勢の否定において形成されたもので、真の他者性が自覚されていないと指摘しているが（それゆえに「誠実」を批判的に克服していかねばならぬとする）、正造は、「誠」を重視する一方では、「理」の追究においても人後に落ちない人物であったといえるのではなかろうか。たしかに、心情の純粋さを追求する傾向は強かったが、正造の姿勢は他者に対しても開かれていたと思われる。
(25) ここで「基本的には」という但し書きを入れたのは、次のような理由からである。「こゝろさい……」の歌が最初に登場するのは、一八九三年九月の日記であるが、一八九五年五月には、「日本人」と題して「こころ根をまことの道に尽しつゝ　祈れバさらに神のまもれる」（⑨四三四）と歌い、「いのらずとても」から「祈る」ことに力点が移動している。そして、キリスト教への傾斜が強まる一九〇九年八月の日記にも同じ歌を引用し、それにつづけて、「此うたは誠に真にかなへり。乍去是れ人生の教にあらず。人生祈らねば遠くなり。……神はいのるべし、人を信愛すべし。神はいのるに益あり。人は信ずるに益あり。いのらざれば発せず、信ぜざれば用るを得ず」(⑪三〇一)と書き、神を祈ることの大切さがさらに強調されるようになっているからである。「いのらずとても」という歌には、ある意味で強者の論理にもつながる「自力救済」というニュアンスが濃いが、「いのる」ことの必要性の強調には、自力から他力へ、もしくは自力に加え他力も、という救済観念の深まりを見て取ることが可能であろう。

(26)正造の心中にいかに「漢学的思想」が深く食い入っていたかに関する自己分析は、一九〇七年八月三一日付けの逸見斧吉他宛書簡にあらわされている(⑰九四)。

(27)キリスト教の終末観というと、ヨハネの黙示録と千年王国思想を想起できる。それらと正造の終末観には共通する点も多いが、それらが、武装した集団の出現による《罪人》の除去を不可欠の前提としていた点や、没倫理的な色彩を濃厚にもつ点などで、正造のそれと決定的に異なっている。詳しくは、ノーマン・コーン『千年王国の追求』(紀伊國屋書店、一九七八年)などを参照。また、出口なおに関しては、安丸良夫『出口なお』(朝日新聞社、一九七七年)を参照した。

(28)内村との関係については、大竹庸悦「内村鑑三、その政治観の変遷をめぐって―特に田中正造との関係において―」(『流通経済大学論集』二九巻二号、一九九四年一一月)、新藤泰男「内村鑑三における足尾鉱毒問題」(『桜美林エコノミクス』三四号、一九九五年一二月)などの研究に譲る。なお、大竹は、内村のキリスト教は徹底的に「来世的」であることを特徴としたと述べている。とすれば、やはり正造の「現世的」な宗教観とは異なっていよう。

(29)『内村鑑三選集6　社会の変革』岩波書店、一九九〇年、一五六～七頁。それにしても、ここで伝聞体で表現されていることが気にかかる。それだけ逆に、内村の内心の動揺の大きさを物語っているように、私には感じ取れる。

(30)『全集』⑲二四四に「〇〇岡田様」というような表現が出て来る。この「〇〇〇」の中に正造が入れようとした言葉が何であったか、非常に気になるところであるが、私は、「救へ主」か「救世主」ではなかったかと考えている。また、『全集』では、「正座」や「聖座」という表現に、「静」という訂正をほどこしているが、これは、正造が「静座」に込めた意味を無にしてしまう好ましくない注記の仕方である。

(31)柳田誠二郎『岡田式静座の道』地湧社、一九八四年、参照。もっとも、「天真」という言葉は、新井奥邃もしばしば用いている。

(32)同前、五六～七頁。

(33)ここで、逸見斧吉が、正造の思想を、岡田に出会う以前と以後とに分けて捉えていることに注目しておきたい。逸見は、一九二五年八月二六日に島田宗三に宛てて、折しも進行中の『義人全集』への違和感も込め、つぎのように書いている。「田中翁の真面目を伝へるものは田中翁を正解するもので無くてはなりません。それは蓋し栗原菊地の人々の任では有りません。岡田先生に来らるゝ迄の田中翁を伝え得る人は有りませう。それが或は栗原菊地の人々で有るかも知れません」(逸見斧吉遺稿『斧丸遺薫』一九四一年、二〇六頁)。このように、逸見は、岡田虎二郎に出会ってからの思想こそ正造の「真面目」と考えていた。正造に寄り添うように支援を続けていた逸見が、正造の思想的生涯における岡田との出会いを意味を、これほどまでに重要視しているのである。

もっとも、逸見は、新井奥邃には面識がなかったようであり、木下尚江の考えに従って『奥邃廣録』刊行企画への援助要請も断っていた。木下も逸見も、岡田信仰一辺倒であり、新井と岡田の両者を比較対照することは不可能であった。

(34) 関連して、謙和舎で教えを受けた川合義信の回想を参照してみたい。

「私は月一回第二日曜日の午前十時から十一時までの一時間、先生から教えをうけることになった。一時間といっても、それが一時間を過ぎ、一時間半にもなった。私は先生の前に坐るとやたらにねむくなって、先生のお話の大半は夢うつつであった。どうしてそんなにねむくなったのか、今でもよくわからないが、人間はどうも平素いろいろの雑念があって、それにしげきされていらいらしていることろがある。先生のような全く俗を脱して聖なる空気をそのまわりにもった人の前へ出ると、それに同化されて、安楽な気持になり、そしてそれが心よいねむりに、とつながっていったのではないかと思う。先生もまた一度も私のいねむりを御叱りにならなかった」(川合「新井奥邃先生のことども」『内観祈祷録・奥邃先生の面影』所収、青山館、一九八四年、二〇五頁)。

(35) 拙著『田中正造』一八四頁に、私は、「『全集』には、「十三言」(⑯三九九に「十二言」と出てくるのは誤り)」と書いたが、『全集』⑯三九九に出てくるのは「十三言」であった。コール・ダニエル氏の御指摘に感謝するとともに、ここで訂正しておきたい。

(36) 以上、前掲『知られざるいのちの思想家　新井奥邃を読みとく』所収の、笠原芳光「新井奥邃の父母神思想」、小野寺功「21世紀を照らす新井奥邃の思想」、コール・ダニエル「新井奥邃と儒教をめぐって」参照。『奥邃廣録』と最初に接したときの私の印象も、これはほとんど修養論ではないか、というものであった。

(37) 『奥邃廣録』第三巻、四二八頁。

(38) 新井の「父母神」思想に関して、笠原芳光は、スウェーデンボルグに「父母神」思想を直接見いだすことはできないので、これはハリスの影響によるものであろうと述べ、すでに滞米中の新井の書簡などに「父母神」思想がみられることを指摘している（「新井奥邃の父母神思想」、前掲『内観祈禱録・奥邃先生の面影』所収、二四一、四六頁）。それに対して瀬上正仁は、「神の中に存在する父（性）と母（性）」など、相対する二つのものが本来「二而一」「一而二」であるという考え方は、スウェーデンボルグの教説にも確実に存在していると主張している（「スウェーデンボルグ神学から見た新井奥邃の思想」、前掲『知られざるいのちの思想家　新井奥邃を読みとく』所収、二五四頁）。また、独自の男女平等思想を持っていた富士講の小谷三志にも「父母神」思想がみられることは興味深い。

(39) こうした悪をもあわせ救うという救済観念は、田中正造と共通している。新井のそれは、おそらく儒教的性善説と、スウェーデンボルグから学んだキリスト教の「原罪」に関する独特な理解に由来しているものと推測されている。詳しくは、コール・ダニエル前掲論文参照。

(40) 新井は、「神の心に於て、深山に於けるが如く深く呼吸せよ。輝ける海洋に於けるが如く、静かに呼吸せよ。静寂が陸地を覆う平和の暁に於ける如く、神の心に於て静かに呼吸せよ」と主張していた（『内観祈祷録・奥邃先生の面影』六四頁）。正造も次のように述べている。「入るものハ外より来る神。出るものハ内より出る神なり。天地の呼吸ハ人としてなきものなし。宗教の現実之れなり。信仰の有無ハ之れニ加る。信なければバ空穴のみ。但シ山岳空穴尚天地陰陽の呼吸あり。呼吸なきハ死なり。只生者ニして天地万物の呼吸あり。神息の呑吐自ら明かなり。而も誰れか神なしとして神あるを疑ふか。……」（⑬一六二）。このように、正造には、岡田式静坐法の教えによっただけでなく、新井的な意味でも呼吸を重視していたことがわかる。

(41)『奥邃廣録』第四巻、三七一頁。

(42)『奥邃廣録』第三巻、五〇六～七頁。

(43)「新井先生のそばにいるだけで」『奥邃廣録』別巻所収、一二三頁。

(44)『奥邃廣録』第四巻、三一四～五頁。

(45)『奥邃廣録』第三巻、四四六頁。

(46) その意味で、私は、播本秀史の、「正造はこのような魂の深化あるいは聖化を谷中の苦闘を通して自ら学びとった」、「正造は正造のプロセスを通して奥邃に匹敵する境地まで高まっていったのである」という指摘に同感である（播本『新井奥邃の人と思想―人間形成論―』大明堂、一九九六年、三頁）。

(47) たとえば、林竹二は、「田中正造が新井奥邃の強い影響を受けていたということは今までほとんど知られていませんけれども、これはやっぱり新井奥邃の思想と支持が田中正造の谷中の戦いをささえていたんだというふうに私は考えております」(『林竹二著作集』第Ⅵ巻、二二八頁）とか、「田中正造は新井奥邃の意味での、最も正確な聖書の読者であった」と述べ（同前、二六五頁）、田中正造のキリスト教信仰に新井奥邃の強い影響をみている。しかし、林は、「両者の聖書観の酷似は、おそらく一方の他方への影響というような浅い関係からきたのではない。深く共通の世界に二人が入っていたことをこれは示すものであったろう」（同前）とも述べている。後者の見解であれば、私も賛成できる。

(48) 一九一一年二月一八日に、有名な「野ぐそ」の話を記した書簡を、原田定助・みき子宛に送っている。「あの小中の前屋敷を乱暴されたのニハ正造こまります。○第一正造たま〱小中ニ帰る、厠やがくさくて入る事の出来ぬので前屋敷の桑畑や芋の中ニ入り、俗ニ野ぐそと申してやれバ忽ち継母の老婆ニ叱られましたけれども、此の野ぐそほど気味のよい事ハないのです。」、「谷中で掘りを大の字ニまたぐ、そしてやらかす、魚が集りをなして躍り喜んでたべる。其心持ハ天外一楽、何とも申す事の出来ぬのです。此習慣が小中ニ帰るときハ前の畑でやつ《マヽ》のを、此たのしみも何もかも奪われてハ、第一私の厠まで破つたので、強制破壊と申す」、「兎ニ角東の方半分の畑け丈ハ正造の拙ちんといたすから御承知被下度」というのである（⑱三六四〜五）。「銅山党」の「強制破壊」にひっかけているところなどは、正造のユーモア精神がよくあらわれている書簡であるが、正造の生家に対する思い入れもうかがいしれる。

(49) 正造の女性観については、『田中正造とその時代』第三号（一九八二年一〇月）に特集がくまれたほか、布川清司『田中正造』がふれている程度で、まとまった分析はまだない。

(50) 「田中栃鎮、来客の名刺を取次がれ、例の大眼鏡をかけて熟視せしが、「何の御用か兎に角お通し申せ」と叮嚀に吩咐《いいつけ》しが、軈《やが》て自ら失笑して、「アツハ、、、、ヤイこりや此は乃公の倅だ、養子に往つた先の苗字を忘れて、ツイ誰かと思つたのだ、アツハ、、、、」（『信濃毎日新聞』一八九九年八月一日）。

(51) 正造は、子どもが生まれなかった理由を、自分が、若いときに梁田の青楼で遊女と接し、「淋疾」にかかったせいであるとしている。しかし、氏家幹人の『江戸の性風俗』（講談社現代新書、一九九八年）によれば、江戸時代、「淋病と言えば、性病ではなく一般に排尿が滞る病気の総称にほかならなかった」、「当時淋病は小便の出が悪く痛みを伴う病状の名称だったと、断言していい」とされている。貝原益軒が三八歳で「淋」を病んだのは、尿路結石であったという。とすれば、正造の「淋疾」が、本当に性病であったのか、疑問が生じてくる。専門的なことはわからないが、淋病で無精子病になる事例があるのだろうか。だから、正造とカツ夫妻の間に子どもが授からなかった原因は、もっと他にあるような気がしてならない。「淋疾」のこともあり、正造が、性に関してきわめてストイックであったことも考えられるのである。ちなみに、花井卓蔵によれば、「田中君は四十歳の頃より後、全く性慾を絶ち居たり」ということである（中込『田中正造と近代思想』一九二頁より重引）。

(52) 一九〇九年一一月一三日の「日本キリスト教婦人矯風会における演説草稿」のテーマは、富豪より被害を受けている「窮民貧家の娘」であった。正造は、「婦女子が金持チニ近カ付クハ危へ。虎のすむ穴、狼ミの巣に近付くと同じ。婦女子ハ貧者を友とし弱きものを友ニするハ益あり。弱き人の方面にハ婦女子の同志が多いのです」と述べている（④六二〇）。

(53) 吉見周子『売娼の社会史』一一二頁。

(54) 五月二四日付けの木村浅七宛書簡では、「無形共立女子徳育教育論」と形容されていた。

(55) 「平民日記六」『週刊平民新聞』五一号、明治三七年一〇月三日、『幸徳秋水全集』第五巻所収、一六三頁。

(56) 一九〇八年一二月三日付けの田中正造宛書簡、『全集』別巻、二六六頁。

(57) 大竹庸悦が指摘するところによれば、内村鑑三の廃娼論も、娼妓たちが「真に衷心より罪を感じて廃娼する時を待つべし」というものだったという（大竹前掲「内村鑑三、その政治観の変遷をめぐって」一四六頁）。とするならば、ここで正造が述べていることは、内村の廃娼論に対する批判でもあった。

(58) 残された史料を読んでいくと、江刺県の官吏時代に接して以来、しばらく遠ざかっていた孟子を、正造が晩年になってしばしば思い返し、また孟子に関する講話も何度か聴いていることがわかる。さらに、一九〇七年一一月三日発行の『日本及日本人』臨時増刊、天長節号の特集「好める史的人物」に寄稿した正造は、「東洋」の項に「孟子」をあげている。

薄田泣菫の「唐辛子」と題する次のような回想にも注目しておきたい。

今はもう三十年も昔になろう。私は二十歳足らずの頃、早稲田鶴巻町のある下宿屋に友達を訪ねたことがあった。狭い廊下を通りかかると、障子を明けっ放しにした薄ぎたない部屋に、一人の老人が酒を飲みながら、声高に孟子を朗読しているのがあった。机の上には、小皿に唐辛子を盛ったのが置いてあって、老人は時々それをつまんで、鼠のように、歯音をたててかじっていた。「誰かね、あの老人は」ときくと、友人は「あれが田中正造だよ、鉱毒事件で名高い。」

私はそれを聞いた瞬間、あの爺さんのはげしい癇癪を、唐辛子のせいのようにも思ったことがあった。(工藤直太郎『新井奥邃の思想』青山館、一九八四年、九四頁より重引)

年代がはっきりしないが、薄田は一八七七年五月の生まれなので、二〇歳たらずの頃といえば一八九七年前後となる。場所はおそらく、早稲田の「平民倶楽部」であったろう。このように、正造は、鉱毒問題に専念しはじめた頃にも、孟子をさかんに読んでいたことがわかる。

(59) 竹中正夫は、前掲論文で、正造の「今日ハ今日主義」も聖書に由来するものと指摘しているが、私は、正造が幕末以来の経験から割り出した信念であったと考えたい。

(60)『亡国への抗論』一五二頁。

終章　田中正造の国家構想と思想史的位置

田中正造は、最終的にどのような国家のありようを理想とするにいたったのだろうか。

一九〇九年九月二〇日の日付がある陳情書に、正造は、「今日は既に悪弊改革の時に非ず、之を脱して別に国家も社会も私立に創設すべき也」（④三四八）と書いた。しかし、どのような国家を「創設」したいのか、それをまとまった形で論じることはなかった。そのため私たちは、正造が残した断片的な記述からよみとれるものを総合して判断するしかないのである。

まず、正造の生涯を貫く主張としては、民生の安定、自治の確立、人権の尊重、平等・貧富格差の是正といった項目があげられる。これらが「創設」国家の骨格をなしていることはいうまでもない。

政治形態としては、議院内閣制を柱とし、象徴天皇を戴く、イギリス流立憲君主制の実現を追求していたと考えられる。なぜなら、晩年には共和制の条理的正当性を認めるにいたるが、最終的に天皇の存在自体を否定するようになったとは考えられないからである。そのとき、二院制を否定しはしなかったものの、代議の精神を重んじ人民に対する責任意識を日夜忘れずに勤める真正の議員よって構成される衆議院を、より重視していたことはまちがいない。「補弼責任」を重視する正造にとって、天皇の政治的役割は、直訴事件を前後とする一時的例外期を除いて、ほとんど期待されていない。非政治的存在としての天皇という把握は、天皇機関説を唱えた美濃部達吉よりも徹底していたといえる。

政治の基本は、あくまでも憲法であった。法律や命令が憲法の条文や精神をないがしろにしてはならなかった。たとえば、日本国憲法と日米安全保障条約の二重体制のような戦後日本のありようは、正造にしてみれば、とうてい容認できるはずのないものであろう。「新造」されねばならない「広き憲法」とは、自然権である基本的人権を最大限に保障したものでなければならなかった。私的所有権にかわる新しい憲法原理として、「弱者」の社会的生存権や平等権を最重要視した内容であるべきことを、正造は痛感していたのではなかろうか。おそらく、現在の憲法よりもさらに人権保障が充実した内容の憲法を想像していたことだろう。

地方政治の基本は自治であった。自治の第一義的課題は、何よりも地域住民の生命権利財産の擁護である。地方政庁は、そういった課題を担うとともに、住民の自発的協力を得ながら、地域の発展をめざしていかねばならなかった。それを中央政府が阻害してはならなかったのである。このように、正造が理想とした中央と地方の関係は、連邦制度下における「地方政府」の実現までは構想していなかったかもしれないが、地域の独自性に立脚した個性ある地域自治共同体を基本単位に地方政治を考えていたことは明白であり、日本近代の中央集権国家体制とは大きく異なっていたものと考えられる。

国家の主人公は、いうまでもなく人民であった。地域自治を自発的に担っていくだけでなく、国政にも能動的に参加していく自立した政治主体であった。そうした政治主体の形成を、正造は生涯を通じて追求していた。それは、以下の二つの点に確認できる。

第一に、政治に対する国民の監督責任の強調である。政治を議員まかせにせず、議会や議員の言動をたえず監督し、異議申し立てをしていくことの重要性を喚起してやまなかったのは、代議制が形骸化しやすいことに対する直観的な洞察に基づいていたと考えられる。こうした正造の考えは、「天の監督を仰がざれば凡人堕落　国民監督を怠れば治者為盗」という卓抜した表現にあらわされている。

第二には、きわめて独特な記名投票論にうかがえる。すこし詳しく見てみよう。

一八九五年（明治二八）三月六日、衆議院本会議で衆議院議員選挙法の改正案が審議された。質問演説に立った正造は、まず、これからの日本の政治を担っていくのは「新規の教育」を受けた「若い人が宜しい」という基本的立場を表明したあとで、それまでの記名投票を無記名投票に改正しようという部分については、断固として反対している。その理由は、「責任」を軽くするものだから、というにあった。「責任ハ従来ナイモノデモ拵ヘテ往カナケレバナラヌ、責任ヲ重ンゼシムルコトニ導イテ往カナケレバナラヌノデ、之ヲ無記名ニシテ逃路ヲスル、卑怯千万ナル投票ヲスルヤウナ法律ヲ拵ヘルト云フノハ宜クナイノデアル」(⑦二八六)、と。常識的に判断すれば、プライバシー保護という観点から導入される無記名投票論に反対するいわれはない。その証拠に、正造の同僚で、質的に高い立憲政治論を展開していた島田三郎や末広重恭も、無記名投票に賛成していた。

しかし、正造は、こういった「常識」を真っ向から批判する。無記名投票は「逃路」を作る「卑怯千万」な投票だというのである。記名投票制を維持して、「責任」を背負い込むべきであると主張する。おそらく、正造は、国民一人ひとりが、政治的な旗幟を鮮明にして日常的に言論を闘わせるのが、政治社会のあるべき姿と思っていたのではなかろうか。自分がどの政党を支持し、どの候補者に投票したのか、明言していささかも恥じない姿勢こそ、有権者として望ましい姿と考えていたのであろう。そういった気概がなければ国家の主人公とはいえない、というのが正造の考えではなかったろうか。それが「責任」の第一の意味と考えられる。しかし、それだけではなく、より直接的には、投票行為そのものに対する「責任」のことも意味していると考えられる。つまり、有権者に、自分の政治的選択に対する「責任」をとらせることを正造は考えていたのである。そして、その「責任」の取り方こそ、前述したような、自分が投票した政党や議員の言動を注意深く監視していくことに他ならなかった。

だが、広範な能動的政治主体の形成を追求してゆくならば、制限選挙制度が大きな障害として立ちはだかってこよう。この点に関しても、私は、日清戦争前後までの正造は、その納税観とも関連しあって制限選挙を肯定していたが、その後は、次第に普通選挙の実現をよしとするようになっていったと考えている。それは、足尾鉱毒反対運動の過程で下層民衆を運動の主体に構想するようになったことや、参政権から排除されていた女性や青年に対する期待を高めていったことから推測できる。

自由民権運動期から初期議会期にかけての正造が追求していたのは、いわゆる国会主権の確立であった。ところが、足尾鉱毒事件に取り組む過程で、議会や議員、さらには代議制そのものに対する批判を強めていった。議員でない、名望家でない、有権者でない、ごく普通の「ただの人」に対する期待を高めていくのである。人民が政治の主人公、人民あっての国家なのであった。そうして、最後には「ただの人」による国家社会の「創設」を唱えるようになったことは、正造がイギリス流立憲君主制の実現を求めていたにしても、その内実がほとんど人民主権国家に近いところまで進んでいたことの証明ではないかと考えられる。

つぎに、正造が非戦平和と軍備全廃を唱えていたことは、本論で確認した。新約聖書を読んで確信したことだという。それでは、軍事費をなくして浮かせた予算をどのように使おうと考えていたのであろうか。

一つには、民生の安定のための減税である。このことは、『全集』第三巻の六〇三頁に、軍事費を全廃すれば一〇年間無税にすることができると述べていることからも判断できる。正造にとって、納税という行為は、この上もなく名誉な義務であり権利であったが、晩年には酷税観の方がまさってきていた。そして、もう一つの主張は、外交と軍備の交換である。軍事費を廃して、外交費を今の三〇倍、いや三〇〇倍にしようというのである。

ハーグの万国平和会議を前に、正造は軍備全廃論をさかんに主張するようになるが、その時期に逸見斧吉にあてた書簡には、軍備全廃とあわせて、内治は地方自治という言及がくりかえし登場する。たとえば、「軍備中止の世界の輿論ヲ高くし世界ニ実行せしむ。／日本内地ハ自治本義に基ける事を実行せバ、地方ニ智識ある人〻の居住せるニ至る」（⑰三五五）、と述べている。軍備全廃と地方自治が密接に結びつけられているのである。それを媒介するのが学生であった。軍備を全廃し外交と交換し、さらに内治は地方自治の実現につとめれば、「今在学校卒業生の多くハ、一ハ地方ニ帰り、一ハ海外諸国ニ至る事。学生ハ世界軍備全廃の唱導者たる事」（⑰三三〇）というのである。軍備を全廃したお金で、学生（卒業生）を積極的に諸外国に派遣し、世界平和の伝道につとめてもらおうと正造が構想していたことがわかる。

このように、正造の軍備全廃論は、平和外交の積極的展開および地方自治の確立と密接に関連していた。ここからは、「知」の中央集権化と、それを通した中央の地方支配を否定する思想もみてとれる。私は、正造がもう少し生きながらえて、第一次世界大戦を経験していたならば、その平和思想がさらなる深化をみせたに違いないと確信してやまないものである。

この点に関連して、正造の生命尊重思想が、新約聖書の教えと相まって、あらゆる人々の隷属からの解放と同時に、死刑廃止をも含み込むようになったことも確認しておこう。

さらに、資本主義（化）についてはどう考えていたのだろうか。この点に関しても具体的に語られることはなかったが、「上からの近代化」ではなく「下からの近代化」をよしとしていたことは指摘できる。それは、足尾鉱毒問題と出会う前からの持論であった。県会議長時代、正造は、地方経済に関する講演を行ったり、関連する集会に積極的に参加したりしている。そうした行動を支えていた経済思想は、地方資本家による地域産業の自生的発展を通して地域の活力を高めていくことであった。中央の大資本による地方支配を回避するためにも、地方資本家が連合してその侵入に対抗し、地方の実力を高めていくことを強調していた。今日、「内発的発展論」と総称されている考え方に近いものであり、そのためにも大規模減税を通した民生の安定と民富の形成を望んでいた。国家主導型の資本主義化を批判していた正造が、特権政商や財閥資本に否定的であったことはいうまでもない。

従来、田中正造は、「反近代」の思想家と評されることが多かったが、近代化・文明化そのものを否定していたのではないことに、もっと留意する必要がある。正造が否定したのは、人民の生命権利財産や自然を犠牲にしてやまぬ、物質文明中心の、「興利」優先の経済至上主義的な近代化なのであって、物質文明の発展と同時並行的に「徳想」が進歩し人間が倫理的に完成されていかねばならないと考えていたのである。

注目すべきは、正造が、一方では「土地共有」を唱えたり、また「実業利益分配」（④六一五）と書き付けたりしていることである。これを、社会主義思想の一定の影響とみることも可能であろう。だが、正造の「土地共有」論は、

「土地は天のもの」であり、その土地から生じる生産物は天の賜であって、万人が享有すべきであるという考えに由来するもので、その観点からの土地私有・生産物占有の否定なのである。いわば、民衆的伝統思想とキリスト教思想とがないまぜになった主張なのであって、生産手段の公有という社会主義的な土地共有論とは出所を異にしている。それに比べ、「実業利益分配」という発想は、より社会主義的にみえるが、あまりにも突然に登場する記述だけに、そのルーツを確証するのは困難である。ここで確認できるのは、正造が、それほどまでに貧富の格差の是正と経済的平等を重視していたことであろう。

以上が、正造が「創設」しようと構想していた国家であった。自治と人権に立脚し、生命を尊重し、自然との共生を願う平和で平等な人民主体の国家、とまとめることができる。後述するように、そのためにも日本は「小国」であるべきだった。

しかしながら、興味深いことは、正造のこうした国家構想の背後には、一種の農民的ユートピア思想が潜んでいたことである。そこで、つぎに、正造の理想社会像をまとめてみよう。

田中正造がどのような社会を、つまりどのような人間と人間の関係を理想としていたか、それをある程度まとまった形で示しているのは、一九〇九年八月二四日の日記の「永長の人和」論である。

人ノ和ハ永久ノ和ニアラザレバ、イヨ〳〵危シ。多クハ時ニ和スルヲ見テ人ノ和ト云フモノ多キヲ以テナリ。永長ノ和ハ更ニ大ヘナリ。堅牢ナリ。永久トハ社会皆人ノ人タル本義ヲ脩め、国民の上下貴賤なく、強弱貧福ナク、互ニ克信ずるにあり。又公平無慾誠の信愛ニアリ。愛ハ義を生ミ、義ハ信を生ミ、信ハ力を生ミて、其力ラノ合する、之を永長の人和と云ふ。(⑪三二一)

孫子の兵法でいう「天の時、地の利、人の和」に関する断想であるが、正造は、ここで、「人の和」は「永長の和」

でなければ社会が危ういことを強調している。そして、「永長の人和」の前提として、第一に「人ノ人タル本義ヲ脩め」ること、第二に「国民の上下貴賤なく、強弱貧福ナ」い状態であることをあげている。「人ノ人タル本義」とは、正造思想の文脈に即していえば、天賦の貴重な人権を重んじることであり、正直や誠、徳義や人道を実践することであった。まず、「人になる」ことが必要なのである。その上で正造は、身分的経済的に平等でなければならないことを主張する。こうしてはじめて、お互いを信じあえるようになるのだが、そこには「愛」が必要不可欠であるとする。「愛」によって「義」と「信」が生まれ、それが「力」となり、人間相互の関係を強固にするのだ、と。それをまとめるならば、平等な相互信愛社会の形成である。別のところで、それは「公共協力相愛の生活」とも表現されていた。

そこでも、「徳」の実行が求められているのは、正造の変わらない特色である。一九一一年六月九日の日記の記述「無戦主義の戦」は、正造のキリスト教理解の一つの到達点と評価されているが、実は、ユートピア論とも読めるのである。引用してみよう。

〇対立、戦ふべし。政府の存在せる間は政府と戦ふべし。敵国襲へ来らば戦ふべし。人侵さば戦ふべし。其戦ふに道あり。腕力殺伐を以てせるに〔と〕、天理によりて広く教へて勝つものとの二の大別あり。予は此天理によりて戦ふものにて、斃れても止まざるは我道なり。天理を解し、此道実践のもの宇宙の大多数を得ば、即ち勝利の大いなるもの也。道は二途あり。殺伐を以てせるを野獣の戦とし、天理を以てせるを人類とす。人類は天理を以てせるものなり。野獣言語少し。意思の通ぜざるより腕力に是非を決す。人は人語を解せり。人語の人類として何を苦んで腕力を以てせるものなるか。恰かも野獣の争ひに同じ。人と獣との区別なかるべからず。今の世の人類にして、人の行ひを学ばず努めず、互に人にして獣を学べり。以て殺伐を事とす。世に非戦を唱ふるものあれども、戦ふの心なきものは常に食はるゝのみ。戦ふ道を学ぶものにしてはじめて宗教行はれ、百事なるなり。果して此道を得ば、天地和合し、人類和合す。即ち戦はなし。戦ふの用なしとなる也。（⑫二四六）

人生ハよく戦ふべし。只戦の文字ハ戈の義なり、腕力の義なり。文字ニよりて拘泥すべからず。茲ニ戦ふとハ天道を以て戦ふなり、人道を以て戦ふなり。即ち神の命ニよりて道ちを他ニ対するの意ニ過ぎず。道ちを以てせるものハ戈を以てせると絶対の方針目的ニして、武器を以て戦ふの意と誤るなかるべし。

道ちを以て戦ふハ戦ふニあらず。天理の貫徹なり。人道の貫徹なり。神ニ使ふるもの丶履むべき正道、人生此正道ヲ履むものなきがために、教るに宗教家なるもの顕れたり。衆ニ代りて衆ニ教へて止まず。ふんこつ砕身衆を救ふの外一物なし。衆多を救ふハ何んの業ぞ。衆多天より日常生活必用の糧及物件を賜る。人と人との間に交通あり。其法其道ちにかないバ、衆皆安じ其道ちを得させんとす、之れ人道なり。衆皆安全ニ業ニ安んド《(ママ)》安全ニ夜る眠るべし。率先此道ちを開き億兆と共安ずる能ハざるも目的ハ即ち神の如し。万事を擲ち、家をすて妻子をすて田畑も親をもすてる如きハ、難きに似たりとも、責任の上よりし、先見者たるの上より見れバ、是等万事を擲つ如きハ易〻の業たり。

何故易しと云ふか。自分の物をすつるハ他人の物をすてるより易し。故ニ易しと明言せり。今もし他人ニ向つて汝ぢの家をすてよ、汝ぢハ汝ぢの所有をすてよ、と云ふの難き事図らざるなり。而モキリストハ之れを人ニも告げてすてさせたり、又すてさせんとす。身ハ十字架を甘んずる、あめをなめるが如し。敢て好んで為せるにハあらず。災の到るや予めニしる。しりて而して災をさけず。誠ニ水火をさけず。道の履むべきを見てハ水火をも怖れざる、彼れの如し。

今人ニすてよと云ふの教を叫ぶものにして、自身の財産、自身妻奴をもすて丶働くの宗教ニあらざれバ目的の達するなく、人類皆迷夢迷霧の中ニはいかいせしむるのみ。今の人類ニ主人なし。盗賊の横行するむべならざるな《(ママ)》り。衆多の常の業ハ常の生活の用なり。農ハ野ニ戦ふ如くすべし（正を履む勿論なり）。商ハ市ニ戦ふ如くすべし。工ハ工ニ戦ふ如くすべし。其他百般の技芸あるもの又然り。只正を履むニあるのみ。

此戦ふハ苟くも殺伐の義ニあらざるハもとより、正しく神の道ちの外一物なきを云ふなり。正を履むに法あり。

温良ニして恭倹なり、謙譲なり。要して徳行となるの備あるを要せり。果して此道ちを以てせバ、労苦なくして世界ハ富且ゆたかなり。何ん〔ぞ〕殺伐たる罪悪たる戦争を用んや。用ゆるの処なきを奈何。一方ニハ天与の天業を妨害して国を破り、国をも人をも亡滅せしむる事を働きツヽ、一方ニハ多大の租税及（人体）血税を誅求して財を滅し、人を滅して尚且止まざらんか、是人類の世ニあらず。人類以下の動物といゝどもかゝる悪事為すものハ殆んど稀れなるべし。

之れ予が無戦主義の戦を主張せる概要なり。……（⑫二六四〜五）

人は良く戦わなければならない。農も商も工も、すべてがそれぞれの場において戦わなければならない。ただ、腕力によって戦うのではなく、あくまでも天理・人道によって戦うべきである。天地の正道を踏んで戦うのである。道のためには、財産も家族もすべて捨てて顧みないほどの決意をもって戦うのでなければならない。宗教の実践がそこまで徹底すれば、やがて世界人類の和合が実現し、戦う必要もなくなるのである。神の教えに従って正道の実践を心がけていけば、おのずと行いは「徳」にかない、その結果、安全かつ豊穣な世界の実現につながるのである。

正造がいわんとしていることを要約すれば、以上のようになろう。つまり、「無戦主義の戦」とは、天理・人道によった戦いを通して平和で豊饒な世界を作り上げていくその道筋を述べたもので、それこそが「徳行」に他ならなかったのである。

「徳」の実現が五穀豊穣の社会の実現につながるという考えは、一九〇八年（明治四一）八月一九日の、「学ブヤ禄其中ニアリトハ。徳天下ニアマネク農民富、又自身飢へず」（⑪一〇九）という、たった一行の記述にもうかがえる。他の部分でそれは、「思ひ起す、昔瑞穂国と唱へしは、山河悉く自然にして、河川池沼の辺、土殊に肥えて稲作其他水陸五穀克くみづ〳〵と実りければなり。民亦安堵して眠るときに意のまゝに名付けたるものならん。今は然らず」（⑪四七二）というように、「瑞穂国」イメージとして語られているのである。

そして、このようなユートピア社会では、人はおのずと長命になると正造は考えていた。その独特の死生観を引用してみたい。

人の寿百年と云へ、或ハ百二十年と云ふけれども、人の生命ハコンナものニあらず。人ハ死ぬまいとおもへバ死なずしてよいのである。人の生命ハ他物のためにへるので、へり尽して死ぬのです。へらざれバ死せぬのである。生者必滅会者定離、生者必生である。七十才正造さとり。人又他物をへらす。食ふとき他物をへらす。衣るときへらす。居るときへらす。歩行くときへらす。此へらすとき形を変ずるまでニせバよろし。形を変ずるハへらすニあらず。実を害せざるよふニ他物をへらすべし。果して此ミちをよくせバ、形ニおいて人死せる如きも死せるにハあらず。只形の変ずるのみ。生命ハ依然として死せざるなり。死せざるのみか、いよ〳〵活動して天地の間ニ働いて居る。たとへバ這ふ虫の蝶に化して空中を飛びめぐるが如し。虫としてハ花の露をなめる事の出来ぬものが、蝶となれバ花ニ戯れ、花のミつをなめ、或ハ風ニのりて楽ミ空を飛びめぐり、早き事一時ニ数里をも走れるニあらずや。鳥りの来りて之をツイバミ食ふハ、他物ニ身体を奪ハるゝなり。只他物ニへらされ、奪れ、食わるゝハ止まざれ、而も人や万物の霊たりと云ハヾ、万物ニ犯さるゝ事なし。犯さるゝハ油断怠りなり。(⑫二二七〜八)

人は死ぬまいと思えば死ななくてもいい、生命が他物によってすり減らされるから死ぬので、減らされなければ死なないのだ、だから「万物の霊」といわれる人の生命は永遠であってしかるべきだ、と正造はいう。そして、死とは形を変えることにすぎず、生命は依然として天地の間で活動しているともいう。霊魂不滅、永生の思想といえよう。

しかし、正造が生きた時代は、人間が「機械文明と云ふものに嚙み殺される」時代であった。「油断」していなくても、目に見えぬ「鉱毒」が流された結果、数多くの人が犠牲になったではないか。このように、「近代」とは、人の生命をすり減らす物質が、周囲の環境に満ちみちている時代なのである。物質ばかりではない。政治（政府）さえ人を滅ぼして恥じない時代であった。だから、正造が理想としたユートピア社会のなかにあってこそ、人は永遠の生命を持ちうるのであった。

このように、正造が思い描いていた理想社会像は、五穀が豊かに実り、過酷な税収奪もなく、農民が飢えることなく平等かつ安楽に「公共協力相愛の生活」を送ることができる「鼓腹撃壌」の世であり、民衆の伝統的解放願望の一つであった「ミロクの世」にも通底する農民的な伝統的ユートピア社会像であったのである。正造がこの世に実現しようとした「天国」のイメージもこのようなものではなかったろうか。

問題は、以上のような伝統的農民的ユートピア社会への希求と、国家構想におけるきわめて高度な近代民主主義国家とが、一見するとものすごく乖離しているようにみえることであろう。正造が、「自治ハ徳義の政治、可成法律ノ厄介ニならぬを尊べり」（⑪三九〇）と書いて、法律によらぬ、法律のない、徳義が支配する自治社会への展望を描いたのは、一九一〇年四月四日のことであった。徳義＝自発的精神による自治が徹底していけば、人間社会はおのずとそこに到達するものと考えていたのであろう。支配被支配関係のみならず、政治そのものが無と化す社会である。正造は、心の奥深くでは、ほとんど無政府社会ともいうべき想念をあたためていたことがわかるのである。

私は、つぎのように考えている。正造が、本質的に、支配より自治、法律より徳義を重視していたことは間違いない。そして、現実の政府・政治への失望感が強まれば強まるほど、また谷中残留民を初めとする貧民の悲惨な境遇を思いやればやるほど、支配も搾取もないユートピア社会への希求が高まっていくという関係に両者はあった。しかし、現実に政府が存在する限りは政府と戦い、憲法法律の正当な実施を通じて国家と政治のありようを根本的に変えていくことが必要である。たとえ「悪弊改革」の見通しが立たなくとも、あきらめることなく主体的能動的に政治に参加していかねばならない（だから正造は政治を「徒労」というのである）。こうした現実社会における闘いを継続していけば、何十年か先には、理想の国家が現実のものとなるかもしれない。そのときにはじめて、ユートピア社会の扉も開かれるのだ、と。正造にとって、その扉を開く鍵は、自治と徳義と宗教にほかならなかった。

それでは、田中正造の思想を日本近代思想史上に位置づけてみたい。

第一に、近代日本の思想家のなかで、「近代」という時代と真摯に向き合い、「近代」の思想的課題を自らも引き受けつつ、「近代」の一面を代表する鉱毒問題と現場にあって格闘しながら、最終的に「近代」をも超克してしまうようなスケールの大きい思想を提示しえた人物は、ほとんど田中正造ただ一人といえるのではなかろうか。

思想を評価する基準はさまざまである。その一つが、思想の体系性や同時代的影響力であろう。たとえば、福沢諭吉や中江兆民などは、数多くの著作を刊行し、新聞や雑誌を舞台に言論活動を縦横に展開していた。しかし、正造が有していた思想表明の手段は、まず演説であり、書簡であり、晩年に比重を増す日記であった。福沢や兆民とは思想表明のスタイルを異にしていたために、広範な人々に自分の思想を伝えることは不可能だった。それゆえ、思想の体系性や同時代的影響力という点で、福沢や兆民に及ぶべくもないことは事実である。(1)

それは、思想形成のありようが決定的に異なっていたせいでもある。「下野の百姓」正造には、海外に行って見聞を広めることや語学力を駆使して最新の思想を摂取することも不可能だった。その結果、幕末維新期までに形成された思想的土台が強固に残存することになった。いうまでもなく、それは、孟子を中心とする儒教思想であり、民衆的な倫理意識であったが、正造がそれらを棄てなかったのは、何も、既存の思想の全否定を迫るような衝撃的体験を持たなかったからではない。そこに譲ることのできぬ真理を見いだしていたからである。生涯運動にあけくれた正造は、読書を通じて思想を形成することよりも、そういった真理に自らの体験を照らし合わせて繰り返し繰り返し反芻することを通して、さらにいえば生活（運動）と思想の往復運動を積み重ねながら思想を形成していったのである。ここに、私たちは、民衆的思想形成の可能性を確認できる。

このような独自性に加え、正造の特徴といえるのは、その思想内容の豊かさであり、質の高さであり、思想的生命力の強靭さである。まず、思想内容の面で三人を大まかに比較してみよう。

正造は、福沢諭吉の著作からたくさんのものを学んだと推測できる。明治初年にあって福沢が持った圧倒的な影響力を、正造も免れてはいなかった。福沢が掲げた国民的独立、即ち「ネーション」の形成という思想的課題は、生涯にわたって正造も追求した課題であった。そして、抵抗する国民としてのあるべき姿を、福沢のいう「マルチルドム」の精神に求めていった。数を頼んだ力による行動ではなく、要求が聞き届けられるまで、法を尊重した静かなる運動を何年継続しても倦まないありようを理想としていた。正造の直訴が、「マルチルドム」の精神を実行したものと判断する所以である。

しかしながら、福沢と正造とでは、文明観や資本主義観を決定的に異にしていた。正造は、功利を否定し、「徳義」「公正」という網を文明や資本主義に被せたのであった。もっとも、福沢自身は、外面的な文明化よりも、文明を支える精神（「内の文明」）の育成を重視しており、西洋文明を目的にするといっても、それはあくまで当面のことにすぎないと考えていた。文明化の究極に、無政府的な状態を想像していたふしさえみられる。しかし、福沢は、『学問のすゝめ』で高らかに謳い上げた道理立国・万国平等論を早々と降ろし、また『文明論之概略』で打ち出した文明化の基本原則に拘泥することもなく、政府が推進する近代化と対外侵略路線の旗振り役を任じていった。その結果、二人の文明観・資本主義観の決定的な相違は、足尾鉱毒問題や朝鮮問題をめぐって明確化していったのである。

一方、中江兆民は、国会が開設される前段階にあって、はやくも代議制の形骸化を想定し、それを阻止するための手だてを様々に論じていた。正真正銘の人民主権論者であったといえる。そして、軽佻浮薄、付和雷同しやすい日本人の国民性を徹底的に改革するために、「哲学」の必要性を強調してやまなかった。理論的な水準からいっても、近代日本を代表する民主主義思想家の一人であり、自由平等という民権の「至理」の実現を希求しつづけた。

こうした兆民と正造の思想的共通点は多い。変革主体を「平民」に求めていた点や、原理原則にあくまでも忠実であろうとするラディカルさにおいても共通していた。しかし、兆民は無神無霊魂論者であった。その人間平等思想も、人間という物体を構成している元素は誰も同じであるという独特の思想に由来していた。兆民が壮絶なガンとの闘いのなかで、最後まで宗教に救いを求めなかったことは、近代的自我の一つのモデルを示していると考えられる。なにものをも頼らぬ、きわめて強靭な自我、合理的精神をそこに見て取ることができる。そういった兆民が求めたのは、道徳や宗教ではなく「哲学」であった。

それに比べると、正造思想における道徳や宗教の比重ははるかに大きい。私たちは、これを、正造の自我の弱さ、思想的限界とみなすべきなのだろうか。

私は、この点に関する二人の相違は、「救済」に対する姿勢の根本的差異に由来するものと考えている。一日でも早く、一人でも多くの人を救済しようと努めてやまなかった正造に比べ、兆民は、圧制からの解放と救済を、どのように構想していたのであろうか。

それに対する答えを、人は「ナカエニスム」に求めるかもしれない。兆民が独力で作り上げようとした唯物論哲学である。だが、私は、そこにある種「強者」の論理を嗅ぎとらずにはいられない。古今東西の思想に精通した偉大な「知性」であった兆民だからこそ可能であったものを、どうしてごく普通の人に求めることができようか。やはり私たちは、「弱者」が「弱」のままで、その「むれ」の一員と化して、俗塵のなかにあって、「敵」や「強者」をもあわせ救い、自らと他者の解放をかちとっていこうとする正造の解放思想のほうに、より多くの魅力を感じるのである。

しかも兆民は、人間平等を説きながらも、娼妓の存在を肯定し、遊廓設置運動に暗躍したりしていた。また、その気質のせいでもあろうか、兆民には、自らの構想を実現するためのねばり強い取り組みが欠けていた。第一議会において兆民が放棄した課題、つまり日本に民主主義を定着させるという課題を引き継いで、その後ずっと闘いつづけた人物が田中正造だったのである。二人は、実践の面においても決定的に異なっていた。

そして、思想的生命力という点でいえば、正造の思想は、今後ますます輝きを増しこそすれ、色あせることは決してないであろう。自治と人権思想の豊かさだけではない。他に並び称するもののない解放と救済思想の到達点のゆえだけではない。生命の問題に先駆的に着目し、しかもそれを自然との共生のなかで守っていこうと考えた思想家であったからである。その意味で、非常に大まかなまとめかたになるが、福沢諭吉を《「利」の思想家》、中江兆民を《「理」の思想家》とするならば、田中正造はなによりも《「生命」の思想家》であったといえるのである。

第二には、田中正造の国家構想が、近代日本の「小国主義」思想の系譜のなかに位置づけられることである。「反近代」思想の流れのなかで捉えるより、その方がはるかに生産的である。

「小国主義」については、松永昌三の先駆的研究にはじまり、近年では田中彰が『小国主義』（岩波新書、一九九九年）をまとめ、それぞれの観点から様々に論じられてきた。私も以前から関心をもっており、小論を発表したこともあるので、ここで、自分なりの観点から「小国主義」思想の系譜を整理しておきたい。

周知のように、明治以降、小国日本は「富国強兵」をスローガンに「軍事大国」化の道を突き進んできた。日露戦争に勝利した頃から「一等国」意識が国民のなかに蔓延しはじめ、やがて「世界五大国の一つ」と豪語するようになった。こうした「軍事大国」化路線の行き着いた先が、アジア太平洋戦争における敗戦であったことは、あらためて指摘するまでもない。

戦後再び小国に戻った日本は、一転して、戦争放棄を憲法で誓い、軍事力に頼らない国づくりを進めてきた。その結果、経済の高度成長時代をへて、一九七〇年代に「経済大国」という自己認識が広範に成立するにいたった。最近では、「経済大国」であることを自明の前提にした「政治大国」論や、「健康大国」論、はては「生活大国」論まで飛び出している。

このように明治以降の歴史を通観してみると、どうも、日本人ほど「大国」が好きな民族は他にないのではないかとも思えてくる。それがどのようなものであれ、「大国」であること自体を良しとする価値観にとらわれ、なにがなんでも「大国」にならなければこの国はやっていけないという強迫観念に衝き動かされてきたともいえる。そうであれば、なおさら、こうした歴史をもつ近代日本にあって、非常にかぼそい流れではあったものの、「大国」化を否定し、むしろ積極的に「小国」としての自立をめざすべきだという思想が一貫して流れていたことは、注目にあたいしよう。

「小国主義」の系譜は、明治初期の啓蒙主義者からたどることが可能であるが、代表的なのは、明治期の中江兆民・三宅雪嶺・幸徳秋水・安部磯雄・内村鑑三、大正期の『東洋経済新報』によった三浦鉄太郎・石橋湛山、そして敗戦直後に河上肇がとなえた「小国寡民」の思想などであろう。敗戦直後には、松前重義なども、ニュージーランドを戦後日本の理想とする論を展開していた。

幕末に欧米列強から押しつけられた不平等条約に苦しんでいた日本が、条約改正に成功し対外的国家主権の確立に最終的に成功したのは、一九一一年の日米通商航海条約の調印によってであった。この間の日本は、とりわけ日露戦争に勝利するまでは、たえず植民地化の危機にさらされていたといえる。日本はどこからみても小国であった。こういった現実認識からスタートし、帝国主義前段階の世界情勢のなかで小国日本が独立を達成し維持するにはどうすべきかというのが、中江兆民や三宅雪嶺たちに共通する強烈な問題関心だった。

中江兆民の「小国主義」思想は、よく知られているように、「富国強兵」路線の矛盾をつき、あくまで民生の安定を第一に考えるものであった。兆民は言う。「富国強兵」と一口にいうけれども、「富国」と「強兵」の両立は、欧米の大国ならいざしらず、日本のような貧弱な小国にあっては極めて困難である。そのいずれかを選択せよというなら、自分は迷うことなく「富国」路線を選択する。なぜなら、人殺しを目的とする軍隊は「不仁ノ器」であるばかりでなく、兵をたくさん養うためには多くの租税を必要とし、その結果、必然的に民衆生活を犠牲にすることになって、「経済ノ旨」にも反する。しかし、「暗黒ナル文明時代」の今日にあって、一気に軍備を全廃するわけにもいかない。そこで、常備軍を廃するかわりにスイスのような「土著兵」=民兵制度を導入すれば、経済的負担もそれほどではなく、なによりも、日頃の訓練を通して自分の国は自分で守るという「悲壮慨慷」の気象が国民のなかに生まれるであろう。国の独立のために大切なものは、有形の軍事力ではない。大国といえどもおそれず、大国の不義の侵略に対しては一歩も譲らないという国民の堅固で不屈の精神である、と主張する。兆民の「小国主義」思想は、新聞論説の

「論外交」、「土著兵論」、「外交論」や『三酔人経綸問答』の「紳士君」の主張などに見てとることができる。

一方、中江兆民とは思想的立場を異にするが、国粋主義者三宅雪嶺にも「小国主義」思想を見ることができる。それは、雪嶺が一八九一年に発表した『真善美日本人』の中にである。雪嶺にも、日本のような「貧弱な国」は「力を以て衡を強国に争い難し」という明確な認識があった。では、何をもって争えばいいというのか。そのとき雪嶺は、「理義」を究明すること、つまり知識をみがき、真理を探究する学問研究のレベルで勝負しようと主張する。まるで「紳士君」のような「学術立国」とでもいうべき路線を雪嶺は示唆している。具体的には、図書館をもっと拡充することやアジアに学術探検隊を派遣すること、「東洋博物館」を設立することなどを提案している。「東洋」の研究を通じて人類の文化に貢献していくのが「日本人の任務」であると、雪嶺は強調する。こうした日本人に固有の使命を自覚することなしに、風俗や習慣にいたるまで欧米の模倣に走るならば、それは日本をして「劣等なる欧米」と化するだけであると断言している点などは、まさに国粋主義者の面目躍如たるものがあった。

つぎに、明治社会主義者の代表格ともいうべき幸徳秋水は、『週刊平民新聞』第一〇号（一九〇四年一月一七日）に、無署名で「小日本なる哉」という短文を発表している。そのなかで秋水は、軍備を全廃し、警察や裁判所などがなくても、人間の「相互補助の精神」により秩序が維持される理想社会を実現するために、まず日本の国是を「小国を以て甘ずる事」に一決せよ、と主張している。そして、日本も、スイスやデンマークなどの小国の仲間となり、互いに協議して「平和の主張者」となるべきことを強調した。

同じく初期社会主義者の一人であった安部磯雄は、日露戦争の最中に、『地上の理想国　瑞西』と題する冊子を発行した。安部が戦争中に敢えてこの本を刊行した狙いは、単純に非戦論を唱えているだけでは埒があかないので、スイスという「中立国の真相」を詳しく紹介することで、日本にも大国化とは異なった行き方があることを広く知ってもらおうというにあった。そのため、この著作では、とくにスイスの民主主義がいかに徹底しているかという点と、その社会保障がいかに行き届いているかという点が強調されている。スイスがいまだに軍備を残していることに関しては批判的だが、「教育普及し、道念深く、政治上に於ては国民悉く平等の権を有し、財産の分配は公平に行われて甚だしき富豪もなく亦貧困者もなく、思想の自由は充分に保障せられ、人々皆好む所に従って自然の発達をなす」というように、理想にもっとも近い国がスイスであると、安部は絶賛している。そして、日本ほどスイスに類似した国はないのだから、日本も「軍神としてよりも寧ろ天使として東洋の平和を来すべき天職を有して居るのではないか」と問題を提起した。

最後に、内村鑑三は、一九一一年に発表した「デンマルク国の話」のなかで、次のように述べている。内村が理想とした小国は、スイスやオランダ、デンマークなどであったが、なかでもデンマークは、日本の九州よりも小さい国でありながら、一人当たりの富たるや英米よりも多い、と指摘する。それも、一八六四年にプロイセンとの戦いに敗れ、デンマークのなかでもっとも肥沃なシュレスヴィヒ・ホルシュタインの二州を奪われたにもかかわらず、外に領土を拡張することなく、内の荒野を開発し、「天然の無限的生産力」を大切にした農業(牧畜業)の振興を通してこのような富を築きあげたと評価する。そして、「国の実力は軍隊ではありません、軍艦ではありません。はたまた金ではありません、銀ではありません、信仰であります」と結論している。

内村の「小国主義」は、「国を興さんと欲せば樹を植えよ」というように、木を植えることで荒野を緑野に変え農業を可能にする、植林と農業のエコロジー的な関係を重視する独自性を持っていたが、基本的には「国民の精神」のありようを重視するという点で中江兆民などと共通していた。「戦いに敗れて精神に敗れない民が真に偉大なる民であります」と内村がいうとき、それは、日露戦勝に浮かれ、「一等国」の呼び名に幻惑され、思い上がり油断しきった国民に対する警鐘に他ならなかった。

以上のように、この五人の思想家は、それぞれに思想的立場を異にしつつも、基本的に、小国日本は、軍事力をもって大国と覇を競う愚をやめ、国民の生活を豊かにすることを目的にした内治優先主義でいくべきだとする点で一致していた。「道徳」や国民の精神的自立を重視していた点でも共通している。軍備も廃止すべきで、かりに軍隊を保持するにしても、その役割はあくまでも国土防衛にとどめ、けっして他国を侵略することのないようにしようと主張している。国の優劣を、軍事力という尺度ではなく、国民生活の豊かさや教育の普及、民主主義の徹底、社会保障の充実、地方分権の実現、そして中立平和政策などの尺度に求めていた。その結果、大国にはさまれながらも立派に独立を維持していたスイスやオランダ、デンマークなどの小国を、日本が目指すべき理想の国と位置づけたのである。

このように明治期の「小国主義」思想の系譜をたどってみると、「戦わで勝ちほこりたる瑞西を　たづねて見よややまと民族」という歌を日露戦争中に詠んでいた田中正造も、小国スイスをあるべき一つの理想国家と考えていた「小国主義」者であったことは間違いない。『日本及日本人』のアンケートに答えて孟子をあげたのも、その民本思想を真理と考えていたからだけではない。大国の圧迫の前に危機に瀕した小国が生き延びるためには何をなすべきかという「小邦危殆」認識を、正造が一貫して抱いていたことの証明なのである。そのため、日露戦後には、国民の油断心をたえず戒め、徳義ある国民であることをより強く求めるようになり、政策的には民生安定・軍備廃絶・平和外交・自治の確立・民主主義の徹底・教育の拡充などを希求したのであった。私たちは、田中正造の思想を、もう一つの近代を求めた「小国主義」思想の系譜に位置づけることが可能なのである。

第三には、正造の思想が、日本民衆の伝統的思想のみならず、東アジア民衆思想の豊かな水脈にも通じているのではないか、ということである。

本論で指摘してきたように、正造の思想は、富士講の食行身禄、南部三閉伊一揆の三浦命助、大本教の出口なおの思想と共通するものを多分に持っていた。さらには、農民の伝統的ユートピア社会像と共通する理想社会構想を抱いていた。それは、同じく儒教思想の枠を核に持ちながらも、新井奥邃が老子的な理想社会像を否定していたのと好対照をなしていた。その理由を、正造が士族ではなかったこと、なによりもまず「下野の百姓」であったことに求めても、おそらく異論はないであろう。この意味で、正造の思想は、日本近代における民衆思想の一つの可能性を体現しているのである。

このような正造の思想を、東アジアにひろげて捉えてみたらどうなるであろうか。そのとき、私が注目するのは、韓国の詩人・思想家の金芝河である。

金芝河に対しては、さまざまな評価がなされているが、朴正熙軍事政権に抵抗し、一九七四年に民青学連事件で逮捕されて死刑宣告を受け、一旦は釈放されたものの再逮捕され、一九八〇年一二月に再度釈放されたことは記憶に新しい。彼の抵抗を支えていたのは、一九七一年に入信したカトリックの信仰であった。しかし、金芝河は、獄中で韓国の民衆宗教である東学の思想を再評価し、東学の思想をもとにキリストの教えを読み解くようになる。そして、帝国主義的侵略に抵抗し、「非常な不運の中で一人叫んで死んでいった曠野の民衆預言者」がアジアをはじめ第三世界にはたくさんいたことを発見し、次のように述べた。

人間のあらゆる知恵と知識、科学技術と政治・経済・社会制度は、それ自体が持っている人類と自然の生命の解放・完成という本来の使命と機能を失ってしまい、生命に反対し、生命を破壊する悪魔的傾向に奉仕しています。

われわれは、この悲惨と死の暗黒の真っ只中で、その暗黒が持っている両面性、暗黒の意味、その矛盾の神秘を発見することで、悲惨と死の暗黒それ自体をそのまま逆転し、ヨーロッパ人やいろいろな形で存在する民衆の敵さえも含んだ全人類と全生命系に、燦爛たる復活をもたらすところの世界史的な大転換をなしとげなければならない歴史的責任を負っています。われわれはその責任を完遂するために、〈尊厳な生命の尊重と愛〉という、普遍の真理を生活のうえで具体化させ、新しくて幅広い世界観を創出しなければならず、霊性的でありながらも共同体的な、新しい生存様式を創造しなければなりません。人間と自我、人間と人間、人間と自然の間に、決定的な親交と平和を成就させる生命の世界観・生命の存在様式を出現させなければなりません。(2)

こうして、金芝河は、生命の重要性と「飯」の重要性に着目し、彼岸における救済よりも此岸における救済こそ先決であることを強調し、所有・独占・独り占めの存在様式を否定し、わかちあいの共同体の建設を熱望するに至っている。

私は、以上のような東学思想を中心とした金芝河の思想的転回をみるにつけ、《「生命」の思想家》田中正造との類似性に驚きを禁じえないのである。金芝河が評価したように、侵略や圧制と闘いながら民衆の解放を願ってやまなかった東学の思想は、田中正造の思想と響きあうものを多分に含んでいるといえよう。東学の当面の敵が他ならぬ日本であったとはいえ、亡村谷中に身を置いていた正造も、内地は植民地時代という認識を抱いていたのであり、土着の思想に根ざしながら日本の侵略と支配に抵抗しつつ思想を構築していった点では共通しているといえるのである。

正造の思想を東アジア民衆思想史のなかに綿密に位置づける作業は、今後の課題としたい。

最後に、本論からややずれるかもしれないが、日本近代史における穏健主義の再評価の問題をあえて提起しておきたい。

戦後の歴史学、歴史叙述にあって、田中正造が属した改進党は、きまって自由党の後塵をはいする二番手の存在にすぎなかった。日本史の教科書では、いまだに、自由党＝フランス的共和制、改進党＝イギリス的君主制、という図式が生き延びている。しかしながら、幸徳秋水の直接行動論も同様であるが、私たちはそろそろ、政治的ラジカリズムの呪縛から解き放たれてもいいのではなかろうか。たしかに、改進党や田添鉄二の議会政策論は政治的に敗北した、あるいは敗北の連続であったかもしれない。しかし、政治的な敗北が、そのまま思想的な敗北を意味するわけではない。なにゆえに、私たちは、革命の亡霊にとりつかれていなければならないのであろうか。改進党議員が展開した憲法論の質的高さや、議会における闘いの一貫性、さらには議会政策論の日本の現状を踏まえた着実な変革構想をみるにつけ、その歴史的可能性を正当に評価することこそ今日の課題でなければならないとの思いを強くする。田中正造の思想が正当に評価されることだけでは不十分である。日本の近代史像そのものが、大きく書き換えられるべき時期にきているのだといえよう。

注

（1）田中正造はむしろ、文章よりは行動で同時代の人々に影響力を及ぼした人物であり、それを媒介したのが新聞報道であった。当時の新聞記事はほとんどがふりがな付きであったこともあり、子どもの脳裡にも田中正造の名前が刻み込まれていった。荒畑寒村の回想である。

「その新聞に、いつも議会で田中栃鎮という代議士が何か演説をやると、必ず中途で議長から中止を命ぜられる。それでも止めないものだから結局、数人の衛士が田中代議士を演壇からひきおろす……ということが出ているんですね。勿論、子供の私には田中代議士が毎議会になぜそういうことをくり返すのか、わかってはいません。なんでこの人は、いつもこういう事をやっているんだろうと、不思議に思うだけが強く印象に残っていました」（「足尾鉱毒事件と現代の課題」早大水俣病を告発する会、一九七四年三月）。

また、親を介して田中正造に接した子どもも多かった。弁護士であった布施辰治もその一人で、一八八〇年一一月一三日に宮城県牡鹿郡蛇田村（現在の石巻市）に生まれた布施は、農業をいとなむ父栄次郎から毎日のように正造のことを聞かされて育った。

「栄次郎はいろいろな社会的事件を幼いF氏との間でも話題にする人であった。しかしあれやこれやと話相手にしたのはF氏が学齢に近づいたころが一ばんで、その後は勉強させる方に力を入れ、F氏が農業を覚えていく時期になってからは時事的話題は主として田中正造の活動にしぼられたようである」（布施柑治『ある弁護士の生涯』岩波新書、一九六三年、七頁）。

その結果、布施は、明治法律学校に入学してからも、田中正造の苦闘が報じられるたびに、学業を棄てて正造のもとにはせ参じようと幾度となく思ったという。

このように、田中正造という存在は、まさに近代の産物である新聞を通して、地域を問わず、世代を問わずに認知されていったのである。

もっとも、「栃鎮」―栃木鎮台の略称であるが、実際に栃木に鎮台が置かれていたわけではない―という愛称には「とんちんかん」という意味も付与されて人口に膾炙していたのであり、新聞報道では、どちらかといえば「奇行家」としての側面が過剰に報じられがちであった。たとえば、『信濃毎日新聞』の雑報欄では、一八九九年に二四回、一九〇〇年に一二回も取り上げられている。

こうして、足尾鉱毒問題の闘士であると同時に親しみの持てる愛すべきキャラクターとしての正造イメージが、同時代の人々の中に形成されていった。いいかえれば、当時の民衆の多くは、田中正造を、その闘いぶりに敬意を抱きつつも、基本的には自分たちと同じ目線で捉えていたといえよう。だからこそ、直訴の衝撃力が大きかったのである。

(2) キム・ジハ『飯・活人』(高崎宗司・中野宣子編訳、御茶の水書房、一九八九年、六~七頁)。

補論一　赤尾小四郎について

はじめに

恩師という言葉は、なつかしい響きを持っている。

人間の思想形成期にあたる青少年時代に、心から恩師とよべる存在にめぐりあえることは、その人の生にとってこのうえもない幸福であろう。おそらく、田中正造にとっての赤尾小四郎も、恩師とよぶにふさわしい存在ではなかったろうか。

正造が赤尾小四郎（号・鷺州）の私塾に入ったのは、一八四七年（弘化四）、彼が七歳のときだとされている。それから、一八五六年（安政三）四月一九日に赤尾が死去するまで、おおよそ一〇年もの長い間、正造は赤尾塾で学んでいる。

しかしながら、なぜか、師の赤尾小四郎に関しては、田中正造もあまり詳しくは語っていない。また、赤尾に関する史料もほとんど残されていないことから、その経歴も謎の部分が多く、その思想も教授内容も、ひいては田中正造が受けた影響も、ほとんど解明されていない現状である。[1] そのせいか、赤尾小四郎に関する研究も、日向康「赤尾小四郎・清三郎・豊三」（『田中正造の世界』第一号、一九八四年）や、赤尾禎一「田中正造と赤尾塾」（安蘇史談会会報『史談』第六号、一九九〇年七月）など、ごくわずかしか存在しない。

しかも、赤尾小四郎の経歴について語るとき、これまでの研究は、そのほとんどを、石井録郎編著『小中村史蹟』（一九三三年）の中の「祖父鷺州の畧歴」に依拠してきた。これは、ここに「祖父」とあるように、赤尾小四郎の孫の豊三が編著者の石井に寄せた書信をもとにしたものである。豊三の孫にあたる赤尾禎一の前掲論文によると、『小中村史蹟』のうち、赤尾家関係の記述の各頁の部分は、祖父豊三が、数え年八十四歳の頃、石井録郎氏より原稿の依頼を受けて書いたものである」という。

「祖父鷺州の畧歴」は、次のようになっている。

祖父名は秀土通稱小四郎鷺州と號す（先代の號を襲用す）備後福山城主阿部侯に仕へ儒官を以て二百石を食む。孫七の二男年少の頃酒癖あり。家を逐はれ外祖母萩原氏を尋ねて小中村に至る居る事二年余、實兄早世により復歸して家督を繼く其後福山藩を退去せしとき再び小中村に至り。子弟を教育し安政三年四月十九日荒宿の家に歿す。年八十二浄蓮寺に墓あり。（四〇～四一頁）

これによれば、赤尾小四郎は、備後福山藩の領主阿部家に仕えた儒官で、二〇〇石取りであったことになっている。それでは、赤尾小四郎が小中村にやってきたのは、いつ頃のことだったのだろうか。

『小中村史蹟』の記載によれば、小四郎の父孫七は、旗本金田丹羽守（三〇〇〇石）の長男金田伊織の長子[2]で、赤尾家に婿養子に入ったとされている。そして、この伊織の側室が「下野安蘇郡小中村萩原四郎右エ門の女」であり、当時まだ存命であったので、小四郎は、この外祖母を頼って小中村にやってきたという。すなわち、「寛政八年（廿三才）小中村に尋ね寓せしと其頃は光照院にて子弟を教授せり。田中正造氏の父君富蔵氏などその頃の門人なり。祖父は其後舊主に復歸せしが、再退去の際文政四年亦小中に抵り富造氏等の周旋にて阿彌陀堂にて兒童を教授す。住家は田中氏の東隣りなりしと云ふ」、と（四〇頁）。

つまり、赤尾小四郎が最初に小中村にやってきたのは、一七九六年（寛政八）で、そこに二年あまりいてから福山藩に仕向し、その後、福山藩を辞去して、再び小中村に舞い戻ったのが一八二一年（文政四）ということになる。

だが、日向康は、『全集』別巻の「年譜附言」の中で、「文政四年には富造がまだ五歳、その時期については豊三手記が誤っているのだろう」と指摘している。だから、当然、赤尾小四郎が最初に小中村を訪れた寛政八年には、「富蔵」は生まれていないから、赤尾の「門人」にはなりようがない(3)。

このように、赤尾豊三の記憶に依拠した赤尾小四郎の経歴とされているものには、つじつまのあわない点が多々みられる。それならば、赤尾小四郎が備後福山藩に勤仕していた二〇〇石取りの儒官であったという経歴も、はたして真実なのであろうか。そういう疑問が私などには湧いてくるのだが、この点に関して先行研究者は誰一人として疑念をさしはさんでいない。たとえば日向は、「年譜附言」の中で、「正造は赤尾小四郎を奥州白河藩阿部家の浪人であったと錯誤していた」と述べているが（五〇二頁）、それが「錯誤」であったとする根拠が示されていない以上、白河藩阿部家の家臣であった可能性が一〇〇％否定されたわけではないだろう。

そのように考えた私は、赤尾小四郎が、本当に、①福山藩阿部家の家臣であったのかどうか、②二〇〇石取りであったのかどうか、③儒官であったのかどうか、などについて調べてみようと思い立ち、おそらくは福山藩関係の古文書の中に出てくるであろう赤尾小四郎を追って、広島と福山に調査に赴くことにした。

一　阿部家の変遷と赤尾家—刊本による事前調査

調査に出かけるまえに、『広島県史』や『福山市史』などをひもとき、備後福山藩の歴史などについて調べてみた。その結果、次のようなことがわかった。

近世初頭、福山藩は水野家の所領であった。しかし、水野家は、継嗣断絶により、一六九八年に改易となり、領地は収公されて天領となった。一七〇〇年、松平忠雅の移封が決定した。福山藩は一〇万石であったが、うち五万石は天領のままとされた。松平忠雅が実際に福山入りしたのは、一七〇九年のことであったといわれている。

ところが、その翌年の一七一〇年には、下野国宇都宮より阿部正邦が入封することが決まり、松平は桑名に移封されることになった。ここから、福山藩阿部家一〇万石の歴史がはじまるが、代々幕府の老中職などの重職を担うことの多い名家であり、なかでも「開国」にあたって老中首席として日米和親条約などを締結した阿部正弘は特に有名である。

阿部家は、三河以来の徳川家の譜代の家系で、家康の江戸入府に従って関東に下った阿部正勝は、本多正信らとともに旗本等を管掌する位にあった重臣であった。正勝のあとに家督を継いだのが正次で、彼一代の間に、一万一〇〇〇石から八万六〇〇〇石余の大名に発展している。正次自身も老中や大坂城代などの重職を歴任し、ここに阿部家の基盤が固まったといえよう。その子重次は、下野国都賀郡の二万石を加増され、父と同様に老中をつとめ、三代将軍家光の死に際して「殉死」したことで有名である。このように、幕閣に重きをなすにいたった阿部家であったが、その後、定高・正春と、しばらくは「不遇時代」がつづき、正邦が家督を継いだのが一六七一年、正邦一四歳のときであった。そして、武蔵国岩槻から丹後国宮津へ、さらに宇都宮へと転封され、一七一〇年八月一五日に備後福山へと国替されて福山藩主となったわけである。

それでは、次に、『小中村史蹟』から赤尾家の家系に関する記述を引用し、阿部家の変遷と突き合わせてみることにする。

赤尾秀實伝

幼名忠三郎後弥三左ェ門と称す。正徳六年二月廿七日大坂藩邸に生る。左手に米粒を握る故に秀實と命す。字子穀鷺洲と号す享保十八年三月三日十八歳にして備后福山にて初めて正襲公（君侯ならん）に出で事ふ其后酉閣公（仝）京都諸司代勤務中公用役相勤後ち江戸に帰り勤労の久しきを以て五十石加増三百石に至る。官番頭に準し小姓頭たり。安永三年五月十二日江戸圓山藩邸に病卒す。行年五十九歳谷中妙雲寺に葬る。金田丹波守の甥孫七秀章を養ひ嗣となし以て其女鎭に配す。鎭女の墓は小中村にあり。

系図　初代鷺洲（秀實）
　　孫七　（秀章）
　　二代鷺洲（秀士）
　　秀行　（思敬）
　　豊三

（三九頁）

ここに掲げられた系図のうち、本論に関係する二代鷺洲、すなわち赤尾小四郎までを整理してみたい。

まず、初代鷺洲＝赤尾秀實は、一七一六年（正徳六）二月二七日に大坂藩邸で生まれ、一七七四年（安永三）五月一二日に江戸の藩邸で亡くなっている。私が所持する『小中村史蹟』のコピーには、「幼名忠二郎後弥二左ェ門」とあるが、よくよく眺めてみると「三」の一番上の横棒が消えているだけであった。『小中村史蹟』には、この赤尾秀實の名が『大日本人名辞書』に出ていると記しているが、たしかにこれは事実である。『大日本人名辞書』は初版が一八八六年（明治一九）四月に出されたものだが、私が閲覧できた第五版（明治三六年八月五日発行、経済雑誌社）の一〇頁に、「アカオ　シウジツ　赤尾秀實」として、「赤尾秀實は江戸の儒者なり字は子穀鷺州と號す安永三年五月一二日歿す谷中妙雲寺に葬る（江戸名家墓所一覧）」と記されてあった。

ただ、一七三三年（享保一八）三月三日に福山で藩主正襲に会ったとあるが、「正襲」という名の藩主は存在しない。このときの藩主は阿部正福《まさとみ》（治世は一七一五―六九）であったが、正福はまた正龑《まさあきら》とも称したので、たぶん「正龑」の誤りであろう。また、「西閣公」が京都所司代のときに「公用役」を勤めたとあるが、「西閣」とは、正福の子の正右《まさすけ》の法名が「酉閣院殿楼誉託方練契大居士」であったことから、おそらくは正右のことであろうと推測できる。事実、正右は、一七六〇年より六四年まで京都所司代を勤めているので、つじつまがあう。

そして、その後五〇石加増されて三〇〇石になり、小姓頭に任ぜられたという。ちなみに、小姓頭とは、藩主の側近に侍する格式の高い役職であり、『福山市史』近世編によれば、江戸藩邸には五名の小姓頭がおかれていたとされている。(4)

次に、赤尾秀章(孫七)であるが、孫七に関しては、旗本金田丹波守の長男伊織の長子で、秀實と養子縁組を結び、秀實の娘鎮と結婚した人物ということぐらいしかわからない。

最後に、赤尾秀土《ひでただ》(小四郎＝二代鷺州)であるが、小四郎の生年は、最初に小中村にやってきた一七九六年(寛政八)に二三歳であったということや、一八五六年(安政三)四月一九日に亡くなったときに八二歳であったといわれていることなどから推測すると、一七七四年か七五年頃の生まれではなかろうか。(5)秀章の二男で、年少の頃から酒癖があったので、勘当同然に家を追い出され、外祖母を頼って小中村に来て塾を開いていたが、二年余りして、長男が早逝したので急遽家督をつぐことになり、福山藩に仕え儒官をつとめたとされている。ということは、一七九八年頃から小中村を再訪する一八二一年までは福山に居住していたことになる。とすると、阿部正倫《まさとも》の子の正精《まさきよ》が襲封したのが一八〇三年(享和三)のことであるから、正倫・正精の二代、主には正精に赤尾小四郎が仕えたことになるのだが、はたしてどうであろうか。

『福山市史』近世編によれば、小四郎在職中の「文化・文政期は福山藩の文化活動の最盛期」とされている(七八五頁)。これは、藩主正精の好学の気風によるものというが、そうであるならば儒官赤尾小四郎も大変重んじられたことであろう。ところが、「文政ころの儒者をみると、百石(略)鈴木圭輔、米五拾俵(略)衣川吉蔵、拾五人扶持(略)伊藤格左、弐拾人扶持(略)山室虎治郎の四名である」(同前、七八九頁)と出ているだけで、赤尾の名は出てこないのである。儒者の中で最も家格の高い鈴木圭輔ですら一〇〇石なのだから、二〇〇石取りだったと伝えられる赤尾の名が儒者の中に見当たらないのは、どう考えてもおかしい。

しかも、一般的にいって儒者の家格は、それほど高くないのが普通であった。たとえば、あの新井白石ですら、最初は三〇〇石であり、六代将軍家宣に召し抱えられたときで五〇〇〇石（のち一〇〇〇〇石に加増）に過ぎないのである。だから、一〇万石の福山藩レベルで二〇〇石取りの儒者というのは破格の待遇に外ならず[6]、当然儒者の筆頭に赤尾の名が出てきてしかるべきなのに出ていないというのはどうしてなのだろうか。

儒者といえば、今日でも有名な福山藩の藩校弘道館との関係はどうだったのであろうか。弘道館が開設されたのは一七八六年であり、「学術世話取り（総纏）」「儒者本役」「儒者格」「儒者見習」「会読掛り」「素読掛り」などの役職がおかれていた。福山藩の儒学の伝統は、二代藩主正福が伊藤仁斎の次男伊藤梅宇を招聘したことにはじまり、代々古義学派が主流を占めていた。梅宇の孫の伊藤竹坡（一七六〇—一八二八）は、年齢的にもちょうど赤尾小四郎と同じ世代であり、一七九三年から弘道館の「学術世話取り」を勤めていたが、儒者のトップともいうべき竹坡ですら二〇人扶持であった。また、有名な菅茶山（一七四八—一八二七）も赤尾と同世代といえ、茶山も一八〇一年から弘道館で講釈をはじめているが、それでも三〇人扶持大目付格に過ぎなかったのである[7]。

いわゆる「寛政異学の禁」の影響で、福山藩でも、菅茶山・頼山陽門下の朱子学者が文教の中心にすえられるようになるが、あるいは、赤尾小四郎は、こうした古義学派、朱子学派という主流からはずれたところにいたので、儒者であっても冷遇されたのか。それとも、赤尾が陽明学者であったという説[8]があるように、陽明学を講じていたのだろうか。後者に関していえば、福山藩における陽明学の伝統は、『広島県史』『福山市史』にもいっさい出てこない。かりに、国学に目を転じてみても、福山藩における国学は、一八〇六年に備中笠岡の小寺清之を招いて神道講釈をさせたことにはじまるとされているが、藩校弘道館では国学教育はなされていない。だから、福山藩における国学・陽明学の存在は微々たるもので、その影響力はほとんど無にひとしかったといえる。

赤尾小四郎は、本当に福山藩の儒者だったのだろうか。ひょっとしたら、田中正造が思っていたように、奥州白河藩阿部家の儒者だったのではないか……。

謎はますます深まるばかりであった。

二　福山転封（一七一〇）前後の赤尾家―広島・福山調査行

広島県にいって私が調査した場所は、広島県立文書館（以下、県立文書館と省略）と福山市立福山城博物館文書館（以下、福山市立文書館と省略）の二ヵ所であった。そこで閲覧した史料のおもなものは左に掲げる通りである。1から10までのaもしくは無印が県立文書館所蔵、bが福山市立文書館所蔵の史料である。

1a「阿部正春御陣代中　寛文八年　家中人数帳」（請求番号P07、14―6、A9　福山市史資料3）
　b「同右」（浜本文庫四四九）
2a「福山藩家中分限帳」（P07、14―6、A10　福山市史資料4）
　b「同右」（浜本文庫四五〇）
3「享保一一年　福山御家中由緒書上」（『備後叢書』復刻版、第八巻所収、東洋書院、一九九〇年）
4a「延享元年　御家中之覚」（P07、14―6、A11　福山市史資料6）
　b「同右」（浜本文庫四五一）
5a「宝暦己亥年　福山御役人帳　正月十三日」（4aに同じ）
　b「同右」（浜本文庫四五二）
6a「宝暦七丁丑年　福山御家中附　四月下旬改之」（2aに同じ）
　b「同右」（浜本文庫四五三）
7「寛政五年　福山御役人帳（九月八日改）」（P07、14―4、A52～62　福山誌第一集）
8「天明　寛政　文化　文政　城代家老以下禄高（福山御役人帳）」（2aに同じ）
9「文化年中阿部家中分限帳（江戸之部）」（1aに同じ）

10 「御旧臣絶家録　天保四」（P92―37―A2　東京・阿部家文書(9)）

上記の史料中、1は一六六八年（寛文八）のものであり、2も、年代不詳であるが、福山市立文書館の『浜本文庫書目録』に「時代は明らかでないが、表紙に「阿部備中守定高、対馬守重次、備中守正邦代」とペン書きの書き入れがある。ほゞ其の時代のもののようである。或は福山藩就封以前のものかも知れない」（四四頁）とあることから、1と同じく寛文年間のものではないかと推測できる。

まず、1から見てみよう。1の史料には、最初から数えて五一番目に「弐百三拾石　赤尾忠右衛門」と出てくる。他の部分にも、「米三拾俵三人扶持　赤尾新五左衛門」という名が出てくる。福山藩の家臣で赤尾姓は、この両名だけである。しかし、この史料だけでは、忠右衛門と新五左衛門の関係はわからない。さらに、

栃木皆川居住
赤尾忠右衛門組
米百五拾七俵　御一簇之者弐拾六人分
右同断

と書かれている点に注目しよう。「右同断」とは、「壱人ニ付六俵小頭ハ七俵／何モ壱人扶持也」ということである。

これによれば、赤尾忠右衛門は、栃木皆川に居住し、小姓組か何かの頭を勤め、二六人（うち一人小頭）の一族郎等を率いていたことがわかる。

2の史料にも、同様に、「弐百三拾石　赤尾忠右衛門」、「米三拾表　内拾表　弐　赤尾新五左衛門」と出てくる。後者の「弐」とは二人扶持のことであり、「内拾表」とは、次のような記載を参照すると、おそらくは「夏取(10)」のこ

とではないかと考えられる。

一米三百拾六表　　赤尾忠右ェ門組弐拾壱人
　内八拾五表　夏取　壱人ニ十五表宛小頭ハ十六表也

このように、1と2の史料を対比してみると、赤尾新五左衛門の三人扶持が二人扶持へ、赤尾忠右衛門組の人数が二六人から二一人へ、米が一五七俵から三一六俵に変わっている（一人当たり俵数も）ことが判明するが、記載方法もほぼ同じ様式であることから、いずれも阿部家が福山に転封する以前の岩槻時代から宇都宮時代にかけての史料ではないかと推定できる。

赤尾忠右衛門の名を確認することのできる史料は、それ以外にもある。まず、福山市立文書館を調査したときには見落としてしまった「慶安元□高拾万石之御役積り　子十二月吉日」（下宮家文書）という史料が『岩槻市史』近世史料編Ⅲに収録されている。この、一六五二年一二月、阿部重次の代のものと考えられる史料に、「騎馬弐百騎」として、三千石の三浦左近以下家臣の名と石高が列記されているが、その中に「一弐百三拾石　同断　赤尾忠右衛門」と出ている。「同断」とは、「夫馬一疋／口附一人」のことである。

また、『阿部家御伝記　全』（浜本文庫四一）の「阿部備中守正次事」の項にも確認できる。[11] 阿部正次が大坂城代を一三年つとめ、一六四七年（正保四）一一月一四日に死去したおり、その葬送奉行として「山本新兵ェ赤尾忠左ェ門斎藤勘兵エ等」の名が記されているが、この「赤尾忠左エ門」は赤尾忠右衛門の誤記であると考えられる。

以上、福山転封以前の阿部家の家臣赤尾忠右衛門についてみてきたが、実は、3の一七二六年（享保一一）の「福山御家中由緒書上」の上巻「赤尾忠三郎秀澄」の項をみると、通称忠右衛門を名乗った人物は二人（厳密には三人）いたことになっている。この「由緒書」は、赤尾小四郎のルーツを探る上でとても貴重な資料と考えられるので、いささか長文になるが、煩をいとわずに全文を引用してみたい。

赤尾忠三郎秀澄

一、曽祖父赤尾忠三郎、後忠右衛門真秀、元和二年拾五歳に而、正次様へ召出され、知行百石下置かれ、百石之御書出、今に所持仕候、寛永四年丁卯十二月廿三日、三拾石之御書出壱通并知行四拾石御加増、丑十二月廿八日御書出壱通、且又知行高三拾石御加増、辰極月廿六日御書出壱通、右弐通は年号御書付御座無く、何年御加増拝領仕候哉、相知申さず候。

一、忠右衛門自筆に而認置候書付御座候、寛文四年辰十月廿五日御前へ召出され、有難く御意之上、御加増五拾石拝領仕、下宮理左衛門、粟飯原八郎右衛門、右之通書付置申候。

一、寛文七年丁未二月十日御懇意蒙り、御旗奉行仰付られ候、隠居仕候節、五拾石隠居料とし下置かれ拝領仕候、右年号相知申さず候。

一、忠右衛門、寛文十一年病死仕候、其節右五拾石召上られ候。

一、祖父赤尾新平、後忠右衛門秀直、父の妻下宮弥治右衛門娘、忠右衛門跡式弐百三拾石仰付られ、御陣代様へ勤仕奉り候。

一、寛文十二年子三月晦日御者頭役仰付られ候。

一、忠右衛門、十三ヶ年之長病に付、御役儀御免願奉り、首尾能隠居仰付られ候、貞享三寅年病死仕候。

一、父赤尾新十郎、後弥惣左衛門仲秀、拾四歳之時、家督仰付られ、弐百三拾石下置かれ候、天和元年、拾五歳に而、正盛様召出され、御広間御番仰付られ候、元禄六酉十二月十九日御供番頭仰付られ候、同七戌年八月十八日、御使番仰付られ候、同十一寅年八月十九日御者頭役仰付られ、新組拾五人御預遊ばされ、宝永二年酉九

月三日、田村源兵衛跡組弐拾人御預遊され候、正徳二辰年、大坂御留主居役仰付られ、御加増七拾石拝領仕候。
一、父弥惣左衛門妻、大沼小左衛門娘、一子御座無く、養子願奉り、三浦壱岐守様御家中、大沼小左衛門悴、母弟に付、小三次儀江戸に於て引取申候、年号知申さず候、此者儀は江戸に於て、壱岐守様、正邦様へ御直に御物語遊され候而、其訳聞召置かれ、小左衛門方へ戻し候様仰出され候間、正徳三年巳十月、大坂より江戸へ差戻申候、其後、松平讃岐守様御家中、丹羽与一左衛門悴、忠右衛門儀、養子願奉り、正徳四年午六月、引取申候、享保二年、御供番召出され、大坂より江戸へ召呼ばれ、間も無く御近習仰付られ候、享保元申年、私儀(出)生仕候、忠右衛門儀者享保四年亥大坂に於て病死仕候。
一、亡父弥三左衛門、享保五年大坂に於て病死仕候、私儀福山へ引越仰付られ、同年子十二月十五日亡父勤功に依而、小児之御例に者御座無く候へ共、知行百五拾石成下られ候旨、御懇意以て仰付られ候、此節私儀、御番頭支配仰付られ候。
一、私儀幼年に而父に離申候故、由緒之儀、承伝申すべき様も御座無く候、今以若年に御座候へ者、曽祖父書付置候物取集、右之趣相認、指上奉り候以上。(三三八～四〇頁、傍線小松)

このときわずかに一〇歳であった赤尾忠三郎秀澄が提出したこの「由緒書」によれば、阿部家の家臣としての赤尾家の歴史は、一六一六年(元和二)に、赤尾忠三郎(忠右衛門真秀)が阿部正次に召し出され、一〇〇石の知行地をあてがわれたことにはじまるようである。先に紹介した『阿部家御伝記　全』に出てくる阿部正次の死に際して「葬送奉行」をつとめた「赤尾忠左エ門」とは、やはり、忠三郎秀澄の曾祖父の赤尾忠右衛門であったことになる。

この赤尾忠右衛門真秀が亡くなったのは、一六七一年(寛文一一)であるが、一六六七年(寛文七)二月一〇日に「御旗奉行」に任ぜられた後に隠居しているので、二代目の赤尾新平(忠右衛門秀直)が家督をついだのは、一六六七年以降のことになる。とすると、一六六八年(寛文八)の史料1に出てくる「赤尾忠右衛門」とは、二代目であった可能性が高い。「由緒書」に二三〇石とあることや、「御陣代」（＝阿部正春）に勤仕したとあることも一致する。

ところが、二代目の赤尾新平は、一六七二年（寛文一二）に「御者頭役」に任ぜられたあと、一三年間病を患ったので、その子の赤尾新十郎（弥惣左衛門仲秀）が一四歳で家督を相続することになる。これが赤尾家三代目の当主である。

三代目赤尾新十郎は、一六八一年（元和元）に一五歳で阿部正盛に召し出され、「御広間番」をつとめてから、「御供番頭」、「御使番」、「御者頭」などを歴任し、最終的に一七一二年（正徳二）大坂留主居[12]に任ぜられ、七〇石の加増を受けて三〇〇石の家格となり、一七二〇年（享保五）に大坂で病死したとされている。ただ、長い間子どもに恵まれなかったために、まず、大沼小三次を養子にしたが訳あって縁組を解消、次いで丹羽忠右衛門（これが三人目の「忠右衛門」になる）を養子にしたところ、これも一七一九年（享保四）に病死した、とある。しかし、この間、一七一六年（享保元）に実子が誕生しており、一七二〇年の新十郎（弥惣左衛門、「由緒書」には「弥三左衛門」ともある）の死とともに、わずか四歳で家督をつぎ、大坂から福山に引っ越した、という。

この四歳で家督をついだ子が、この「由緒書」を提出した赤尾忠三郎秀澄に外ならず、初代の赤尾忠三郎から数えると四代目（大沼小三次、丹羽忠右衛門の二人の養子も数え入れれば六代目）にあたる。四歳でありながら、亡き父の勤功に免じて、一五〇石の知行を保証されたというのである。

ところで、ここで注目すべき点は、赤尾家四代目の赤尾忠三郎秀澄の生年である。享保元年とは正徳六年でもあり、『小中村史蹟』に紹介されている赤尾秀實の生年月日＝正徳六年と一致する。しかも、大坂藩邸に生まれたことや、幼名を忠三郎と称したことなども一致している。初代二代が同じ「忠右衛門」を名乗ったように、忠三郎が長じてのち亡父と同じ「弥惣左衛門」を名乗った可能性も高い。

問題は、「秀澄」と「秀實」の違いをどのように理解するかであるが、まず、「秀」の字が、赤尾家の当主に代々相伝された字であることは、「由緒書」に記された初代から四代までの諱をみれば一目瞭然である。かつ、前述したように、私が見た限りでは、福山藩阿部家の家中に「赤尾」姓は他に見られないので、この四代目の赤尾秀澄が赤尾秀實と同一人物であった可能性は極めて高い。おそらく、いずれかの時点で「秀澄」を「秀實」と改めたものと推測できる[13]。

こうして、私たちは、ようやく赤尾小四郎の祖父、初代鷺州までたどりつくことができた。

三　意外な事実の発見

次に、4の史料に目を移そう。一七四四年（延享元）の「御家中之覚」である。

この史料を最初から一枚ずつめくってみていくと、赤尾家の先代が勤めていた御番頭や小姓頭のところに赤尾の名は見られないが、「大坂御留主居」として「三百石　赤尾弥惣左衛門」と出てくる。一七四四年の史料であるからには、該当するのは四代目の赤尾忠三郎であろうが、四代目は一七一六年生まれであるから、三〇歳前で「大坂留主居」を勤めたとは考えられない。福山市立文書館所蔵の『浜本文庫書目録』の記すところによれば、「表紙の「延享元年」は、後の書き加えで、裏表紙に「甲子延享元歳十一月十五日買申候」によったものであるから、延享元年のものではない。只同年以前のものであることが知られるだけで、年代は分らない」という。三代目の赤尾新十郎が大坂留主居を勤めたことは先に触れたとおりなので、あるいは三代目のことかとも考えられる。とするなら、4の史料の成立年代は、一七一二年（正徳二）以後、一七二〇年（享保五）までの間ということになろう。

5の史料は、やや時代を下って、一七五五年（宝暦五）の「福山御役人帳」である。この「御小姓頭」の項に、

・弐百石　　赤尾弥惣左衛門
・百五十石　田中弥次右衛門
・弐百石　　下宮金三郎

と、三人の名が記されており、赤尾弥惣左衛門のところには、「御見央役ニ而江戸御降」と注記がほどこされている。

また、6の一七五七年（宝暦七）の「福山藩御家中附」にも、同様に「御小姓役」として「赤尾弥惣左衛門」の名が上げられており、こちらには「丙子年御見央役ニ而江戸御越也」と注記されている。「丙子年」は一七五六年（宝暦六）にあたる。このことにより、5の史料の注記は、のちに加えられたものであることがわかる。

ここで、『小中村史蹟』の「赤尾秀實伝」と比較してみよう。そこでは、赤尾秀實は、阿部正右が京都所司代のときに「公用役」として近侍し、その後江戸に下ったと記されている。ところが、正右の京都所司代時代は一七六〇年から六四年までのことであり、その後江戸に下ったのなら、6の史料が伝える一七五六年とは食い違ってくる。しかし、「御小姓頭」を勤めたという点では一致しているので、やはり、5、6の史料の「弥惣左衛門」は赤尾秀實のことであると考えて差し支えないように思われる。

その他、『阿部家御伝記　全』の中にも、赤尾弥惣左衛門の名が二ヵ所に登場している。その一つは、「阿部伊勢守正福之事」の項で、正福が大坂城代に任ぜられ大坂入りした一七四六年（延享三）二月のおともの中に「取次」として名が掲げられている。

そして、もう一つが、「阿部伊与《ママ》守正右之事」の項で、こちらは、正右が宝暦一〇年（一七六〇）一二月三日に京都所司代に任ぜられ、翌一一年一月二二日に江戸を立ち、二月二日に京都入りをしたときのものである。「家老安藤主馬年寄川田杢用人永峯九右ヱ門番頭吉田弥五左ヱ門岡田伊右ヱ門者頭大平弥一兵衛太田宇門内藤次郎兵ヱ公用人関平作右ヱ門赤尾弥三《ママ》右ヱ門太田三介村上宇兵ヱ小姓頭川田藤馬萩原五郎兵ヱ大目附鶴岡三左ヱ門今村小弥太須田元右ヱ門取次五人使番二人諸士七十人相勤同七日参内天盃頂戴」（傍線小松）とあり、赤尾弥惣左衛門が「公用人」を勤めたことが判明し、『小中村史蹟』の記すところと一致する。また、「取次」から「公用人」へと格も上がっていることがわかる。

さらに、赤尾秀實が漢詩文の分野でも名をなしていたことも判明した。福山市立文書館の浜本文庫は、郷土史家であった濱本鶴賓が収集した資料群を命名したものであるが、その濱本に『福山学生会雑誌』第七六号（一九三三年七月二八日）に発表した「福山の文学（二）」と題する文章がある。その「下篇阿部家時代」の第一章が漢詩文にあてられており、「二　松平家時代」から「十二　茶山霞亭を繞る詩人」まで述べてきて、最後に付記の形で、「以上の人々の外に左記の小傳と作例を載せたかったが、余りに長くなるから省略す」として、全部で一五人の名を掲げている。その二人目に「鷺州赤尾秀實」が登場するのである。ということは、漢詩家としてひとかどの名をなしていた赤尾秀實に濱本も注目するところがあり、それなりに資料を収集していたことを示唆していよう。(14)

また、福田録太郎の調査記録集である『福山文学』第三輯（一九二二年三月、福山市立文書館所蔵福田家文書）の中の「文士雅号録」を見たところ、福田が閲覧したと目される浅川勝周著『福藩詩稿』という書名が記されてあり、その中に赤尾秀實の詩が収録されていたのか、福田は、「赤尾秀實　俗称弥惣左ヱ門　号鷺州　字子穀ヵ」というメモを残している。

以上のように、赤尾家四代目の当主赤尾忠三郎（弥惣左衛門秀實）は、幼くして家督をつぎ、苦労しながらも主君の近侍として活躍し、そのかたわら漢詩文でも一家をなした人物であったことになる。

ところが、四代目が亡くなった一七七四年（安永三）以降の史料7「寛政五年福山御役人帳」（一七九三年）、8「天明　寛政　文化　文政　城代家老以下禄高」、さらには9「文化年中阿部家中分限帳」を見ると、そのどこを探しても赤尾という名は出てこないのである。『小中村史蹟』によれば、秀實のあと、孫七、小四郎と家督を相続したことになっているのだが、この二人の名は「御小姓頭」にも「御番頭」にも「御儒者」にも出てこない。赤尾小四郎が家督をついだのは一七九八年頃と考えられるので、7の史料に出てくる「御儒者」が二〇人扶持の伊藤貞孝ただ一人であるのは理解できても、孫七の名はいったいどこへ消えたのだろうか。また、小四郎が二〇〇石取りの儒者として活躍していたはずの頃の文化年中の史料である9も、「江戸之部」とあるから、小四郎の名が出てこないのも仕方ないのかもしれないが、8にも出てこないというのは何故だろう。ますますわからなくなるばかりであった。

思いあぐねていたとき、県立文書館の研究員の西村晃さんが、「こんな史料がありましたよ」と言って持ってきてくださったのが、史料10の「御旧臣絶家録」であった。この一八三三年（天保四）の史料の中に、次のような部分があったのである。

正次様御代　　　　赤尾孫七
赤尾忠三郎後忠右衛門眞秀元和二年被召出百石被下置其後三拾石四拾石三拾石五拾石御加増忠右衛門病死其節五拾石被召上二代目弐百三拾石三代目七拾石四代目初年 ニ而も 百五拾石
正右様御代京都公用人其後五拾石御加増六代御番頭格七代退身文化五年軍学出精ニ付 其後モアリ 御憐愍御供番弐人扶持⒂

これまで縷々述べきたったことを、最後に、この「御旧臣絶家録」とつきあわせて解釈してみることにする。

まず、「正次様御代」とは、初代の赤尾忠三郎が家臣としてとりたてられたのが阿部正次の代ということであろう。史料の前段部分は、先に紹介した「由緒書」をもとにまとめられたもののようである。「三代目七拾石」とは、七〇石加増されたことを示し、合計三〇〇石になったと読むのが至当であろう。

問題は、後段部分である。「正右様御代京都公用人其後五拾石御加増」というのは、四代目の赤尾弥惣左衛門のことである。とすれば、次は五代目のはずであるが、「絶家録」では、「正右様御代……」を五代目と数えたのか、いきなり六代目に飛んでしまっている。そして、「六代御番頭格」という箇所だが、孫七が「御番頭格」であったことを示す史料は残されていない。福山藩において「御番頭格」は非常に格式の高い身分であった。孫七が「御番頭格」

を勤めていたのなら、当然、一七九三年の史料7にそれらしき記載がなければならないはずである。小姓頭を勤めた四代目が番頭に準じた格であったことは『小中村史蹟』に窺えるので、あるいはこれも四代目のことかもしれない。

このように、「四代目初年……六代御番頭格」の部分に描かれた事跡は、すべて四代目の赤尾弥惣左衛門のものと考えられるのだが、それなのに弥惣左衛門を「六代」としているのはなぜなのか、いささか解釈に苦しむ史料である。おそらく、弥惣左衛門が誕生する前にとった二人の養子、大沼小三次と丹羽忠右衛門もそれぞれ四代、五代と数えているからとしか考えられない。

なぜ私がこの点にこだわるのかというと、それは、その次に「七代退身」と出てくるのに注目するからである。「六代」を四代目弥惣左衛門と解釈すれば、「退身」した「七代」は孫七となり、「六代」を孫七と解釈すれば、「七代」は小四郎となるのだが、はたしてどうだろうか。

私は、やはり、「退身」した「七代」は孫七と考えるべきだと思う。前述したように、孫七の先代の弥惣左衛門が「六代」と勘定されているのであれば、孫七が必然的に「七代」となるからでもあるが、「絶家録」という史料の性格上、史料の冒頭に「赤尾孫七」の名が記載されているのは、阿部家の家臣である赤尾家の最後の当主が孫七であり、孫七の代に絶家されたと読むのが自然でもあるからだ。さらに、「退身」したのが孫七であったと考えるならば、一七九三年の史料7に孫七の名が見当たらないことは、それ以前に「退身」してしまっていたからだと説明できるだろう。

とするならば、一七九八年頃から一八二一年頃まで阿部家に勤仕していたと伝えられる赤尾小四郎は、最初から家臣ではなかった、家臣でありうるはずがなかったことになる。残る問題は、「文化五年軍学出精ニ付 其後モアリ 御憐愍御供番弐人扶持」という文章の解釈である。つまり、退身後の一八〇八年（文化五）に、軍学に励んでいたことが認められて、藩主の憐愍で「弐人扶持」という最下層の身分で召し抱えられたのは誰か、ということである。

これは、孫七であったとも、小四郎であったとも読める。いったい、そのどちらであったろうか。

私は、これも孫七のことではなかったかと解釈したい。つまり、孫七が藩主の勘気を蒙って退身になり、おそらくは私塾などの師匠として「軍学」を講じて生計を立てていたところ、藩主の勘気がとけたので、一八〇八年に二人扶持で再び召し抱えられたが、孫七はそれを潔しとしなかったのか、すぐにやめてしまったので、孫七の名が「絶家録」に記載されることになったのであろう。

これを、小四郎と解釈する場合の難点は、たとえ二人扶持であったにせよ、家臣として召し抱えられたのが小四郎であれば、「絶家録」の「赤尾孫七」は「赤尾小四郎」でなければならず、そのときは「八代」と史料中に記されていたことであろう、ということである。おそらく、小中村にいた小四郎が福山に呼び戻されたのは、長男の早逝ということもさることながら、赤尾家自体が絶家になったという事情がより大きな要因になっていたのではなかろうか。そして、福山に戻って父の〝私塾〟の手伝いをしていたと考えれば、福山藩の家臣録の中に赤尾小四郎の名が出てこないことも了解でき、その後の小四郎の軌跡も納得できるのである。

おわりに

以上のように、赤尾小四郎を追った私の旅の結論は、小四郎が福山藩の家臣であったという事実はなく、二〇〇石取りの儒者でもなかった、それらはすべて、小四郎の「自称」か、もしくは後に作られた「伝説」にすぎないのではないか、ということである。(16)

もとより、赤尾小四郎が福山藩の儒者でなかったにせよ、赤尾小四郎が小中村を中心とした安蘇地方の教育に果した意義は、いささかも減じるものではない。また、田中正造の思想を考える上でも、ほとんど関係のないことである。それよりは、赤尾小四郎の思想がどのようなものであったかの方が、はるかに重要な問題である。しかし、残念なことに、赤尾の思想を理解する素材となる史料が残されていない現在では、それはほとんど不可能事に近い。

ここまで赤尾小四郎を追ったついでに、私は、「栃木皆川居住」という一文だけを手掛かりに、宇都宮まで出掛けてみた。もしかしたら、赤尾家は、もとは皆川城主であった皆川氏の家臣であり、皆川広照（一五四八―一六二七）が飯山藩四万石の領主として一六〇三年に転封されたときか何かの機会に一旦帰農していたところを、阿部氏が都賀郡を領有したときに召し抱えられたのではないかと推理したからである。しかし、『栃木県史』、『宇都宮市史』、『栃木市史』などに目を通しても、また栃木県立公文書館で皆川氏の家臣の名がたくさん出てくる『皆川家記』や『皆河正中録』などの資料に目を通しても、赤尾の名はそのいずれにも出てこなかった。栃木県に一般的な苗字がほぼ網羅されているといわれている遅澤俊郎『栃木の苗字と家紋』（下野新聞社、一九八四年）にも、「赤尾」という項目はなかったので、赤尾家のルーツは栃木にはないのかもしれない。[17]だが、赤尾家のルーツ探しは本稿の目的ではないので、それ以上の追跡は行わなかった。

赤尾小四郎という一人の人物を追ってみて、私たちは、「通説」なるものを鵜呑みにすることの危険性に、あらためて気づかされよう。史料批判は歴史研究の基本であるにもかかわらず、私たちは、往々にしてそれを怠りがちであるからだ。私たちに要請されているのは、「通説」なるものをたえず疑ってやまない柔軟な思考であり、先入観をすて謙虚に史料と向き合う姿勢であろう。このことが、正造研究の基本史料である自伝「田中正造昔話」などを分析する際にもあてはまることは、贅言を要しない。

注

（1）たとえば、由井正臣は、「赤尾鷺洲の思想については必ずしもあきらかでないが、門下生からのちの出流山事件に参加したものが多かったことをみると、当時この地方の私塾にみられる勤王論の色あいの濃い教育であったと思われる」と推測している（『田中正造』四頁、岩波新書、一九八四年）。

（2）同じ『小中村史蹟』の中の「赤尾秀實伝」には、孫七は「金田丹羽守の甥」とあり、長男の「長子」と「甥」と、そのいずれが正しいのか定かではない。
(3) 日向も赤尾禎一も、寛政八年時点の門人「富蔵」は、正造の祖父の「善造」であった可能性が高く、文政四年時に「周旋」したのも善造ではなかったかと述べている。
(4) 福山藩の場合、藩主がほとんど江戸「定府」であったことから、家臣総数の四〇%を越える九二六人の江戸常駐の家臣がいたとされており、「江戸詰め」の比重は大きかった。(『福山市史』近世編、四七〇頁)
(5) 日向は、「歿年から推定して、安永四(一七七五)年に生まれたとしてよいように思われる」と推定している。一方、赤尾禎一は、「安永三年(一七七四年)に生まれた」と断定しているが、そのように断定される根拠が示されていない。一七七四年生まれなら、祖父赤尾秀實が亡くなった年と同じことになる。
(6) 天明ころと推測される「阿部御家分限記録帳」によれば、三〇〇〇石—二〇〇〇石　五人、一〇〇〇石—五〇〇石　五人、四五〇石—二五〇石　二七人、二〇〇石—一〇〇石　一一二人で、一〇〇石以上の家臣は一四九人、藩士全体の六・五%に過ぎなかった。(前掲『福山市史』四六九頁)
(7) 『福山市史』四六九頁によれば、一人扶持は一日三合、月に一斗五升、とある。これを年に直せば一八斗=一・八石であるから、二〇人扶持は約三六石、三〇人扶持は約五四石となる。
(8) 詳しくは調べていないが、赤尾小四郎が陽明学者であったという説は、「大塩の乱」の影響で小四郎の「思想的転換」を論じた東海林吉郎の『歴史よ人民のために歩め　田中正造の思想と行動1』(太平出版社、一九七四年)が最初であろうか。また、赤尾小四郎のもとで正造が陽明学を学んだことを前提にして正造の思想を論じたものに、栗田尚弥「田中正造と陽明学」(『田中正造の世界』第三号、一九八五年一月)がある。
(9) 以上の史料のうち、1と2の史料は、『岩槻市史』近世史料篇Ⅲ藩政史料(上)(一九八一年)にも収録されている。
(10) 「夏取」についてはよくわからない。「夏成《なつなり》」と同じものなのであろうか。「夏成」ならば、大塚史学会編『郷土史辞典』(一九五五年、朝倉書店)に、次のように説明されている。「江戸時代に関東において、畑方についておこなわれた石代納の一種である。夏期に年貢永を納めたのでこの称がある。当時は畑方の年貢も米をもって上納するのが原則であったが、実際には金銀銭をもって納入させたのであって、夏成は米二石五斗につき永一貫文の割合である。夏成が麦の収穫を基礎にしたものであることはいうまでもない」(五五二頁)。

(11) この史料も、前掲『岩槻市史』に収録されている。

(12) 「大坂留主居」とは、大坂蔵屋敷の留主居のことで、人数は一人、俸禄は一三〇石であった。その他に役料金として四〇両が給された。福山藩の大坂蔵屋敷は、人数は二〇名程度にすぎなかったが、「蔵屋敷の業務を担当し重要な役目であった」という(前掲『福山市史』四七九頁)。

(13) ただ、『小中村史蹟』が記すように、「秀實」の命名の由来が、出生のときの「左手に米粒を握」っていたという極めて特異な逸話によるものであることが事実ならば、最初「秀澄」と称して後に「秀實」と改めたとする推定も成り立ちにくくなるので、ひとまず断定は差し控えておきたい。

(14) 濱本が収集した資料のほとんどは、『福山市史』の稿本(一九三一年初編二八冊、一九四五年続編二二冊)をまとめ終えた直後、一九四五年八月八日の福山空襲によって、防空壕内の稿本五冊を残して焼失してしまったということである。

(15) 引用は、広島県立文書館所蔵の東京・阿部家文書の写真版複製による。

(16) 赤尾が福山藩に儒者として仕えていた可能性はほとんどなくなったが、正造の記憶のように白河藩士であった可能性はどうであろうか。この点に関しては、本稿で明らかにしたように、赤尾小四郎の祖先が阿部家に仕えていたことから、ほぼ否定できるのではないかと思われる。『福島県史』第三巻(近世2)や第八巻(近世資料1「白河藩」)等を見ても、赤尾小四郎が白河藩に勤仕していた事実は窺えない。

(17) ちなみに、NTTの電話帳(九三・六—九四・五年版)で調べたところ、栃木県に居住している赤尾さんは一二世帯のみであった。赤尾が阿部家に召し抱えられたのは、阿部が岩槻藩主の時代なので、参考までにと思って埼玉県の分も調べてみたら、こちらは八一世帯あった。これだけでは何ともいえないが、もしかしたら、赤尾家のルーツは埼玉にあるのかもしれない。

補論二　足尾鉱毒問題と学生運動

はじめに

最近、戦後史の一つの重要なターニングポイントとして、一九六八年が取り上げられ、その意義が様々に論じられている。(1)そして、一九六八年の重要性というとき、その一翼をなすのが学生運動であったことはいうまでもない。しかしながら、きわめて残念なことに、日本の学生運動の歴史を、戦前と戦後を通観して、一定の視座からきちんとした形でまとめた研究は、管見の限りでは、まだ一つもない。(2)

ここで目を戦前に転じるならば、学生運動の歴史をまとめようとした最初の試みは、菊川忠雄の『学生社会運動史』(一九三一年、中央公論社。のち増補改訂版が海口書店より一九四七年に刊行)であったといえる。(3)菊川は、「学生社会運動」を、次のように定義している。広義には、「学生の立場に於て行ふすべての社会的運動」のことであり、狭義には、「近代資本主義社会に於ける無産階級の構成分子であることを自覚」した学生運動をさす、と。菊川の定義の特色は、さすがに菊川自身が第一次世界大戦後の学生社会運動の担い手の一人であったこともあり、学生の「階級的自覚」を重視している点にある。だから、菊川によれば、学生社会運動の起点となるべきものは、一九一八年の東大新人会の結成に求められることになる。

しかし、学生が無産階級に属するかどうかという性格規定はさておき、社会的身分が学生である人々が集団で政治的社会的問題に関して運動を行ったものとしては、一八八五年(明治一八)一月一八日に東京上野公園で開催された有志大運動会を、その最初の事例として指摘できる。この運動会は、朝鮮で発生した甲申政変を機に、清国に対する強硬論を喚起しようとした学生たちが発起し、東京府下の各種学校の生徒が多数参加して行われた示威運動であった。ただ、この運動に参加した学生たちは、そのほとんどが私塾的性格を強く残す私立学校に在籍しており、学生自身も「書生」という意識がまだ強かったであろうことから、今日的な学生イメージで捉えることはできない。また、運動の組織的継続性を学生運動の重要な指標の一つと考えるならば、この有志大運動会は一過的なものにすぎなかった。やはり、これを日本における学生運動の嚆矢と位置づけるのは無理がある。

その意味で、私が注目しているのは、足尾鉱毒事件に取り組んだ学生たちの運動である。

一九〇四年（明治三七）一二月一〇日、田中正造は天皇への直訴を敢行したが、この事件を契機に鉱毒問題に関する世論が再び盛り上がった。そして、様々なかたちで鉱毒被害民の救済運動が展開されていったが、直訴後の運動がそれ以前の運動と決定的に異なるのは、それが全国的な広がりを持つようになったことと、学生たちが大挙して足尾鉱毒反対運動に立ち上がったことであった。それまでは、一九〇〇年七月に結成された鉱毒調査有志会のように、基本的に在京知識人中心の運動であったといえるからである。学生たちの運動は、菊川がいうような「階級的自覚」にもとづいたものではなかったにせよ、人道《ヒューマニズム》や正義感を土台にし、資本主義の矛盾の表現であった社会問題に学生たちが独自に取り組んだ最初の事例であったと位置づけることが可能である。(4)

そこで、本論では、まず、日清戦後の社会状況の中に当時の若者たちの精神的位相を見定め、ついで社会問題に注目する若者たちの中から足尾鉱毒事件に取り組む学生が出現するさまをおさえ、彼らの運動の概要をたどり、最後に、熊本出身の学生で足尾鉱毒事件に取り組んだ人々についてふれることにする。

一　日清戦後社会と若者たち

まず、当時の若者たちを取り巻く時代の雰囲気がどのようなものであったか、おさえてみよう。

日清戦後の日本社会は、戦争と軍備拡張を通じた国家の肥大化、資本主義発展に伴う社会問題の激化などによって特徴づけられる。それは、一面では、「金権社会」「腐敗社会」「賄賂政治」などという形をとって表面化した。たとえば、一八九八年（明治三一）暮れに明らかになった地租増徴にともなう反対派議員切り崩しのための賄賂工作、一九〇〇年一一月の東京市会汚職事件（一九〇一年六月二一日には、それらの賄賂・汚職事件の首魁と目された星亨が暗殺されている）、そして極めつけは一九〇二年一二月の教科書疑獄事件など、あげていけばきりがない。

そういった状況の中で、若者たちは、国家や家父長制の重圧などによる閉塞感を抱きつつ、あいつぐ腐敗事件に正義感をたぎらせ、しかしながら、かつての自由民権思想やキリスト教、のちのデモクラシーやマルクス主義などのような確固とした思想的よりどころを見いだせないまま、徴兵や肺結核などによる「死」の恐怖とも向き合いながら生きざるをえなかった。その結果、私が見るところ、おおよそ四つの類型の若者群像が登場してきたといえる。(5)

第一に、「近代」に対する怨念を膨らませ、「破壊」「第二の革命」を声高に叫ぶ若者たちであり、田岡嶺雲（一八七〇―一九一二）などに代表させることができる。田岡が一八九七年一月に脱稿した「青年の意気」という文章の中には、「破壊」や「革命」という言葉が踊っている。「青年は破壊的なり、革命的なり」、「唯破壊せよ、革命せよ。破壊し革命すれば爾が事畢る」、「起てよ青年、起て革命の健児たれよ」。田岡によれば、「破壊」と「革命」は「青年の天職」であるという。(6)全体のトーンを、一〇年前に出版された徳富蘇峰の『新日本之青年』と比較してみると、その相違がよくわかる。同じく「青年」を扱っていても、蘇峰の著作の中の「青年」は「進取」の象徴であり、平民的「近代」を謳歌すべき存在であったのに対して、田岡の「青年」はまさに「絶望」の象徴であり、近代文明を否定する反近代主義的色彩が濃厚である。このような反近代主義的な青年たちは、「破壊」を叫ぶに急な余り、往々にして自ら展望を閉ざしてしまうことが多かった。

第二には、「成功」「立身出世」に取りつかれた若者たちの存在が指摘できる。『労働世界』第六年第一六号（一九〇二年九月二三日）に、某博士の「正直と成功」と題する小文が掲載されているが、そこには、「近頃青年の間にコヲ云ふ語が流行して居る。／此の社会では正直者はドヲしても成功せぬから、先づ思ひ切つて悪でも何でもやり成功して後に済まし込むのが上分別ぢゃ、アノ人もソヲぢやない乎、コノ人もソヲぢやない乎」と、その姿が描かれていた。また、その名もずばりというべき雑誌『成功』が、成功雑誌社から一九〇二年一〇月一〇日に創刊され、その表紙には「立志独立　成功之友」と銘うたれていた。そして、毎号、「成功の秘訣」と題する各界名士の話をズラリ並べている。この『成功』という雑誌は、『世界之日本』（一八九六年七月創刊）と並んで、日清戦後の社会風潮や思想傾向をある面で象徴するものであった。

第三には、社会矛盾には背を向けて、個人的な問題に「煩悶」する若者たちがあげられる。日清日露の戦間期は、「矛盾煩悶の時代」（高山樗牛）、「思想惑乱の時代」（後藤宙外）、「彷徨と懐疑の時代」等、様々に形容された時期であった。「煩悶」という言葉が流行した時代である。より多くの場合、恋愛を契機とした「生きる意味」の模索が、「煩悶」や「懐疑」に若者たちをおもむかせたのであった。その代表格は、一九〇三年五月二二日に、日光華厳の滝に投身自殺した一高生藤村操であったといえる。有名な話であるが、藤村は、滝壷に身を投げる前に、松の幹を削り、そこに「巖頭之感」を書き残した。「ホレーショの哲学竟に何等のオーソリチーを値するものぞ、万有の真相は唯一言にして悉す、曰く『不可解』、我この恨を懐いて煩悶遂に死を決す。……」という「遺書」は、多くの若者の心をゆさぶり、藤村の後追い自殺が増え、「人生、不可解なり」が流行語になった。[7] このような、国家に背を向け、自己一身の事柄にしか関心を寄せない第二・第三類型の若者たちは、日露戦後にさらに増えていくことになる。

そして、第四は、正義感を燃えたぎらせ社会矛盾と格闘した若者たちで、その多くは、社会変革の道筋を社会主義思想に求めていった。第一類型と重なり合う部分も多いが、自己破滅的ではなく、あるいはそういった気質を幾分かは有しつつも、社会運動の実践を通して社会の変革を追求していった点で大きく異なっている。足尾鉱毒事件で、被害民救済のために熱心に活動した若者たちは、この第四類型に位置づけることができる。

二　学生の足尾鉱毒救済運動

学生が足尾鉱毒事件でたちあがったのは、田中正造の直訴の衝撃もさることながら、鉱毒地救済婦人会が、冬季休暇中の学生たちの運動を提唱したのが契機であったといわれている。[8] また、青年同志鉱毒救済会の主催で一二月一五日に鉱毒問題学術演説会が開かれたことなども影響していただろう。[9] その運動の内容は、鉱毒被害地の大挙視察（現地見学）と演説会・義捐金募集の二つに分けられる。運動の中心を担ったのは、第一回大挙視察後に結成された「学生鉱毒救済会」であった。

第一回学生鉱毒地大挙視察は、一九〇一年（明治三四）一二月二七日に実施された。[10] いま、その模様を、『万朝報』の記事に見てみたい。

鉱毒被害地大挙視察一行　ハ予報の通り昨日午前六時上野を発し九時過古河に着し七百余名粛々として谷中村及び海老瀬村に進み懇に被害の状態を視察し午後五時又古河より乗車して帰京したり、安部磯雄、木下尚江、岩本（マヽ）善治、内村鑑三等も亦同行したり、視察中種々愉快なる事共ありたれど委くハ明日の紙上に記さん（一九〇一年一二月二八日）

鉱毒被害地大挙視察

一昨廿七日鉱毒調査青年同志会の発起になれる学生大挙視察の事あり、予と岡秋岳の両名も特派せられて一行に加はりぬ

▲上野停車場　に集りたる学生ハ無慮七百余名にして、学籍ハ帝国大学、専門学校、慶応義塾、明治法律学校、東京法学院、高等商業学校、高等師範学校、東京音楽学校等なり、婦人と外国人との一二人交りたるハ特に人の

目を牽きたり、午前六時卅五分を以て出発す
▲汽車中　ハ此大勢に似ず、可憐の被害民を訪はんとの精神なれバ案外におとなしく鉱毒地訪問の歌を謡いて
（中にハ手風琴を引くもあり）て《ママ》九時頃古河停車場に着しぬ
▲古河停車場　にハ此一行を迎へんとて集りたる被害民無慮数百名あり、安部磯雄の演説ありて後、千余の同勢
数十旒の旗押立て一里に跨る行列を以て進みたる壮観、被害民に取てハ定めし数万の援兵を得たるの感ありしな
らん
▲栃木県下都賀郡谷中村　の広漠たる荒野ハ先づ一行の眼前に現はれたり、予ハ一々此に被害の状況を記すの暇
なし、只枯れかかりたる桑、引抜かれたる竹、廃屋の跡、無住の寺、総て被害の激甚を証明して余ある事を記し
おくのみ、然るに此沙漠同様なる被害地の中央に
▲宏壮なる白亜の邸宅　あり、此邸宅に住せるハ谷中村の元の村長にして、其頃古河市兵衛の犬となりて賄賂を
食ひ、村民の窮状を冷眼に見ながら己れ独り裕なる暮しをなし居る古澤繁治と云ふ者なり、一行千余人ハ此邸宅
の前にて
▲「獣面獣心古澤繁治大賊」　と大呼絶叫して此利口なる人の徳を賛嘆したり、近頃愉快の事共なり、それより
▲群馬県邑楽郡海老瀬村　に至り、此にて又茫々たる荒野の悲惨を視察して後、海老瀬小学校にて安部、加藤
（咄堂）、木下、内村、田村（直臣）等の演説あり、それより再び谷中村を経て哀れなる人々の住居を訪ひ午後五
時頃古河停車場に着したり、そこにて又荷車を演壇にして
▲暗がりの中に演説　ありて後、（専門学校生山川某が病気に罹りたる外）一行無事帰京の途に就きたり、上野
に着せしハ九時五十分なりき、近来未曾有の修学旅行と云ふべし（祿堂生）（同年一二月二九日）
この大挙視察旅行に参加した学生生徒の数は、『毎日新聞』の報道やそれに依拠した菊地茂の資料では「千百余名」

となっており、『万朝報』の「七百余名」とはかなりの開きがある。[11] それにしても、大変な数の学生である。諸新聞報道などから、学生が参加したことが確実な学校名は、東京帝国大学・第一高等学校・外国語学校・高等商業学校・高等師範学校・東京音楽学校・東京美術学校・学習院・明治法律学校・東京専門学校・慶應義塾・東京法学院・明治学院・哲学館・専修・青山学院・曹洞宗大学林・日蓮宗大学林・真宗大学・正則英語学校・国民英学会・明治女学校・早稲田中学・開成中学・麻布中学・京北中学・立教中学・日本中学・京都帝国大学・第二高等学校・大阪工業学校・横浜商業・群馬師範学校などであった。当時、東京帝国大学の学生であった河上肇なども参加したといわれている。[12]

『毎日新聞』の記者であった木下尚江は、説明委員という肩書きで同行している。衆目を集めた婦人とは、『毎日新聞』の松本英子記者と一人の女学生で、外国人とは、シカゴ・トリビューン通信員の「クレメント」という人物であった。

帰京した学生たちは、さっそく、翌三〇日に、神田青年会館で「鉱毒被害地学生大挙視察報告演説会」を開催した。田村直臣の開会の辞に続き、木下や和田、加藤咄堂などが演説した。そして、東京専門学校の内田益三が自作の「視察鉱毒地有感」と題する悲歌を朗吟したあとに、次に掲げる学生たちが登壇し、それぞれ所感を述べた。

高等学校	大河平隆光
東京専門学校	神林秀太郎
高等商業学校	福島喜三次
横浜商業補習学校	金子新太郎
慶應義塾	永　安　恕
大学院	三輪田元道
東京慈恵病院医学校	藤島　元造

明治法律学校　　　　　　　　　　　　大亦楠太郎
立教中学校　　　　　　　　　　　　　前田　多門
東京帝国大学　　　　　　　　　　　　布施源之助(13)

この日、「学生鉱毒救済会」が結成され、大亦が提唱した鉱毒被害民救済のための路傍演説の実施が承認された。路傍演説は、翌年一月一日から開始された。義捐金取扱事務局は毎日新聞社に置かれた。路傍演説の模様は、菊地の資料中に紹介されている「中西堅助君病床日誌」に詳しい。まさに雪まじりの寒風吹きすさぶ中、パンをかじりながらの、「正義の為め」の行動であり、絶叫であった。

二日には、早くも、警官の妨害が入った。「警視庁より此演説は絶対に禁示せよとの命令ありたり、故に厳禁す」というのである。路傍演説が「道路取締規則」の「通行の妨害」にあたるという解釈であった。ところが、大亦が警視庁に「談判」に行ったところ、「警視庁にては道路の妨害にならざる限り決して止めざるの方針」であることがわかり、虚言をもって妨害した警官を免職させよと息巻きながら、三日より路傍演説を再開した。

たとえば、『毎日新聞』一九〇二年一月六日の紙面には、次のような路傍演説の広告が掲載されている。

渡良瀬沿岸鉱毒地の惨状見るに忍びず之を救ふて同胞の義を尽くさんと欲するも吾人学生身に余責なきを如何にせん乃ち普く之を都人士に訴へて同情を得んと欲し茲に路傍演説を企つ

学生諸君にして吾人と志を同ふする者あらば幸に左の委員迄御協議を乞

神田駿河台明治法律学校寄宿舎　　　　　　　大亦楠太郎

（神田、日本橋、京橋）

本郷区追分町西濃館　　　　　　　　　　　　祥雲確悟

（本郷、下谷、浅草）　佐藤千纏
牛込区矢来町山里九七若松館
（牛込）　小串信太郎
赤坂区青山学院内
（赤坂、四谷）　高橋順一郎
芝区神明町廿五
（芝、麻布）

学生鉱毒救済会

これを見ると、地区毎に責任者を決めて、かなり組織的に熱心に路傍演説を行っていたことがわかる。そして、このよびかけに応えて、東京法学院の吉村岸四郎や、浄土宗高等大学林の中澤美久などが新たに路傍演説活動に参加している。

ところが、文部省と府知事の圧力が学校長や理事等に加わり、中西が在籍していた明治法律学校では、七日に学校長名による次のような禁止令が出された。

「足尾鉱毒問題に関し近来学生にして之が視察に従事し或は義捐金募集路傍演説を為す者有之候處右は事政治に関係し学生として甚だ穏ならざる義に付可差止旨東京府知事より厳達有之候條爾今右等の行為一切無之様注意可有之此旨特に掲示候也」(14)

おそらく、他の学校でも同様の禁止令が出されたものと考えられる。

当時、学生は、一九〇〇年三月一〇日に制定された治安警察法により、その第五条第四項において「官立公立私立学校ノ教員学生生徒」は政治結社に加入することが禁止され、また、「女子及未成年者ハ公衆ヲ会同スル政談集会ニ会同シ若ハ其ノ発起人タルコトヲ得ス」という但書によって、政治に関する演説会の発起や参加まで規制されていた。もっとも、この但書に該当する学生は未成年者に限られていたが、総体的に学生の政治運動は大きく制限されていたといってよい。だから、この路傍演説禁止令の背後には、法的根拠として治安警察法第五条が存在していたと推測できる。

中西は、義捐金の募集は「単純なる慈善事業」であり政治に関係するものではない、自分たちの行為は「学生の本分を守りたる者」として「賞賛」に値こそすれ、三〇万の被害民を前に「我は学生なりとし袖手傍観なす者あらば」、むしろそういった学生の方が血も涙もない輩として責められるべきである、と憤然としながら、それでも、様々な会場を借りての演説会を止めることはなかった。(15)

そして、学生鉱毒救済会は、一月二六日に、第二回学生鉱毒地大挙視察の実施を企画した。これに対しても、政府は、前日の夜に、菊池大麓文部大臣が山川健次郎大学総長を呼び、学生の鉱毒地視察の禁止を命じた。この企画が、帝国大学学生の発起によるものであったからである。山川総長は、早速、布施源之助・植村卯三郎ら学生の委員を呼び出し、「学生が鉱毒地を視察し研究の資となすは妨なしと雖も鉱毒問題は目下一の政治問題として喧論する所なり此際学生多数隊をなし該地へ旅行するは一の政治上の運動たるの嫌あり大学生たるもの宜く避くべき所なり」という文部大臣の命令を伝えた。委員たちは、山川総長の苦衷を察し、一応はこれを諒としたが、それにもかかわらず、二五〇余名もの学生有志が参加したのである。そして、夕方六時半に上野駅に帰着したあと、大亦たちは、さっそく、上野公園の入口で路傍演説を試みている。(16)

二月に入っても、学生たちの運動は熱心に続けられた。二日には、早稲田鉱毒研究会主催の鉱毒問題演説会が三〇〇余名の参加者を集めて神田錦輝館で開かれ、高木来喜、内田益三、佐藤千纏などが演説を行った。高木や大亦、中西、岡本は、一一日に開催された青年鉱毒救済会の演説会でも演説している。さらに、二四日にも、青年会館で開かれた演説会で、高木、大亦、中西が演説を行った。

三月に入ると、休暇を利用して、高木・佐藤・岡本の三人が、幻燈を携えて、三日に関西地方への鉱毒救済演説旅行に旅立った。幻燈を使って渡良瀬川沿岸の被害状況を伝えようとする試みは、人々の視覚に訴える斬新な方法であり、各地で行われている。足尾鉱毒反対運動の一つの特徴といえるものである。高木たちは、京都・大阪・明石・三田・大津・彦根などをまわって、一八日の夕刻に彦根から帰途についている。

このような運動の過程で、三月二四日、学生鉱毒救済会の中心メンバーの一人であり、病弱な身体をおして、厳冬のさなかに路傍演説を繰り返していた中西堅助が、死去した。まさに「憤死」であった。中西は、一八八四年秋田県横手生まれで、まだ一九才の若さであった。四月六日に、田中弘之宅で追弔会が催され、足尾鉱毒被害民総代として田中正造が「弔辞」を述べている(17)。

四月三日から、三人の学生が静岡県におもむいて、幻燈演説会活動を行った。しかし、学校が始まるとともに、運動は下火になっていき、学生鉱毒救済会は、「今や既に政府も鉱毒調査会を設け社会亦た該問題の解決を促がすこと切なるに至り学生等が運動当初の目的達したれば(18)」として、ひとまず解散することになった。そして、五月四日に新たに青年修養会を設立したのである。その中心になったのは、菊地茂と大亦楠太郎などであった。創立の趣旨には、「意義は一言にして盡く、曰く現下の青年は嘔吐に耐へたらずやと、苟くも現状に慨する者あらば、皆な来れ、来つて吾人と共に品性の修養を謀れ」とあり、会則の第二条には、「本会は各自の品性を修養し、正義人道を以て進路とす」と掲げられてあった(19)。

青年修養会の活動は、六月一日に小石川の白山道場龍雲院で開催された第一回茶話会から始められたようである。一方、佐藤千纒は、川俣事件の宮城控訴院公判のために仙台入りした正造に同行し、八月三〇日の演説会では「病的社会の良薬」、翌三一日には「鉱毒問題解決の進路」と題して演説を行っている。その後は、正造等と盛岡から青森に向かい、演説会活動を行った。また、青年修養会主催の演説会が、九月二四日に三田いろは楼で行われたことが、『毎日新聞』の報道でしることができる。

その後の活動も簡単に追ってみよう。翌一九〇三年（明治三六）には、二月一四日に学術演説会を九段坂上遠州屋で行っている。演説者は、大亦楠太郎、杉山重蔵、石川安次郎の三人であった。七月一日から七日までは、連続して東京各所で「鉱毒問題解決演説会」を開催した。[20] さらに、一〇月一四日から、一六、一八、二二、二五、二六、二七、一一月一日、一一、一四日と、一〇回にわたって、「鉱毒地豊作問題演説会」などを開いている。ここでも、大亦楠太郎、佐藤千纏、菊地茂などが熱心に演説を行った。

一九〇四年には、まず、一月一七日に新年会を開いている。そして、三月一一日と四月一〇日に演説会を開催したあと、五月一四日には「発会記念大演説会」を神田青年会館で開いている。しかし、日露戦争の開戦当初にあって、大亦楠太郎などは、明治・早稲田・日本大学の学生等の発起になる「報国青年会」の演説会（三月九日開催）にも出席しており、やはり鉱毒問題よりも日露戦争の方にその関心の大部分が寄せられていたようである。それでも、青年修養会主催の演説会は、一一月二〇日と一二月一一日にも行われていることが確認できる。

また、一九〇五年二月七日には、谷中村買収反対大演説会を神田青年会館で開き、大亦、加藤、島田三郎等が演説するとともに、「栃木県谷中村買収反対意見書」を配布している。しかし、その後は、『毎日新聞』の紙面に、青年修養会の文字を見ることはほとんどできなくなっていく。

青年修養会の解散日時は、菊地の資料によっても不明だが、正造の梅澤初子宛書簡（一九〇五年一〇月二四日付）には、「青年修養会ハ其頃より解散同然」（⑯四四九）と出てくるので、一九〇五年秋頃にはすでに自然解消状態にあったものと推測できる。

三　足尾鉱毒問題に取り組んだ熊本県出身の学生

以上のように、学生鉱毒救済会や青年修養会を中心とする学生の鉱毒救済運動は、たくさんの学生が四年近くにわたって組織的に取り組んだ点に意義を見出すことができる。菊川がいう「学生社会運動」の広義の定義を採用すれば、日本における学生社会運動の嚆矢であったと位置づけることが、十分に可能であろう。そんな中で、熊本県出身の学生で鉱毒問題に取り組んだ人は存在したのであろうか。

その代表として、今日もっとも有名なのは、荒村＝松岡悟であろう。

一八七九年に熊本県八代に生まれた松岡は、同志社高等学部文科学校に在籍していたときに、田中正造の直訴事件を知り、非常な感動を受けて、京都からわざわざ渡良瀬川沿岸の被害地を訪ねている。そして、京都の洛陽教会を拠点にして、一九〇二年一月一七日から鉱毒被害民救済義捐金募集運動を実施したり、一月二五日、二月七日、一一日と鉱毒問題演説会を開催したりして、阪神地方での鉱毒問題の世論喚起に中心的な力を発揮した。

松岡は、一月二五日に開催された演説会で、「噫狂人田中正造翁」と題して演説しているが、それを文章化したものと考えられる「足尾鉱毒問題」（「噫狂人田中正造翁」という副題がついている）では、まず、足尾鉱毒問題の歴史を概述し、被害民への熱き同情をもって、「人権よりは金権の重ぜらるゝ明治の御代」を痛烈に告発している。そして、田中正造を次のように評している。

昔は佐倉の義民、哀を将軍に直訴して磔殺せられ、今日憲法明かなるの時此人聖駕を日比谷に要す、帝国歴史あってより以来、稀有の珍事を歴史に加ふ、暗黒！暗黒！豈文明の大怪事にあらずとせんや。然れども之れまた止むを得ざるなり、翁は事の到底尋常の手段に行はれざるを知るや、こゝに愈々一身を聖駕の下に擲うつて、而して同胞四十萬の窮状を哀奏せんとしたるなり、其草莽の微臣田中正造恐惶々々頓首々々に筆を起こして親しく蒼生の惨状を訴え奉り、泣いて救済の憐れみを乞ひ、末段筆を改めて、臣年已に六十を越へて、餘年又幾何もなかるらむと哀奏するを読まば、誰れか其誠忠に慟哭せざるものあらむや。而かも聴け、冷淡なる社会の反響を、健康診断、精神錯乱、更に云ふ狂人田中正造嗚呼狂人、其名何んぞいまはしくしてなつかしきよ、徒らに治国平天下を謳歌して、観楽《（マヽ）》に眠れる社会を破壊す可く、世には数十の狂人を要す、世挙げて皆濁れり、我独り清めり、衆人皆酔へり我独り醒めたり、是れによりて遂に放たれ、ペキラの海底に大浄界を求めたる屈原の如きも狂人なり、旧約は狂人が歴史にして新約は大狂児イエスの歴史なり、而してかれは狂児中の大狂児たりしことを記せよ、然らばこゝに我田中正造氏の如きは、其窮命落魄荒原に毒殺せられつゝある我同胞の為め遂に狂せりと云はむも、敢て何の恥ずるところぞ、(下略)[21]

このように、松岡は、直訴せざるをえなかった正造の心情を理解しようとつとめ、世論が正造を「狂人」扱いするのを逆手に取り、歴史上偉大な人物は皆「狂人」「狂児」であって、腐敗しきった現社会を「破壊」するには、正造のような「狂人」が数十人必要であると強調している。注目しなければならないのは、自らを「狂い蝶」とする認識が、その前提に存在していたことである。厚い茨に遮られた白百合をめがけ、か弱い羽しか持たぬ身であることも忘れ、果敢に突っ込んでいく「狂い蝶」。歴史を通じていえることだが、若者は、時代との違和感や権力への反抗心を、「狂」という文字に託し、自らをそのように規定しがちであった。松岡もその一人であり、そうした自分に引きつけて正造を理解しようと心がけたのである。

松岡のように、鉱毒問題との出会いによって、その人生が決定づけられたケースを、私たちはたくさん拾い出すことができる。[22]松岡は、その後、濃飛育児院において貧孤児救済活動に携わり、早稲田大学高等予科に進学してからは、早稲田社会学会の一員として人力車夫問題や労働問題に取り組むなどの社会活動を続けた。まさに、「持たざる者」の視点から、貧富の差や富貴支配の社会の「破壊」を待望し、社会主義思想に接近していき、「愛と平和と平等」の「新しき世」の実現を希求していったのである。しかし、一九〇四年七月二三日、肺結核のために、松岡は二五才の短い人生を閉じることになった。

このように、足尾鉱毒事件に取り組んだ熊本県出身の学生の中で、松岡はもっとも有名ではあるが、その名を『全集』のなかに見いだすことはできない。田中正造が残した資料中に一番多く登場するのは、佐藤千纏と高木来喜という二人の学生である。二人とも早稲田大学（一九〇二年九月に東京専門学校を改称）の学生で、佐藤は大分県宇佐町の出身、高木は熊本県熊本市の出身であるが、足尾鉱毒事件の研究者にもほとんど知られていない〝無名〟の存在である。

ここで、高木の名が登場する箇所を、『全集』から拾い出してみる。

一九〇三年一月「……〇高木来喜」（⑩二九五）
一九〇三年六月「佐藤千纏　高木来喜　菊地茂　坂田熊蔵」（⑩四二一）
一九〇三年六月「鶴巻町鶴巻館　高木来喜」（⑩四四三）
一九〇三年一〇月二二日「〇高木来喜氏、被害民ノ恩人ナリ。熊本人鶴巻館。」（⑩五三九）
一九〇三年一二月「佐藤千纏　高木来喜　岡本金一郎」（同前）

このほか、直接高木の名は出てこないが、おそらく高木のことをさしているであろうと推測される内容の書簡がある。

九州大分県の学生、牛込早稲田大学生ニして佐藤千纏氏ハ、去年春二人の同志を誘へ（一人ハ熊本、一人ハ長野）東京表て運動妨害ありしため、さけて京都市ニ行きてげん燈会を催し物品を集め、又妨害せられ、大坂市同断、神戸、姫路、彦根の諸市ニ同断、又横浜、横須賀、丹波の三田、武州板橋同断、福島市、仙台市、岩手市、青森市ニ同断、銅山ニ一度、被害地二回、此分の各県各地を奔走して物品を集めたり。其仙台、岩手、青森ニハ正造も同行せしなり。（一九〇三年一一月四日付、蓼沼丈吉宛、⑯七六）

既に指摘したように、このとき佐藤と関西地方の演説行動をともにした「熊本」の学生は高木であった。このように、「被害民ノ恩人」とまで正造にいわしめた高木来喜とは、一体、どのような人物であったのだろうか。非常に興味深いところであり、現在追跡調査中であるが、その経歴にはまだ不明な点が多い。

『第十八回早稲田大学校友會誌』(23)によれば、高木の本籍は「熊本市小澤町一一七」（現在、本籍地に高木姓の家は見あたらない）となっており、早稲田大学邦語政治科を、一九〇三年七月に「得業」（卒業）したことになっている（佐藤も同時に卒業(24)）。

早稲田に在学中、高木は、内田や佐藤らとともに、早稲田鉱毒研究会を組織し、学生鉱毒救済会など、鉱毒問題の取り組みで中心的な役割を果たしている。また、青年修養会や早稲田大学雄弁会を設立し、その中心メンバーとして活躍するなど、早稲田の学生社会運動の中で、高木の存在はかなり大きなものであったと推測できる。

ここで、鉱毒問題に関する高木の取り組みを年表風に跡づけてみたい。(25)

一九〇一年一二月二七日　学生鉱毒視察修学旅行に参加
　一二月三〇日　学生鉱毒視察報告演説会（神田青年会館）に出席
　　学生鉱毒救済会結成に参加
一九〇二年一月一日〜　路傍演説に参加
　一月二五日　京浜連合鉱毒救済青年大演説会（横浜蓬莱町美似教会）で演説
　一月二六日　第二回学生鉱毒視察旅行に参加
二月二日　早稲田鉱毒研究会主催の鉱毒問題演説会（神田錦輝館）で演説
二月一一日　青年鉱毒救済会発起の鉱毒救済大演説会（神田青年会館）で演説
二月二四日　鉱毒演説会（神田青年会館）で演説

三月三日　佐藤千纏、岡本金一郎とともに関西地方への鉱毒救済幻燈遊説に出発
三月四日　京都で演説会
三月七日　大津で演説会
三月八日　京都で演説会
三月九日　明石で演説会
三月一〇日　大阪で演説会
三月一一日　大阪で演説会
三月一二日　三田で演説会
三月一三日　京都で演説会
三月一六日　彦根で演説会
三月一七日　彦根で演説会
三月一八日　彦根発、帰京の途につく
四月六日　中西堅助追弔会に出席
五月四日　青年修養会発会式に出席、委員となる
一九〇三年七月一日　青年修養会主催の演説会（下谷二長町足立屋）で「民は国の本、吏は民の雇」と題して演説
七月四日　同演説会（芝兼房町玉翁亭）で「輿論の勢力」と題して演説
七月七日　同演説会（下谷上野山下鴈鍋）で「憲政の真価果して幾干ぞ」と題して演説

これ以外にもかかわった運動は数多いと思われるが、現在判明するのは以上のような内容である。ここで、『毎日

新聞』に掲載された高木の筆になる関西地方への遊説記録を、史料紹介の意味もかねて引用しておきたい。

拝啓春季休業を利用して同志佐藤千纏、岡本金一郎氏と共に昨三日零時二十分新橋を発し関西地方の人士に渡良瀬沿岸の惨況を紹介せんと欲し幻燈を携へ鉱毒救済遊説の途に上り候、列車中単に生等相互の談話に耳を傾けし同乗者より四十六銭の義捐有之候所、四日午前五時二十分天未だ明けざるに京都へ着せしが已に同志社の学生同駅へ歓迎せられ予め定められたる三條の旅宿に投じ候、

昨夜来春雨□々車窓を打ち一同窃かに明日の天候を危ぶみしが幸にして当日は雨止み雲散じ漸く愁眉を開き申候、余は午前十時より打合せの為め大坂及び神戸へ赴きしが好き音づれをもたらして午後六時帰宿致し直ちに会場洛陽教会に臨み申候、

定刻に先ち場内は殆んど男女の学生を以て充たされ将に開会せんとするや已に場外に溢れ立錐の余地なきに至り候先づ有志坂上晋之助氏生等の来京せる理由を紹介せられ次に岡本、佐藤両氏の演説あり其れより幻燈を以て渡良瀬沿岸の惨状を現出せしに来会者の同情燃ゆるが如くなりき余の演説了へて再び幻燈の幕に入り荒たる野、破れたる家、死せんとする人、田中翁の像、古河の顔等は会衆の面前に投げ出され十時半過ぐる頃閉会を告げ申候義金の集まれるもの少なからず（京都市にて三月四日夜高木生）（三月八日）

拝啓一昨五日午前大津市より松田順平氏態々来訪せられ同市に於て開会せんことを懇望され愈々七日同地に望むことに決定仕り候

昨早朝より同志社法政学校其他熱誠なる青年続々来訪せられ是非四条教会にて再び幻燈会を催し弘く一般市民に知らしめんとのことに有之候間吾等は七日に大津を了へて直ちに京都へ引返し八日開会することに決定仕り快く承諾仕候ひしかば青年諸君は夜を徹して大準備に着手致候然るに偶々神戸より八九日の両日開会したき旨の照会

電報にて来たり候処八日は右京都に十十一の両日は大坂に開会の約有之候に付其旨返電仕候
右の次第にて当地方の熱心はすさまじき勢ひに候へば生等一層其同情に応ぜんと欲し更に映画数十枚を取寄する為め直ちに電話を以て東京浅草鶴淵幻燈舗へ依頼申候
愈々今朝一同大津へ赴き当地の同情を喚び起こすべく午前十一時十二分京都を出発致す筈に候（三月七日朝京都市にて高木生）（三月九日）

拝啓七日午後一時大津へ着仕り候処間もなく神戸の太田氏全速力を以て当市へ来らる曰く只今京都の居宿へ伺ひしも御出発の後なりし故急ぎ当地に追掛けし次第に何卒諸般の事情も整ひ居れば是非八日に明石へ来られたしと懇望頻りなり然れ共奈何せん前便にて述べし如く既に同日は京都四条教会にて開会すべく契約相済み青年学生等夜を徹しての準備整ひ居ることに候へば乍遺憾其望みに応じ難く已むを得ず八日は太田氏の演説のみとし翌九日に愈々乗込む事に相成り申候、
午後六時半当市交道館に於て開会来り会する者無慮五百余名総ての聴衆惨憺たる風景と悲愴なる説明とに打たれ会場は血涙と義憤とに満され申候特に当地の婦人等態々蜜柑を会衆に売り以て被害民救済に力を致さるゝに至りては生等誠に感激の情に堪へず其他来会者の義金例によりて少なからず候尚当地の宇野少佐夫妻大に尽力致され候
八日早朝当地の白井儀兵衛なる一老人来訪せらる此人は既に家を其子に譲り目下慈善の為め無料を以て裁判所の訴訟代書を致され居候而して昨夜集会したるも生憎持合なかりしとて態々厚き志を齎らして来られたるものに御座候（三月三日《(ママ)》朝大津市にて高木生）（三月一一日）
拝啓八日午後七時愈々四条教会に於て開会致候準備全く整ひ居る事とて忽ち満堂溢るゝ許りの入場に有之特に感

ずべきは入場掛りより下足取扱に至る迄十数名の女学生其任に当られ且つ休息時間中公衆に菓子を売り其純利を寄送せらるゝ等尽力到らざるなき事に御座候而して本夕は一層の同情にて数多商家の人々をも見受け申候会衆皆な沿岸の惨況に対しては殆ど水を打ちたるが如く鉱山の盛業に接しては斉して憤声に充たされ申候時偶々当教会牧師油谷氏沿岸の視察を了へて来場せられ一場の演説にて大いに勢援を添へられ候而して会衆の血と涙とは期せずして二十余円の義金と相成り其他衣類書籍等は当教会の事務室に山を築き申候

先般潮田氏等の一行の遊説を主として今回の幻燈は非常なる影響を当市の□者に及ばしめ申候即ち当市に於ける古河市兵衛の□たる米商古河市次郎なる者非常の恐慌を来し為めに多大の得意を失ひたる由以て当地の同情の如何に盛なるかを推量られ申候

九日神戸太田氏の懇請に応じて京都を辞し去り老松千秋の翠を湛え蒼波岸を洗ふの処明石の浦に打向ひ午後七時半明石教会に於て開会致候八日の夜太田氏に於て予め紹介せられ加ふるに当教会牧師高橋卯三郎及び有志湊謙一諸氏の熱心なる尽力にて意外にも六百余名の来会者有之例により眼前に実況を横たへ悲痛なる説明を加へたる事とて沸くが如きの熱涙は尚詩人人麿の名残を止むる明石の人士によりて瀝がれ凝りて十余円の義金と山なす被服とに化し申候

尚一行は当夜此地の有志竹内東氏の自宅に夜を明し候ひしが本日は既に数日前より待設けられつゝありし大坂に向て出発致すべく候早々（三月十日朝明石にて高木生）（三月一四日）

拝啓十日夕刻より大坂島之内教会にて開会当市に於ては柳原、古木其他有志諸君の尽力にて数日前より数万の印刷物を市民へ配布し且つ路傍掲示及大坂毎日朝日の両新聞へも連載せし程なれば会衆踵を接して来り十五歳以下の入場を謝絶せしに係はらず已に午後七時には満員の札を掲ぐるの止むを得ざるに至り申候而して先日依頼せし数十枚の映画新たに到着せしを以て沿岸の惨況と銅□の内状は一層明細に映出せられしを以て沸くが如くの血涙は場内に充ち燃ゆるが如き憤慨は場外に溢れ而して十余円の義金と少なからざる被服は同情に富める来会者の手により て投げ出され申候

翌十一日同市土佐堀青年会館に於て開会柳原氏の尽力により米国人「パンホーム」氏瓦斯幻燈器を携へ来り自ら之を使用し以て大に力を添へられしかば当夜は映画一層鮮明を加へ申候夕刻より例により来会者潮の如く寄せ来り非常の盛会を極め即夜の義捐五十余円に達し申候尚当地の青年等大に感動し救済会を組織し直に慈善音楽会を催さんと目下其準備中に御座候

明十二日大坂を辞し太田氏の懇望による摂州三田へ向ふ筈に候早々（三月十一日夜大坂市にて高木生）（三月十八日）

拝啓十二日午後三時廿五分摂州三田に着し申候

抑当地は深山幽谷の間に介在する人口四千許の山市にして未だ鉱毒事件の何たるを知るもの実に僅少に御座候然れども有志斎藤三田郵便局長、町長、助役、各組合長等の非常なる斡旋により大なる布の旗を立て口上広告を以て予め町民に告げ或は貼札をなし或は印刷せる主意書を各戸に配布する等官民協力準備周到に候ひしかば夕刻より正覚寺に於て開会せしに当町は勿論二里半も隔たりたる村落より態々来会せるもの少なからざる有様にてさすがに広き本堂も忽ち立錐の余地なきに至り溢れて縁側に人の山を築き遂に石塔に登るもの樹木を攀づるものあるに至り申候恁くて斎藤氏の紹介をもて徐々幻燈を開始し数番の説明了りたる頃一方の縁側多人数の重量に耐へずしてメリ〳〵と将に墜落せんとせしかば人々の狼狽大方ならず警官の尽力にて辛うじて之を防ぎ申候此の如き景況に加へて布奥氏其他二氏の鉱毒悲歌の奏吟有之夜半に及びて漸く散会致候

当夜岡本氏は有志藤田氏の宅へ佐藤氏と余は同布奥女史の宅へ一泊致候ひしが翌朝有志諸氏来訪義金十余円を持参被致候

未だ鉱毒の何たるを知らざりし此山間に於て斯の如き同情を得而も官民協力以て此挙を輔けられしは感謝の至りに候（三月十二日三田にて高木生）（三月一九日）

拝啓十三日雨を衝いて三田を発し午後五時京都に着し候蓋し三たび洛陽の青年諸氏に招かれ当夜の催しある平安教会に赴かんが為に御座候有志諸氏の斡旋到らざるなく幸に朝より降りし雨も止みたれば忽ち来会者堂に満ち申候此度も四条教会に於ける如く婦女子自ら下足番、菓子売等の労に当られ或は鉱毒悲歌を吹奏せらるゝ等感謝の至りに候映画例に依て鮮明、演説に至りては義侠に富める当地最後の会合に候へば遺憾なく満腔の悲憤を吐き尽し会場粛然暫しは水を打ちたる如く而して又十余円の義捐は熱涙に充てる洛陽の人士によりて投ぜられ申候十四日午後平安女学校学生小西ふさ子嬢より義金十円及び十五日早朝同校学生湯浅きく子嬢より衣服二点寄贈有之洵に感謝に堪へず候
十六、十七の両日近江彦根町教会堂に於て開会森田加藤其他有志諸君の尽力により頗る盛会義金十円と山なす衣類は深き縁故を有する此地の同情者より与へられ申候
去る三日約一週間の予定を以て東京を出発し各地の懇請否み難く延て今日に至り申候尚岡山、広島、愛知の各地より懇望有之候へ共未だ修学中の生徒の事とて巳むを得ず袂を振ふて本日午後五時当地を発し帰途に着くべく候切に各地の有志諸君の斡旋を深謝し併せて将来一層の尽力あらんことを希望し以て鉱毒救済幻燈遊説の筆を擱き申候早々（三月十八日彦根城下にて高木生）（三月二十日）

以上のように、高木をはじめとする東京専門学校の学生三人は、幻燈器を担いで二週間余も関西地方のあちこちを遊説してまわっているのである。そして、教会関係者や青年女子をはじめ、様々な人々が演説会を組織し、義捐金や援助物資を熱心に集めてくれたことがわかる。なかでも、三田で開催された演説会の模様などは、鉱毒被害地を遠く

離れた関西地方において、鉱毒問題に対する関心がいかに高まっていたかを物語ってあまりある。鉱毒悲歌の広まりようも注目に値する。

だが、学生運動の一般的な傾向として、大学在学中は運動に熱心にかかわっても、卒業と同時にそれから離れていく人が多い。高木が大学を卒業した一九〇三年の一〇月一四日から、先にも触れたように、「鉱毒地豊作問題演説会」（「足尾銅山鉱業停止意見発表演説会」）などを青年修養会が主催しているが、この演説会の弁士の中に高木の名を見いだすことはできない。大亦楠太郎や佐藤千纏、永井柳太郎らが登壇しているにもかかわらず、である。田中正造の資料には、一九〇三年一二月まで高木の名が登場しているが、おそらく、高木は、大学卒業とほぼ同時に、足尾鉱毒救済運動の第一線から手を引いてしまった可能性が高い。

その後の経歴については、極めて断片的なことしかわかっていない。

まず、一九〇八年七月に、『静岡民友新聞』に入社していることが、一九〇八年七月一二日号に掲載された高木の「入社の辞」から判明する。[26] それによれば、『静岡民友新聞』に入社する前は、『静岡朝報』に関係していたようである。

『静岡民友新聞』は、改進党系の新聞として、一八九一年一〇月二〇日に創刊された新聞であるが、『静岡朝報』はそこからわかれて一九〇七年九月七日に刊行されたものである。

その後、高木は、一九一〇年に『茶業の友』（四月より『茶業界』と改称、静岡県茶業組合聯合会議所発行）の主筆に就任する。そして、五月一日には、高木が主唱して設立した茶業青年会の発会式が行われ、高木は、その席で趣意書を朗読している。また、茶業青年会の大会が一九一二年三月一日に開催され、高木は、七名の幹事の内の一人に選ばれている。しかし、「本会は前茶業界主筆高木来喜氏の主唱に係りしを以て、大正二年同氏の本所を去ると共に解散の姿となれり」という。[27]

一九一一年には、静岡県茶業組合聯合会議所より派遣されて、国民新聞・京城日報主催の朝鮮実業視察団に参加している。この派遣は、静岡県茶業組合聯合会議所が、一九〇九年頃より注目し、かつ努力してきた、朝鮮への販路拡大政策の一環であったろう。高木は、朝鮮に、静岡県の茶を普及させるためには、「無代配布を行ふこと、茶の効能を著しく記したる注目し易く印象深からしむる広告を配布すること、信用ある小売店を適当に利用すること」などの意見を開陳していたという。[28]

一九一二年一一月調査による『早稲田大学交友会会員名簿』によれば、高木は、「静岡市東鷹匠町一一　貿易商」として登場する。『茶業界』の主筆としてかかわるだけでなく、自分も実際に茶の輸出業に携わっていたのであろうか。そして、朝鮮への茶の売り込みを行っていたのだろうか。そうとでも考えない限り、「貿易商」と自称することはできないはずである。

ところが、『静岡県茶業史』によれば、翌一九一三年一一月には『茶業界』の主筆を辞任し、同時に静岡県茶業組合聯合会議所も離れた、と記されている。どうも、高木は、操觚の志を捨てることができなかったらしい。春山俊夫氏の調査によって、一一月一五日に創刊された『静岡新聞』の主幹に就任していることが判明する。[29]『静岡新聞』は、政友会静岡支部の内紛によって、『静岡新報』に対抗して創刊されたものであった。

また、高木は、一九〇七年四月と一九一三年四月の二回にわたって静岡市会議員に当選している。[30]さらに、一九一五年三月には衆議院議員選挙に挑戦したが、わずか一五票を獲得したのみであえなく落選した。そして、同年一一月二三日に市会議員を辞職し、前橋に居を移したようである。市議辞職の際の心境が、『静岡民友新聞』一九一五年一一月二五日に掲載されている。それによれば、「余は去る四月衆議院選挙敗戦以来彩管を携へて関東地方の山川に放浪し入つては自然と親み出でゝは市に筆を揮ふ蓋し余が家代々雪舟の画系にして幼より聊か学ぶ処ありたるに依る今や一簑一笠漂然として自ら往く処を知らざるが如し運命は余を駆りて過去の一切を離脱して旧く而して新しき歩みを辿らしむる事とはなりぬ」と、その心境が述べられている。政界のみならず俗世間からも離脱して山川を放浪し画筆を手にする隠遁生活に入ろうというのである。こうした心境の変化がなにを原因とするものであるか、それは定かではない。

高木のその後の足どりを、『早稲田大学校友会　会員名簿』に探ってみよう。

高木は、前橋からすぐに宇都宮に居を移したらしく（あるいは静岡から直接宇都宮に移転したのかもしれない）、一九一六年一一月現在と翌一七年一一月現在の『会員名簿』には、住所が「宇都宮市三條町三三」とある。職業欄の記載はない。そして、『会員名簿』が早稲田大学総合図書館に欠落している一九一八年から二〇年の間に、長岡に転居したようであり、一九二一年一一月現在の『会員名簿』に、「長岡市表四ノ町七九五　織物染料機械雑貨輸入及製造」と出てくる。一九二四年一一月現在では、「長岡市愛宕町一四四一　織物染料石炭機械雑貨輸入製造」となっている。翌二五年一一月現在では、住所はそのままだが、職業が「織物染料商、市会議員、日本製函専務」となっており、静岡につづいて長岡でも市会議員に当選していることがわかる。

一九三〇年には、長岡から東京に出て、「牛込区南榎町二七」に居を構え、職業も「日本美術研究所主幹」に変わっている。美術関係の雑誌の編集に携わったのであろうか。翌三一年一二月現在でも同様である。

しかし、一九三二年以降の『会員名簿』より、高木の名は消える。その理由はわからない。年齢的にはまだ五〇才を過ぎたばかりの頃である。急死でもしたのであろうか。

高木自身の資料としては、前述した「鉱毒救済幻燈遊説」の他に、大逆事件に連座した新美卯一郎宛の書簡がある。熊本近代史研究会の上田穣一氏に紹介していただいたものである。大逆事件で処刑された熊本県関係者は、新美卯一郎と松尾卯一太の二名であるが、書簡の日付は、明治四三年四月二六日であり、新美が起訴・拘留される三ヶ月余り前のことになる。書簡は、大審院の証拠物の中にあったもので、他の人物によって筆写されたものである。新美ら『熊本評論』関係者は、当時社会主義者の一網打尽を狙っていた官憲の監視の下に置かれており、書簡等もすべて検閲されていた可能性が高い。

その書簡には、新美が、静岡民友新聞社宛に書簡を送ったので落手が遅れたこと、大学を卒業後は「東京横浜と経めぐり静岡朝報に主筆とな」ったこと、そして現在は『茶業界』の主筆をしているが、それは「手なぐさみ」にすぎないこと、などが記されている。[31]

文面から、高木と新美の間には、友人関係ともいうべき交流があったことがうかがい知れるが、それがいつからのことなのかは分からない。新美は、済々黌に在籍したことがあるので、もしかして高木も同級生かと思って、済々黌の『同窓会員名簿』等を調査してみたが、高木の名は出てこなかった。むしろ、早稲田専門学校で二人が知り合った可能性がたかい。それは、熊本地裁における武富検事の取調に対し、新美が、「早稲田専門学校政治科に入学していたが明治三三年故郷の家が流されたため一時帰郷」したと陳述しており、高木とほぼ同時期に同じ学科に在籍していたらしいことがわかるからである。[32]

以上のように、足尾鉱毒事件にかかわった熊本県出身学生の代表的存在である高木来喜について述べてみた。短い間ではあったが、実に熱心に鉱毒救済運動に従事していたことがわかった。その生涯について判明したのは、ごく一部分に過ぎないが、静岡時代の高木の足跡に関しては春山俊夫氏の調査によってかなり詳しく辿ることができた。新聞関係者の事典として定評がある『明治新聞雑誌関係者略伝』(宮武外骨・西田長寿、みすず書房、一九八五年)にもその名が出てこない、無名の生を送った人物であるが、足尾鉱毒救済運動はこうした数多の無名の人々によって支えられていたのである。

おわりに

以上、本稿では、日清戦後社会の時代精神状況の中に足尾鉱毒救済運動に取り組んだ学生たちを位置づけ、その運動が、日本における「学生社会運動」の嚆矢であったことを論証した。それでは、狭義の「学生運動」という評価は可能であろうか。

足尾鉱毒救済運動に携わった学生たちの意識は、中西に代表されるように、基本的には、人道主義に根ざす慈善活動であるという捉え方であった。その意味では、政治的なものということはできない。しかしながら、田中正造を中心とする足尾鉱毒反対運動の鉾先は、つねに一貫して政府に向けられていたのであり、彼らが足尾銅山の操業停止を要求したことは、古河＝大資本擁護の姿勢を崩さない政府の方針に真向から対立するものであったといえる。

このように足尾鉱毒反対運動の性格をおさえるならば、青年修養会が、足尾銅山の操業停止を明確に打ち出した演説会を開催していることは、注目に値する。ただでさえ、学生たちの「人道」を謳い「理想」を追求する行動は、最終的に政治批判の一線を越えさせてやまないものである。明確に「反権力」をスローガンに掲げた運動ではなかったが、彼らは、鉱毒被害民の立場から古河を擁護する政府を明確に批判していたのである。そして、それにかわる政治を希求していた。であるからこそ、政府は学生たちの運動に神経をとがらせ、それを弾圧したのである。

たしかに、彼らの運動は、一九二〇年代のマルクス主義の影響下にあった学生運動のような体制変革のビジョンを持ち合わせてはいなかった。しかし、そのことにこだわるかぎり、日本の学生運動の歴史は、学生たちがマルクス主義を受け入れたときから説き起こされねばならなくなる。明治時代には、「学生運動」は存在しなかった、ということになってしまう。様々な学校を横断的に組織した運動の母体があり、少なくとも四年近くは継続し、政府批判の色彩を徐々に強めていった学生たちの足尾鉱毒救済運動に、日本における「学生運動」の起点であるという名誉を与えたいのは、はたして私だけであろうか。

なお、高木来喜など、運動に参加した個々の学生の追跡調査は、今後の課題としたい。本稿の「三」のように、学生を中心とする熊本県出身者・関係者と足尾鉱毒事件とのかかわりを掘り起こす作業は、私たちと水俣病（環境公害問題）とのかかわりを再考するために歴史学が寄与することができる一つの重要な方法であると、私は信じてやまない。

注

(1) たとえば、岡本宏編『「一九六八年」時代転換の起点』(法律文化社、一九九五年)、など。

(2) 単行本では、中村新太郎『日本学生運動の歴史』(白石書店、一九七六年)があるが、この本も、大正デモクラシー以降の戦前の学生運動の歴史をまとめたものである。明治期については、「プロローグ　明治期の学生像」でごく簡単に触れている程度であり、本稿が対象としている学生たちの足尾鉱毒救済運動に関しても、河上肇と志賀直哉のエピソード(学習院中等科に在籍していた志賀は、学生鉱毒地大挙視察に参加しようとして、父親と激しく対立した。河上に関しては後述する)を紹介するにとどまり、「運動」としての位置づけはなされていない。

(3) この菊川の著作の「序説」として、「学生運動史の前奏曲を略述」したのが、吉野作造の「日本学生運動史」であった(岩波講座『教育科学』第一五冊所収、一九三二年。のち、『吉野作造選集』第一〇巻所収、岩波書店、一九九五年)。吉野も菊川と同様に、「学生運動」の起点を東大新人会の設立に求めている。しかしながら、「前奏曲」と自ら位置づけているにもかかわらず、第一次世界大戦前の「学生運動」にはほとんどふれず、その内容は、大学と学生の歴史を概述したにとどまっている。

(4) 厳密にいえば、「学生運動」と「学生社会運動」とは区別すべきであろう。「「学生運動」は、戦前、戦後を通して、ずっと日本の左翼運動や政治運動の代名詞となってきた。社会の一つの大きな「層」としての学生が、集団的・組織的に行動する「学生運動」が、反体制・反権力闘争の先端を担ってきたのである」とは、高木正幸『全学連と全共闘』(講談社、一九八五年)の「はじめに」の一節であるが、ここに戦後日本における「学生運動」の一般的イメージが、余すところなく表現されていよう。つまり、「学生運動」とは、〈学生が、「反体制」「反権力」をスローガンに掲げて行う政治運動ないしは闘争〉のことである。そのように、「学生運動」を定義すれば、「学生社会運動」は、もう少し幅広い概念、たとえば、阪神大震災時の学生ボランティアなども含めることのできるものとして、考えられる。もちろん、両者には重なり合う部分が大きいし、「学生運動」を「学生社会運動」に包括して、そのもっとも狭義の意味と考えることも可能である。

(5) かつて、岡義武は、「日露戦後における新しい世代の成長」(上下、『思想』第五一二、三号、一九六七年二、三月。のち、『岡義武著作集』第三巻所収、岩波書店、一九九二年)と題する論文で、その特徴を、①「成功」という言葉の流行、②享楽的傾向の増大、③懐疑、煩悶の流行、④個人主義思想の広範化、の四つにまとめていた。しかし、このような傾向は、多かれ少なかれ、日清戦後社会に登場しはじめるものであることを、ここでは強調しておきたい。
(6)『嶺雲揺曳』一八九九年二月、明治文学全集『明治社会主義文学集(一)』所収、ちなみに、『嶺雲揺曳』は二万部売れたといわれている。
(7)のちに、藤村は、プラトニッククラブの相手であった馬島千代に、自殺の直前に、書き込みを入れた高山樗牛の『滝口入道』を手渡していたことがわかり、自殺の直接的な原因は、哲学的なものというよりも失恋ではなかったか、とする説が有力になってきた。(『朝日新聞』一九八六年七月二日)
(8)菊地茂「学生の鉱毒救済運動」(斉藤英子編『菊地茂著作集』第一巻所収、早稲田大学出版部、一九七七年)参照。菊地茂のこの一文は、一九二五年五月にまとめられたもので、『義人全集』第四巻に収められた。当時東京専門学校(早稲田大学)の学生として実際に鉱毒救済運動に携わった者の記録として、価値がある。また、斉藤英子による「解題」も大変参考になる。
(9)この演説会は、東京芝の弥生館で開催され、木下尚江、高橋彦臣、佐治実然、松本隆海、大庭善治他七名が演説している。
(10)『毎日新聞』一九〇一年一二月一九日の紙面に、「鉱毒視察修学旅行」の広告が掲載されている。それは、つぎのようなものであった。

今や都下学校冬期休業に際す之を空費せんよりは寧ろ渡良瀬沿岸の鉱毒地を跋渉して一片の同情を我窮乏せる同胞に寄するに如かんや是れ吾人が平素教室に学修せる倫理の大義を実践躬行する者なり諸君乞ふ同志を叫(糾)合して此の美挙を賛成せられんことを

注　意

一、十二月廿七日午前六時卅五分の滊車を以て上野停車場を発し同夜帰京の事
一、同行者は学生及び学校職員にして三百名以上なること
一、当日は午前六時迄に必ず上野停車場に参会すべき事
一、二回分の弁当充分に携帯すべき事
一、同行者は二十五日迄に滊車賃雑費総計全六十銭を添へて左の両所の中へ申込み切符と交換すべき事

麴町区有楽町数寄屋橋教会内
横　尾　晟　一

京橋区木材《ママ》木町三丁目十七

小林大治郎

（電話□局二七一四）

一、雨雪順延の事

役員

委員長　田村直臣君

監督委員　安部磯雄君

衛生委員　ドクトル　和田劒之助君

会計委員　小林大治郎君

発起者

(11) 学生の内訳は、「早稲田専門学校生徒二百八十五名、同中学生五十二名、大学生九十八名、高等中学生百十名、尋常中学生五十六名、小石川白山道場天地古鑑氏の一隊三十名、毎日新聞木下尚江氏等の一隊四百十八名」などであった（菊地、二七八頁）。もっとも、『毎日新聞』一九〇一年一二月二九日の社説「学生大挙鉱毒視察」では、上野駅に集合した学生数を「八百余名」としている。

(12) 一九〇一年一二月二〇日に東京中央公会堂で開かれた鉱毒地救済婦人会（潮田千勢子会長）主催の演説会を聞いた河上肇が、義捐金募集の呼びかけに対して、持ち合わせがなかったために、羽織と外套、それに襟巻きを差しだし、翌朝、身に付けているもの以外の衣類を行李につめ、人力車夫に頼んで婦人会に送り届けたというエピソードは、とても有名である。田中正造の書簡に、「此洋服ハ大学生某の寄進せるものニて候間、決て不正品ニハ無之、出所正しきものニ候。御婦人の鉱毒救済会より貴君ニ拝呈仕度、（中略）此品の歴史ハ実ニ精神的潔白男子の着用せしものニ候」とあるのは、もしかしたら、河上の衣類のことをさしているのかもしれない（一九〇二年一月六日付、内田太市宛、⑮三八三～四）。

この件に関して、『毎日新聞』一九〇一年一二月二三日の三面に「篤志の大学生」という記事が掲載されている。

去廿日夕本郷中央会堂に於ける鉱毒地救助演説会聴衆中より散会の後一人の青年学生は会衆を押分け司会者潮田氏の前に来りていふ様「寄付の物品は今願ふ訳には参りませんか」と潮田氏答へて「エー〳〵今でも宜うございます」と云ふや否自から着用せ

る外套より初め羽織襟巻一切脱棄てゝ「これをどうぞ被害民へ贈つて下さい」と頼みければ潮田氏は「貴君そんなに一度に皆お贈りになつては風でも引といけません」と云は否々こんな物で御手数ですがどうぞ贈つて下さい」と姓名をも告ず跡をも見ず出行きたり帽子はたしかに大学の学生であつて見れば外套の襟裏に神田高橋といふ裁縫店の名のあるだけで何てふ人の美挙なるぞと談し合ひたり然るに翌廿一日朝又々態々使をもて左の書簡に物品十二点を添へ寄贈されたり

私は昨晩中央会堂で演説を拝聴致しました一人でございます私は曾て同所に於きまして田中さんの御演説を聴きまして多量の涙をそゝいだものでございましたが何分一寒書生の事でございますから同情の血涙は眼に溢れ乍ら悲憤の熱血は胸に涌き乍ら只徒らに成業後の献身を誓ふた許りで為す事もなく今日に至りました処が昨晩のお話で我等如き一寒書生も稍多少の同情を表する便宜方法を与へて下すつた事を知りまして非常に悦びました別紙十二点の衣服実は極めてお粗末極まるものでお耻かしい次第でございますがこれでも私に取つては非常に離れ難いものでございます故郷の貧乏なる生活を忍んで私を教育させて呉れます両親の賜物でございます却てお手数をかける許りで恐れ入りますが微志のある所を御察し下されまして可然御取扱下されますよう願ひます私は呉々も私をして多少の善を為すべき便宜を与へて下さつた事を皆さんに心から感謝の意を表白致しておきます

中央会堂にて破れたるマントを差出せし一書生白す

鉱毒地救済婦人会御中

猶々私は一日も早く正義が我が日本国に於て勝利を得るに至る様祈るものでございます有志諸君の御健康と御成功とを陰乍ら祈つて居ります

絹二子袷一枚、手織袷二枚、手織綿入二枚、手織綿入胴着一枚、手織単衣一枚、洋服一組（チヨツキ上着ヅボン金ボタン及Jの徽号付）メンフラネル襦袢一枚、白シヤツ一枚、〆十二点

おそらく、この記事で報じられた学生が河上肇であったろう。もっとも、学生たちが着ていたものを寄付する光景は、京都などあちこちの演説会で見られたという。

なお、『文学部論叢』第六五号（一九九九年三月）に発表した旧稿では、「早稲田実業に在籍していた竹久夢二」も学生大挙視察旅行に参加したと書いたが、竹久は、一九〇一年一一月一日の鉱毒演説会（神田青年会館）に参加して内村や安部の演説を聞き、

大いに関心を持ったことは確認できるが、早稲田実業への入学は一九〇二年九月のことであり、旅行にも参加してはいないようである。ここに訂正しておきたい。

(13)『毎日新聞』一九〇二年一月一日「仰げ新日本の曙光／学生の熱血沸く／学生鉱毒視察報告会」。

(14)『菊地茂著作集』第一巻、三〇三頁。

(15)一月七日には、指ヶ谷町厳浄院で学生大演説会を開催し、九日に神田美土代町青年会館で開かれた演説会には、島田三郎、安部磯雄、巖本善治などに混じって、学生から中西堅助、下津卯一郎（明治学院）、東則正（早稲田実業）、岡本金一郎（東京専門学校）、大亦楠太郎が演説している。また、一八日には、慶應義塾の学生有志が発起した鉱毒地救済演説会が芝のゆにてりあん教会で開かれた。さらに、二五日には、横浜の蓬萊町美似教会でも「京浜連合鉱毒救済青年大演説会」が開かれ、高木来喜や岡本金一郎が演説している。

(16)『菊地茂著作集』第一巻、三一五頁。

(17)正造は、四月二日付けの野口春蔵他宛て書簡で、次のように述べている。「〇東京の諸団体中学生の中西氏死去ニ付、来ル六日大弔祭会。〇二人大学ヲ退学セシメラレタルアリ。雲龍寺の演舌の事なりと云ふ。真正の学生ハ或ハ死シ、或ハ退校セシメラル。此問題ノタメニ身ヲ犠牲ニセラレタルモノナリ」（⑮四一六）。

(18)『毎日新聞』一九〇二年四月三〇日。なお、この記事によれば、学生鉱毒救済会の解散は、三〇日の会議で決議される予定としている。

(19)『菊地茂著作集』第一巻、三四六頁。なお、青年修養会に見られるような動きは、一九〇一年七月二〇日に『万朝報』の黒岩涙香らを中心に結成された理想団などと関連しているものと判断でき、金権腐敗社会に対する一つのアンチテーゼであった。

(20)『菊地茂著作集』では、この七月一日からの連続演説会を、明治三五年に開催しているように書いてあり、私も旧稿ではそれに従っていたが、『毎日新聞』で確認したところ、明治三六年の誤りであることがわかったので、ここで訂正しておきたい。

(21)天野茂編『荒村遺稿』不二出版（復刻版）、一九八二年、二九五～六頁。

(22)そのなかでも、代表的な人物は、黒澤酉蔵であろう。黒澤は、一八八五年、茨城県に貧農の子として生まれた。一八九九年六月、一四才で上京し、牛込喜久井町の松本小七郎という数学者の家に書生として住み込み、正則英語学校に通ったりして、海軍大将になることを夢見ていた。いわば、彼も、ご多分にもれず「立身出世」イデオロギーの虜であったといえる。ところが、海軍兵学校を受験したところ、体格検査ではねられ、翌年もう一度受験しようと決意していたときに直訴事件が起きたのである。直訴の新聞報道を読んで非常に感動した黒澤は、芝口越中屋までわざわざ正造を訪ねていった。そして、学生大挙視察団の一行に参加し、友人と二人で五日間、筆舌に尽くしがたい鉱毒被害地の惨状を目の当たりにし、被害民の救済運動に挺身することを決意した。学生鉱毒救済会の路傍演説にも参加した。学校もやめ、以降、一九〇五年七月まで正造とともに奔走した。その間、「浮浪罪」や「家宅侵入罪」などでたびたび拘留・起訴されたが、黒澤を突き動かしていたのは、まさに「義憤」であり、自ら被害民の啓蒙と自立的運動への火付け役を任じて運動したのである。その後、黒澤は、正造らのバックアップで京北中学に再入学し、卒業後は北海道に渡り、宇都宮牧場の住み込み牧夫からはじめ、苦心のあげくに酪農家として成功するようになり、やがて酪農学園や雪印乳業を創設するにいたった。田中正造が、本当に心を許すことのできた数少ない人物のうちの一人であった。

また、伊藤野枝が社会問題に目ざめたのも、足尾鉱毒事件の谷中村問題が契機であったことは、有名な話である。

(23)『早稲田學報臨時増刊』第九四号、一九〇三年一二月二〇日発行。なお、この資料と、後述する『早稲田大学交友会会員名簿』は、早稲田大学の佐藤能丸氏より提供いただいた。

(24)熊本県関係者では、高木と同時に卒業した人物に内田益三（熊本県下益城郡河江村九）がいるが、前述したように内田も鉱毒救済運動にかかわっている。

(25)史料的に確証がないが参加した可能性の高いものも掲げることにする。

(26)ここで、参考までに、高木の「入社の辞」を全文紹介しておこう。

入社の辞　　　　静風　高木　来喜

春浅く、浅間の山未だ色めかざるの頃、初めて筆を朝報紙上に執りし者、如何なれば今此壇場に読者と相見ゆるに至りしか。仔細は敢て大方の高察に委ねんこと朝報経営者に対する友情に副ふ所以なるべし、唯余が出来得る限りの微力を編輯に致せしことは同紙読者の諒とせらる、所なるべきを信ずる事、並に同社の経営方面には一切相関せざりし事、及び今回の成行に就ては主幹者と余との間に何等の阻滞なく心胸釈然たるものありし事、此三点は是を明かにして聊か出所進退の所以を公にするの要あらん。

翻て思ふ、本来無一物、渺たる新入の措大、而かも幸に官民識者の深厚なる同情の揺籃に抱かれ、今又文筆の立場を失せんとせしに際し操觚界の先達民友社は多大の好意を以て相迎へらる、衷心の感謝何ぞ堪べけんや、嗚呼岳南幾多新知の高懐、如何にしてか之れに酬ゐん、他なし、唯自己の本領を発揮せんのみ。吾人の本領は極めて簡単なり、曰く、「文章言論以て世を益し人を利せん」之れ以外に本領なく天職なし、希望なく目的なし、若夫れ経世的見地の如何を問はんか、内に向つては立憲主義、外に対しては平和主義、以て国運の開展を図る事、直截鮮明唯是れあるのみ、民友社の綱領亦敢て異なるなきを信ず。

終に臨んで文筆の壇場一層広汎にして更に多くの読者と相親むの機会を得たりしを喜び、併て旧朝報読者も亦本紙に於て再会の好機を得んことを望む。所感の一節を写して入社の辞に充つ。(『静岡民友新聞』一九〇八年七月一二日。なお、本資料は、静岡県近代史研究会の春山俊夫氏から提供していただいた。)

なお、高木の『静岡民友新聞』との関係についてであるが、『毎日新聞』によれば、一九〇二年四月三日から九日頃にかけて、三人の学生が静岡や沼津などを「幻燈遊説」していることがわかる。そして、この遊説中に『静岡民友新聞』の記者森田勇次郎、松川宰吉などに世話になっているようである(『毎日新聞』一九〇二年四月一一日)。三人の学生といえば、関西地方に「幻燈遊説」を行った岡本・高木・佐藤の三人と考えるのが自然であり、そうすれば高木と『静岡民友新聞』との関係は、このときにできたと考えられる。しかし、『菊地茂著作集』第一巻によれば、この静岡遊説中の四月六日に開かれた中西堅助の追弔会に、佐藤と高木が出席したことになっており、二人が静岡遊説に参加していた可能性は低くなるので、断定は差し控えておきたい。

(27) 静岡県茶業組合聯合会議所発行『静岡県茶業史』一九二六年、一一五三頁。

また、静岡時代の高木は、早稲田大学校友会の幹事としても活躍していたことが、『早稲田学報』の記事から判明する。一九一一年四月二三日には、志賀重昂らを迎えて講演会などを開催している。五月一四日には、大隈重信が汽車で静岡駅を通過するのにあわせ校友会で送迎行事を催し、「発着の際数十発の煙花を打揚け新茶若干を奉呈し高木来喜氏雑誌『茶業界』数部を高覧に供し」ている(『早稲田学報』第一九七号、一九一一年七月一日)。

(28) 同前、七七七頁。

(29)『静岡新報』一九一三年一一月一六日付紙面に、次のような記事が掲載されている。

○静岡新聞創刊　高木来喜氏を主幹とせる静岡新聞は当市江尻町十三番地同社より発行さる毎月三回政治経済に関する公平なる批評をなし併せて立憲青年の機関たるを期するもの印刷鮮明にして体裁宜しき新聞にて代価一部三銭なり

このように、月三回発行の新聞であったらしく、いつまで発行されたか定かではない。翌一九一四年九月二九日に、全く同名の

『静岡新聞』が創刊されているが、こちらは日刊新聞であり、高木が関与した『静岡新聞』との関係は不明である。

(30) 二回目の市議選当選に関して、『静岡民友新聞』一九一三年四月一三日の紙面に、つぎのような記事が掲載されている。

「貧乏候補として当選を危ぶまれた高木氏が百票を得て立派に入つたのは隠れたる同情があつたからであらうが、早稲田同攻会の青年が、大抵は主人持だから昼は業に就き夜間に於てのみ奔走をした誠実を極めたこの奔走が遂に百人の有権者を動かしたことは一の美談である、投票日の朝、あの同情を求めんとする貼紙をなしたのも、高木氏を始め同志の幹部は少しも与り知らなかつたと云ふことである、恁う云ふ味方を持つ高木氏は幸福である」。

また、五月八日には、高木と森田勇次郎の市議当選の祝賀を兼ねた静岡市校友会の春期例会が、静岡市紺屋町浮月楼で開催されている。「出席者十三名。飯塚虎夫氏開会の辞を述べ。原田新一、高木来喜両氏の演説あり。次で規約の改正、幹事の改選をなし、飯塚虎夫、榛葉嘉作両氏新幹事に当選し、快談縦横に時を移し、午後十時半散会せり。出席者左の如し。／伴野賢造　高木来喜　原田新一　河原井喜久雄　飯塚虎夫　榛葉嘉作　原木吉太郎　野崎鐐一　鈴木治三郎　頭開三郎　田中龍作　高山義三郎　大石廉一」(『早稲田学報』一九一三年六月)。高木の当選は、これら校友の尽力のたまものであった。

(31) 上田穣一氏のご好意により、その書簡を紹介させていただきたい。なお、この書簡は、神崎清編『大逆事件記録』第三巻(世界文庫、一九七二年)に収録されていることも、あわせてご教授いただいた。

〈表書き〉　熊本市本荘村白川端　金子殿方新美江滸　君

〈裏書き〉　静岡市東鷹匠町百十番地　高木　来喜　明治四十三年四月廿六日

右在中書状文言

其後君が消息を聞かず如何ならんと存じ居り候ひしに突然御書面に接し御壮康の由先づ以て奉賀候小生事今は「民友」に居らず君に対する返書の期遅れしは落手の期漸く今日にあればなりと云へば遠隔のこと其れでも御茶は濁さるべきも嘘は不相変言い度くない、全くの処付箋して民友から廻し来たりそいつを多忙イヤ是れは云ひぬけではない実以て目の廻る程劇忙を極めた(有体に云へば僕は今度雑誌を初めた「茶業界」と云ふ其用混雑と県茶業(此処三字不明、おそらく「青年会」であろう＝小松注)の創立其準備や演説やで寸暇なしと云ふ有様昨日ヤット出来上つたから禿筆をとる)為めに失礼仕り候処で目下の処朝日報知国民等東京紙の侵入にて民友すぐ影響を及ぼさん余は推して知るべきに候地方新聞は中々の苦戦、さらばとて別段適当の地位を見出す能はざるを悲む、小生も御承知の通り腕一本で其後東京横浜と経めぐり静岡朝報に主筆となり少し計りやつて見た、案外手答へがあつたから今度は民友に入つて昨年の如きは当市未曾有と云ふ大活劇をやつた市民大会を打開いて主務省へ押しかけて激戦月余トートー勝を占めた、今は沈黙時代さ、あれは一寸手際を見せた迄の事、人間はのべつ騒いで居ては駄目だ君は九州で地盤を作れ、九州丈けは丸めてをいて呉れ、奮闘活躍には相当の準備が入る何か一仕事しなければ腹が癒へない、君と相会するの機会も其内あるだろう兎も角九州丈けは頼むよ、実業新聞に池田貞記（朔風）と云ふ男が居る君が話相手になるだろう会つて見給へ僕の同意だ時々文書の往復位はしやうではないか

右御返事旁早々

四月廿六日

静風

江湆君

茶業界一部御送付可申上候之れは僕の手なぐさみに候

住所が、『早稲田大学交友会会員名簿』とはやや異なり、「静岡市東鷹匠町百十番地」となっていることにも注意しておきたい。

(32) 上田穣一・岡本宏編著『大逆事件と『熊本評論』』一五九頁（三一書房、一九八六年）。

補論三　足尾鉱毒の病像をめぐって

はじめに

環境社会学者の飯島伸子は、足尾鉱毒と健康問題に関して、次のように述べている。

被害農民たちは、農地や農業被害については明確に被害として認識していたが、鉱毒が奪った生命や鉱毒による健康障害は、その徹底した企業追究運動の中でも、被害として位置づけられることは弱かった。因果関係が確定しにくいということもあろうが、健康や生命の被害を被害として認識する発想を欠いていたふしもある。(1)

被害民たちが二度にわたって生死統計報告書をまとめていることを考えれば、飯島のように一概に断定することはできないが、全体的にいえばたしかにそのとおりである。だが、それは被害農民たちだけではなかったことに注意しなければならない。政府が組織した二次にわたる鉱毒調査委員会も、被害民たちの健康被害に関する関心は薄かった。ある意味では、被害農民たちの認識の弱さにつけこんで、原因の究明にほおかむりしつづけたともいえる。鉱毒がいったい人体にどのような影響を及ぼすのか、そのメカニズムはいかなるものであるのか、という健康生命被害に関する克明な分析はほとんどなされていない。足尾鉱毒の病像を確定しようという学術的関心は、全体として薄かったのである。(2)

このことは、水俣病と比較したときの大きな相違点である。水俣病問題においては、その病像を確定することが急務の要請であった。それは、被害の蔓延を防止し、患者の救済をはかるためだけでなく、極めて政治的な行為であった患者の認定作業を進める上からも要請されたことであった。そのため、今日まで数多くの研究がなされてきた。当然のことながら、政府や企業に有利な結論を導いた研究も多かったが、垂れ流しにされた水銀が自然界の食物連鎖のなかで人体に蓄積され中枢神経を犯すメカニズムや、胎児性患者が発生するメカニズムが明らかになったことは特筆に値する。それでも、水俣病の研究者の中では、まだまだ水俣病の病像が確定されたとはいえないといわれているのである。(3)

このように、足尾鉱毒の病像が明確でないことが、今日まで土地や作物に対する被害のみ強調されてきて、田中正造が喝破したように生命問題として足尾鉱毒問題を捉える視点が確立しなかった原因であろう。生命と生存に深刻な影響をあたえたものとして足尾鉱毒が語り継がれてきていたならば、水俣病問題の展開ももう少し異なったものになっていたのではないか。そのようなことを考えるにつけ、足尾鉱毒が健康と生命に与えた被害の実像解明を押しとどめた歴史的過程を明らかにし、できることならばその病像を明らかにすることが、重要な今日的課題であるだろう。

病理学の専門家でも何でもない私がここで足尾鉱毒の病像を問題にするのは、長い間抱いてきた以上のような疑問と関心に根ざしている。もとより、その病像と発生のメカニズムを確定することは、私には不可能である。私にできるのは、今後専門家に検討してもらうための素材を提供すること程度である。そのため、本論では、まず第一次鉱毒調査委員会に医学界から参加した二人の「専門家」、入澤達吉と坪井次郎の調査報告書を紹介する。あわせて、銅中毒に関する林春雄の講演記録も紹介したい。三者とも医科大学の教授・助教授であった。つぎに、衛生健康被害に関して、当時の新聞がどのような報道を行っていたかを確認する。さらには、橋本節斎らの手による第二次鉱毒調査委員会の報告書をふまえて、「鉱毒病」に関する政府と「専門家」の公式見解を確認し、その問題点を探ってみたい。

復命書等の公式文書とは別に、当時、雑誌などに掲載されて一般に公表された医学者たちの病像論には、以下のようなものがある。

一　医学者たちの病像論

①入澤達吉「所謂鉱毒ノ人体ニ及ボス影響ニ就テ（足尾銅山鉱毒事件ノ調査）」『公衆医事』第二巻第一一号、一八九八年一一月二五日
②坪井次郎「足尾銅山ノ鉱毒ニ就テ」『国家医学会雑誌』第一四二・三号、一八九九年三月一五日
③林春雄「銅ノ慢性中毒ニ於《（ママ）》テ」『医事新聞』第六〇七号、一九〇二年二月一〇日
④林春雄「慢性銅中毒」『国家医学会雑誌』第一七九・一八〇号、一九〇二年三月一五日

①は、入澤が、第一次鉱毒調査委員会に提出した復命書を発表したものであり、『国家医学会雑誌』第一七九・一八〇号に再録されている。②も、第一次鉱毒調査委員会の委員であった坪井が、その調査結果をまとめたものであり、これも同様に『国家医学会雑誌』第一七九・一八〇号に再録された。③は、一九〇二年一月二三日に国家医学会の例会で林が行った講演内容をまとめたものであり、④も同じ講演の記録である。ここからわかるように、『国家医学会雑誌』第一七九・一八〇合併号は、銅中毒に関する特集がくまれており、他にも丹波敬三「足尾銅山鉱毒被害地土砂分析成績」、安西茂太郎（医科大学衛生学教室介補）「足尾の衛生状況」や、川俣事件の東京控訴院裁判における横井時敬・長岡宗好・豊永真理の「鑑定書」、それに二本の翻訳が掲載されている。

これに対して、病像に関する被害民側の論稿は、左部彦次郎の『鉱毒ト人命』（一九〇三年一〇月一三日発行）が代表的なものであり、内水護編『資料足尾鉱毒事件』（亜紀書房、一九七一年）に収録されている。

ここでは、医学の専門雑誌に発表されたことから一般の人の目にふれることも少なかったと思われる①〜③の文章を、資料紹介もかねて全文を引用してみたい。（なお、引用にあたっては、旧字体は新字体に直し、変体仮名は通常の表記に改めた。また、傍点は省略した）

①入澤達吉「所謂鉱毒ノ人体ニ及ボス影響ニ就テ（足尾銅山鉱毒事件ノ調査）」

予ハ昨明治三十年五月中、所謂鉱毒ト云フ者ノ人体ニ及ス影響如何ヲ調査セン為メ、内閣ヨリ足尾銅山鉱毒事件調査委員ヲ命ゼラレ、栃木県下足尾、足利、佐野ノ各地ニ出張シ、鉱山業ニ従事スル男女職工、鉱毒被害各地ノ男女、及被害ヲ免レタル諸村ノ人民等、総計八十一名ニ就キ、精細ナル身体検査ヲ施シ、其成績ヲ具シテ復命スル所アリキ、今ヤ幸ニ之ヲ公ニスルノ許可ヲ得タルヲ以テ、爰ニ其大要ヲ報ゼントス、

抑モ世ノ所謂足尾銅山ノ鉱毒ナルモノハ、銅及硫黄化合体ノ毒性ヲ指スモノニシテ、就中其人体ニ於ケルヤ、銅ノ慢性中毒ヲ以テ、尤モ危険ナリト為スニアリ、然レドモ銅ニシテ果シテ他ノ金属、例之、鉛、水銀、銀等ノ如ク、人体内ニ入ルガ為メニ、能ク慢性中毒症状ヲ惹キ起コスコトアルモノナルヤ否ヤニ就テハ、学者ノ議論未ダ一定セス、今日猶ホ研究ノ内ニアリ、唯西洋ノ成書、往々ニシテ銅ノ慢性中毒ヲ説クモノアリ、且既ニ人体及動物試験ヲ施シタル結果ノ、世ニ出デタルモノアルニ因リ、是等ヲ参酌シ、併セテ他ノ金属ニ因リテ誘起セラレタル慢性中毒症ニ対比シテ、以テ予ガ診査ノ標準ヲ定メタリ、其条目一一ニ左表ニ記スル所ニ拠ル、

既往症、宗族履歴ノ大要、従来職業ノ種類及年月、従前ノ疾病（特ニ肺結核、喀血、脚気等）現住地居住ノ年月、

配偶、挙子、

現在症、体重、身長、営養、発育、皮下脂肪織、皮膚及粘膜（着色、乾湿、黄疸ノ有無等）、筋肉ノ発育、胸廓ノ造構、毛髪（着色粗密）顔貌、脈数及脈性、一般ノ精神状態、睡眠ノ佳否、

頭部、　眼、眼筋、眼球振盪ノ有無、結膜ノ着色及充血、視力、視野、「スコトオム」ノ有無、眼底、瞳孔ノ大小及反応、
鼻、嗅覚、外形、鼻鏡検査、
口腔、口内粘膜歯齦ノ着色、変状、腫脹、出血ノ有無、歯牙状態、口内炎、流涎ノ有無等、口臭、舌（舌苔等）、味覚、唾液及喀痰ノ検査（採取）
耳、外形、聴覚、耳鏡検査、
頸部、頸ノ長短、太細、喉頭検査、声音、
胸廓、心臓（打診、聴診）、心尖ノ位置、心博ノ強弱、
肺臓、（打診、聴診）肺気腫ノ有無、気管枝加答児ノ有無、
婦人ニアリテハ乳房（乳汁検査及採取）
腹部、　肝臓（大小、移動等）胃及腸（疝痛ノ有無、便秘若クハ下痢、食慾、悪心、嘔吐、裏急後重ノ有無、腹壁ノ陥凹及膨大）
背部、　脊椎ノ外形、疼痛ノ有無、
運動機能障害、　麻痺、不全麻痺、痿弱、痙攣、振顫強梗、痙搐、筋力（握力）、筋ノ器械的亢奮性、腱反射、
知覚器障害、　鈍麻、過敏、脱失、疼痛、異常知覚、温神、部位神、
糞便、　寄生虫卵等、顕微鏡的検査、（採取）
尿、　反応、色、蛋白及糖ノ有無、円柱（採取）
血液、　（新鮮及乾燥染色検査）
従前、銅ヲ以テ動物体ニ就キ試験ヲ為シ、其生理的作用ヲ研究セルモノ一二ニ止マラズ、就中独乙人ハルナツクハ、銅ノ試験ニ際シ、他ノ副作用ニヨリテ妨害ヲ受ケンコトヲ恐レ、特ニ酒酸酸化銅那篤倫ヲ製シ、之ヲ蛙ノ皮下ニ注入

シタリシニ、酸化銅ニ還算セル分量ノ〇・五乃至〇・七五「ミリグラム」ニ因リテ、数時間後能ク呼吸筋及心臓ヲ始メトシ、悉皆ノ横紋筋纖維ノ麻痺ヲ誘起スルニ至レリ、而シテ銅ノ死量ハ、家兎ニアリテハ〇・〇〇五瓦犬ニアリテハ〇・四瓦ヲ、皮下ニ輸入スルニアリ、若シ之ヲ静脈管内ニ注入スルニ当リテハ、〇・〇二五瓦ノ酸化銅ニ対スル量以下ニテ、既ニ死ヲ速クニ足レリトス、温血動物ハ、此ノ銅ノ塩類ニヨリテ、先ヅ四肢ニ萎弱、後チ続イテ全麻痺ヲ起シ、瞳孔ハ開大シ、呼吸及心動ハ極メテ微弱且遅徐トナリ、遂ニ全ク静止スルニ至ル、然レドモ知覚及神経中枢作用ハ、死ニ至ルマデ渝ハルコトナシ、嘔吐ハ銅塩類ヲ胃中ニ輸送スル時ニ於テノミ起リ、静脈内及皮下注入ニ際シテハ之ヲ缺ク、

ブルントン及ウエストハ「ペプトン」銅ヲ、頸静脈内ニ注入シ、且多量ノ蛋白質ニ溶解セル銅塩類ヲ胃中ニ輸送シ、嘔吐ヲ催起シタレドモ、毫モ胃粘膜ヲ直接ニ刺戟セル痕ヲ認メザリキ、是レ蓋シ銅ガ催吐ノ中枢ヲ刺戟セルニヨルモノナラン、又フエルツ及リツテルハ、酸化銅「アルブミン」ヲ静脈内ニ注入シテ、其劇毒ナルヲ証シ、動物ノ体量一基瓦ニ対シ、〇・〇一五以上ノ銅分ヲ以テ死量ト定メタリ、繇是観之、益ス仮令ヒ各種ノ銅化合物ヲ胃中ニ送入スルモ、動物ハ能ク之ヲ吐出スルニヨリテ、其血液ヨリ吸収セラルル、銅量ハ、極メテ小量ナルコトヲ知ルニ足ル、故ニ一定量以上ノ銅分ニシテ、血中ニ堆積スルニ至リテ、始メテ其毒性ヲ顕ハスニ至ルモノトス、

近年ニ至リ、フイレエネモ亦銅中毒ノ試験ヲ為シ、酒酸加里及那篤倫銅ヲ製シテ、之ヲ皮下、静脈内及胃中ニ輸入セリ、其成績ニ依レバ、家兎ノ体量一基瓦ニ対シテ、〇・〇一五瓦ノ酸化銅ヲ皮下ニ注入スルヲ以テ、死量トナセリ、若シ静脈内注入ニアリテハ、其量ハ〇・〇〇三乃至〇・〇〇五瓦ノ間ニアリトス、然レドモ之ヲ胃中ニ送入スルニ於テハ、死量ハ夐ニ高クシテ、一基瓦ノ体量ニ対シテ〇・〇五乃至〇・〇六瓦（酸化銅）ナリトス、而シテ動物ノ中毒症候トシテハ、異常ノ運動、下痢、筋ノ纖維性痙攣、萎弱、顚倒、麻痺等ヲ目撃セリ、解剖上ノ所見ニハ、肝臓及腎臓ノ変化ヲ証セリ、又動物ハ血尿、血紅素尿、蛋白尿等ヲ排泄セリト云フ、又フイレエネハ蛋白銅 Cupratine ヲ用イテ試験シ、其結果ヲ公ニセリ、曰ク、蛋白質ト抱合セル銅ニシテ、胃中ニ入リ、若シ其量稍大ナルトキハ、直チ

ニ嘔吐ヲ催起シテ、銅ノ大部分ヲ吐出シ了ス、然レドモ猶ホ胃中ニ残リタル余剰ヨリ、極メテ微量ノ銅分ヲ血中ニ吸収セラル、コトアルモ、為メニ中毒症状ヲ発スルコト無シ、此理亦タ移シテ人体ニ適用スルヲ得ベシ、故ニ彼ノ食物中ニ於テ、蛋白質ト抱合セル銅分ハ、敢テ危害ヲ誘起スルコト無ケン、唯危害無シト云フノミ、若シ其銅分ニシテ、量ノ大ナルトキハ、為メニ腸胃ヲ刺戟シテ、時ニ或ハ嘔吐下痢等ヲ発シ、健康ニ不利ナキヤ、固ヨリ論ナキノミ、然レドモ是レ未ダ以テ、銅ニ特有ノ中毒症状ト云フヲ得ザルナリ云々、同氏ハ人体試験ヲ為サヾリシカド、蛋白銅中ニ含有スル銅量一日〇・〇五瓦ヲ超過セザルトキハ、恐クハ大人ニ於テ格別ノ害ナキモノナラント云ヘリ、現ニレエマンハ、〇・〇二乃至〇・〇三瓦ノ銅分ヲ含有スル、鑵詰ノ蔬菜ヲ連日食シタレドモ、毫モ中毒スルコト無カリシガ、唯〇・一三二瓦ノ銅ヲ含量セル豌豆ヲ食セル後、嘔吐ヲ発シタリキ、然レドモ敢テ少シモ後患ヲ貽サザリキト云フ、フイレエネハ進ンデ純銅（還元銅）ヲ以テ、犬ニ試験シ、二ヶ月間ニ、二・〇ヲ食物ニ混ジテ分与セル後、解屍シテ腎臓及肝臓ニ於テ、極メテ軽度ナル変化ノ存スルヲ認メタリ、

以上ハ皆ナ動物ニ対スル試験ノ結果ニシテ、以下是ヨリ人身体ノ試験、及慢性中毒症ノ世ニ知レタルモノヲ約述セン、従来、往々成書ニ散見スル銅ノ慢性中毒ト云フ者ハ、其後ノ検索ニヨリテ、多クハ皆ナ純然タル銅ノ作用ニアラズシテ、寧ロ数バ鉱銅ニ混入セル鉛、若クハ砒石ノ所為ナルコトヲ知レリ、為メニ近年ニ至リテハ、慢性銅中毒ノ報告、世ニ出ヅルコト稍々稀ナルニ至レリ、特《(ママ)》リ稍々信拠ス可キモノハ独乙人ゼエリヒ、ミヨルレルガ、銅管拭磨ヲ業トセル一職工ニ就テ、実験セル一例ナリトス、該職工ノ居室ニハ、毎ニ銅紛及緑青散乱シ、職工ハ時々疝痛ヲ発シ、遂ニ両側上肢ノ伸展筋麻痺ヲ起コセリ、是レ皆ナ鉛中毒ニ於テ見ル所ノモノニ酷似ス、然レドモ敢テ感伝電気ニ対スル興奮性ノ減退スルコト無シ、後チ職業ヲ廃絶セルニ、疾病復タ発スルコト無カリキ、

トウセントハ自ラ純銅ノ粉末ノ一・二瓦ヨリ四・〇瓦、終ニ一五・〇瓦ヲ内服シ、後チ直ニ醋酸ヲ含有スル食物ヲ摂取シタレドモ、毫モ中毒症ヲ起サヾリキ、又仏人ガリツペハ日々一・七瓦ノ塩基性醋酸銅ヲ服シタレドモ、同ジク中毒セザリキト云フ、又同氏ハ家人ト共ニ、十四箇月間、一切ノ食物及酸性ノ食物ヲモ、併セテ銅器中ニ於テ調理シ、

数々又該器中ニ貯蔵セルモノヲ食シタレドモ、何人ニモ嘗テ害毒ヲ見ザリキ、該食品中ニ多量ノ銅分ヲ含有セルコトハ、其着色及其味ニヨリテ明瞭ナリキ、氏ハ依是、銅ノ慢性中毒ヲ誘起スルノ危害無キヲ説ケリ、又タ少量ノ銅分ガ永ク持続シテ、人体中ニ入ルコトアルモ、為メニ格別ノ危害ヲ発セザルコトハ、欧州ニ於テ銅細工ノ職人、銅鍛冶職人、緑青製造職等ニアリテ、其爪甲、皮膚、毛髪等ノ緑色ニ変ジ、流汗モ亦緑色ヲ帯ブルニ至ルモ、會テ銅中毒ヲ起スヲ見ズトノ報告、多々アルニ徴シテモ知ル可シ、然レドモ若シ可溶性ノ炭酸銅又ハ醋酸銅ガ、消化器内ニ入ルコトアルトキハ、為メニ急性中毒ノ症候トシテ、嘔吐及下痢ヲ伴ヒタル腸胃加答児ヲ発スルコトアレドモ、會テ危害ヲ来タサズ、従テ特有ノ慢性銅中毒ト云フ者ヲ継発スルヲ見ズト云フ、若シ夫レ時ニ銅職人ニ見ル所ノ歯齦ノ着色ノ如キハ、畢竟外部ヨリ付着セル銅粉ガ、口液ノ為メニ分解シテ、緑色又ハ青色ヲ帯ブルニ至レルモノニシテ、彼ノ鉛中毒ニ於ケルガ如ク、身体内部ニ於テ起ル機転ニヨリテ、出デ、歯齦ヲ浸漬スルモノトハ、全然別物ナリトス（ベエル及ビユツクア）

予ハ以上ノ実験、及猶他ノ諸報告ヲ参照シテ、以テ診査ノ標準ヲ定メ、人身体ニ関シ、現ニ銅中毒ノ存在スルヤ否ヤヲ診定セリ、其結果ハ一々調査明細書ニ記述セル如クニシテ足尾銅山及被害地方ニ於テモ、遂ニ一人モ、銅ノ中毒症ニ罹リ居ルモノヲ認メザリキ、彼ノ伸展筋麻痺ノ如キ、銅毒疝痛ノ如キ、特異ノ歯齦ノ変色ノ如キ、将タ又銅毒ニ由来スル腸胃加答児ノ如キ、営養不良ノ如キハ、特ニ留意シテ之ガ診査ヲ遂ゲタレドモ、其成績ハ一モ銅中毒ト思惟セラル、モノヲ見ル能ハザリキ、足尾銅山ニ於テ、撰鉱夫ノ診査中、腱反射ノ亢進ニ伴ヒテ、筋ノ機械的刺衝性ノ特ニ甚シク亢進セルモノ多キヤヲ覚エタルガ如キハ、是レ蓋シ就業時間ニ制限ナクシテ、昼業ニ継グニ夜勤ヲ以テシ、過労ト睡眠不給ノ為メ、往々神経衰弱ニ陥リタルニ因ルモノナランカ、之ヲ銅中毒ニヨリテハ、横紋筋ノ麻痺ヲ起コステフ実験ニ対スレバ、是亦タ偶マ以テ、銅中毒ノ存在ヲ否定スルニ足ランカ、

血液ノ顕微鏡検査ヲ施シ、後ニ乾燥標本ヲ作リテ、染色検査ヲナセルモノ、通計九名アリ、就中三名ニ血中ノ「エオジン」染色細胞ノ稍々増多セル外、他ノ異常ヲ認メズ、又「ペリメエテル」ヲ用イテ、視野ヲ測計セルモノ、前後合

セテ十名、悉皆常態ニシテ、異変無シ、血液及視野共ニ各人ノ条下ニ詳カナリ、
猶進ンデ銅山ノ職夫、及被害地人民ノ体内ニ於テ、銅分ノ有無ヲ検定センガ為メ、糞便、尿、唾液及乳汁等ノ分泌及排泄物ヲ採取シテ、其含銅量ノ分析ヲ東京衛生試験所ニ依頼セリ、其成績左ノ如シ、

一糞便

	姓名	糞便瓦量	純銅ノ含量「ミリグラム」	毎百瓦中純銅ノ含量「ミリグラム」
受鉱場夫	家塚　永吉	二五	○・九○	三・六○
熔鉱夫	萩田　清松	五六	一・五○	二・七○
撰鉱夫	布川　末松	一二	○・一五	一・二五
仝	笹原兼次郎	一二三	一・○○	○・八二
丘焼工夫	高木　四平	一一八	一・二○	一・○二
炭焼夫	古井長次郎	八	○・三○	三・七三
撰鉱夫	水口伊三郎	一二五	二・五○	二・○○
焙焼夫	竹村宇之吉	一二七	一・五○	一・一八
坑夫	羽田菊右衛門	五四	一・二○	二・二三
丘焼夫	渡邊政次郎	一六六	一・三○	○・七七
焙焼夫	福田　源作	一四八	一・○○	○・六七五
丘焼夫	岩原粂太郎	一六四	一・八四	一・一二○
仝	七尾吉太郎	三一	○・八○	二・五八○
配鉱夫	荒川　角三	八三	三・○○	三・六一○

坑夫	松崎清次郎	一三〇	九・〇〇	六・九二〇
坑夫	西田亀次郎	四五	一・四〇	三・一一〇
土工職	平井源左衛門	一五〇	三・〇〇	二・〇〇〇
医局小使	宮崎直次郎	一四五	一・四〇	〇・九七〇
	足利ノ部			
農民	森尾　芳蔵	四	痕跡	痕跡
仝	山崎　梅吉	一七	〇・三五	三・〇五
仝	中村丑五郎	一七	〇・二〇	一・一七
仝	阿部榮太郎	三九	〇・六〇	一・五四
	佐野ノ部			
農民	黒田　源吉	三四	〇・四五	一・三三
仝	関口　モト	七四	三・〇〇	四・〇五
仝	落合貞次郎	五一	一・二〇	二・三五
仝	黒田　善平	一七	〇・三〇	一・七六
仝	廣瀬　恒吉	一八	ナシ	ナシ
仝	関口　文平	三九	〇・八〇	二・〇五

一　尿

足尾ノ部

姓　名	二四時間尿量立方センチメートル	純銅ノ含量「ミリグラム」	毎一「リイテル」中純銅ノ含量「ミリグラム」

職業前出	松崎清次郎	一〇七〇	〇・三九	〇・三六四
仝	西田亀次郎	一二六〇	〇・四一	〇・三二五
仝	荒川　角三	一三六〇	〇・五六	〇・四一一
仝	家塚　永吉	一〇六〇	〇・三六	〇・三三九
仝	宮崎直次郎	一四〇五	〇・二〇	〇・一四一

一乳汁

足尾ノ部

職業別	姓　名	容量　立方仙迷	銅ノ有無
笊揚女工	粗石　テル	六六	ナシ
坑夫妻	横川　ナツ	六八	ナシ
手撰工	中島　エイ	三七	ナシ
仝	高倉　ツタ	三九	ナシ
仝	後藤　テイ	一三	ナシ
	足尾（足利）ノ部		
農	内田　タニ	二五	ナシ
仝	小竹　アキ	一五	ナシ
仝	中村　キチ	一三	ナシ
仝	宮崎　テフ	一二	ナシ
仝	小堀　カエ	一一	ナシ
仝	野口　ハル	五	ナシ

佐野ノ部

農　北島　カヨ　一五　ナシ

一手洗水

丘焼夫　岩原粂太郎｝手洗水
受鉱場夫　家塚　永吉

供試容量方仙迷　純銅含量「ミリグラム」　毎百「グラム」中純銅ノ含量「ミリグラム」

五七　三・五〇　六・一四〇

撰鉱夫　布川　末松｝手洗水
仝　水口伊三郎

六四　二・一三　三・三二八

一喀痰及粘液

姓名及試供品　容量　純銅含量「ミリグラム」　毎百「グラム」中純銅含量「ミリグラム」

坑夫　吉川　清八　一五瓦　〇・一三　〇・八六六
肺癆喀痰

土工職　平井源左衛門　八・七瓦　痕跡　痕跡
喀痰

工夫　松崎清次郎　少量　〇・二二　—
喉頭後壁ノ粘液

一馬糞

	瓦量	純銅含量「ミリグラム」	毎百瓦中純銅含量「ミリグラム」
足尾本山坑内ノ馬	一四八	〇・六八	〇・四六〇
佐野関口丑太郎ノ馬	二三四	四・五〇	一・九二〇

一牛乳

足尾馬丁飯場ニ於テ採取セルモノ	一号	二八七立方仙迷	痕跡
仝	二号	二九六仝	ナシ
仝	三号	一六五仝	ナシ

足尾銅山坑夫　松崎清次郎尿一「リイテル」中ニ含有スル硫酸ノ定量分析ヲ施行スルニ其量左ノ如シ

硫酸　So3　一・八〇六瓦

粗石テル（足尾銅山笊揚女工）人乳ニ就キ定量分析ヲ施行スルニ本品百立方仙迷中ニ含有スル主要成分ノ「グラム」量ハ左ノ如シ、

脂肪	〇・三八〇
乾酪質及蛋白質	一・一九〇
乳糖	七・六八〇
無機塩類	九・二〇〇

前掲ノ表ニ依レバ、則チ二十八人ノ糞便中、毫モ銅分ヲ含有セザルモノ僅ニ一人、銅ノ痕跡ヲ認メタルモノ一人、他ハ皆毎百瓦ノ糞中、最少量〇・六七五以上、最多量六・九二〇「ミリグラム」ノ純銅ヲ含有セリ、而シテ其銅量ノ多寡ハ、必シモ職業ノ種類ト関係ナキガ如シ、検査セル十八名中ニ就テ、唯工夫三名ハ百瓦ノ糞便中、二・二二以上最

多量六・九二〇「ミリグラム」ヲ含有セリ、其他撰鉱夫三名ハ〇・八二乃至二・〇〇「ミリグラム」ニシテ、受鉱場夫及配鉱夫ニハ、三・〇乃至三・六一「ミリグラム」ヲ、丘焼夫三名ニハ、一・〇乃至二・五八「ミリグラム」、熔鉱夫、焙焼夫ニハ〇・六七五乃至二・七〇「ミリグラム」ノ純銅ヲ検出ス、又採鉱業ト直接ノ関係ナクシテ、足尾ヨリ数里ノ外ニ居住スル炭焼夫ノ糞便中、百瓦ニ就キ三・七五「ミリグラム」ノ純銅ヲ認メ、土工職一名ニハ二・〇〇「ミリグラム」ヲ検出ス、又銅山医局小使ノ糞便中ヨリモ、百瓦ニ就キ〇・九七「ミリグラム」ノ銅ヲ得タリ、又足尾銅山職夫四名ニ就キ、二十四時間ノ尿ヲ採取シ、銅ノ定量分析ヲ施セルニ、孰レモ皆ナ、毎一「リイトル」中純銅ノ含有量、最少〇・三一五「ミリグラム」乃至最多〇・四一一「ミリグラム」ヲ検出セリ、又鉱山業ト関係無キ職業ヲ取ルモノ一名（足尾銅山医局小使）ニ就キ、前同様一「リイトル」尿中ニ、〇・一四二「ミリグラム」ノ純銅ヲ検出セリ、

其他坑夫、撰鉱夫丘焼夫等ニシテ、検査ノ当日就業セザルモノ、手ヲ刷毛ニテ擦拭シ、其洗水ヲ取リテ、分析ニ供シタルニ、四名ノ手洗水全量一二一瓦中、五・六三「ミリグラム」ノ純銅ヲ含メルヲ認メタリ、又坑夫ノ前夜来坑中ニ作業セルモノ一名ニ就キ、其咽頭後壁ニ付着セル暗黒色ノ粘液少量ヲ採取シ、後チ之ヲ検スルニ、〇・二二「ミリグラム」ノ純銅ヲ得タリ、猶咯痰中銅ノ存在ヲ知ント欲シ、坑夫ノ肺結核ニ罹レルモノ、咯痰一五瓦ヲ採リタルニ、此中〇・一三「ミリグラム」ノ銅分ヲ含有セリ、別ニ土工職ノ肺尖加答児ヲ患フルモノ、咯痰八・七瓦ヲ採リテ分析ニ供シタレドモ、銅分ハ僅ニ痕跡ヲ認ムルニ過ギザリキ、婦人乳汁中ニ銅ノ分泌如何ヲ知ラント欲シ、手撰工女三名、笊揚工女一名、及坑夫ノ妻一名ノ乳汁ヲ検シタレドモ、其成績ハ陰性ナリキ、

又銅山ノ馬丁飯場ニ於テ、採取セル牛乳三種中、一種ニハ銅ノ痕跡ヲ認メタレドモ、他ノ二種ニハ銅分ヲ缺ケリ、足尾本山坑内ニ使役セル馬ノ糞ヲ採取シテ、分析セルニ、百瓦中〇・四六「ミリグラム」ノ純銅アルヲ証セリ、

以上列挙セル如ク、糞便中ニ於テハ、時ニ多量ノ純銅ヲ含有スルヲ見ル可シ、然レドモ是レ独リ銅山所在地ニ於テノミ然ルニアラズ、足利及佐野付近ノ被害地方人民ニ就テ、亦糞便中銅ノ存在スルモノ多シ、其量ニ於テ唯小差異アル

ノミ、即チ足利ニ於テ検査セル被害地人民三名ノ糞便中、僅ニ痕跡ヲ認メザルモノ一名、他ノ二名ハ百瓦ノ糞中一・五四及二・〇五「ミリグラム」ノ純銅ヲ含ム、又参照ノ為メ、足利近郷ニ於テ、少シモ鉱毒ノ侵害ヲ蒙ラザル三和村大字松田住民ノ糞便ヲ検スルニ、却テ百瓦中、一・一七「ミリグラム」ノ純銅ヲ含有スルヲ見タリ、足利ニ於テ、被害地方婦人ノ乳汁四種、及被害地以外ニ住居スル婦人ノ乳汁二種ヲ得テ帰リ、分析ニ供セルニ、孰レモ皆銅ノ存在ヲ認メザリキ、

佐野ニ於テハ、其付近被害地民群馬県人二名、栃木県人四名ノ糞便ヲ採取ス、其分析ノ結果、群馬県人一名ノ糞便中、銅分ヲ認メス、他ノ五名ハ皆百瓦ニ就キ一・三二乃至四・〇二「ミリグラム」ノ純銅ノ含有ヲ証セリ、又栃木県婦人一名ノ乳汁中ニハ、前同様銅分ヲ認メザリキ、又被害地方ノ馬糞百瓦中一・九二「ミリグラム」ノ銅ヲ検出セリ、

依是観之、糞便中含銅ノ多少ハ、必ズシモ鉱毒ナルモノト直接ノ干係ナキモノ、如シ、含銅ノ最多量六・九二〇「ミリグラム」ハ足尾銅山坑夫ノ糞便ナリト雖ドモ、佐野付近被害地ノ婦人ニシテ猶四・〇五「ミリグラム」ヲ含有スルモノアリ、更ニ注意ス可キハ、足利付近被害地以外ノ人民ニシテ、一・一七「ミリグラム」ノ銅分ヲ糞便中ニ見タルコト是ナリ、蓋シ遠ク銅山所在地、及鉱毒被害地ヲ距ル地方ニ居住シ、毫モ鉱物ト縁故ナキ職業ヲ営ム健康人ノ糞便中ニモ、亦タ恐ラクハ銅ノ存在ヲ認ムルナラントノ疑ヲ生ジタルヲ以テ、帰京ノ後、東京衛生試験所ニ、左記五種ノ糞便分析ヲ依頼セリ、其成績左ノ如シ、

		供試瓦量	純銅含量「ミリグラム」	毎百分中純銅含量「ミリグラム」
第一号	糞便	九七	〇・六〇	〇・六一
第二号	同	一五	〇・七五	五・〇〇
第三号	同	一五二	〇・六〇	〇・三九
第四号	同	一二三	一・六一	一・三〇

第五号　同　二一　〇・一二　〇・五七

解説

第一号ハ、入澤達吉自己ノ糞便、一日ノ分量ナリ、普通ノ食事ヲ為セル他、毫モ異常ノ物ヲ食セズ、第二号ハ、医科大学第二医院看護婦、中山コウ、身体健全ニシテ、毫モ疾病ヲ認メズ、日々職務ニ従事スルモノ、糞便、当人ハ前日餡ノ入リタルモノヲ多ク食シタリト云フ、

第三号ハ、東京府下千住町居住、農民稲葉房次郎二十九歳、身体強壮ナルモノ、糞便、

第四号ハ、静岡県ヨリ当時上京セル健康ノ壮年、鈴木養ノ糞便、

第五号ハ、医科大学第二医院入院中ノ一男子、現ニ蜜尿病ニ罹リ、食物中一切、砂糖分ヲ加ヘザルモノ、糞便（姓名新井又五郎）

前表ニ依ルトキハ、千住ノ農民（第三号）ノ糞ハ最少量、看護婦（第二号）ノ糞ハ最多量ノ純銅ヲ含有ス、蜜尿病患者（第五号）及本委員（第一号）ノ糞便ハ、大差ナキ銅分ヲ含ミ、静岡県人（第四号）ニハ中等量ノ銅ヲ見ル、就中（第二号）看護婦糞便中ノ銅量五・〇〇ノ如キハ、足尾ノ坑夫ニ就テ六・九二「ミリグラム」ヲ検出セル外、他ニ比類ヲ見ザルノ大量トス、是或ハ偶然多量ノ銅分ヲ含メル食物ヲ、知ラズシテ摂取セルニヨルカ、若シ更ニ検索ヲ持続シテ、汎ク各種ノ食品ヲ摂取セル後チ、其糞便ヲ一々調査セバ、覈明スル所益々多カラン、

現ニ先年、内務省衛生局ニ於テ、東京府下料理店ノ飲食物中ニ、銅分ヲ含有スルコト尠カラザルコトヲ検出シ、之ヲ公報セルコトアリキ、猶進ンテ是ガ研究ヲ要ス、抑モ此ノ食物中ノ銅分ハ、既ニ食品ノ原料中ニ、銅ヲ含ムモノアルニ因ルカ（穀類、砂糖等）、将タ調理ニ際シ使用スル所ノ器具（鍋、早鍋、薬罐等）ヨリ来タルモノカ、他日ノ研究ヲ待タザレバ、未ダ遽ニ判定ス可ラザルナリ、

欧州ニ於テモ、食品、就中穀類中ニ、毎常一定量ノ銅分存在スルコトヲ唱道セル人アリテ、現ニ麪麭一「キログラム」中ニ、〇・一五乃至〇・八「ミリグラム」ノ銅分含有ヲ証セリ、又蔬菜ノ鑵詰ニハ、鮮麗ナル緑色ヲ現ハサンガ

為メ、故意ニ銅ヲ用イテ着色スルコトアリ、巴里府ニテハ、衛生委員ノ決議ニヨリテ、鑵詰食品百瓦中、銅分四・〇「ミリグラム」以上ヲ含有セザルモノハ、発売ヲ許可スルコト、セリ、然レドモ其実際ニ於テハ、往々猶遙ニ大量、例之バ二〇・〇「ミリグラム」ノ銅分ヲ含ムモノヲ鬻グコトアリト云フ、

要スルニ、一定量ノ銅分ガ、体内ニ存留スルコトアルモ、敢テ生活機能ヲ障害スルニ足ラザルコトハ、以上記述ノ実例ニ徴スルモ、炳焉トシテ明カナリト云フ可シ、唯幾何量以上ノ銅分摂取ニヨリテ、始メテ人体ニ如何ノ障害変異ヲ誘起スルモノナルカハ、引続キ研究セル成績ヲ待タザレバ、予知スル能ハザルナリ、予ガ調査セル足尾銅山職夫、及被害地人民ノ排泄物中ニ存在スル銅量ハ、偶々都会ニ常住スル市民ニ於テ、見ル所ト大差異アル無ク、随テ其量ハ人体内ニ於テ、未ダ以テ毫モ銅中毒症状ヲ喚起スルニ足ラザルモノト云フヲ得可シ、然リト雖ドモ、亦タ泰西ノ学者中、既ニ銅中毒ト云フ者ノ存在ヲ承認スル人、一二ニ止マラズ、故ニ足尾銅山及被害地方ニ於テモ、他日如何ナル変遷ニヨリテ、一層多量ノ銅分人体内ニ入ルニ至ルヤモ、亦タ料リ知ル可ラザルヲ以テ、将来可及的飲食物中ニ、銅分ノ混入セザルコトヲ工夫シ、之ヲ予防スルハ、勿論頗ル緊要ニシテ、決シテ忽諸ニ付ス可ラザルモノナリトス、

又世間往々、鉱毒ノ為メ、蟲豸鱗介ノ剿絶セルガ如ク説クモノアリト雖モ、予ハ糞便ノ顕微鏡的検査ニヨリテ、各種ノ寄生虫卵ヲ発見シ、據リテ以テ寄生虫ノ体内ニ棲息スルヲ知ルヲ得タリ、這般ノ寄生虫ハ、多ク水ノ媒介ニヨリテ、飲食物ニ混ジ、人体ノ消化管内ニ入ルモノナレバ鉱毒ト云フ者ノ未ダ以テ、人体寄生虫ヲ滅死セシムルニ足ラザルヤ知ルベキナリ、加之ナラズ日本全国、殊ニ東京付近ノ諸県ニ於テ、夥シク伝播シ、高度ノ貧血ヲ起コスヲ以テ著名ナル十二指腸虫ノ如キハ、足尾銅山ニ於テハ、十五人ノ検便中、僅ニ一回遭遇セルノミナルニ、足利ニ於テハ、四人ノ検便中二人、猶佐野ニ於テハ、六人ノ検便中五人ニ就イテ、該虫ノ棲息ヲ証明セリ、依リテ知ル、群馬及栃木地方ニ於テ、沿道目撃スル所ノ貧血ハ、十二指腸虫ニ起因スルモノ必ズ多キニ居ルコト、猶ホ他ノ関東諸県ニ於ケルガ如キコトヲ、

検便ニ際シ、寄生虫卵ヲ認メタル回数ヲ左表ニ掲ク、

	足尾ニ於ケル十五人	足利ニ於ケル四人	佐野ニ於ケル六人
検便総人員	足尾ニ於ケル十五人	足利ニ於ケル四人	佐野ニ於ケル六人
蛔虫卵	十一回	三回	五回
鞭虫卵	五回	一回	一回
十二指腸虫卵	一回	二回	五回
肝臓「ヂストマ」虫卵	○	一回	○
寄生虫卵ヲ認メザルモノ	四人	○	○

又銅中毒ノ他、硫酸又ハ硫酸化合体ニ起因スル中毒症状ノ存否ヲモ、併セテ留意シ、之ヲ診査シタレドモ、一モ陽性ノ成績ヲ得ルコト無カリキ、又渡良瀬河ノ水ヲ扱ヒタル為メ、其水中ニ含ム所ノ硫素等ノ毒物ニ因リテ、手足ニ特有ノ皮膚病ヲ発セシモノ等ヲ見ル能ハザリキ、要スルニ、其事ノ必存、得テ期ス可ラザルモノ、如シ、以上縷陳セル如ク、予ガ調査ノ結果ニヨリテ、所謂鉱毒ナルモノハ、今日ノ状態ニアリテハ、未ダ以テ直接ニ、危害ヲ人身体ニ及ボスニ至ラザルモノト、論定スルヲ得可シト雖ドモ、元来慢性銅中毒ニ関スル問題ノ如キハ、今日学者ノ間ニアリテ、猶判明セザルモノ頗ル多キガ故ニ、本邦ノ如キ、多額ノ銅ヲ産出シ、従ヒテ日常ノ什器家具ニ、銅ヲ用フルコト甚ダ多キ土地ニアリテハ、学問上及実益上、此疑問ヲ解釈センガ為メ、引続キ其研究ニ従事スルコト、尤モ必要ナリト云フ可シ、試ニ今後、第一着ニ研究ヲ要ス可キ諸項ヲ列挙センニ、大凡ソ左ノ如クナラン乎、

(1) 諸種ノ動物実験、(2) 人体実験、(3) 日本ニ於ケル普通飲食品中ノ銅含量及其人身体ニ及ボス影響ノ有無、(4) 飲食器、盥嗽用等ノ銅器及銅管等ノ危害有無、(5) 銅山以外ノ地ニ於テ銅細工ヲ営ム職工ノ診査、(6) 足尾以外ノ他ノ銅山鉱夫診査、(7) 銅山所在地人民、所謂鉱毒被害地人民及普通人体ノ諸臓器及血液中ノ銅ノ存否及比較検定、(8) 同上ノ分泌物及排泄物中、銅ノ含量、多数調査、(9) 銅山所在地及所謂鉱毒被害地ノ動物調査、殊ニ其分泌物、排泄物等、(10) 銅毒ト人体寄生虫トノ関係、(11) 薬用上銅ノ応用ニ関スル調査、

(調査明細書、足尾銅山坑夫蓮沼直作外八十人分ハ省略ス)

②坪井次郎「足尾銅山ノ鉱毒ニ就テ」

余ハ足尾銅山鉱毒事件調査委員ヲ拝命シ足尾銅山鉱業ニ由来スル所謂鉱毒カ渡良瀬川河水汎濫ノ為ニ群馬栃木両県下沿岸ノ地ニ散在シ此鉱毒ノ人畜ニ及ホス影響ヲ衛生上ノ点ヨリ調査スルノ命ヲ奉シ足尾銅山及ヒ群馬栃木両郡《ママ》下被害地ニ出張スルコト二回ニシテ第一回ハ後藤委員ト同行シ第二回ハ内務属種田戌次郎ヲ伴ヘリ而シテ余等ハ巡回ノ際採鉱及ヒ製練《ママ》ニ従事スル人夫及ヒ被害地人民ノ健体及ヒ病体検査、同地方家畜ノ状況、渡良瀬川魚類及ヒ水草等ニ及ホセシ影響及ビ被害地地方下等動植物ノ蒙ムリシ害毒等ヲ実際ニ就テ見聞シ鉱毒ノ人畜ニ及ボス有害作用、渡良瀬河流ノ自浄作用等ニ関シ学理上攻究スヘキ諸件ハ之ヲ東京帝国大学医科大学衛生学教室ニ於テ実験セリ

（一）足尾銅山鉱業人衛生状態

夫レ諸重金属ヲ産出スル鉱山ニ於テハ鉱業ニ従事スル者ニ害毒ヲ及ボスハ多々目撃スル所ナリ故ニ今回ノ鉱毒事件ヲ調査スルニ方テハ足尾銅山ニ就キ中毒者ノ有無ヲ探知スルハ最モ緊要ノ件ナリト信ス

余ハ去明治二十三年八月世上末タ鉱毒説ヲ唱ヘサリシ当時帝国大学ノ命ニ依リ足尾銅山ニ出張シ鉱山衛生ニ関スル諸件ヲ調査スルノ旁ラ同鉱山役員及ヒ坑夫ノ健体及ヒ病体検査ヲ施シタルニ一モ銅中毒ノ疑ヒアル者ニ遭遇セザリキ又本年二回ノ出張ニ際シテモ唯坑夫中永ク坑内礬水中ニ作業スル者ノ足部ノ皮膚糜爛ヲ生スルノ他ハ更ニ中毒症ヲ認メサリシ所ナリ

（二）被害地人民衛生状態

群馬栃木両県下ノ被害地地方ノ土壌中ニハ多量ノ銅分ヲ含蓄シ農産物ニ顕著ノ害ヲ加ヘ又河水及ヒ灌漑水中ニモ鉱毒ヲ混シ魚属及ヒ下等動物ヲ斃スニ至リタルハ普ク認定セラレタル所ナリ

之ヨリシテ見ルトキハ被害地地方ノ人民ハ常ニ一定量ノ銅分ヲ体内ニ摂取スルヤ争フ可ラザル所ナリ故ニ之ニ関シ調

査ヲ施シ慢性中毒ノ有無ヲ知ルコトヲ務メタリ

（三）銅ノ生理的作用

急性銅中毒ハ消化器粘膜ノ焮衝ヲ起シ疝痛嘔吐及ヒ下痢ヲ発スルコト他ノ重金属ニ於ケルト異ナルコトナシ且ツ呼吸筋及ヒ心臓筋肉ヲ麻痺シ死ヲ致スニ至ルハ人及ヒ動物ニ就キ既ニ経験セル所ナリ

持続シテ極メテ少量ノ重金属ヲ身体内ニ摂取シテ遂ニ慢性ノ中毒症ヲ誘起スルコトアルハ鉛及ビ水銀ニ就テハ古来人ノ能ク知ル所ニシテ歯齦炎疝痛神経麻痺ヲ以テ特徴トス然レトモ慢性銅中毒ノ一事ニ至テハ載籍中記載スル所極メテ少シトス

慢性銅中毒ニ関シ精細ナル動物試験ヲ施セルハ独逸国ブレスラウ府フイレーネ氏ナリ其成績左ノ如シ（独逸医事週報一千八百九十五年五月九日発行第十九号）

体重一千六百五十「グラム」ノ家兎ヲ取リ十六日間ニ「ブシー」ヲ以テ〇・二九七「グラム」ノ銅ヲ酒石酸銅曹達トシテ与ヘタリ動物ノ食慾佳良ニシテ体重ハ最初八日間ニ於テ一千八百五十「グラム」ニ増加シ其後ノ八日間ニ於テ一千七百五十「グラム」ニ減少セリ第十九日ニ於テ動物ヲ撲殺シ剖検セルニ顕著ナル全身諸組織又（ママ）ヒ臓器ノ貧血ヲ認メタリ肝臓及ヒ腎臓ヨリ標本ヲ製シ検スルニ高度ノ脂肪変性ヲ呈シ脾臓ハ腫脹シ腸胃ハ著シキ異常ヲ呈セス

夫レ家兎ハ嘔吐機能ヲ有セサル動物ナルガ故ニ之ニ就テ施セル試験ヲ以テ直ニ人体ニ及ホス銅ノ作用ヲ結論スルコト能ハス故ニフイレーネ氏ハ嘔吐機能ノ容易ナル犬ニ就キ試験ヲ施セリ十三「キログラム」ノ体重ヲ有スル犬ニ毎日〇・〇三乃至〇・〇四「グラム」ノ銅ヲ食餌ト共ニ酒石酸銅加里トシテ二ヶ月間与ヘタルモ更ニ嘔吐ヲ認メザリキ（全試験時日中ニ於テ二瓶ノ銅ヲ摂取セリ）「クロ、ホルム」ヲ以テ動物ヲ殺シ剖見シタルニ貧血ハ未ダ発生セサリシモ肝臓及ヒ腎臓中ニハ前記セル変化ヲ呈シタリ

フイレーネ氏ハ以上ノ試験ヨリシテ結論シテ曰ク動物ニ嘔吐ヲ起サヽル量ノ酒石酸銅加里ヲ数十日間内用セシムルトキハ健康上有害ナル作用ヲ呈ス但シ摂取スルモ有害ナラサル少量ヲ確定スルハ之ヲ他日ニ譲ル所ナリ云々

フイレーネ氏ハ再ヒ独逸医事週報一千八百九十六年三月五日発行第十号ニ急性及ヒ慢性銅中毒ナル題ヲ以テ銅蛋白質抱合物ステアリン酸銅及ヒ純銅ヲ以テ犬ニ試食セシメタル成績ヲ報告セリ銅蛋白質ハ無害ナルモ「ステアリン」酸銅ハ著シキ中毒ヲ誘起シ純銅モ亦甚シカラストハ雖モ有害作用ヲ組織ニ及ホスコトヲ証セリ

以上フイレーネ氏ノ実験ハ比較的多量ノ銅分ヲ動物ニ与ヘタル者ニシテ其解剖所見ノ如キモ次急性中毒ノ結果ト看做シテ可ナリ

被害地々方ノ人畜カ実際摂取スル銅量ハ極メテ少量ナルカ故ニ以上ノ試験成績ヲ以テハ到底今回ノ問題ヲ解クコト能ハス被害地々方ノ人畜カ摂取スルカ如キ少量ノ銅分モ尚ホ慢性ノ中毒ヲ誘起スヘキヤ否ヲ動物試験ニ徴シテ判決スルハ永久ノ年月ヲ要スル所ナレトモ余ハ之ニ関シ影響ノ一斑ヲ窺ハント欲シ左ノ試験ヲ施セリ

体重略々九「キログラム」ノ犬ヲ取リ本年五月十九日ヨリ六月廿五日ニ至ルマテ毎日米飯及ヒ少許ノ鰹節ニ十「ミリグラム」宛ノ純粋硫酸銅ヲ加ヘ与ヘ（日曜ニハ米飯及ヒ鰹節ノミヲ与ヘタリ）六月廿六日ヨリ七月八日マテ米飯及ヒ鰹節ノミヲ与ヘ七月九日米飯鰹節及ヒ硫酸銅十「ミリグラム」ヲ与ヘタリ試験時日中動物ノ食慾ハ常ニ佳良ニシテ運動等活発ニシテ毫モ中毒症状ヲ認ムルコト能ハサリキ然ルニ動物ハ六月中旬ヨリ偶然疥癬病ニ罹リ日ヲ逐フニ従ヒ殆ト全身ノ皮膚ニ瀰漫シ頗フル病苦ノ状ヲ呈シ七月十日ヨリ食餌ヲ取ラス七月十四日遂ニ斃レタリ屍ノ重量七・一「キログラム」ナリキ動物カ確カニ疥癬ニ罹リタルノ証ニハ皮膚ヨリ標本ヲ製シ顕微鏡下ニ検シタルニ疥癬虫ヲ認メタル所ナリ剖見スルニ脾臓ハ肥大セリ肝臓ノ重量三百六十五「グラム」ナリ其全体ヲ胆嚢ト共ニ灰分トナシ銅ノ定量ヲ施セリ肝臓全体中ニ含有スル銅量ハ〇・〇四五「グラム」ナリ之ヨリシテ見ルトキハ数十日間比較的多量（毎日十「ミリグラム」ノ硫酸銅）ノ銅ヲ試食セシムルモ敢テ中毒症ヲ起サヽルヲ知ルニ足ルヘシ

其他余ハ三頭ノ同産ノ幼犬ヲ取リ左表ニ示スカ如ク之ヲ飼養セリ

甲犬	乙犬	丙犬

五月十七日	米飯及ビ硫酸銅一「ミリグラム」	米飯	米飯
五月十八日	仝	仝	仝
五月十九日	仝	仝	仝
五月二十日	牛乳百五十「グラム」及ヒ硫酸銅一「ミリグラム」	米飯及ヒ牛乳百五十「グラム」	米飯及ヒ牛乳百五十「グラム」
五月二十一日	仝	牛乳百五十「グラム」	牛乳百五十「グラム」
五月二十二日	仝	仝	仝
五月二十三日	牛乳百五十「グラム」	仝	仝
五月二十四日	牛乳百五十「グラム」及ヒ硫酸銅一「ミリグラム」	仝	仝
五月二十五日	仝	仝	仝
五月二十六日	仝	仝	仝
五月二十七日	仝	仝	仝
五月二十八日	仝	仝	仝
五月二十九日	牛乳百五十「グラム」及ヒ硫酸銅一「ミリグラム」		
五月三十日	牛乳百五十「グラム」	仝	仝
五月三十一日	仝	仝	仝

六月一日	牛乳百五十「グラム」及ヒ 硫酸銅一「ミリグラム」	仝	仝
六月二日	仝	仝	仝
六月三日	仝	仝	仝
六月四日	仝	仝	仝
六月五日	仝	仝	仝
六月六日	牛乳百五十「グラム」	仝	仝
六月七日	牛乳百五十「グラム」及ヒ 硫酸銅一「ミリグラム」	仝	仝
六月八日	仝	仝	仝
六月九日	仝	仝	仝
六月十日	仝	仝	仝
六月十一日	仝	仝	仝
六月十二日	仝	仝	仝
六月十三日	牛乳百五十「グラム」	仝	仝
六月十四日	牛乳百五十「グラム」及ヒ 硫酸銅一「ミリグラム」	仝	仝
六月十五日	仝	仝	仝
六月十六日	仝	仝	仝
六月十七日	仝	仝	仝

六月十八日		仝	仝
六月十九日	仝	仝	仝
六月二十日	牛乳百五十「グラム」	仝	仝
六月二十一日	牛乳百五十「グラム」及ヒ硫酸銅一「ミリグラム」	仝	仝
六月二十二日	仝	仝	仝
六月二十三日	仝	仝	仝
六月二十四日	仝	仝	仝
六月二十五日	仝	仝	仝
六月二十六日	牛乳百五十「グラム」	仝	仝
六月二十七日	仝	仝	仝
六月二十八日	仝	仝	仝
六月二十九日	仝	仝	仝
六月三十日	仝	仝	仝
七月一日	仝	仝	仝
七月二日	仝	仝	仝
七月三日	仝	仝	仝
七月四日	米飯及ヒ鰹節	米飯及ヒ鰹節	仝
七月五日	仝	仝	米飯及ヒ鰹節
七月六日	仝	仝	仝

七月七日	仝	仝	仝
七月八日	仝	仝	仝
七月九日	米飯鰹節及ヒ硫酸銅十「ミリグラム」	仝	仝
七月十日	米飯及ヒ鰹節	仝	仝
七月十一日	仝	仝	仝
七月十二日	仝	仝	仝
七月十三日	仝	仝	仝
七月十四日	仝	仝	仝
七月十五日	仝	仝	仝
七月十六日	米飯鰹節及ヒ硫酸銅十「ミリグラム」	仝	仝
七月十七日	米飯牛乳百「グラム」及ヒ硫酸銅十「ミリグラム」	仝	仝
七月十八日	仝	仝	仝
七月十九日	米飯及ヒ牛乳百「グラム」	仝	仝
七月二十日	仝	仝	仝
七月二十一日	仝	仝	仝
七月二十二日	仝	仝	仝
七月二十三日	仝	仝	仝

七月二十四日	仝	仝	仝
七月二十五日	仝	仝	仝
七月二十六日	仝	仝	仝
七月二十七日	仝	仝	仝
七月二十八日	米飯牛乳百「グラム」及ヒ硫酸銅十「ミリグラム」	仝	仝
七月二十九日	仝	仝	仝

又三頭ノ犬ノ体重ハ試験第一日及ヒ其後ニ至リ秤量シタリ即チ左ノ如シ

	甲犬	乙犬	丙犬
五月十七日	八二〇「グラム」	八二五「グラム」	五九八「グラム」
六月十四日	一九五〇「グラム」	一七二〇「グラム」	一二一〇「グラム」
十一月十五日	—	—	—

三頭ノ試験動物ハ現今尚ホ健康ニシテ殊ニ銅ヲ与ヘタル犬ハ体重最モ増加シ毫モ中毒ノ症状ヲ見ルコト能ハス（銅ヲ与ヘタル犬ハ八月中右眼ノ角膜翳ヲ生ジタルモ漸々恢復セリ是中毒症トハ看做シ難シ）

余ハ尚ホ目下数頭ノ幼犬ニ就キ用様（ママ）ノ試験ヲ施セリ但シ其成績ハ数月ノ後ニ非サレハ報告スルコト能ハス

（四）普通飲食品及ヒ人体中銅ノ含量

夫レ吾人カ不知不識ノ同（ママ）ニ銅分ヲ摂取スルノ機会ハ多々存スル所ニシテ被害地地方ノ者ニ限局スルニ非ス内外諸国飲

食物ヲ調査スルニ銅分ヲ存スル者極メテ多キハ驚クニ堪ユル所ナリ

独逸国ウェルツブルグ府ノレーマン氏ハ一千八百九十五年発行ノ衛生宝函第二十四巻第一及ヒ一千八百九十六年発行同書第二十七巻第一ニ銅ニ関スル衛生学上ノ研究ナル論文中飲食物中ノ含銅量ヲ記載セリ左ニ其大要ヲ鈔録シテ参考ニ供セントス

多数ノ食用植物カ生育ノ際地中ヨリ銅分ヲ吸収シテ存スルノ件ハ十九世紀ノ初メヨリ数多ノ学者カ証明セル所ニシテ定量分析ヲ施セル者亦少シトセス即チ左表ハ一千瓦ノ食品中ニ含有スル銅量ヲ「ミリグラム」ニテ示セル者ナリ

品名	産地	銅量	試験者
小麦	独逸	五・〇	マイスネル氏
仝	仏蘭西	四・七	サルソー氏
仝	亜米利加	八・五	ガリップ氏
仝	カリホルニヤ	五・〇	同氏
仝	露西亜	八・八	同氏
仝	白耳義	九・四	ファンデンベルグ氏
仝	匈牙利	七・五	レーマン氏
大麦	仏蘭西	一〇・八	ガリップ氏
燕麦	白耳義	一〇・三	ファンデンベルグ氏
米		六・三	デシャム氏
馬鈴薯	仏蘭西	二・八四	同氏
大豆	仏蘭西	二・二	ガリップ氏

蒿苣	独逸	〇・五	レーマン氏
梨子	独逸	〇・五	レーマン氏

右ノ如ク諸穀類中ニ銅分ヲ存スル以上ハ其製品タル麵麭一「キログラム」中ニ平均二・五乃至十一「ミリグラム」ノ鋼(ママ)ヲ含有スルハ又怪ムニ足ラサルナリ

動物界中ニモ銅ハ普ク存スル所ニシテ下等食用動物ニ在テハ牡蠣蝦等ニ於テ然リトスレーマン氏ノ分析ニ従ヘハ一「キログラム」ノ牡蠣液汁共八十六乃至六十「ミリグラム」ノ銅ヲ含有セリ

哺乳動物ノ肉中ニモ銅分ヲ含有スルノ件仏国学士ノ証明セル所ニシテ一「キログラム」ノ屠獣肉牛、羊、犢牛ハ平均一「ミリグラム」ノ銅ヲ含有シ肝臓ノ如キハ五十「ミリグラム」ヲ存スルコトアリ其他鳥類及ヒ鳥卵中ニモ銅分ヲ存スト云フ

以上ハ動植界ニ由来スル食品中ノ含銅量ニシテ吾人ハ日常ノ食品ヲ調理スルニ銅製若クハ含銅製金属ノ食器ヲ用ヒ或ハ其中ニ貯蔵シ或ハ食品ヲ染色スルノ目的ヲ以テ銅ヲ加フルコトアルカ故ニ飲食品中ニ之ヲ溶解スルニ至ル之ヨリシテ見ルトキハ人ハ不知不識ノ間ニ常ニ一定量ノ銅分ヲ摂取スルハ事実ナリ而シテ之カ為ニ特別ノ障害ヲ蒙ラサル者ノ如シ

レーマン氏ノ論文中人体諸臓器中ノ含銅量(一「キログラム」ニ対スル「ミリグラム」)ヲ記載セリ即チ左ノ如シ

	臓器	銅量	試験者
男子	腎臓	二・〇	レーマン氏
同	腎臓	一・二	同氏
小児	腎臓	二・〇	同氏

癲狂者	脾臓	四・〇	ヲイトマン氏
四十五歳ノ男子	肝臓	四・二	レーマン氏
壮年ノ男子	肝臓	三・八	同氏
老年ノ男子	肝臓	二・五	同氏
三十三歳の婦人	肝臓	五・〇	同氏

（五）足尾銅山及ヒ被害地ニ於ケル人畜排泄物及ヒ飲食物ノ含銅量

余於本年第一回足尾銅山巡廻ノ際坑夫及ヒ撰鉱夫ノ糞尿並ニ被害地地方ノ飲料水及ヒ米穀ヲ採収シ其後委員入澤達吉氏モ足尾銅山及ヒ被害地ノ者ニ就キ乳汁糞尿痰其他馬糞牛乳等ヲ採収セリ而シテ余等ハ其分析ヲ悉皆内務省衛生試験所ニ依嘱セリ成績ノ詳細ハ入澤委員ノ復命書ニ譲リ総括シテ示セハ左ノ如シ

足尾銅山鉱業夫糞便毎百瓦中純銅含量ハ〇・七七乃至六・九二「ミリグラム」尿毎一「リーテル」中ノ量ハ〇・一四一乃至〇・四二一「ミリグラム」ナリ又銅山内婦人ノ乳汁中ニハ銅ヲ証明シ難シ（材料極メテ少量ナリキ）痰毎百瓦中ノ銅ノ痕跡乃至〇・八六六「ミリグラム」ナリ銅山使用ノ馬糞ハ毎百「グラム」中〇・四六乃至一・九二「ミリグラム」ナリ牛乳中ニハ存セス

本山事務所員ノ使用ノ井水一「リーテル」中〇・〇七三「ミリグラム」ノ（純）銅ヲ含有セリ又足尾町醸造家高橋安吉井水ハ一「リーテル」中〇・一七「ミリグラム」ノ銅ヲ含メリ被害地地方農業者糞便毎百「グラム」中純銅含量ハ痕跡乃至四・〇五「ミリグラム」婦人乳汁中ニハ銅ヲ証明シ難シ（同シク材料極メテ少量ナリキ）井水毎一「リーテル」中銅ノ含量ハ皆無或ハ痕跡ナリトス又栃木県下足利郡久能《ママ》村大字野田石川輝吉作玄米五合（六百七十グラム）中ノ銅量ハ二・〇「ミリグラム」ニシテ同精米五合弱中ノ銅量ハ二・四「ミリグラム」ナリ

（六）被害地外ノ飲食物及ヒ糞便中銅ノ含量

余等ハ進ンテ被害地外ノ飲食物及ヒ糞便ニ就キ銅分ノ有無ヲ研究センコトヲ務メタリ既ニ明治二十七年三月内務省衛生局発行衛生試験彙報第八号中東京衛生試験所技手山本正巳氏ハ東京府下各所ニ調理販売スル飲食物中及ヒ割烹店一人一回分ノ食饌中ニ幾何ノ銅ヲ含有スルヤヲ検定セル成績ヲ報告セリ銅青銅或ハ鉄鍋ニテ調理セル三十四種ノ魚肉及ヒ野菜等ニ就キ分析ヲ施シタルニ何レモ銅ヲ検出シ百「グラム」中〇・〇二七乃至一・三五〇「ミリグラム」ノ銅ヲ含有スルコトヲ発見セリ次ニ東京府下ノ割烹店一人一回分ノ食饌中ニ含有スル銅ヲ定量シタルニ八百善一・八四〇平清一・四三〇松源二・二三〇花月一・四四三雁鍋二・四四二松田一・三七五「ミリグラム」ヲ含有セリ

余モ亦本年ニ至リ撰科生嬉野又三郎氏ト共ニ数種ノ飲食物ニ就キ銅ノ定量ヲ施セリ

余等ノ施セル分析ハサツトン氏及ヒレーマン氏法ヲ折衷シテ行ヘリ即チ左ノ如シ

試験スヘキ有機物ヲ破壊スルカ為ニ試験物ヲ蒸発皿ニ容レ石臼上ニ置キ加温シ乾燥スルニ及テ固形物ヲ細粉シ之ニ適宜ノ純硫酸 即チ硫酸ニ依テ湿潤スルヲ度トス ヲ加ヘ文火ニテ三時間熱シテ炭化セシメ次ニ再ヒ一時乃至三時間火焔ヲ大ニシテ灼熱ス斯ノ如クスルトキハ全ク炭化スルヲ以テ冷却シ乳鉢中ニテ粉末トシ蒸発皿ニ容レ鉄鋼上ニ於テ灼熱シテ灰トナシ此ニ於テ稀硝酸 可及的少量ヲ加フルヲ可トス又稀塩酸少量ヲ加フルモ可ナリ ヲ加ヘテ熱スルトキハ溶解スルヲ常トス但シ尚ホ暗黒色ノ残物アルトキハ濾過後此残物ヲ灼熱シ稀硝酸ヲ加テ加温シテ溶解セシム而シテ尚ホ黒色残物ヲ存スルトキハ曹達及ヒ硝石ヲ加ヘテ溶解セシム

以上述ヘタルカ如ク処置スルトキハ多数ノ塩類ハ硝酸塩トナリ沈澱スルヲ以テ之ヲ濾過シ次ニ其濾液ヲ「アルカリ」性トナシ之ニ塩酸ヲ加ヘテ再ヒ酸性トナシ硫化水素ヲ通スルコト一時間ニシテ半日間放置シ然ル後之ヲ濾過シ其濾液ハ再ヒ硫化水素ヲ通シテ黒色沈澱ノ有無ヲ検ス斯ノ如クシテ得タル濾過紙上ノ沈殿物ハ硫化銅ヲ含ムヲ以テ之ヲ濾紙ト共ニ煆キ稀硝酸或ハ稀塩酸 少量ヲ用フ ニ溶解シ次ニ「アムモニア」ヲ以テ「アルカリ」性トナストキハ其中ニ含有スル鉄、礬土等沈澱ス之ヲ濾過シ再ヒ炭酸「アムモニア」ヲ加フルトキハ石炭及ヒ苦土ヲ沈澱ス更ニ之ヲ濾過ス 此際アムモニア銅ノ現存ニ由来スル緑色ハ其濃淡ニ依テ銅分含量ノ大概ヲ推知スルニ足ルナリ 此濾液ヲ蒸発シテ煆キ以テ得ル所ノ灰分ヲ百立方「センチメーテル」ノ蒸留水ニ溶解ス而シテ其一分ヲ硝子円筒中ニ注キ一定量ノ蒸留水ヲ加ヘテ稀薄シ黄色血滷塩液黄色血滷塩一・〇 蒸留水一〇・〇 五滴硝酸「アムモニア」液硝酸「アムモニア」一〇〇・〇蒸留水二「リーテル」一立方「センチメーテル」ヲ加ヘ此ニ発生スル色彩ヲ対照センカ為ニ円筒中ニ同量ノ蒸留水ヲ注キ同シク黄色血滷塩液及ヒ硝酸「アムモニア」液ヲ加ヘ「ビュレット」ヨリ硫酸銅定規液純清硫酸銅〇・三九三「グラム」ヲ蒸留水一「リーテル」ニ溶解ス此液一立方「センチメーテル」八〇・一「ミリグラム」ノ銅ヲ含有ス ヲ滴加シ両円筒ノ色彩同一ナルニ及テ消費シタル硫酸銅定規液ノ量ヲ測ルトキハ試験品中ノ銅量ヲ容易ニ算出スルコトヲ得ルナリ

余等ハ以上ノ方法ニ依リ二三ノ食品ニ就キ銅ノ含量ヲ測定セルニ左ノ成績ヲ得タリ

舶来缶詰緑色豌豆水　一百グラムノ新鮮質中八・五「ミリグラム」ノ銅ヲ含有ス

蒸菓子　一千「グラム」ノ新鮮質中一・七「ミリグラム」ノ銅ヲ含有ス

白米　一千「グラム」中〇・一〇五「ミリグラムノ《ママ》」銅ヲ含ム

余等ハ此分析ヲ施スニ先チ極メテ少量ノ硫酸銅ヲ蒸留水若クハ含銅量ノ明カナル物質ニ混シ以上ノ法ニ従ヒ之ヲ処置シ遂ニ分析ノ結果トシテ加ヘタル銅量ニ等シキ数ヲ得ルニ至レリ、又更ニ蒸留水銅ヲ含有セサルノミヲ以テ分析ヲ施シ毫モ銅分ヲ証明スルコト能ハサリキ、此比較試験ハ試薬及ヒ分析器械ヨリ銅ノ混入スルノ恐レアルカ故ニ施行スルノ必要ヲ認メタル所ナリ

余ハ入澤委員ト協議ノ上足尾銅山及ヒ被害地外ノ者ニ就キ糞便ヲ採収シ其分析ヲ衛生試験所ニ依嘱セリ其成績左ノ如シ

	瓦量	純銅含量「ミリグラム」	毎百分中純銅ノ含量「ミリグラム」

第一号糞便	九七	〇・六〇	〇・六一
第二号仝	一五	〇・七五	五・〇〇
第三号仝	一五二	〇・六〇	〇・三九
第四号仝	一二三	一・六一	一・三〇
第五号仝	二一	〇・一二	〇・五七

第一号ハ入澤委員第二号ハ医科大学第二医院看護婦中山コウ第三号ハ東京府下千住町住居農稲葉房次郎第四号ハ静岡県ヨリ当時上京セル鈴木養第五号ハ医科大学第二医院入院中ノ新井又五郎ノ糞便ナリ

（七）魚属及下等動物ニ対スル銅ノ影響

被害地地方巡廻ノ際見聞セルハ渡良瀬川水中魚属ノ死滅及ヒ田圃中貝類蛍等下等動物ノ消滅是ナリ

余ハ此点ニ就テ研究ヲ施サント欲シ数種ノ魚類及ヒ下等動物ニ就キ銅ノ呈スル影響ヲ実験セリ其成績左ノ如シ

大ナル円形硝子器数個ヲ取リ其中ニ各二「リーテル」ノ井水 大学構内ノ井ヨリ酌ミタル者 ヲ盛リ之ニ硫酸銅ヲ種々ノ量ニ於テ加ヘ旁ラ硫酸鉄若クハ昇汞ヲ加ヘタル水ヲモ製シ一乃至二尾ノ鮒（体重十瓦）ヲ容レタリ

	鮒数	稀薄ノ度	水量	投入セル時期	斃レタル時期	投入時ヨリ斃ル、迄ノ時間
第一号	二尾	水一万分中硫酸銅一分ヲ含ム	二リーテル	五月四日午前十一時三十分	同日午後二時	二時三十分
第二号	二尾	水十万分中硫酸銅一分ヲ含ム	二リーテル	五月四日午前十一時三十分	同日午後三時	三時三十分

第三号	一尾	水一百万分中硫酸銅一分ヲ含ム	二リーテル	五月八日午後三時	五月八日午後十時	七時
第四号	一尾	水千万分中硫酸銅一分ヲ含ム	二リーテル	五月八日午後三時	斃レス	
第五号	一尾	水一万分中硫酸鉄一分ヲ含ム	二リーテル	五月二十二日午後一時	斃レス	
第六号	一尾	水百万分中昇汞一分ヲ含ム	二リーテル	五月廿五日午前十一時卅分	午後八時卅分	九時
第七号	一尾	井水異常成分ヲ含有セス	二リーテル	五月四日午前十一時三十分	斃レス	

其他鯉魚（体重十瓦）ニ就テモ同様ノ試験ヲ反覆施シタル井水一百万分中硫酸銅一分ヲ含有スル者ノ中ニ置クトキハ二十五時間後ニ斃ル、ヲ認メタリ又金魚（体重大約三瓦）ニ就テ施シタル試験ノ結果ハ井水一百万分中硫酸銅一分ヲ含有スル者ノ中ニ置クトキハ六日後ニ斃レタリ

鰌ニ就テ試ミタルニ井水一万分中硫酸銅一分ヲ含有スルトキハ二時半後ニ斃レ十万分中硫酸銅一分ヲ含有スルトキハ九時ヲ経テ斃レ又百万分中硫酸銅一分ヲ含有セルトキハ初メ試験動物ハ衰弱シテ麻痺ノ状ヲ呈スルモ斃ル、コトナク遂ニ再ヒ恢復シテ活発ナル運動ヲ呈スルニ至レリ

又水蛭、イトメ、アカゴ、蚯蚓ニ就イテ施シタル試験ノ結果左ノ如シ

	井水一万分中硫酸銅一分ヲ含ム	井水十万分中硫酸銅一分ヲ含ム	井水百万分中硫酸銅一分ヲ含ム	井水異常成分ヲ含マス
水蛭	一時ヲ経テ斃ル		斃レス	斃レス
イトメ	二時ヲ経テ斃ル		斃レス	斃レス
アカゴ	一時十五分ヲ経テ斃ル	十四時ヲ経テ斃ル	斃レス	斃レス
蚯蚓	二時ヲ経テ斃ル	三時二十分ヲ経テ斃ル	斃レス	斃レス

以上ノ成績ヲ以テスルトキハ銅ハ魚類以下下等動物ニ対シテ十万分乃至百万分一ノ如キ非常ノ稀薄ノ度ニ於テ尚ホ有害作用ヲ逞フシ早晩動物ヲ斃スニ足ルヲ知ルヘシ

（八）渡良瀬河水自浄作用ニ関スル試験

足尾銅山ニ於テハ従来糞便ノ一大部分ヲ渡良瀬河ニ投棄ス銅山事務所ノ調査ニ依レハ其分量左ノ如シ

二十二石六斗七升　本山一日間ノ糞尿全量平均
　内
　十三石六斗　河中ニ投棄
　九石七升　近傍農作物肥料ニ使用ス
十五石四升　小瀧一日間ノ糞尿全量平均
　内
六石四斗　河中ニ投棄

八石六斗四升　近傍農作物肥料ニ使用ス

即チ足尾銅山ハ毎日二十石ノ糞尿ヲ渡良瀬河水ニ混スルカ故ニ水質カ不潔ヲ蒙ムルハ免ル可ラサル所ナリ

夫レ河水ニハ所謂自浄作用ナル者アリテ市町村ヲ通過スルニ方リ汚物ヲ受ケテ甚シク汚濁トナルト雖トモ河床ヲ流ル、ト共ニ漸々不潔物ノ消滅ヲ来タシ一定ノ距離ニ至ルトキハ遂ニ市町村ヨリ上流ノ水質ト同様純清トナリ此自浄作用ノ源因ハ専ラ空気及ヒ太陽光線ノ影響ニ依ル不潔物ノ化学的分解支流注入ニ依ル不潔分ノ稀薄及ヒ河中ニ繁茂セル水藻ノ生活機能ニ帰スルナリ就中水藻カ汚物ヲ摂取シ自浄作用ニ与テ最モ有力ナルハ争フ可ラサルノ事実ナリ而シテ巡廻ノ際渡良瀬河ノ状況ヲ観察スルニ足尾銅山以下ノ河床ニハ著シキ距離ノ間更ニ水藻ヲ認メサル所ナリ是水中ニ含有スル鉱毒ノ為ニ水藻ヲ悉ク枯死セシメタルノ結果ナルヘシ

斯ノ如ク渡良瀬河々床ハ自浄作用ニ対シ最モ有力ナリト称セラル、水草ヲ缺乏スルニ係ラス断エス莫大ノ糞便ヲ以テ汚染セラル、ニ於テ自浄作用或ハ不完全ニシテ遠ク下流ニ達スルモ尚ホ依然不潔ノ状態ヲ改メサルヤ保シ難シ故ニ本流ニ就テ化学的及ヒ黴菌学的ノ試験ヲ施シ自浄作用ノ程度ヲ探知スルノ必要ヲ感シタルヲ以テ之レニ着手シタリ而シテ其成績ヲ総括シ一表ニ示ストキハ左ノ如シ

		クロトール		硝酸	酸化カルシユウム	酸化マグネシウム	固形分	黴菌数 CCm
第一号	本山製錬所樋橋下河水（松木川上流）	○・○○五	一・一五七	ナシ	○・○○四	ナシ	○・○八七五	五○○
第二号	本山銅滓投入所ヨリ一丁下流河水（松木川）	○・○○七	○・八九○	ナシ	○・○○三	ナシ	○・○七五○	一二六七

第三号	出澤川ノ水ト松木川ト合	○・○○	○・六二	ナシ	○・○○	○・○○	○・○八	四二○
	シタル後一丁下流河水	六	三		○七	○二三	七五	
第四号	本山沈澱池ヲ去ル三丁糞	○・○一	○・八九	―	○・○二	○・○○	○・一○	六三○○
	便投棄場ヨリ十二丁下流	○	○		五五	○七○	○○	
	(松木川)							
第五号	神子内川ト松木川ト合シ	○・○○	○・五三	ナシ	○・○一	○・○○	○・一○	七七五
	タル二丁下流渡良瀬河水	八	四		二三	二○○	○○	
第六号	小瀧沈澱池ノ水ヲ濾過セ	○・○○	○・九七	ナシ	―	―	○・○九	
	ル者ヲ混シタル後一丁下	八	八				四○	
	流銀山河水							
第七号	小瀧製錬場銅滓置場ヨリ	○・○○	一・二四	ナシ	○・○○	○・○○	○・一○	
	一丁下流銀山河水	六	六		六八	一七二	○○	
第八号	宇津ノ椅下銀山河水	○・○一	○・八○	ナシ	○・○○	ナシ	○・一一	三八一六
		○	一		四八		二五	
第九号	原橋下渡良瀬河水、切幹	○・○一	○・六二	ナシ	○・○一	○・○○	○・一○	一五三五
	ヨリ五丁下流	○	三		三○	一四	○○	
第十号	澤入橋下渡良瀬河水	○・○○	○・五三	ナシ	○・○○	○・○○	○・○八	二一○
		八	四		六○	一○	七五	
第十一号	花輪字黒川渡良瀬河水	○・○○	○・五三	ナシ	○・○○	○・○○	○・○六	一二五
		八	四		二八	二八	二五	

第十二号	桐生町付近後屋橋下渡良瀬河水	〇・〇〇八	一・一五七	ナシ	〇・〇〇三	〇・〇〇〇三六	〇・〇五〇〇	八〇
第十三号	海老瀬村字粟田渡良瀬河水	〇・〇一〇	一・二四六	ナシ			〇・〇四三八	

余ハ巡廻ノ途次日光大谷川ノ水ヲ日光町ヨリ稍々上流ニ於テ試験セルニ一立方「センチメーテル」ノ中八百二十五個ノ黴芽ヲ含ムヲ認メタリ

表中第四号ハ河水ニ本山沈澱池ノ水及ヒ糞便ヲ混和シタル後ノ分析ヲ示ス者ニシテ化学的諸成分稍ヤ増加シ 石灰分ノ俄ニ多量トナルハ沈澱池ノ水ニ之ヲ人為ニ加フルカ故ナリ 黴菌数モ著シク増殖スルト雖モ汚濁ノ度ハ極メテ僅微ナリト云ハサルヲ得ス而シテ神子内川ト松木川ト合スルトキハ 第五号 諸成分ノ含量業ニ上流ノ水 第三号 ト略々同一トナルヲ見ルヘシ

銀川河水ハ小瀧沈澱池ノ水及ヒ糞便ヲ混和シタル《ママ》ハ第八号ニ示スカ如ク第四号ニ於ケルト略々同一ニ極メテ軽微ナル汚濁ノ徴ヲ呈セリ

第九号ハ松木川及銀山川合併シタル後ノ渡良瀬河水ニシテ固形分及ヒ黴菌数ノ如キモ稍々多シト雖モ澤入橋ニ至ルトキハ 第十号 化学的成分ハ上流ト同一トナル又黴芽数ノ如キハ一属《ママ》少量トナルナリ次ニ花輪、桐生町及海老瀬村 第十一号第十二号及ヒ第十三号 ニ至ルニ及ヒ化学的成分及ヒ黴菌数益々減少スルヲ見ルナリ 桐生町及ヒ海老瀬村ニ於テ有機分ノ稍ヤ増加スルハ此地方ニ於テ河水中ニ有機分ヲ混和スル源因アリシニ依ルナルヘシ

是ニ由テ之ヲ観レハ足尾銅山ノ住者ニ由来スル莫大ノ糞便ヲ渡良瀬川水中ニ廃棄スルモ水質カ不潔ヲ蒙ルコト極メテ僅微ナルヲ知ルナリ是渡良瀬川及ヒ其支流カ流量ニ富メルト河流ト速力大ナルニ依ルナリ足尾銅山事務所ノ三十年四月十八日ノ測定ニ依レハ渡良瀬川及ヒ小瀧川流量及ヒ測度《ママ》ハ左ノ如シ 余ノ自浄作用ニ関スル試験ヲ施セシハ四月十三日及十四日

ニシテ流量及ヒ速度共ニ四月十八日ニ於ケルト大差ナシ
渡良瀬川　切幹上流　一秒間流量三百十立方尺・二ニシテ一秒間速度四尺一寸　一昼夜間流量二千六百八十万一千二百八十立方尺
小瀧川切幹付近一秒間流量一百〇一立方尺・四ニシテ一秒間速度四尺一寸一昼夜間流量八百七十六万三千八百四十立方尺
渡良瀬川切幹下流一秒間流量四百十一立方尺・六ニシテ一秒間速度三尺七寸七分一昼夜流量三千五百五十六万五千百二十立方尺
又渡良瀬川ノ河床ニハ水藻ヲ缺乏スルニモ拘ラス自浄作用ハ有効ナルヲ認ムル所ニシテ敢テ水藻ノ力ヲ借ラス単ニ理化学的ノ作用ニ依リ自浄ノ効ヲ奏シタルヲ見ルニ足ルヘシ畢竟此結果アルハ河水量ニ比シテ少量ノ汚物ヲ混和セシニ依ルナルヘシ若シ水量僅微ニシテ汚物最多キトキハ全ク其趣ヲ異ニスル所ナルヘシ
黴菌量ノ減少ハ或ハ河水中ニ存スル鉱毒ノ影響ニ帰スルノ疑ヒハ之レナキ者ノ如シ何トナレハ渡良瀬河流中銅分ヲ含有スルコト極テ少量ナルカ或ハ全ク之ヲ証明スルコト能ハサル所ナレハナリ又現ニ渡良瀬河水ヲ以テ「ペプトーン」食塩培養液ヲ製シ諸種ノ腐敗菌及ヒ病性黴菌ヲ接種セルニ佳適ノ蕃殖ヲ呈シ更ニ蒸留水ヲ以テ製シタル「ペプトーン」食塩培養液中ニ於ケルト異ナル所ナシ
　余ハ此ニ銅ノ黴菌ニ及ホス影響ヲ知ラント欲シ左ノ試験ヲ施セリ
（一）綿栓ヲ施シ減菌シタル数個ノ瓶中ニ各一定量ノ枯草及ヒ水ヲ加ヘ枯草浸出液ヲ製シ硫酸銅ヲ加フルコト一千倍、一万倍及ヒ十万倍ノ比例トシ孵卵器中ニ置キ二十四時間後ニ検シタルニ一万倍及ヒ十万倍ノ液汁ハ強度ノ溷濁ヲ呈シ懸滴法ヲ施シ顕微鏡下ニ検スルニ無数ノ桿状菌枯草菌ノ運動ヲ認メタリ之ニ反シ一千倍ノ液汁ハ全ク透明ニシテ緑色ヲ呈シ懸滴法ヲ以テスルモ更ニ黴菌ヲ見ルコト能ハス之ヨリシテ見ルトキハ枯草菌ノ如キハ一万倍以上ノ硫酸銅液中ニハ能ク蕃殖スルコトヲ得ルナリ

（九）結論

足尾銅山ノ鉱毒カ渡良瀬川水ニ混シ群馬、栃木両県下沿岸ノ地ニ之ヲ散布シ農作物ノ旁ラ魚類其他ノ下等動物カ害毒ヲ蒙リタルハ確カニ見聞シタル所ニシテ現ニ余カ魚類、水蛭、蚯蚓等ニ就テ施セル試験ニ依テ明カニシテ十万分若ク

ハ百万分ノ水中ニ僅々一分ノ硫酸銅ヲ含有スルモ動物ヲ斃スニ至ル則チ魚類其他ノ下等動物ハ銅分ニ対シ極メテ鋭敏ナルヲ証スルニ足ルベシ然レトモ高等動物及ヒ人ニ対シテハ少量ノ銅分ハ敢テ有害作用ヲ呈セサル者ノ如シ現ニ吾人日常ノ食品中少量ナリトハ雖モ多クハ若干ノ銅分ヲ含ミ不知不識ノ間ニ之ヲ摂取スルモ其影響ノ現出セサル所ニ非スヤ但シ銅ハ生理学上人体ノ構造及ヒ生存ニハ用ナキ異常成分ナルカ故ニ食品中ニハ可及的其存在ヲ避クルヲ以テ可トス蓋シ極メテ少量ノ銅分ト雖モ永久ノ年月之ヲ摂取スルトキハ遂ニ新陳代謝ニ有害ノ作用ヲ及ホスヤ亦知ル可ラサレハナリ

足尾銅山ニ於テ日常多量ノ糞便ヲ渡良瀬河中ニ投棄シ河床ニハ更ニ水藻ノ繁茂ヲ見サルカ故ニ本流カ被害地々方ニ達スルモ尚ホ自浄作用全カラス水質ヲシテ汚濁ナラシムルノ懸念アルヲ以テ余ハ渡良瀬河流ノ自浄作用ノ程度ヲ化学的及ヒ黴菌学的ノ実験ニ徴シテ調査シタルニ糞便ノ為ニ河水ノ汚濁トナルコト極メテ軽微ニシテ且其流通スルト共ニ不潔ヲ受ケサル上流ノ水ト清潔ノ度ヲ同フスルヲ認メタリ之ヨリシテ見ルトキハ糞便ノ投棄ハ敢テ障害ナキ者ト信スルナリ

（完）

③林春雄「銅ノ慢性中毒ニ於テ（ママ）」

銅ノ慢性中毒ニ就テハ余未ダ実験ナシト雖トモ古来東西ノ学者ガ研究ノ報告ヲ紹介シテ聊カ自家ノ批評ヲ試ミント欲ス余ハ仮リニ本論ヲ三段ニ分チ論ゼントス乃

第一　狭義ノ慢性銅中毒

第二　亜急性銅中毒

第三　広義ノ慢性銅中毒

トス、サテ本論ニ入ルニ先チ急性銅中毒ヲ一言シ置カン銅ハ局所ノ刺戟症状及可溶性物質トナリ体内ニ入リ吸収セラレテ全身中毒症状ヲ顕ハス多量ノ銅ヲ一時ニ内服スル時ハ忽チニシテ劇甚ノ嘔吐ヲ起シ若シ胃腸粘膜ノ缺所アレバ吸収セラレテ全身症状ヲ呈ス即チ、大量ナル時ハ心臓麻痺ヲ以テ直ニ斃レ比較的少量ナレハ肝臓脂肪変質若クハ排泄スルニ当テ腎臓炎症ヲ起シ黄疸又ハ蛋白尿ヲ以テ致命スルコトアリ又幸ニシテ全治スルコトアリ硫酸銅ノ致死量ハ一○・○乃至一五○・○《（ママ）》ニシテ醋酸銅ハ一○・○乃至一二・○ヲ以テ致死ノ極少量トナス

第一　狭義ノ慢性銅中毒

狭義トハ化学的純粋ノ銅中毒ノ意ニシテカノ鉛、砒素ノ如キハ少量ツヽ永ク収容セバ遂ニ蓄積作用ヲ以テ慢性ノ中毒症状ヲ呈スサレバ化学的純粋ノ銅モ斯ノ如キ作用アルカト問フニ諸家説ク処一定セズ

レウィン（Lewin）氏ハ一九○○（独逸医事週報）ニ於テ詳細ナル報告ヲナセリ氏ハ銅ノ塩類ヲ以テ実験セシガ一日少キハ○・二四ノ酸化銅多キ時ハ一・五ノ硫酸銅ヲ一年間他ノ人並ニ氏自ラモ内服シタルニ其収容総量ハ硫酸銅一二四・○一ノ多キニ達セリト曰フ然ルニ軽症ノ疝痛ヲ以テ下痢シタルコトアリ時ニハ疝痛ナクシテ下痢シ比較的多量ナリシ時ハ嘔吐アリシ位ニテ他ニ毫モ中毒症状ヲ認メザリシト曰フ氏ハ更ニ銅製造所ノ職工ニシテ四年乃至五十年間同業ニ従事セル者ニ就テ研究セルガ此等職工ノ尿中ニハ常ニ銅ノ存在ヲ認メタリ之レ即常ニ銅ヲ体内ニ吸収シツヽアルノ証ナリ然ルニ此等職工ノ身体ヲ検スルニ多クハ呼吸器系ノ疾患ヲ有スル外別ニ健康ヲ害セル徴ナカリキ氏ハ此呼吸器系疾患ハ銅ノ為ニアラズシテ塵埃等ノ器械的刺戟ニ因スルモノトナシ他ノ埃塵中ニ労働セル者ニ比スルニ後者ノ被害優ニ激甚ナリシト曰フ、然ルニ此等職工ノ他ト異ナル所ハ歯牙歯齦ハ緑色ヲ呈シ其色歯ノ実質マヂ《（ママ）》モ沈著セリ又其歯石ヲ検スルニ著シキ銅ノ反応ヲ呈ス毛髪モ緑ノ著色ヲ呈シ試ミニ之ヲ塩酸ニテ洗ヒ其反応ヲ見又ハ焼キテ其灰燼ヲ検スルニ明ニ銅ヲ含有セリ毛髪ノ染色ハ敢テ人ノミナラズ此地方ニ生活セル白色ノ毛ヲ有スル羊ノ如キモ汎ク緑色ヲ呈セザルナシト曰フ、之於テ氏ハ結論ヲ下シテ曰ク以上ノ実例ヲ以テ判スルニ化学純粋ノ銅ハ少量ツヽ永ク収容スル時ハ吸収セラレタル症状明カナリト雖トモ健康ヲ害スベキ中毒症状ヲ起スコトナシ古来伝フル銅中毒ハ他ノ有毒金属ノ中毒ト職業ニ因スル不摂生ニ因ルベキモノニシテ銅ソノモノヽ害ニハアラザルナリト氏ハ又ベルリンノ銅鍛冶職ト

他ノ労働者トヲ比較セシニ前者ハ却テ後者ヨリ健康ヲ害スルコト寡シ銅果シテ有毒ノモノタリトセバ豈氏ノ如キ顕象アランヤト

レビン氏ハ一八九七（明治三十年）ニ報告セリ其大要ハ前論者ト同シク疝痛、四肢麻痺、貧血、衰弱、栄養障碍等ノ症状ハ銅ニアラスシテ共ニ含有セル処ノ鉛其他ノ有毒物質ノ中毒ナリト断言セリ

明治三十一年医学会雑誌坪井、入澤両博士ノ報告ニ曰ク足尾銅山鉱夫及鉱毒被害地ノ人民ニ就テハ狭義ノ銅中毒ト認ムベキ生活障碍ナシ又坪井博士ノ実験ニハ九基呂ノ犬ニ十三ヶ月間少量ノ硫酸銅ヲ与ヘタルニ毫モ害ナカリキ又〇・八基呂ノ犬ニ一密瓦ノ銅ヲ二ヶ月間続用セシメタルニ異状ヲ認メストアリ次ニ常人ノ取ルヘキ食物中ノ銅量ヲ検セルニ一人前ニ付キ平均一密瓦ノ銅ヲ含ム普通ノ人ノ糞便中ニハ一〇〇・〇中〇・四密瓦乃至〇・五密瓦ノ銅アリ斯ノ如ク吾人ハ日常多量ノ銅ヲ取リツヽアルニ拘ハラス健康ヲ害スルコトナシ然リト雖トモ元来銅ハ生理的無用ノ物質ナリサレハ避ケ得ベクンバ斯ノ如キ異物ハ取ラサルヲ至当トナス云々ノ報告アリキ

クンケル（Knnkel）氏ハ一八九九（明治三十二年）ニ報シテ曰ハク吾人ハ日常ノ食物ヨリ若干ノ銅ヲ取ルナリ特ニ銅分多キ地ニアリテ食物中ニ少カラヌ銅ヲ含有スルニ拘ハラズ敢テ健康ヲ害セルヲ見ズ故ニ狭義ノ慢性中毒ハナシト、一八九五ニシュミードベルヒ氏モ慢性銅中毒ハナキモノト確言セリ

ノートナーグル内科書中毒篇ニ常ニ銅ヲ扱フ職人ニハ重症神経症状ヲ起シ視神経萎縮、頭痛、眩暈等ヲ発スルガ之レ銅ノ慢性中毒ニハアラサルカ云々

ケーベルト（Koebert）氏ハ（一八九三）（今ヨリ九年前及八年前ノ二回ニ報告セリ）曰ク詳密ナル学術的ノ論定即化学的純粋ノ銅慢性中毒ノ有無ハ明言スルコト能ハザレド自己ノ経験ニ徴スルニ銅職人若クハ銅ヲ多ク含メル麵麭ヲ常食トセル人ニハ往々中毒症状ヲ呈ス銅精錬所ヨリ流出スル水若クハ真鍮ヲ洗ヒシ水ノ内ニハ多量ノ銅、鉛等ヲ含有ス此ノ水ノ滙ゲル地ニ発生セル植物ヲ多ク食スル時ハ発熱性銅毒腸胃炎、銅毒疝痛、皮膚毛髪及歯牙歯齦ノ著色、貧血、衰弱四肢ノ麻痺等ヲ起ス然リト雖トモ此麻痺症状ハ銅ニアラズ他ノ金属ノ為メナランカ云々又氏ノ外ニ古キ中毒

篇ニモ銅慢性中毒アリト載セタリ英国ノ某報告ニモ中毒アリト見エタリ
是ニ於テ余モ断案ヲ下シテ曰ク化学的純粋ノ銅ハ少量ツヽ永ク体内ニ取ルト雖モ敢テ健康ヲ害スルガ如キ中毒症状ナシト信ズ、何トナレバ以上列挙セシ諸家ノ研究ニ拠リ又自己ノ経験ニ徴シテ考フルニ宇宙ノ間銅ヲ含マザル地ハ少シ故ニ何地ニ生ズル植物ト雖トモ必スヤ多少ノ銅ヲ有セザルナシ新シキ小麦ノ一基呂中（九密瓦乃至一〇密瓦）ノ銅ヲ含ム麵麹一基呂中（三—五密瓦ノ銅アリ又銅ヲ含メル川水ノ潅漑地ニ生ズル小麦ニハ一基呂中ニ六四密瓦ノ銅ヲ有シ穂一基呂中一五〇密瓦葡萄ノ内ニモ五—三密瓦ノ銅アルアリ酒ノ一・〇中〇・一—〇・三密瓦ノ銅ヲ含ム、又銅分多キ地ノ植物ニハ平均八〇密瓦乃至五六〇密瓦ノ銅ヲ有スルトレーマン氏ノ報告ニ見エタリ、又市場ニアル野菜ノ類ニハ（さらど）一基呂中三—一〇密瓦、（きうり）一基呂ニ付三〇密瓦、豆ハ一八—二〇密瓦、穀物八—一四密瓦ノ銅ヲ含ム、麵麹ヲ焼クニ少量ノ硫酸銅ヲ加フルト曰フ西洋ニテハ豆ヲ所蔵スルニ銅液体中ニ浸ス時ハ久シク天然ノ色ヲ保ツトテ皆此法ヲ用ユルナリ斯ノ如キ豆ノ内ニハ一基呂中二〇〇—二〇密瓦ノ銅アリ此等ノ外銅製ノ食器、銅貨ノ流通等ニヨリ吾人ハ日常銅ヲ取リツヽ、アルコトハ疑ナキ事実ナリ然ルニ鉛、砒素ニ比スベキ慢性中毒症状ヲ起サザルヲ見テモ余ハ以上ノ結論ヲ下スニ憚ラズ
仏人（Gallike）（Ganteir）氏ハ人ハ毎日四—五密瓦ノ銅ヲ取リツヽ、アリト曰ヘリ、然レトモ銅慢性中毒ハ其試験容易ナラザルニ拘ハラズ久シク之ガ実験ノ効ヲ重ネ極メテ細密ノ研究ヲ積マザレバ容易ニ断案ヲ下スベキモノナラズ酒精中毒ハ人皆ナ知ル然ルニ毎日一升ヲ飲ム人ガ必ズシモ中毒アルニアラズ各人皆ナ同ジ軌道ヲ取ラズ銅ノ如キモ亦然リ短日月ノ実験ヲ以テ軽々ニ断案ヲナスベカラズト信ズルナリ

第二　亜急性銅中毒

フエレーネ氏ハ（一八九五）（一八九五《ママ》）ノ二回ノ報告ニ曰ハク氏ハ千六百五十瓦ノ兎ニ局所刺戟作用少キ酒石酸銅曹達（内容ノ銅量〇・三八）ヲ十六日間ニ八回ニ分服セシメ然ル後ニ剖検セリ動物ハ高度ノ貧血、腎臓肝臓ノ脂肪変質ヲ認メタリト曰フ、次ニ嘔吐ヲ為シ得ベキ動物即十三基呂ノ犬ニ酒石酸銅加里（内容銅量〇・〇三—〇・〇四）ヲ

六十日間与エ（此全銅量二瓦）ヲ解剖《ママ》セシニ腎肝ノ脂肪変質アリタレド貧血症状ヲ認メザリ次デ七基呂ノ犬ニ銅蛋白ノ形ニテ二十日間ニ二・六瓦ノ銅ヲ与エケルガ毫モ異状ヲ見ズ、此ニ於テ氏ハ酒石酸銅加里ハ中毒アリト雖トモ蛋白質ト混用スル時ハ害ナキモノト断定セリ、猶犬猫等ノ三回ノ試験ニモ豆麦類ニ含マルカ若クハ蛋白質物体ニ化合セル銅ハ吸収サル丶コトナク腸管ヲ通過シ終ルモノナリト曰フ、「バタ」ハ時ヲ経ルト脂肪酸ヲ生ズ之ト化合シタル銅ハ毒ナキカヲ試ミンガ為メ六半基呂ノ犬ニ銅量三・八瓦ヲ二ヶ月間ニ分服セシメタルニ腎肝ノ脂肪変質アリシガ外観上健康ヲ害セシ徴ナカリキ、因テ氏ハ結論シテ曰ク急性銅中毒ノ軽症ナルモノヲ数回頻発スルカ若クハ致死量以内ニ於ケル中毒症状ヲ亜急性ノ銅中毒トナス人類ノ如キ吐シ得ラル丶動物ニハ此ノ亜急性銅中毒ハ起リウベキモノナリ、人類トテ健全ナル者ハ害ヲ蒙ルナシトスルモ心臓、腎、肝等ノ疾患アルモノニ銅ヲ与フル時ハ亜急性中毒ヲ起ス又砒素鉛等ノ混合物ナキ金属銅ヲ塩酸ト和シ二・〇ヲ犬ニ与エシニ肝脂肪変質ヲ起セル例アリ純粋ナル金属銅ニモ敢テ中毒ナキニアラズト曰フ此外亜急性中毒ニ付テハ動物試験ハ多々アレド人類ニ於ケル実験ナシ人ハ銅多キ食物ハ食スルヲ好マズ故ニ試ムルコト能ハズ故ニ氏ハ犬猫属ニハ亜急性中毒アルコト並ニ蛋白化銅ハ吸収サレザルコトハ確カナリト雖トモ必ズシモ人類ニ此ノ中毒症状アリトハ明言スルコト能ハズト曰フ

第三　広義ノ慢性銅中毒

広義トハ一般化学的不純粋ノ銅ヲ指スモノニシテ換言スレハ他ニ混合物アル銅鉱ノ慢性中毒ニ就テ論セント欲ス(Dana, Lapparent) ノ書ニ銅鉱中ニ含有スル有毒物質ハ一〇—二八％ノ砒素ヲ含ムモノアリ、五〇％ノ「アンチモン」ヲ含ムアリ此他亜鉛、「バリーム」等ヲ含有スト見エタリ、農商務省鉱山局ノ調査報告ニヨルニ日本ノ銅鉱ハ鉄最モ多クシテ他ニハ鉛、亜鉛、砒素、銀、金等ニシテ精鉱ノ分析表ニヨレバ足尾銅山ニテハ

十七％銅、二十五％鉄、〇・二五％鉛、〇・〇七％砒素、及銀「アンチモン」、「コバルト」、「ニッケル」、蒼鉛、亜鉛

ヲ含有スシユミット氏ノ試験ニモ銅鉱中ニハ砒素、鉛、亜鉛ヲ含有スルト曰ヘリ一般銅鉱百分中砒素〇・一〇、鉛〇・〇六—〇・〇三ヲ含ム以上本論ニ於テ注意スベキ要点ナリ、サレバ銅鉱ハ勿論精錬セル銅中ニモ有毒ナル砒素、鉛、亜鉛ヲ有スルコトハ事実ナリ、此ノ事実ニ徴スレバ古来伝ヘケル慢性銅中毒ハ則余ノ曰フ広義ノ中毒ニシテ銅中ニ含有セル砒素、亜鉛、鉛等ノ害ナランコベルト氏モ化学的純粋ノ銅中毒ハ不明ナリト曰ヒシモ此ノ理ニ外ナラジ、砒素、亜鉛、「アンチモン」ハ少量ツ、続用スル時ハ遂ニ中毒作用ヲ起ス此中毒症状ハ往々銅鉱精錬ノ職工々夫ニ見ル所ナリ故ニ余モ広キ意味ノ慢性銅中毒ハアルベキモノト信ズルナリ

終リニ臨テ一般衛生上予防法ニ就テ述ベント欲ス

坪井博士謂ヘルコトアリ銅ハ生理的無用ノ異物ナリ斯ノ如キモノハ衛生上取ラザルヲ可トス況ヤ有毒物質ヲ混有スル不純ノ銅鉱ハ体内ニ入ラザル様注意スベキハ論ヲ要セズト雖モ博士ノ説ニ賛同スルモノナリサレバ銅以外ニ疑ハシキ物質含有セリトスレバ十分之ニ向テノ取締ヲ要スルナリ此取締法ヲ定ムルニ当テハ狭義ノ銅中毒ヲ検スル勿レ他ニ有毒ノ混合物アルヲ基本トシテ予防法ヲ講ズベキモノナリト思考ス

討論

▲入澤博士　余ハ明治三十年奉命渡良瀬被害地ヲ臨検セシガ余モ亦林学士ノ説ニ賛スルモノナリ当時自身ノ研究ニハ狭義ノ銅中毒ト見ルヘキ点ヲ認メザリキ足尾鉱夫、被害地人民ノ糞便中ニ銅分量ハ吾ガ第二医院看護婦某ノ便中ニ含有セル銅量ニ如カザリキ然ルニ某女ハ其前日多量ノ汁粉ヲ食シタリト曰フ嘗テ聞ク日本ノ砂糖中ニハ極メテ多量ノ銅ヲ有ストサレバ某女ノ便中ニ寡カラヌ銅アリシハ則砂糖ヨリ取リシモノト思考セリ斯ノ如ク吾人ハ銅ヲ摂取スルト雖モ中毒症状ナシ然リト雖モ広義ノ中毒ニ至リテハ余ノ実験ナシ之ヲ確定センニハ一朝一夕ノ研究ニ任スベカラザルコトハ当時余モ明言シタル所ナリ敢テ一言ヲ添フ云々

二　新聞報道等にみる病像

入澤達吉や坪井次郎の調査の模様を、『万朝報』は、次のように報じている。

▲入澤助教授の取調　入澤大学助教授ハ寺原技師及び大学生両名と共に足尾より足利佐野地方の人民に就き鉱毒と人体の健康とに於る精密の調査を為し鉱毒の人体に浸潤して一種の病源となる新学理を発見したれバ直ちに之を復命するよし（一八九七年五月一二日）

▲入澤助教授の発見　鉱毒の人体に及ぼす害ハ素より之あるべきも本問題に於る如き場合の医書に記述せられたるを聞かず然るに同助教授ハ慥に一種の中毒性を発見し之を衛生局へ送付したる由（一八九七年五月一四日）

●衛生と鉱毒調査　鉱毒事件に関してハ一方に除害命令を発する迄に至りしも衛生に関する事ハ未だ結了に至らず現に衛生局にて分析を行ひつゝある間坪井博士ハ婦人の排泄物中に硫酸銅を、入澤博士ハ魚腹中に銅分を発見したる位なれバ其調査ハ尚二ヶ月余を費すべしといふ（一八九七年五月二二日）

▲被害地の病気ハ風土病　足尾より足利佐野及び渡良瀬川沿岸被害民の俗に青脹れといふ病ハ鉱毒の為なりと称すれど入澤助教授が研究の結果鉱毒の為に非ずして十二指腸虫病といふ風土病なるを確かめ得たり（一八九七年五月二九日）

以上のように、新聞報道によれば、入澤は、「鉱毒の人体に浸潤して一種の病源となる新学理」や「一種の中毒性」

を発見したかのようにされている。しかし、その直後に、被害民に多かった胃腸病の原因は寄生虫によるものであると断定し、鉱毒説を否定するにいたっている。

ところが、入澤らの調査とほぼ同時期に行った地元の安蘇病院の調査によれば、次のような結果が出ているのである。

栃木県安蘇郡植野村大字船津川字沼畑坪に於る被害民の身体を安蘇病院長が検査したるに十五歳以上四十五歳以下の男女合計七十八人の内腸胃病症三十六人、胃加答児十九人、視力減九人、四肢の麻痺十四人なりと。（一八九七年六月一日）

周知のように、船津川は、被害がもっとも激甚なところであった。そこで行われた調査の結果、胃腸や目の病気に加えて、「四肢の麻痺」が指摘されているのである。それも、七八人中一四人、およそ二割近くという高い割合でもってである。

以上は、一八九六年秋の大洪水で鉱毒被害が一気に拡大し、第一次調査委員会による調査が行われた時期の状況である。つぎに、田中正造の直訴を前後する一九〇一、二年頃、とりわけ第二次調査委員会の調査が行われた一九〇二年の状況について重点的に見ていきたい。

まず、『万朝報』が連載した「鉱毒事件の輪郭」と題する記事の四回目（一九〇一年一〇月二一日）に、次のように述べられている。

……右の外、被害民の訴ふる最も重大なる問題ハ人体に及ぼす害毒なり、彼等の訴ふる所によれバ、鉱毒ハ婦人の乳を涸らして小児の発育を妨ぐる事多しと云ふ、又鉱毒の為に死産流産等甚だ多しと云ふ、而して彼等ハ被害地に於ける出生と死亡との割合が甚だしき差異を来したりと云ひ、以前にハ出生三に対し死亡二なりし者が今ハ出生二に対し死亡三となれりと主張す、其他小児に下痢患者多き事、寝小便をする者多き事などをも主張す、是等ハ果して鉱毒の為なるか、但しハ単に貧困にして営養不足なるに依るか容易に知ること能はざれども、若し果して鉱毒の為なりとせバ実に由々しき大事と云はざるべからず、是も亦信用ある専門家の研究を切望せざるを得ず

婦人の死産流産が多いこと、乳が出ないことなどに加えて、子どもに下痢や寝小便が多いことが指摘されている。また、下痢に関しては、「被害地の馬に限り常に下痢をなすとも云ふ」と、馬にも多くみられることが指摘されている。

つぎに、被害地及び被害民の状況を最も詳細にルポルタージュした松本英子の「鉱毒地の惨状」をみると、実に様々な病気が紹介されている。[4] そこで松本が見たものは、「被害地の人民が誰も顔色蒼ざめて殊に眼病とか胃病とか瘧病とか甚しきにいたつては死亡者盲目者出寄留行衛知れずの者狂者抔の非常に多い」という状況であり、「女は乳が出ず子は痩せて糸の様になつて親も子も共に泣いている」様子であった。

松本が指摘しているように、「鉱毒地の惨状」で取り上げられた被害民中、最も多いのは眼病（トラホームを含む）で、一七人を数える。しかも、そのほとんどが女性である。さらに、界村高山の茂呂きはが、「今から一〇年跡《ママ》に大洪水が沢山の毒を持つてきた以来此の地に眼病が多く出来て今では満足な眼の人が村中数へる位になつて仕舞やんした」と語っているように、鉱毒被害が顕在化してからの患者が多いという特徴もある。

ついで多いのが胃病である。こちらはほとんどが男性で、六人。他に十二指腸病が一人いる。そのほかには、虚弱、疝癪、咳嗽、癪、脾疳などである。

界村高山で漢方医を営む篠崎清作は、松本の、「鉱毒の為に人体にどう云ふ害毒がありますか……御診断の処は如何で御座います」という質問に対して、「どうも確と之れとも申せませんが胃病が多くて来る病人も胃病で御座いま

す今年は又瘧や間歇熱抔が多い様です河岸に永島と須藤と岡兼斎其れに私の患者でも百名以上もありましたろう」と答えている。疝癪とは、胃や腹部のさしこみのことで激しい痛みを特徴とし、脾疳は小児の慢性的な消化器障害のことである。瘧は一般に「おこり」といわれ、間歇熱も同様のマラリア性の熱病のことである。

第二次調査委員会は、被害地における衛生被害を調査するため、医科大学助教授の橋本節斎らを派遣した。橋本らは、まず群馬県海老瀬村などで調査を行ってから栃木県に入った。その模様は、以下のように報じられている。

●鉱毒被害民診察　鉱毒調査会にては被害地の病者は果して鉱毒の為めなるや否やを確むる為め既記の如く一昨二十二日より病者及び婦人乳児等の診察に着手したるか診察員は医科大学助教授医学士橋本節斎助手医学士松浦亀太郎同医学士鈴木允同愛知県医学校卒業生坂野善一同医科大学生丹羽貞郎の諸氏にして一昨二十二日より二十四日までは足利郡富田村藤木仲七外十四名毛野村岩崎ウラ外二十五名吾妻村金子與次郎長男弥吉外十名其他梁田、毛野、山辺各町村の病者を診察し明後二十六日より同二十七日までは安蘇郡界村大字越名金蔵院に於て犬伏、界、植野各町村の患者を同二十九三十の両日は下都賀郡の藤岡、谷中、三鴨各町村患者を診察する筈にて診察すべき患者は鉱毒に依り害せられたりと認むべき慢性腸胃病、眼病、一般衰弱病、及び自ら鉱毒病者と唱ふるものに限りて診察し且つ患者には投薬を為さゞる由にて衛生試験場長薬学博士田原良純内務技師野田忠広内務技手清洲覚三郎の三氏は被害地の水を分析するため、昨二十二《ママ》日より安蘇郡内の飲料水蒐集に着手したり因に安蘇郡に於ける病者の診察日割は左の如し

病者出頭日割

廿六日　犬伏町十人　界村二十人

廿七日　界村　五人　植野村二十五人

婦人及乳児出頭日割

廿六日　犬伏町　親三人　子三人
　　　　界村　　親四人　子四人
廿七日　界村　　親二人　子二人
　　　　植野村　親六人　子六人　（『下野新聞』一九〇二年五月二四日）

このとき、受診者の選定をめぐって紛糾した村もあったようである。調査の模様は、『毎日新聞』が「鉱毒衛生検分」と題して詳細に報道しているが、橋本らの眼にとまったのは飲用に適さない不潔な飲料水と「十二指腸虫間歇熱回虫等の諸症」の多さであった（『下野新聞』一九〇二年五月二七日）。

その一方で、『毎日新聞』一九〇二年一一月二六日の「足尾鉱毒の余波　衛生上の被害」と題する記事によれば、被害地の水の調査を担当した野田忠広は、次のような見解を公表していた。

渡良瀬沿岸田畠の荒廃によりて、飢寒に死せし者、既往十数年間果して幾人ぞ、今より以後斃死夭折する非命者益々多かるべし、然るに此原因以外、恐るべき衛生上の大患害あることは、責任ある専門家の調査によりて証明せられたり、一昨日私立衛生会に於ける野田忠広氏の演説中左の一節あり曰く

栃木県渡良瀬川沿岸地方の某小学校にて数百名の生徒の糞便を検査したるに、百名中九十名までは十二支腸虫の子卵を発見せり、斯く蔓延するは、多くは水害後に於て之ある者の如く、水害一と度至るや、糞便の同子卵は、四方に散乱し、野菜類に付着するより、容易に人の体内に入るべし、同地方鉱毒の為め、人体の健康不良を来せりといふは、此支腸虫の為す所ならん云々

是れ内務技師にして、衛生調査委員たる氏の言ふ所なり、足尾山上二万の人口、懸崖渓谷の家に居る、其不潔物は結局渡良瀬河に流入する外、他に排出する道あること無し、沿岸人民の支腸虫に悩むは、亦鉱山営業上より来る者

に外ならず、婦人救済会が救済し、和田剱之助氏が担当治療しつゝある患者も、十中の八分は腸胃病なり、嗚呼今にして断然たる処断を禍源の鉱山に加へずんば、渡良瀬沿岸現在の患害は、利根江戸二川の本流、及び支流の潅ぐ所の地方に蔓延して、関東の中心は、経済上衛生上両ながら無限の惨禍を免れざるべし、

橋本らの調査結果は、最終的に、第二次調査委員会の報告書の一部としてまとめられた。参考までに、それも引用しておきたい。

第三節　被害地方衛生状況不良ノ原因

渡良瀬川沿岸被害地方ニ於テ一般ノ衛生状況不良ナルハ其ノ原因主トシテ土地ノ卑湿、飲料水ノ不良其ノ他生計不振等ノ為住民ノ栄養完カラス、従テ種々ナル疾病ノ地方病トシテ各地ニ蔓延スルニ存シ直接ニ鉱毒ニ基因スルモノアルヲ認メス、左ニ調査ノ概要ヲ記セム

被害地方住民ノ所謂鉱毒病ナリト自称スル慢性病患者及授乳婦、乳児等六百余名ニ付テ精細ナル診査ヲ行ヒタルニ、十二指腸虫病及トラホーム最多数ヲ占メ特ニ十二指腸虫病ハ平均百人中五十一人ニ達シ、間歇熱、咽頭炎、肺気腫、気管支炎等之ニ亜キ鉱物中毒ハ其ノ疑アルモノタモ発見セス、又被害地ニ於テ十二指腸虫病患者多キ所以ノモノハ其ノ水源地タル足尾銅山住民ノ糞便ノ流下シテ渡良瀬川ニ入ルニ存ストノ説ヲ耳ニスルヲ以テ、本会ニ於テハ特ニ此ノ点ニ注意シ精密ナル方法ヲ以テ足尾銅山職夫及其ノ居住民中慢性疾病及其ノ疑アル者ニ付精査シタルニ、総計百五十人中該患者僅ニ四人ニ過キスシテ其ノ割合遙ニ被害地方ヨリ尠シ、以テ其ノ病源茲ニ存セサルヲ知ルヘシ

分析試験ノ成績ニ依レハ渡良瀬河水ハ常ニ一「リツトル」中〇・〇〇〇三五乃至〇・〇〇〇五六「グラム」ノ銅分ヲ含ミ出水アルトキハ稍其ノ量ヲ増加ス、従テ被害地方ノ井水及農産物ニ少量ノ銅分ヲ含有スルコトハ事実ナリト雖翫テ東京付近其ノ他無害地ノ井水、農産物ヲ検スルニ亦悉ク之レアルヲ認メタリ、而シテ被害地ト無害地トヲ

比較スルニ銅量ノ多キコト水ニ在テハ一億分ノ一、米麦ニ在テハ百万分ノ一強ニ過キス、之ヲ欧州ニ於ケル諸家ノ研究報告ニ徴スルモ亦特ニ植物性食品中銅ヲ含有スルモノ頗多シ、故ニ銅ハ殆ト食品中ノ常成分ナリト称スルヲ得ヘシ、加之欧州ニ於テハ故意ニ食品中ニ伍用シ又ハ野菜類ノ着色ニ用イルコトアリ、被害地住民ノ摂取シツツアル銅量ハ多キモ一日五「ミリグラム」ニシテレーマン氏所説無害量ノ四分ノ一乃至六分ノ一ニ過キサルヲ以テ、飲食品中ノ銅ニ依リテ住民ノ健康ニ直接ノ危害ヲ及ホスモノト認ムルヲ得ス、尚被害地住民ノ飲食物中ニハ分析上砒素ヲ検出シタルコトナシ

衛生統計上ノ調査成績ニ依レハ被害町村ノ死亡率ハ無害地ニ比シ稍高シト雖鉱毒被害ノ程度如何ニ関セス能ク一般ノ衛生状況ニ符合セリ、故ニ鉱毒ノ有無ニ拘ラス所謂不健康ナル地ニ在リテハ被害激甚地ヲ凌駕スルモノアリ、而シテ成績不良ノ町村ニ於ケル死亡ノ原因多クハ伝染病、呼吸器病、発育及営養的病、消化器病ニシテ殊ニ去明治二十九年乃至三十二年ノ赤痢流行ニ際シ衛生状況不良ナル地ハ其ノ惨害ヲ被リタルモノトス、其ノ他被害地小学校生徒間ニハ寄生虫病ノ蔓延甚シク虫卵ヲ有セサルモノ平均百人中三十人ニ過キス、特ニ十二指腸虫病ノ平均百人中二十九人ニ達スルカ如キハ恐ルヘキノ状況ナリトス、右検便調査ハ栃木、群馬二県下数校ニ於テ行ヒタルモノナルモ亦以テ十二指腸虫病流行ノ一斑ヲ窺フニ足ルヘシ、斯ル実況ナルヲ以テ被害地ノ死亡率比較的高キハ毫モ怪ムヲ要セス、即其ノ原因ヲ鉱毒ニ帰スヘカラサルヤ明ナリ、生産率ハ一般ニ多ク死産率ハ被害ノ有無ニ拘ラス不定ナリ

銅ノ慢性中毒ニ関スル問題ハ古来諸家ノ研鑽シタル報告ニ従ヘハ少量ノ銅ハ永久ニ之ヲ摂取スルモ人身ノ健康ニ有害作用ヲ及ホスモノニアラストナセリ、本会ニ於テハ銅山ニ於テ比較的多量ノ銅ヲ吸収シツツアル工夫其ノ他ニ付テ精密ナル診査ヲ遂ケタルニ中毒症候ヲ具フル者ヲ認メス、之ニ反シテ一「リツトル」中〇・〇〇〇四九「グラム」ノ銅ヲ含有スル乳汁ヲ以テ養ハルル乳児ノ発育営養頗佳良ナル実例ヲ得タリ、其ノ他健康者ノ尿、乳汁及糞便中ニ於テ比較的多量ノ銅ヲ検出シタル成績等ヲ綜合セハレーマン、レヴィン、フィレーネ等諸家ノ慢性銅中毒否認説ニ符合スル所アルヲ知ルヘシ

調査ノ成績上述ノ如ク鉱毒ニ直接基因スル害ハ之ヲ認メサルモ鉱毒ハ洪水ト相伴フテ農作物ヲ害シ住民ノ生計ヲ困難ニシ間接ニ其ノ衛生状況ヲ不良ナラシムルノ一因トナリ、加之洪水ノ氾濫ハ井水ヲ不潔ニ陥ラシメ寄生虫病、伝染病ノ蔓延ヲ幇助シタル実跡アリテ為ニ被害地人民ハ十数年来之ヲ以テ鉱毒病ト誤信スルニ至リタルモノトス(5)

三　考察

最大の問題点は、入澤・坪井とも、調査の目的を最初から銅の慢性中毒の有無においていたことである。しかも、林がいう「化学的純粋ノ銅」による中毒症を対象としていた。当時、欧米の学者たちのなかでは、銅の慢性中毒はないとする見解が強かったのである。少量の銅分の摂取でも慢性銅中毒が発症するか否かを検証するために、坪井は、わざわざ犬を使った実験まで行っている。その結果は、むしろ、少量の銅分を与えた犬のほうが体重も増加し健康だった、というものであった。魚類や下等動物に対する銅の影響の大きさは実験で確認できたが、人体にとって少量の銅分の摂取は何ら有害なものではない、というのである。

一方、入澤は、全部で八一名を対象に、様々な項目にわたる検査を行っているが、結論は坪井と同じものであった。「足尾銅山及被害地方ニ於テモ、遂ニ一人モ、銅ノ中毒症ニ罹リ居ルモノヲ認メザリキ」というのである。特に、糞便や尿の検査を通して、足尾銅山や被害地方の住民でなくても、飲食物や食器等を通して人間は日常的に銅分を摂取しているのであり、なんら健康を害するものではない、一定量の銅の残留も問題はない、と結論づけている。

その結果、鉱毒被害地に特に多かった胃腸病や疝痛の原因を、二人は、寄生虫、特に十二指腸虫によるものと断定している。寄生虫の多さと、足尾銅山の住民の糞尿が大量に渡良瀬川に投棄されることとの関連性も検証しているが、足尾銅山の住民にほとんど寄生虫がみられないことや、被害地における渡良瀬川の水の汚染も確認できないことを理由に、両者は無関係であると論じた。

こうして、入澤は、被害地に銅中毒がみられないという「事実」から、「所謂鉱毒ナルモノハ、今日ノ状態ニアリテハ、未ダ以テ直接ニ、危害ヲ人身体ニ及ボスニ至ラザルモノト、論定スルヲ得可シ」というように、一気に人体に対する鉱毒被害はないとの結論を導き出している。

しかしながら、このような検査方法や結論の導き方には、様々な疑問がわいてくる。そもそも、鉱毒被害とは、「化学的純粋ノ銅」だけによるものではなく、足尾銅山の銅鉱石や廃石、坑内から流出する水に含まれた砒素や鉛・亜鉛など様々な物質による複合的なものと考えるべきではなかったか。入澤自身、従来銅の慢性中毒といわれてきたものの多くは、銅鉱石に含まれる鉛や砒素の所為であることを明確に認識していたのである。それにもかかわらず、純粋な銅による中毒の有無に調査を限定したのは不可解極まりないことである。

だが、入澤の健康調査とほぼ同時期に行われた安蘇病院の調査で、二割近い「四肢の麻痺」患者が発見されたことは、どのように説明できるのであろうか。前述したように、安蘇病院が検査したのは、一五歳以上四五歳以下の男女であった。働きざかりの年代に多く見られた「四肢の麻痺」は、何らかの鉱物中毒の存在を想定させるものである。しかも、入澤の調査項目には、「運動機能障害」「麻痺」「知覚器障害」という項目が挙げられていた。それなのに、自分の調査では「四肢の麻痺」が一例も発見できなかったのだろうか。かりに自分の調査では発見できなかったとしても、こうした報告があることを重視すれば、もう少し異なった調査の方法と原因究明の仕方があってしかるべきであったろう。

それだけではない。新聞報道にあったような、子どもに下痢が多いことや、被害地の馬に限って下痢をすることの原因は、いったい何であったのだろうか。これも寄生虫の影響というのだろうか。レヴィンの研究にも、銅を摂取したときの症状に下痢があげられていることを考えれば、この点の究明も慎重に行われるべきであった。

また、少量の銅分の蓄積は無害と結論づけているが、被害地の住民の身体にどの程度の銅が蓄積されているかという検査は、どのようにして行ったのであろうか。糞便や尿を用いて人体から排出された銅分を調べただけで、それが判明するのだろうか。排出量の検証は、銅分を摂取していることの証明にはなっても、蓄積されていることの証明にはならないのではないか。

さらに、坪井が行った渡良瀬川の水質検査も、洪水時の汚水の調査でなければ、被害民に対する影響を判定する調査としてはほとんど意味をなさないであろう。なぜなら、渡良瀬川の川底に沈澱している泥の中に含まれた鉱毒分が、洪水時にかくはんされて被害地一帯にまき散らされることが問題だったからである。ましてや、足尾銅山が、洪水時に大量の鉱滓を渡良瀬川に投棄しているという内部告発があったことを考えれば、なおさら、洪水時の河水の調査こそ不可欠のものであったはずである。

以上のように、疑問はつきないのだが、入澤や坪井に較べて、林の結論はまだしも良心的なものであったといえる。林は、鉱毒調査委員会とは無関係であり、また、入澤や坪井と異なり、実際に自分で調査・実験を行ったわけでもない。入澤や坪井も読んでいた数々の先行研究を読んで、それをまとめて講演を行っただけである。そのため、講演内容も入澤・坪井の論と重なり合う所が多い。しかし、入澤らが、「化学的純粋ノ銅」による中毒症が確認できないことから、一気に「鉱毒」被害も確認できないという結論を導き出しているのに対して、林は、銅中毒を「狭義」と「広義」とに分類し、「狭義」の「化学的純粋ノ銅」による中毒は存在しないが、「広義」の銅中毒は存在すると断言している。「広義」の、とは、「一般化学的不純粋ノ銅ヲ指スモノ」という。そして、「古来伝ヘケル慢性銅中毒ハ則余ノ曰フ広義ノ中毒ニシテ銅中ニ含有セル砒素、亜鉛、鉛等ノ害ナラン」と指摘している。

注目しなければならないのは、林が講演の最後で行った次のような指摘である。「狭義の慢性銅中毒はないにしても亜急性の銅中毒はあり相であるし又元来法律の方では刑の疑はしきは罰せざるを良とす然れども衛生上の方では其疑はしきは取締らさるべからずだと思ふのです殊に銅中毒なるものを実際に研究し又予防するに於ては化学的純粋の銅の中毒のみならず余の所謂広義の慢性銅中毒即ち他の混合金属による起る《(ママ)》有害作用をも常に眼中に置きて充分に研究且其中毒予防等攻究するの必要ありと私は思ひます[6]」。

林の所論は、本人が意図していたか否かにかかわらず、入澤や坪井の調査方法と、それをもとに第一次鉱毒調査委員会が下した結論に対する鋭い批判になっていた。鉱毒が人体に及ぼす被害を検証するには、「狭義」の銅中毒ではなくして「広義」の銅中毒の有無こそを調査・確認すべきであったのである。そこをつかれた入澤は、林の講演の後に、自分が調査研究したのは「狭義ノ銅中毒」であって、「広義ノ銅中毒ニ至リテハ余ノ実験ナシ」と認めざるをえなかった。『鉱毒ト人命』において左部彦次郎が問題にしたのも、まさにこの点であった。

林がこの講演を行ったのは、前述したように一九〇二年一月二三日のことであったから、「広義ノ銅中毒」の有無を実際に検証するために、三月一七日に設置された第二次鉱毒調査委員会の委員に林春雄が選ばれてもおかしくはなかった。ところが、林は、二月下旬もしくは三月上旬にドイツに留学するように命じられていたのである。その結果、第二次委員会の委員に選出されたのは、同じく医科大学助教授の橋本節斎であった。

橋本は、胃腸病、眼病、一般衰弱者に加え、自称「鉱毒病者」も含む六〇〇余名を対象に調査を行った。これは、第一次調査委員会で入澤が行った調査よりも、はるかに規模は大きい。しかしながら、橋本の結論は、やはり、鉱毒が直接の原因ではない、というものであった。橋本もまた、被害地住民に多い寄生虫病に着目し、その原因も足尾銅山住民の糞便投棄ではなく、洪水によって寄生虫卵が野菜等に広範に付着することによる被害地固有のものであることを強調した。そして、洪水による不潔な飲料水と貧困による衛生状態の不良が、鉱毒被害地における各種の病気と高い死亡率の原因であると断定した。眼病に関しても、その原因を明確化するには至っていない。橋本らの調査の直前に、松本英子がルポルタージュの中で、被害地に多い眼病のほとんどはここ一〇年来のもので、鉱毒被害が顕在化した以降に発生しているという被害民の声を紹介しているが、そうした被害民の疑問には何ら答えようとしていない。

このように、橋本は、全体的に、鉱毒問題を洪水問題にすり替えようとした第二次委員会の方針に沿った形の結論をまとめた。林や入澤が、「広義ノ銅中毒」が存在することを認めていたにもかかわらず、政府＝調査委員会は、鉱物による中毒は全くみられないという結論を出したのである。

おわりに

第二次鉱毒調査委員会が、一九〇三年三月三日付けで内閣総理大臣に提出した「被害民ノ生業及衛生状況ノ改善」に関する意見書には、次のように述べられている。

被害民ノ健康及衛生状況ノ回復ハ其ノ生業ニ直接ノ関係アル救済処分タルノミナラズ亦実ニ彼等カ唱フル鉱毒病ノ疑惑ヲ解カム為最必要ノコトナリトス、依テ鉱毒被害地方ニ於ケル窮民患者救治ノ為国費ヲ以テ施療病院ヲ設置スルヲ可トス、其ノ他地方ヲシテ水質不良ナル部落ニ対シテハ掘抜井ヲ穿タシメ若ハ井戸構造ノ改良等飲料水ノ清浄ヲ図ラシムヘク、又被害四県下ノ衛生統計ニ付テ常ニ精細ナル調査ヲ行ハシムルヲ必要トス(7)

被害民の衛生状態の改善と銘打った第二次調査委員会の勧告内容が、被害民を施療する公的機関の設置と清潔な飲料水の確保、そして詳細な調査活動の継続的実施の三点のみであったことは、ある意味で愕然とさせられる。しかも、その後政府は、この程度の施策すら取ったふしがみられないのである。被害民の健康と生命は、危機にさらされたまま放置されたのである。

以上の分析の結果、政府が、「専門家」による科学的調査を名目に、鉱毒が人体・生命に及ぼす影響を一貫して否定してきたことが明らかになった。しかしながら、そうした「専門家」による科学的調査なるものは、本当に鉱毒と生命の因果関係を証明できるものであったのかどうか、根本的な疑念を払拭することができない性格のものであることも同時に明らかになった。新聞等で報道された「事実」は一顧だにせず、鉱毒を銅の中毒に限定するという第一のすり替えを行い、さらには足尾銅山の河川への糞尿投棄と寄生虫病の因果関係をも否定して足尾銅山＝古河を救済し、あまつさえすべての原因を洪水に帰すという第二のすり替えを行った。自らの病気の原因すらわからず、「鉱毒病」

ではないかという不安を抱えて日々を送っていた被害民たちの疑問に、真摯に答えようとはしなかったのである。

さらに怪訝なことは、第二次調査委員会設置の直前に、「広義ノ銅中毒」の存在を肯定していた林春雄に、ドイツ留学が命令されていることである。かつて、土壌の鉱毒汚染の原因が足尾銅山にあることを分析し、被害民に同情的な立場をとっていた農科大学助教授の古在由直が、一八九五年に海外留学を命ぜられ、結果的に第一次調査委員会の委員になりえなかったことを彷彿させる出来事である。林の留学にも、政府による「鉱毒隠し」の意図が感じられまいか。

二次にわたる鉱毒調査委員会によって、足尾鉱毒が人体・生命に危害を及ぼすものではない、という政府の公式見解が確立していった。こうして、問題の焦点は洪水による被害へとずらされ、谷中村遊水池化案が浮上してきたのだが、そのことは同時に、疫学的な原因究明の道がふさがれたことを意味したのである。

注

(1) 飯島伸子「被害の社会的構造」(宇井純編『技術と産業公害』所収、東京大学出版会、一九八五年、一五五頁)。

(2) 第一次調査委員会で議論された被害民の健康問題については、小西德應「足尾銅山温存の構造」(『政経論叢』五八巻三・四号、一九八九年九月)が詳しい。

(3) たとえば、岡山大学医学部の津田敏秀は、次のように述べている。「水俣病に学べと言われ続けているけれど、国の言う通りなら何を学ぶんでしょうか。疫学調査を基に因果関係を推論するという常識的な研究さえしてこなかった」、「科学的データに基づく水俣病像の議論には程遠く、『水俣病医学』は医学であるとはいえない。そこに、水俣病の悲劇がある、そう思います」(『熊本日日新聞』二〇〇〇年一〇月一〇日)。また、長年の間水俣病を研究してきた原田正純も、「日本が世界に唯一発信できるのは、『何をもって水俣病とするのか』という問題さえ、いまだに確定できていない失敗例だけだろう」と指摘している(同前、二〇〇〇年一〇月二二日)。

（4）松本英子「鉱毒地の惨状」は、『田中正造の世界』第五号（一九八六年五月、谷中村出版社）所収の復刻を利用した。
（5）『栃木県史』史料編近現代九、一〇〇〇～一頁。
（6）林春雄「慢性銅中毒」『国家医学会雑誌』第一七九・一八〇号、一九〇二年三月一五日。
（7）『栃木県史』史料編・近現代九、一〇一九頁。

付録　田中正造と足尾鉱毒問題関係論文・文献一覧（一九八〇年〜一九九九年）

一、『田中正造全集』の刊行が完結した一九八〇年以後、一九九九年までの二〇年間に日本国内で発表された関係論文・文献を採録した。
二、『全集』の「月報」、自治体史、資料展のパンフレット、書評、新聞記事等は省略した。
三、足尾鉱毒問題関係論文は必要な範囲に留めた。

赤尾禎一
「田中正造と赤尾塾」『桐生史苑』二八号、一九八九年三月
「推定明治二年田中正造書簡に関する一考察」安蘇史談会『史談』第八号、一九九二年五月
朝日新聞宇都宮支局編
『新・田中正造伝　現代に生きる正造思想』随想舎、一九九二年一二月
朝日新聞前橋支局編
『鉱毒と闘う』あさを社、一九八三年九月
安食文雄
「村落共同体と田中正造」『龍谷史壇』七八号、一九八〇年三月
「明治前期における田中正造の在村的近代化構想」『国史学研究』（龍谷大学）一三号、一九八七年三月
梓書店編
『写真で見る田中正造の生涯』梓書店、一九九一年一一月
雨貝行麿
『真理への途上　苦渋に満ちた生涯　田中正造・原胤昭・新渡戸稲造』近代文芸社、一九九九年三月

荒畑寒村
『平地に波乱を起こせ』マルジュ社、一九八一年一一月
『谷中村滅亡史』岩波文庫（「解説」は鎌田慧）、一九九九年五月
有泉貞夫・由井正臣
『伊藤博文と田中正造』（週刊朝日百科日本の歴史一〇二）朝日新聞社、一九八八年四月
安在邦夫
「解説」『田中正造選集』第三巻、岩波書店、一九八九年七月
「田中正造の立憲改進党認識と地域組織化の動向」『立憲改進党の活動と思想』所収、校倉書房、一九九二年六月
飯島伸子
「足尾銅山山元における鉱毒被害の特徴」『田中正造と足尾鉱毒事件研究』四号、一九八一年一二月
「足尾銅山山元における鉱害」『国連大学人間と社会の開発プログラム研究報告』一九八二年
飯田賢一
「日露戦争と足尾鉱毒事件」『歴史地理教育』四七六号、一九九一年九月
飯田進
「「野村本之助の回想録」考」『田中正造と足尾鉱毒事件研究』四号、一九八一年一二月
「アジア認識の形成―田中正造を中心に―」『日本私学教育研究所紀要』二九号（二）、一九九四年三月
「アジア認識の形成　田中正造を中心に―二―」『日本私学教育研究所紀要』三〇巻二号、一九九五年三月
「田中正造―足尾鉱毒事件」『歴史地理教育』五七六号、一九九八年三月
五十嵐暁郎
「「亡国」の思想―田中正造」日本政治学会編年報政治学一九八二『近代日本の国家像』岩波書店、一九八三年九月
石川猶興
「地底の記録二八　明治・大正・昭和を生きる―田中正造と自治の思想」『農政調査時報』（全国農業会議所）三三八号、一九八四年一一月
板橋文夫

「教科書と田中正造・足尾鉱毒事件—戦前戦後小学校教科書を見る」『田中正造と足尾鉱毒事件研究』一一号、一九九四年三月
伊東方巳
「雲龍寺と田中正造」『田中正造と足尾鉱毒事件研究』九号、一九九〇年九月
稲田雅洋
『悲壮は則ち君の生涯なりき—深沢利重と木下尚江』現代企画室、一九八七年九月
井上章一
『狂気と王権』紀伊国屋書店、一九九五年五月
茨木憲
「田中正造と「明治の柩」」『悲劇喜劇』三七巻五号、一九八四年五月
色川大吉
「自由民権運動と田中正造」『田中正造とその時代』三号、一九八二年一〇月
「田中正造と栃木民権運動」『民衆史の発見』所収、朝日新聞社、一九八四年二月（『田中正造とその時代』三号所収の「自由民権運動と田中正造」に加筆）
犬童美子
「足尾銅山鉱毒事件と熊本の女性—矢嶋楫子・宮崎槌子と田中正造のかかわりを中心に—」『新女性史研究』（熊本女性学研究会）三号、一九九八年一一月
宇井純（編）
「日本近代化における技術導入の社会に与えた負の影響—公害、—足尾鉱毒事件の一世紀—」『国連大学人間と社会の開発プログラム研究報告』一九八二年
『谷中村から水俣・三里塚へ　エコロジーの源流』社会評論社、一九九一年二月
「地球環境時代における足尾鉱毒事件の意味」『救現』六号、一九九六年八月
大出きたい
「田中正造の妻カツ像を追って」『田中正造とその時代』三号、一九八二年一〇月

大石眞
『大石眞児童文学全集』3「たたかいの人—田中正造」ポプラ社、一九八二年三月
大竹庸悦
「田中正造と新約聖書、そしてキリスト教?」『流通経済大学論集』二八巻一号、一九九三年七月
「内村鑑三、その政治観の変遷をめぐって—特に田中正造との関連において—」『流通経済大学論集』二九巻二号、一九九四年一一月
大町雅美
「栃木県における民権家の一考察」地方史研究協議会編『宗教・民衆・伝統』所収、雄山閣出版、一九九五年九月
「第一回総選挙にみる政党と民衆—栃木県の場合—」『作新学院大学紀要』文化と科学、七号、一九九七年三月
大八賀道生
『鉱毒哀歌　生きぬく農民達』オリジン出版センター、一九九二年一〇月
小倉由美子
「田中正造の思想形成の経過と特質に関する考察」(上)『群馬文化』一九九号、一九八四年七月
「田中正造の思想形成の経過と特質に関する考察」(下)『群馬文化』二〇二号、一九八五年四月
笠野滋
「足尾鉱毒事件に関する新資料—田中正造および足尾鉱毒事件関係者書簡—」『法学研究』(慶應義塾大学法学研究室)五三巻三号、一九八〇年三月
鹿野政直
「近年の田中正造研究とその意味—正造は義人か、名主的請負主義者か、機略縦横の戦略家か……」『田中正造と足尾鉱毒事件研究』三号、一九八〇年三月
「田中正造と現代—「公」と「私」の観念をめぐって」『歴史地理教育』三四六号、一九八三年一月
「民権以後」『東国民衆史』一二号、一九八五年六月
「〝義務としての権利〟への献身・田中正造」『歴史のなかの個性たち』所収、有斐閣、一九八九年三月(「田中正造と現代—「公」と「私」の観念をめぐって—」『歴史地理教育』三四六号、一九八三年一月、の再録)

「解説」『田中正造選集』第七巻、岩波書店、一九八九年九月
「〝民ヲ殺スハ国家ヲ殺スナリ〟―田中正造の平和思想」家永三郎責任編集『日本平和論大系』5〔帝国議会への質問書や日記（抄）を収録〕の「解説」、日本図書センター、一九九三年一一月
神岡浪子
『日本の公害史』世界書院、一九八七年三月
上笙一郎
『渡良瀬川の叫び　田中正造の生涯』吉野教育図書、一九八一年六月
神山勝三
『渡良瀬の風土　谷中村と田中正造の現在』随想舎、一九九六年三月
亀田光三
「桐生織物業と足尾鉱毒事件」『桐生史苑』二八号、一九八九年三月
北川幸比古
『田中正造　足尾の鉱毒問題とたたかった』さ・え・ら書房、一九八四年五月
木下尚江編
『田中正造之生涯』復刻大空社、一九九一年一一月
工藤英一
「田中正造と自由民権運動」『本の広場』（財団法人キリスト教文書センター）二七六号、一九八一年六月
「足尾鉱毒事件における潮田千勢子」『三田学会雑誌』七五巻三号、一九八二年六月
「足尾鉱毒事件と週刊『平民新聞』」『明治学院論叢』三三六号、一九八二年一二月
「田中正造周辺のキリスト教徒」『田中正造の世界』六号、一九八六年一一月
工藤直太郎
『新井奥邃の思想』青山館、一九八四年二月
倉橋克人

「足尾鉱毒問題とキリスト者―潮田千勢子の行動と思想」（上）『基督教研究』四六巻一号、一九八四年一〇月
「足尾鉱毒問題とキリスト者―潮田千勢子の行動と思想」（下）『基督教研究』四七巻一号、一九八六年一月
栗田尚弥
「田中正造と陽明学」『田中正造の世界』三号、一九八五年五月
ケネス・ストロング
川端康雄・佐野正信訳『田中正造伝　嵐に立ち向かう雄牛』晶文社、一九八七年七月
小岩豊彦
「『新紀元』時代の石川三四郎―田中正造からの宗教的影響―」『田中正造とその時代』二号、一九八二年四月
「田中正造をめぐるキリスト者像・黒沢酉蔵」『田中正造の世界』六号、一九八六年一一月
香内三郎
「ジャーナリズムのなかの田中正造」『田中正造の世界』三号、一九八五年五月
神戸市地方自治研究会
「地方自治思想の系譜Ⅳ―田中正造の自治思想1―」『都市政策』三八号、一九八五年一月
「地方自治思想の系譜Ⅴ―田中正造の自治思想2―」『都市政策』三九号、一九八五年四月
「地方自治思想の系譜Ⅵ―田中正造の自治思想3―」『都市政策』四〇号、一九八五年七月
「地方自治思想の系譜Ⅶ―田中正造の自治思想4―」『都市政策』四二号、一九八六年一月
後神俊文
「田中正造の直訴と半山・秋水・尚江」『岡山朝日研究紀要』七号、一九八五年一二月
「田中正造の直訴と半山・秋水・尚江」『初期社会主義研究』二号、一九八八年四月
国際版少年少女世界伝記全集二四『オルコット／田中正造』小学館、一九八二年一〇月（田中正造の部分の執筆は内野富男）
小西徳應
「足尾銅山鉱毒事件研究―示談推進と鉱業非停止運動をめぐって」『明治大学大学院紀要』二三巻三号、一九八五年二月
「「古河の銅」を支えたもの―政治史的分析の手がかりとして―」（上）『田中正造の世界』四号、一九八五年一〇月

「「古河の銅」を支えたもの―政治史的分析の手がかりとして―」(下)『田中正造の世界』六号、一九八六年一一月
「「予は下野の百姓なり」考―「百姓」田中正造の自治観の変遷―」『田中正造の世界』七号、一九八七年七月
「足尾鉱毒事件と政府―幻の鉱業法と第一次鉱毒調査委員会を中心に―」『明治大学社会科学研究所紀要』二八巻二号、一九九〇年三月
「足尾銅山鉱毒事件研究―第三回鉱毒予防命令の実施と命令書の改ざん」『政経論叢』五八巻五号、一九九〇年三月
「田中正造研究―直訴報道と研究史」『明治大学社会科学研究所紀要』三四巻二号、一九九六年三月
「田中正造研究―直訴にみる政治システム認識と天皇観―」『明治大学社会科学研究所紀要』三七巻二号、一九九九年三月

小林芳正

「足尾鉱毒簀子橋鉱さい堆積場の安全問題」『日本の科学者』二二巻五号、一九八七年五月

小松裕

「田中正造における自治思想の展開」『民衆史研究』二六号、一九八四年五月
「日本近代思想史と田中正造」『熊本歴史科学研究会会報』二二号、一九八六年三月
「田中正造における憲法と天皇」『文学部論叢』(熊本大学文学会)二一号、一九八七年三月
「田中正造はなぜ天皇に直訴したか」歴史教育者協議会編『百問百答日本の歴史』所収、河出書房新社、一九八八年七月
「栃木県会議長時代の田中正造」『文学部論叢』二九号、一九八九年三月
「解説」『田中正造選集』第五巻、岩波書店、一九八九年八月
「解説」『田中正造選集』第四巻、岩波書店、一九八九年一一月
「田中正造が願ったこと」『田中正造と足尾鉱毒事件研究』一〇号、一九九二年一一月
「正造の直訴をめぐって」朝日新聞宇都宮支局編『新・田中正造伝』所収、随想舎、一九九二年一二月
「人権思想―足尾鉱毒事件の闘士田中正造」牧野昇・竹内均監修『日本の『想像力』近代・現代を開花させた四七〇人』第四巻「進む交流と機能」所収、日本放送出版協会、一九九三年三月
「田中正造の水の思想」『文学部論叢』四五号、一九九四年三月
「田中正造の思想と行動―栃木県会議長時代を中心に」『田中正造と足尾鉱毒事件研究』一一号、一九九四年三月
「若き田中正造の師・赤尾小四郎を追って」『文学部論叢』第四九号、一九九五年三月

『田中正造　二一世紀への思想人』筑摩書房、一九九五年九月
「田中正造」吉村武彦他編『日本の歴史を解く一〇〇人』所収、文英堂、一九九五年九月
「田中正造の思想と現代―『田中正造　二一世紀への思想人』を刊行して―」『救現』六号、一九九六年八月
「足尾鉱毒事件と学生運動」『文学部論叢』六五号、一九九九年三月

小松隆二
「渡良瀬川沿岸農民の生活と鉱業停止論―その背景と一般的動向」『田中正造と足尾鉱毒事件研究』三号、一九八〇年三月
「一九二〇年代の足尾鉱毒事件―待矢場両堰普通水利組合の渡良瀬川水源調査」『三田学会雑誌』八四巻一号、一九九一年四月

斉藤英子（編）
『菊地茂著作集第四巻　谷中裁判関係資料集その他』早稲田大学出版部、一九八八年一月
「足尾鉱毒事件と父・菊地茂」『初期社会主義研究』二号、一九八八年一二月

斉藤成雄
『亡国に至るを知らざるは亡国なり』近代文芸社、一九八七年一一月
『どっこい生きて動ぜず―谷中村事件　日露戦争』近代文芸社、一九八八年七月

佐江衆一
『洪水を歩む―田中正造の現在』岩波書店、一九八〇年一〇月

佐江衆一・田村紀雄
「田中正造研究で落ちていること―被差別部落・女性の闘い―」『田中正造とその時代』三号、一九八二年一〇月
『田中正造』岩波ジュニア新書、一九九三年一二月

坂元忠芳
「田中正造における「教育自治」の思想―自由民権運動期を中心に」国民教育研究所・「自由民権運動と教育」研究会編『自由民権運動と教育』所収、草土文化、一九八四年一月

佐藤裕史
「田中正造における政治と宗教（一）」『法学』（東北大学法学会）六一巻一号、一九九七年四月

「田中正造における政治と宗教（二）」『法学』六一巻二号、一九九七年六月
「田中正造における政治と宗教（三・完）」『法学』六一巻五号、一九九七年一二月
塩田庄兵衛
「川俣事件の歴史的位置」『田中正造とその時代』二号、一九八二年四月
篠原信雄
『草莽の人―田中正造―』万籟の会、一九八五年九月
『田中正造とその時代』万籟の会、一九八七年七月
清水みゆき
『近代日本の反公害運動史論』日本経済評論社、一九九五年四月
清水靖久
「田中正造」丸谷才一編『言論は世界を動かす』第九巻「文明を批評する」所収、講談社、一九八六年八月
「木下尚江の沈黙―後半生の思想の軌跡」『思想』七七二号、一九八八年一〇月
「木下尚江にとっての田中正造」『法政研究』（九州大学法学部）五七巻四号、一九九一年三月
「解説」『木下尚江全集』第一〇巻、教文館、一九九二年一月
志村章子
「福田英子と田中正造―英子の後半生―」（上）『田中正造とその時代』二号、一九八二年四月
「福田英子と田中正造―英子の後半生―」（下）『田中正造とその時代』三号、一九八二年一〇月
「新井奥邃と田中正造」『田中正造の世界』六号、一九八六年一一月
下山二郎
『鉱毒非命―田中正造の生涯』国書刊行会、一九九一年一二月
『足尾鉱毒と人間群像』国書刊行会、一九九四年三月
市民塾〈足尾〉編
『なぜ、今、足尾か』下野新聞社、一九八三年六月

東海林吉郎
「反公害の先駆者・田中正造に魅せられて」『季刊使者』四号、一九八〇年二月
「魚類における鉱毒被害の深化過程」『田中正造と足尾鉱毒事件研究』三号、一九八〇年三月
「足尾銅山鉱毒事件」『国連大学人間と社会の開発プログラム研究報告』一九八二年
「田中正造思想の現代性」『救現』（田中正造大学ブックレット）創刊号、一九八六年七月
「正造の土地売買「三千余円」の儲に疑義あり」『田中正造と足尾鉱毒事件研究』八号、一九八九年八月
「史料の信憑性の確度の検証・認定に関する方法論―藤川県令布達と鉱毒顕在化年次の検証―」『田中正造と足尾鉱毒事件研究』九号、一九九〇年九月
「栃木自由民権運動と福島事件その前後」『田中正造と足尾鉱毒事件研究』一〇号、一九九二年一一月
「田中正造、政治と国際理解の原点」『田中正造と足尾鉱毒事件研究』一一号、一九九四年三月
東海林吉郎・菅井益郎
『通史　足尾鉱毒事件』新曜社、一九八四年四月
「足尾銅山鉱毒事件―公害の原点―」宇井純編『技術と産業公害』所収、東京大学出版会、一九八五年九月
東海林吉郎・高安隆
「なぜ川辺・利島両村は遊水池化を免れたか」『流域』（流域文学会）七〇号、一九九七年一二月
東海林吉郎・布川了
「足尾鉱毒事件と農民―土とテクノロジーの矛盾・対立」飯田賢一編『技術の社会史』四巻所収、有斐閣、一九八二年一一月
新藤泰男
「田中正造の権利思想の一考察―一―　直訴に見る権利思想」『桜美林エコノミックス』三二号、一九九四年一二月
「田中正造のビジョンは実現したのか」（一）『産研通信』（桜美林大学産業研究所）三八号、一九九五年四月
「田中正造のビジョンは実現したのか」（二）『産研通信』三九号、一九九五年九月
「内村鑑三における足尾鉱毒問題」『桜美林エコノミックス』三四号、一九九五年一二月
「田中正造のビジョンは実現したのか」（三）『産研通信』四〇号、一九九六年一月

「田中正造のビジョンは実現したのか」(四)『産研通信』四一号、一九九六年九月
「足尾鉱毒事件における島田三郎の役割についての一考察」『桜美林エコノミックス』三九号、一九九八年三月
菅井益郎
「足尾銅山の鉱毒問題の展開過程」『国連大学人間と社会の開発プログラム研究報告』一九八二年
「足尾銅山鉱毒停止運動の歴史的意義」『救現』二号、一九八九年三月
「足尾銅山鉱毒事件」岩波講座『日本通史』第一七巻近代2所収、岩波書店、一九九四年五月
鈴木正
「田中正造への旅─「渡良瀬川研究会」の成果にふれて」『信州白樺』六四号、一九八五年五月
砂田弘
『田中正造　公害とたたかった鉄の人』講談社、一九八一年一一月
住田良仁
「田中正造考(一)─序論　正造の現代文明批判─」『北海道東海大学紀要』人文社会科学系、五号(一九九二)、一九九三年三月
「田中正造考(二)─下野の文化的風土　その一」『北海道東海大学紀要』人文社会科学系、七号(一九九四)、一九九五年三月
「田中正造考(三)─下野の文化的風土　その二」『北海道東海大学紀要』人文社会科学系、一〇号(一九九七)、一九九八年三月
高野律子
せかい伝記図書館三二『伊藤博文　田中正造　北里柴三郎』いずみ書房、一九八二年三月(田中正造の部分の執筆は浜祥子)
竹内敏晴
「足尾銅山鉱毒事件─渡良瀬川沿岸農民の請願運動」『専修史学』一五号、一九八三年四月
竹中正夫
「キリスト今ま何処にあるか」『言語生活』四一七号、一九八六年八月
立松和平
「田中正造の聖書観」『キリスト教社会問題研究』三七号、一九八九年三月
『毒　風聞田中正造』東京書籍、一九九七年五月

田中正造
『田中正造昔話』人間の記録1、日本図書センター、一九九七年二月
田中正造シンポジウム実行委員会
『田中正造と現代』進歩と革新の伝統をいかす集いシンポジウムの記録、一九九六年八月
田中正造を現代に活かす会
『田中正造と主権・人権・平和』日本国憲法五〇周年にあたって第二回シンポジウムの記録、一九九七年六月
田平暢志
「田中正造の民主主義思想」『鹿児島短期大学研究紀要』四三号、一九八九年三月
田村貞雄
「田中正造と河井重蔵―河井重蔵の選挙運動に対する応援演説―」『静岡県近代史研究会会報』四七号、一九八二年八月
田村紀雄（編）
『明治両毛の山鳴り―民衆言論の社会史』百人社発行、新宿書房発売、一九八一年三月
「外骨、森近運平、田中正造を結ぶもの」『宮武外骨解剖』一〇号、一九八一年六月
「田中正造研究書誌・文献ノート（草稿）」『田中正造とその時代』創刊号、一九八一年一一月
「教育としての田中正造」『教育評論』四二二号、一九八二年七月
「日露戦争下の田中正造の言論活動」『田中正造の世界』三号、一九八五年五月
『私にとっての田中正造』総合労働研究所、一九八七年五月
「在米日系新聞の発達史研究-一六-足尾鉱毒問題報道をめぐる〝不敬事件〟―一九〇二年桑港「喜の音」雑誌の顚末」『東京経済大学人文自然科学論集』九一号、一九九二年七月
『田中正造をめぐる言論思想―足尾鉱毒問題の情報化プロセス』社会評論社、一九九八年九月
田村紀雄・志村章子編
『語りつぐ田中正造―先駆のエコロジスト』社会評論社、一九九一年一二月
『語りつぐ田中正造―先駆のエコロジスト（増補改訂版）』社会評論社、一九九八年九月

田村秀明
「正造の名主就任―安政六年「一九歳」説の論拠」『田中正造と足尾鉱毒事件研究』八号、一九八九年八月
「正造名主就任十九歳説への再考察」『田中正造と足尾鉱毒事件研究』九号、一九九〇年九月
塚原亮一
「たたかいの人―田中正造」（大石眞追悼特集）『日本児童文学』三七巻三号、一九九一年三月
鶴見和子・田村紀雄
「教育としての田中正造―水俣、ソロー、イリイチ―」『田中正造とその時代』四号、一九八三年七月
鶴見俊輔
「田中正造―農民の初心をつらぬいた抵抗」『鶴見俊輔集八　私の地平線の上に』所収、筑摩書房、一九九一年四月（『ひとが生まれる』ちくま少年図書館第一九巻、一九七二年七月、の再録）
テツオ・ナジタ
「現代思想を切り拓くテキスト　安藤昌益」『現代農業』臨時増刊、一九九三年四月
土肥昭夫
「逸見斧吉のこと」『キリスト教社会問題研究』三〇号、一九八二年二月
特集「一冊まるごと田中正造」『こならの森』（東武佐野線沿線月刊生活情報誌）一九九一年一一月
特集「生誕一五〇年田中正造とその時代」『月刊上州路』二一一号、一九九一年一一月
内藤弘
「渡良瀬遊水池の変遷とその問題点」『田中正造と足尾鉱毒事件研究』五号、一九八二年一〇月
中込道夫
「田中正造の自然共生思想」板垣雄三・荒木重雄編『新アジア学』所収、亜紀書房、一九八七年一〇月
永瀬一哉編
関口コト・島田清述『思い出の田中正造思い出の谷中村』八王子歴史体験の発掘とその教材化研究会、一九九〇年四月
長野精一

『怒濤と深淵―田中正造・新井奥邃頌―』法律文化社、一九八一年六月
西成健
「田中正造と嚶鳴社」『立教日本史論集』六号、一九九五年一月
「自由民権期の田中正造の「民力休養」論―三島県令時代の道路開削反対論を中心として―」『史苑』五六巻一号、一九九五年一〇月
西野辰吉
「〝義人でない〟田中正造を掘りおこす」『田中正造の世界』七号、一九八七年七月
「草莽の生と死―相楽総三、渋沢栄一、田中正造―」『日本及日本人』一六一〇号、一九九三年四月
西村俊一
「足尾鉱毒事件と田中正造」『日本エコロジズムの系譜 安藤昌益から江渡狄嶺まで』所収、農文協、一九九二年六月
「田中正造の社会認識と行動美学（一）日本エコロジズムの構造」『田中正造と足尾鉱毒事件研究』一一号、一九九四年三月
F・ノートヘルファー
「田中正造と幸徳秋水」『田中正造の世界』六号、一九八六年一一月
花崎皋平
「田中正造の思想」『世界』四六〇、四六一号、一九八四年三月、四月
『生きる場の風景』朝日新聞社、一九八四年九月
「「民衆観」を問う」（「社会認識と解放」試論四）『書斎の窓』三三九号、一九八四年一一月
『解放の哲学をめざして―衆愚は天に愚ならず』有斐閣新書、一九八六年八月
「解説」『田中正造選集』第六巻、岩波書店、一九八九年一〇月
『民衆主体への転生の思想』七つ森書館、一九八九年一二月
「神と自然―晩年の田中正造の思想―」『救現』三号、一九九〇年一二月
花村冨士男
「田中正造における教育論・教育者の形成（その二）」『北華』（宇都宮北高校）二号、一九八五年三月
『神に最も近づいた人―田中正造覚書―』（自費出版）一九九一年二月

『田中正造の終りなき戦い　足尾鉱毒事件』（自費出版）一九九四年一月

花村陽

「視点論点　世紀末一人の田中正造はなきか」『月刊カレント』（カレント出版委員会）三六巻一二号、一九九九年一二月

原武史

『直訴と王権』朝日新聞社、一九九六年四月

原由美子

「埼玉県行政文書中の足尾鉱毒事件史料」『史艸』二二号、一九八一年一一月

播本秀史

『新井奥邃の人と思想　人間形成論』大明堂、一九九六年一月

林竹二

「田中正造の生涯」『西南学院大学神学論集』三七巻二号、一九八〇年三月

「学ぶということ」『月刊チャペルアワー』（同志社大学宗教部）八七号、一九八〇年三月

「田中正造さいごの戦い」『本』一九八一年三月

「田中正造さいごのたたかい」『田中正造とその時代』創刊号、一九八一年一一月

「新井奥邃と仙台正教会」『人間雑誌』九号、一九八一年一二月

「田中正造の戦いと予言」『環境破壊』（公害問題研究会）一三号、一九八二年一月・二月合併号

『林竹二著作集』六巻「明治的人間」（「田中正造のさいごのたたかい」「田中正造と新井奥邃」「新井奥邃と仙台正教会」「谷中村の復活」収録）筑摩書房、一九八四年七月

『林竹二著作集』三巻「田中正造―その生涯と思想」（『田中正造の生涯』「田中正造の預言」収録）筑摩書房、一九八五年一月

『林竹二著作集』一〇巻「生きること学ぶこと」（「田中正造における信仰と教育」「田中正造の戦いと預言」「田中正造の生涯」「谷中の遺民」「学ぶということ」収録）筑摩書房、一九八七年九月

坂野潤治

「解説」『田中正造選集』第二巻、岩波書店、一九八九年六月

日原高志
「社会科から足尾を考える」『地理教育』二四号、一九九五年七月
「Multi-scale historyから見た田中正造の直訴」『東京都立工業高等専門学校研究報告』三三号（一九九七）、一九九八年二月
日向康
『田中正造ノート』田畑書店、一九八一年一月
「若き田中兼三郎を追って」『田中正造とその時代』創刊号、一九八一年一一月
「田中正造「府県会規則の改正を遂げたり」」『社会科学の方法』一六巻八号、一九八三年八月
「『林竹二著作集』刊行によせて」『思想の科学』四六号、一九八四年四月
「赤尾小四郎・清三郎・豊三」『田中正造の世界』一号、一九八四年五月
「政府、自ら侮りて国を危くす―田中正造と帝国議会―」『ジュリスト』九五五号、一九九〇年五月
「様ざまな田中正造〝研究〟」『田中正造と足尾鉱毒事件研究』九号、一九九〇年九月
「小中村における田中正造」『救現』三号、一九九〇年一二月
広瀬武
「渡良瀬川の水運と足尾鉱毒事件」『田中正造と足尾鉱毒事件研究』（論創社）八号、一九八九年八月
布川清司
「田中正造の思想的研究（一）」『神戸大学大学院文化学年報』一二号、一九九三年三月
「田中正造の思想的研究（二）」『神戸大学大学院文化学年報』一三号、一九九四年三月
「田中正造の非暴力・不服従」『神戸大学発達科学部紀要』一巻二号、一九九四年三月
『田中正造』清水書院、一九九七年五月
布川了
「考察『鉱毒事件の真相と田中正造翁』―永島与八の誤りのいくつか」『田中正造と足尾鉱毒事件研究』四号、一九八一年一二月
「足尾鉱毒被害範囲の研究―鉱毒地の指定と被害地略図」『田中正造と足尾鉱毒事件研究』五号、一九八二年一〇月
「谷中亡村八〇年を問う」『救現』二号、一九八九年三月

「田中正造直訴の深層」『田中正造と足尾鉱毒事件研究』八号、一九八九年八月
「正造いまだ瞑せず」『田中正造と足尾鉱毒事件研究』一〇号、一九九二年一一月
「田中正造〝政治への発心〟の虚・実」『田中正造と足尾鉱毒事件研究』一一号、一九九四年三月
『田中正造　たたかいの臨終』随想舎、一九九六年一二月
「谷中村を滅亡に追い込んだ稟請書」『救現』七号、一九九八年一一月
布川了・工藤英一・安在邦夫・飯田進・菅井益郎・田村秀明・東海林吉郎（五十嵐暁郎）
「田中正造研究の現状と課題」『田中正造と足尾鉱毒事件研究』五号、一九八二年一〇月
布川了　文・神山勝三　写真
『田中正造と足尾鉱毒事件を歩く』随想舎、一九九四年四月
葛井義憲
「田中正造と谷中村の復活」『名古屋学院大学論集』人文・自然科学編二三巻一号、一九八六年六月
「足尾鉱毒事件と一群れのキリスト者」『名古屋学院大学論集』人文・自然科学編、二三巻二号、一九八七年一月
藤田美実
「木下尚江と田中正造―日本近代化の過程における二人の出会いの意味をテーマとして―」『立正大学文学部論叢』六七号、一九八〇年七月
「最後の二つの言葉―私の田中正造観―」『田中正造とその時代』四号、一九八三年七月
「明治女学校・女学雑誌と田中正造」『田中正造の世界』三号、一九八五年五月
「木下尚江と田中正造」『田中正造の世界』六号、一九八六年一一月
藤沼博
「田中正造翁書簡について」『田中正造と足尾鉱毒事件研究』九号、一九九〇年九月
Vic　Carpenter
'Tanaka Shozo, Agrariamism, and Populism,（一）『田中正造の世界』二号、一九八四年一一月
'Tanaka Shozo, Agrariamism, and Populism,（二）『田中正造の世界』三号、一九八五年五月

'Tanaka Shozo, Agrarianism, and Populism,㈢『田中正造の世界』四号、一九八五年一〇月
法政平和大学第三回マラソン講座
『田中正造と足尾鉱毒問題を考える』オリジン出版センター、一九九一年一一月
堀口節子
「毛利紫庵に於ける明治社会主義の受容—足尾鉱毒問題を契機として」『龍谷史壇』九九・一〇〇号、一九九二年一一月
牧原憲夫
「政事と徳義　困民党の歴史的位相をめぐって」困民党研究会編『民衆運動の〈近代〉』所収、現代企画室、一九九四年二月
松浦玲
「勝海舟と足尾鉱毒事件」『田中正造と足尾鉱毒事件研究』三号、一九八〇年三月
『明治の海舟とアジア』岩波書店、一九八七年四月
松尾尊兊
「田中正造の直訴について」『本倉』所収、みすず書房、一九八三年一月（初出は、『田中正造全集』月報6、一九七七年一二月）
松澤弘陽
「『西国立志編』の世界と田中正造—草莽の泰西文明—」『近代日本の形成と西洋体験』所収、岩波書店、一九九三年一〇月（初出は、「田中正造と泰西文明」の題で、『田中正造全集』月報5、一九七七年）
「田中正造の政治思想」『日本政治思想』（放送大学教材）所収、日本放送出版協会、一九八九年四月
松田健
「田中正造における平和論について」『国史学研究』一五号、一九八九年三月
松永昌三
『中江兆民評伝』岩波書店、一九九三年五月
松村吉郎
「「足尾」はどう変貌したのか」『地理教育』二一号、一九九二年七月
松本美津枝

「総合学習「足尾鉱毒―田中正造問題」の試み」『教育学研究』（日本教育学会）六六巻一号、一九九九年三月

南敏雄

「田中正造の全体像を求めて―知られざる翁の近代批判と完全非武装論」『日本及日本人』一五七一号、一九八三年七月

「田中正造の政治思想」『自由』二六巻七号、一九八四年七月

「神と人間を内包する自然―終生、底辺人民のため闘いつづけた田中正造の天地観」『日本及日本人』一五七六号、一九八四年一〇月

「文明開化の再吟味について―現代人に問いかける田中正造とブルクハルトの近代批判を素描する―」『日本及日本人』一五八一号、一九八六年一月

「ひとつの「義人・田中正造考」―外交防衛論にみる良心とその限界―」『日本及日本人』一六一一号、一九九三年七月

「田中正造の理論と現代的意義　上―彼の歴史観を中心として」『自由』三五巻八号、一九九三年八月

「田中正造の理論と現代的意義　下―彼の歴史観を中心として」『自由』三五巻九号、一九九三年九月

「田中正造の宗教思想」『正論』二五三号、一九九三年九月

「田中正造の天皇像―その変遷と政治思想」『自由』三七巻一二号、一九九五年一二月

「田中正造の天皇像（中）―その発言にみる尊王論」『自由』三八巻一号、一九九六年一月

「田中正造の天皇像（下）―天皇批判と天皇万歳の矛盾」『自由』三八巻二号、一九九六年二月

「田中正造のみた自然と人間」『日本及日本人』一六二八号、一九九七年一〇月

峰明秀

「意思決定力を育成する中学校社会科歴史授業―単元「田中正造へのメッセージ」の場合」『社会科研究』（全国社会科研究会）五〇巻、一九九九年三月

峯岸賢太郎

「田中正造穢多を愛す」『近代に残った習俗的差別』所収、兵庫部落問題研究所、一九九〇年一一月

宮本栄三

「平和と正義の味方、田中正造」田畑忍編『近現代日本の平和思想』所収、ミネルヴァ書房、一九九三年六月

村上政彦

「ナルホド人物伝（五）田中正造」『第三文明』四四七号、一九九九年一一月
森英一
「足尾鉱毒問題と文学」『田中正造とその時代』創刊号、一九八一年一一月
森長英三郎
『足尾鉱毒事件』上下、日本評論社、一九八二年三月
安田睦彦
「足尾鉱毒の国有林被害―放置されていた補償請求」『公害研究』一一巻一号、一九八一年七月
山岡光治
「渡良瀬遊水池と田中正造を地形図で見る」『地図ジャーナル』一二二号、一九九八年五月
山岸暢一・岩崎正三郎・旭岡輝泰・坂原英子・服部伊太郎（布川了）
「田中さんとわたしたち」『田中正造と足尾鉱毒事件研究』五号、一九八二年一〇月
山口徹
「足尾鉱毒事件と田中正造」『歴史地理教育』三四六号、一九八三年一月
「糸井藤次郎宛書簡の誤りについて」『田中正造と足尾鉱毒事件研究』八号、一九八九年八月
「児童書にえがかれた田中正造」『田中正造と足尾鉱毒事件研究』八号、一九八九年八月
山本武利
『公害報道の原点―田中正造と世論形成』御茶の水書房、一九八六年一一月
山田昭次
「田中正造の朝鮮論」『金子文子　自己・天皇制国家・朝鮮人』所収、影書房、一九九六年一二月
由井正臣
『田中正造』岩波新書、一九八四年八月
「メディアとしての田中正造の手紙」『田中正造の世界』三号、一九八五年五月
「田中正造の思想」『法政平和大学第Ⅲ期（一九八五年）講義録7』一九八五年一二月

「田中正造における明治憲法観の展開」遠山茂樹編『近代天皇制の成立』所収、岩波書店、一九八七年一一月
「解説」『田中正造選集』第一巻、岩波書店、一九八九年五月
『田中正造―民衆からみた近代史―』（ＮＨＫ市民大学テキスト）日本放送出版協会、一九九〇年一月
吉田新一郎
「田中正造にとっての教育―エミールと対比して―」『田中正造とその時代』四号、一九八三年七月
Yoshinobu Obana, Jonathan Crewe
'THE IRON WILL The Story Of Shozo Tanaka 編集コア企画、一九九四年六月
渡辺巳三郎
「文学作品に見る足尾鉱毒事件と部落差別」『部落差別と文芸』八号、一九九七年三月
渡辺隆喜
「大同団結運動と地方政情」『駿台史学』五〇号、一九八〇年九月
「鉱毒事件と地方政治」『明治大学人文科学研究所紀要』別冊二、一九八二年四月

あとがき

研究室の机の上に、髷を結い、簑を着て笠を手にした姿の、田中正造の土鈴がある。時にはその素朴な音色を楽しみ、時には語りかけながら、私は本論の作成に励んだ。二〇世紀のうちに「田中正造研究」をまとめようと思い立ち、第一部の執筆にとりかかったのが一九九二年のことだから、もう八年近くの歳月が流れた。

途中、長期にわたる中断があり、これではいけないと思って、文部省に国内研究を申請した。幸いなことに受理され、かつ家族や職場の同僚の理解に恵まれて、一九九九年九月から半年間、早稲田大学大学院文学研究科にお世話になることができた。その間に、残りの部分の草稿を一気呵成に書き上げることができた。

書き進めていく間に何度も思ったのは、二一世紀に何を伝えていったらいいのか、ということだった。伝えるべき歴史の「記憶」とは何か。アジアや世界の人々との対話を可能にするには、「国民的記憶」の内容と質を問う作業が、今こそ必要なのではないか。そして、思想史の分野でそれを成し遂げるためには、どのようにしたらいいのか、と。

そのようなことを考えるようになったのも、田中正造と出会ったからである。このことは、私にとって決定的に幸せだった。田中正造の思想と生涯を通して、日本近代史を検証することができた結果、いくつもの新しい発見があった。それればかりではない。思想というものの徹底的な捉え直しを迫られ、思想史研究に向き合う姿勢が根底から揺さぶられた。さらには、田中正造のなかに世界史的普遍性を持ちうる思想内容を見出せるような思いが強まり、田中正造こそ「国民的記憶」の中核を構成しなければならないとの確信を持つにいたった。

また、個人的にいえば、田中正造に、現代を見る眼や人間としてのあるべき姿を教えられたような気がする。うまく表現することはできないが、人間として譲ることのできないなにものかが存在することを教えてもらった。その意味で、私にとって田中正造は、いつしか研究対象以上の、人生の師ともいうべき存在になっていた。だが、そのために田中正造を「突き放す」力が弱まることのないよう心がけたつもりである。

二〇年近い研究の成果とはいえ、私の未熟さのゆえに、まだまだ正造思想の神髄をつかみそこねているとの忸怩たる思いを消すことはできない。とりわけ、宗教思想にかんしては、その深遠さの一割も理解できていないのではないかと思えてならない。また、『田中正造　二一世紀への思想人』を刊行したおりにいただいた数々のありがたいご指摘ご批判にも、本書でできるかぎり答えたつもりであるが、まだまだ不十分な点も多々あろう。読者諸賢に忌憚のないご批判をお願いする次第である。

田中正造に沈潜しているあいだに、学会動向にもうとくなり、ポストモダンだの脱構築だのという最先端の学問潮流からはるかに遠ざかってしまった。だが、それもまたよし、としよう。私がこだわりつづけたのは、田中正造を通して「近代」を考えることだったのだから。

本論は、ほとんど書き下ろしに近い。これまで発表した論稿を下敷きにして叙述した部分もあるが、その多くはかなりの加筆修正を施してある。参考までに、初出論文名を掲げておこう。なお、巻末の「関係論文・文献一覧」に収録したものは、論文名を掲示するにとどめたい。

序章
一　（由井正臣・小松裕編『亡国への抗論　田中正造未発表書簡集』岩波書店、二〇〇〇年三月の「解説」）
二　新稿
第一部　自由民権家田中正造のあゆみ
第一章　田中正造における思想形成（新稿）
第二章　自由民権家として（「田中正造における自治思想の展開」、「田中正造の思想と行動―栃木県会議長時代を中心に」、「自由民権期における地域自治の構想―田中正造を中心に」新井勝紘編『近代移行期の民衆像』所収、青木書店、二〇〇〇年七月）

第二部　鉱毒とのたたかい
第一章　民党政治家として（「田中正造における憲法と天皇」）
第二章　「亡国」に抗して（『田中正造選集』第四巻「解説」）
第三章　直訴前後（「田中正造における憲法と天皇」、「正造の直訴をめぐって」、『田中正造選集』第四巻「解説」）

第三部　「谷中学」の苦難のみちすじ
第一章　廃村と復活（『田中正造選集』第五巻「解説」）
第二章　憲法と自治（「田中正造における自治思想の展開」、「田中正造における憲法と天皇」）
第三章　自然と宗教（「田中正造の水の思想」）
終章　田中正造の国家構想と思想史的位置（新稿）
補論一　赤尾小四郎について（「若き田中正造の師・赤尾小四郎を追って」）
補論二　足尾鉱毒問題と学生運動（「足尾鉱毒事件と学生運動」）
補論三　足尾鉱毒の病像をめぐって（新稿）

また、全編にわたって、『田中正造　二一世紀への思想人』を利用していることを付記しておきたい。

本論をまとめるにあたって、実にたくさんの方々や諸機関にお世話になった。

鹿野政直先生には、思想史研究のおもしろさに眼を開かせていただき、あわせて大学院に入ったばかりの私に田中正造研究を示唆していただいた。同様に、大学時代からの恩師である由井正臣先生には、田中正造研究の先学として導いていただいたばかりか、国内研究の指導教官の任も引き受けていただいた。私が今日まで田中正造研究を続けることができたのも、鹿野・由井両先生のご指導と、両先生の推薦により、『田中正造選集』編集委員会の一員に加えていただいたことが、非常に大きかったと思っている。委員会の議論はとても刺激的であり、たくさんの勉強をさせていただいた。振り返ってみれば、この編集作業に携わることで、私の正造像がほぼ固まったのだった。編集委員の皆さんに大変感謝している。

渡良瀬川研究会の布川了氏や田中正造大学の坂原辰男氏など、地元で着実な研究活動を続けている皆さんには、正造関連の史跡を案内していただいたり、講演の機会を与えてもらったり、佐野や館林を訪れるたびに暖かく迎えていただいた。飛驒高山にお住いの白木晃氏には、障害と闘いつつ描かれた見事な書画を折々に送っていただき、大変勇気づけられた。本書の表紙カバーにも、白木氏の彫字「為貞合義」（貞を為すは義に合す）を使わせていただいた。田中正造の生涯を一言で表現するに、これほど適切な言葉はない。わがままなお願いを心よく聞きいれてくださった白木氏に、あらためて感謝申し上げたい。また、一九九一年から熊本ではじめた「田中正造の会」は、月一回のペースで研究会を重ねてきたが、メンバーの皆さんの独自の体験に裏づけられた、たえず現代に引きつけてやまない正造の読み方には、教えられるところが多かった。

早稲田大学の佐藤能丸氏や静岡県近代史研究会の春山俊夫氏には、資料的に大変お世話になった。熊本大学文学部歴史学科の皆さんや、かつての同僚植村邦彦氏と中山智香子氏には、素晴らしい研究環境を与えていただいた。また、国内研究の折り、哲学堂公園を見下せる快適な居住環境をお世話いただいた中山禮吉・惠子ご夫妻にも心からお礼申し上げたい。

遠山茂樹氏、花崎皋平氏、コール・ダニエル氏には、貴重なアドバイスをいただいた。佐野俊正氏、沢株正始氏、園部裕之氏、中村尚史氏、三澤純氏、矢崎彰氏には資料的便宜をはかっていただいた。

その他、私を支え励ましてくださった方々すべてのお名前をここに掲げることができない失礼をお許し願いたい。

また、国立国会図書館をはじめ、国立公文書館、早稲田大学総合図書館、明治大学図書館、熊本大学中央図書館、栃木県立図書館、栃木県立文書館、佐野市立図書館、佐野郷土博物館、古河歴史博物館、広島県立文書館、福山市立福山城博物館文書館などの諸機関にお世話になった。記して感謝申し上げたい。

最後に、昨今の厳しい出版情勢のなか、本論のような大部の著作の刊行をお引き受けいただいた現代企画室の太田昌国氏と編集を担当していただいた杉山弘氏に、心から感謝申し上げたい。また、本書が日の目をみるにいたったのは、元筑摩書房の谷川孝一氏のおかげである。谷川氏のご高配に対してもお礼申し上げたい。

二〇〇一年二月四日　春立つ日に

小松　裕

［ハ行］

「排水器事件」　471　478　487
廃藩置県　115
万国平和会議　486　661
ハンセン病　56　58
「人斬巡査事件」　253
府県会規則　155〜7　185　209　230
藤川県令布達　28　32
富士一山講社　63
富士講（富士浅間信仰）　59　60〜6　96〜8　115　118　598　599　601　602　646　676
不就学督促法　148　149
扶桑教　63
紛鉱採集器　270　271　272　275　276　300　317　318
平民社　459　485
ペリー来航　130
法雲庵（植野村）　318　321
「棒出し」　471〜3　579　581　582　583　645
戊申詔書　559
北海道開拓使官有物払い下げ事件　138

［マ行］

「マタイ伝」　496　497
松方内閣（第一次、第二次）　338　363
マルクス主義　705　729
丸山教　63
水俣病　729　739　740
「ミロク信仰」　63
民青学連事件　677
「民撰議院設立建白（書）」　116　131
民党合同問題　244
無我愛運動　598　640
明治倶楽部　221　228
明治十四年の政変　142　143
明治百年祭　23

［ヤ行］

谷中村救済会　515　546
谷中村買収不当価格訴訟　515　543　644
山県内閣（第一次、第二次）　370　373

［ラ行］

「琉球処分」　129
旅順虐殺事件　304
六角家（領・騒動・事件）　55　75　77〜9　82〜5　87　91〜4　96　98　99　103　590

［ワ行］

「和協」の詔勅　286　290　293　302　309　442

[サ行]

西園寺内閣　491
済生会　533〜5　571
歳費辞退　303　371〜4　417　428　621
査定会　272
三国干渉　307　308　310
直訴　28　30　32　33　399　402　408　417　421〜30　432　435〜8　442　443　451　462　576　704　707　716　784
市制町村制　209　210　214〜6　220　227　256
下野倶楽部　219　220
下毛結合会　131
下野青年会　265　266
下野明治倶楽部　221　222
社会主義研究会　457
社会民主党　458
ジャーデン・マセソン商会　258
自由政党会　146
(立憲)自由党　144〜7　189〜91　217〜22　225　226　244　245　247　285　293　294　364　418　678
自由党準備会　144　145
自由党親睦会　145
儒教　46　553　604　605　614　669　676
辛亥革命　537〜9
新貨条例　115
新紀元社　459
神代復古運動　597
進歩党　336　363　364　369
寸陰館　106　107　110　111
青年修養会　451　490　713　714　718　719　725　729
世界婦人社　459
浅間神社（網戸村）　60
浅間神社（奈良淵）　59
漸次立憲政体樹立の詔　132

[タ行]

第一高等中学校　200　203　207〜9　264
第一次護憲運動　641
対外硬六派　294　295
大逆事件　535　727
第五回内国勧業博覧会　456
大成会　248
大同倶楽部　244　245
大同団結運動　197　216　219　245
大日本帝国憲法　227　250　252　293　310　494　542　545　546　571
高野問題　429　431
太政官布告第四八号　156　494
「田中正造大学」　36
治安維持法　14
治安警察法　711　712
地租改正　116　120〜4　133　215　216　230
秩父事件（困民党）　165　185
「血の日曜日」事件　532
地方改良運動　558　559　561　568　569
(地方) 三新法　155　156　212
地方税規則　155　156　171　230　494
仲裁会　272　273　275　276　318　319　325
中節社　131　132　134　138　140　141
町村会規則　155
徴兵制　116　168
低水法（工事）　578　580　581　583
天皇機関説　658
東学　299　305〜7　311　678
淘宮術　598
東京市会汚職事件　705
東山道総督府　93〜5
東征大総督府　92
『東洋自由新聞』　45　145　174
東洋仁会　399
東洋日本国国憲案　170
土地収用法　474　492　499
利根川改修工事　474　475　577　578　580　581　645

[ナ行]

名主公選（制）　84　85
生麦事件　87
南部三閉伊一揆　80　97　676
日米安全保障条約　658
日米通商航海条約　673
日露戦争　301　461　462　470　483〜5　490　531　549　557　605　672　674　676
日清戦争　299　300　304〜6　311　361　372　512　531　533　660
日本基督教婦人矯風会　443　490　627
日本坑法　269　280
日本国憲法　658

事 項 索 引

［ア行］

相給入組支配　52　69　83　211
愛国公党　244　245
足尾鉱毒問題解決期成同志会　443　451　490
安蘇結合会　131　161
「新しい女」 633
安保闘争　23
一燈園　597
出流山事件　69　73　75　78　80　92
伊藤内閣（第一次、第二次、第三次）　79　294　298　302　308　363　364
院内銀山　97　282
永久示談　315　317
鷗渡会　214
嚶鳴社　141　144　197
大阪事件　226
大本教　606　676
大平山事件　69　71
岡田式静坐法・静座　597　608　609　610
「億兆ニ告ルノ翰文」（憲法発布の勅語）　132　544
「押出し」（大挙請願上京）　332〜6　351　367　368　374　375　379　380　381　382　385　393　400　401　416　432　445
乙女河岸事件　182　184

［カ行］

(立憲)改進党　19　147　184　189　191　197　214　216〜22　225〜7　244　245　247　285　293　365　417　678　725
学制　116　149
廓清会　627　628
学生鉱毒救済会　443　707　710　712〜4　718
河川法　491　580　592
加波山事件　184　226
川俣事件　30　382　388　390　392　394〜7　399　401　408　409　413　416　430　444　449　500　741
監獄則　114
「韓国併合」　557　558
関東取締出役　75
官吏侮辱罪　399
議員候補指名会　190
義倉設立法　149　151
喜多方・福島事件　179
木村新八郎暗殺事件　104　107
九州同志会　244
救世軍　486　627
教科書疑獄事件　705
兇徒聚集罪　401　408
キリスト教　27　28　31　34　115　395〜400　460　483　485　496　500　553　595〜8　604　610　614　615　617　637　645　663　664　705
宮内省改革問題（計画）　79　307　308　309
栗橋鉄橋　579　645
「権威主義的パーソナリティ」 556
憲政党（内閣）364〜370　373　417　418　419
憲政本党　340　369　389　402　416　418〜20
鉱業条例　269　280　341
甲申政変　703
高水法（工事）　578　580　581
「鉱毒議会」　29　377〜85　401
鉱毒事務所（雲龍寺）　324　329　333　334　336　360　367　375〜7　381　382　384　386　400　409　451　498
〃　（東京）　325　329　333　400
鉱毒地救済婦人会　443　449　490　707
鉱毒調査委員会（第一次）　336　338〜40　350　355　400　739〜41　784　792
〃　（第二次）　473　475　514　516　739　740　784　786　788　793　794
鉱毒調査有志会　443　457　704
鉱毒予防工事命令　347　348　351　352
国民協会　294　295
五ヶ条の御誓文　132　532
「国会開設の勅諭」　138　140　142　143
国会期成同盟　135　144　145　147
「小中農教会」　621
五榜の掲示　111

リン（田中→原田）　61　625
リンドウ　472　582
老子　676
六角頼母　90　91
ロック、ジョン　280　494

［ワ行］

若林定吉　73
湧井藤七　131　412
和田国次郎　339　347
和田維四郎　278　309　327
渡辺崋山　80
渡辺隆喜　134　214　220　317　357
渡辺洋三　173
渡辺渡　328　338　340　347
和田方正　172　218
和辻哲郎　540

水野常三郎　501
水林彪　67　81
三田善蔵　445
箕作麟祥　117
水戸斉昭　68
南方熊楠　511　561
皆川広照　700
南挺三　347
南敏雄　42　436
峯岸清太郎　478
箕浦勝人　15　19
美濃部達吉　540
見目清　159　217　218
宮内喜平　446　489
宮内増蔵　477
三宅驥一　16
三宅雄二郎（雪嶺）　220　349　418　457　529　542　559　673　674
宮崎民蔵　496
宮崎ふみ子　64
宮下太吉　535
宮島次郎　18
宮島清次郎　16　19
宮地正人　169
陸奥宗光　291
武藤金吉　16
村上一学　105　107
村上光清　62
村越米吉　183
村山半　339　360　371　416　418　427　432　434　526　527　603　624
室井平左衛門　107
室田忠七　359　367　376
目賀田種太郎　338　344
孟子　109　112　113　639　640　669　676
茂木清　547
持田若佐　219
モッセ　210　212
本居宣長　68　431
森信三　612
森長英三郎　28　32　278　378　379　422　426
森保定　17
諸井彦四郎　451
茂呂きは　785
茂呂近助　449　514
茂呂忠造　489

［ヤ行］

矢板傳三郎　514
矢澤忠蔵　226
矢嶋楫子　627
安井息軒　614
安丸良夫　99　131
八並武治　16
柳田国男　511
矢部盛徳　166　169　182
山鹿素行　583
山県有朋　183　210　364　370　394
山川健次郎　712
山口信治　126　225　325
山口弾正　16　19
山崎欣三郎　318
山崎延吉　569
山崎友二郎　334
山路愛山　628
山田武　225　480
山田信道　105
山田友二郎　226　416
山中まつ　446
山室軍平　16
山本武利　426
由井正臣　33　44　78　127　146　185　199　378　380　426　429　438　541　576
横井時敬　18　19　568　741
横尾輝吉　159　164　189　197　217　218　219　225　272　318　325　479
横堀三子　17
横山勝太郎　17　19
横山源之助　301　362
与謝野晶子　462
芳川顕正　487
吉川七三郎　383
吉沢松堂　72　75
吉田松陰　111　431
吉田東伍　582
吉野作造　511　540
吉村岸四郎　711
吉屋信子　514
吉屋雄一　514

［ラ行］

頼山陽　111　687

原田きち　61
原田光次郎　419　604
原田定助　284　365　371　372　414　415　421　444　452　453　456　460　461　498　506　556　585　600　607　620
ハリス　612
春山俊夫　726　728
坂野潤治　247　256　291　294
坂野初次郎　338　342　475
土方久元　183
日向康　43　53　80　86　93　118　444　478　681　683
日野大学　91
日原高志　436
平井金三　598
平田篤胤　67
平塚承貞　86　91
平塚らいてう　633
広瀬孝作　226　272
広瀬順晧　180
深谷克己　98　185
布川清司　37〜40　436
布川了　36　44　388　422
福井淳　197
福井茂兵衛　223
福沢諭吉　44　45　53　115　116　135　154　161　166　170　175　178　185　199　220　229　303　306　348　350　352　412　669　670　672
福田治平　257
福田英子　459　492　625　629
福田録太郎　696
福地源一郎　52
福地政八郎　318
藤田小四郎　69
藤田傳三郎　282
藤田茂吉　206〜9
藤田吉亨　218
藤田霊斎　598
藤沼友次郎　418
藤村操　706
藤森弘庵　69　72
ブース大将　486
布施源之助　712
古市公威　338　340　347
古河市兵衛　21　257　272　319　347　362　430　459
古河力作　535
フロム　556
文造（田中→大沢）　623
ベルツ　252
逸見斧吉　396　502　503　543　551　585　609　611　613　635　638　640　661
星亨　197　294　370　371　373　448　705
星野孝四郎　499
細井岩弥　339
堀英成　72
堀基　282
本多正信　684

［マ行］

前澤敏　115
牧原憲夫　37　131
増田義一　16
益富政助　629
益満休之助　73
松浦玲　349
松尾卯一太　727
松岡悟（荒村）　715
松尾尊兊　425
松方正義　284
松沢求策　145
松澤弘陽　33
松平忠雅　683
松永昌三　672
松前重義　673
松村介石　16
松本英一　624
松本留吉　16
松本英子　709　785　792
松本隆海　265
松本良順　168
間宮清十郎　228
間明田仙弥　500　600
丸山名政　126
丸山真男　137　175
三浦鉄太郎　673
三浦命助　34　56　80　97　676
三浦安　392
三浦屋高尾　109
三崎亀之助　289　298
三島通庸　21　157　178　180
水野官次　544

［ナ行］

内藤湖南　111
内藤調一　111
内藤魯一　145
永井徳左衛門　63
永井柳太郎　15　19　725
中江兆民　44　45　52　137　146　174　244　245　248　249　253　427　493　669　670　672～5
長岡宗好　266　270　338　342　434　741
中込道夫　44　424　429
長沢内記　91
中澤美久　711
中島久米象　17
中島伸五郎　124
永島藤吉　85　87～90　95
中島信行　145
中島祐八　451
永島與八　276　319　333　334　386　396　408
永島礼七　319
中田良夫　124　131　152
中塚栄次郎　16
中西堅助　710　713　719
中野賈次郎　131
長野精一　612
中村秋三郎　644
中村正直　114
中山秀二郎　474
中山丹次郎　219
中山みき子（みき）　598
那須真小一　107
夏目漱石　552
奈良原繁　392
南部精一　168
新倉義路　124
新美卯一郎　727
西川光二郎　458　492
西田天香　597　598　611
西村晃　697
日旺　61
二村一夫　270
庭田清四郎　643
丹羽忠右衛門　693　698
沼間守一　144　198　203　208　208
根岸門蔵　445　472　582　585
野口なみ　446
野口春蔵　17　376　384　385　408　446　453　499　527　529
野沢和一郎　183
野島幾太郎　318　319　334
野田忠広　787
野田彦蔵　257
野村本之助　125　144　159

［ハ行］

白隠禅師　396
朴正熙　677
橋崖孫蔵　451
橋爪幸昌　131
橋本節斎　740　786　793
橋本政直　118
長谷川角行　61　62
長谷川伸　73
長谷川展　187
服部図南　307
初見八郎　360
羽鳥大吉　564
鳩山一郎　16
鳩山和夫　439　445　480
花井卓蔵　17　439　440　448　480　543
花崎皋平　34　185　453　497　513　541　591　596
花村冨士男　36　436
馬場辰猪　52
濱名信平　208　264
濱野藤一郎　217
濱本鶴賓　696
早川幾次　339
早川信齋　72　104　107
早川忠吾　266　272　317
林市造　620
林包明　145
林三郎兵衛　21　79　85～8　93
林茂　23
林重平　510　620　625
林竹二　24　26　27　31　33　34　78　80　231　478　540　545　560　570　595　612
林春雄　740　741　777　792　793　795
原敬　289　492
原武史　436
原田勘七郎　421　485　557　632　634　645

スマイルズ、サミュエル　114
関口吾一郎　418
関口幸一　272
関口幸八　526
関口貞利　449
瀬下元一郎　450
副田欣一　257
曽田愛三郎　125
孫子　663
孫文　496　538

[タ行]

大清　61
田岡嶺雲　705
高岡明　271
高木来喜　712　716　718　728　729
高木俊輔　73
高木正勝　451
高木正年　15　490
高瀬平一郎　354
高田早苗　18　214　255　288
高田仙次郎　505
高津仲次郎　205
高野孟矩　429
高橋健三　308
高橋敏　83
高橋秀臣　17　18　445　446　490
高橋裕　581
高群逸枝　511
高山樗牛　706
田口卯吉　445
田口佐平　644
タケ（田中→原田）　415　421　625　630　631　632　634　645
竹内啓　73
竹内綱　145
竹澤庄蔵　603
武田信玄　583
武田範之　307
竹村茂雄　68
武本為訓　583
田尻稲次郎　479
田添鉄二　678
多田加助　14
蓼沼丈吉　84　398　415　418　420　483　527　529　557　597　620
田中彰　672
田中卯三郎　182　183
田中カツ　443　623〜5　642
田中クマ　620
田中サキ　52
田中善造（庄造）　52
田中富蔵　53　79　624
田中弘之　451　713
田中善立　16
田中与四郎　491
谷干城　349
田沼幸蔵　226
田村順之助　197　217　219　221
田村直臣　709
田村紀雄　21　27　29　378　388
田村秀明　53
丹波敬三　741
遲澤俊郎　700
崔済愚　305
崔時亨　305
長真五郎　317
長祐之　262　265　266　270
全琫準　305
津久居彦七　15　415
津田左右吉　511　540
土屋亮左衛門　88
角田真平　184
坪井次郎　339　740　741　757　783
鶴巻孝雄　103　118　495
出口なお　606　676
手島春次　226
寺内清治　308
デレーケ　582
天皇（明治天皇睦仁）　52　284　290〜94　296　309　310　369　421　431　432　434　435〜9　441　462　529〜37　539　540　571　658
〃（大正天皇嘉仁）　225
遠山茂樹　29　30　33　425　429
頭山満　538
常田与一郎　75
徳富蘇峰　52　99　294　705
土信田東左衛門　34
富山和子　580
豊永真理　741
ドルー、サミュエル　109　113　114　229

小林藤七郎　90　92　95
小林與平　598
小林孫平　396　398
小藤文次郎　339
駒田小次郎　253
小松幸蔵　610
小峯新太郎　184　218
小室重弘　125　131
小山勘解由　105　107
小山孝八郎　412
コール、ダニエル　614
コロンブス　292
近藤貞吉　17　19　416

［サ行］

西郷隆盛　73
西郷従道　364　369
斉藤清澄　124　131
斉藤松壽　172
斉藤文恵　21
堺利彦　459　462
坂田伴右衛門　79　84
坂原久平　418
坂原茂平　60
坂原弥三郎　71
坂元忠芳　35　166
佐久間貞一　459
桜井熊太郎　490
桜井静　127
佐倉宗吾　14　19　21　28　79　185　395　421　422
佐々木寛司　122
佐々木潤之介　130
佐々廣吉　451
薩埵正邦　210　213　214
佐藤千纏　712〜4　719　725
佐藤裕史　41
佐藤良太郎　449　450　485
左部彦次郎　360　367　368　371　374　376　377　446　449　451　489　741　793
佐野屋久右衛門　181
沢田寧　450
澤野淳　477　479
ジョージ、ヘンリー　496
塩田奥造　131　189　197　217　221　226
塩田庄兵衛　23
塩谷恒太郎　18
塩谷道博　189　217　225
志賀重昂　220　307　308
志賀直道　257
食行身禄（伊藤伊兵衛）　63　64　96〜8　598　601　676
品川弥二郎　295　309
篠崎清作　785
篠崎豊吉　478
篠崎平吉　17　621
篠崎茂左衛門　71　95
柴四朗　306
柴田三郎　499　503
渋沢栄一　257
（島田）いく子　509　540
島田榮蔵　509　540　546　585　598〜601
島田熊吉　58　512　640　641
島田三郎　15　19　147　184　197　249　288　333　348　369　439　445　450　451　627　660　714
島田宗三　476　477　489　500　502　512　535　542　560　585　588　613　616　641　642　644
島田平次　598
島田雄三郎　599　620
清水澄　568
清水千勝　418
清水靖久　426　430
釈迦　63　596　606
東海林吉郎　27　28　36　43　120　127　215　258　263　378　424
白仁武　487
新里兼吉　453
新藤泰男　436
新村忠雄　535
末広重恭　197　660
菅井益郎　27　36　426
菅谷吉蔵　183
杉山重蔵　714
鈴木敬哉　75
鈴木圭輔　686
鈴木重遠　286
鈴木舎定　145
鈴木千里　71
鈴木豊三　491
鈴木雅之　67
須永金三郎　262　263　264　265
須永平太郎　163　265

加藤平四郎　197
加藤政之助　207
笠原芳光　614
金田伊織　682
金丸鉄　213
加納豊　458
鹿野政直　26　31　37　361　457　511
538　541　618
樺山喜平次　272
樺山資雄　250
樺山資紀　284　350
神山彦太郎　73
亀田佐平　261　266
亀田甚三郎　71　72　97　104　107　108
亀山嘉治　69　71
河井重蔵　450　461　559
河上肇　511　673　709
川上保太郎　17
川崎正蔵　282
河島醇　244
川島治平　221　225　226　250
川島多十郎　182
川島仁右衛門　318
川島平四郎　490
川島平助　514
川鍋岩五郎　446　489　498
河鍋暁斉　390
川俣久平　176　221　226　250　360　366
390　396　412　637
旺賢　61
菅茶山　687
菅野スガ　535
菅野八郎　130
木内信吾　204
菊川忠雄　703
菊地茂　17　18　499　708　713　714
菊池大麓　711
北村勘蔵　226
木下尚江　43　45　333　348　421　422
441　458　459　462　499　500　502　585
600　609　635　637　639　644　709
君塚貢　583
金芝河　677　678
木村新八郎　104　107　229
木村半兵衛　226　227　244　272　285
295　364　366　419　420　451
キリスト　596　605　606　617　638
木脇良　167
金田一京助　511
陸羯南　125　291　304　306　308　348
634
日下弁二郎　473
草間時福　144
葛生修亮　307
工藤英一　24
工藤省三　616
工藤正三　616
工藤直太郎　612
久保三八郎　189　218
グラック、キャロル　293
クリスオールド　398
栗原嘉藤次　318
栗原信近　371
栗原彦三郎　15　17〜9　29　399
栗原彦蔵　253
栗山博　17
黒崎善翁　431
黒澤酉蔵　62　450　459　460　598　613
635
黒須龍太郎　18
月旺　62
月性　432
肥塚龍　339　340
小出博　472
孔子　596　604　606
幸徳秋水（傳次郎）　28　45　253　301
422　458　462　535　631　635　673　674
678
河野庄左衛門　83
河野広中　144　288
神鞭知常　308　338　339
後神俊文　29　426
国府義胤　72　105　129　155
古在由直　266　270　475　795
小島四郎　73
小谷三志　65
小寺清之　687
小寺房次郎　339　347
後藤象二郎　197
後藤新平　338　343　347
後藤宙外　706
小西德應　42　338　436　437
近衛篤麿　308
小林長次郎　451

伊藤梅宇　687
伊藤博文　52　91　209　247　256　290　293　298　308　310　434　442
伊東巳代治　294
稲垣示　157
稲田雅洋　130
稲葉光圀　85
稲村廣吉　446
稲村忠蔵　318
稲村與市　603
犬養毅　339　445　538
井上馨　186　364
井上角五郎　448
井上章一　436
井上友一　474　569
伊波普猷　511
今泉正路　132　133
伊牟田尚平　73
入澤達吉　339　740〜742　783
岩崎佐十　17　446　456　642　644
岩科小一郎　61
巖本善治　349　567　612　622
植木枝盛　52　129　170
上杉聡　57
上杉慎吉　442
上田穰一　727
上野松次郎　603　630
上原栄三郎　451
植村卯三郎　712
ウェリントン　114
宇川盛三郎　210　214
潮田千勢子　450
碓井要作　17　18
内田益三　709　712
内田太蔵　150
内田良平　539
内水護　376　741
内村鑑三　43　99　462　606　608　673　675
内山愚堂　535
梅澤初子　714
卜部喜太郎　18　490
海野孝三郎　201
江藤新平　119
榎本武揚　332　339
大井憲太郎　221　294　298　558
大石正巳　368
大出きたい　623
大出喜平　32　359　365　374　381　384　385　453　461　499　506　530　557
大岡育造　448
大隈重信　138　198　216　252　339　363　364　539　627
大熊孝　471　582
大澤清三郎　623
大塩平八郎　19
大島善右衛門　490
大杉栄　459
大竹謙作　151　163
太田晴軒　71
大谷誠夫　16
大塚楠緒子　462
大沼小三次　693　698
大野孫左衛門　471　479　480
大亦楠太郎　490　713　714　725
大町雅美　73
小笠原長清　105
岡田虎二郎　597　598　606　608　646
岡田平蔵　257
岡本金一郎　719
岡義武　511
小川善平　183
荻野文八　527
荻野萬太郎　454　527
奥田義人　450
尾崎行雄　255　288　296　339　367　369
織田一　339　344
織田龍三郎　73　75　97　104
落合貫一　219
小野寺功　614
小野政吉　445
小幡篤次郎　220
折田平内　261　272

［カ行］

柿本人麻呂　60
影山禎太郎　218　227　272
片山嘉平　446
勝海舟　348　349
桂太郎　364
加藤清正　583
加藤高明　450
加藤武男　16　19
加藤咄堂　709

人　名　索　引

［ア行］

相田新造　150
青木静作　219
青木主水　183
青木與惠門　183
赤尾小四郎（秀土・鷺州）　53　59　72　73　75　104　111　681〜3　685〜7　690　694　696　698〜700
赤尾秀實（鷺州）　684　693〜6
赤尾新五左衛門　690
赤尾新十郎（三代：弥惣左衛門仲秀）　693〜5
赤尾新平（二代：忠右衛門秀直）　692　693
赤尾清三郎　71　75
赤尾忠三郎（初代：忠右衛門真秀）　689　690　692　697
赤尾忠三郎（四代：弥惣左衛門秀澄）　693〜8
赤尾禎一　681　682
赤尾豊三　75　104　681
赤尾孫七（秀章）　686　698　699
赤羽万次郎　184
赤松新右衛門　332　336
秋山文蔵　83
秋山松三郎　515
安達幸太郎　73　75
アドルノ　556
安部井磐根　294
安部磯雄　458　496　627　639　673　674
阿部正勝　684
阿部正邦　683
阿部正右　695
阿部正次　690　697
阿部正福　685
阿部正倫　686
阿部正春　693
阿部正弘　684
阿部正盛　693
天海耕作　152　221
網野善彦　34
雨宮義人　27
新井市蔵　445
新井奥邃　43　596　606〜8　611　612　616　617　642　646　676
新井章吾　131　221　225
新井白石　685
新井保太郎　218　221　225　250　325
新井要太郎　18
荒川高三郎　326　355　446　451
荒川高俊　197
荒畑寒村　459　476　477　487　489　500
有富誠吾　183
安西茂太郎　741
安生順四郎　224　479　480
安藤山人　18
飯島伸子　27　739
飯塚麻吉　226
家永三郎　25　256　280　494
猪飼隆明　137
五十嵐暁郎　36
イザベラ（スペイン女王）　292
石井郡三郎　71　75　105
石井郡造　71　75
石井孝　21　25
石井録郎　681
石川三四郎　492　600
石川啄木　535
石川半山（安次郎）　16　19　28　422　424　437　456　714
石阪昌孝　118
石嶋角次　183
石関軍蔵　621
石田雄　137
石橋湛山　556　673
板垣退助　116　135　145　364　558
板橋六郎　276
市井三郎　38
一木貴徳郎　474
糸井藤次郎　318
伊藤証信　598　640
伊藤仁斎　687
伊東多三郎　66
伊藤竹坡　687
伊藤貞孝　695
伊藤野枝　459

【著者紹介】

小松 裕（こまつ ひろし）

1954年山形県生まれ。
早稲田大学大学院文学研究科博士後期課程単位取得退学。
現在、熊本大学文学部教授。

［主な著書］
『田中正造　二一世紀への思想人』（筑摩書房、1995年）
『「韓国併合」前の在日朝鮮人』（共編著、明石書店、1994年）
『史料と分析「韓国併合」直後の在日朝鮮人・中国人――東アジアの近代化と人の移動』（共編著、明石書店、1998年）

田中正造の近代

発行……二〇〇一年三月二八日　初版第一刷
二〇〇二年四月一〇日　初版第二刷三〇〇部
定価……一二〇〇〇円＋税
著者……小松 裕
装丁……有賀 強
発行人……北川フラム
発行所……現代企画室
住所……101-0064東京都千代田区猿楽町二―二―五―三〇二
電話――〇三―三二九三―九五三九
ファクス――〇三―三二九三―二七三五
E-mail：gendai@jca.apc.org
http：www.shohyo.co.jp/gendai/
郵便振替――〇〇一二〇―一―一一六〇一七
印刷所……中央精版印刷株式会社
ISBN4-7738-0103-4　C0023　Y12000E